Schriften der Schleswig-Holsteinischen Landesbibliothek

Herausgegeben von Dieter Lohmeier

Band 9

Adolf Brütt: Nacht, 1907 (Nr. 269)

Cornelius Steckner

Der Bildhauer Adolf Brütt

Schleswig-Holstein · Berlin · Weimar
Autobiographie und Werkverzeichnis

Westholsteinische Verlagsanstalt Boyens & Co.
Heide in Holstein

Redaktion und Layout: Dieter Lohmeier

Gedruckt mit Mitteln der Ministerin für Bildung, Wissenschaft, Jugend und Kultur des Landes Schleswig-Holstein

Umschlagbild: Adolf Brütt. Ölgemälde von Hans Olde, 1915. (Landesmuseum Schleswig)

ISBN 3-8042-0479-1

Herstellung: Westholsteinische Verlagsdruckerei Boyens & Co., Heide in Holstein
Printed in Germany

Vorwort

In den Jahrzehnten um die Jahrhundertwende gehörte Adolf Brütt unbestritten in die allererste Reihe der deutschen Bildhauer. Er war mit jeweils einigen seiner Werke auf bedeutenden nationalen und internationalen Ausstellungen vertreten: immer wieder in Berlin, aber auch in Melbourne (1888), Chicago (1893), Kopenhagen (1897) und Paris (1904). In Kiel zeigte das Thaulow-Museum 1904 eine größere Auswahl aus seinem Schaffen, und 1909 wurde dort die neue Kunsthalle mit einem eigenen Raum seiner Werke eröffnet. Nach dem Ersten Weltkrieg wurde es jedoch stiller um Brütt; nur die Kunsthalle zu Kiel widmete ihm 1930 noch einmal eine eigene Ausstellung. Mit der weiteren Entwicklung der bildenden Künste und infolge der Zerstörung vieler Werke Brütts im Zweiten Weltkrieg und kurz danach, gerade an den zentralen Stätten seines Erfolgs, Berlin und Weimar, gerieten das Werk und seine Bedeutung immer mehr in Vergessenheit. Auch populäre Plastiken im öffentlichen Raum wie der „Fischer" in Flensburg und die „Tine" in Husum konnten daran nichts ändern.

Heute ist Brütts Heimatland Schleswig-Holstein – zu dem dieser auch in den Jahrzehnten seines großen Erfolgs niemals die enge Verbindung verloren hat – besonders aufgefordert, sein Werk zu erhalten und zu pflegen, denn nirgends sonst ist davon so vieles ständig zu sehen: die „Tine" und das Denkmal Theodor Storms in Husum, der „Fischer", die Marmorfassung der „Eva" und das Wrangel-Denkmal in Flensburg, die Bronzefassung der „Eva" auf der Gottorfer Museumsinsel, das Esmarch-Denkmal in Tönning, die „Schwerttänzerin", der „Schwertmann" und das Denkmal Kaiser Wilhelms I. in Kiel, und auch das Bismarck-Denkmal auf dem Aschberg gehört dazu. Nicht zuletzt ist dieses künstlerische Erbe dadurch bereichert worden, daß Kurt Brütt (1886–1969), ein Sohn des Bildhauers, den Nachlaß seines Vaters dem Nissenhaus in dessen Geburtsstadt Husum übergeben hat. Der Verpflichtung, die das bedeutet, ist das Nissenhaus 1978 mit einer Brütt gewidmeten Ausstellung nachgekommen, die in einem von Cornelius Steckner erarbeiteten begleitenden kleinen Katalog einen ersten Überblick über den Umfang und die Entwicklung des bildhauerischen Werks gab. Hieran schließen gut ein Jahrzehnt später, 50 Jahre nach dem Tod Adolf Brütts, eine weitere, in Husum und in Kiel gezeigte Ausstellung und das hier vorgelegte, ebenfalls von Cornelius Steckner bearbeitete erste umfassende Verzeichnis von Brütts Werken an.

Das Nissenhaus hat den Nachlaß seit 1978 noch vermehren können. So kamen als Schenkungen von privater Hand das „Bildnis eines jungen Athleten", Bronze (Chr. Sieck, Eckernförde), die „Eva mit den Kindern", Porzellan (Dr. Jürgen Jensen, Kiel), und die „Kindergruppe", Gipsmodell (Grete Semrau, Berlin), an das Nissenhaus. Mit Unterstützung des Kultusministeriums konnten die verkleinerte Bronzefassung der „Schwerttänzerin" und eine Schwarzburger Porzellanfigur, „Torso", erworben werden. Schließlich gelang es nach Vermittlung von Prof. Brian Coghlan (Universität Adelaide), einen Abguß der Bronzestatuette „Phryne" aus Australien zu erhalten, wo die Plastik anläßlich der Weltausstellung 1888 in Melbourne prämiert und angekauft worden war. Dieser erste internationale Erfolg des damals 33jährigen Künstlers ließ sich bis dahin lediglich an einem Werkfoto im Nachlaß belegen.

Das Werkverzeichnis gewährt die seit langem erwünschte Übersicht über Brütts gesamtes Schaffen. Dr. Cornelius Steckner stellt darin aufgrund einer fast 15jährigen Forschungsarbeit zugleich die zahlreichen bisher unbekannten Wirkungen von Brütts Arbeit in Schleswig-Holstein wie in Weimar und Berlin in den historischen Zusammenhang. Bemerkenswerte Beiträge schleswig-holsteinischer Künstler wie Adolf Brütt und Hans Olde zur Berliner und Münchner Sezession oder zum Vorläufer des Weimarer Bauhauses werden mit dieser Dokumentation belegt.

So erfüllen die beiden an Ausstellung und Veröffentlichung gemeinsam wirkenden Institutionen – die Schleswig-Holsteinische Landesbibliothek in Kiel und das Nissenhaus – Nordfriesisches Museum in Husum – eine schöne Aufgabe: kennzeichnende Ereignisse und Entwicklungen der Vergangenheit zu bewahren und zu erschließen. Allen die daran mitgearbeitet haben, ist dafür zu danken.

Dieter Lohmeier
Schleswig-Holsteinische
Landesbibliothek

Klaus Lengsfeld
Nissenhaus –
Nordfriesisches Museum

Einleitung

Das blockhafte Marmorsitzbild des Althistorikers Theodor Mommsen (Nr. 283) wurde 1909 in Berlin als eines der Hauptwerke des Leiters der neugegründeten Weimarer Bildhauerschule enthüllt: Adolf Brütt, geboren am 10. Mai 1855 in Husum, gestorben am 6. November 1939 in Bad Berka bei Weimar. Anläßlich des 50. Todestages dieses Bildhauers wird hier sein Werkverzeichnis vorgelegt, das seinen mit dem Maler Hans Olde (1855–1917) begonnenen künstlerischen Werdegang anhand früher Landschaftsstudien erkennbar macht und hinführt zu den von Olde und Brütt im Verein mit dem Malerarchitekten Henry van de Velde (1863–1957) geleiteten Abteilungen der Weimarer Handwerkskunstschule, der Modellschule der im Deutschen Künstlerbund zusammengeschlossenen Sezessionen. Brütt und Olde waren Gründungsmitglieder der Münchner Sezession, bei deren erster Ausstellung 1893 Brütts „Schwerttänzerin“ (Nr. 136) im Zentrum des Repräsentationssaales stand. Während dann 1896 in Kiel das von Brütt geschaffene Provinzialdenkmal enthüllt (Nr. 194) und mit der gleichzeitigen schleswig-holsteinischen Gewerbeausstellung die Emanzipation der Provinz von Preußen eingeleitet wurde, entstand in Berlin die zweite Version von Brütts „Schwerttänzerin“ (Nr. 137). Durch seine Schülerin Anita Nordenholz wurde aus ihr abermals drei Jahre später die „Schwertkämpferin“, die 1904 im Mittelpunkt des Berliner Internationalen Frauenkongresses stand.

Die angedeuteten Vorgänge paralleler und divergierender Aspekte sind nur schwer in einem grundsätzlich chronologisch zu haltenden Werkverzeichnis wiederzugeben. Der „Schwertmann“ für den Kieler Neumarktbrunnen wurde 1904 begonnen und 1912 eingeweiht (Nr. 300). Aus einem nackten Fechter wurde ein athletischer Roland, dessen Stimmung weniger in die Richtung von Hugo Lederers Hamburger Bismarck-Wächter von 1906/1909 ging, als daß sie ins Gladiatorenhafte fiel, wie die Physiognomie der separaten „Bildnisbüste eines Athleten“ zeigt (Nr. 301). Hier knüpfte aber auch Barlachs „Geistkämpfer“ an, dessen ‚geistiges Schwert‘ dem Erzengel Michael in die Hand gegeben ist. Für uns heute fügt sich der ethische Gehalt des „Schwertrufes“ des Rolands von 1912 in die Stimmung der Zeit vor dem Ersten Weltkrieg. Fünfundzwanzig Jahre früher, 1887, war Brütts „Fischer“ (Nr. 95) entstanden. Dieses Werk war vom Sozialcharakter eines Fischers her aufgebaut, seine Arbeitskleidung und das durchnäßte Kleid der Verunglückten repräsentierten das Milieu eines Küstenschicksals; von diesem Hintergrund her kommt die innere Logik des Ganzen, leitet von der betroffenen Physiognomie des Fischers zum Kontrast der Hände hin: hier die rettende Arbeitshand, dort die unschuldige Hand eines zufälligen Opfers. Ganz anders dagegen die Dramaturgie der schreitenden „Eva“ von 1889 (Nr. 117-119), die selbst das unbeirrbare Schicksal als Mutter ist, das den beiden Knaben das Leben schenkt: es sind die feindlichen Brüder Kain und Abel. Während Brütt seine „Eva mit den beiden Kindern“ in Marmor ausführt, kommt ihm der Salome-Typus in den Sinn und wird mit den blitzenden Schwertern eine Gestalt wie ein Feuerrad. Es ist die genannte „Schwerttänzerin“. Mit dem Asmussen-Woldsenbrunnen von 1902 setzt Brütt einer Frau, der Catharina Asmussen, ein Standbild und ein Denkmal wohltätigen Geistes zugleich (Nr. 205); zu Recht wird die Bronzefigur als „Tine“ bekannt. Wie beim „Fischer“ ist die Komposition vom Milieu her aufgebaut, beinhaltet so das Charakteristische der Region und hält durch die lange Diagonale der Ruderpinne die Platzdimensionen. Bei der etwa gleichzeitig angelegten „Diana“ (Nr. 253) trägt eine Senkrechte das Werk; wie eine gegen den Uhrzeigersinn gedrehte Spirale entwickelt sich die Gestalt von der roh belassenen Plinthe und Statuenstütze her nach oben, um im winzigen Möndchen der „nächtlichen Artemis“ aufgefangen zu werden. Der Gehalt dieser Skulptur ist schwer zu fassen; gewiß klingt etwas vom modernen Erwachen des Frauenleibes an, während sich gleichzeitig Henry van de Velde und Paul Schultze-Naumburg unmittelbar für die Frauenkleider-Reform einsetzen. Brütts „Nacht“ von 1907 (Nr. 269) beherrscht die Steinmasse durch eine im Uhrzeigersinn geführte Dynamik, die den Blick über die Details hinwegzieht: Wer nimmt schon die Andeutung eines Eulenkopfes hinter dem Kopf der unteren weiblichen Gestalt wahr? Das wenig später konzipierte „Opus 100“ von 1909 (Nr. 280 u. S. 65–67) zeigt an, daß Brütts in sich geschlossene Steinkompositionen keines Namens bedürfen, sondern abstrakte Werke konkreter Form sind. Die eigengesetzlichen Formkräfte eines Werkes wie „Opus 100“ sind dabei wesentlich durch die spezifischen Materialeigenschaften des Werksteins bestimmt; zunächst gilt das für die Massenverhältnisse, die Volumina und Umrisse der Formen.

Liegt also bei einer solchen aus dem Stein entwickelten Konkretisierung der Ausgangspunkt in der Substanz des Werkstoffes, so liegt das Motiv des „Fischers“ im Milieu, in der Umwelt des Fischers begründet; von hier leiten sich die Formen her. Das ist das Dilemma dieses Kunstwerkes: durch das bloße Versetzen nach Flensburg wurde aus einem der Hauptwerke des sogenannten Norddeutschen Realismus der Berliner Nationalgalerie 1928 ein Stück Heimatkunst. Und hätte man die Skulptur auf einem Sockel in Möltenort aufgestellt, es wäre zum Denkmal der „Rettung aus Seenot“ geworden oder mehr noch – weil ein lebendes Modell zu diesem Werk, der Möltenorter Fischer Klaus Löpthien, selbst einmal ein Mädchen aus dem Wasser gezogen hatte – zum Klaus Löpthien-Denkmal. Dieses Dilemma der motivisch bestimmten Formkonkretisierung war Brütt natürlich bewußt und führte ihn von der milieubedingten Formentwicklung immer mehr zur plastischen Komposition von bestimmenden Raumpunkten und Raumverhältnissen her. Bei der „Schwerttänzerin“ fällt der Schwerpunkt der Komposition mit dem körperlichen Schwerpunkt des dargestellten Bewegungsablaufes zusammen. Auch der Husumer „Tine“ liegt eine solche abstrakte Raumkomposition zugrunde, hier, um das Standbild als Platzdominante zu verankern; daher geht die raumbeherrschende Diagonale der Ruderpinne mit dem Bodengefälle des Marktplatzes einher. Bei seinem Mommsen von 1909 (Nr. 283) kam Brütt nun auf die glückliche Idee, das Denkmal, unabhängig von außerhalb liegenden Bezugspunkten, als eine Art Stein des Weisen allein aus der Masse des Blockes auf die physiognomischen Brennpunkte hin zu entwickeln.

Die Werke Brütts sind wohl sämtlich von bestimmenden Aspekten oder Punkten her motivisch aufgebaut. Im Werkverzeichnis ist das nicht immer greifbar und darstellbar, weil nur sehr wenige Originalwerke erhalten sind. Meist ist wenig mehr als eine photographische Aufnahme erhalten, doch erkennbar ist ein sehr breit gefächertes Formenspiel, das bei den sogenannten dekorativen Bauplastiken, bei Denkmälern und anderen Auftragsarbeiten die Auswirkung bestimmender kollektiver Sphären zeigt. Da werden die architektonischen Vorstellungen der Architekten, die Wünsche von Kommissionen oder der private Charakter der Stammtischrunde wirksam. Auch diese Komponenten waren neben regionalen Rahmenbedingungen im Werkverzeichnis zu gewichten und durch Gruppierungen sichtbar zu machen.

Ohne Zweifel kennt das Gesamtwerk von Brütt auch deutlich sichtbare Entwicklungsstufen. Da ist ein erster von den Kieler Anfängen bis 1888/1889 reichender Zeitraum, dann folgen die in engem Zusammenhang mit der Herausbildung der Sezessionen stehenden Jahre von 1889 bis 1896. Der Zeitraum 1896 bis 1902 bringt die großen Bau- und Denkmalaufträge. Brütts „Fischer“ und seine Siegesallee-Gruppe „Otto der Faule“ (Nr. 179) werden damals in fast jedem Konversationslexikon abgebildet. Ein Formwandel um 1902/3 bereitete das Weimarer Wirken 1905–1910 vor. Es schließt die Vorkriegszeit 1910–1914 an, endlich das

Wirken für den Berliner Hotelier Curt Elschner und ein neuerlicher Bedeutungsgewinn 1926 durch das „Opus 1926“ (Nr. 348), das die Kieler Kunsthalle kauft und der Große Brockhaus als repräsentatives Werk der Deutschen Kunst 1929 abbildet. Kurz zuvor hatte der Amerikaner Lorado Taft in seinem Buch über moderne Skulptur wieder auf Brütts „Nacht“ von 1907 aufmerksam gemacht.

Der skizzierte Entwicklungsgang war Brütt nach Ausweis seiner Autobiographie selbst bewußt. Autobiographie und Werkverzeichnis sind in diesem Punkt gleich aufgebaut. Die Lücken sind durch den jeweiligen Vorspann im Werkverzeichnis ergänzt. Ein Aspekt wird allerdings durch die kaisertreu wirkende Autobiographie nicht deutlich: Brütt selbst ist im freisinnigen Lager anzusiedeln; die Köpfe, die er porträtierte, gehörten zum Kreis der Bismarckgegener, waren Liberale wie Ahlmann (Nr. 295), Hänel (Nr. 323), Mommsen (Nr. 283). Von daher mag sich auch die mit der Sezessionsbildung seit 1892 einhergehende künstlerische Entwicklung in Schleswig-Holstein erklären. Bald nach der Münchner Sezession konstituierte sich 1894 die Schleswig-Holsteinische Kunstgenossenschaft. Wieder waren Brütt und Olde mit dabei. Wenn man in Schleswig-Holstein das künstlerische Autonomiestreben der Provinz von Preußen mit dem freisinnigen Politiker, Kunstsammler und Leiter des Schleswig-Holsteinischen Kunstvereins von 1880–1907, Albert Hänel (1833–1918), an der Spitze fassen kann, so ist das mithin mehr als eine bloße Parallele zu den sezessionistischen Bestrebungen in Berlin und München, sondern eine kunstpolitische Bewegung verwandter Grundanschauungen. Die Emanzipation der Provinz ging einher mit der individuellen Autonomie von den Zwängen normativer Reichskunst, die den Künstler als Vermittler der politischen Geschichte maß. Daher sammelte sich bekanntlich auch 1892 in Berlin die Protestbewegung gegen die akademische Kunstrichtung in der „Freien Künstlervereinigung“, die im Folgejahr die „Freie Berliner Kunst-Ausstellung“ im Hohenzollern-Kaufhaus u.a. mit Bildern von Edvard Munch und August Strindberg eröffnete, um einen Freiraum für individuelles künstlerisches Schaffen zu eröffnen. Die aus privater Initiative kommende und ohne staatliche Mittel durchgeführte Berliner Ausstellung von 1892 wurde damit letztlich zum Vorläufer der von Maler Hermann Sandkuhl dann 1910 verwirklichten Juryfreien Kunstschau, dem allmählich zur Wirksamkeit kommenden juryfreien Forum der Klassischen Moderne der zwanziger Jahre in Berlin (mit 600 Ausstellern und 24 Mitgliedern, darunter Charles Crodel, Otto Dix, Wassily Kandinsky, Oskar Schlemmer).

In diesem langfristigen Zusammenhang ist auch der Ausbau der Weimarer Kunstschule unter Hans Olde, Adolf Brütt und Henry van de Velde seit 1902 zu sehen. Dort stand das individuelle Fähigkeiten fördernde Lehrprogramm des Meisterunterrichtes seit Gründung der Weimarer Malerschule 1860 fest. Wenn Reinhold Begas auch nur kurz in Weimar wirkte, brachte er doch die Methode der zur geistigen Beherrschung der Kunstmittel hinführenden Meisterateliers aus Weimar mit nach Berlin, wo er bis 1902 ein Akademisches Meisteratelier für Bildhauerei führte. Seine in der „Zukunft“ 1895 veröffentlichten Aphorismen machen das wohl deutlich: „Der Künstler, der nach der Natur einen bedeutenden Kopf malt oder meisselt und nicht die geistige Begabung seines Modells besitzt, wird, da er nicht im Stande ist, dessen Bedeutung zu erfassen, wohl die Formen, aber nicht den Geist seines Modells zum Ausdruck bringen können.“ Der Beherrschung von Form und Geist durch individuelle Fähigkeiten diente die Methode seiner Meisterschule, die so individuelle Talente bildete wie August Gaul, Hugo Lederer, Harro Magnussen, Walter Schott oder Louis Tuaillon. Die angedeutete kulturpolitische Entwicklung und eine charakteristische Lehrmethode gehörten 1902 zu den Voraussetzungen der Weimarer Handwerkskunstschule als Verbund von Kunstschule, Bildhauerschule und Kunstgewerbeschule.

Seit seinem Regierungsantritt 1901 hoffte Großherzog Wilhelm Ernst von Sachsen Weimar (1876–1923), Weimar zum neuen Kunstzentrum Deutschlands, zum Sammelpunkt der sezessionistischen Künstlerverbände der Einzelstaaten des Deutschen Reiches und zugleich zum Gegengewicht gegen die kaiserliche Kulturpolitik in Berlin zu machen: „Selbst ein Kaiser kann die moderne Bewegung nicht mehr aufhalten." Aus der Sicht des Großherzogs konnte dies offen ausgesprochene Ziel nur durch die wirtschaftliche Stärkung seines Landes erreicht werden. Dabei waren drei politische Ebenen zu scheiden: die innere Landespolitik im Verbund der ernestinischen Herzogtümer, die Reichspolitik im Verbund der Einzelstaaten des Deutschen Reiches und die Außenpolitik hinsichtlich der Staaten Europas und in Übersee. Chef des Departements des Äußeren und Innern sowie des Finanzdepartements war Staatsminister Dr. Carl Rothe (1848– 1921), durch den die drei politischen Ebenen auch für die Kulturpolitik des Landes bestimmend wurden und sich insbesonders in den international bedeutsamen Zentren Jena und Weimar auswirkten. Hier galten die internationalen wissenschaftlichen und künstlerischen Maßstäbe, die Rückwirkungen auf den allgemeinen Standard des Landes nicht nur versprachen, sondern auch notwendig machten, um soziale Spannungen zu vermeiden. So kam es unter der Regierung Wilhelm Ernsts zum Aufbau eines Bildungs- und Fortbildungswesens nach dem Modell der Einheitsschule, so daß sich je nach individuellen Fähigkeiten die differenzierten Zweige des Bildungssystems erschlossen. Zur allgemeinen Förderung von Handwerk, Kunst und Wissenschaft wurde großer Wert auf eine grundlegende ästhetische Erziehung gelegt, denn das hochgesteckte Ziel war eine neue künstlerische Kultur.

Im Verein mit Staatsminister Rothe band der Großherzog 1902 Hans Olde als Organisator des neuen Weimar: am 1. April 1902 wurde dieser zum neuen Direktor der nun dem Staat unterstellten Weimarer Kunstschule ernannt. Gleich nach dem Tode des Großherzogs Carl Alexander am 5. Januar 1901 hatte der amtierende Direktor, der Bildhauer Emil Friedrich Graf v. Görtz (geb. 1851), sein Amt zur Verfügung gestellt. Nachdem Leopold Graf Kalckreuth (geb. 1855) die Übernahme des Amtes abgelehnt hatte, kam Hans Olde zum Zuge.

Als nun mit Olde einer der führenden Köpfe der Sezessionskreise zum Leiter der Kunstschule ernannt worden war, trat am 15. und 16. Dezember 1903 im Oberlichtsaal des Großherzoglichen Museums für Kunst und Kunstgewerbe in Weimar die Gründungsversammlung des Deutschen Künstlerbundes zusammen und wählte den Grafen Kalckreuth zum Vorsitzenden: „Die neue Organisation hat den Vorzug, daß die Regierung mit ihr verhandeln kann, ohne durch Wort und Begriff Secession gehindert zu sein." Damit wurde die Künstlerschaft mit einer eigenen Institution der damaligen kulturpolitische Situation in der Reichshauptstadt gerecht. Gegen die Sittlichkeitszensur der Lex Heinze hatte unter maßgeblicher Mitwirkung von Theodor Mommsen schon der Goethe-Bund als Vereinigung „aller intellektuellen und künstlerischen Kräfte zum Schutze der Freiheit von Kunst und Wissenschaft" Front gemacht (1903: 10.000 Mitglieder im Deutschen Reich). Seitens der Künstlerschaft gab es jedoch bislang so wenig eine organisierte Opposition hiergegen wie gegen die Forderungen der wissenschaftlichen Gesinnungspädagogik in der Dezemberrede des Kaisers anläßlich der Einweihung der Berliner Siegesallee im Jahre 1901, die die bildenden Künste in die Pflicht einer dynastisch gefärbten Nationalerziehung genommen hatte. Freilich stand auch in Weimar der erzieherische Gedanke der Kunst in Vordergrund, nur eben mit umgekehrtem Vorzeichen: „Diese Körperanschauung ist nicht die Folge des Stiles, sondern umgekehrt der Stil ist die Folge der Körperanschauung. Nur am frei gegebenen Körper entwikkelt sich ein gesunder Kunstsinn. Wollen wir diesen und einen gesunden Stil, so müssen wir gesunden Sinn genug haben, das Nackte nicht nur zu ertragen, sondern es sehen und schätzen zu lernen"(Max Klinger). Demgemäß war der Vortrag über den Deutschen der Zukunft von Alfred Lichtwark auf dem ersten Kunsterziehungstag in Dresden Pro-

Adolf Brütt in seinem Atelier. Gemälde von Hans Olde, 1886 (Nissenhaus)

gramm. Erhofft war der künstlerische, der feinsinnige, der sportliche Deutsche.

Auch in Weimar hatte Lichtwark ein entsprechendes Signal gegeben. Der Künstlerbundgründung waren nämlich im Oktober 1903 die Weimarer Kunsterziehungstage vorausgegangen, und im Sinne seines Freundes Hans Olde hatte Lichtwark dabei die Einheit der künstlerischen Erziehung dargelegt. In diesem Sinne wurde an der Weimarer Handwerkskunstschule die systematische Lehre der Naturklassen zum Grundunterricht, der die Elementarkräfte von Linie, Form und Farbe vermittelte (vgl. S. 240). Dem Zeichnen nach der Antike, nach Naturabguß, nach Tier und Pflanze, folgte gründliches Aktststudium, denn es sei unerläßlich, „daß das Auge der Schüler zunächst für Linie, Form und einfache Farbe genügend geübt werde..." Dieser Grundkurs führte zur praktischen Arbeit, um die Kunstmittel beherrschen zu lernen. Nach eigenen Entwürfen entstanden in der 1905 neu eingerichteten Lehrdruckerei Plakate oder Buchschmuck, und öffentliche Bauaufgaben boten die Möglichkeit, zusammen mit Handwerkern die architektonischen Abhängigkeiten und organisatorischen Voraussetzungen durch praktische Arbeit zu erfahren.

Nach ihren Fähigkeiten eröffnete sich den Schülern der Weg in eine der drei Abteilungen der Handwerkskunstschule: die Kunstschule mit freier Wahl eines Fachlehrers für Figuren-, Landschafts- oder Tiermalerei, die Kunstgewerbeschule oder die Bildhauerschule. Im Anschluß an das allgemeine Grundstudium war es z.B. in der 1905 eingerichteten Lehrdruckerei möglich, Gesellenbriefe zu erwerben oder sich für den Schuldienst vorzubereiten. Die abschließende Meisterabteilung bot die selbständige Arbeit unter Leitung der betreffenden Lehrer. Hierzu standen eigene Schülerateliers für das Modellieren und die Steinbearbeitung zu Verfügung, dann die speziellen Werkstätten, die Kunstgießerei und der keramische Brennofen. So konnte man sein Studium an der Weimarer Bildhauerschule als Kunstbildhauermeister abschließen, wie es für Bernhard Sopher überliefert ist.

Kunst und Handwerk sollten in Weimar im Zusammenwirken von Olde, Brütt und van de Velde wieder vereint sein und die durch den sogenannten Akademismus aufgetretene Kluft zwischen idealistischer Kunst und Handwerk überbrücken. Daher umfaßte auch die von der handwerklichen Beherrschung der Kunstmittel ausgehende Lehre der Maler einen maltechnischen Unterricht zur Beherrschung der Pigmente bis zum Architekturanstrich hin. Zunächst hatte im November 1902 Paul Schultze-Naumburg (geb. 1869) den Ruf an den neuen Lehrstuhl für Maltechnik angenommen, der dann aber bald von dem Ophthamologen Eduard Raehlmann übernommen wurde, welcher sich auf die Wechselwirkung von Farbempfindung und Maltechnik spezialisiert hatte. Offensichtlich strebte Olde in allem die Beherrschung der Psychophysik der Kunstmittel an, wie am Beispiel der im Schullaboratorium produzierten Weimarer Malerfarbe deutlich wird: Arthur Illies zeigte Anfang 1908 im großherzoglichen Museum für Kunst und Kunstgewerbe in Weimar seine meist mit der neuen Weimarer Farbe gemalten Landschaftsbilder von der Kieler Förde. Eduard Raehlmanns 1910 erschienenes Buch über die „Maltechnik der Alten" wie seine Vorträge z.B. auf dem Kongreß zur Bekämpfung der Farb- und Malmaterialen-Fälschungen 1908 in München werfen weiteres Licht auf die mit der Weimarer Kunstschule verbundene Erforschung der Malmittel.

Von der „Handwerkskunstschule" ist in den Archivalien des Weimarer Staatsarchivs immer dann die Rede, wenn von den beiden Gebäuden der dem Departement des Großherzoglichen Hauses und des Kultus unterstehenden Kunstschule (Kunstschulstr. 8), der Kunstgewerbeschule (Kunstschulstr. 7) sowie der Bildhauerschule (Kunstschulstr. 7) die Rede ist. Die vor allem vom Staatsminister Rothe gewählte Bezeichnung trifft das Wesen des inneren Aufbaus, denn es handelte sich nicht um herkömmliche Kunstschulen mit akademischem Unterricht, sondern um drei von Künstlern geleitete selbständige Abteilungen oder besser: Produktivbereiche mit angeschlossenen Laboratorien und Werkstätten unter Leitung spezialisierter Werkmeister.

Von vornherein war die Einbindung der durch Henry van de Velde seit 1902 im „Kunstgewerblichen Seminar" fortgeführten Tätigkeit der damals schon über zwanzig Jahre bestehenden „Großherzoglich Sächsischen Zentralstelle für Kunstgewerbe" sichergestellt. Zum Leiter der neuen Bildhauerschule hatte Olde auch Louis Tuaillon nach Weimar zu ziehen versucht, um endlich Brütt zum Kommen zu überreden, der anscheinend schon 1903 bei der Beratung der ersten Kunstschulpläne mitgewirkt hatte.

Die Weimarer Bildhauerschule wurde am 1. November 1905 zum Wintersemester 1905/1906 eröffnet. Brütt kam als Leiter dieser selbständigen Abteilung von Oldes Handwerkskunstschule vom Handwerk her und kam mit vier Berliner Schülern nach Weimar, so daß die produktive Arbeit der Meisterateliers sofort beginnen konnte. Bereits der Bericht der Kunstschule für den Zeitraum vom 15. Oktober 1906 bis zum 23. März 1907 zeigt innere Verbindung der neuen Institutionen: „Den Schülern der Herrn Professoren Brütt und Van de Velde wurde die unentgeltliche Teilnahme an den Vorträgen und am Abendakt gestattet; wogegen sich die genannten beiden Professoren verpflichteten, den Studierenden unserer Anstalt freie Correctur im Modellieren zu geben, resp. Vorträge in unserer Anstalt zu halten." Der Anstoß kam zunächst von den Schülern: „Mehrere unserer Schüler haben den Wunsch ausgesprochen, zu modellieren; auch hat sich Herr Professor Ad. Brütt bereit erklärt, die Correctur zu übernehmen." Wenig später wurde die Funktionsfähigkeit der Gießerei der Bildhauerschule durch die Einstellung eines Ziseleurs ergänzt: „Ferner wollen wir nicht unerwähnt lassen", schrieb Hans Olde am 12.7. 1907 an das Hofmarschallamt, „daß es nicht wünschenswerth, sondern unbedingt notwendig ist, daß ein Ciseleur angestellt werde, wie solches von vornherein geplant wurde; doch sollte derselbe von Herrn Prof. van de Velde aus den ihm zur Verfügung gestellten Geldern besoldet werden." Im Rahmen der Weimarer Bildhauerschule ist zwischen Form- und Werkmeister unterschieden. Die durch selbständige Arbeit finanzierte Kunstgießerei leitete seit Ende 1905 als Werkmeister der Gießereimeister Emil Schmidt. Als Ziseleur wurde Egon Dinkloh eingestellt. Hinsichtlich der Steinbearbeitung übernahm Brütt beide Funktionen eines künstlerischen und eines handwerklichen Meisters.

Wie intensiv dann in Weimar der Zusammenhang zwischen Material und Formwirkung studiert wurde, zeigt die mit einigen Meisterschülern unternommene Ägyptenreise von 1907, die sich mit der durch Hartsteinqualitäten bedingten Formgebung auseinandersetzte. Desgleichen beschaffte Max Weinitschke aus Südafrika Marmorsorten, um sie im Rahmen des Lehrbetriebes auf ihre Form- und Wirkungsqualitäten hin zu untersuchen. In dem am 24. März 1908 abgeschlossenen Arbeitsvertrag von Henry van de Velde ist dann neben der Übertragung der Leitung der Kunstgewerbeschule zum 1. April 1908 das Verhältnis zur Bildhauerschule festgeschrieben: „Die übrigen Arbeitsräume dienen, soweit sie nicht dem Professor Brütt als Privatateliers und Bildhauerwerkstätten oder dem Hausmeister als Dienstwohnung überwiesen sind oder endlich zu Verwaltungszwecken benutzt werden, zu Zwecken der Großherzoglichen Kunstgewerbeschule und des kunstgewerblichen Seminars." Aus dem Kunstgewerblichen Seminar war als dritte Abteilung des auf curriculare Differenzierung angelegten produktiven Verbundes die von Henry van de Velde geleitete Kunstgewerbeschule hervorgegangen. Damals wurde neben der Gießerei der keramische Brennofen eingerichtet, womit sich für die Weimarer Bildhauerschule im Verein mit Ernst Barlach, Richard Scheibe und Gerhard Marcks die Zusammenarbeit mit den im Herbst 1908 gegründeten Schwarzburger Werkstätten für Porzellankunst eröffnete. 1908 begann auch die Reorganisation des gewerblichen Bildungswesens. Paul Klopfer (geb. 1876) wurde nach Weimar gezogen, der sich nach der Reorganisation der Stuttgarter Gewerbeschule für die Erneuerung des Bau- und Gewerbeschulwesens empfehlen konnte; ihm wurde die Leitung sowohl der Großherzoglichen Baugewerkenschule wie der Gewerbeschule anvertraut.

Die Hauptleistung von Hans Olde von 1902 an bis zu seinem Weggang 1910 als Direktor der Kasseler Akademie war der zielgerichtete, geschickte Ausgleich zwischen den divergierenden Interessen und Anschauungen. Es war erreicht worden, daß der Deutsche Künstlerbund als Verband der Sezessionen mit staatlichem Segen in Weimar gegründet werden konnte, es war ein geschickt gezimmertes Gefüge einer Handwerkskunstschule unter einem Dach entstanden, das auch auf das Bauwesen durch das Privatatelier Henry van de Veldes oder durch die Zusammenarbeit mit Bruno Röhr seinen Einfluß geltend machen konnte.

Die Auseinandersetzungen um die Ausstellung des Deutschen Künstlerbundes von 1906 setzten dem anfänglichen Frieden ein Ende, und es kam während einer Indienreise des Großherzogs zum Rücktritt des 1902 zum Direktor des neuen Museums für Kunst und Gewerbe berufenen Harry Graf Kessler wegen der dabei gezeigten Zeichnungen Rodins. Für Brütt ging es bis etwa 1908 gut, wie man an seinen gültigen Werken wie dem „Opus 100“ (Nr. 280) ablesen kann. Aber Weimar war nicht die Großstadt Berlin. Die gemeinsame Arbeit von Bildhauern und Bildhauerinnen vor dem Akt, das Verhältnis von Meister und Modell wurde zum Problem – auch für die neuen Figurenmaler, nachdem man zuvor in Weimar nur Landschaftsmaler gewohnt gewesen war. Überdies wurde die Beziehung zu seiner Schülerin Franziska von Seeger auch für Brütt selbst zum Konflikt – jedenfalls legt die Andeutung der Autobiographie, daß ihn in seinem 50. Lebensjahr „das Verhängnis“ ereilt habe (S. 54), es nahe, die „Nacht“ von 1907 (für die Franziska von Seeger Modell gestanden hat) autobiographisch zu deuten.

Derart waren die Komplikationen, an denen nicht nur Brütt und Olde scheiterten, sondern auch der Maler Sascha Schneider. 1910 verließen die beiden Freunde Weimar. Weder der Großherzog noch sein Hofmarschall Hugo Freiherr v. Fritsch konnten Brütt halten. Er verlor damals ohne Zweifel sein inneres Gleichgewicht und versuchte es auf der Jagd wiederzufinden, während Olde sich erst einmal nach Seekamp zurückzog, ehe er dem Ruf nach Kassel folgte. Weder Brütt noch Olde haben sich je wieder ganz vom Scheitern ihrer gemeinsamen Arbeit in Weimar erholt.

Das in Weimar nach außen hin kaum sichtbare Wirken des Großherzogs führte auch noch lange nach dem Weggang von Brütt und Olde zur Kontinuität. Nach den unglücklichen Spannungen zwischen Henry van de Velde, Brütts Nachfolger Gottlieb Elster und Oldes Nachfolger Fritz Mackensen war schließlich für den Fortbestand des produktiven Verbundes dadurch gesorgt, daß Wilhelm Ernst, zwischen den Architekten August Endell (1871–1925) und Walter Gropius (1883–1969) wählend, sich für letzteren entschied und so die Folgegeschichte einleitete: das Weimarer Bauhaus als abermalige Vereinigung der 1910 zur Kunsthochschule erhobenen Kunstschule und der Kunstgewerbeschule unter einer Leitung.

DIE AUTOBIOGRAPHIE

Nach einer eingangs gemachten Bemerkung von Brütt scheint die hier erstmals im Druck vorgelegte Autobiographie auf eine verlorene Urschrift zurückzugehen. Der Anlaß für die abermalige Niederschrift 1925 dürfte der 70. Geburtstag gewesen sein, gefärbt hat sie jedenfalls ein damals eingegangenes Glückwunschtelegramm des früheren Kaisers Wilhelm II. Die Originalniederschrift von 1925 vernichtete Brütt nach dem Tod seines Sohnes Hans (1933), für den sie bestimmt gewesen war. Im Husumer Nachlaß sind nur zwei Abschriften erhalten: eine vielleicht 1933 angefertigte Handschrift von Pauline Ulrike Hahn, einer Kusine von Brütts Frau, mit eingeklebten Illustrationen und Photos sowie nach 1933 angefügten kleineren, bis Dezember 1938 reichenden Ergänzungen von Brütt selbst. Der Abdruck folgt der erhaltenen Handschrift von insgesamt 212 Seiten, die bis auf ein fehlendes Blatt vollständig überliefert ist.

Die Autobiographie zeigt den Aufstieg vom mittellosen Halbwaisen, der Künstler werden will und sich, zunächst von einem Kieler Stipendium unterstützt, mit handwerklichem Können durch gezielte Selbsterziehung als Einzelgänger durchsetzen kann. In drei Teilen werden zunächst die Lehrzeit und erste selbständige Arbeit bis zur Verlobung 1883 nahezu durchgehend jahresweise dargestellt, an den kursorisch dargestellten Zeitraum 1883–1904 schließen als dritter Teil die Schilderung der Weimarer Zeit und das Wirken in Berlin bis zum Ersten Weltkrieg an. Hiernach ändert sich die Darstellungsweise, in einem vierten Teil wird wieder jahresweise berichtet, Nachträge führen den Text nach 1925 manchmal tagebuchartig bis 1932 weiter. Hier wiedergegeben ist die Autobiographie von 1925 einschließlich eines bis 1927 reichenden Anschlußtextes, mit zunehmender Beschränkung auf diejenigen Partien, die für die Geschichte und das Verständnis von Brütts bildhauerischem Werk von Belang sind. Die wenigen später noch folgenden aufschlußreichen Äußerungen sind in den betreffenden Abschnitten des Werkverzeichnisses zitiert.

Die Parallelentwicklung von Brütt und Olde ist im Bericht der Autobiographie insgesamt nur gestreift, wenig ist über den Berliner Mitarbeiter- und Schülerkreis zu erfahren. Stark wirkt das letzlich gescheiterte gemeinsame Wirken mit Olde in Weimar nach; aus einem Brief von Brütt an die Ehefrau des großherzoglichen Hofmarschall Freiherr v. Fritsch 1912 geht hervor, daß Brütt im letzen Jahr der Weimarer Zeit seelisch völlig aus dem Gleichgewicht geraten war. So erklärt sich wohl die oberflächliche Darstellung des so wichtigen Zeitraums 1905–1910. Das Verhältnis zum Kaiserpaar ist ausführlich dargestellt, die Rückwirkungen auf die Position Brütts in Weimar und Berlin aber nur beiläufig gestreift. Immerhin ist durch die Autobiographie der Hintergrund der künstlerischen Positionskämpfe kurz vor dem Ersten Weltkrieg insofern erhellt, als sich dort der sonst nirgendwo überlieferte Hinweis auf die zentrale Position von Dr. Abraham Römer findet, dem Herausgeber der „Correspondenz für Kunst und Wissenschaft" (Charlottenburg, Mommsenstr. 58). Starken Einfluß auf die Darstellung hat der wirtschaftliche Ruin Brütts von 1923, der ihn zum Rückzug in das Jagdhaus in Bad Berka zwingt. In der Stimmung ergibt sich so eine gewisse Parallele zu den Erinnerungen von Walter Schott (Nr. 366), die unter dem Titel: „Ein Künstlerleben und gesellschaftliche Erinnerungen aus kaiserlicher Zeit" 1930 in Dresden erschienen und in denen sich ähnlich die damaligen Orientierungsschwierigkeiten und Wertprobleme zeigen.

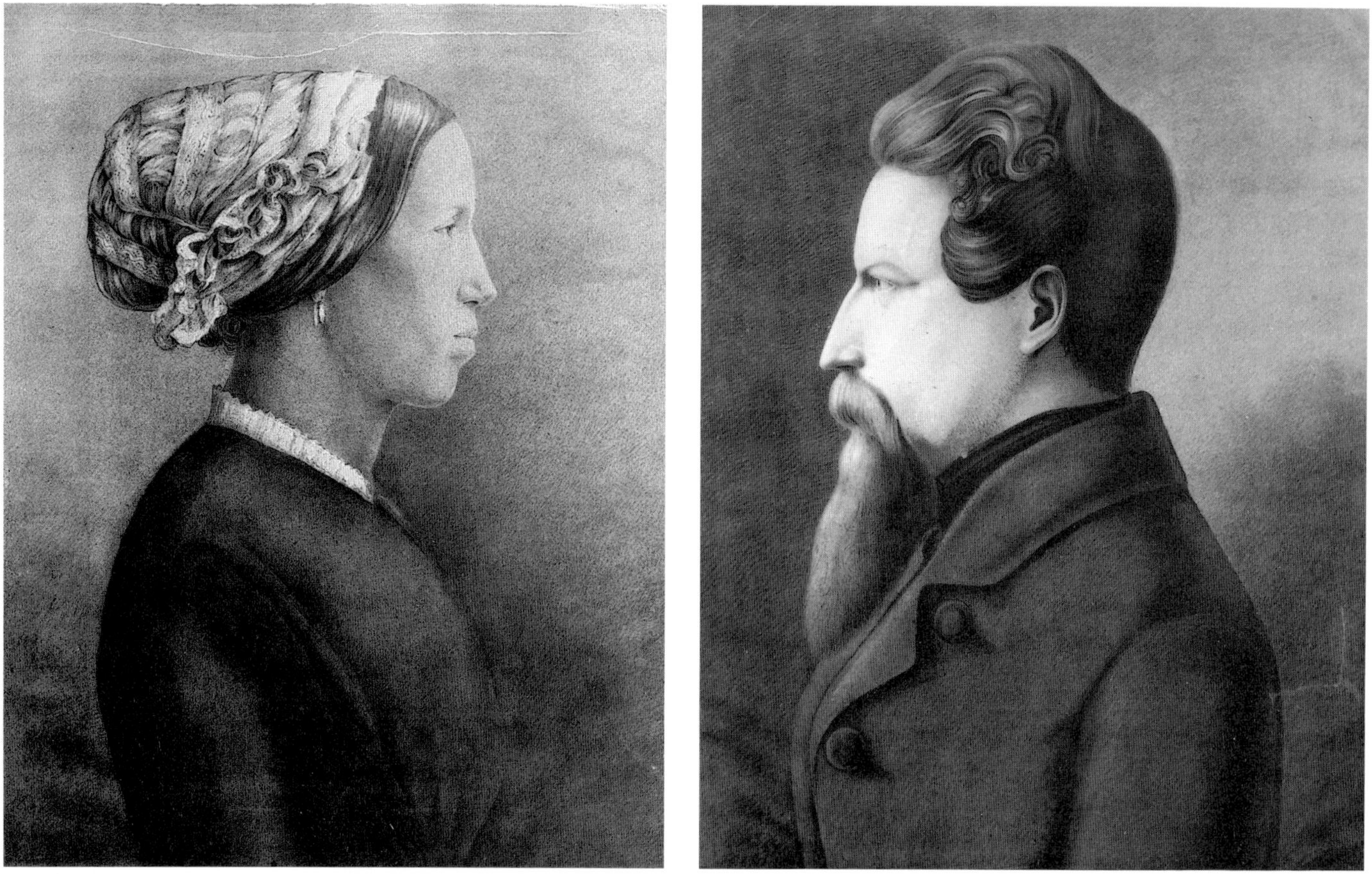

Brütts Eltern. Kreidezeichnungen von Friedrich Brütt (Nissenhaus)

Selbstbiographie

Meinen lieben Söhnen Hans und Kurt zur freundlichen Erinnerung

Bad Berka 1925

So will ich denn versuchen, einen Teil dessen, was ich noch aus meinem langen Leben erinnere, abermals, so gut ich es noch vermag, niederzuschreiben.

Auch ich wurde, ohne gefragt zu werden, am 10ten Tage des Wonnemonats Mai, in dem miserablen Weinjahr 1855 zu Husum, der grauen Stadt am Meer, ins Leben geworfen; und da lag ich denn plötzlich im Licht der Sonne, ebenso unzufrieden, braunrot, verschrumpelt aus verquollenen Blauäugelein in die Welt blinzelnd wie alle andern auch, denen solche Rücksichtslosigkeit passierte, wurde aber trotzdem für ein süßes Geschöpf erklärt. Natürlich waren auch bei mir für dieses rätselvolle Geschehen, wie es das Gesetz verlangt, ein Vater und eine Mutter verantwortlich, denen ich diese verzeihliche Glanzleistung bis jetzt aber keineswegs verargt, sondern, ihnen dankbar, mich dieses Geschenkes nach Kräften erfreut habe.

Ich benutze nun die Zeit bis zu meinen ersten Erinnerungen, um, wie es sich für eine richtige Selbstbiographie gehört, einiges über Ahnen und Vater und Mutter in Kürze zu berichten.

Mein Vater, Barthold Friedrich Brütt, geboren 9.10.1816 in Elmshorn, ist ein Enkel des Barthold Brütt, der etwa 1700 aus Hadeln nach Ditmarschen übersiedelte, und dieser ist wieder ein Enkel eines Barthold Brütt, der 1670-1737 lebte. Dieses Geschlecht, das Kurt in fünfundzwanzigjähriger Mühe bis 1330 zurückverfolgte,[1] saß laut Urkunde im Staatsarchiv Hannover in der Gegend von Altenbruch im Ländchen Hadeln links der Elbmündung mit Peter und Johann Brütte. Dann 1385–1427 Martin Brütte mit Wappen und 1529 Barthold Brütte. Die Wappensiegel sind an Verkaufsurkunden im Stift Bremen. Das mag hier genügen.

Also mein Vater besuchte in Kopenhagen die Kunstakademie und wahrscheinlich die Kgl. Porzellanfabrik; denn neben Miniaturbildnissen auf Elfenbein und Porzellan, von denen wir noch einige recht feine Sachen besitzen, verlegte er sich auf Porzellanmalerei in jeder Form; denn er hatte geheiratet und sich in Husum niedergelassen mit meiner Mutter, Marie Wilhelmine Friederike Andresen, geb. den 21.10.1822 in Rendsburg.

Diese beiden sehr glücklichen Menschen hatten sich ein hübsches Heim geschaffen, und der Vater nahm sich vor, nach einer kurzen Geschäftsreise all die hübschen Möbel gegen Feuer zu versichern. – Aber welch ein Anblick bot sich ihm dar bei seiner Rückkehr! – – halb Husum war abgebrannt mitsamt seiner Wohnung, und seine junge Frau fand er notdürftig bekleidet mit ihrem Erstling an der Brust in einer Gastwirtschaft unter vielen anderen Obdachlosen; aber sie hatte als ihren größten Schatz nichts weiter gerettet als ein lebensgroßes Selbstbildnis ihres Mannes in Kreidezeichnung.[2]

Tapfer fingen sie wieder von vorne an; aber die Zeiten waren so elend, daß sie nicht recht vorwärtskommen konnten und dann mit ihren drei Kindern, mich inbegriffen, Husum verließen und auf dem Umwege über Odensee auf der Insel Fünen 1858 in Kiel landeten.

Inzwischen hatte um 1856 Daguerre das Lichtbild erfunden, was meinen Vater veranlaßte, Photograph zu werden.[3] Als solcher brachte er es in wenigen Jahren zu einem für damalige Zeiten sehr hübschen Vermögen, das ihm aber zwei Gauner, der Advokat B...d und ein Jude Grüne durch einen Hauskauf abschwindelten. Am Tage seines völligen Bankerottes starb er im Jahre 1866.[4]

Nach dieser Abschweifung kehre ich zurück zu meiner

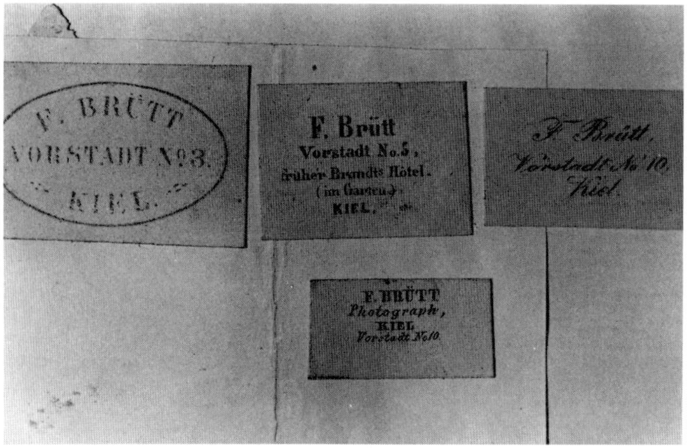

Visitenkarten von Brütts Vater aus seiner Kieler Zeit als Photograph

Kindheit, aus der ich erst in Kiel, so aus dem vierten Jahre, einige Belanglosigkeiten erinnere; Spielereien, Prügeleien, Unarten, allerlei kleine Nöte, Weihnachten, Spielsachen und einen Hof mit Wagen, Pferden und prachtvollem Mist. Eine schwarz geteerte Planke[5] mit scharfen Eisenspitzen, an denen eines Tages ein kleiner Junge blutend und entsetzlich schreiend beim Hinüberklettern aufgespießt war, sintemalen in solche menschenfreundliche Vorrichtungen stets nur Unschuldige und nie Verbrecher hineingeraten. – Dann beging man die Rohheit, uns kleine Würmer bei einer Ochsenschlachterei von einem Wagen aus zuschauen zu lassen. Infolgedessen werde ich immer noch im Traume bis zum Alp von dergleichen schauderhaften Dingen heimgesucht, und ein Metzgerladen ist mir geradezu widerlich. – Mir waren andere Dinge interessanter. So z.B. sammelte ich eines Tages in einem alten Gefäß die Exkremente von Pferden, Kühen, Schafen, Hühnern, Hunden und Menschen, um zu sehen, was daraus würde, wenn ich das alles hübsch durcheinander rührte, und war höchst erstaunt, daß das Ergebnis dieser Mühe auch nur Dreck war.

Inzwischen waren meine lieben Eltern nicht müßig gewesen und hatten zu uns dreien noch drei kleine niedliche Geschwister in die Welt gesetzt, worüber ich keineswegs sehr erfreut war; denn damals lag man noch in der Wiege, und ich als der Jüngste von den ersten dreien mußte wiegen, was ich denn auch so gewaltsam fertigbrachte, daß mein kleines holdes Schwesterchen eines Tages im Bogen herausflog und ich Keile bekam.

Dann Winter, Schlittenfahren im Peekschlitten,[6] eine feine Sache.

Und dann Scharlach! Alle sechs lagen wir schwer danieder. Die beiden Jüngsten starben zuerst, und dann der älteste Bruder infolge schwerer Nachkrankheiten; sogar ein Bein mußte ihm abgenommen werden. Auch ich hatte Wassersucht und erinnere noch mit Schaudern das Schwitzen, nackt in kratzenden, entsetzlich juckenden Wolldecken. Dafür gab es aber auch Ei mit Zucker verrührt u.s.w.

So blieben nur meine etwas ältere Schwester, ich und Bruder Willy übrig.

Nun aber kam der Ernst des Lebens in Gestalt von Onkel Fischer, dem Lehrer, der mit einem schwarzen, blumenbestickten Käppchen, langem Schlafrock und langer Pfeife behaftet war und uns das a b c beizubringen versuchte, wobei ihm liebe, etwas ältere kleine Mädchen zu unserer Freude halfen. – Dann ein semmelblonder kleiner Knabe, der das „w“ nicht aussprechen konnte, sondern statt „Schwan“ z.B. „Schman“ sagte und sich obendrein einmal auch semmelblond in die Höschen machte zu allgemeiner Freude. – Dann Übersiedelung in unser eignes Haus, das dort in der Holstenstrasse lag, wo später die Reichshallen entstanden.[7] Darauf in unserem schönen Garten ein kurzes romantisches Kinderglück. Prachtvolle Überschwemmungen, die fußhoch in unsere Parterreräume eindrangen u.s.w. – Inzwischen wurde ich Zeuge zweier historischer Ereignisse: Als 1864 Preußen und Österreicher den Dänen den Krieg erklärten, zogen letztere Tag und Nacht durch Kiel, um von dort über Neumünster nach ihrem Norden zu entweichen.[8] Es war ein sehr schneereicher Winter, so daß wir Jungens auf dem Hofe von Schirmmacher Andresen, wo wir damals wohnten, und wo der Vater sein schönes Atelier hatte, eine feine Schneehütte aus zusammengerollten Schneemassen, eine große Schneeburg, bauen konnten. Bei dieser herrlichen Arbeit störte uns plötzlich der Ruf: „De letzten Dänen treckt aff!“[9] Wir also im Laufschritt vor und sahen sie stumm und finster vorbei nach dem Bahnhof ziehn. Kaum aber waren die letzten vom Markt weg, als auch schon hinter ihnen eine blauweißrote Fahne[10] herausflatterte. Dann das Kommando: „Halt! Kehrt! ladet das Gewehr!“ aber schon verschwand die Fahne, und der Marsch ging weiter.

Überraschend schnell danach marschierten die famosen Österreichischen Jäger ein, die mit größtem Jubel und Fahnengeflatter empfangen wurden. Wir Jungens, sofort mit blauweiß-roten Kokarden an den Mützen, hängten uns wie berauscht an die Hände der Soldaten und marschierten tapfer mit. – Anders erging es dem alten guten König W[ilhelm] I, als er nach der Annexion Schleswig-Holsteins, 1868 glaube ich, zum erstenmal nach Kiel kam. Seine Fahrt vom Bahnhof durch die Holstenstraße nach dem Schloß, die mit seinem Gefolge eine längere Wagenkette darstellte, geschah bei völliger Stille. Weder Menschen noch Fahnen waren sichtbar. Wir haßten die verdammten Preußen natürlich von Herzen, standen aber trotzdem hinter Türen und Straßenecken versteckt und wagten uns erst, nachdem der letzte Wagen vorbei war, mit dem Rufe: „Kuckuck, Kukkuck“, womit wir den preußischen Adler meinten, hervor. Es war großartig. – Der König soll aber geäußert haben: „Ich denke, man wird mich später mit Jubel empfangen.“ Und so kam es denn auch bei der Grundsteinlegung des Nord-Ostsee-Kanals.[11]

Mein Vater ist mir als ein stiller, schöner Mann erinnerlich, der sich wenig um unsere Erziehung kümmerte, was er meiner Mutter überließ. Zu ihm kam ich einmal, als ich mit meiner Zeichnerei nicht weiter konnte, um ihn um seinen Rat zu bitten, den er mir mit plötzlich erwachtem Interesse sehr liebenswürdig erteilte und mir zu meinem Entzücken zeichnerische Vorlagen schenkte und mir das Schraffieren zeigte. Jetzt hatte ich die Sache bald heraus und arbeitete emsig, um ihm zu Weihnacht mit einer feinen Bleistiftzeichnung vielleicht zum erstenmal eine Freude machen zu können. Diese Weihnacht war die schönste meines Kinderlebens, und ich sehe ihn noch mit unserem jungen Hausfreund, dem Studenten Eduard Sachau,[12] dem nachmaligen Professor der orientalischen Sprachen an der Universität Berlin, wie er sich mit diesem über meine Zeichnung erfreut unterhielt. Das beglückte mich so tief, daß ich ihn plötzlich liebte und verehrte.[13]

Im übrigen war ich ein eigenbrödliger, mitunter auch jähzorniger Bursche. Eines Abends waren meine Eltern ausgebeten; da reizte mich wohl unser Fräulein so sehr, daß ich wütend die Öllampe vom Tisch schlug, worauf mich Scham und Angst so packten, daß ich im Bett den lieben Gott inbrünstig bat, mich vor Prügel zu bewahren, was er denn auch tat. Und das ist das einzigste Mal in meinem Leben, daß ich betete. Religionsunterricht und zur Kirche gehn, war mir höchst lästig. Das mag wohl an dem langweiligen Religionsunterricht gelegen haben, in dem wir, anstatt daß Gemüt und Seele angeregt wurde, mit Abraham und Isaak und nachher mit dem ledernen Katechismus geplagt wurden. Na, überhaupt. –

Mein lieber Vater wurde durch seine Zuckerkrankheit genommen[14]... [Blatt 15 und 16 fehlen in der Handschrift]

Und nun begann mein sogenannter Werdegang. Bevor ich diesen aber betrete, möchte ich noch ein wenig meines lieben Freundes Hans Olde[15] gedenken, der leider zu früh erlöschen mußte, dessen Freundschaft meine recht trostlose, dürftige Jugend erfrischte und belebte.

Hans Olde kam plötzlich von Hamburg her in unsere Klasse; er war zwölf Jahre alt und nur zehn Tage älter als ich. Nachdem wir unsre Kräfte, wie sich das für ordentliche Jungens gehört, ein wenig aneinander gemessen hatten, wurden wir Freunde, was dadurch begünstigt wurde, daß wir

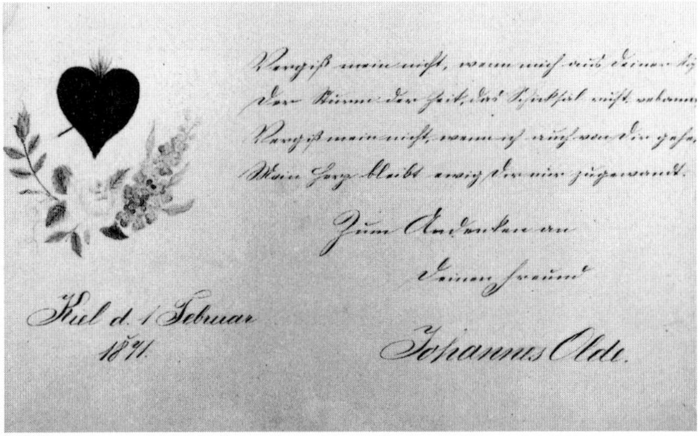

Hans Oldes Eintragung in das Poesiealbum Brütts:
„Vergiß mein nicht, wenn mich aus Deiner Nähe
Der Sturm der Zeit, das Schicksal ruft, verbannt.
Vergiß mein nicht, wenn ich auch von Dir gehe.
Mein Herz bleibt ewig Dir nur zugewandt.
Zum Andenken an
Deinen Freund
Kiel, d. 1. Februar 1871 Johannes Olde"

immer nebeneinander saßen, so ganz dahinten, von wegen unserer großen Begabung. Er als Gutsbesitzerssohn war immer fein gekleidet und verkehrte anfangs außerhalb der Schule nur mit seinen Standesgenossen, denn ich in meiner dürftigen Kleidung hielt mich begreiflicherweise von diesem Verkehr zurück. Da geschah es aber eines Tages in der Pause, daß er mir von einem anderen Schüler gegen meine lässig abwehrende Hand geschleudert wurde, was Aderzerreißung und schmerzhafte Sehnenzerrung zur Folge hatte. Das tat ihm ja sehr leid, und er war lieb besorgt um mich, und um mir sein Mitempfinden zu beweisen, lud er mich zu seinem Geburtstag nach dem Gute seines Vaters ein. Das lag hinter Friedrichsort und hieß Seekamp.[16] So gut wie möglich ausstaffiert, mit tadellos gewichsten Stiefeln erschien ich in dieser feinen Gesellschaft in großer Befangenheit, denn dergleichen hatte ich doch noch nie erlebt, und entwickelte trotzdem, bei all den köstlichen Dingen, die es dort verschwenderisch gab, einen recht unbefangenen Appetit. Nach der Schokolade stürmte die männliche Jugend in den Garten und kam rechtzeitig, um der kleinen Schwester Minna,[17] die in ihrem neuen weißen Spitzenkleidchen und lang hervorhängenden Spitzenhöschen in den Hausgraben gefallen war, herauszuhelfen. – Wir Jungens durften nun einer nach dem andern auf dem dicken Ackergaul „Lempfuchs" um den großen Rasen reiten, der sich vor dem Hause ausbreitete. Die andern, meist schon gute Reiter, brachten dieses Kunststück sehr fein fertig; aber mit mir als dem letzten, der nie den Rücken eines Pferdes berührt hatte, trollte der Wallach, weil ihm die Sache zu dumm wurde, einfach zum Gaudium der Zuschauer in den Stall auf seinen Stand. – Trotz dieses kleinen Mißgeschicks war dieser Tag für mich ein herrliches, unvergeßliches Glücksereignis, und von diesem Tage an – es mag im 13. – 14. Jahre gewesen sein – wurden wir Freunde fürs ganze Leben. — Dann war ich fast in allen Schulferien dort draußen und Seekamp wurde mir zur zweiten schönen Heimat. Wir waren dort stets restlos glückliche Menschenkinder. Auch große Idealisten und leidenschaftliche Tänzer waren wir und hielten jeden Leierkastenmann stundenlang fest, um mit Schwester Minna und deren Freundinnen zu tanzen. Unser Idealismus hielt uns aber nicht ab, mitunter recht bedenkliche Bubenstreiche zu machen, und in Kiel lernten wir bald auch das Kneipen in einer Schülerverbindung „Barbaria". Damals war ich aber schon Lehrling der Kunst, und so als einzigster „Künstler" malte ich die Barbaria halb nackt, sitzend mit dem Wappenschild in der Hand, auf Pappe mit Ölfarbe; ganz nackt wagte ich es damals noch nicht. Das war natürlich ein wunderschönes Bild, und unsern verständnislosen Wirt hätten wir damals beinahe gelyncht, weil er in verächtlichem Ton meinte: „De Deern kann'n jo mit de Pietsch mären dörch hauen"[18]. Sie mag ja wohl etwas schlank in der Mitte gewesen sein; aber das war damals doch Mode.

Natürlich kam für Hans und mich bald auch die köstliche Zeit der ersten Liebe. Die beiden wirklich reizenden Mädel aus guter Familie hießen beide Karoline, und da solches bald bei den andern Kameraden ruchbar wurde, nannten sie uns „die Karolinger", dann auch „die Unzertrennlichen". Die Holden waren im fünfzehnten und wir im sechzehnten Jahre. Sie liefen mit uns Schlittschuh und trafen sich mit uns einige Male im Mondenschein dort draußen in den Gärten, um dort liebliche keusche Kinderküsse mit uns zu wechseln. Wir Knaben aber schämten uns und glaubten gemein zu sein, weil sich bei solchen Zusammenkünften unsere junge Männlichkeit unverschämt meldete.

Natürlich dauerte dieses reizende Glück nicht lange, denn die Mädel waren vernünftiger als wir, und als Hans und ich uns dann einmal im Schloßgarten trafen, zog jeder einen kleinen zierlichen Brief aus der Tasche, und siehe, in beiden wurde uns mit wenigen ungeschickten Worten der Abschied gegeben. Tief erschüttert fielen wird uns in die Arme und schlichen einige Tage todtunglücklich umher mit tiefem Weiberhaß im Herzen, der aber glücklicherweise bald neuen Liebschaften weichen mußte. – Ich muß hinzufügen, daß unsere Freundschaft trotz der Innigkeit nie auch nur den – – – – –; dergleichen lag uns auch im späteren Leben völlig fern.

„Der Junge muß Künstler werden", sagten die klugen Tanten, „denn er zeichnet ja ganz nüdlich und macht ‚Glaube, Liebe, Hoffnung' ganz entzückend aus Elfenbein und Bernstein". Nämlich in der Form von Kreuz, Herz und Anker, die an einem Bändchen um den Hals, oder an der Uhrkette getragen werden konnten, großartig! es kam aber kein Liebhaber.

Na also kurz und gut, der Steinbildhauer Müllenhoff am Sophienblatt[19] nahm mich als Lehrling auf für die Dauer von vier Jahren und bei wöchentlichem Lohn von *drei Mark*. Ich wohnte zu Hause und mußte mich selber beköstigen.

So kam ich denn dort an mit einer Hose aus englischem Leder und mit einer blauleinenen Steinmetzschürze um die schmalen Hüften; auch hatte ich vorschriftsmäßig derbe Holzpantoffeln an den Füßen, natürlich Schürze und Pantoffeln nur in der Werkstatt. Meine erste und ständige Pflicht war das Einkaufen von Schnaps, Käse, Wurst und sonstigen Leckerbissen zum Frühstück für die Herren Gesellen. Ich saß dann bescheiden in einer Ecke und zermalmte frohgemut meine trocknen Schwarzbrotschnitten; denn zu Butter langte es bei uns nicht und gar zu Aufschnitt. – Trotzdem war ich ein recht kräftiger Bursch und kerngesund. Sehr peinlich war es mir aber mitunter, wenn ich, die Arme voll Kömbuttels[20] und auf Höltentüffeln[21] über die Straße schlarrend, Freundinnen meiner Schwester begegnete.

Werkplatz des Steinmetzen Adolf Müllenhoff in Kiel (Photo: Nachlaß Brütt)

„Also Adolf", sagte der Altgeselle, „hier hast du Werkzeug; es heißt Spitz- Beiz- Schlag- Zahn- und Scharieresen und da das schwere Kröndel[22] und Knüppel (Klopfholz). Nun bänken wir einen Stein auf, und dann wird es so und so gemacht." Und ich haute tapfer darauf los, auch natürlich nicht zu knapp auf die Hände, die bald böse aussahen. Treppenstufen, Schweineströge, Scheuersteine und andere nützliche Kunstwerke schufen meine fleißigen Hände. Sommer und Winter im Freien von morgens sechs bis abends sieben Uhr und 1½ Stunde Mittag. Die Gesellen waren, bis auf einen, sehr nett zu mir, als hielten sie mich für etwas Besseres; nur der eine nörgelte und schimpfte mit mir herum, bis ich ihn in heller Wut anschrie: „Wenn Sie noch einen solchen Ton zu mir sagen, dann schlage ich ihnen mein Kröndel in den Schädel." Er schwieg; denn plötzlich stand der Meister totenbleich neben mir, um mich freundlich zu beruhigen. Der lange Vogtländer aber war von Stund an die Höflichkeit selber.

Bald bekam ich bessere Arbeit, wie Grabsteine mit Epheuranken oder gotischen Ornamenten, ja, dann auch mal eine vom Meister modellierte schöne Engelfigur in Marmor zu machen, wobei ich das Punktieren[23] lernen sollte, was ich jetzt noch nicht sicher kann; es erforderte für mein Temperament gar zuviel Sorgfalt und Genauigkeit. Das meiste machte ich schon damals „nach der Fresse", wie man sagte, und setzte dann frei einige Punkte darauf. Übrigens hatte ich noch einen Feind dort, und das war der große graue Kater. Dies süße Vieh hatte sich die Picksandtonne,[24] aus der ich den von mir gesiebten Schlagsand den Dienstmädchen zum Scheuern groschenweise verkaufen mußte, zu seinem besten Abort ausgesucht, was mich grimmig empörte, so daß ich ihm eines Tages liebevoll eine Schlinge um den Hals legte und ihn solange um meinen Kopf herumschwang, bis er sich friedlich eingraben ließ. Wie erstaunte ich aber, als ich sah, daß einer der Arbeitsleute sich ihn grabschänderischerweise wieder ausbuddelte, abstreifte und schmunzelnd als Pfingstbraten mit nach Hause nahm. – Im übrigen war ich ein etwas leichtsinniger, lebensdurstiger Knabe.

Bald hatte ich das Glück, in der jungen, hübschen Frau des liebenswürdigen, schönen alten Malers Sophus C.[25] eine Freundin zu gewinnen und *ideal* lieben zu *dürfen*. Durch diese feinsinnige, kluge Frau ging mir der Sinn für höhere Weiblichkeit auf, und sie gewann großen Einfluß auf meine Entwicklung und verleitete mich auch zum Zeichnen mit ihr zusammen nach der Antike, dort oben in der schönen Sammlung des Schlosses, die jetzt in den unteren Räumen der Kunstausstellung Platz gefunden hat.[26]

Es war in meinem achzehnten Lenze, da saßen wir eines Spätnachmittags in der großen, tiefen Fensternische auf den schönen reichbelebten Hafen hinabsehend und plaudernd. Da tat sie eine überraschende Frage, die mich in meiner dummen Ehrlichkeit, auch wohl in einer gewissen Selbstgefälligkeit veranlaßte, ihr mein erstes, erst kürzlich erlebtes erotisches Glück einzugestehn. – Peinliche Stille und baldiges Auseinandergehn erfolgte. – Am folgenden Tage reichte sie mir ein schönes, selbstverfaßtes Gedicht; das endete so:

„Du hast geküßt ohne Liebe;
Das kann ich dir nicht verzeihn.
Ich beneide sie nicht um die Küsse,
Nicht um den glühenden Sinn;
Ich traure nur um die Unschuld;
Die ist für immer dahin."

Herr Gott, welch Großes hatte ich mir da so leichtfertig zerstört! Tiefergriffen schlich ich fort ins Düsternbrooker Gehölz.[27] Dort in dem herrlichen Dom meiner Kindheit stand und ging ich umher, bis in die Dunkelheit, mit wirren Empfindungen, in erstem Seelenschmerz. Am nächsten Tage war ich glücklicherweise oben im Modellierraum allein beschäftigt. Ich arbeitete nicht, sondern quälte mich mit einer Antwort ab; denn die mußte doch auch in Versen geschehn. Aber ich fand und fand keine Reime, die doch wohl unbedingt zur Schilderung einer solchen Gemütsverfassung gehörten; aber mein unfertiges, wirres Gefühlschaos versagte einfach, und darum gab ich es auf und tröstete mich bald; denn ich empfand dunkel, daß mein Herz noch nicht zu lieben vermochte. – Und das gebeichtete, so verhängnisvolle Erlebnis? – Ich war damals achtzehn Jahre alt und hatte einen längst wissenden Freund, der mich verleitete, mit ihm

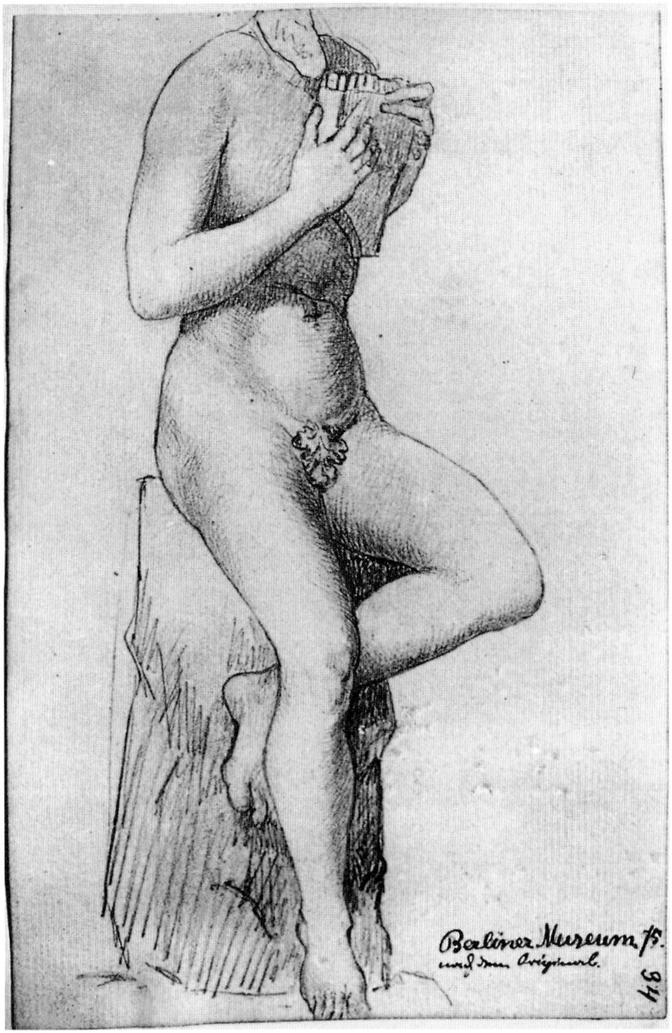

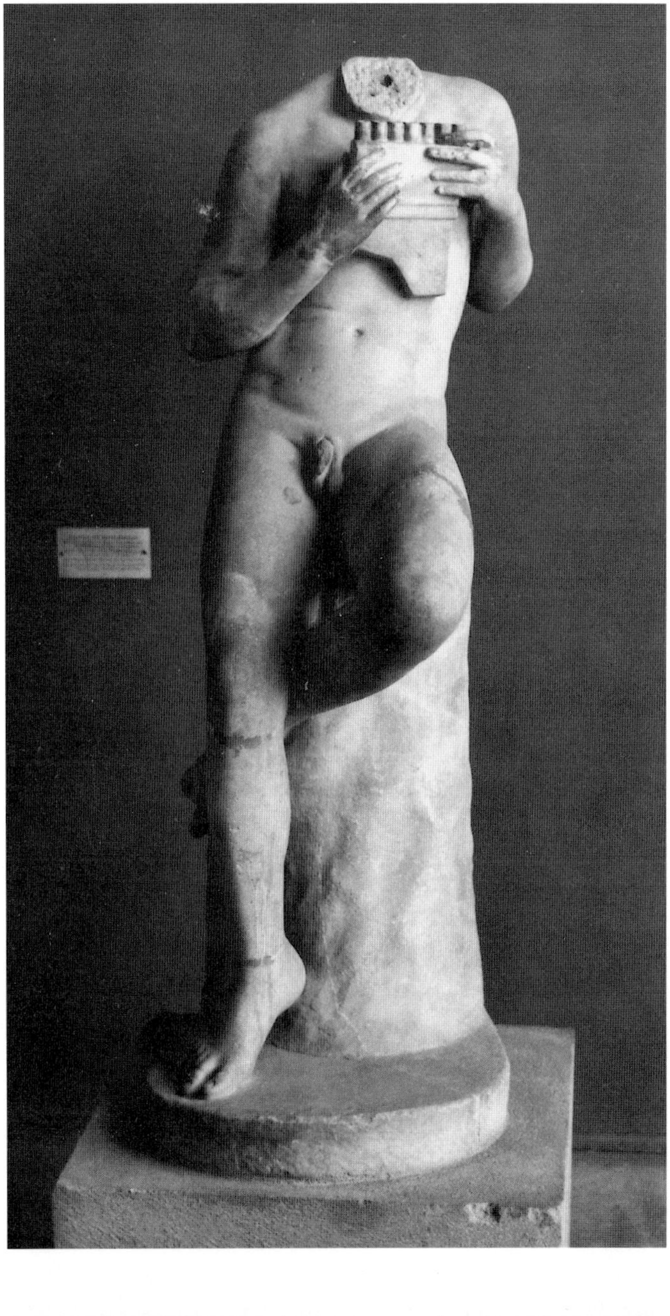

Zeichnen nach der Antike, hier aus Brütts Studienzeit in Berlin. Rechts die Plastik aus dem Berliner Museum

in einen Tingeltangel zu gehen, wo sich eine der Sängerinnen, ein hübsches, blondes, noch junges Ding freundlich mit uns abgab und ein Glas Bier mit uns trank. Nach einigen Tagen, als ich vor der Haustür stand, was damals Mode war, kam jene Kleine lieblich lächelnd und einladend grüßend vorüber, und ich folgte ihr und ging mit in ihre Wohnung. – Und da geschah es denn, das Große, und ich war stolz – endlich ein Mann.

Die Zeichnerei im Schlosse führte mich bald wieder mit meiner Freundin zusammen, und es war hübsch und harmlos. Auch verkehrte ich oft in ihrem Hause und erfuhr gelegentlich, daß sie noch Jungfrau war, ach so; nun verstand ich alles. – Sie hatte ihren Mann in Unwissenheit geheiratet und in der Hochzeitsnacht, als er sein Recht verlangte, sich ihm versagt. Er, wohl 25 Jahre älter als sie, war rücksichtsvoll und gut und fand sich zurecht, so daß sie in hübscher Freundschaft zufrieden miteinander weiterlebten. Ich aber liebte sie immer mehr und begehrte sie heiß, jedoch ebenfalls aussichtslos. – Eines Abends als er verreist war, schickte sie zu mir und bat mich, sofort zu kommen, da ihr Hund toll geworden sei. Ich lud vorsichtig mein Terzerol[28] mit einem Rehposten[29] und eilte zu ihr. Sie erzählte mir nun, daß der Tierarzt einfach gesagt hätte: „Der Hund ist toll, bleiben sie mir mit ihm vom Leibe". Das war sicher nicht der alte Schlüter, der Vater von meiner Karoline. – Sie ließ mich in ein kleines Zimmer treten und da saß der mittelgroße Hund auf dem Sofa und glotzte mich zähnefletschend an, indem ihm der Geifer aus dem Fang lief. Da beging ich wohl einen Leichtsinn, indem ich mich neben ihn setzte, ihm die Pistole an den Kopf hielt und losdrückte. Ein fast betäubender Knall, dicker Rauch und ein sonderbares Plätschern. Als ich sehen konnte, lag das Tier noch auf dem Sofa, und aus dem herabhängenden Kopf rann eilig sein Blut. Fast zu Tränen gerührt, trugen wir ihn beide hinaus in den Garten und begruben ihn feierlich bei Mondenschein. Keiner sprach ein Wort, und Hand in Hand gingen wir hinein. So standen wir eine Weile in jener sonderbaren Schwüle, die Ihr wohl auch kennt, und dann küßte sie mich. Als ich sie dann an mich zog und einen Moment ihre Brust an meiner fühlte, riß sie sich, wie plötzlich erwachend, los, und wir trennten uns wortlos.

Als er dann zurückkehrte, war er ganz besonders nett zu mir, so daß ich mich für schlecht hielt, und in Selbstverachtung ihm beinahe, aber glücklicherweise nicht, beichtete. – Nach diesem merkte ich wohl, daß auch sie begehrlich wurde; aber jetzt fehlte uns beiden der Mut und so entstand, nachdem wir uns beruhigt hatten, eine schöne Freundschaft. – Ach, ich war ja noch so jung und *schon* edelmütig.

Das Zeichnen dort oben, dieses erste herrliche Plastikerleben, blieb trotz meiner künstlerischen Ahnungslosigkeit unbewußt in mir haften und wurde maßgebend für mein ganzes nachheriges Schaffen, was mir erst in reiferen Jahren bewußt wurde. Es war meine Führerin, mein Wegweiser, und darum ging ich nicht zu Reinhold Begas,[30] gewöhnte mir bald seinen Einfluß, der damals niemanden verschonte, ab und versuchte schon bei der Eva [Nr. 117–120] meinen eigenen Weg zu gehn.

Meine hohe Verehrung der Weiblichkeit und meine Liebe zu ihren immer neuen geheimnisvollen Formen hinderte mich geradezu, männliche nackte Figuren zu machen, und es sind ja auch nur wenige entstanden.

Endlich war die lange Lehrzeit beendigt, und nun ging's hinaus in die Welt, d.h. erst mal bis München im Frühjahr 1875.

Rührender nochmaliger Abschied von Seekamp, bei welcher Gelegenheit ich leider zu spät empfinden mußte, daß ich von C. M...r[31] geliebt wurde. – Dann packte ich meinen kleinen Lederkoffer, den mir Frau C. schenkte, mit meinen wenigen Habseligkeiten und zog, unbekümmert um die Zukunft, in jubelnder Freiheit mich auf eigene Kraft verlassend, hinaus, vierter Klasse nach München. So ein erstes Hinaus ist für einen jungen gesunden Burschen doch ein herrlich Großes. Die vierte Klasse war damals ohne jede Sitzgelegenheit und nicht viel besser als im Viehwagen.

München

Durch Müllenhofs Empfehlung bekam ich bei einem Stukkateur Arbeit. Der Mann hieß Ölmann[32] und gab mir den frischen Gipsabguß einer weiblichen Karyatide (es gibt nämlich auch männliche), den ich nacharbeiten sollte. Das konnte ich famos und machte ihr sehr schöne Haare nach meiner Auffassung. „Mensch, was haben Sie denn da gemacht? Sie haben ja aus einem Kopfschleier Haare gemacht und den ganzen Kopf versaut." Tief geknickt und in meiner Eitelkeit schwer verletzt, mußte ich minderwertige Sachen machen. Dann fragte er mich, ob ich ein Medusenhaupt hochrelief modellieren könnte für eine Sandsteinplatte als Wasserspeier. Das konnte ich natürlich; was konnte ich überhaupt *nicht*? Bald war mein Medusenhaupt mit vielen Schlangen und in wildem Schmerz das Maul aufreißend fertig, und ohne zu punktieren machte ich es dann in Sandstein. Allgemeine Bewunderung; und *groß* stand ich da in den Augen dieser *Handwerker*. Infolge dieser Leistung und wahrscheinlich, um mich loszuwerden, empfahl der gute Mann mich einem richtigen und netten Steinbildhauer,[33] der allerlei für die Schlösser König Ludwigs zu tun hatte. Dort mußte ich Ornamente und Tierköpfe an großen Vasen in einem schönen Kalkstein für Linderhof machen. – Bei sehr netten Schneidersleuten hatte ich mir eine sog. sturmfreie Bude gemietet. Früh, anstatt des ewigen Kaffees trank ich ein Maß Bier, zum Frühstück, Mittag und Abendessen ebenfalls und dann noch einige mehr in irgend einem Bräu, um München kennenzulernen; und das bekam mir großartig. Bald lernte ich drei nette manierliche und gut gekleidete Burschen kennen, echte Ungarn, mit denen ich mich besonders sonntags sehr gern zusammenfand, um im Café Domino zu spielen. Und das waren *Parkettfußbodentischler*. Welch ein Unterschied mit unsern Handwerkern. Dem einen lieben Kerl rettete ich übrigens beim Baden im Starnberger See das Leben. Dieser harmlose Donauschwimmer war mit mir bei starkem Seegang hinaus geschwommen und wäre um ein Haar ertrunken, weil er nicht mit Wellen umzugehen verstand. Glücklicherweise war ich nicht weit von ihm und sah wie er die Arme in die Luft warf und am Versinken war. Es war keine Kleinigkeit, diesen glücklicherweise fast bewußtlosen Burschen wieder durch das viereckige kleine Loch zu bringen, das für Schwimmer in der Umfassungsplanke des Nichtschwimmerbades angebracht war; denn die Wellen sperrten immer wieder in ihrer neckischen Weise dieses Tor; aber schließlich und zu höchster Zeit gelang mir mit einigen Abschürfungen dies Kunststück doch, und ohnmächtig brachten wir ihn an den Strand. – Er war mir gerade so rührend dankbar wie später einmal mein braver Jagdhund „Schlumps", der gar nicht schwimmen konnte, was auch bei Hunden vorkommt. Das wollte ich ihm beibringen auf dem Globsower See in Mecklenburg und nahm ihn mit in einem Kahn, von dem mein *Diener* ihn, die Leine haltend, wenn wir weit genug von Ufer waren, über Bord werfen sollte. Nun waren aber keine Ruder vorhanden; aber mit einem derben Stecken glaubte ich es auch zwingen zu können. Also los; etwa zweihundert Schritt hinaus; „*jetzt*!" Aber verdammt, der Bengel ließ die Leine los, und nun sollte ich mit meinem Stecken dem verzweiflungsvoll planschenden Hunde, der schon zweimal untersank, zu Hilfe kommen; aber der Stecken zerbrach. Jetzt, ohne mich zu besinnen, warf ich den Rock ab und sprang nach und faßte ihn in seiner größten Not. Das Schwimmen in Kleidern mit schweren Jagdstiefeln und dem treuen Hund, der mich zu umarmen suchte, war keine Kleinigkeit, und ich war froh, als ich Grund faßte.

Nun aber mit trocknen Kleidern zu meiner Marie nach München. Sie war eines Tages an meinem Werkstattfenster vorbeigegangen und hatte mich holdselig angeblickt. Na, natürlich sprach ich sie am nächsten Tage an und traf mich bereits am selben Abend mit ihr im Bavariapark. Dort auf einer verschwiegenen Bank, Frühling um uns, Frühling in uns, wonnerauschdurchrieselt und zeitentrückt, vergaßen wir, daß der Park abends geschlossen wird, und mußten nachher über den hohen Zaun klettern, der damals noch ohne Stacheldraht war. – Marie war flachsblond, mit köstlichen, roten, üppigen Lippen, hellgraublauen Augen und weißen Augenwimpern, wie ich sie bei kleinen Schweinchen gesehen hatte; auch hatte sie solch feines Marzipanfellchen; Weiteres verschweige ich aber aus Dankbarkeit. Mit ihr lernte ich München sehr hübsch kennen, so weit es mein karger Lohn gestattete. Sie gab mir aber zu meiner großen Trübsal und Beschämung nach einigen glücklichen Wochen den Laufpaß, weil ich Lump nicht soviel Geld hatte, um ihr ein Paar neue Stiefel kaufen zu können. Nun erst erfuhr ich von meinen Kollegen, daß mein süßer Marzipanengel Akademiemodell und sonst noch was war. Also darum fiel auch manchmal in meiner Gegenwart das von mir nicht verstandene Wort „Strizi", und ich erfuhr nun, daß dies gleichbedeutend sei mit „Louis, Zuhälter". Pfui Deibel. – Aber schön war's doch.

Bald darauf beglückte mich der Meister mit dem Auftrag, nach Schloß Linderhof zu fahren,[34] um dort das Aufstellen der Sachen u.s.w. zu leiten. Also in die Berge, in die Alpen, die ich bei sehr klarem Wetter mitunter schimmern gesehen hatte da hinten in weiter Ferne. Marie und Strizi waren vergessen.

Mit Stock und Umhängetäschchen ging es los, erst mit der Bahn und dann stundenlang nachts in einem schauderhaften Omnibus, an dessen Wachstuchpolstern mir die Künstlerlocken immer wieder kleben blieben, bis Murnau, wo ich übernachtete. Früh am nächsten Morgen wanderte ich weiter, erst mal nach dem lieblichen Staffelsee hinunter, der bald in Sonntagmorgendunst bei Glockengeläute vor mir lag. Um nun die Landstraße wiederzugewinnen, ohne nach Murnau zurück zu müssen, trollte ich querfeldein ohne Weg und Wissen, um ein großes Stück abzuschneiden. Die Gegend war ununterbrochen naß und sumpfig, so daß ich sehr vorsichtig gehen mußte und trotzdem manchmal bis an die Kniee einsank; jedoch kümmerte mich das in meiner überschwänglichen Lebenslust nur wenig. Ich lavierte mich so durch, bis ich endlich an einen Hügel kam und merkwürdiges Pochen hörte. Da öffnete sich plötzlich vor mir ein richtiger Steinbruch, in dem trotz der Sonntagsfrühe ein alter Steinmetz Stufen behaute. – Diesen Kollegen begrüßte ich fröhlich auf zünftige Weise, mußte mit ihm einen Schnaps aus seiner Flasche trinken und berichten, woher und wohin. Als ich ihm aber meinen letzten Weg schilderte, da sperrte er Maul und Augen auf und meinte: „Sie, dees gibt's aber nit, das sein ja die Murnauer Sümpf, die wo ka Mensch nich duach ko." Eine kleine flüchtige Gänsehaut spürte ich wohl, aber wie jenem kümmerlichen „Reiter auf dem Bodensee" erging es mir nicht;[35] denn ich wanderte nun auf der Landstraße singend weiter nach dem reizenden Ettal, wo ich mich in dem Kloster bei Frühstück und dort gebrautem guten Bier erholte und mir die Fresken in dem Kirchlein betrachtete. Dann nach Oberammergau, wo ich das zweifelhafte Vergnügen genoß, einen Teil der so berühmten Passionsspiele über mich ergehen zu lassen. – Der Eindruck dieser wunderbar großen Bergnatur war für mich Seestädter fast überwältigend. Dazu kam die gierige Empfänglichkeit meiner zwanzig Jahre und zum erstenmale das Berauschende meiner völligen Freiheit.

Dann auf nach dem feinen Barockschlößlein Linderhof, das hart an einer steilen Felswand in einem köstlich stillen Winkel auf seinen unglücklichen König harrte.

Natürlich mußte ich den Berg, meinen *ersten*, besteigen, was selbstverständlich mit Vermeidung der guten Wege geschehen mußte, die ich bis jetzt noch nach Möglichkeit vermeide. Dadurch wurde mir aber auch das seltene Glück zuteil, plötzlich auf wenige Schritte vor mir einem kapitalen Gemsbock zu sehen. Das war freilich nur ein Augenblick; dann stürzte sich das schöne Tier, wie mir schien, kopfüber hinunter und verschwand tief unten unter nachstürzendem Geschotter.

Hiermit war meine Münchener Zeit zu Ende.

Wintersemester 1875 – 1876, Berlin

Mit einem Stipendium der Kieler Spar- und Leihkasse[36] von 600 Mark versehen, kam ich in Berlin an. Wohnung Köthener Str. Dann mit einer dicken Rolle meiner schönsten Zeichnungen nach der Akademie, natürlich durch das Brandenburger Tor, die Linden hinauf mit staunenden Augen. Werner[37] sah sich einige der Zeichnungen flüchtig an und nahm mich scheinbar widerstrebend doch auf. Dann zu Thumann[38] in die unterste Zeichenklasse und zu dem alten Bildhauer Wolff[39] in die Modellierklasse. Beide gaben mich gerne frei, als ich ihnen erklärte, daß ich gerne zu Schaper[40] in den Bildhaueraktsaal möchte, was damals noch gestattet war. Auch Schaper nahm mich widerstrebend auf; aber ich blieb, und das war mir die Hauptsache. Meine schüchternen Versuche, in den anderen Fächern, wie Anatomie, Gewandzeichnen und Kunstgeschichte, gab ich schnell wieder auf, weil sie mir zu langweilig vorkamen; ich wollte doch so schnell wie möglich vorwärts. Da war der alte Sanitätsrat Hoffmann; der bemühte sich z. B., uns weitläufig die *innere* Beschaffenheit eines menschlichen Schädels zu erklären, was ich mir aber nur zwei Stunden gefallen ließ. Dann versuchte ich es bei dem alten Prof. Domschke, dem geborenen Schuster; na, und der ließ mich einen Oberarmknochen lebensgroß, von oben und unten und von allen Seiten mit solcher Begeisterung zeichnen, daß ich eines Tages bei der dort immer herrschenden Totenstille so ganz in Gedanken laut einen Gassenhauer anstimmte, aber erschrocken sofort wieder abbrach. Ein Räuspern und „hm, hm“ und: „Wenn Se hier singen wollen, denn jehn Se raus.“ Gott sei Dank, mit dem war ich nun auch auf anständige Weise fertig. – Nun kam aber der langgelockte[41] Heiligenmaler Pfannschmied[42] dran, bei dem ich ebenfalls in Totenstille und dampfendem Fleiß der zahlreichen Schüler Gewandstudien machen sollte. Da stand eine lebensgroße, kunstvoll mit allerlei Gewand umwickelte Puppe in der Mitte des Saales, und danach zeichnete man. Ach Jottedoch, das war ja noch langweiliger als Anatomie; dahin paßte ich erst recht nicht; also raus, raus, raus.

Mein ganzes Streben ging dahin, den menschlichen äußeren Körper zu studieren; denn ich hatte doch einstweilen nur das eine Semester für mich, und das war bald zu Ende.

Inzwischen saßen wir täglich im Café Bauer, schnackten klug und studierten Zeitschriften u.s.w. Abends wurde manchmal tüchtig gekneipt, und schließlich, leider zu schnell, war das Semester um und ich sehr viel zufriedener mit meinen Leistungen als meine Lehrer; aber das Geld war alle; – was nun? – Ja, wozu hatte ich denn Steinbildhauer gelernt? In solchen kritischen Lagen half mir immer das sichere Gefühl eigener Kraft. Ich hatte eine stramme Faust, und die half mir durchs ganze Leben. Jetzt, wo ich das schreibe, läßt die Kraft merklich nach, und das ist schlimm und traurig für mich.

Sommer 1878

Wenn ich nun aber zum Handwerk zurück mußte, so wollte ich doch wenigstens in einer andern Stadt mein Heil versuchen,[43] um anderes Leben und Land kennen zu lernen. Also mit den letzten Groschen, vierter Klasse auf nach Dresden, wo ich mit drei Mark ankam und im Hotel zum Zwinger, das damals noch klein und unbedeutend war, Wohnung nahm und auf Arbeitsuche ausging. „Ei, warum sollte es mir mit meiner schier unverwüstlichen Lebenskraft und Lebensfreude nicht glücken, Arbeit zu bekommen? Los dafür! Nur das starke, fest angepackte Leben ist der Zweck des Daseins!“ so prahlte ich. Das Zimmer kostete drei Mark. Endlich nach nach vielem Umherlaufen, als mir der Mut schon etwas zu sinken drohte, bekam ich kurz vor Feierabend Arbeit bei einem Steinbildhauer. Dann ging ich auf Wohnungssuche und kam schließlich zu einer älteren Apothekerwittwe, der ich in meiner Unverfrorenheit einfach sagte: „Verehrte Frau, wie ich hier vor Ihnen stehe, habe ich keinen Groschen in der Tasche; sehen Sie mich genau an, und wenn ich Ihnen als ein ehrlicher Mensch erscheine, dann geben Sie mir das Zimmer und borgen mir zehn Mark, damit ich zu leben habe, bis ich Sonnabend meinen Lohn bekomme." Sie gab mir die Hand und zehn Mark, und dann zog ich mit meinem winzigen Köfferchen bei ihr ein, und nun erst bekam ich meine erste Mahlzeit an diesem ermüdenden Tage. – Mit frohem Mut trat ich in der Werkstatt am nächsten Morgen an und wurde einem anderen Gehilfen zugesellt, um mit diesem zusammen einen überlebensgroßen Steinengel fertigzumachen. Das Frühstück kam heran und bestand aus einer Schrippe und einem Weichkäse, den die immer geschmackvollen Sachsen „Leichenfinger" nannten. Als ich dann wieder an die Arbeit gehen wollte, kam der Mester und sagte zu mir: „Nee un Sie, Sie wolln en agademsch gebilder Ginstler sin, un gönnen nich emol en Gewandoje anhaun? Nee, mit uns is nischt." Junge, Junge, wiedermal wegen Talentlosigkeit rausgeschmissen und zehn Mark Schulden. Oh, heiliger Pfannschmied, wäre ich doch eine Weile bei dir geblieben! Gewandauge nennt man die Bruchstellen der Falten, die eine bestimmte Form haben. – In meiner Künstlerehre tief verletzt, zog ich weiter auf Arbeitssuche, und fand endlich an der damals im Bau begriffenen Johanniskirche[44] Beschäftigung für den ganzen Sommer. Frühgotische Ornamente in Sandstein aushaun, das hatte ich zur Genüge in Kiel gelernt und verdiente fast das Doppelte wie die meisten Kollegen. Die ersten Arbeiten waren sogenannte Krabben, die den Turmhahn verzieren, und von diesen haute ich gleich zweie ab in meiner Arbeitsfreude, kittete sie aber fein säuberlich mit Schellack wieder an. Dann befreundete ich mich mit dem Bauführer, was mir aber langsam die Gunst der anderen entzog; vielleicht glaubten sie, daß ich petzte. Mit Fritz, diesem liebenswürdigen Menschen, genoß ich dann das schöne Dresden und seine herrlichen Kunstschätze; auch machten wir sonntäglich schöne Ausflüge in die Umgegend. Inzwischen hatte ich mir einen feinen Anzug und krokodillederne Stiefel u.s.w. gekauft, so daß ich fein in Kluft war, zum erstenmal in meinem Leben. Der Neid meiner Zunftgenossen ruhte aber nicht, und schließlich hatten sie den Meister so gegen mich aufgehetzt, indem sie ihm jeden kleinen Fehler zeigten, den ich gemacht hatte, daß ich sein ewiges Nörgeln nicht mehr ertrug und ihm das Werkzeug vor die Füße warf.

Da passierte noch etwas Unheimliches. Ein Zimmerlehrling fand nämlich, daß es schöner wäre, wenn oben am Blitzableiter eine Wetterfahne säße; und so machte er sich ein Brett zurecht und erkletterte in der Nacht, über die Krabben weg die Kreuzblume und schob sein Brett über den Blitzableiter. Herrgott über meine gekitteten Krabben! Als man das erfuhr, wurde er von den Kaffern kurzerhand entlassen. Am nächsten Morgen war das Brett entfernt. – War der tollkühne Bursch nochmals hinaufgestiegen und hatte es heruntergeholt. Ich hätte den famosen Kerl gleich zum Ritter geschlagen; aber jene –. Er mußte gehen.

Na, und ich ging auch, zumal mir das Stipendium abermals bewilligt wurde.

Wintersemester 1876 – 1877

Wieder arbeitete ich bei Schaper im Aktsaal und Abendakt[45] und kümmerte mich nicht im mindesten um die andern Fächer. Ich hatte die Empfindung, als ob die notgedrungene praktische Unterbrechung meines Studiums mich nicht gehemmt, sondern geradezu gefördert hätte; denn meine Auffassung war leichter und meine Hände geschickter geworden. Auch Schaper schien größeres Interesse für mich zu gewinnen. – Der arme Kerl hatte sein Atelier neben unserem Saal und mußte viel unter dem Radau, den wir in den Pausen von uns gaben, leiden; denn wir edlen Kunstjünger waren eine tolle, rauhbeinige Bande; das muß ich zu unserem Ruhme bekennen. So kam er eines Tages gerade dazu, wie ich den stiernackigen, mit überlebensgroßen Händen begabten Adolf Schneider trotz seiner mir weit überlegenen Kraft durch Geschicklichkeit krachend zu Boden warf. Der Herr Professor sagte aber nichts und ging still ab. – Ich bummelte fleißig, turnte viel und kneipte brav, obgleich ich dafür auch manchen Tag hungern mußte. Wohnung hatte ich bei einer noch jungen Wittwe, die mich liebevoll betreute und bei dem harten Winter, den ich wohlgemut ohne Winterüberzieher auf mich einwirken ließ, mit Hingabe für ein warmes Bett sorgte. Ach, ich könnte viel Tolles und Lustiges erzählen; aber das würde zu weit führen.

Natürlich war auch ich, wie alle meine Zunftfreunde, für die starken, sehr realistischen Werke und das virtuose Fleischmachen von Reinhold Begas begeistert; aber als ich dann zum erstenmale eine Meeresidylle von Boecklin[46] sah, da stand ich bis in die Knochen erschüttert wie vor einem wunderbaren göttlichen Rätsel, und ein Ahnen stieg in meiner Seele auf, eine Ahnung von dem wahren Geheimnis der Kunst, der echten, großen Kunst. Da empfand ich, daß ich noch sehr sehr weit vom Künstler entfernt war.

Und bald war auch dieses Semester, das mich gewiß gut gefördert hatte, beendigt, und wieder war mein Geld entschwunden. – Dann vernahm ich, daß über meinen tadellosen Lebenswandel und meinen unsinnigen Fleiß von irgend einem elenden Neidhammel nach Kiel berichtet worden war, und daß ein mir bereits zugedachtes Stipendium von abermals 600 Mark einem *würdigeren* zuerkannt werden sollte. Aber ich bekam es dann im nächsten Winter doch und lebte ebenso fröhlich damit. Und ich hatte recht.

Den Sommer 1877 verlebte ich anfangs in Kiel, wo ich verschiedene Büsten und anderes modellierte; dann aber lud mich mein lieber Fritzefreund wieder zu sich nach Dresden ein, wo ich bei ihm im Baubüro wohnte und zu meinem Vergnügen lebte. Leider mußte ich dort meiner früheren Wirtin, der Apothekerwittwe, ihre Fürsorge schlecht vergelten, sintemalen ich ihren prahlerischen Sohn auf Schläger forderte und seinem glatten Gesicht einige hübsche Verzierungen beibrachte, wofür er mir aber mit seinen ungeschickten flachen Schlägen ganz scheußlich das Gesicht vertrommelte, so daß es blau und grün schimmerte. Diese flachen Hiebe sind nämlich nicht zu parieren, weil sie über jede Parade hinüberschwippen. Im übrigen verkehrte ich viel mit den Schilling-Schülern und andern strebsamen jungen Künstlern in deren Vereinslokal „Mappe“, wo wir uns durch Vorträge über Kunst und durch Skizzenkonkurrenzen, die wir untereinander veranstalteten, zu fördern suchten.[47] Dabei habe ich mancherlei gelernt. Sie nannten meine Skizzen französisch, weil der Einfluß durch Begas noch nicht zu ihnen gedrungen war. Schilling machte das Ruhmesdenkmal.[48] – Von der Liebe habe ich nichts Besonderes zu berichten; aber ein anderes Erlebnis will ich hinzufügen.

Fritz und ich schliefen in seinem Zimmer neben dem Büro. Als ich eine Nacht allein war, weil Fritz schwärmte, erwachte ich von einem merkwürdigen Geräusch und sah am Fenster sich eine dunkle Masse bewegen und wieder das Geräusch. Da erkannte ich, daß ein Einbrecher dabei war, eine Scheibe einzudrücken. Da ich keine Waffe hatte, ergriff ich behutsam Fritzens Stiefelknecht und schmetterte ihn durchs Fenster. – Ein Gepolter als wenn zwei Kerle sich über den hohen Bauzaun schwangen und dann Ruhe und Schlaf. Am Morgen fanden wir Nagelschuhspuren und die Scheibe beklebt und völlig eingedrückt; mein Geschoß saß gut in der oberen Scheibe.

Wintersemester 1877 – 1878

Ach es ist ja schon so lange her. – Es war im großen und ganzen die Arbeit und Lebensart betreffend wie in den vorigen Semestern; aber es war das letzte.

Manche der alten Freunde waren fort. Dafür standen andere an denselben Modellierstühlen, Breuer[49] und Kruse[50] z.B., mit denen ich bald gut Freund wurde und viel Hübsches mit ihnen erlebte. Wir ruderten, sangen und kneipten fröhlich miteinander und schafften fleißig. Es war besonders scharfe Tätigkeit, weil am Schluß des Semesters feierlichst den besten Schülern aller Klassen für ihre Preisarbeiten

Geldprämien erteilt werden sollten. – Uns Bildhauern bei Schaper wurde ein Rundakt gestellt, d.h. wir mußten nach Modell eine freistehende Figur in halber Lebensgröße modellieren. Jeder gab her, was er konnte, und so kam der große Tag heran. Als ich Schaper fragte, wie es mit mir stünde, erwiderte er: „Sie bekommen auch was." In gehobener Stimmung vollendete ich meine Arbeit, von der noch eine Aufnahme vorhanden ist [Nr. 14]. Natürlich lud ich meine Freunde für den Abend nach der Preisverteilung nach dem „Generalstab" in der Dorotheenstrasse zu einigen Runden ein. Da war *die schöne Agnes*! – In freudiger Erwartung erschien ich dann im Sitzungssaal der Akademie, der voll von hoffnungsvollen Jünglingen und deren Verwandten war. Anton von Werner hielt in seiner trocknen klugen Weise eine große Rede, und die Preisverteilung begann. Endlich ertönte auch mein Name – *Ehrenvolle Erwähnung!*[51] Donnerwetter, welch ein infamer Reinfall! – Wie zerschmettert schlich ich hinaus, ohne mir den Wisch zu holen, und wiederholte immer nur das eine Wort: „Was nun?" In Erwartung großer Reichtümer hatte ich gestern abend meine letzten Groschen verkneipt. – *Was nun*? In Berlin konnte und wollte ich nicht bleiben, und beschloß nach Kiel zu fahren, *aber wie?* Entschluß: „Ich fahre *doch* heutabend!"

Dann begann ich die schwere Arbeit, d.h. ich ging auf Pump aus. Junge, Junge, das war nicht leicht. Aber los dafür. – Erst mal wieder zurück nach der Akademie; denn es konnte doch noch einer von den glücklicheren Preisträgern dort sein. Aber alle waren bereits mit ihrem Raub davon, und alles, was ich auftreiben konnte, war: „1 Mark 50 Pfennig." – Das war immerhin ein Anfang. Dann begann ich mein mitunter einschlägiges Verfahren, indem ich planlos, so wie mich der Wind oder ein guter Geist schob, Unter den Linden, Friedrichstraße und Charlottenstraße und so umherbummelte. Und richtig lief mir ein Pechvogel in die Hände, den ich um 2 Mark kränken konnte. Alles wurde notiert und später zurückgezahlt. Aber weiter, ohne Mittagessen und mit Vermeidung der Pferdebahn; aber es wollte nicht glücken. So trottete ich denn nach Hause, um meine geringe Habe in mein kleines Köfferchen zu packen. Dabei unterstützte mich meine Wirtin, auch eine junge Wittwe. Also diese versah mich mit ein paar guten Stullen und dann addio.

„Donnerwetter", fuhr es mir durch den Sinn, „heute ist ja Turnabend."[52] Also Köfferchen in der Kneipe deponiert und nach der Inselstraße, wo in einem Gymnasium die Turnhalle war. Leider waren die wohlhabenden Freunde bereits abgereist; aber trotzdem brachte ich markweise soviel zusammen, daß es mir genug schien. Sieghaft langte ich im „Generalstab" an und wurde mit Halloh empfangen, und schließlich brachten mich die guten Kerle auch nach dem Bahnhof. Aber der Rest meiner Habe langte nur 4ter Klasse nach Hamburg, was mich durchaus nicht in Verlegenheit brachte; denn von dort aus konnte ich wohl zu Fuß mein Ziel erreichen. – Die vierte Klasse war damals grausam; sie hatte keinerlei Sitzgelegenheit, und was da auf dem Fußboden umherlag, schnarchte, spuckte, rauchte und fraß, war übel anzuschaun und noch übler zu riechen. Schmutzige polnische Juden mit Kind und Kegel, Handwerksburschen, Bauern und Bauernweiber, Studenten und ich. Und so stand ich denn nach Hamburg von 11 bis 8 früh. Endlich schimpfte der Schaffner herein: „Alles aussteigen, Klostertor, Hamburg."[53] Soweit war ich also schon, deponierte mein Gepäck am Bahnhof und, nachdem ich mir für meinen letzten Groschen in einem Droschkenkutscherkeller eine Tasse Kaffee und eine Semmel geleistet hatte, bummelte ich zuerst nach dem großartigen Hafen hinunter, und da standen noch viele solche, die auch kein Geld in der Tasche hatten und doch Taback kauend und rauchend fröhlich ihre saftigen Witze rissen über die Dummen, die da wie verrückt arbeiteten für die verfluchten Reichen beim Löschen und Laden der Riesenschiffe. Dazu das blitzende rauschende Wasser, das Heulen und Schreien der Sirenen, Hin- und Herhuschen der Ruder- und Dampfboote, wehende Wimpel, flatternde

Segel, schreiende Möven, qualmende Schlote, winkende Taschentücher, tränende Augen, Schimpfen und Viehgebrüll u.s.w. u.s.w. Ihr kennt es ja selber, dies große herrliche, verwirrende Geldgiergetriebe.

Ungern riß ich mich los und schlenderte nach der schönen Binnen- und Butenalster und so nach dem Jungfernstieg. Plötzlich schrie mich einer an; es war mein Schulkamerad Ede Köhl: „Guten Tag, wie geht's? wo kommst Du her?" „Aus Berlin und wollte nach Kiel, habe aber kein Geld, kannst Du mir drei Mark pumpen?" „Weiter nichts?" fragte er, „denn laß uns man erst einen trinken." Und so gingen wir in ein nettes Lokal – freilich nicht zu Pforte[54] –, tranken und aßen und erzählten uns mancherlei; aber nun in gebildetem Hochdeutsch. Dann brachte mein einstiger Schulkamerad mich nach der Bahn, und so kam ich programmäßig nach Kiel zu meiner guten Mutter und zu meinem Bruder und zu meiner geliebten Schwester.

Der Sommer 1878

war herrlich in Kiel, und ich verdiente dort allerhand Gelder. Außerdem war gerade Hans Olde aus München zurückgekommen, der sich dort das Malen angewöhnt hatte, nachdem er auf Wunsch seines Vaters erst Landmann zu werden versucht hatte. Dazu lernten wir bei unserm alten Freunde Sophus C. den famosen Marinemaler Hans Petersen[55] kennen, der als Dritter im Bunde ein witziger, fröhlicher Mitzecher wurde.

Petersen war nicht nur als Künstler sehr begabt, sondern auch ein liebenswürdiger, geistvoller Mensch, dem ich viel zu danken habe in geistiger und künstlerischer Beziehung. Er lehrte mich eigentlich erst, von innen heraus sprechen und meine Fähigkeiten erkennen und verwerten. Außerdem war er in Sachen Liebe ein Schwerenöter und wußte mit seiner gemütdurchwobenen Beredsamkeit die holde Weiblichkeit immer zu betören. Jawohl, nicht nur meine Freundin Frau C. brachte er in Verwirrung, sondern auch meine hübsche Schwester war in Gefahr, was ich zu meinem Schrecken bei einer Bootfahrt bemerkte. Frau C. und meine Schwester am Steuer, und wir Männer, Petersen und ich, ruderten. Er hatte, galant wie immer, den Damen schöne Rosensträuße verehrt, unterhielt sich aber ausschließlich in seiner zündenden Weise mit Frau Meta, trotzdem sie älter und viel weniger hübsch war als mein Schwesterlein. Und dann sah ich, wie diese still und blaß einen heftigen Befreiungskampf mit sich durchlebte und langsam mit einem seltsam schönen schmerzlichen Lächeln die Rosen ins Wasser gleiten ließ. – Ich war oft auf Seekamp, und dort ging es lustig her mit Tanzen und Kurzweil; denn es war immer junges Volk da, meist Freundinnen von Schwester Minna. – Eines Tages fuhren Hans und ich in dem zweirädrigen Einspänner nach Kiel und spannten dicht vor Kiel in einer Gastwirtschaft aus. Es war in der Erntezeit, und der Wirt bat uns, ihm den Gaul bis zu unsrer Rückkunft zu überlassen, wofür wir ein Achtel Bier forderten, das wir später tranken. In Kiel trafen wir mit Petersen und meinem zwei Jahre jüngeren Bruder Willy[56] zusammen, der auch bei Müllenhof lernte, und nahmen sie dann, weil der Alte und die Schwestern verreist waren, mit nach Seekamp. Durstig und übermütig wußten wir die alte Mamsell, deren Nase stets ein prächtiger Tropfen zierte, so zu beschwatzen, daß sie uns den Rest des Rotweines, der noch im Keller lag, in schwerer Gewissensangst übergab. Die Folge war natürlich, daß wir alle sechs, es waren noch die beiden tugendhaften Nachbarssöhne dabei, bald hübsch berauscht waren. In vorgeschrittner Stunde kam Petersen auf die großartige Idee, den etwa zehn Meiereimädchen,[57] die unten in einem großen Raum schliefen, je zwei in einem Bett, einen Besuch abzustatten. Die Tür war offen, und so gingen wir denn feierlich, einer hinter dem andern mit erhobenen Glase hinein. Da aber brach es los; die strammen Mädel standen in Hemden in ihren Betten mit abwehrenden Armen und kreischten derartig, daß man es in den Nachbargütern gehört haben soll. Jedoch als Petersen, von uns Tugendbolden umgeben, auf einen Stuhl stieg und eine prachtvolle Rede auf die Damen hielt, und wir sie leben ließen, verwandelte das Schreien sich in unbändiges Gelächter, und dann zogen wir zufrieden wieder ab und tranken weiter, bis alle Flaschen leer waren. Willy und Petersen fuhren am nächsten Morgen wieder ab, und am Abend kam Herr Olde zurück und brachte in seiner bekannten Gastfreundschaft zwei Seeoffiziere mit zu unserem und Mamsells großen Schrecken. Zum Essen wurde natürlich vom Herrn Wein gefordert, und ich vergesse nie den Anblick der alten Mamsell, die unter ihrer mächtigen Haube zitternd und ratlos dastand, indem Tränen mit dem schönen Nastropfen an Glanz wetteiferten. Schließlich stammelte sie: „Ja, uns Herr, den Wein haben die jungen Herrens gestern aal ausgetrunken." Peinliche Stille und verkniffenes Lachen der Offiziere. Aber der Alte faßte sich schnell und befahl ihr, Bier zu bringen. Wieder stammelte sie: „Das haben die jungen Herrens auch aal ausgetrunken." Nun konnten die beiden Mariner sich aber nicht mehr halten und brachen in ein schallendes Gelächter aus, dem sich der gute Alte und schließlich auch wir anschlossen.

Endlich im Herbst trieb es mich wieder hinaus nach Berlin. Dort erhielt ich Arbeit bei Eberlein,[58] der für die Universität Kiel zwei überlebensgroße Philosophen zu machen hatte, und half ihm an diesen, so wie später dem Bruder von Begas,[59] der die beiden anderen in Auftrag hatte [Nr. 43]. Doch halt, dies kommt erst nachher. – Nämlich mit diesen Arbeiten war ich schon vorher bekannt geworden. Diese waren zuerst einem Bildhauer Rau[60] übertragen, den ich jetzt kennen lernte, und der nun endlich nach schwerem Ringen alle vier Philosophen machen sollte und mich zur Hilfe nahm. Rau war eine auffallende Persönlichkeit mit großer plastischer Begabung, groß, hager mit schönem ausdrucksvollem Kopf, leider aber schwindsüchtig. Er war wie ein Freund zu mir, und seine Art zu arbeiten, war mir eine neue Offenbarung. Noch nie hatte ich einen Bildhauer so tief und schön über Plastik und sein Wollen sprechen hören; bei ihm erlebte ich zum zweitenmale das Geheimnis der Kunst, und nie hatte und habe ich einen Menschen so sehr verehrt wie ihn. Was war dagegen Begas mit seiner Fleischmacherei und seinem großen Können, das ich bis jetzt hochschätzte und mich beeinflussen ließ, obgleich etwas in mir sich dagegen auflehnte. Trotzdem schätzte ich ihn als einen hervorragenden, kraftvollen Künstler; denn sein Raub der Sabinerin, die Büsten von Bismarck, Moltke, Prinzessin Friedrich sind Werke ersten Ranges. Er war es doch, der die Plastik aus der Verödung aufrüttelte. Aber sein Einfluß auf seine Schüler und mich war doch nur oberflächlich. Solche Künstler sind immer nur ein Anfang und ein Abschluß für sich selber, und das ist gut. Seine begabtesten Schüler, wie Gaul,[61] Tuaillon,[62] Felderhoff[63] und Schott[64] gingen bald ihre eigenen Wege,[65] und ich war nie sein Schüler.

Ich hatte dem armen Rau in aller Eile den zweiten Kerl schon an einem Tage mit 40 Zentner Ton flüchtig aufgebaut, weil ich am nächsten Tage mal wieder eine stramme Mensur auszufechten hatte, bei der ich allerhand abbekam. Als ich dann nach etwa acht Tagen kleinlaut wieder in der Werkstatt erschien mit meinen noch frischen Schmissen, brach Rau in schallendes Gelächter aus, was mich sehr erfreute. Dann wies er, immer noch lachend, auf einen großen Tonhaufen, aus dem das nackte Eisengerüst gen Himmel klagte, und das war mein Eintagsphilosoph. Dann begann die schöne Arbeit von neuem, aber ach – nicht lange währte es, da legte sich dieser hochbegabte, prachtvolle Mensch und starb nach kurzer Zeit.

Das war mir ein großer Schmerz und ein schwerer Verlust; aber durch seinen Einfluß fand ich meinen Weg.

Jetzt tauchte wieder die verdammte Frage auf: *„Was nun?"*

Erst mal nach dem Stammtisch im Generalstab, wo sich auch Freund Petersen eingefunden hatte. Auch er hatte sich schleunigst in die schöne keusche Agnes verliebt, und so wurden wir abermals Rivalen. Ihretwegen verbummelten wir beide; jedoch meinte Petersen eines Abends: „Weißt

Du, wenn wir jetzt auch nicht viel besser als Lumpen sind, so werden wir trotzdem hochkommen und eine geachtete Stellung einnehmen." – Es ist ja auch so gekommen; denn auch er war später in München sehr beliebt als tüchtiger Maler, und war dann jahrelang Vorsitzender des Künstlervereins, verheiratete sich und starb nach einigen Jahren an *Bleivergiftung*, wie der Berliner sagt. *Er erschoß sich*.

Nun wollte es der Zufall, daß ich wieder Gelegenheit fand, an den Philosophen für meine liebe Heimatstadt mitzuarbeiten; denn diese waren nach Raus Tod den Bildhauern Eberlein und Karl Begas, dem Bruder Reinholds, übertragen, und ich half diesen beiden ebenfalls dabei; denn die unfertigen von Rau wurden verworfen. Darauf ging ich wieder nach Kiel, wo ich bei Sophus C. einen älteren famosen Maler, Martens,[66] kennen lernte, der mich zu sich nach Schwerin in seine Villa einlud.

Sommer 1879 bis Frühling 1881

Martens war ein Mecklenburger, ein prachtvoller Fünfziger. Er war von seiner Frau geschieden und ein vernünftiger Lebemann, der sich aber friedlich nach seiner Decke, die nicht üppig war, zu strecken wußte. Seine Ausschreitungen bestanden in schmunzelnd selbstbereiteten Diners, die er hin und wieder seinen Freunden vorzusetzen wagte, und dann in unentwegtem Malen mittelmäßiger Bilder und Rauchen von Zigaretten und Pfeife. Übrigens mußte ich ihm die Staffage[67] malen, was ich natürlich großartig zu allgemeiner Belustigung fertigbrachte.[68] – Das war aber denn doch keine befriedigende Arbeit für mich, und darum verleitete er den Großherzog Friedrich Franz II., sich seine Büste und Statuette von mir modellieren zu lassen [Nr. 27 u. 28]. Es war der Feldmarschall von 1870, ein kleiner, feinsinniger, einfach lebender Mann, der sich leider bei dem Theaterbrand in Schwerin durch Lungenentzündung den Tod holte. Meine schöne Büste und die noch bessre Statuette fanden leider keine Anerkennung, brachten mir aber etwas Geld ein.[69] Mit diesem Gelde fing ich meine erste Idealarbeit an „Kain und Abel" [Nr. 30]. (Sie ist gleich der nachfolgenden „Eva" [Nr. 58] irgendwo im Schutt vergangen). Das war eine schwierige Arbeit in dem leeren, schwacherleuchteten Zimmer zu ebener Erde und mit den mangelhaften Modellen. Außerdem hatte mich eine tolle Leidenschaft für das Segeln gepackt auf dem schönen Schweriner See. Es war mir unmöglich zu arbeiten, wenn nur halbwegs Brise war. Na, und meine zwei Geliebten hatten doch auch gewisse Anrechte auf mich; so ließ mein heftiger Lebensdrang keine rechte Konzentration aufkommen. Es war mir damals nicht möglich, irgend einer Lebensfreude, wenn sie sich mir bot, zu entsagen; im Gegenteil, ich stürzte mich immer kopfüber hinein, ohne die Folgen zu bedenken, und darüber freue ich mich heute noch.

Indessen brachte ich meine Arbeit doch fertig, stellte sie auch ohne abgewiesen zu werden in Berlin aus, hatte jedoch zu meinem größten Erstaunen keinen Erfolg zu verzeichnen. Nur der alte, liebenswürdige Pietsch[70] schrieb ein paar aufmunternde Worte in der Vossischen.

Da mir aber nun meine Liebeshändel und einige Schulden schließlich peinlich wurden, beschloß ich durchzubrennen, was mir denn auch mittels meiner letzten Groschen, 4ter Klasse, bei Nacht und Nebel gelang, wieder nach Berlin.[71]

Mein lieber Freund Martens nahm mir das und daß ich ihn nicht angepumpt hatte, bitter übel, und ich habe ihn dann nicht wiedergesehn, denn er starb, wie er es immer voraussagte, an der Cholera in Neapel, trotzdem er mit seinem prachtvollen Gebiß Kieselsteine knacken und die schwersten Sachen mit Leichtigkeit verdauen konnte.

In Berlin angekommen wurde es mir unangenehm klar, daß ich ohne Geld kein Nachtlager finden würde, und so machte ich mich denn auf nach dem „Generalstab", wo ich sicher einen Freund zu treffen hoffte; aber damit war es Essig. Niemand dort außer Agnes, die mich sehr liebenswürdig empfing. Dumme Geschichte das; aber schließlich notgedrungen vertraute ich mich dieser Freundin, bei der weder ich noch Petersen Glück hatten. Und sie benahm sich einfach großartig. – Bis dahin hatte ich noch nie Kneipschulden gemacht; aber was blieb anderes übrig. Sie gab mir fröhlich zu essen und zu trinken; aber wo sollte ich nächtigen?

Und siehe, es geschahe ein großes Wunder: die keusche Agnes mit den seltsamen Sphinxaugen lud mich mit feinem Lächeln ein, bei ihr im Zimmer zu schlafen. – Junge, Junge, wie tanzte da mein Herzelein. Also endlich – ich der Auserwählte – armer Petersen. – – Nach Schluß der Wirtschaft erwartete ich sie draußen, selig berauscht in Erwartung köstlicher Stunden, und sie in ihrer stillen Weise vor sich hinlächelnd. Wir waren bald in ihrem geräumigen Zimmer angelangt; aber Dunnerwettstock, was war das? – An der Längswand zwei Betten und dazwischen ein riesiger Bettschirm. Aber das Fatalste stand drüben, nämlich ein Bettsofa für die Tochter der Vermieterin. – Über mein saudummes Gesicht, das ich sicher bei dieser niederträchtigen Entdekkung machte, brachen die beiden Weiblein in ein so frohschallendes Gelächter aus, daß mir nichts anderes übrig blieb als resigniert mitzulachen. So ein miserabler Reinfall!! – Nun mußte ich mich, während die beiden solange hinausgingen, entkleiden und zu Bett legen, was ich nun auch artig besorgte, dann hörte ich die Mädels leise im Dunkeln herein – und ins Bett schlüpfen. „Gute Nacht“ klang es kichernd von beiden Seiten. – Ja, gute Nacht; das war leichter gesagt als getan; aber ich war doch brav. Als ich am nächsten Morgen erwachte, waren die beiden Schelme schon verschwunden. Ich danke Dir, keusche, gute Agnes de Lor; so hieß sie.

Nun aber wieder auf Arbeitsuche, ein saurer Apfel das; aber ich biß tapfer hinein und fand endlich etwas ganz Feines. Da waren nämlich oben am Hauptgesimse die sehr einfachen Blattornamente des im Bau begriffenen Kriminalgerichtes in Moabit schlecht gemacht [Nr. 38], und die mußte ich vom hohen Gerüst aus, sitzend mit den Beinen baumelnd, nacharbeiten.[72] Wohnung hatte ich bei einem unmenschlich fleißigen Pantinenmacher-Ehepaar gefunden als sogenannter Schlafbursche, neben dem Zellengefängnis. Feine Gegend, im 2ten Hof, waschblau getünchte Zimmerwände, drei Buntdruckbilder von Schneewittchen, schmale, eiserne Soldatenbetten, denn mein Bruder war zu erwarten, Pritsche mit Wasserschüssel und Tisch mit zwei Stühlen. Das genügte uns vollkommen. Willy, ein famos gewachsener blonder Mensch mit weiberbetörenden Veilchenaugen bekam mit mir zusammen Arbeit bei Wimmel [vgl. S. 88 u. 92] mit acht Talern wöchentlich. Wir hatten dort allerhand Bauornamente und dergleichen auszuhaun und wären mit dem Lohn gut ausgekommen, wenn nicht mein Brüderlein so unglaublich leichtsinnig gewesen wäre. Hand aufs Herz, dagegen war ich der reine Philister. Der Bursch verschwand am Sonnabend, nachdem wir unsern Lohn erhalten hatten, einfach von der Bildfläche und erschien erst Montags früh ein wenig schwach, aber köstlich duftend, ohne einen Groschen in der Tasche wieder. Seine Zerknirschung und bittre Selbstanklage war so komisch, daß ich ihm nicht böse sein konnte. Ich ging darum lieber mit ihm. Er war eben eine vollkommenere Ausgabe als ich, und das wollte schon etwas heißen.

Weihnachten blieben wir in Berlin, und da unsere armen Wirtsleute und ihr sechsjähriger Junge noch nie Weihnacht mit einem Christbaum erlebt hatten, kauften wir für fünf Groschen ein kleines Bäumchen, dazu einige Lichter, Flitterkram, Äpfel, Nüsse und Honigkuchen, dann Helm, Säbel und Gewehr für 1 M. 90 für den Jungen. Und alle waren wir glücklich bei einem Glase Bier und Brot mit feinem Aufschnitt. Ich habe nie in meinem Leben wieder so strahlend glückliche Augen gesehen wie an diesem Abend.

Eine Liebschaft mit einer kleinen hübschen Nachtwächterstochter endete fad, weil ich schwören sollte, sie zu heiraten. Nee sowas! Willy war weit glücklicher in diesem Punkt, und das war kein Wunder.

Da ich bald ein paar unbedeutende Aufträge erhielt, nahmen wir eine bessere Bleibe, luden unsere Habe auf den

Peter Breuer. Zeichnung von Brütt, um 1880 (Nissenhaus)

kleinen Hundewagen unseres Wirtes und zogen am Abend selber los, vom Zellengefängnis bis nach der Lindenstraße. Selbst ist der Mann.

Ich muß hier bemerken, daß das Vorherige von Sommer 1878 an chronologisch recht ungenau ist und oft große Lücken aufweist; denn von meinem damaligen Leben ist mir manches aus der Erinnerung entschwunden. Ach, mein Leben ist ja voll von starken, aufregenden Erlebnissen, die zu schildern Platz mangelt und die auch wohl meinem *vorzüglichen* Leumund schaden könnten.

In dem neuen, hellen und großen Vorderzimmer konnte ich die kleinen Arbeiten, die mir übertragen wurden, gut modellieren. Breuer, Kruse und ich waren gute Freunde und amüsierten uns nach Möglichkeit. Wir bildeten ein feines Terzett, und jeder glaubte, der beste Sänger zu sein. Um diese wichtige Angelegenheit zur Entscheidung zu bringen, veranstalteten wir im Beisein zahlreicher Freunde einen kleinen Sängerkrieg. Da mußte jeder mit Klavierbegleitung das schöne Lied von Julius Wolff „Oh Ränzel und Stab“ singen. Großartig. Dann trat die Jury zusammen, beriet des Längeren und verkündete das weise Urteil: „Der eine hat das Lied gekonnt und verstanden; der Zweite hat es gekonnt aber nicht verstanden, und der Dritte hat es weder gekonnt noch verstanden,“ – und das – war ich. Dann wurde es ein sehr lustiger Bierabend, wobei ich manchen Bierjungen gewann; *das* konnte ich.

Dann machten wir auf Kruses schönem englischen Ruderboot viele schöne Oberspree-Touren, wobei dieser und jener Vierte einspringen mußte, und so auch unser neuer Freund Karl Schneider,[73] Ingenieur. Dieser war der talentvollste gemütlichste Dauerzecher, der, wenn uns das Geld fehlte, immer welches zu schaffen wußte. Wenn es nicht anders ging, versetzte er einfach das Silber seiner Mutter, die es dann selber einlösen mußte. Übrigens eine sehr wohlhabende Bauunternehmersfamilie, bei der ich später viel verkehrte. Er liebte besonders meinen Singsang, den er weidlich ausnutzte. Immer wieder mußte ich dieselben Lieder singen, z.B. „Im kühlen Keller sitzt ich hier“, „O, Isis und Osiris“ und dergleichen, bei denen das tiefe „E“ vorkam, und es war rührend, wie dieser völlig unmusikalische Kerl mit leuchtenden Augen immer wieder auf das „E“ wartete.

Dann wurde ich Mitarbeiter an dem großen Silberschatz, den deutsche Städte Wilhelm II zur Hochzeit stifteten [Nr.

47]. Und da geschahe wieder ein Großes; ich bekam zum erstenmal einen Scheck, und zwar über 400 Mark, in die Hand. Wie berauscht begab ich mich mit einem gepumpten Portemonnaie auf die Bank an der Potsdamer Brücke und erhielt das Geld in lauter Zwanzigmarkstücken ausgezahlt, die mein Behälter kaum fassen konnte. Dann sprang ich beglückt auf die Pferdebahn und zog protzig, als der Schaffner forderte, meine überschwangere Geldknippe. Aber, oh Schreck! in dem Augenblick sprang ein leichtsinniger Mensch ebenfalls während der Fahrt auf, stieß an meinen Ellenbogen und klirr – da rollten sie hin die Füchse,[74] wohl die Hälfte. Ich raffte zusammen, was ich auf der Plattform fand, steckte alles in die Jackentasche und sprang in der Fahrt wieder ab, um das Übrige auf der Straße zu suchen. Da fragte mich ein Herr, ob ich Gold suchte, und zeigte mir mein Eigentum, dessentwegen auch er abgesprungen war vom nächsten Wagen. Und siehe, ich fand alles bis auf 20 Mark. –

Dann erhielten wir Brüder die erschütternde Nachricht vom Tode unserer geliebten Schwester, und bald verließ mich Willy, um sein Heil in München und Wien zu versuchen.

Am Ende des Jahres 1882 ereilte mich dann das Verhängnis. – Karl Schneider hatte sich nämlich mit der niedlichen, fröhlichen Tochter des allgemein beliebten und von seinen Schülern verehrten Professor Schillbach[75] in Potsdam verlobt, und glaubte, mir keinen größeren Freundschaftsdienst erweisen zu können, als mich mit der jüngeren Schwester seines Engels bekannt zu machen. Na ja, und wie es dann so kommt, wenn die gut gemeinte Kuppelei geschickt gemacht wird wie hier, plötzlich, ohne mir den gefährlichen Schritt klarzumachen und ohne daß ich es eigentlich wollte, *wurde* ich verlobt, was natürlich sofort tüchtig begossen wurde. – Nie vergesse ich den darauf folgenden Morgen, als ich in dem großen Maleratelier in der Händelstr.,[76] das ich jetzt mit meinem Malerfreund Peter Paul Müller[77] teilte, erwachte, und mir, mit wüstem Schädel auf der Bettkante sitzend, langsam klar wurde, daß ich mich verlobt hatte, *verlobt*! Lange war ich unfähig, dies Groteske zu fassen; verrückt! ich Habenichts verlobt?[78] – Nach langem vergeblichen Hinbrüten erhob ich mich wie ein Verbrecher nach der Tat. Nachdem ich mich gründlich kalt abgewaschen hatte, sagte ich mir „Als anständiger Kerl kannst Du nicht zurück, lieber Adolf." Rhinozeros wollte ich sagen, unterdrückte diese richtige Bezeichnung aber aus Rücksicht auf meine – Braut.

Indessen wer weiß, was aus mir geworden wäre ohne dieses störende Ereignis? –

Als ich meine Braut dann näher kennen lernte, fing ich an, mich immer wohler in diesem Zustand zu fühlen, zumal es eine Freude war, in dem Hause der liebenswürdigen Schwiegereltern zu verkehren, was mir etwas verwildertem, etwas rücksichtslosem Burschen sehr dienlich war. Die Mutter war sehr musikalisch und spielte ausgezeichnet Klavier. Immerhin, wenn das auch alles sehr hübsch und lieb war, so konnte ich es doch schwer verantworten; aber gerade das war *mir* nötig, denn dadurch zwang ich mich, meine verzettelte Energie zusammenzufassen und einer ernsten großen Aufgabe zu widmen, und es wurde damit sofort begonnen.

Um meinen Junggesellenstand würdig zu beschließen, benutzte ich eine größere Summe, die mir von gütiger Hand für eine Reise nach Italien gestiftet war,[79] und zog von München, wo ich Olde abholte, mit Ränzel und Stab gen Süden, 1883 im Mai bei herrlichstem Wetter. Über Pensberg, Kochel- und Walchensee, Mittenwald, Innsbruck, Mattrei, Brenner, Sterzing; dann über den Jaufen, Meran, Bozen, Trient, Rovereto, Torbole. Dort länger ausgeruht; dann Riva, zu Schiff Peschiera und Bahn nach Verona, Venedig. Wir frohen Freunde wanderten mit offenen Augen, lebensdurstiger Seele drauflos, täglich etwa vier Meilen. In Torbole am Gardasee trafen wir an dem einzigen Kreuzweg mit Corinth[80] zusammen, was sehr lustig war. Dann [in] Riva übernachtet, zum ersten und letzten Mal Schnecken gegessen und in der Nacht vor Wanzen nicht

Hans Olde zeichnend. Bleistiftzeichnung von Brütt, 1883 (Nissenhaus B 2087)

geschlafen, und dann aufs Dampfboot. In Venedig war unser erstes Geld alle; aber trotzdem wir wie Landstreicher aussahn, wagten wir uns doch nach dem Markusplatz, wo uns gleich ein Freund von Olde ins Netz lief, den wir anpumpen konnten; denn unser Geldnachschub mußte unterwegs sein. In zwei Tagen war unser neuer Sommeranzug fertig, saß ausgezeichnet und war eine Schneiderleistung, wie ich sie weder vorher noch nachher erlebt habe. Dazu ein neuer Strohhut und wir waren feine Leute. Nachdem wir Venedig mit seinem Lido nach Kräften genossen hatten, trennten wir uns. Olde fuhr zurück und ich noch nach dem schönen Florenz. Dann über Budapest, Wien, wo ich Willy traf, Prag – Berlin. – Ein kleines Extraerlebnis muß ich dem Nebenstehenden noch hinzufügen, das die Empfindlichkeit selbst gewöhnlicher Italienerinnen gegen ungeschickte Annäherungen der Männer kennzeichnet.

In Venedig war es köstlich, aber doch schon so heiß, daß die Pflasterhitze uns merklich durch die Stiefelsohlen drang. Trotzdem arbeiteten wir morgens fleißig die Museen durch, oft in Begleitung eines jungen italienischen Malers, Del Torre, der gut deutsch sprach und uns auch seinen Schneider empfohlen hatte, der uns neu einkleidete. Nachmittags fuhren wir mit ihm nach dem Lido hinaus, um zu baden. Die langgestreckten Badehäuser standen auf etwa mannshohen Pfosten, so daß die Flut unter diese hindurch einen Teil des Strandes überspülte. Aus dem Wasser kommend, benutzten wir diesen Weg, um am Strande auszuruhn und trafen dabei auf zwei hochgeschürzte Mädel aus den Bewohnern Lidos, die fröhlich im Wasser dahinpatschten. Ich warf mich mit Wohlbehagen gleich in den heißen Sand, während O. und T. etwas weiter hinaufgingen. Plötzlich waren die beiden Schönen wieder bei mir und schimpften wutentbrannt auf mich unschuldigen Badeengel los, ja, die Ältere rückte mir so bedenklich nahe, daß ich mich, um eventuellen Fußtritten zu entgehn, erhob. Keines italienischen Wortes mächtig, zog ich nur in Verlegenheit die Schultern hoch, um zu beweisen, daß ich nicht verstand u.s.w.; aber sie schimpften ununterbrochen mit wilden Gebärden auf mich los, bis ihr Vorrat erschöpft war und sie zischend abzogen. Dann erst kamen meine beiden lieben Freunde heran, und nun endlich stellte es sich heraus, daß Hans Olde überhaupt der Missetä-

Vendig. Blick von der Rialtobrücke. Bleistiftzeichnung von Brütt, 1883 (Nr. 52)

ter war; denn er hatte im Vorbeigehen der Älteren einen niedlichen kleinen Taschenkrebs auf die Schulter gesetzt. Und dafür ließ der faule Kopf das ganze Hagelwetter über mich herniederbrausen. Torre meinte, wenn ich alle die Gemeinheiten verstanden hätte, die die beiden Schönen über mich gespien hätten, dann wäre ich wohl meine Heldenruhe los geworden, und Berliner Marktweiber wären kleine Kinder dagegen. Da habe ich denn auf eine Übersetzung des Sirenengesanges gerne verzichtet.

Ach, wie wunderbar war das lautlose Gondelfahren an den Abenden und am Tage keinerlei Wagengerassel.

Addio bella Venetia!.

Ende der Jünglingsjahre

Zweiter Teil
1883

Von jener schönen Reise zurückgekehrt, trat die Heiratsfrage bald unerbittlich an mich heran; denn mein Freund Carl Schneider, der wohl einen Leichtsinnsgefährten brauchte, überredete mich, mit ihm an einem Tage zu heiraten. Nun, da ich zufällig einen hübschen Auftrag erhielt, für das Hauptportal der Hygieneausstellung am Lehrter Bahnhof eine große Gruppe zu modellieren [Nr. 49], die mir einige Groschen einbrachte, so wagte ich den Sprung ins Ungewisse, auf meine eigene Kraft vertrauend. Und es ging, aber wie – –?

Inzwischen war meine gute Mutter mit ihrem Kanarienvogel unerwartet bei mir eines Morgens erschienen, und ich mußte sie unterbringen. Also mietete ich in Moabit eine kleine, aber hübsche Wohnung, und dann zog das junge Pärchen frohgemut mit etwas mangelhafter Einrichtung ein, und der Frondienst begann.

Vergessen habe ich, daß ich noch als Bräutigam in einer Remise eine „säugende Eva“ [Nr. 58] modellierte, die mir auch noch keinerlei Erfolg brachte.

Der Vater Carls[81] hatte Vertrauen zu mir und baute mir am Schiffbauerdamm einen Stadtbahnbogen zu einem Atelier aus, obgleich sein Kompagnon Wächter [vgl. Nr. 222] dagegen war. Ja, er bestellte bei mir obendrein sogar die Büste seiner schönen Frau in Marmor [Nr. 94], und mit dieser Arbeit betrat ich die erste Stufe meines künstlerischen Aufstiegs; denn die Büste brachte mir auf der Großen Berliner Kunstausstellung die „Ehrenvolle Erwähnung“ ein.[82] Die verschmähte ich aber keineswegs, wie jene damals in der Akademie.

Das alles langte natürlich nicht, um meinen Haushalt, wenn er auch nur sehr bescheiden geführt wurde, zu bestreiten. So mußte ich denn auf Verdienst ausgehen und habe bei Stukkateuren und Steinmetzen gearbeitet, habe auch viele

Die Bögen der Berliner Stadtbahn, gesehen aus Brütts Wohnung in Alt-Moabit. Aquarellierte Federzeichnung von Brütt, 1884 (Nr. 54)

Puppen und Püppchen als Modelle für Zinkguß gemacht [vgl. Nr. 39–42], Figürchen, die irgend etwas trugen, Lampen, Kandelaber usw., mitunter gewissenlose Dinge; aber es half doch wirtschaften.

Es kam programmgemäß der erste Junge[83] mit einer sogenannten Glückshaube[84] zur Welt, und ich war während dieser sehr schweren, langdauernden, aber unsagbar großen erschütternden Angelegenheit dabei. Dieses große Rätsel muß man erlebt haben, um es würdigen zu können. Es kam dann auch der zweite Junge[85] auf die Welt, und immer noch Not und schweres Ringen nach Existenz und Erfolg; aber mein Wille hielt stand, wenn er mitunter auch nahe vor dem Ermatten war, und das ist gerade etwas Schönes und Gesundes, Notwendiges.

Eines Abends bummelte ich mit meinem Freunde Otto Hohn,[86] Architekt, durch die Leipziger Strasse, ohne daß wir sprachen, und fast plötzlich, an einer Stelle, die mir später endlich noch Besseres brachte, kam mir die Idee zu der Fischergruppe, die ich dann am nächsten Tage sofort anfing [Nr. 95]. Für die lebensgroße Ausführung mußte ich mir fast alles Nötige zusammenpumpen, wie Ton, Eisengerüst, Trittleiter u.s.w. Die Modelle mußten freilich mitunter lange auf ihre paar Groschen warten; denn ich hatte doch selber manchmal acht Tage lang keinen Groschen in der Tasche, und das große Ölbild [Nr. 20], das ich damals bei P.P. Mülller gemalt hatte, mußte sich manchen Gerichtspiepvogel gefallen lassen, – nur wegen des Rahmens! Aber – die Gruppe brachte mir den zweiten schönen Erfolg: „die kleine goldene Medaille“. Sie wurde obendrein von der Nationalgalerie angekauft, wenn auch nur zu einem geringen Preise.

So schlug ich mich frohgemut durch, unterstützt von

meiner tapferen Frau, die unentwegt mit mir durch Dick und Dünn ging. Im übrigen liegt es mir nicht, Miseren breitzutreten, aber eines will ich doch noch festnageln.

Da war ein Zinkgußfabrikant namens Bast, für den Peter Breuer und ich kleine Figuren für 150 – 200 Mark modellierten [Nr. 39–42]. Unter anderem hatte ich ihm einen bezechten Landsknecht, etwa 40 cm hoch, gemacht, der mit einer kleinen Laterne den Rauchern Feuer bot [Nr. 40?]. Damals mußte alles Landsknecht sein. Diese Figur verkaufte der Mann buchstäblich haufenweise, ja, er machte eine zeitlang nichts weiter wie diese, die in alle Welt hinausging, und so verdiente er natürlich Bombengelder damit. Nun gut; eines Tages wußte ich mal wieder nicht aus noch ein. Die Miete mußte bezahlt werden, und der Kaufmann sowie die Milchfrau wollten nicht mehr pumpen. Da schrieb ich in meiner Not an diesen Bast, er möchte mir 200 Mark borgen, für die ich ihm eine neue Figur machen würde. Darauf ersuchte er mich schriftlich und liebenswürdig, mich zu ihm zu bemühn, und von schwerem Druck befreit folgte ich dieser Aufforderung. Aber was tat der Mann? Er hielt mir als „väterlicher Freund“, wie er sich ausdrückte, eine selbstzufriedene Rede, in der er mir klarzumachen suchte, daß es für mich nicht gut sei, soviel Geld zu bekommen; denn – Ich nahm schweigend meinen Hut, ohne ihn zu Ende zu hören, und ging. Aber ich gestehe, daß mir so elend zumute war wie nie vor- und nachher in meinem Leben. – Was nun?

Meine Frau riet mir, zu ihrem alten guten Onkel, Sanitätsrat Wegscheider, zu gehen, um dort den letzten Versuch zu machen, und ich tat auch das noch. – Er saß in seinem Lehnstuhl, breitbeinig seines lieben runden Bauches wegen, hatte den Daumen im Hosenlatz stecken nach seiner Gewohnheit und schaute mich mit seinen freundlichen Froschaugen verschmitzt an; denn er hatte wohl Ahnung. Na also ich stammelte mein Sprüchlein, und er: „Na, det hab ick mir ja lange jedacht; da wird drauflos geheiratet und Kinder gemacht ohne Geld, und denn soll der Onkel herhalten“. Völlig entmutigt wendete ich mich zum Gehn; aber als ich die Tür öffnen wollte, rief er mich zurück und meinte: „Na, laufen Sie man nicht gleich davon; so schlimm war es ja nicht gemeint.“ Und dann gab er mir das Geld mit freundlichem Handschlag und: „Grüß Gretchen schön von mir.“

Inzwischen war Willy auch wieder erschienen; aber er konnte noch weniger vorwärtskommen als ich, und darum wanderte, oder besser, schiffte er Zwischendeck nach Amerika, wo er in Omaha heiratete und ein Knäblein und ein Mägdelein zeugete; das letztere wurde nach seinem Tode geboren; denn er, sowieso lungenschwach, wurde von der Grippe hinweggerafft.

Auch bei uns erschien noch ein Büblein,[87] starb aber leider schon im zweiten Jahre.

Es kam die Pariser Weltausstellung 1889, die zu besuchen ich in billigster Weise mit meinem Freunde Hohn zusammen die Ehre hatte.

Zurückgekehrt begann ich die „Eva mit den Kindern“ [Nr. 117]; aber als sie fertig modelliert war, fehlte mir das Geld für einen Marmorblock. Da bummelte ich eines Abends mal wieder durch die Leipziger Straße, um mich ein wenig zu zerstreun, und siehe da, fast an derselben Stelle, wo mir früher die Idee zu dem Fischer kam, wurde ich von einem Düsseldorfer Maler gestellt, den ich mal flüchtig kennengelernt hatte. Na also „Wie geht's? Wo wollen Sie hin?“ und so. „Ich bummle.“ „Ja, dann kommen Sie doch mal an den Künstlerstammtisch im Hofbräu; lauter bekannte, famose Leute.“ – Sollte ich meine letzte Mark, die ich in der Westentasche wußte, pflichtvergessen versaufen? Schon ging ich mit, und das war mein Glück. 1890.[88]

Da saßen sie, die bedeutenden Leute: Gussow,[89] Otto Lessing,[90] Simmler,[91] Schwechten[92] und andere, Architekten und Ingenieure, und als fröhlicher Trinker der Bankier Felix Koenigs,[93] ein feinsinniger Kunstliebhaber, der selber eine hübsche Sammlung von Kunstwerken[94] besaß neben einem vorzüglichen Weinkeller. Dieser fand augenscheinlich Gefallen an mir, weil ich seiner Ansicht nach Ähnlichkeit mit seinem leider verstorbenen Freunde Klette[95] hatte, desselben, bei dem jene Haarnadel im Bett gefunden wurde. Ja, die Haarnadeln.

Man fragte nach meinen Arbeiten, und Koenigs sagte mir dann seinen Besuch an, was mich natürlich sehr erfreute. Er kam, sah die Eva und bestellte sie in 3/4 Größe für sich, für einige tausend Mark [Nr. 118]. Ich hatte bis dahin noch nie einen braunen Lappen in der Hand gehabt, und nun sollte ich mehrere bekommen. Das war mir einfach märchenhaft.

Flugs bestellte ich mir einen großen und einen kleineren Marmorblock und haute frohgemut drauflos, und von Stund an wurde das Geld nicht mehr alle bei mir. Ja, die Bierstrippe. –

Die Eva hatte großen Erfolg und wurde ebenfalls von der Nationalgalerie angekauft [Nr. 120].

Hier fehlt das ganze Jahr 1891, von dem ich weiter nichts erinnere, als daß ich da meinen ersten Hasen schoß und mir im nächsten Jahre das Jagen angewöhnte. Überhaupt fehlen mir von 91–99 fast alle Nebenereignisse, weil die viele Arbeit mich fast ganz in Anspruch nahm; übrigens waren sie auch meistens belangloser Art. Mein Lebenslauf war Lieb und Lust und Arbeit, Arbeit, Arbeit. Dazwischen Jagd, froher Trunk und wöchentlich einmal Kegeln in unserer hübschen Kegelvilla, die von drei Mitgliedern[96] mit allem Komfort im Grunewald, Koenigsallee I erbaut war. Besonders hübsch waren auch die Sonntagabend-Skatklopfereien bei Felix Koenigs, zu denen er nur so viele einlud, als Gläser in einer Flasche sind; denn es gab von jedem Wein in wunderbarer Steigerung nur eine Flasche, ca. 8 Stück, und so wurden diese Abende bei hervorragend gutem Essen immer eine feine Weinprobe, besonders von hohen Rheinweinen. Nachher fröhlichen Skat u.s.w.

Dann 1892 machte ich mit Stielke[97] und Koenigs eine sehr lustige, aber fleißige Reise nach Italien, Genua, Florenz, Rom, Neapel, Palermo, Taormina, Messina, Genau, Pisa und Pegli u.s.w. zurück.

Während einer Konzertpause (1892) trat plötzlich, aber eindringlich ein prachtvolles Menschenkind in meinen

Brütts Atelier 1889 oder 1890 mit der „Fortuna I" (Nr. 109), der Büste eines Fischers (Nr. 99) und der ersten Fassung der „Eva" (Nr. 117). Photo: Nachlaß Brütt

Kreis; es war die Base Gretens: Pauline Ulrike Hahn, geboren 1854 am 3ten November (St. Hubertustag), Tochter eines Domänenpächters von Bismarck auf Wendisch Puddiger, und wurde bald durch ihr hübsches, frischfröhliches Wesen zu unserer besten Dauerfreundin, die dann unter den Kosenamen Paulrike, Paul, Polt, Paulette u.s.w bis zum heutigen Tage 1939[98] uns treu blieb. Sie ist ein tapferer Kerl, erwirbt immer noch ihren Lebensunterhalt als Privatlehrerin für Englisch u.s.w. selber und sieht bedeutend jünger aus als sie ist. Sie hatte Bismarck gut gekannt und schrieb auch ein gutes Buch: „Erinnerungen an Bismarck". Sie erzählte mal eine sehr komische, wahre Anekdote. Es war mal eine Amerikanerin bei ihnen auf dem Gute zu Besuch; da kam Bismarck angeritten, stieg nicht erst ab, sondern sprach vor dem Hause mit ihrem Vater. Als er fort war, hatte der Gaul einen schönen Haufen Äpfel zurückgelassen, von denen die Amerikanerin sich einen zum Andenken an diese historische Begegnung voll Begeisterung aufhob.

Also l[iebe] P[auline], hier gebe ich es Dir schriftlich, daß ich Dich immer noch liebe, und solltest Du so übermütig sein, mein Verduften von dieser himmlischen Erde zu überleben, was ich Dir mit herzlicher Schadenfreude gönne, so bitte ich Dich, meinen innigsten Dank, den Du hier ja dann lesen wirst, für Deine mir trotz meiner Scheußlichkeiten unentwegt bewiesenen Liebe und Freundschaft recht stark zu empfinden und dann an dem Örtchen, allwo als mein letzter fauler Witz mein bescheidenes Konservenbüchslein, mit irgend einer Asche angefüllt, verrostet, so recht lieb und herzlich, wie Du es vermagst, in Dich hineinzulachen. Und somit bis in alle Ewigkeit Dein Krischan.

1893 Mitglied des Berliner Ruderklubs und mit Koenigs' Boot und Freunden viele bewegliche Fahrten auf der Oberspree und deren Seen.

Dann verunglückte meine gute Mutter tödlich. Sie benutzte einen Sonntag, an dem wir mit den Kindern zu den Schwiegereltern nach Potsdam gefahren waren, um ein Mädchen oder eine Frau, die lange treu bei uns gedient hatte, zu besuchen, trotzdem ich sie dringend gebeten hatte, es nicht zu tun. Sie kam Berlin M. im Hinterhaus in einen dunklen Hausflur und stürzte die Steintreppe nach dem Keller hinunter. Dann hatte sie noch die fabelhafte Energie, mit schwerem Schädelbruch allein die vier Treppen hinaufzuklettern, wurde bewußtlos von den Leuten nach Hause gefahren und kam bereits tot dort an. –

So blieb ich als der letzte der Familie.

Die letzten Jahre sind mir ein wenig durcheinander gerutscht, und da habe ich, die Schwerttänzerin [Nr. 136] einzureihen vergessen, die 1892 oder 93 entstand und sehr stark wirkte[99] und mir auf der Weltausstellung 1900 in Paris die große Goldmedaille brachte.

1894 wurde ich zu meiner größten Überraschung Mitglied der Akademie der Künste, eine Sache, die mir unerreichbar schien.

Anfang Herbst fuhren wir mit unsern beiden Jungens und Gretens Kusine Pauline Hahn in die Bayrischen Berge nach Obergreinau und mieteten uns dort bei Förster Heuner ein. Natürlich hatte ich meine Doppelbüchse mitgenommen, und das war gut; denn bald erhielt ich die Erlaubnis, einen Gemsbock zu schießen; aber das wäre mir beinahe mißglückt, denn ich Neuling wußte noch nichts von *Schmieren*. Übrigens ist gegen diese Gebirgsjagd die *unsere* einfach Salonjägerei. Donnerwetter, da heißt es, allen Talg hergeben und schwindelfrei sein. Fast jeden Nachmittag aufi und umeinand gekraxelt; aber Woche auf Woche verstrich bei herrlichem Wetter, ohne daß ich auch nur ein Stück Gemswild von hinten zu sehen kam. Freilich, einen ganz guten Rehbock brachte ich zu Strecke; das war aber auch alles. Ich wurde einfach an der Nase herumgeführt, woran der Herr Förster scheinbar sein Vergnügen hatte. Auf und ab durch möglichst gefährliche Gegenden, ohne Weg und Steg, höchstens mal einen Gemswechsel benutzend; aber ich hielt aus, wenn auch mitunter nahe dran, abzustürzen; ja, einmal bei solcher Gelegenheit sah ich den Kerl kreidebleich werden, aber wir sagten kein Wort; denn die Hoffnung auf den Gemsbock ließ mich die Todesgefahr kaum erkennen. Aber wunderschön und erfrischend war dies freie starke Leben dort oben bis in die Schroffen hinein.

Es war in der letzten Woche unserer Ferien, da wollten wir den letzten Versuch machen. Also, mit etwas Proviant versehen, nochmals aufi, um in der Blockhütte nahe den Schroffen zu übernachten und es auf der Frühpirsch zu probieren. Drei bis vier Stunden aufwärts. Die Hütte mit offenem Giebelfeld hatte etwa 3 x 3 Meter und in der Mitte eine Feuerstatt nebst Holz und etwas Geschirr, an der einen Wand eine breite Pritsche mit Grummetlager[100], weiter nichts. Der Förster hatte seine hochbeschlagenen Pinscherdackelpudelhündin mit, die flohreiche Mierdel. Nachdem wir gefuttert, einige Enzian gekippt und eine Pfeife geraucht hatten, legten wir uns, nur die Stiefel entfernend, der eine den Kopf links, der andere rechts nieder zum Schlafen. Jawohl Schlafen –. Kaum lag mein Freund mit Mierdel am Herzen, da brach aus seinem offnen Maul ein so ungeheures Schnarchen, daß die Wände erbebten und Mierdels Flöhe todesangstdurchschauert in Schwadronen flüchteten und bei mir Schutz von diesem Erdbeben suchten und leider auch fanden. Als meine verzweiflungsvolle Verteidigung erlahmte, drangen betäubende Düfte von seinen nackten Füßen, die sich in der Nähe meiner Nase erholten, derartig in diese, daß ich ratlos meinen Kopf über die Bettkante hinausbaumeln ließ, was natürlich auch nicht auszuhalten war. Ein armer Städter hat ja keinen Schimmer, was für einen Höllenduft solche Bauernfüße ausstrahlen können. Na, schließlich war ich doch beinahe eingedämmert; aber es war der Prüfung noch nicht genug; denn nun bekam die arme Mierdel Wehen und turnte vor Schmerz maunzend auf und über uns herum, so daß wir beide, da es unterdeß bereits halbdrei Uhr geworden war, uns erhoben, etwas aßen und dann im Finstern, er mit einem Lichtstummel voran, unsre Pirsch begannen, über schlüpfriges Geröll stolpernd, bis zum Morgengrauen vorwärts, dann aber hieß es, sauber pirschen. Nach einer Weile kamen wir an eine Felsnase, die beiderseits mäßig steil abfiel, etwa 100 Meter mit Latschen bestanden. Unter uns, das ganze weite Tal bedekkend, dichte Wolkenschicht. Wir setzten uns an die Spitze und baumelten mit den Beinen. Es war mir dies leise wallende Nebelmeer ein neuer wunderbarer Anblick. Plötzlich entstand eine Lücke in den Wolken und fast senkrecht in der Tiefe lag das winzige Obergrainau und der Eibsee in der Frühsonne. Wir trennten uns ungern von diesem seltsamen Anblick und pirschten langsam den Grat zurück. Da sehe ich unter mir zwischen den Latschen wahrhaftig einen Gemsbock sitzen und hebe langsam meine Büchse. Doch der Alte winkte mir ab. „Dös is a Stoan", meinte er; aber im selben Moment wurde der Stein hoch, erhielt die Kugel und nach kurzer Flucht die zweite durch den Hals. *Endlich*! „Is halt nur ein Dreijähriger", meinte mein Freund geringschätzig; aber mir war er stark genug, und ich war hochbeglückt. Natürlich ließ ich es mir nicht nehmen, das Wild selber aufzubrechen, wobei ich feststellte, daß das erste Geschoß über dem Blatt des Rückgrat stark angekratzt und die Lunge durchschlagen hatte; trotzdem blieb der Bock nicht im Feuer wie jedes andre Wild. Während dieser Arbeit überfiel uns ein ungeheurer Platzregen, der uns bis auf die Haut durchnäßte; aber was kümmerte mich das; ich hatte meinen 46 Pfund schweren Gamsbock im Rucksack auf dem Buckel und trug ihn wie nichts circa drei Stunden abwärts; denn der arme Förster hatte an der Spitze der einen großen Zehe ein kapitales Hühnerauge, das ich ihm später aus Dankbarkeit und nachdem er seine Füße gründlich gewaschen hatte, kunstgerecht herausoperierte; es war ein Hornzapfen von fast einem Zentimeter Länge. – Unten großer Jubel, und Pauline fand dann das erste Geschoß pilzartig gestaucht unter der Decke beim Abstreifen derselben durch den Förster. Dann an Abend beim dicken Biersack, so hieß der Wirt, wurde der Bock mit verschiedenen Mattheus Müller totgetrunken.

1895 für den Neubau des Reichstages die kronentragenden Kindergruppen auf den Türmen [Nr. 162] und die Gruppe „Wahrheit" [Nr. 164] über dem Nordportal. Allerlei Dekoratives, auch Puppen für den Dom [Nr. 177 u. 178] u.s.w. Das könnt Ihr Euch selber aus dem Register meiner Arbeiten zusammensuchen.[101] Die letzten Jahre habe ich stiefmütterlich behandelt; aber wer soll all das, was sich an Erlebnissen überstürzte, behalten und aufschreiben. Was liegt daran?

In den Jahren 1892 – 96[102] hatte ich meine Werkstatt in der Lützowstraße,[103] wo auch die Schwerttänzerin und das Kaiser W. I.-Denkmal für Kiel [Nr. 137 u. 194] entstanden, und wo ich auch zum erstenmal den Besuch des Kaisers und der Kaiserin empfing.

Dort hatte ich auch drei Schülerinnen[104] und erfreute mich dreier lieber Freunde: Otto Hohn, Architekt, Karl Schneider, Ingenieur, und Möller[105], Architekt, mit seiner schönen, franzosenblütigen Frau, mit denen ich viel und fröhlich verkehrte. Sie starben dann alle vier kurz hintereinander an Gehirnerweichung.[106]

1896. „Hochwohlgeborner Herr Professor",[107] so hieß es mit einem Male, statt „wohlgeboren". Es war zum Lachen. Dann Storm-Denkmal für Husum [Nr. 203] und Kaiser Wilhelm I-Denkmal für Kiel [Nr. 194] und dafür meinen ersten Piepvogel: Roter Adlerorden 3ter Klasse.[108] Wundervolle Enthüllungsfeier großen Stils mit Kaiser und Kaiserin und Gott weiß wem; dazu Glockengeläute, Heil Dir im Siegerkranz und Donnern der Kriegsschiffkanonen.

Die Aufträge überstürzten sich fast, und es war ein großartiges Dahinsegeln; aber es wäre besser gewesen für meine Arbeiten, wenn ich mehr Zeit hätte daran verwenden können. Die Arbeit wurde mir trotzdem leicht und das Leben erst recht. Warum denn *nicht*?

1897. Bronzestatue Heinrichs des Voglers für das Südvestibül des Reichstages [Nr. 166]; dann wieder eine schöne Reise nach Italien als verspätete Hochzeitsreise mit meiner Frau, durch Italien bis Syrakus und Aetna.[109]

1898. Überlebensgroßer Bismarck für Altona [Nr. 199].

1899. Reise mit Koenigs und Olde durch Holland und Belgien, die nach meinen an meine Frau gerichteten Tagebuchblättern folgerndermaßen verlief: Koenigs fand bei einem Besuch in meiner Werkstatt, daß ich schlecht aussähe, und tatsächlich hatte ich ein klappriges Herz nach einer überstandenen Influenza, und so folgte ich mit Freuden seiner Aufforderung zu der Reise mit ihm und Hans Olde nach Holland und Belgien. Wir waren sehr gute Freunde

Adolf Brütt. Zeichnung von Paolo Troubetzkoy, 1897 (Nissenhaus)

und ein lebensfrohes harmonisches Trio, das sich nach fast allmorgendlichem pflichtgetreuem Museumsdienst auch fast täglich durch die herrlichsten Burgunder, die es überall gab, die frohen Lebensgeister zu erhalten wußte.

6. September Utrecht, und nachher Zeist, dann am Abend 7. IX. nach Amsterdam. Dort gut gegessen und in ein Variété. Früh ging die Arbeit los, wie Koenigs es nannte, und der hatte recht, es war Arbeit, all die Tausende von Kunstwerken zu beschnüffeln, und bald wurden wir auch zahmer und berücksichtigten die Sterne im Baedeker.[110] Wenn Ihr den nachschlagt, dann wißt Ihr auch, was dort alles für Herrlichkeiten zu sehen sind, und ich spare Papier und Mühe, das zu wiederholen; also fasse ich mich noch etwas kürzer, als die Tagebuchblätter es tun und bin Eurer Zufriedenheit gewiß.

Koenigs war ein gründlicher Führer von kaufmännischer Gewissenhaftigkeit und Olde ein *zu* liebevoller Genießer nach meinem Geschmack; aber beide wurden bald zahmer zu meiner Freude; denn mich ermüdete die Sache etwas leichter. Olde steht ungesund früh auf; das hat er noch von der Landwirtschaft. Abends belohnten wir uns im Hotel Doelen mit einem sehr guten Essen und feinen Burgunder Weinen. Nachts trotz Bettnetz von Schnaken zerstochen. Im Palast für Volksfleiß eine Stunde gelangweilt, dann Museum und bei Krasnapolsky fein gefrühstückt. Nachmittags Zoo und Judenviertel und zur Herzstärkung Burgunder. Inzwischen wurde der arme Dreyfus[111] verurteilt.

Das eigenartig Holländische dieser Städte kennt Ihr ja von den Bildern von Hans Hermann,[112] und überhaupt, ich habe nicht die Absicht, auch Euch unnütz zu ermüden. Wir sahen herrliche Werke der Malerei, aber außer alten Bronzen wenig hervorragende Plastik. Dann nach der reizenden kleinen Fischerstadt Zaandam. Zaandam ist das originellste Städtchen, das ich je gesehen habe. Es besteht aus lauter kleinen Holzhäusern, die bunt angestrichen sind und im Innern, das zierlich und peinlich sauber gehalten wird, einer vergrößerten Schiffskoje gleichen, die auf Wandbrettern mit mehr oder minder wertvollem Porzellan u. dergl. und an Decken und Wänden mit kleinen Schiffsmodellen und allerlei Meeresseltsamkeiten geziert sind. Und dazu die hübsche Tracht, besonders der Frauen. Die Häuser sind etwa 5 Meter breit und 6 – 7 Meter hoch. Hier hat auch Peter der Große eine Zeitlang als gewöhnlicher Werftarbeiter gelebt, und sein Holzhäuschen ist noch durch ein darüber gebautes Steinhaus erhalten.

Koenigs erklärte mich für bodenlos eitel, weil ich mir einen neuen Schlips gekauft hatte und überhaupt nicht Jägerwollwäsche trug wie er. Er hatte übrigens eine unglaubliche Angst vor Flöhen; darum ließ er sich an allen Hosenbeinen vom Schneider innen unten eine Vorrichtung nähen, um das Hinaufkriechen der lieben Tierchen zu verhindern. So erfreuten wir uns gegenseitig an unseren Tugenden, auch über Olde, der ausgerechnet grade dann noch notwendig einen Brief zu schreiben hatte, wenn K. und ich bereits zur Abfahrt nach der Bahn in der Droschke saßen. – Dann eine lustige Fahrt nach Egmond aan Zee. Kahn bis Alkmaar, dort im Wagen von Melchers,[113] dem Maler, abgeholt nach E. a. Z. Dies liegt auf und hinter den hohen Dünen, die ganz Holland vor der See schützen, und diese zeigte sich uns in gewaltiger Erregung, war uns aber trotz des Sandes, der uns vom Nordsturm in die Augen geblasen wurde, ein herrlicher Anblick. Melchers und Heimers, sein Malerfreund, waren famose Kerle, und wir dankten ihnen für köstliche Bewirtung – sogar ein Fäßchen Rotwein war angezapft – von Herzen.

11.9. Haarlem und Haag, dann Scheveningen. Übrigens vergaß ich die interessante Fahrt nach der Insel Marken von Amsterdam aus. In 's Gravenhaage dem siebzigjährigen Maler Bisschop[114] einen Besuch gemacht, bei dem ich meinen neuen Regenschirm stehen ließ. Darauf auch noch Mesdag[115] besucht. Dann endlich wie immer bei vorzüglichem Essen burgundert, natürlich nur, um mein Herz zu stärken.

Rotterdam, Delft, Schiedam. Hohe spitze Türme und Backstein-Windmühlen sowie die Wirtschaftsgebäude sind neben den schwarz-weiß-schwarzen Kühen charakteristisch für diese Gegend.

Wir natürlich überall kunstsüchtig. Dann 14.9. Antwerpen. Soldaten schwach vertreten, worüber wir uns zu einem Galeriediener äußerten, der uns zur Antwort gab: „Ja, wenn es Krieg gibt, dann stellen wir unser Heer einfach auf die Grenze, und der Feind lacht sich tot." Tüchtig gearbeitet und burgundert. Merkwürdig, wie die Belgier für Dreyfus ins Zeug gehen. – Nebenbei das hübsche Haus des ersten Antwerpener Buchdruckers, Plantin, besehen. Zoo, Konzert u.s.w. Van Dyk-Ausstellung. Spaziergang an der Schelde und zum Fort, wo 1898 eine furchtbare Explosion stattfand. Die stattliche Gastwirtin, die uns selber in schwarzer Seide bediente, erzählte, daß bei der Sache ein riesiges Bukett von Menschen und Menschenteilen in der Luft geschwebt hätte, und daß ihre Kinder mit ihren Puppen im Arm drei Stunden weit geflohen wären. Es ist übrigens in Belgien wesentlich unreiner als in Holland. Auf dem Rückweg wirkte Antwerpen bei Sonnenuntergang wundervoll.

Gent. Van Eyck, Rubens – Pommard, Volney, Beaune.[116] Großartig.

Brügge. Wie immer gearbeitet. Am Abend auf dem stillen Marktplatz vor einem Café, bei Vollmondschein ausgeruht. Die Uhr hatte soeben, nachdem sie, wie in diesem Lande überall, ihr fades Lied gebimmelt, 10 Uhr geschlagen. Außer einer einzigen schwarzen Gestalt, die den Mond anzubeten schien, keine Menschenseele zu sehen. Wohltat. – Wir fuhren am nächsten Tage, um mal das Glück des Bilderbesehens los zu sein, nach Ostende, wo Olde und ich badeten und ich meinen Ehering in der See verlor. Darum befestigte ich nachher einen neuen an meiner Uhrkette; aber den verlor ich bei einem Sturz mit dem Rade in der Lützowstraße vor dem Hause, wo Paulette wohnte. Er war samt der Kette von der Uhr gerissen. Darauf schaffte ich mir keinen neuen an.

Noch ein Ausflug nach Blankenberghe bei herrlichem Wetter und Wein. Hans Olde und ich badeten natürlich bei aufsteigender Flut, die dann aber so schnell kam, daß wir aus dem Badekarren huckepack an den Strand getragen werden mußten. Koenigs spendierte heute den höchsten Burgunder; herrlich. Aber das Glockengebimmel jede halbe Stunde ist zu dumm, und das dahier setzte allem die Krone auf mit seinem: „So mutterseelenallein." Oha, oha. Koenigs dichtete, und wir beide unterschrieben es auf der Postkarte an den Kegelklub: „Niemals waren wir so flügge als dahier im schönen Brügge. Bei dem herrlichen Burgunder ist das schließlich auch kein Wunder. Leider steht uns jetzt der Rüssel nach der letzten Station Brüssel. Dienstag aber in acht Tagen werden wir Euch alles klagen." Schön, nicht wahr?

23.9. Brüssel. Die Wallonen und ihre Weiber sind mir nicht sympathisch, und außerdem war ich kunstmüde; denn die ewigen Christuslegenden, Heiligenmarterungen, Jupiterverfehlungen und Schützengilden – einige hervorragende ausgenommen – fallen einem schließlich trotz Burgunder auf die Nerven. Trotzdem hier tüchtig gearbeitet. Abends im Theater, wo wir eine Posse sahen, die in Berlin einfach unmöglich wäre. Brüssel ist schön und höchst interessant und das Frühstück bei l'Etoile hervorragend gut, besonders Volnay und Musigny.[117] Am nächsten Tage Besuch der Museen, dann, um uns wieder deutschlandfähig zu machen, ins Moselhäuschen. Der Sonntag langweilig. Abends in einem Possentheater, wo uns Folgendes vorgeführt wurde: „Le Marchand". Großes ländliches Fest, Aufzüge mit Musik u.s.w.. Der Minister des Unterrichts kommt auf seiner Inspektionsreise in den Ort, um eine Lehrerin zu prüfen und ihr die Palme der Akademie zu überreichen (Anspielung auf Paris). Die Lehrerin führt ihre Kinderschar vor, und vorne marschiert das Kleinste als Republik mit der roten Mütze. Der Minister spricht es an, aber plötzlich muß es fortgetragen werden; denn es hatte unter sich gemacht. – Ungeheurer Beifallssturm – ja, ja. –

Am 25ten noch viel gearbeitet, dann nach dem Bois de la Cambre. Abends Theater de Paris, sahen dort „Ma Cousine" mit der Réjane.[118] –

Am nächsten Tage Modernes Museum, dann aber Kunsthistorisches Museum und das Naturhistorische nicht zu vergessen mit seinen Iguoanodons[119] u.s.w. Park bei Schloß Laeken und bei l'Etville,[120] oder wie die Nester heißen. Die letzten herrlichen Burgunder geschlürft; 1870 Richebourg und noch einen 1868er. Am Abend noch mit Sekt Abschied von Belgien genommen.

28.9. 11 Uhr früh auf nach Cöln, und da haben K. und ich, Hans Olde streikte, endlich mal wieder ordentlich gezecht. Erst früh im „Treppchen" guten Mosel und dann am Abend zu Koenigs' Freund, Geh. v. Metz, wo wir auch den Bruder von K. trafen. Na, da gab es herrliche Rheinweine, und am nächsten Abend bei dem Bruder auch. Dann heimwärts. Das waren vom 6. bis 30. September etwa 20 Städte und Ortschaften. Mein Herze war wieder gesund.

Schluß

Unser lieber Freund Felix Koenigs, dem ich so vieles Gute zu danken habe, mußte leider schon ein Jahr später, während unseres Aufenthaltes auf der Pariser Weltausstellung,[121] vom Leben scheiden.

Hier ein paar Worte über die Akademie der Künste,[122] die mir, wie gesagt, unerreichbar erschien; aber als ich drinnen war, schwand der Nimbus gar bald; selbst als ich später die Ehre hatte, den herrlichen roten Sammetmantel längere Zeit als Senator zu tragen, d.h. nur am Geburtstage des Kaisers und bei Adolf Menzel Begräbnis und Gedächtnisfeier mit großer Aufmachung, Kaiser nebst Kaiserin waren erschienen. Dann kamen die Modernen hinein unter Liebermann als Präsidenten, und seitdem bin ich nicht mehr hineingegangen.[123]

Es kam eine sehr hübsche, lehrreiche, trunkfrohe Reise nach Oberösterreich, auf Anregung des alten Dombaumeisters Raschdorff,[124] und dessen Sohn Otto[125], zu der dann August Vogel,[126] Wilhelm Wiedemann[127], Otto Lessing[128] und ich dazu geladen wurden auf unsere eigenen Kosten, um Studien für die Arbeiten für den Dom zu machen,[129] die wir vielleicht in Auftrag bekommen sollten. Die Sache war sehr hübsch und fröhlich. Wir sahen dort eine Fülle von entzükkenden Renaissance- und Barockkirchen und -kirchlein bis Linz und Passau hinunter. In Passau ließ uns der Alte allein; denn er mußte noch Profile zeichnen; weiter tat er nichts, während sein Sohn mit seinem Photofernrohrapparat ihm für gewöhnlich beistand und selbst die fernsten Engel, die kaum zu sehen waren, auf die Platte bannte. – Also es war Sedantag;[130] wir saßen im Freien bei herrlichstem Wetter vor dem Rathaus und vor uns die Donau. Dort saßen wir an demselben Tisch den ganzen Tag bis in die Nacht hinein und zechten die besten Pfälzer Weine. Am nächsten Morgen zum Abschied gingen wir an die Donau zum Baden. Da stand der Sohn in seiner frohen, rundlichen Nacktheit neben mir, rot wie ein gesottener Krebs, und als er hineingesprungen war, stieß der Bademeister mich an und meinte: „Sie, ham's gehört? zischt hot's".

Der Alte sprach: „Wozu Neues erfinden wollen? Es ist ja alles da, was man braucht; man muß es nur zu finden und zu benützen wissen." – Das war mir ein neuer Standpunkt, aber, wie mir schien, kein sehr hoher.

1899. Otto der Faule für die Siegesallee [Nr. 179].

1900. Bismarck für den Knivsberg bei Apenrade [Nr. 200] an der dänischen Grenze. Bei der Enthüllung dieser sechs Meter hohen, kupfergetriebenen Statue großer Festschmaus. Gegen die Leute dort, besonders gegen die alten Schippkapteins war ich nach deren Auffassung nur ein Anfänger im Trinken und konnte zum erstenmal nicht mit durchhalten.

Dann zur zweiten Weltausstellung mit Greten nach Paris, wo meine Schwerttänzerin die Große goldene erhielt Das schöne Rudern auf der Oberspree war mit Koenigs' Tode, und weil plötzlich die Gicht hemmend bei mir auftrat, für mich erledigt.[131]

1901. Friedrich Wilhelm II. für die Siegesallee [Nr. 181] und Kaiser Friedrich für Breslau [Nr. 190].

Als ich den Auftrag hatte, das Kaiser-Friedrich-Denkmal

für Breslau zu machen, fuhr ich dorthin zu einer Besprechung mit dem Denkmalsausschuß, und nachdem das Geschäftliche erledigt war, luden die Herren mich zu einem fröhlichen Weintrunk an ihren Stammtisch. Dort wurde ich von einer stattlichen Tafelrunde begrüßt. Hohe Beamte, Professoren, Oberlehrer und auch mein Freund, Baurat Pl.,[132] der sich zu mir setzte, waren vorhanden. Nach mancherlei Gesprächen kam man natürlich auch auf die Kunst im allgemeinen und ohne mein Zutun auf die Antike und die Venus von Milo. Bei der Gelegenheit bedauerte man lebhaft das Fehlen der Arme derselben, was mich reizte, das Paradoxon hinzuwerfen: „Die Venus würde nur halb so großartig wirken, wenn sie Arme *hätte*."[133] Man war höchst überrascht und lachte, als wenn ich einen faulen Witz gemacht hätte; ja, ein Herr mir gegenüber mit herrlichem Vollbart sprach mitleidsvoll zu mir: „Aber Herr *Professor*, die Arme sind ein wunderbares Mittel, den Ausdruck zu erhöhen." Worauf ich friedlich erwiderte: „Nun ja, wir Künstler arbeiten und sprechend doch nur so gefühlsmäßig drauflos, während die Herren Archäologen und Kunstgelehrten der Sache mit Schärfe des Geistes zu Leibe gehen, wovon ich vor einiger Zeit einen überraschenden Beweis erhielt. Ein Kenner, dessen Namen ich leider vergessen habe, sandte mir in prächtigem Druck, auf Büttenpapier mit feinen Lichtbildern ausgestattet eine geistvolle Abhandlung über *die Schiefheit des Gesichtes der Venus von Milo*. Er behauptete, daß ein so großer Künstler wie der Schöpfer dieser unsterblichen Statue diese Schiefheit absichtlich gemacht hätte, und bewies seine Ansicht folgendermaßen. Nachdem er sich einen zweckdienlichen Zirkel und Zollstock gekauft und und eine feine Tabelle angelegt hatte, maß er mehrere hundert weibliche Gesichter auf ihre Schiefheit hin, notierte diese Maße hübsch untereinander in Zahlen auf seine Tabelle, zog dann die Durchschnittssumme, und siehe, diese stimmte genau mit der Schiefheit des Gesichts der Venus überein." – Ich hatte auf fröhlichen Beifall gerechnet, aber schon während ich sprach, bemerkte ich in den Gesichtern meiner Zuhörer sonderbare Verlegenheit und verkniffnenes Lachen, und als mir mein Freund obendrein einen Rippenstoß versetzte und ich sah, daß dieser Herr mit dem schönen Backenbart puterrot das Lokal verließ, und P. mir zuraunte: „Das ist doch Ihr Autor",[134] da mußte ich doch auflachen, was sofort ansteckend wirkte. Und somit wurde der Abend noch recht fröhlich, und ich balancierte einen hübschen Rausch heim.

Wir Bildhauer wissen alle, wie schwer es ist, gleiche Gesichtshälften zu machen; denn sie werden fast immer schief, und wir trösten uns damit, daß die gute Mutter Natur eine Gleichheit auch nur sehr selten fertig bringt. Man machte übrigens später an Gipsabgüssen der Venus Versuche, Arme anzubringen,[135] sah aber bald des Törichte und Schädigende ein.

Während meiner Tätigkeit an den Arbeiten für S.M.[136] bekam ich manchesmal auch den Besuch des Kaisers und der Kaiserin , meiner Erlauchten Landsmänninn,[137] die ich beide hoch verehrte und liebgewann, besonders letztere. Einmal wurde ich auch zur Tafel befohlen.[138] So lernte ich sie recht gut kennen und beurteilen. Der Kaiser hatte, wie bekannt, etwas sehr Lebhaftes und Faszinierendes, und sie ein gar liebes natürliches Wesen. Der Kaiser war vor allem ein Vollmensch und hatte das Herz auf dem rechten Fleck; dabei kamen seine Stärken und Schwächen aber mitunter an den unrechten Platz. Seine rechte Hand war wohlgeformt und sehr kräftig, jedoch sehr behaart, während die linke verkümmert und kraftlos war, so daß er sie, wenn nötig, mit der Rechten zurechtlegen mußte. Er schoß daher auf der Jagd mit einem Arm, aber hervorragend gut. Seine Pirschbüchsen hatten seitlich einen scharfen Dorn, den er zum Schuß auf der Pirsch in einen Baum schlug. Seine Flinten hatten Kaliber 20; dies sei Jägern gesagt.

Der Kaiser beging, wie bekannt, in der Wahl seiner Umgebung und in militärischen Angelegenheiten manchen Mißgriff, so den so verhängnisvollen durch die Wahl Moltkes zum Generalissimus; jedoch das ist Politik und gehört nicht hierher; ich verstehe auch zu wenig davon. Aber das war häufig auch in der Kunst der Fall, obgleich er kein eigentliches Kunstverständis hatte.[139] Jedoch übergehe ich auch das; denn ich habe allen Grund, ihm meine tiefe Dankbarkeit zu bewahren und tue das von Herzen.[140] Von seiner vielbesprochenen Impulsivität habe ich manch Hübsches erfahren, unter anderem Folgendes: Am Tage einer großen Ruderregatta in Grünau besuchte er mich mit der Kaiserin in meiner Werkstatt, um eine Statue zu beurteilen, und äußerte beim Fortgehn, daß er am Nachmittag die Regatta besuchen wolle, worauf ich so hinwarf, daß ich leider vergessen hätte, mir eine Karte zu besorgen. „Nun", meinte er fröhlich, „kommen Sie mit mir, Abfahrt 3 Uhr vom Schloß mit meinem Dampfer." „Da haben Sie aber Glück", meinte die Kaiserin. Und das war eine wunderschöne Sache, die Spree so am Sonntag hinaufzufahren und auf solche großartige Weise noch dazu. In Grünau mit viel Jubel empfangen, mußte ich über die erstaunten Gesichter meiner Freunde lachen, die dort in erster Reihe saßen: „Da ist doch auch Brütt!" Ich fuhr dann auch wieder mit zurück.

Da ich das Rudern hatte aufgeben müssen, war die Jägerei bald bei mir zur Leidenschaft geworden. So machte ich mehrfach höchst interessante Reisen als Jäger, zuerst nach Livland kurz vor Weihnachten, um einen Elch zu erlegen, den ich leider infolge Versagens meiner Patrone nicht bekam. Nun einmal in Russland, benutzte ich die Gelegenheit und fuhr auf einige Tage nach *Petersburg*. Beim Abschied von dem liebenswürdigen Jagdherrn legte dieser mir eine Elchspießerkeule in den Schlitten, der mich nach der Bahn fahren sollte. Herrgott, was sollte ich mit einer Elchkeule in Petersburg? – Ein Freund meines lieben Schwiegervaters, ein Herr von Kideritzky, war Direktor der wunderbaren Sammlungen der Ermitage. Diesem machte ich sofort meinen Besuch wie auch seiner liebenswürdigen Gattin und erzählte ihr ratlos von meinem seltsamen Gastgeschenk, das ich in guter Absicht mitgebracht hatte. Das faßte sie zu meiner Freude reizend höflich auf und lud mich daraufhin zum Abend zu Gast. Die Keule war delikat und

Adolf Brütt. Zeichnung von Ismael Gentz, 1903 (Photo im Nachlaß Brütt)

das Drum und Dran, besonders der Krimwein, ebenfalls. Am nächsten und den folgenden Tagen zeigte der Herr mir alle Schätze der Museen. Dann besuchte ich den Prinzen Trubetzkoi, den ich bei Koenigs kennen gelernt hatte und der mich bei der Gelegenheit in seiner sonderbaren Weise zeichnete.[141] Er war gerade dabei, in einem riesigen Atelier, das nur aus Glaswänden und Glasdach bestand, seinen Reiterdenkmalskoloß in „Plastilina" zu modellieren.[142] –

Die Neva war gefroren, so daß die Elektrische hinüberfuhr, und das Straßenpflaster war furchtbar, aber geheizt waren die Straßen, d.h. es standen dort in gewissen Abständen Kohlenbecken für die Polizisten zum Wärmen. Petersburg bietet erstaunliche Dinge an Kirchenkunst und dergleichen, zuviel, um mit deren Beschreibung erst anzufangen. Ich bin noch erfüllt von all dem Geschauten. Leider versäumte ich, nach Moskau zu fahren; es war ja kurz vor Weihnacht.

1902 entstand der Monumentalbrunnen für meine Geburtsstadt Husum.[143] Der damalige famose Bürgermeister Menge war sehr um mein Wohl besorgt,[144] so daß mir meine graue Geburtsstadt fast lieb wurde. Leider wurde mir dieser Eindruck später durch Mißverständnisse wieder etwas gestört, doch daran werde ich wohl mitschuldig sein.[145]

1903. Ausruhende Diana, die auch in den Besitz der Nationalgalerie überging und die mir die große Goldene brachte.[146] Dann gab mit der Kaiser den Auftrag, die große Marmorstatue *seines Vaters für das Brandenburger Tor* [Nr. 182].

Diese Arbeit, obgleich sie dem Kaiser wohl gefiel, ist nicht gut. Das weiß ich selber; sie wurde dann auch fleißig heruntergemacht. Dabei fällt mit eine scherzhafte Sache ein. Bei einer Hoffestlichkeit in Weimar 1906 trat eine alte Gräfin zu mir und glaubte, mir eine Freude durch ein Gespräch über Kunst machen zu müssen, was ich sonst gerne vermeide, und dabei kam sie auch auf jenen Kaiser Friedrich zu sprechen, den sie „gänzlich mißraten" nannte. „Sie haben durchaus recht; es ist wirklich eine schlechte Figur, die man entfernen sollte," erwiderte ich. „Ja, ja," meinte sie hocherfreut, von wem ist sie eigentlich verbrochen?" „Von mir, gnädige Gräfin." –

Die Aufträge überstürzten sich geradezu, denn *1903 – 1904* entstand der Trommler von Kolding in Bronze für Flensburg, der alte General Wrangel von 1864,[147] den ich auf seinem Gute Sproitz noch nach dem Leben modellieren durfte.[148] Es ist nicht der alte Berliner Schnurrbart-Wrangel.[149] Dann – wir waren gerade mit Umzug beschäftigt – kam plötzlich eine Hofequipage und holte mich zum Kaiser ins Schloß. „Also, mein lieber Professor", redete S.M. mich an, während er mir mit dem Zeigefinger auf die Brust tippte, „der alte Menzel hat es getadelt, daß in der ganzen Siegesallee kein Tschako aus den Befreiungskriegen zu sehen ist, und darum habe ich beschlossen, daß Sie mir meinen Großvater als Jüngling mit Tschako in Marmor machen u.s.w." [Nr. 184] Hohe Freude in der neuen Wohnung.[150] –

Dann entstand die Bronzefigur von Esmarch für Tönning [Nr. 208], bei deren Enthüllung er selber und seine Angehörigen zugegen waren.

Darauf 1905 einer der Oranier auf der Schloßterrasse in Berlin [Nr. 266].

Neben allen diesen Monumenten machte ich noch manche dekorativen Sachen, Büsten, Reliefs u.s.w.

Ich vergaß bei 1902 zu erwähnen, daß damals die großen Marmorreliefs für die Kaiser Wilhelm-Gedächtniskirche entstanden [Nr. 173].

Diese letzten fünfzehn Jahre waren voll Zufriedenheit, Glück, Kraft und Erfolg, und vergessen waren längst alle Not und Pein; aber auch ihnen fluche ich nicht; denn sie waren durchaus nötig zu meinem Aufbau, zu meiner Entwicklung.

Und nun, am Anfang meines fünfzigsten Jahres, entschloß ich mich, überredet von Hans Olde, nach Weimar zu übersiedeln.[151] Es war gewiß ein Wagnis und hat mir in Berlin auch geschadet; jedoch war der Kaiser mir nicht böse deswegen, was er mir bald nachher liebenswürdig bewies.

Also eingepackt, Überflüssiges zertrümmert und los mit Kind und Kegel. –

Alle Modelle zu meinen Monumentalarbeiten sowie auch alle anderen Gipsabgüsse habe ich eigenhändig zertrümmert, so daß in dieser Hinsicht mein Nachlaß niemanden in Verlegenheit setzen wird.[152]

Dritter Teil
1905

Nach dem frohen selbstgefälligen Dahinsegeln langten wir wohlgemut erwartungsvoll in der berühmten Stadt Weimar an und bezogen eine hübsche neue Wohnung mit sieben Zimmern in der Bernhardstrasse, dicht neben Oldes. Mir wurden ebenfalls neuerbaute, prächtige Atelierräume sowie vier gute Schülerwerkstätten zur Verfügung gestellt. Es waren sogenannte Meisterateliers und ich der „Meister"[153] von vier Schülern, die mit gefolgt waren,[154] und sofort begann eine rege Tätigkeit.

Mein lieber Freund Hans, der mich mit dem Carl Alexander-Reiterdenkmal [Nr. 274] geködert und hinübergelockt hatte, führte uns in die ersten Gesellschaftskreise ein, woran ich mich bald gewöhnte, und so fehlte uns nichts an zufriedenem Wohlleben. Sogar ein hübsches Jagdrevier hatte mir ein neuer Freund, ein Sohn des alten Biedermeiermalers Mardersteig, besorgt; es heißt Tiefengruben[155] und liegt nicht weit vom schönen Bad Berka, wo ich mir sofort ein altes geräumiges Haus kaufte, um dem Revier näher zu sein und überhaupt zu unserem Sommeraufenthalt. Und dieses sehr hübsch gelegene Haus mit Wiesengrundstück ist jetzt nach meinem großen Kladderadatsch 1923[156] mein Altersheim geworden.

Weimar hatte übrigens ein neues schönes Theater bekommen, an dessen Innendekoration auch Arbeiten meiner Schüler angebracht wurden,[157] und nun sollte es mit großem Pomp eingeweiht werden, wozu auch der Kaiser erschienen war. Natürlich war ich sehr gespannt, ob und wir er mir begegnen würde.

Also große Galavorstellung mit Dilettantenaufführung eines extra dafür geschriebenen, ziemlich schwachen und obendrein natürlich schlecht gespielten Stückes; dann Reden und zum Schluß großer Umgang durch alle Räume. – Der Kaiser, vom Großherzog geführt mit anhängendem Schwarm von glitzernden hohen Persönlichkeiten u.s.w., betrat einen großen Saal, dessen Längsbalkon vollgepfropft war mit dem Damenflor des Weimaraner Adels und so. Wir fünf Bildhauer hatten auch hier Aufstellung gefunden. Kaum sah mich der Kaiser, als er ausrief: „Da ist ja auch Brütt", und auf mich, vom Großherzog weg, zutretend mich mit seinem strammen Händedruck herzlich begrüßte. Dann legte er wie vertraut seinen Arm um meinen Nacken und schritt mit mir, ich also rechts von ihm, bis ans Ende des Saales, wo er mich nach einigen kritisierenden Worten über das Gesehene lachend verabschiedete. – Das war auch eine von seinen Plötzlichkeiten, die viel langhalsiges Staunen und sicher neidhaftes Geschwätz hervorrief. – Aber das ist doch gerade schön.

Damals war eine Zeit der Kostümfeste,[158] die sogar bei Hofe sehr beliebt waren. Und so gab ich denn in Weimar in meinen und meiner Schüler sämtlichen Atelierräumen ebenfalls ein solches in recht großem Maßstab für hundert Gäste. – An der Ausschmückung der Räume arbeiteten wir vierzehn Tage. Alles war im Stil und Kostüm des dreizehnten Jahrhunderts gehalten und stellte ein sogenanntes „Bohnenfest" dar. Uralte Lieder und Tänze wie auch alles Übrige wurden sorgfältig einstudiert, und ich war der Burgherr. Über hundert Kerzen erleuchteten die Räume, die mit riesigen Papierrosenkränzen, Wachholder, Teppichen, Waffen und Statuen geziert waren. Drei Schülerateliers waren Speiseräume, auch in ursprünglicher, romanischer Weise dekoriert. – Die Gäste erschienen, d.h. die älteren, und wurde feierlichst von den Burgherrschaften empfangen. Die Jugend erschien dann im feierlichen Zuge und im Tanzschritt bei

Brütt um 1910. Photo von Rudolf Dührkoop (Nissenhaus)

alter Musikweise. Voran Oldes Jüngster[159] auf einer kleinen goldnen Bahre mit dem großen Kuchen, in dem die weiße Bohne enthalten sein sollte, aber nicht war, dann die kleine Meta mit dem großen Messer und der Schwarm. Feierlicher Umzug und Halt. Ich zerschnitt den Kuchen in soviel Teile wie Damen da waren. Diejenige, welche die Bohne erwischte, war Festkönigin. Nun, um Verlegenheiten zu vermeiden, hatte ich der schönen Ministerin Rothe[160] die weiße Bohne gegeben, aber der ebenso hübschen Schauspielerin, Fräulein Schneider, eine schwarze. Das Essen, stehend im Kreise, war aufregend für die Weiblein, für uns reizend anzusehen. Da trat Frau Rothe triumphierend, die Bohne schwingend, strahlend hervor, aber sofort auch die Schneider ebenso stürmisch mit der schwarzen. Was nun? Jede mußte sich einen Ritter wählen, zwei junge Offiziere, die dann tapfer aufeinander losschlugen, von mir aber unterbrochen. Um kein Blut zu vergießen, mußten die beiden in Sekt Bierjungen trinken, und die Dame des Siegers wurde Königin, natürlich Frau Rothe. U.s.w., u.s.w. Es wurde ein köstliches Fest bis zum Tagesgrauen.

Wir machten, was man so nennt, ein Haus, gaben hübsche Gesellschaften und frohe Feste und wurden zu ähnlichen Ergötzlichkeiten geladen, und das gefiel mir sehr gut, kostete aber sehr viel Geld, so daß ich im Jahre [eine Zahl unleserlich gemacht] Mark verbrauchte. – Es ist hübsch und lehrreich, mit gutem Adel zu verkehren, und man bedauert daher, daß die bürgerlichen Kinderstuben in Deutschland meistens so vernachlässigt werden; dadurch wird es Menschen höheren Ranges später gesellschaftlich so schwer gemacht, und darum auch ist das Betragen der Deutschen im Ausland, wie man überall bemerken kann, oft so ärgerlich und störend. Ich habe auch in dieser Beziehung in Weimar mancherlei lernen müssen; aber es ging doch ganz gut. So gab ich dem mir bekannten Adel, zu deren Routs[161] Grete und ich geladen wurden, ein Essen, zu dem die alte Oberhofmarschallin Gräfin Bothmer uns auch beehrte, und als diese schied, sagte sie zu mir: „Herr Professor, es war alles tadellos." Großartig, nicht wahr?

Der Großherzog lud mich jährlich zu den großen Streifjagden auf Hasen ein, bei welcher Gelegenheit ich einmal 72 und das letzte Mal sogar 89 Hasen erlegte mit nur einer Flinte. Übrigens waren Hans Olde und ich jährlich mehr-

Brütt in seinem Weimarer Atelier vor dem Denkmal für Theodor Mommsen (Nr. 283), 1909. Photo: Nachlaß Brütt

fach zur Tafel geladen. – Außer Olde waren an hervorragenden Künstlern in Weimar: Sascha Schneider,[162] Thedy,[163] H.W. Schmidt,[164] Hagen,[165] Brendel,[166] L. v. Hofmann,[167] Van de Velde[168] und andere.

Mit dem Großherzog, der mit Vorsicht zu genießen war seiner plötzlichen bösartigen Aufwallungen wegen, kam ich sehr gut aus; denn ich hatte eine völlig freie Stellung. In Weimar war damals ein reges, hübsches Künstlerleben mit amüsanten Festen und vielen Feuerzangenbowlen, und meine Schüler waren nette, begabte Kerle und machten mir Freude.

Weimar gab mir viel; und in stiller Beschaulichkeit, ohne Hetze wie in Berlin, gelangte dort mein Können zur Abklärung und Reife nach meinem Maßstab, und ich habe weder vorher noch nachher so mit gesteigerter Kraft gearbeitet.

Und das hatte besonderen Grund; denn hier in meinem fünfzigsten Jahre ereilte mich das Verhängnis.[169] – – – –

Die schönste Reise,[170] die wir gemacht haben, war die über Sizilien nach Ägypten. Nachdem wir in Palermo und Taormina gewesen waren, gingen wir in Messina an Bord und fuhren in einer Nacht nach Alexandria und von dort nach Kairo. Wir hatten einen Kopten zur Führung. Auf Eseln führte er uns nach den Pyramiden von Gizeh und auf einem Umwege durch die Wüste; auf einen Berge erblickten wir ganz plötzlich Kairo vor uns und den herrlichsten Sonnenuntergang über den Pyramiden. Etwas Schöneres, als dieser Anblick uns bot, habe ich in meinem Leben nie wieder gesehen. Dann machten wir noch mehrere Ausflüge nach den Königs- und Königinnengräbern, Heluan u.s.w. Nach Theben und Luxor fuhren wir mit einem kleinen Nildampfer, wo wir die Tempelruinen bewunderten, weiter nach Assuan, wo Grete plötzlich einer Cousine, Kläre Wegscheider, begegnete. Dann machten wir auf einem Segelboot nilaufwärts eine Fahrt nach Philä, das halb überschwemmt auf seiner Insel lag. Nachdem wir noch verschiedene Esels- und Kamelsritte unternommen hatten, traten wir langsam die Rückreise an über Neapel, Rom, Florenz, Venedig, Weimar. Auf der ganzen Reise haben wir sehr viel Schönes gesehen. – In Weimar wieder angekommen, kam eines Tages die Treppe herauf, in freudiger Erwartung ein entzückendes junges Mädchen und flog uns gleich um den Hals. Es war das nachgeborene 17jährige Töchterlein meines verstorbenen Bruders aus Omaha, das bald ganz Weimar begeisterte. Sie war bei uns ein Jahr, starb aber leider bald nach ihrer Heimkehr. – Aus Berlin hatte ich den feinen Auftrag mitgebracht, ein Mommsen-Denkmal für die Universität in Berlin in Marmor zu machen [Nr. 283]; daneben entstand die Reiterstatue des verstorbenen Großherzogs Alexander; überhaupt war ich in den Weimarer Jahren sehr produktiv. Es entstand noch die große Marmorgruppe „Nacht" [Nr. 269], die der Großherzog mir für 60.000 abkaufte, dann der „Schwertmann" [Nr. 279] für Kiel, „Opus 100" [Nr. 280] und manche andere Arbeit.

Meine Marmorarbeiten, von der Diana I [Nr. 253] an, holte ich außerdem selber von Anfang an aus dem Block heraus, und das war ein herrliches Kraftgefühl, und ich bedaure jeden Bildhauer, der das nicht kann; er bleibt Modelleur, wie A. Hildebrand behauptet.[171]

Im dritten und vierten Jahre meines Aufenthaltes in der Goethestadt fing es an durch Klatscherei – und das will in W. was sagen –, aber auch durch eigne Schuld, öde und schließlich unerträglich zu werden, sodaß ich, obgleich der Großherzog mich zu halten suchte, wieder nach Berlin übersiedelte. Vorher aber machten wir schnell noch eine Reise nach Brüssel und Paris.

1910 wieder in Berlin

Im Frühling kamen wir wieder in Berlin an, fanden dort eine schöne Wohnung in der Auguste-Victoriastr. 5 in Halensee und ich nicht weit davon in der Kolonie Grunewald ein großes mehrräumiges Atelier. Die Aufträge kamen jetzt aber recht spärlich; denn die Jungen hatten nicht versäumt, mir den Wind abzusegeln. Außerdem war die Jugend

Die feierliche Enthüllung des Landesdenkmals für Großherzog Carl Alexander (Nr. 274), Weimar 1907. Im Vordergrund links neben der Fahnenstange steht Brütt. (Photo: Louis Held, Weimar; Nissenhaus B 2084)

mit vollem Recht und tatkräftig im Kampf gegen die Alten vorgedrungen, gerade so, wie wir es in unserer Jugend gemacht hatten. Das ist so der Lauf der Welt. Allerdings waren auch Finsterlinge am Werke, mir das Leben in bezug auf meine Tätigkeit schwer zu machen, besonders Freund ....., der die Presse gegen Peter Breuer und mich auf häßliche Weise beeinflußte. Diese Leute hatten ihren Sitz im Café Größenwahn; das sagt schon allerlei: Kampf ums Dasein. – Als ich mal den Kritiker Dr. Römer[172] fragte, woher es käme, daß die Rezension mich jetzt meistens so schlecht behandelte, erwiderte er mir: „Nun, Sie sind ein Freund des Kaisers und haben hohe Orden u.s.w.“ – Also daher wehte der Gegenwind, und den spürte ich jetzt öfterer; denn ich war doch immerhin ein Konkurrent. Habe mich aber dadurch nicht stören lassen, unbekümmert weiter zu schaffen. – Es war schön dort draußen am Grunewald, und wir vermieden jeden Verkehr; denn davon hatten wir in Weimar die Nase voll bekommen. Trotz allen Fleißes begann jetzt aber langsam aber sicher mein Abstieg von der Höhe. Nun denn, ich hatte alles erreicht, was ich in der Kunst meiner Begabung und meinen Kräften entsprechend erreichen konnte. Man nannte mich sogar „einen berühmten Mann“, was mir immer sehr peinlich war; denn ich dachte wie Faust: „Die Tat ist alles, nichts der Ruhm.“ – Ich arbeitete also unbekümmert weiter, wie ich mußte, und dann machten wir mal wieder eine hübsche Reise nach Carrara, um die Marmorbrüche zu sehn, und das war mir höchst interessant. Anschließend nach Rapallo, Portofino Culm[173] und Ruta, wo wir länger verweilten und die besten Weine Italiens und Griechenlands tranken. Die Leute unseres Hotels kannten Nietzsche, der dort einen Teil seines Zarathustra schrieb, diesen wunderbaren Zarathustra, der mich so manches Mal

Adolf Brütt. Bronzeplakette von Franziska v. Seeger, 1911 (Nissenhaus B 2127)

mit seiner köstlichen frischen Luft anwehte und aus Stumpfsinn und Trübsal erlöste.

Meine erste Marmorarbeit 1911 war ein Grabmalrelief für die verstorbene Frau des Professors Steinmann [Nr. 297], dessen Aufstellung ich in Rom auf dem kleinen protestantischen Friedhof an der Sestus-Pyramide[174] selber beaufsichtigen konnte, weil ich als Gast des Kaisers in seiner herrlich gelegenen Villa Falconieri[175] einige Wochen weilte. Dort in der Badewanne erlebte ich auch mein erstes Erdbeben, blieb aber ruhig liegen, obgleich die Sache merklich wackelte bei dumpfem Grollen aus der Tiefe und Rennen und Angstgeschrei auf dem Korridor. Das war lustig. Ich habe nie so viele Nachtigallen gesehen und gehört wie in dem Park dieser Villa Falconieri.

Diese letzte Woche dieser schönen Faulenzerei zog ich nach Rom, um die internationale Kunstausstellung zu genießen, allwo Deutschland nur schwach vertreten war. Dann bekam ich einen Hexenschuß, der mich zwei Tage ans Bett fesselte. Ich wohnte an der breiten Treppe, die nach dem Kapitol hinaufführt und mein Fenster mündete auf diese hinaus. So war ich am Abend im Begriff, mit Hilfe von Goethes Italienischer Reise einzuschlafen, als mich seltsame Töne, dem Heulen des Windes, der durch die Ritzen bläst, ähnlich, aufschreckten. Langsam wurde mir klar, daß dies nur die Wölfe sein konnten, die in Käfigen an der Treppe, zur Erinnerung an Romulus und Remus gehalten wurden. Nie hörte ich derartig schaurige, die Seele bis in die Tiefen erregende Töne. Kanonartig nacheinander einsetzend, begann es, mit tiefem Grundton, variierend und tremolierend anzuschwellen bis zum höchsten, schneidenden Pfeifen, lange ohne Unterbrechung immer wieder von unten beginnend. Es war die furchtbare, bestialische und doch so unwiderstehlich fesselnde Fuge des Mordes, der Not und des erbarmungslosen Hungers.[176] Und wahrlich, diese paßte nach Rom zur Erinnerung an all das Furchtbare, das diese Stadt schon erlebte. –

Zurück zur Arbeit. Endlich wieder Meißel und Schlägel in

der Faust zu einer neuen freien Arbeit. Es war die Diana II mit dem waidwunden Wild, dem sie den Fang geben will [Nr. 306]. An dieser etwas langen Bezeichnung krankt die Arbeit, obgleich ich sie für eine meiner besten halte. Ich will doch mit meinen Werken nur eine Stimmung zum Ausdruck bringen und hätte sie am liebsten nur numeriert wie die Musiker; aber als ich das bei Opus 100 versuchte, wußten die harmlosen Kunstkenner und andere arme Leute erstrecht nicht damit zurechtzukommen. Nun, für jene Leute, die immer zuerst fragen: „Was soll das sein?“, arbeite ich überhaupt nicht.

Wenn ich bisher nur wie im Fluge, scheinbar oberflächlich, meine Arbeiten aufzählte, so geschah es der Kürze wegen, und um nicht etwa der Selbstbespiegelung verdächtig zu werden. In Wahrheit stand ich zu jeder meiner freien Arbeiten gewissermaßen in einem Liebesverhältnis, zumal seit der Zeit, da ich mir die Sachen nicht mehr punktieren und vorarbeiten ließ, sondern selber an den rohen Block heranging, um nach einer Skizze oder einem oberflächlichen Modell mit wenig Maßen freihändig zu arbeiten. Ja, Opus 100 entstand ganz ohne Gipsmodell, frei nach der Natur. Und diese Art zu arbeiten war mir immer ein wunderbarer Kraft- und seelischer Rausch. – Sah ich dann aber meine Arbeit in der Ausstellung wieder, so war ich schmerzhaft enttäuscht und schlich in weher Stimmung kleinmütig nach Hause. – So erging es mir immer bei diesen freien Arbeiten; denn außer diesen und Marmorbüsten stellte ich nichts aus.

So bildeten meine stets weiblichen von mir bevorzugten Werke gewissermaßen einen Hymnus auf das Weib, dessen Schlußakkord vielleicht noch kommt; vielleicht auch nicht. Was liegt daran? –

Alle meine Reisen haben mein Schaffen nur insofern beeinflußt, als ich dadurch angespornt wurde, meine Kräfte besser zusammenzuraffen; andrerseits wurde mir durch den Eindruck alter Kunst oft schmerzlich bewußt, daß mein Können hinter dem mancher großen Meister weit zurückstand. Indessen ich gab meinen Fähigkeiten und Anlagen entsprechend das Beste, was ich hatte, in ernstem Ringen und ganzer Hingabe. Mehr kann keiner. Ob ich aber eine nennenswerte Fährte hinterlasse, wer kann's wissen.

Von der Kunst lebender Meister habe ich mich bewußt wenig beeinflussen lassen. Darum wunderte ich mich nicht sehr, als ein Kritiker mir alle möglichen Einflüsse andichtete. – Das ist eine Untugend dieser Leute.

Meine Formengebung blieb bei allen meinen Arbeiten in Grunde dieselbe; nur bemühte ich mich, immer einfacher und plastischer zu werden. – Dies mag genügen.

Meine nächste Arbeit vor dem Kriege war eine Büste der Kaiserin für eine Kirche in Jerusalem und ein zweites Exemplar für das neue Rathaus in Kiel [Nr. 292 u. 291]. Zu dieser Arbeit hatten Ihre Majestät die Kaiserin die Gnade, wie man damals sagte, mir zu einer Studie zu sitzen. – Das Wort „Gnade“ auszusprechen, ist mir nie eingefallen, und es ging sehr gut ohne dasselbe.

Sie, diese wundervolle Frau und Mutter, war sehr liebenswürdig zu mir; denn sie hielt etwas auf Landsmannschaft und gab sich einfach natürlich, und die Sitzungen dort im Schloß, in der großen tiefen Fensternische bleiben mir unvergeßlich hübsch. Ich habe diese seltene Frau tief verehrt; aber meine Arbeit dort war keine leichte Angelegenheit durch allerhand Rücksichtnahmen, und auch der Kopf selber bot mir mancherlei Schwierigkeiten. Eines Tages erschien plötzlich der Kaiser, stellte sich links neben mich, legte seinen Arm um meinen Nacken und beurteilte liebenswürdig meine Arbeit. Darauf flatterte die reizende Prinzessin herein,[177] begrüßte fröhlich ihre Eltern und schwätzte zu meiner Verwunderung munter drauflos. In Berlin hieß es allgemein, sie sei taubstumm. Woher ein solches Gerede? – Wieder ging die Tür, und herein trat strahlend wie der junge Tag, der Kronprinz in Galakürassieruniform, von seinem Vater mit den scherzenden Worten empfangen: „Man klopft an, bevor man eintritt.“ Der Prinz aber hatte kaum Zeit, die Sporen zusammenzuschlagen, um sich zu entschuldigen, da flog ihm auch schon sein Schwesterlein an den Hals. Es

Adolf Brütt. Photo von L. Geiswig, Berlin 1901 (Nachlaß Brütt)

waren nämlich keine Schranzen dabei. – Für die zweite Büste etwas später mußte ich ihre neue Frisur studieren und wurde zu dem Zweck zu einem größeren Frühstück befohlen, bei welcher Gelegenheit ich alte Bekannte wiedersah, nämlich einen Teil jenes Silberschatzes, bei dem auch meine Arbeiten waren [Nr. 47].

Kurz vor dem Kriege machte ich für das neue Rathaus in Hannover die großen Bronzestatuen von Kaiser Wilhelm I und II [Nr. 304 u. 305], wofür mir letzterer zum letztenmal einen Orden widmete, den roten Adlerorden II Klasse. – Und dann 1914 der furchtbare Krieg.

Mit diesem zog nach kurzem Siegesjubel all das Entsetzliche, Nervenzermürbende, Zerquälende über uns her. Es kamen die schlimmen Begleiterscheinungen:[178] Verwundete, grauenerregend zerschossen, dann immer mehr schwarz gekleidete, blasse, verweinte Frauen und vieles andere Herzerschütternde. – Es kam die elende Zeit der Kohlrüben, der Margarine und des Umwendens der alten Anzüge u.s.w. Ach, und immer wieder, kaum geheilt, mußten sie hinaus in Tod und Grauen. – Das stand ich eines Tages bevor mein Zug abfuhr, auf der Plattform und sah auf das andere Gleis, das gesperrt war für einen außen haltenden sehr langen Zug. Und nun kamen sie, die Feldgrauen, in kleinen Trupps, immer mehr, graubärtige Familienväter, junge Männer und fast Knaben noch, schwer bepackt und ach so ernst dahergezogen, mit ihren blassen, blassen Frauen, Töchtern und Bräuten. – Halt vor der Sperre. Kurze qualvolle Resignation, ein Händedruck, weiter nichts; ein entsetzenstarrender letzter Blick der Zürückbleibenden und – kehrt; vorwärts marsch in die Wagen mit Euch! Es hat mich in meinem Leben nie etwas so tief ergriffen wie dieser wortlose, unheimliche Abschied. – Meine Söhne, Hans und Kurt, standen in den letzten beiden Jahren an der Westfront, Hans als Arzt und Kurt als gewöhnlicher Pionier, weil er nicht gedient hatte. Ersterer, immer in den vorderen Gräben bei den schwersten Kämpfen, bekam keine Schrammen ab, verstauchte sich nur einmal heftig den Fuß, während der andere zweimal leicht und einmal schwer verwundet wurde.

...

Jetzt muß ich wieder auf 1915 zurück. Damals machte ich die Marmorbüste des alten Professor Vahlen [Nr. 289] und die des ebenso alten Professor Sachau [Nr. 313], des Orientalisten, für die Universität Berlin. Letzteren kannte ich bereits aus meiner Kindheit, wie ich schon am Anfang dieser Niederschrift bemerkte. Im übrigen beschäftigte ich mich mit Entwürfen und dergleichen.

1916 mußte ich notgedrungen mein hübsches Jagdrevier Kuhblank bei Wittenberge aufgeben und meine schönen Gewehre verkaufen, und das war sehr traurig. Nur 1921 habe ich nochmals drei Rehböcke erlegt; das war, als mein alter Jagdkumpan, der Förster Schnell, mich plötzlich zu sich nach Christianstadt a/Bober einlud, wo ich vor dem Kriege die Jagd gepachtet hatte.[179] Dieser pumpte mich damals zum Abschied um 4000 Mark an, und nun nach etwa 10 Jahren, oh Wunder, besaß er als Holzhändler ein großes Rittergut und Auto, in welchem er mich von der Bahn abholte. Beim Abschied aber zahlte er mir jene Summe zurück, die ich sehr gut gebrauchen konnte. – Was ich ich in diesem Jahre arbeitete, weiß ich nicht mehr.

1917 begann auch der Schacher mit den langsam wertloser werdenden Wertpapieren und ich verkaufte einen großen Teil davon u.s.w.

1918 In der Werkstatt hatte ich noch einen schönen Marmorblock liegen, mit dem ich schon lange liebäugelte, ohne bisher sein Rätsel raten zu können. Mit diesem beschäftigte ich mich nun eingehend und fand dann endlich nach mancherlei Versuchsentwürfen die Lösung in Form eines liegenden Weibes, das schlafende Zwillinge im Schoß birgt [Nr. 321]. Diese Sache grenzte, ehrlich gestanden, ein wenig an Kitsch; aber das war jetzt, wenn auch unbeabsichtigt, das Richtige; denn sie hatte großen Erfolg in der Ausstellung der Akademie der Künste; denn einer der Aufseher versicherte mir, daß es das beste von der ganzen Plastik wäre, während ein jüdischer Kritiker der Kubisten schrieb: „Brütt zeigt uns, wie es nicht gemacht wird." Wer hatte von diesen beiden Kapazitäten nun recht? Keiner –, sondern ein reicher Industrieller und Abgeordeneter aus Ulm, der zwei verheiratete Töchter hatte, die ihren glücklichen Gatten jüngst jede mit Zwillingen, lebendigen meine ich, beschenkten. Und diesen tapferen Töchtern schenkte der Vater jeder meine Marmorgruppe, die ich also nochmals machen mußte. Der Erfolg hat recht! Ich muß lachen.

Brütt als Jäger (Photo: Nachlaß Brütt)

Ich habe bei meinen freien Idealarbeiten, wie ich sie bezeichne, nie daran gedacht, populäre Kunst zu machen, sondern das fast ängstlich zu vermeiden gesucht, und wenn der Fischer (Gerettet) [Nr. 95] daran grenzt, so liegt das am Motiv; es ist zufällig. Nikolaus Geiger[180] meinte mal zu mir: „Wenn Sie ausstellen, war es für uns andere Künstler immer ein Ereignis." Wenn das auch erst vor wenigen Jahren gesagt wurde, so hat es mich begreiflicherweise doch erfreut und wieder aufgerichtet.

1919

Also im Winter dieses Jahres traf ich mit meinem alten Freunde Peter Breuer alle 14 Tage in einer kleinen Weinkneipe am Zoo zu tiefem, frohem Erinnerungstrunk. Eines Abends aber ließ er mich schnöde im Stich, weil er mit seinem ersten Schlaganfall beschäftigt war. So mußte ich mich denn notgedrungen alleine dem Trunk ergeben. Und da geschah es, daß ich aus langer Weile anfing zu reimen. Bei der zweiten Flasche floß meine Seele in Reimen über – ist das nicht schön gesagt? – und bald waren zwei Papierservietten voll Seele. Aber als ich am nächsten Morgen diese Erstlinge meiner göttlichen Muse besah, mußte ich die meisten vernichten, weil sie nicht so recht lebensfähig waren, und es ist auch wohl besser, wenn ich Euch mit dem Rest verschone. Nachher dichtete ich noch mancherlei, von dem auch nicht viel übrig blieb; es ist ja so leicht zu dichten und so leicht, es zu vernichten.

Am 21. August 1919

Ich war in der Großen Berliner Kunstausstellung, die sehr umfangreich, aber auch sehr interessant für mich war. Alle Kunstrichtungen hatte man zum erstenmal in Gruppen zusammengebracht: rechts die Konservativen und links die Sozialdemokraten und Juryfreien bis zu den schlimmsten Spartakiden hinunter oder hinauf, wie man will. Es war ein tüchtiges Stück Arbeit, durch all das hindurchzukommen; denn ich gab mir redliche Mühe, um selbst den schlimmsten Erzeugnissen gerecht zu werden; aber bei manchem konnte ich wirklich nicht mit; die gingen mir doch über die Hutschnur. Mich packte eine gewisse Erregung, die aber nur sehr selten an Schönheitsrausch tippte. Diese Steigerung schwand aber auf der rechten Seite sehr bald: denn erstens kannte ich jede Handschrift, und zweitens fand ich nichts von Bedeutung. Kurz, ich langweilte mich dort. Links gewaltiges Streben, oft mit den lächerlichsten Mitteln, und rücksichtsloses Stürmen bis ins Übersinnliche, und mit so tiefen Gedanken wie, na, wie sie z. B. auf nebenstehender Zeichnung so schön und klar zu ersehen sind. [Bleistiftskizze nach: Felix Müller, Melancholie, Berliner Kunstausstellung 1919, Nr. 1039] Viel Farbenbombardement und Naivfexerei und albernes Suchen nach Neuem. Unleugbar sind Einzelne auf dem rechten Wege und werden ihr Ziel sicher erreichen. Ja, manches war schon wirkliche Kunst, wenn auch noch nicht weit über das Keimen hinaus. –

Es stellten da aus: Erste Berliner Secession, Freie Secession und Novembergruppe. In allen dreien findet man, wenn auch mitunter geradezu Scheußliches, so doch auch Kraft, Ernst und seltsame Schönheit, d.h. in der Novembergruppe nur sehr selten. Bei dieser wird einem abwechselnd kaleidoskoptriefelig und blödwirr, auch mal ekelschwumelig zu mute. Als ich dann mal wieder zur Beruhigung nach rechts ging, fand ich das Streben der Jungen in vieler Beziehung doch sehr berechtigt. Es war wirklich notwendig, neue Wege zu suchen und einzuschlagen. Leidenschaftliches Suchen nach neuen Kunstwerten und anderer Ausdrucksweise berauscht sie und läßt den Sehenden mitunter geradezu in Höllenlärm und Farbenspuk vertaumeln, und davon wurde auch ich mitunter hingerissen. Darüber freute ich mich; denn ich nahm es für ein Zeichen, daß ich noch kein Tapergreis war. – Als ich nach acht Jahren, 1927, mal wieder eine ähnliche Ausstellung besuchte, war ich freudig überrascht, viele Früchte dieser Saat zu finden, und sah wunderschöne Sachen von tiefer schöner Wirkung.

1920. Nach mancherlei Versuchen war meine Skizze zu einer Arbeit, die mich schon lange beschäftigte, endgiltig fertig; es war das „Mysterium des Kindes" [Nr. 324], zu welchem ich mir sofort einen Marmorblock bestellte. Das Geld wurde bedenklich knapp, und schon begann ich, Bilder und Teppiche zu verkaufen.

1921. Da geschah ein Wunder. Von dem mir völlig unbekannten Besitzer des Hotels Excelsior in Berlin[181] erhielt ich eine Einladung zum Mittagessen auf Veranlassung meines Freundes Mardersteig.[182] Und siehe da, Elschner, der Eigentümer genannten Hotels, beauftragte mich, für seine vier Höfe je einen Brunnen zu machen im Gesamtpreise von 850.000 Mark. – Ihr merkt wohl, wie das Geld im Werte schon sank.

1922. Das war eine schöne und interessante Aufgabe, an die ich natürlich mit Volldampf heranging. In etwa zehn Tagen waren die Skizzen fertig, die dem Besteller sehr gut gefielen. Dann waren in etwa zwei Monaten auch die Modelle für die Ausführung in Kalkstein so weit, daß diese begonnen werden konnten; aber dabei haperte es, weil der Bruch langsam lieferte. Die Löhne stiegen unaufhaltsam, sodaß ich, um nur meinen Lebensunterhalt zu verdienen, zwei Figuren selber aus dem Block herausholte, im Winter bei 3 – 5 Grad Werkstattwärme. Darauf kaufte mit Elschner für geringes Geld die beiden Marmorarbeiten „Opus 100“ [Nr. 280] und „Diana II“ [Nr. 306] ab. Inzwischen hatte ich auch das *Mysterium* in Marmor fertig gemacht, und verkaufte es Elschner ebenfalls für 6 Millionen Mark. In diesem Winter saß ich oft in dem hübschen Oberstübchen des Ateliers, schrieb und machte Verse. Dann kam schnell und schneller die Katastrophe herangekrochen im Anfang des Jahres 1923.

Aus dem faden Jahre *1921* erinnere ich nur die Hochzeitsfeier meiner Nichte Eva Sch. mit dem höchst talentvollen und höchst modernen Maler Heckendorf.[183] Die ziemlich große Gesellschaft bestand außer einigen alten Verwandten zum größten Teil aus Freunden von H. und deren Frauen. Natürlich hatte ich, wie es auch jetzt noch geschieht, um die Braut zu ehren, meine höchsten beiden Orden umgetan. Aber diese meine vorsintflutliche Erscheinung empörte die Künstlerschaft derartig gegen mich, daß sie bei Tische, um mir ihre Verachtung gegen dergleichen zu zeigen, dem lieben Corinth, der als Einziger den Leichtsinn begangen hatte, sich eine goldene Medaille an rotem Bande umzuhängen, diese einfach herunterrissen, was sich Corinth in seiner Gutmütigkeit lachend gefallen ließ. – Diese großen Künstler gaben übrigens nachher noch etliche Proben ihrer modernen – Vornehmheit zum besten; aber darüber schweige ich lieber.

...

Ein Wort noch zu dem „Mysterium“.

Es war mir ein hübscher Beitrag zu meiner Kenntnis der weiblichen Seele, als ich Mienen und Worte einiger Weiblichkeiten bei Besichtigung dieser Arbeit beobachten und vernehmen konnte. – Einige sahen die Sache flüchtig an und fanden dann eine Hand oder sonst einen Körperteil schön. Andere standen davor und sagten nichts nachher; sie hatten wohl nur Gedanken über den Gegenstand, aber keine Empfindung. Dann eine unverheiratete Baronin; die meinte, es sei eine gewagte Darstellung, und das war mir peinlich. Eine andere, die länger schweigsam davorstand, wandte sich wie verträumt, und ich sah, daß ihr Antlitz durch einen herzenswarmen, von innen leuchtenden Schein geradezu verschönt war. Und dasselbe von noch einer in erhöhtem, mich tief beglückenden Maße. –

Ich glaube, daß die Menschen, die Männer natürlich, überhaupt selten fähig sind, dies große Geschehen von höherem Standpunkt aus zu beurteilen und zu empfinden. Sie haben bei dem Geburtsgedanken mehr oder weniger die peinliche Empfindung, es gehe da so etwas blutig Unanständiges vor sich, was nur der Arzt und die Hebammen sehen dürfen. Der Gatte wird ausgeschlossen als störend und unwissend. Und dabei ist es doch so ein großes, die Knochen erschütterndes, ich möchte sagen, kosmisch betontes Wunder, das man erlebt haben muß, um es in seiner ergreifenden Schönheit würdigen zu können. Und ich habe dieses Große durch lange, bange neunzehn Stunden bei der Geburt meines Sohnes durchlebt. Welch eine ungeheure Leistung eines zarten Weibes, und wie beschämend klein man selber. Ich füge hinzu: Als wir die Wölbung des kleinen Kopfes auftauchen sahen, wendete die Frau sich zu mir mit den frohen Worten: „Er hat eine Glückshaube." „Kann das die Geburt verzögern, so zerstören Sie die Sache", gab ich zur Antwort. Sie tat es, und sofort lag das kleine Lebewesen im Licht des *Sonntagmorgens*. Auch das noch. –

...

Im März 1923 brach dann wirklich das schöne Gebäude meiner Wirtschaftsexistenz, an dem ich ein langes Leben hindurch mit Hingabe meiner besten Kräfte arbeitete, elendiglich total zusammen. Mein schönes Atelier mußte ich aufgeben, weil ich die Miete nicht mehr bezahlen konnte und weil der Wirt, der Besitzer der Villa, in deren unteren Räumen sich meine Werkstätten befanden,[184] ein gemeiner Jude Rosenberg, drängte, und so entschloß ich mich denn, sein Angebot von 1 1/2 Millionen Mark für die Räumung bis zum ersten April anzunehmen. Diese Summe, die ich obendrein noch einklagen mußte, betrug in Friedensmark umgerechnet *40 Mark*. Aber was wollte ich machen? Das war eine schwere Angelegenheit. Kein Geld; denn, wie gesagt, das, was ich von Elschner bekam, langte nur dürftig für unseren Lebensunterhalt. Die Miete aber für Wohnung und Atelier machte nach Friedenspreis 5000 Mark aus. Wie sollte ich diese ungeheure Summe jetzt aufbringen? –

So habe ich denn alle Abgüsse nach meinen Marmorarbeiten,[185] alle Skizzen bis auf wenige und was sonst noch an großen und kleinen Abgüssen vorhanden war eigenhändig zertrümmert; denn wohin mit den Sachen? Da waren: Schwerttänzerin, Eva, Diana I, Opus 100, große Gruppe Nacht, großer Christus und Diana II u.s.w. Da ergriff mich eine Art Vernichtungswut, und, die Schulter angestemmt, warf ich eine Figur nach der andern mit hauserschütterndem Krach zu Boden. Und das gab vier Fuhren Schutt, den ich auch noch abfahren lassen mußte. Alles übrige verschleuderte ich zu lächerlichen Preisen,[186] oder verschenkte es. Nur wenige kleine Sachen behielt ich. Und da war ich mal wieder arm. – Ich muß gestehn, daß ich mit todwunder Seele von dannen zog.

Weil nun in Berlin keine Werkstatt zu bekommen war, siedelte ich nach Berka über, froh, unter eigenem, wenn auch bescheidenem Dache wohnen zu können. Meine Frau und unsere treue Anna Deertz [Nr. 354] aus Tating in Eiderstedt, die schon 20 Jahre bei uns war und uneigennützig alles Schwere mit uns trug und deren liebenswürdiger Humor uns wohltat und die stets in unserem Interesse wirkte, – ihr spreche ich hier unseren herzlichsten Dank aus – blieben in der Wohnung, von der wir vier Vorderzimmer vermieteten, während für uns zu vorübergehendem Aufenthalt zwei Hinterzimmer blieben.

So aus der Bahn geschleudert, versuchte ich das neue kümmerliche Leben, kochte lange Zeit selber mein sehr frugales Essen und war ohne Dienstboten. Dumpf lastete mir das Jüngstvergangene noch auf dem Gemüt; aber damit wurde ich langsam auch allein fertig. Ich hackte Holz für den Winter und flickte meine Höslein so gut ich konnte; dann fing ich langsam wieder an zu arbeiten. Ich machte für das Berkaer Kriegerdenkmal eine Kindergruppe ohne Honorar [Nr. 344] und dann die kleine naseputzende Gruppe, die mir Elschner dann in Marmor bestellte [Nr. 334].

...

Der Stadt Weimar hatte ich vor dem Kriege eine unfertige, lebensgroße weibliche Figur aus Marmor geschenkt [Nr. 271], die sehr hübsch vor der Kunstschule Aufstellung erhielt; aber nach dem Kriege, als die Kunstschule zum Bauhaus *erhoben* wurde, unter dem Architekten Gropius, und die Expressionisten, Kubisten und dergleichen Übermenschen ans Ruder kamen, paßte diese Figur nach ihrer Meinung „nicht in den Rahmen des Bauhauses" und wurde mit dem Gesicht gegen die Wand in einen dunklen Winkel gestellt, welches wohlverdiente Schicksal auch meine große Marmorgruppe „Nacht" im Schloß zu Weimar traf. – Dies erstere Figürchen überließ mir die Stadt Weimar auf Betreiben meines Freundes Mardersteig 1924 zu freier Verfügung. Ich machte es fertig und verkaufte es an Elschner. Man kann doch nie wissen, wozu selbst eine Gemeinheit gut ist.

...

An meinem Hause baute ich mir eine kleine Werkstatt von 4 x 6 Metern. Dann beauftragte mich Elschner, den Oberburghauptmann von Cranach auf der Wartburg und für die Wartburg zu modellieren und in Marmor zu machern [Nr. 336]. Diese wurde dann zu Cranachs 70tem Geburtstag mit großem Trunk und Prunkfeierlichkeit übergeben. – Er starb bald darauf.

...

1925

Also wohlgezählte siebenzig Jahre bin ich alt, d.h. erst im Mai, und darum habe ich noch Zeit, ein wenig von meinem Tun und Treiben zu berichten.

Von Elschner erhielt ich abermals einen hübschen Auftrag. Er wollte für seine schöne Villa Felicitas bei Berchtesgaden, die auf den Watzmann schaut, einen figürlichen Brunnen aus Marmor, was mir keineswegs unangenehm war; denn ich ging sofort an die Arbeit [Nr. 333], aber an eine recht schwere, die meinem innersten, nicht mehr in Jugendmut pochenden Herzen einigen Abbruch tat. E. wollte mal wieder kaufen, zahlte mir für Skizze und Modell ein mäßiges Honorar und verlangte, daß ich die Ausführung für *Stundenlohn* von einem Steinbildhauer machen lassen sollte. So bezahlte er den Marmor, und dann ging ich selber an die drei Blöcke und verdiente mir auch *selber* den Stundenlohn, den ich mit 3 Mark berechnete. Wer den Laaser Marmor kennt, wird das zu würdigen wissen. – Der Brunnen bestand aus einer weiblichen nackten Mittelfigur auf gelbem Marmorsockel in einer Nische von Goldmosaik und zwei Wassernixlein. Damit war ich im Dezember fertig, und *Er* war entzückt. Ich leider weniger; aber was liegt daran.

Inzwischen hatte ich im Kreise der nächsten Verwandten

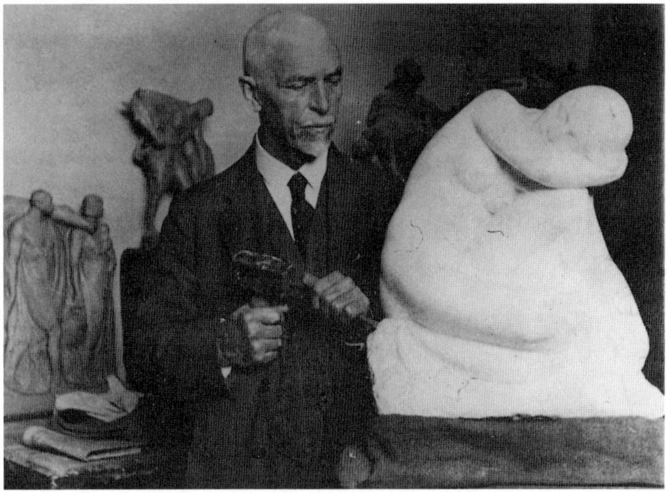

Brütt in seinem Atelier in Bad Berka bei der Arbeit an „Opus 1929“ (Nr. 356). Photo: Nachlaß Brütt

meinen Geburtstag auf sehr hübsche Weise gefeiert, und unter den sehr vielen Gratulationen war auch die, die mich tief erfreut hat. Es ist die Gratulation des Kaisers.

Ich bin immer noch kein Republikaner.

...

1926. Die stramme Marmorarbeit hat mich aus seelisch erfrischt und – befreit. Darum lockte mich ein weiterer Block mit seinem Geheimnis. Dieses fand, oder löste ich sehr bald, obgleich ein recht kalter Winter herrschte; aber damals noch munterte ich meine Lebensgeister mit steifem Grog auf und hatte sehr nette, fröhliche Menschen in Berka gefunden, den Maler Wetzenstein mit seiner famosen, hübschen Frau [Nr. 345], die mich meine Einsiedelei wenig empfinden ließen; denn meine Frau war in Berlin geblieben. Leider zogen meine jungen Freunde, mit denen ich seit drei Jahren verkehrte, nach Berlin. Im Februar aber bänkte ich meinen Block auf und hatte die schönste Zerstreuung und Gesellschaft durch dies Weiblein *ohne* Beine; denn dazu langte der Block nicht. Ich nannte es: Opus 1926 [Nr. 348]. Auch dies Marmorweib liebte ich, wie alle vorher entstandenen, so lange es bei mir in der Werkstatt war, so lange ich es unter der Hand hatte. Das ist ja auch die einzige Sicherheit bei den lebenden. Natürlich gibt es auch da köstliche Ausnahmen, natürlich. – Übrigens ist die Gicht in den Händen keine Freude; aber solange das Herzelein noch mittut, ist keine Not.

...

Die Kieler baten mich um eine Arbeit für ihre Herbstwochenausstellung, und ich sandte ihnen Opus 1926 und forderte für eventuellen Ankauf und um sie in meiner lieben Heimat zu wissen den minimalen Preis von 3000 Mark.

Um mich dem Geheimen Kommerzienrat Dr. phil. h.c. – so weit hatte er es bereits vom Pikkolo[187] aufwärts gebracht – für seine Anhänglichkeit erkenntlich zu zeigen, habe ich sein Bildnisrelief modelliert und, in Marmor ausgeführt, ihm geschenkt [Nr. 326]. Es ist an einer Wand im Hotel angebracht worden. Außerdem machte ich, meinem Freunde Mardersteig zulieb, für die Thüringer Alpenhütte den Thüringer Löwen in Marmor umsonst [Nr. 343], sowie auch sein Bildnisrelief in Marmor [Nr. 341] und noch eine Plakette für den deutschen Jagdschutzverein [Nr. 342]; alles, um mich für seine Fürsorge dankbar zu erweisen. Im übrigen hatte ich auch mein Vergnügen daran.

Inzwischen – im Oktober – war mein Vermögen mal wieder auf 100 Mark zusammengeschrumpft, obgleich Grete[188] und ich in Berka sehr billig lebten und keine Miete zu zahlen brauchten; denn für die Berliner Wohnung wurde sie von den Mietern entrichtet. Man glaubt nicht, wie dieser Umstand das Leben erleichtert. Dann kaufte mir Hans einen Perser Teppich für 100 Mark ab, und so konnten wir mal wieder nach Berlin gondeln. Dort erhielt ich von der Steuerkasse 60 Mark als zuviel gezahlt heraus. „All Bott helpt“, sägt de Müg un spiecht in Rhein.[189] Aber auch das wurde alle; aber wie schon so manchesmal, sprang Elschner ein, der meinen im Hotelhof stehenden Eulenspiegel-Brunnen der Stadt Eisenach schenken wollte, ihn aber vorher etwas ändern und auffrischen ließ, was er mir gegen ein Honorar von 500 Mark übertrug [Nr. 329] –

...

1927...1. April. Nur noch wenige Goldmark nenne ich mein Eigen. Da – hört, hört! – kommt der Briefträger und bringt mir als Aprilscherz 1500 Mark als erste Zahlung für die angekaufte Marmorarbeit Opus 1926 aus Kiel. Das war mir, d.h. der Ankauf an sich, eine große Freude.

Damit begnügte sich Fortuna aber noch nicht; denn Elschner hatte wieder große Sachen vor in seiner Sensationslüsternheit; denn er baute nicht nur einen Tunnel vom Anhalter Bahnhof nach seinem Hotel, sondern hatte auch begonnen, im Keller seiner großen Häuser ein großes russisch-römisches Bad zu bauen. Und zu diesem bestellte er bei mir eine gut lebensgroße vergoldete Bronzefigur [Nr. 339] und zwei sitzende, lebensgroße weibliche Kalksteinfiguren [Nr. 337 u. 338], zusammen für 11000 Mark Arbeit. Das frischte mal auf.

Das war Ende *Mai*. Also zurück nach Berlin, nachdem ich in Berka noch schnell sechs Skizzen zu dem Zweck modelliert hatte, die dem Architekten Schaudt gefielen. Natürlich, wie immer bei Elschner, wurde alles übereilt, und ich war Anfang Oktober mit dem ganzen Kram fertig laut Vertrag. Dann haben die Figuren sich ein volles Jahr in der Werkstatt langweilen müssen. Aber es war eine hübsche, flotte Arbeiterei, wie ich es liebe, trotz meiner immer schwächer werdenden astigmatischen Augen.[190] Durch die Brille sind Höhen und Tiefen und Maße sehr schlecht zu bewerten, was besonders bei Arbeiten in Stein, bei dem es doch auf jeden Schlag ankommt, sehr hemmend ist. Aber ich brachte nicht nur das fertig, sondern obendrein noch eine Marmorbüste des verstorbenen Professor Hänel [Nr. 323] und ein Bronzerelief von dem Fabrikanten Reinhold. [Nr. 349] –

Selbstzeugnisse

Wie mein erstes Werk entstand

Wenn ich auch in Husum auf die schöne Welt kam, so betrachte und empfinde ich doch Kiel, wohin meine Eltern mit mir als Dreijährigen übersiedelten, als meine eigentliche, geliebte Heimat. Dort begann auch meine Laufbahn mit Erlernung der Steinbildhauerei, und dort im Museum für antike Plastik[191] empfing ich die ersten großen Offenbarungen dieser Kunst, indem ich sie mit meinen achtzehn Jahren zu zeichnen und zu verstehen trachtete. Und dieses Erlebnis wurde, wenn auch lange unbewußt, für meine Formgebung und plastische Empfindung leitend, so daß ich dem anfänglich Begas'schen Einfluß[192] sehr bald entwuchs.

Ihre weitere Frage,[193] wie sich bei mir der Gedanke zur Gestaltung vollzog und wann es mir zuerst gelang, den entscheidenden Schritt von der Intuition zum Werke mit Erfolg zu tun, setzt mich, ehrlich gestanden, ein wenig in Verlegenheit, denn dieser Schritt ist eigentlich kein Schritt, sondern ein psychischer Vorgang, der schwer zu schildern ist. Es ist, möchte ich sagen, eine traumhaft tieferregende Beglückung, Höhenrausch und Sturz in die Höllentiefen des Zweifels, dann neuaufrauschende Begeisterung und Tat. Da steht der Entwurf.

So war es auch bei meiner Fischergruppe „Gerettet“ [Nr. 95], die mir meinen ersten Erfolg brachte. Diese Arbeit würde nicht entstanden sein, wenn ich nicht Kieler wäre, dessen liebster Aufenthalt der herrliche Hafen mit seinen wundervollen Stimmungen und seinen Strand- und Wasserfreuden war. Dort in Möltenort fand ich auch das Modell zu dem Fischer[:] „Klas Leptin“,[194] er sprach Lumtin, der dann, als ich ihm ein Bild meiner fertigen Arbeit mit einem erschütternden, in der Gartenlaube erschienenen Gedicht verehrte (es war nicht von mir), in rührenden Größenwahn verfiel und von jedem Fremden hochgeachtet und erkannt zu werden erwartete. Jetzt ist diese Gruppe von der Nationalgalerie nach Flensburg vergeben.[195] Was Klas Lumtin wohl dazu sagen würde, der schon lange seinem noch berühmteren Zunftgenossen[196] zur Rechten sitzt.

(Kieler Neueste Nachrichten, 16. Juni 1929)

Wie ein Marmor-Bildwerk entsteht
Ein Brief an den Herausgeber

Sehr geehrter Herr Doktor!
Sie möchten einige Aufnahmen veröffentlichen, die verschiedene Stadien in der Entwicklung meiner letzten Marmorarbeit [Opus 100 = Nr. 280] darstellen, und ich soll den Text dazu schreiben.

Das liegt mir gar nicht, aber weil immer wieder die Frage an mich gerichtet wird: „Wie macht man denn so etwas in Marmor“, nehme ich an, daß eine Antwort hierauf von allgemeinem Interesse sein wird, und will versuchen, sie zu geben.

Es gibt verschiedene Methoden, eine in Ton modellierte und in Gips abgegossene Plastik zu übertragen, und die bequemste und von den meisten Bildhauern angewendete ist: die Marmorarbeit an einen geschickten Marmorbildhauer zu verweisen. Dieser vertraut neuerdings die ganze Arbeit einer Maschine an, die, auf dem System des Storchschnabels beruhend, ihre Arbeit so vorzüglich versteht, daß der Bildhauer den einen Millimeter starken Überschuß an Marmor, den die Maschine an der Oberfläche stehen läßt, ohne Mühe mit Raspel und Sandpapier entfernen und so die Arbeit vollenden kann.[197]

Mühsamer war die ältere Methode, die darin bestand, daß der Marmorarbeiter mit drei Zirkeln, durch Kreuzschlag von zwei Punkten aus und Tiefenbestimmung durch den dritten Zirkel, nach und nach Punkte in den Marmor durch Fortarbeiten des Bossens[198] fixierte, die den auf dem Gipsmodell mit Bleistift angegebenen genau entsprachen. Eine mühsame und sorgfältige Arbeit, wenn man bedenkt, daß die Punkte, über das Ganze verteilt, in Zwischenräumen von ein bis drei Zentimetern genommen werden müssen. Eine Sklavenarbeit! Nachdem die Punkte stehen und der Bossen mit dem Zahneisen von einem zum andern entfernt ist, beginnt die Ausführung, die wiederum meistens dem geschickten Marmorarbeiter überlassen wird, der sich genau an das Modell hält.

Diese beiden Methoden wende ich bei Denkmälern an; denn die eigenhändige Ausführung der großen Figuren würde hier zu viel Zeit und Kraft erfordern. Aber Köpfe und Hände mache ich selber.

Nun zur dritten, ältesten und schwierigsten Methode: dem freien Aushauen ohne Maschine und ohne Punkte, meist auch ohne Hilfsmodell, frei nach der Natur. Das kann der Künstler selbst und wird es nur an seinen freien, idealen Werken ausüben, – wenn er's kann.

Diese Arbeitsweise, die von den Griechen und später von Michelangelo und anderen Renaissancemeistern mit höchster Meisterschaft geübt wurde, macht den Künstler erst zum wirklichen Bildhauer. „Die anderen sind Modelleure", sagt Adolf Hildebrand mit Recht.[199]

Beherrscht man den Marmor endlich durch lange Übung, dann beginnt erst das Schwelgen und die höchste Lust in der Formgebung, zugleich eine aufregende und sehr anstrengende Tätigkeit. Denn der Marmor braucht schwere Hiebe, und nur eine feste Faust kann ihn zwingen, sein Bestes herzugeben, und doch ist es, als freue er sich der Erlösung.

Wenn man es soweit gebracht hat, dann erst versteht man die Größe Michelangelos ganz und beugt sich vor ihm in tiefster Verehrung. Welche Muskelkraft, welche Formvollendung und dabei welche bis ins tiefste Innere dringende Stimmung in seinen Werken! Es ist meiner Ansicht nach Spielerei, nach jetzt beliebter Weise mit verschwommener, ungeschickter Formgebung Stimmung zu erzielen. Das kann jeder mit Empfindung und Stimmung begabte Dilettant. Aber wie Michelangelo trotz vollendeter Form zur Seele Dringendes zu schaffen, das ist Meisterschaft, und das ist unsterblich.

Nun zur Sache.

Die älteste Methode, seine Gedanken, oder besser Empfindungen, in Marmor zu übertragen, wurde so gehandhabt, daß man sich bei kompliziertesten Entwürfen ein kleines oder großes Hilfsmodell aus Wachs oder Ton machte, um mit wenig Zirkelmessungen über den Marmorblock richtig disponieren zu können. Denn der Block hat meist sehr unregelmäßige Form, und man hat der Kosten wegen Ursache, vorsichtig zu prüfen, ob das, was man schaffen will, auch in ihm enthalten ist. Beim groben Behauen mit dem Spitzeisen und ca. vierpfündigem Hammer muß man natürlich am meisten aufpassen; denn eine Unrichtigkeit der Meißelführung, die sich sehr nach der Lagerung des Materials richten muß, kann die ganze Sache verderben. Gerade im Anfang ist die Gefahr des Verhauens am größten, weil man unwillkürlich fast in Wut gerät über die Zähigkeit und Widerspenstigkeit des Marmors. Wenn dann die allgemeinen Formen mit dem Spitzeisen angedeutet sind, legt man das Ganze mit dem Zahneisen an, und erst, wenn das geschehen, nimmt man möglichst schöne Natur zum Modell. Vorher kann es niemand in der nächsten Umgebung des Arbeitenden aushalten, weil die losgesprengten Marmorschrotten mit solcher Vehemenz durch den Raum sausen, daß sie mitunter Fensterscheiben durchschlagen.

Jetzt beginnt die Vollendung mit dem scharfen, schmalen Flacheisen, mit Raspel und Sandpapier, und dabei kann es einem wohl begegnen, daß man sich in seine selbstgeschaffene Gestalt verliebt. Ich kann den armen Pygmalion durchaus verstehen.

Wenn ich nun meine letzte Marmorarbeit, eine lebensgroße Figur, in nebenstehenden Abbildungen veröffentliche,[200] so liegt es mir absolut fern, mich auch für einen kleinen Michelangelo zu halten. Die Veröffentlichung geschieht aus Gründen, die ich anfangs angab, und ich füge

Erstes Stadium

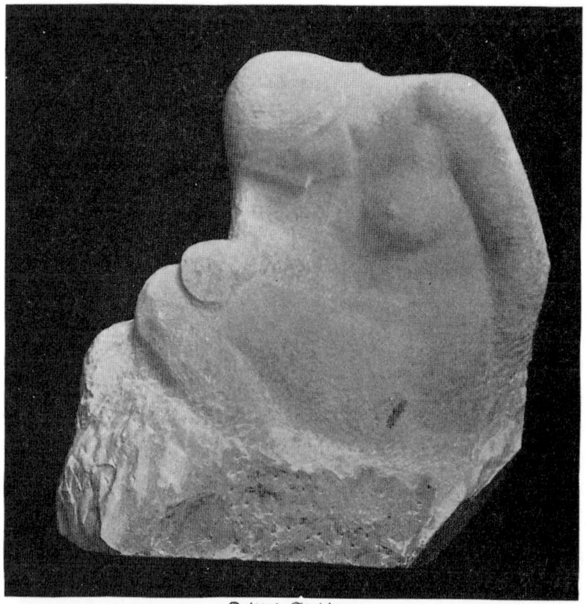
Drittes Stadium

Zweites Stadium

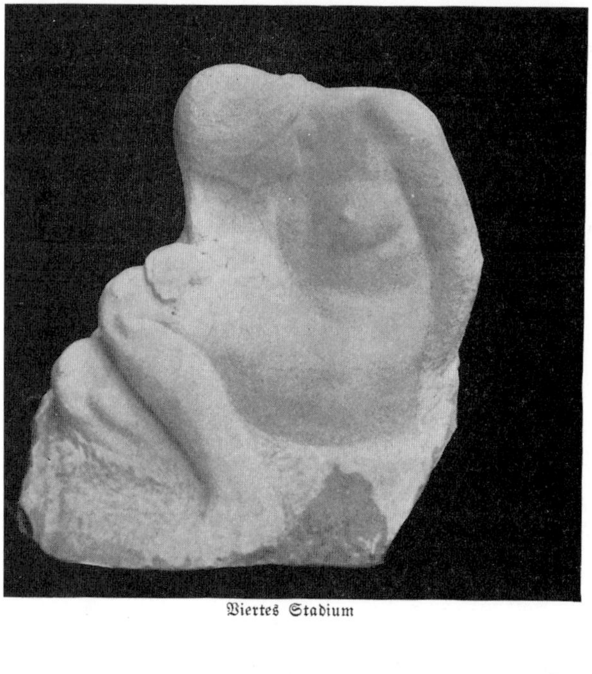
Viertes Stadium

hinzu, daß diese letzte oder jüngste Arbeit ohne Hilfsmodell entstanden ist. Sie war verhältnismäßig leicht; denn sie hat nur eine Ansicht, die ich mit Kohle auf den Block zeichnete und dann freihändig nach der Natur vollendete, so daß der Marmor bis aufs Äußerste ausgenutzt wurde.

Ich wollte nur eine Stimmung geben und Formvollendung genießen. Darum gebe ich dem Werk keinen Namen, sondern mache es wie die Musiker, nenne es „Opus 100", und wenn ich das Glück haben sollte, daß meine Arbeit, wenn auch nur auf wenige Beschauer, ähnliche Empfindungen auslöst, wie sie mich im Schaffen erfüllten, dann bin ich zufrieden und brauche weder eine gute, noch – eine schlechte Kritik.

Mit bestem Gruße
Ihr
Adolf Brütt.
(Nord und Süd 33, 1909, S. 434–436)

Anmerkungen

1 Die familiengeschichtlichen Aufzeichnungen Kurt Brütts liegen im Landesarchiv Schleswig-Holstein, Abt. 399.10, Nachlaß Brütt.

2 Wohl identisch mit der Zeichnung Nissenhaus B 2075.

3 Adreßbuch Kiel 1860: F. Brütt, Porträtmaler, Atelier für Photographie, Vorstadt 9; im Nachlaß Brütt, Landesarchiv Schleswig-Holstein, sind Visitenkarten zu Vorstadt 3, Vorstadt 5 (früher Brandt's Hotel) und Vorstadt 10 erhalten (vgl. Abb. S. 18).

4 Auf den Photographen Brütt machte wieder aufmerksam: Wilhelm Weimar, Die Daguerreotypie in Hamburg 1839–1860, Hamburg 1915, S. 51.

5 Niederdeutsch Plank: Bretterzaun

6 Schlitten, der mit eiserner Pike abgestoßen und gesteuert wird.

7 Die „Reichshallen", das größte Kino Kiels, lagen nicht in der Holstenstraße, sondern an der Holstenbrücke, dem alten Bootshafen gegenüber.

8 Es gab damals noch keine Eisenbahnlinie von Kiel aus nach Norden, sondern nur von Neumünster aus über Rendsburg nach Flensburg.

9 Niederdeutsch: ziehen ab.

10 Seit den 1840er Jahren waren Blau-Weiß-Rot die Farben der schleswig-holsteinischen Unabhängigkeitsbewegung. Daher waren sie von der dänischen Regierung verboten worden. Nur während der Erhebung 1848–1851 galten sie als offizielle Landesfarben.

11 Im Jahre 1887. Als die letzte Tat des Kaisers für Schleswig-Holstein ist dieser Akt auf Brütts Denkmal in Kiel (Nr. 194) dargestellt.

12 Vgl. Nr. 313.

13 Mit dieser Episode will Brütt andeuten, daß er, soweit er zurückdenken kann, die Absicht hatte, Künstler zu werden.

14 Das Kirchenbuch der lutherischen Kirchengemeinde Kiel, bei der Brütt am 18.12.1862 ein Erbbegräbnis bei der St. Jürgen-Kirche erworben hatte, vermerkt zum Todestag (15.2.1866): „Barthold Friedrich Brütt in Kiel. Photograph, 50 Jahr, hinterließ seiner Ehefrau Wilhelmine Marie geb. Andresen 3 Kinder." Der Sohn Adolf hatte zunächst die Gelehrtenschule besucht, mußte jetzt aber auf die Oberrealschule überwechseln.

15 Hans Olde (1855–1917) war als Sohn eines Bauern in Süderau bei Krempe geboren. Der Vater hatte 1865 das Gut Seekamp nördlich von Kiel übernommen. Der Sohn besuchte seitdem zunächst eine Schule in Altona und wurde erst 1868 auf die Oberrealschule in Kiel umgeschult, wo er in der Stadt bei einer Familie in Pension war.

16 Vgl. die Bilddokumente in: Hans Olde d.J., Seekamp. Kindheitserinnerungen an einen schleswig–holsteinischen Gutshof, Gauting 1977.

17 Minna Olde (1858–1938), die älteste der drei Schwestern Olde. Dieser hat sie auf einem Gemälde dargestellt, für das Brütt einen plastischen Rahmenschmuck (Nr. 80) schuf.

18 Niederdeutsch: Das Mädchen kann man ja mit der Peitsche mitten durchhauen.

19 Adolf Müllenhoff (1831–1893), gebürtig aus Marne, studierte in München, wo er sich mit Ludwig Richter, Schnorr von Carolsfeld und Samuel Amsler anfreundete: „In die Heimat zurückgekehrt, suchte er sich in Kiel die Stätte für seine bildhauerische Tätigkeit, erkannte aber mit Schmerz, daß der Boden der Heimat, die er so sehr liebte, der Ausübung reiner Kunst nicht günstig war, und es galt, dieser das Gewerbliche hinzuzufügen, das seinem eigentlichen Wesen fremd war." (MS. Erweiterte Geschichte der Grossen Grünen Schützengilde von 1412, Kiel o.J.)

20 Niederdeutsch: Schnapsflaschen.

21 Niederdeutsch: Holzpantinen.

22 Werkzeug, um Sandstein zu „kröneln", d.h. rauh zu behauen.

23 Verfahren, das Modell nach angezeichneten Stellen Punkt für Punkt maßstabgerecht auf den Marmorblock zu übertragen.

24 Picksand: Schlagsand, der beim Bearbeiten des Sandsteins als Abfall zurückbleibt.

25 Sophus Claudius: vgl. Nr. 5 u. 6. Meta Claudius wirkte nach dem Tode ihre Mannes als Malerin im München; vgl. Ausstellung der Provinz Schleswig-Holstein, Kiel 1896, Nr. 236.

26 Die Sammlung von Gipsabgüssen antiker Plastiken, die der Archäologe Peter Wilhelm Forchhammer gegründet hatte, war im Kieler Schloß aufgestellt; vgl. Gustav Thaulow, Das Museum auf dem Kieler Schloß, 2. Aufl., Kiel 1860. Sie wurde 1909 in das Erdgeschoß der neuen Kunsthalle überführt.

27 Wald nördlich der Altstadt von Kiel auf dem hohen Ufer der Förde, seit dem 18. Jahrhundert ein beliebtes Ausflugsziel für die Stadtbewohner.

28 Italienische Bezeichnung für eine kleine Pistole.

29 Kleine, nicht kalibermäßige Kugel von Erbsengröße.

30 Reinhold Begas (1831–1911) war zusammen mit den Malern Arnold

Böcklin und Franz Lenbach an die neugegründete Weimarer Kunstschule berufen worden, bis 1903 leitete er an der Berliner Akademie ein Meisteratelier. Er brachte aus Rom die Kenntnis der sinnlichen Barockskulptur Giovanni Lorenzo Berninis (1598–1680) mit, die im Rahmen der an Andreas Schlüter (1664–1714) anknüpfenden Bauplanung Kaiser Friedrichs III. und Wilhelms II. die Epoche prägte. Vgl. Waldemar Grzimek, Deutsche Bildhauer des zwanzigsten Jahrhunderts, München 1969, S. 12–19.

31 Nicht identifiziert.

32 Das Münchner Adreßbuch für 1891 verzeichnet den Bildhauer und Stuccateur Johannes Oltmanns mit seiner Werkstätte in der Holzgartenstr. 2; auch in der Akte 3245 des Münchner Stadtarchivs über die Stukkatoren und Gipsbildhauer für den Zeitraum 1899–1926 ist der Name Ölmann nicht verzeichnet.

33 Wohl Philipp Perron (1840–1907).

34 Hieraus ergibt sich, daß Brütt für Bildhauer Philipp Perron gearbeitet haben könnte.

35 In Gustav Schwabs Gedicht „Der Reiter vom Bodensee" sinkt der Reiter tot zu Boden, als er erfährt, er sei ahnungslos über den zugefrorenen See geritten.

36 Es handelt sich um das von der Gesellschaft für freiwillige Armenfreunde von 1793 vergebene „Stipendium für aufstrebende Talente".

37 Anton v. Werner (1843–1915) war gerade (1875) als erfolgreicher Geschichtsmaler und vor allem wegen seiner Illustrationen zu Scheffels „Trompeter von Säckingen" von 1869 (vgl. S. 88 u. Nr. 39–41) zum Direktor der Berliner Akademie ernannt worden; vgl. seine „Erlebnisse und Eindrücke" (1913).

38 Paul Thumann (1834–1908) war 1875–1877 Professor an der Akademie in Berlin, um dann noch einmal Italien zu bereisen.

39 Albert Wolff (1814–1892), wurde 1866 Professor an der Berliner Akademie. Von ihm der Löwenkampf auf der Treppe des Neuen Museums, Berlin, die vier Fakultäten der Universität Königsberg und die Reiterstatue Friedrich Wilhelm IV., die Reiterstatue Friedrich Wilhelms III. im Berliner Lustgarten.

40 Friedrich (Fritz) Schaper (1841–1919), kam wie Brütt aus dem Handwerk, denn er war zunächst in Halle Steinmetzlehrling gewesen. Eine ganze Reihe von Bildhauern mit handerwerklichem Können gingen bei Schaper in die Schule, so Franz Tübbecke (1856–1937), der später die Siegesallee-Standbilder für Brütt punktierte.

41 Hier ist die Haartracht der Nazarener gemeint; übrigens trug Brütt damals selbst Künstlerlocken, wie er anläßlich seines Besuches in Linderhof notiert.

42 Carl Gottfried Pfannschmidt (1819–1889). Über seinen Unterricht als Lehrer für Komposition und Gewandung an der Berliner Akademie der bildenden Künste schreibt Martin Pfannschmidt (D. Carl Gottfried Pfannschmidt. Ein deutsches Künstlerleben, Stuttgart 1896, S. 303): „Das Fundament des Unterrichts bildeten regelmäßige Übungen nach einer lebensgroßen Gewandfigur, wozu als Modell eine Gliederpuppe diente. Nach wohldurchdachter und genauer Skizze wurde diese vom Meister alle sechs Wochen neu gestellt: sie sollte jedesmal die Trägerin eines Gedankens oder einer Handlung sein und so gleichzeitig die Elemente einer Komposition geben."

43 Es ist eher wahrscheinlich, daß sich Brütt systematisch die Kunstzentren des Deutschen Reiches aussuchte, erst München, dann Dresden, um die dortige Bildhauerschule kennenzulernen.

44 Die 1878 vollendete Johanniskirche von Gotthilf Ludwig Möckel (geb. 1838), der später in Berlin wirkte.

45 Aktzeichenunterricht mit Korrektur bei Tages- und bei Kunstlicht.

46 Arnold Böcklin (1827–1901) führte im Anschluß an Rubens eine farbige Elementarmalerei ein, deren subtile Stimmungsmittel er symbolisch zu konkretisieren wußte; Brütts Ölbild (Nr. 20) ist von Böcklin abhängig.

47 Johannes Schilling (1828 –1910) ging 1906 beim Ausscheiden aus dem Lehramt an der Dresdner Akademie in seinen „Künstlerischen Sehstudien" auf den in den Zeichungen sichtbaren Gegensatz der Schulen ein: Soll das Bildwerk den Charakter des Materials zeigen, oder soll es die Möglichkeiten des weichen Modellmaterials reproduzieren.

48 Gemeint ist das Bingen gegenüberliegende Niederwald-Denkmal von 1883, das Brütt auf einem seiner Reliefs der Kaiser Wilhelm-Gedächtniskirche darstellte (Nr. 173 F)

49 Peter Breuer (1856–1936) wurde 1892 selbst Lehrer an der Berliner Akademie.

50 Max Kruse. (1854–1942), um 1900 wie Brütt im gleichen Atelierhaus Siegmundshof 11 Lehrer der „Studien-Ateliers für Malerei und Plastik". Aus seiner Theorie der „Greifformen" gingen die Käthe Kruse-Puppen hervor.

51 Jahres-Bericht der Königlichen Akademie der bildenden Künste zu Berlin. October 1877 bis August 1878, S. 8: 15 II. Preis – Eine Anerkenung: Adolf Brütt, Bildhauer aus Kiel.

52 Brütt war Mitglied der Akademischen Trunvereins „Chattia".

53 Der Bahnhof Klostertor wurde 1870 durch den Hauptbahnhof ersetzt.

54 F. Pfordte bei der Alster, ein bekanntes Speiselokal in Hamburg.

55 Marinemaler Hans Petersen (1850–1914), gebürtig aus Husum, später Präsident der Münchner Kunstgenossenschaft und geadelt, notiert für W. Zils, Geistiges und künstlerisches München in Sebstbiographien, München 1913: „Besonders bestrebt aber war der Künstler, in seinen Gemälden den starren Eindruck photographischer Wiedergabe zu vermeiden und gewissermaßen die Summe der Bewegungen zu erfassen und festzuhalten, die große Bewegung breitbewegter Wassermassen."

56 Wilhelm Brütt (1857–1891), wurde Bildhauer und wanderte später nach Omaha aus.

57 Meiereimädchen: Melkerinnen, die im Gutsbetrieb zugleich die Milch verarbeiteten.

58 Gustav Eberlein (1847 –1926), auch in Übersee äußerst erfolgreicher Berliner Bildhauer; zur Zusammenarbeit vgl. Nr. 45.

59 Carl Begas (1845–1916), Bruder von Reinhold Begas, später Professor in Kassel, schuf später gleichzeitig mit Brütt (vgl. Nr. 263) das Bildnis der Kaisern Auguste Victoria (Marmorstandbild Potsdam, 1905, und Urville, Elsaß, 1906)

60 Leopold Rau (1847–1880), machte Brütt mit den Lehren des Pädagogen Jan Daniel Georgens (1823–1886) und der Kulturkritik Friedrich Nietzsches (1844 –1900) vertraut (vgl. S. 83).
61 August Gaul (1869–1921), bekannt durch seine Tierplastiken. Arbeitete später wie Brütt für die Schwarzburger Werkstätten für Porzellankunst.
62 Louis Tuaillon (1862–1919), erhielt 1906 in Berlin die Goldmedaille für das Reiterbild Kaiser Friedrichs III. für Bremen 1905. Er wurde durch dieses Werk zum Konkurrenten von Brütt beim Aufbau der Weimarer Bildhauerschule 1905.
63 Reinhold Felderhoff (1865–1919); seine „Diana" wurde von der Nationalgalerie in Berlin erworben, für die Kaiser Wilhelm-Gedächtniskirche schuf er einen Sankt Markus.
64 Walter Schott (1861–1938), gut dokumentiert durch seine Autobiographie „Ein Künstlerleben", Dredsen 1930.
65 Brütt lehrte in Berlin und in Weimar nach einem ähnlichen, die Schüler zur Eigenständigkeit führende Lehrziel wie Reinhold Begas.
66 Theodor Martens (1822–1884), hatte bei Emile Lambinet (1815–1877) in Paris studiert, vermittelte Brütt die Landschaftsmalerei der Schule von Barbizon.
67 Gemeint sind flächenabdeckende Landschaftschemata, typisierende Baumstrukturen etc., die dann von Maler selbst überarbeitet wurden; vgl. Benneweitz, Staffagezeichnen, Strelitz o.J.
68 Vgl. die Landschaftsbilder von Brütt, Nr. 21–24 ff..
69 Durch den Vertrieb von Gipsabgüssen durch die Stiller'sche Hofbuchhandlung.
70 Ludwig Pietsch (1824–1911), Schriftsteller und Zeichner, Feuilletonist der Vossischen Zeitung seit 1864.
71 Das war im Frühling 1881. Nach den Unterlagen des Archivs der Gesellschaft freiwilliger Armenfreunde im Kieler Stadtarchiv Nr. 901 hat Brütt zusammen mit Linde, Carstens und Detleffsen 1881 zuletzt das Stipendium für aufstrebende Talente beantragt. Am 27.7.1881 wurde ihm und Carstens das Stipendium zuerkannt.
72 Grundsätzlich wurde das Ausarbeiten der Ornamente am Bau selbst bevorzugt.
73 Später Schwager von Brütt, vgl. Nr. 73.
74 Umgangssprachliche Bezeichnung für Goldmünzen.
75 Richard Schillbach (1827–1913), Archäologe und Gynmasialprofessor in Potsdam, wirkte in der Turn- und in der Friedensbewegung.
76 Nach der Lindenstraße das zweite Atelier; keine Aufnahme überliefert.
77 Peter Paul Müller, geb. 1853, später ansässig auf der Sababurg bei Kassel, dann in Gauting bei München, wo er eine Privatschule führte.
78 Aus Potsdam schrieb Brütt aber am 27.7.84 an Olde: „...habe in den letzten drei Jahren doch immer über 3000 Mark verdient."
79 An anderer Stelle ist angedeutet, daß es sich um selbstverdientes Geld handelte.
80 Brütt schreibt Korinth. Lovis Corinth (1858–1925) unterichtete später zusammen mit Max Kruse für die „Studien-Ateliers für Malerei und Plastik" im Atelierhaus Siegmundshof 11. 1900, zum Zeitpunkt der Privatakademie-Gründung, zog dort auch Brütt ein.
81 Vater des Schwagers Carl Schneider.
82 Tatsächlich erhielt Brütt die Auszeichnung am 1.10.1886 für das Hochzeitsgeschenk der Provinzen, vgl. Nr. 47.
83 Hans Willy Richard (1885–1933).
84 Wehmutterhäublein: die Reste der Eihäute auf dem Kopfe Neugeborener; galten, seit römischer Zeit nachweisbar, als Glücksbringer.
85 Kurt Peter Johannes (1886–1969).
86 1893 legte Otto Hohn den „Entwurf für eine Weltausstellung in Berlin" vor (Entw. des Architekten-Vereins zu Berlin 1893).
87 Werner Carl Cato (1888–1889)
88 Diese Angabe kann nicht stimmen. Im Nachlaß Brütt, Landesarchiv Schleswig-Holstein, Abt. 399.10, Nr. 33.213 ist der Beileidbrief von Felix Koenigs zum Tode von Werner Brütt (1888–1889) erhalten. Er datiert vom 12.7.1889. P. Wallé, Sammlung Felix Koenigs, Berlin Mai 1901 (Privatdruck W. Büxenstein) S. 7, datiert die Freundschaft von Brütt und Koenigs sogar in das Jahr 1887 sowie die Entstehung der „Eva" Nr. 117 in das Jahr 1888.
89 Karl Gussow (1843–1907), porträtierte den zeitweise zum Stammtischgehörenden Architekten Paul Wallot.
90 Otto Lessing (1846–1912), Maler und Bildhauer, Schöpfer des Berliner Lessingdenkmals; malte die Kuppel des ethnologischen Museums und die Fassade der New-Yorker Versicherungsgesellschaft in Berlin.
91 Wilhelm Carl Melchior Simmler (geb. 1840), schuf Bilder für das Berliner Rathaus.
92 Franz Schwechten (1841–1924), Architekt der Kaiser Wilhelm-Gedächtniskirche, vgl. Nr. 173.
93 Felix Koenigs (1846–1900), seit 1876 Teilhaber des Bankhauses Delbrück, Leo & Comp.; vgl. Paul Wallé, Sammlung Felix Koenigs, Berlin Mai 1901, S. 5.
94 Der Nachlaß Felix Koenigs wurde 1901 teilweise in einer Sonderausstellung der Nationalgalerie gezeigt und durch einen Katalog dokumentiert. 19 Werke kamen an die Nationalgalerie, deren Bestand bereits einige Stiftungen von Koenigs enthielt, so von Wilhelm Leibl, Der Jäger, bezeichnet als „Geschenk eines Berliner Kunstfreunds". Leibl war ein Kölner Schulfreund von Koenigs.
95 Aus dem Nachlaß Koenigs gelangten auch einige Werke von Paul Klette (1854–1895) an die Nationalgalerie.
96 Gemeint sind Mitglieder des Kegelklubs, vgl. Nr. 140.
97 Damit ist vermutlich der Verlagsbuchhändler Georg Stilke gemeint. Vgl. Nr. 216.
98 Richtig: 1929; 1939 ist bereits das Todesjahr Brütts.
99 Gemeint sind die dann von Kollegen geschaffenen Bildwerke u.a. von Hans Dammann.
100 Grummet: Heu des zweiten Schnitts im Herbst.
101 Das von Kurt Brütt nach Notizen seines Vaters überarbeitete Werkverzeichnis.
102 Bereits das Berliner Adreßbuch 1891 nennt Brütt mit Adresse Lützowstr. 82 (neben Conrad Fehr, Max Baumbach, Walter Leistikow, Robert Toberentz (gest. 1895) etc.). Die Adresse ist noch 1897 ver-

zeichnet. 1899/1900 übernahm Brütt das Atelier von Harro Magnussen im Siegmundshof 11, in dem damals die „Studien-Atelier für Malerei und Plastik“ von Bildhauer Max Kruse, Maler Lovis Corinth und Bildhauer Arthur Lewin-Funcke gegründet wurden.

103 Im Atelierhaus Lützwostr. 82, in der Brütt zusammen mit dem Maler Conrad Fehr im Jahre 1891 die „Akademie Fehr“ gründete.

104 Von den Schülerinnen ist nur Anita Nordenholz dokumentiert. Eine weitere Schülerin könnte Else (Breyrer-)Wittig gewesen sein.

105 Friedrich Möller (1864–1900), Architekt des Bismarck-Nationaldenkmals auf dem Knivsberg, Nordschleswig, vgl. Nr. 200.

106 Encephalomalacie, Paralyse.

107 Die Urkunde über die Verleihung des Prädikates eines Kgl. Professors datiert vom 25.10.1896.

108 Die Verleihungsurkunde datiert vom 24.11.1896.

109 Wegen dieser Reise mußte Brütt die zweimonatige Herbstreise von Koenigs über Paris – Madrid – Rom – Florenz absagen (Gantner, Olde, S.91).

110 Erste Auflage 1839. Einführung von Anton Springer (gest. 1891), überarbeitet von Walter Gensel (gest. 1910). Mit bis zu drei Sternen waren die wichtigsten Sehenswürdigkeiten für den eiligen Touristen im Text markiert.

111 Alfred Dreyfus (1859–1935) wurde 1894 wegen angeblichen Verrats militärischer Geheimnisse zu lebenslänglicher Deportation nach Cayenne verurteilt; nach dem Eingreifen von Emile Zola 1897 kam es zur Neuverhandlung 1899, worauf eine Begnadigung durch den Französischen Präsidenten ausgesprochen wurde. Erst 1906 erfolgte die Rehabilitation.

112 Hans Herrmann, geb. 1858: „Auf den Wällen von Vlissingen“. Möglicherweise hat Brütt Bilder von Hermann besessen.

113 Gari Melchers (1860–1932) aus Detroit wurde 1909 von Olde an die Weimarer Kunstschule berufen. Vgl. Gantner, Olde, S. 89, 92, 122, 166.

114 Christoffel Bisschop, geb. 1828, vertreten mit dem „Kirchgang in Hindelopen“ in der Hamburger Kunsthalle.

115 Hendrik Willem Mesdag, geb. 1831, Marinemaler, mit „Sommerabend bei Scheveningen“ seit 1896 in der Berliner Nationalgalerie vertreten.

116 Brütt setzt den Malern drei Burgunder an die Seite.

117 Brütt nennt wieder zwei burgundische Weine.

118 Gabrielle Charlotte Réjane (1857–1920), eröffnete 1906 in Paris ihr Théâtre Réjane.

119 Auf den Hinterbeinen laufende Gattung der Dinosaurier.

120 Im Baedeker Route 10, Brüssel und Umgebung; L'Etville dort nicht genannt.

121 Kurz nach der Rückkehr von Brütt nach Berlin verstarb Koenigs in Paris. Am Nachmittag des 24. September 1900 zeichnete Max Klinger den Verstorbenen auf dem Totenbett; nach der Zeichnung entstand eine Radierung. Rodins in Paris erworbene Bronze L'homme et sa pensée kam im Anschluß an die Nachlaßausstellung in den Besitz der Berliner Nationalgalerie.

122 Brütt wurde am 24. Februar 1892 zum Mitglied gewählt. Sein am 15.4.1892 niedergeschriebener Lebenslauf ist erhalten.

123 Liebermann trat 1920 seine Präsidentschaft an. Vor dem Kriege hat der Gegensatz künstlerischer Auffassung sicher nicht bestanden.

124 Julius Raschdorff (1823–1914), vgl. Nr. 174.

125 Otto Raschdorff (1854–1915).

126 August Vogel (gest. 1932), schuf den Fassadenschmuck der Berliner Kaufhauses Wertheim; für seine Bronzekandelaber für die Ostseite des Reichstagsgebäudes erhielt er 1900 in Paris die Goldmedaille.

127 Wilhelm Widmann (1855–1915), dekorative Plastik von ihm im Reichstagsgebäude; vgl. Nr. 163.

128 Otto Lessing (1846–1912), Maler und Bildhauer; seine Büste von Ludwig Knaus in der Nationalgalerie.

129 Nach der Bewilligung von 10 Millionen Goldmark durch den preußischen Landtag begonnen, 1905 eingeweiht. Der Bauplan war bereits 1888 von Kaiser Friedrich zur Ausführung bestimmt worden.

130 1. September, Jahrestag der Schlacht von 1870.

131 Brütt war Mitglied des Berliner Rudervereins.

132 Wohl Baurat Platz.

133 Die Figur wurde mit Armen aufgefunden, vgl. Deutsche Kunst 1896/97 S.188; möglicherweise spielt Brütt an auf eine Bemerkung von Rodin. Vgl. J.A. Schmoll gen. Eisenwerth, in: Der Torso als Symbol und Form, 1959, S. 132.

134 Gemeint ist der aus Tönning stammende Professor der Anatomie an der Universität Breslau Carl Hasse (1841–1922), der 1887 im Archiv für Anatomie und Physiologie den angesprochenen Aufsatz „Ueber Gesichtsasymmetrien“ veröffentlicht hatte sowie in seinen „Kunststudien“ (1882–1894) das Heft „Die Venus von Milo“.

135 Zur systematischen Vorbereitung der Siegesallee waren zu ausgewählten Gipsabgüssen jahresweise die Kaiserlichen Ergänzungs-Konkurrenzen ausgeschrieben (vgl. Steckner, Sparsamkeit (1981), S. 47f.).

136 Seine Majestät.

137 Kaiserin Auguse Victoria (1858–1921), geboren zu Dolzig im preußischen Regierungsbezirk Frankfurt a.d. Oder, älteste Tochter des Herzogs Friedrich zu Schleswig-Holstein (gest. 1880).

138 Vielleicht bezieht sich Brütt auf eine bestimmte Einladung; ganz früh schon hatte er für den Schleswig-Holsteiner-Abend in Berlin ein Geschenk für das Kaiserpaar modelliert (vgl. Nr. 135)

139 Brütt korrespondierte mit der Schwester der Kaiserin, Feodora zu Schleswig-Holstein (1874–1910), Schülerin von Fritz Mackensen in Worpswede, von der ein Versuch überliefert ist, den Kaiser zur Modernen Kunst zu bekehren.

140 Brütt wird die durch den Kaiser erteilten Aufträge meinen, vgl. Nr. 182 u. 184.

141 Bildhauer Fürst Paolo Troubetzkoy (1866–1938), stellte zuerst 1900 in Paris aus, wo seine Statuette Tolstois zu Pferde durch das Luxembourg-Museum erworben wurde. Vgl. die Abbildung des Brütt-Porträts S. 44.

142 Die von Luigi Giudice (1826–1892) erfundene Modelliermasse war als

Wachs- und als Tonersatz eine der technologischen Voraussetzungen des monumentalen Bronzegusses. Hier spielt Brütt auf die plastische Masse als Voraussetzung der für Troubetzkoi charakteristischen impressionisitschen Oberflächengestaltung an, die seinem bereits angesprochenen Zeichenstil entsprach.

143 Die „Tine", Denkmal der wohltätigen Catharina Asmussen, Nr. 205.

144 Anspielung auf die durch Menge vermittelten Aufträge für Husum.

145 Brütt spielt wohl auf den Husumer Holzschuhstreit anläßlich der Errichtung des Asmussen-Woldsen-Brunnens an, bei dem es um die angeblich der Stadt unwürdige Darstellung von Holzpantinen ging.

146 Nr. 253.

147 Brütt meint die Schleswig-Holsteinische Erhebung und den Sieg bei Kolding von 1849. Am Krieg von 1864 war nicht Carl Wrangel beteiligt, sondern sein Onkel Friedrich (vgl. Anm. 149).

148 Carl Freiherr v. Wrangel (1812–1899); vgl. Nr. 196 u. 197.

149 Friedrich Graf v. Wrangel (1784–1877), 1848 und 1864 Oberbefehlshaber der Bundestruppen in Schleswig-Holstein, der in Berlin populäre Generalfeldmarschall (Wrangelschlößchen, Steglitz).

150 Wohnung Kalckreuthstr. 12. Vorher hatte Brütt Bülowstr. 20-24 gewohnt.

151 Hans Olde war 1902 als Direktor der Weimarer Kunstschule nach Weimar berufen worden. Er zog Brütt zur Gründung der Weimarer Bildhauerschule nach, den er durch den vertraglich abgesicherten Auftrag für das Reiterbild des Großherzogs Carl Alexander (Nr. 274), des Schulgründers, gewinnen konnte.

152 Die Angabe bezieht sich auf Brütts Atelier im Siegmundshof 11.

153 Brütt war Formmeister, dem Werkmeister wie der Gießereimeister Emil Schmidt zur Seite standen.

154 Die aus Berlin mit nach Weimar gekommen Schüler waren nicht sicher identifizieren. Gesichert sind Bernhard Sopher und Max Weinitschke, fraglich ist Adele Grupe; vgl. Anhang.

155 Hier errichtete Brütt später ein Denkmal, vgl. Nr. 346.

156 Der Verlust des Vermögens im Gefolge der Inflation.

157 Es handelt sich um den ersten Bauauftrag an die Weimarer Bildhauerschule; vgl. Nr. 273.

158 Das in einem Skandal endende Höllenfest von 1908 übergeht Brütt; vgl. A. v. Heinemann, Chronik des Künstler-Vereins zu Weimar, Weimar 1932, S. 41 ff. Die dazu erschienene Festzeitschrift „Die Nacht" bezog sich wohl auf Brütts damals entstandenes Hauptwerk Nr. 269.

159 Wohl Hans Olde d.J., geb. 1895.

160 Ehefrau des seit 1899 amtierenden Staatsministers Carl Rothe (1848–1921).

161 Bezeichnung für eine vornehme Abendgesellschaft.

162 Sascha Schneider (1870–1927), Maler, 1904–1908 Professor in Weimar.

163 Max Thedy (1858–1924), seit 1883 Professor in Weimar.

164 Hans W. Schmidt (1859–1950), seit 1908 Professor in Weimar.

165 Theodor Hagen (1842–1919), erhielt 1871 den Ruf nach Weimar.

166 Carl Alexander Brendel (geb. 1877 in Weimar), wurde 1922 nach Weimar berufen.

167 Ludwig v. Hofmann (1861–1945), war 1903–1908 Lehrer an der Weimarer Kunstschule.

168 Henry van de Velde (1863–1957), kam 1902 gleichzeitig mit Hans Olde nach Weimar, blieb bis 1914 als Leiter der neben Brütts Bildhauerschule bestehenden Kunstgewerbeschule.

169 Anspielung auf das Liebesverhältnis zu seiner Meisterschülerin Franziska von Seeger.

170 Die hier erzählte Ägypten-Reise von Januar 1907, war eigentlich eine Exkursion, oder besser Pilgerreise zu den Wurzeln der Skulptur zusammen mit den Meisterschülern Franziska v. Seeger und Max Weinitzschke (vgl. Steckner, Sparsamkeit, S. 66), zu deren Hintergrund die von Max Kruse ausgearbeitete Theorie der Plastik gehört, die er nach einer Griechenland und Ägypten-Reise seit 1900 formulierte (Max Kruse, Ein Weg zu neuer Form, München o.J., S.15). Dokumentiert ist die Reise durch tagebuchartige Notizen im Nachlaß von Brütt und F. v. Seeger.

171 Brütt bezieht sich auf den Abschnitt „Bildhauerei in Stein" in: Adolf Hildebrand, Das Problem der Form, Straßburg, 4. Aufl. 1903 (Erstausgabe 1893).

172 Dr. Abraham Römer (1859–1909), Herausgeber der meinungsbildenden „Correspondenz für Kunst und Wissenschaft".

173 Eine andere Bezeichnung für Portofino-Vetta an der Riviera di Levante.

174 Die Cestius-Pyramide, um 12 v. Chr. als Grabmal des Gaius Cestius errichtet.

175 In der Nähe von Tusculum in den Albaner Bergen, 1550 von Kardinal Ruffini angelegt, der Palast 1648 von Borromini erbaut; Schauplatz der Novellen von Paul Heyse und Richard Voß.

176 Eine Bleistiftzeichnung im Nachlaß Brütt hält die dunkle Stimmung ensprechend fest.

177 Victoria Luise.

178 Brütt selbst war „dauernd unbrauchbar zum Dienst im Heere und in der Marine" (Personalnachrichten für das Archiv der Königlichen Akademie der Künste in Berlin).

179 Dort war ein von Brütt gestiftetes Denkmal errichtet, vgl. Nr. 257.

180 Nikolaus Geiger (1849–1897) kann nicht gemeint sein.

181 Curt Elschner (1876–1963), vgl. S. 287.

182 Max Mardersteig war Gründungsmitglied des Deutschen Künstlerbundes.

183 Franz Heckendorf, geb. 1888.

184 Wohl Warmbrunner Str. 5.

185 Spätestens seit der Diana von 1903 hat sich nach Brütt der Produktionsvorgang umgekehrt: die Skulptur war nicht mehr eine Reproduktion des Modelloriginals nach dem alle Plastizität zeigenden Gipsabguß des dunklen Tonmodells, sondern die Skulptur war das Original, das abgegossen wurde.

186 In einem Brief an den Reichskommissar Hinkel von Emma Merkel, Göttingen, den 7.8.1934, in dem sie sich ohne Kenntnis von Brütt um einen Ehrensold bemüht, heißt es: „... ich sehe ihn noch, wie er bei der

dabei stattfindenden Auktion mit steinernem Gesicht zuhörte, wie ein großes Modell und eine Bronze nach der anderen an Kreti und Pleti verkauft wurde...“ (Nissenhaus).

187 Pikkolo: Kellnerlehrling.

188 Grete: Margarete Brütt.

189 Feststehende Redewendung: „Kleinvieh macht auch Mist“, sagt die Mücke und spuckt in den Rhein.

190 Astigmatismus: d.h. Punktlosigkeit, strichförmig verzerrte Wahrnehmung.

191 Vgl. Anm. 26.

192 Vgl. S. 24, 29 u. 32.

193 Der Artikel entstand auf eine Anfrage der Redaktion der „Kieler Neuesten Nachrichten“, die anläßlich der Kieler Woche prominente Künstler und Wissenschaftler aus Schleswig-Holstein um Äußerungen über die Bedeutung des Landes für ihr Werk oder für ihr Fach gebeten hatte.

194 Klaus Löpthien (1815–1895), Fischer in Mölternort am Ostufer der Kieler Förde.

195 Die von der Nationalgalerie in Berlin erworbene Plastik steht seit 1928 als Leihgabe auf dem Platz vor dem Städtischen Museum in Flensburg.

196 Christus als Menschenfischer (nach Matthäus 4, 19).

197 Eine entsprechende Maschine hatte Brütts Freund Max Kruse erfunden.

198 Des überschüssigen rohen Steins.

199 Vgl. Anm. 171.

200 Außer den hier S. 67 reproduzierten Photos ist der Erstveröffentlichung noch ein fünftes, ganzseitiges beigegeben. Es entspricht der Abbildung S. 261 rechts und läßt erkennen, daß Brütt genaugenommen nicht die Arbeit an „Opus 100“ dokumentiert, sondern an dessen Replik für Franziska von Seeger.

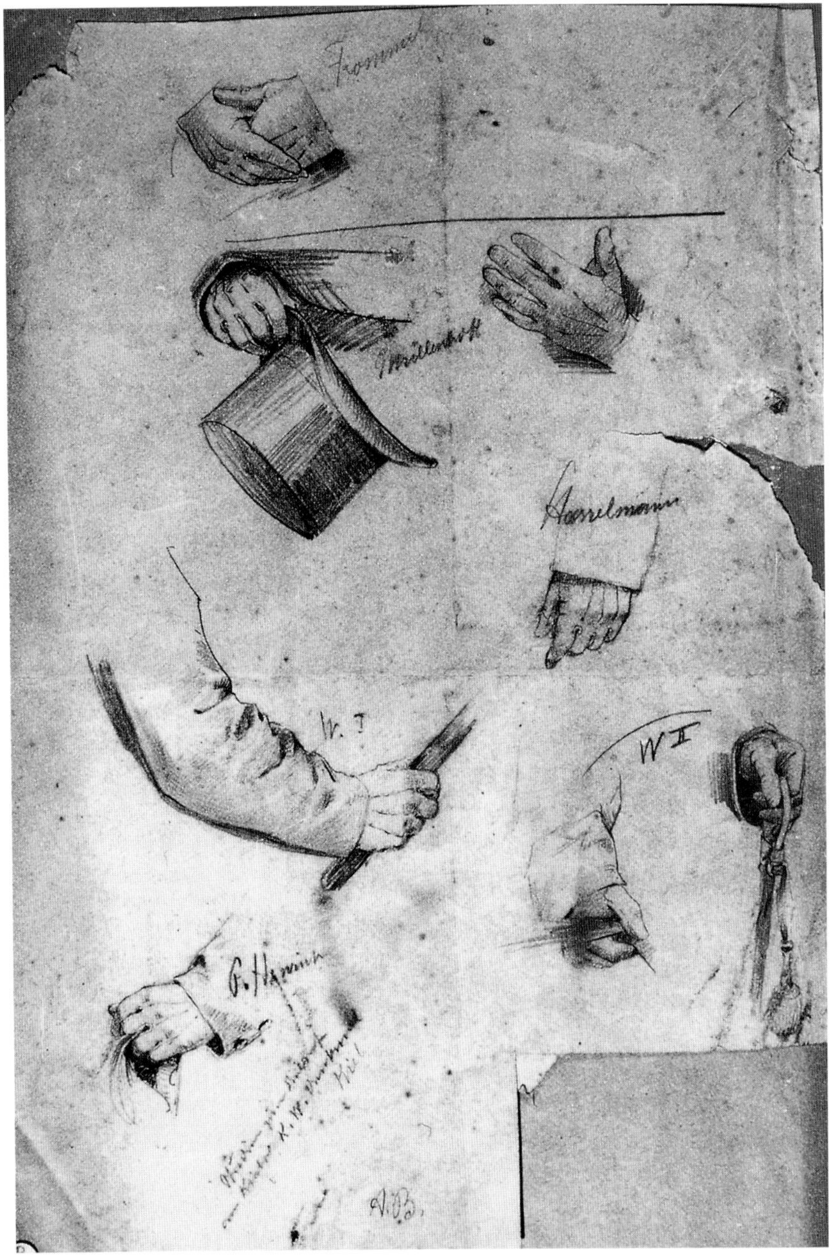

Studienblatt für das Relief der Grundsteinlegung des Nord-Ostsee-Kanals am Denkmal für Kaiser Wilhelm I. im Schloßpark von Kiel (Nr. 194). Im unteren Teil die Hände Wilhelms I., Wilhelms II. und des Prinzen Heinrich.

WERKVERZEICHNIS

Hauptquellen für die Zusammenstellung des Werkverzeichnisses sind im Nachlaß Brütts im Nissenhaus:

1. eine von Brütt selbst um 1930 niedergeschriebene, nach Gattungen gegliederte, zum Teil sehr skizzenhafte Liste seiner Werke, die nur für die Hauptwerke Daten enthält. Sie ist der Handschrift seiner Selbstbiographie (B 2723) beigelegt.

2. Eine darauf aufbauende detailliertere Liste, die der Sohn Kurt Brütt nach der Liste seines Vaters und anderen ihm zugänglichen Informationen zusammengestellt und auf den letzten Blättern derselben Handschrift eingetragen hat. Sie datiert die Mehrzahl der Werke, aber nicht immer zuverlässig.

3. Zwei gebundene Alben im Großfolioformat mit beschrifteten und teilweise datierten Fotos von Brütts Werken, die dieser meist wohl selbst fotografiert und zusammengestellt hat (B 2086 I u. II), dazu 31 lose Blätter aus einem unvollständig erhaltenen dritten Album im selben Format, die teils beidseitig benutzt und fortlaufend mit den Seitenzahlen 3–38 numeriert sind (B 2084). Die Fotos sind durchweg von guter Qualität und zeigen meist die Plastilinmodelle vor der Abformung in Gips oder der Ausführung in haltbaren Materialien.

4. Eine gebundene Mappe, die vorn ein Heft Aktzeichnungen von 1891 enthält, das durch einige zeitlich nicht dazugehörige Zeichnungen ergänzt ist; neben einigen bis ins Jahr 1930 reichenden Aktzeichnungen sind kleine Reiseskizzen aus der Münchner Zeit eingeklebt (B 2085).

5. Ein als „Reiseerinnerungen“ bezeichneter Band enthält das Reisealbum der Harzreise von 1882 sowie das Reisealbum der 1883 zusammen mit Hans Olde unternommenen Italienreise mit eingeklebten Zeichnungen und eigenen sowie gekauften Photos (B 2087).

6. Zwei von Kurt Brütt zusammengestellte gebundene Bände, der eine mit den Diplomen, die Brütt in Laufe seines Lebens erhalten hat, der andere mit vielfach nicht näher bezeichneten Zeitungsausschnitten über Brütt und sein Werk (B 2722).

7. Die handschriftliche Selbstbiographie Brütts, in die am Schluß auch einige Bilder von seinen Werken eingeklebt sind (B 2723).

8. Zwei gebundende Bände mit an Brütt gerichteten Briefen in alphabetischer Ordnung und einer Numerierung von Kurt Brütt.

Weitere archivalische Quellen, die sich in anderen Institutionen finden, sind an den entsprechenden Stellen des Verzeichnisses nachgewiesen.

Das Werkverzeichnis ist im wesentlichen chronologisch angelegt. Nur für die Berliner Zeit um die Jahrhundertwende sind die Werke von 1891 an zu Sachgruppen zusammengestellt, da hier die Chronologie, selbst wenn sie sich durchweg mit völliger Sicherheit feststellen ließe, verunklärend wirken würde.

Soweit möglich, werden alle Werke abgebildet. Die Vorlagen für die Abbildungen stammen zumeist aus dem Nachlaß Brütts. Die anderen Fälle nennt entweder das Abbildungsverzeichnis des betreffenden Werks oder der Abbildungsnachweis S. 315.

Bei den Maßangaben steht Höhe vor Breite.

Bei den Standortnachweisen (wie auch bei den Nachweisen von Abbildungen und Archivalien) bezeichnet die Angabe „Nissenhaus“ das Nissenhaus – Nordfriesisches Museum in Husum. Soweit nicht nähere Angaben über den Zeitpunkt des Erwerbs oder über die Provenienz der Stücke gemacht sind, stammen sie aus dem Nachlaß Brütts.

Bei den Abbildungsnachweisen werden die im Nachlaß vorhandenen Fotos von Werken Brütts durchweg genannt, auch wenn sie nicht – wie in sehr vielen Fällen – die einzige bildliche Quelle darstellen. Sie haben in jedem Falle dokumentarischen Wert.

Die im Literaturnachweis nur abgekürzt zitierten Titel sind im Literaturverzeichnis vollständig angeführt.

Der Beginn

Brütt wuchs in Kiel auf, wo sein Vater sich nach dem Brand von Husum (1852) seit 1858 eine neue Existenz als Photograph aufbauen wollte. Nach dem Tod des Vaters (1866) wechselte er von der Gelehrtenschule auf die Realschule über, wo er sich mit dem gleichaltrigen Hans Olde befreundete.

Das frühe, vom Vater geförderte Kunstinteresse von Brütt ist durch die Angaben der Autobiographie belegt; das Erleben antiker Skulptur in der Kieler Abgußsammlung setzte den Maßstab (1).

Vielleicht wie Hans Olde von dem Zeichenlehrer Adolf Lohse (1829-1907) in seinen Fähigkeiten gefördert, begann Brütt 1871 bei dem wie Lohse im Schleswig-Holsteinischen Kunstverein engagierten Bildhauer Adolf Müllenhoff (1831-1893) eine Steinmetzlehre, nach deren Beendigung er 1875 als Geselle in München tätig war. Das „Stipendium für aufstrebende Talente" der Kieler Spar- und Leihkasse ermöglichte es ihm, im Winter 1875/76 ein Studium an der Allgemeinen Akademie der Bildenden Künste in Berlin aufzunehmen. Er beendete es 1878 als Schüler von Fritz Schaper (1841-1919) und wurde Ende des Jahres Gehilfe und Meisterschüler von Leopold Rau (1847-1880).

Lit.:
(1) Steckner, Sparsamkeit (1981), S. 1-11

1. Gefallenendenkmal für Marne, 1874

Obelisk
Sandstein, H ca. 4 m
Bez: „A. Müllenhoff"
Ausführung: möglicherweise Adolf Brütt
Marne, Holstein

In die Kieler Ausbildungszeit bei Adolf Müllenhoff (1831-1893) fällt der Auftrag für das Denkmal für die Gefallenen des Krieges 1870/71 von Marne, an dem der gerade zum Gesellen ausgebildete Adolf Brütt mitgearbeitet haben kann. Das Denkmal ist eine der wenigen noch erhaltenen Arbeiten des um die Kunstförderung in Kiel verdienten Müllenhoff, die über dessen plastischen Stil und sein Architekturverständnis Auskunft geben können. Damals scheint in Müllenhoffs Werkstatt auch die hölzerne Kanzel für Bordesholm entstanden zu sein (3).

Eine Ansicht des Werkplatzes von Müllenhoff ist im Nachlaß Brütt erhalten (Nissenhaus B 2723, vgl. S. 21).

Lit.:
(1) Steckner, Sparsamkeit (1981), S. 3
(2) Kunsttopographie Schleswig-Holstein (1969), S. 876, Abb. 2380
(3) Eduard Völkel, Kloster und Kirche der Augustiner-Chorherren Bordesholm, 4. Aufl. 1981, S. 29

2. Gartenvasen, Schloß Linderhof, 1875

Ziervasen
Lothringischer Kalkstein, H ca. 1,50 m
unbezeichnet; Entwurf wohl Philipp Perron
Architekt: Gartenbaudirektor Karl v. Effner
Ausführung: Adolf Brütt
Schloß Linderhof, Nordhangkaskade

Während seines Münchner Aufenthaltes im Sommer 1875 führte Brütt für den Münchner Bildhauer Philipp Perron (1840-1907) Ziervasen für die Gartenanlagen des Schlosses Linderhof aus. Nach einer damals angefertigten Detailskizze (Nr. 3) sind die von Brütt Vasen eindeutig zu bestimmen.

Den eigenen Angaben nach war Brütt in München zunächst wohl für den Stukkateur und Bildhauer Johannes Oltmanns tätig (Autobiographie, S. 25 u. Anm. 32). Er wirkte anschließend wohl für Perron; eine Zusammenarbeit mit dem gleichfalls genannten Bildhauer Johann Nepomuk Hautmann (1820-1892), dem Kustos des Schwanthaler-Museums, ist auszuschließen. Dagegen ist auch an eine Zusammenarbeit mit Michael Wagmüller (1829-1881) zu denken, der eine Fontaine mit Floragruppe für die von Karl v. Effner nach Anweisungen Ludwigs II. konzipierte Gartenarchitektur ausführte: „Ein wichtiges dekoratives Element waren die Vasen, bunte Majolika, und solche aus Kalkstein, die im Stil des Garten La Granja zu San Ildefonso gehalten waren“(5). Diese Vasen, in lothringischem Kalkstein gemeisselte Arbeiten, wurden durch Brütt selbst auf den flankierenden Mauerwangen der Nordhangkaskaden aufgestellt (Autobiographie, S. 26).

Lit.:
(1) Steckner, Sparsamkeit (1981), S.7
(2) Kunstgewerbeblatt Jg. 6, 1895, S. 73-96
(3) Louise von Kobell, König Ludwig II. von Bayern und die Kunst, München 1900
(4) Blätter für Architektur und Kunsthandwerk Jg. 4, 1891, S. 46 ff., Taf. 107-110
(5) Heinrich Kreisel, Die Schlösser Ludwigs II. von Bayern, Darmstadt o.J., S.36

Rechts oben:
3. Tierkopf, 1875

Bleistiftzeichnung, H ca. 8cm
Bez.: „Linderhof nach Kalkstein“
Nissenhaus B 2085

Diese Zeichnung weicht von den sonst anläßlich der Aufstellung der Kalksteinvasen auf Schloß Linderhof entstandenen Reiseskizzen bei gleichem Papier und Format durch ihre konzentriert gezeichnete Detailtreue und den verwendeten Bleistift ab. Daneben wirken die anderen Zeichnungen wie Pennälerarbeiten, sie sind daher hier nicht erfaßt.

Die Qualität des vorliegenden Blattes macht eine Entstehung auf dem Werkplatz in München wahrscheinlich. Sie ist vermutlich im Nachlaß erhalten, um auf die selbst ausgeführten Kalksteinvasen der Nordhangkaskade hinzuweisen.

Tierkopf von einer der Vasen im Park von Linderhof. Bleistiftzeichnung, 1875 (Nr. 3)

4. Exponat Kiel, 1875

wohl Gips, Maße unbekannt
nicht mehr nachweisbar

Im Sommer 1875 beschickte Brütt die permanente Ausstellung des Schleswig-Holsteinischen Kunstvereins in Kiel mit einer plastischen Skizze. Im Bericht des Vereins ist Brütt als Aussteller bezeichnet: „Bildhauer Brütt (aus Kiel) in München.“ Das Sujet des Exponats, das zehn Jahre vor seinem ersten Berliner Ausstellungsstück „Aufgeschaut“ (Nr. 30) in der Öffentlichkeit gezeigt wurde, ließ sich nicht mehr ermitteln.

Ausstellung: permanente Ausstellung Kiel 1875

Lit.:
(1) Bericht des Schleswig-Holsteinischen Kunstvereins in Kiel für das Jahr 1875, Kiel 1875, S. 5

5. Porträt Sophus Claudius, 1874

Bleistiftzeichnung, 12,5 x 8,7 cm
Bez.: „15/11 74"
Nissenhaus B 2723, S. 222

Die Studie entstand noch vor der Münchner Gesellenzeit von Brütt. Sophus Claudius (1815-1883) war nach seiner Rückkehr aus München, wo er von Ludwig I. beschäftigt worden war, und Griechenland, wo er 1839-42 das Athener Schloß ausgemalt hatte, 1846 nach Kiel zurückgekehrt. Hier wurde er 1850 zum Bürgermeister gewählt, was seinem Urteil großes Gewicht gab (2). 1857 malte er die Räume der ersten Kieler Kunsthalle aus.

Lit..
(1) H.B. Jessen, Von der alten Kieler Kunsthalle, in: Mitteilungen der Gesellschaft für Kieler Stadtgeschichte, 1951, S. 29 f.
(2) Gantner, Olde (1970), S. 7

6. Büste Sophus Claudius, 1876

Gips, wohl lebensgroße Büste
nicht erhalten

Büste ohne Beschriftung. Der bärtige Maler Sophus Claudius (1815-1883) dargestellt mit Mütze; verjüngende Büstenform auf profiliertem Sockel. Nach der Nachlaßangabe von Kurt Brütt ist das verschollene Gipsoriginal 1876 modelliert worden. Mir scheint nach den autobiographischen Angaben eine Entstehung im Anschluß an den Berliner Aufenthalt und unmittelbar vor dem Schwerin-Aufenthalt auch aus stilistischen Gründen wahrscheinlich, denn die detaillierte Oberflächenbehandlung setzt die Kenntnis der von Reinhold Begas geprägten Berliner Arbeitsweise voraus.

Abb.: Nissenhaus B 2086 I, S. 1
Lit.:
(1) Steckner, Sparsamkeit (1981), S. 12

7. Porträt Mimi Brütt, 1876

Reliefporträt, Gips unbekannter Größe
nicht erhalten

Zu den frühesten nachweisbaren Arbeiten Brütts gehört das Gipsrelief seiner bereits 1882 verstorbenen Schwester, das Kurt Brütt auf 1876 datiert. Das Mädchen ist im stark gewölbten linksseitigen Profil bei einer für die damalige Darstellungsweise von Brütt charakteristischen und detailreichen Modellierung gezeigt. Wahrscheinlich wird etwa in der Technik der Haarmodellierung der auch bei der Vase Nr. 2 sichtbare Münchner Einfluß von Philipp Perron wirksam. Nach einer Porträtphotographie im Nachlaß Brütt im Landesarchiv Schleswig könnte Brütt sein Relief nicht nach der Natur, sondern in Berlin nach der Photographie modelliert haben.

Abb.: Nissenhaus B 2086 I, S. 1

8. Porträt Wilhelm Brütt, wohl 1876

Bleistiftzeichnung, 9,5 x 8 cm
Nissenhaus B 2723, S. 215

Wilhelm Brütt (1857-1891) bildete sich wie sein Bruder Adolf bei Müllenhoff als Steinbildhauer aus, bevor er in die USA auswanderte. Er ist dargestellt wohl in der Uniform des Einjährigen (?).

Die Porträtzeichnung gehört zu den wenigen frühen Belegen des plastischen Sehens von Brütt. Im zeichnerischen Modellieren der Volumina wird andeutungsweise das dahinterstehende Gewicht des Plastik-Erlebens in der Kunstsammlung auf dem Schloß sichtbar.

9. Möltenort, 1876

Aquarell, 18 x 29 cm
Bez.: „Möltenort 26/9 76"
Nissenhaus B 2087, S. 30

Neben wenigen Porträtzeichnungen, die durch ihre Qualität die künstlerische Absicht erkennen lassen, sind aus der frühen Zeit nur Landschaftsskizzen erhalten, die selbst bei der zunächst unsicheren Flächendisposition, der unklaren Silhouette und der vagen Binnenzeichnung deutlich als Stimmungen angelegt sind.

10. Katen, wohl 1876

Aquarell, 18,6 x 26,4 cm
Nissenhaus B 2087, S. 33

Da Brütt hier eine ähnliche Hausgruppierung gewählt und die gleiche Papiersorte wie bei der Aquarellstudie Möltenort (Nr. 9) verwendet hat, ist eine gleiche Entstehungszeit anzunehmen.

11. Kate, wohl 1876

Ölbild, 36 x 49 cm
Nissenhaus B 2070

Nach den Nachlaßangaben handelt es sich entweder um eine Ansicht von Seekamp oder um eine Studie aus dem zum Gut gehörenden Dorf Schilksee. Die Wahl des Bildausschnittes entspricht dem der Möltenortstudien Brütts. Da für Hans Olde keine derart frühen Studien bekannt sind, Brütt zudem in seiner Autobiographie anmerkt, er habe sich erst 1878 das Malen angewöhnt – was sich nur auf das Ölmalen beziehen kann, ist der Malende vor der Kate nicht zu identifizieren. Es kann selbstverständlich auch der Maler Peter Paul Müller sein, mit dem Brütt später in Berlin ein Atelier teilte (Autobiographie S. 36).

12. Hausansicht, wohl 1876

Aquarell, 18,2 x 27,5 cm
Nissenhaus B 2087, S. 33

Die Ausschnittwahl sowie die Papierqualität könnten für eine Studie des Kieler Umlandes vom Sommer 1876 sprechen.

13. Kühren, wohl 1876

Aquarell, 12 x 27 cm
Bez.: „Kühren"
Nissenhaus B 2087, S. 36

Die unklaren Überschneidungen des Ausschnitts und das Papier sprechen für eine frühe Entstehung.

14. Rundakt, 1877

Gips, wohl lebensgroß
nicht erhalten

Schreitender männlicher Akt auf rechteckiger Plinthe; identifiziert nach einer wohl von Brütt selbst gemachten Photographie im Nachlaß. Es handelt sich dabei um die Semesterpreisaufgabe im Aktsaal Professor Fritz Schaper (1841-1919) an der Berliner Akademie im Wintersemester 1877/1878. Für seinen „Rundakt" wurde Brütt mit der „Ehrenvollen Erwähnung" ausgezeichnet (vgl. S. 30). Nach der Aufnahme scheint die lebensgroße Figur in weicher Masse modelliert und in Gips abgeformt worden zu sein.

Fritz Schaper wird man neben Leopold Rau (Nr. 31) als akademischen Lehrer von Brütt nennen müssen: 1911 stellen 50 Schüler von Schaper zum 70. Geburtstag eine Bildmappe zusammen, darunter Peter Breuer, Reinhold Felderhoff, Wilhelm Haverkamp, Fritz Klimsch, Max Kruse, Ludwig Manzel, Franz Tübbecke, Max Unger und Brütt (3).

Ausstellungen: Berliner Akademie 1878
Abb.: Nissenhaus B 2086 I, S. 1
Lit.:
(1) Jahres-Bericht der Königlichen Akademie der bildenden Künste in Berlin Oktober 1877 – August 1878, Berlin 1878, S. 9: „Adolf Brütt, Bildhauer aus Kiel, II. Preis – Eine Anerkennung"
(2) Steckner, Sparsamkeit (1981), S. 8
(3) Jutta v. Simson, Fritz Schaper 1841-1919 (1976), S. 50 u. Anm 192

15. Fritz Stoltenberg, 1878

Bleistiftzeichnung, ca. 10 x 6 cm
Bez.: „4/11 78 Fritze."
Nissenhaus B 2087, S. 41

Porträt des Maler Fritz Stoltenberg (1855-1921), 1872-76 Schüler der Weimarer Kunstschule unter Th. Hagen, lebte 1876-82 in München, 1882-85 in Kassel, wo er wahrscheinlich mit Brütts Ateliergenossen Peter Paul Müller zusammen wirkte. Entstanden während eines gemeinsamen Aufenthaltes in Kiel.

Stoltenberg gehörte 1894 wie auch Adolf Brütt (vgl. Nr. 119 a) mit zu den Gründungsmitgliedern der Schleswig-Holsteinischen Kunstgenossenschaft im Kreis um Albert Hänel (vgl. Nr. 323), den Vorsitzenden des Schleswig-Holsteinischen Kunstvereins in Kiel (1,2).

Lit.:
(1) Lilli Martius, 125 Jahre Schleswig -Holsteinischer Kunstverein 1843-1968, Neumünster 1968, S. 40
(2) Gantner, Olde (1970), S. 78

16. Plön, 1878

Aquarell und Bleistift, 14,2 x 28,2 cm
Bez.: „Plön 6/10 78."
Nissenhaus B 2087, S. 31

1878 ist Brütt nach eigenem Bekunden zur Malerei gekommen. Die diesem Jahr zuzuordnenden Aquarelle zeigen sowohl in der Art des Landschaftsausschnittes wie in Technik und Farbstimmung eine deutliche Abhängigkeit von Joseph Friedrich Loos (1797-1890), der 1863 auf Betreiben der Professoren Gustav Thaulow und P.W. Forchhammer zum Universitätszeichenlehrer ernannt worden ist. Sichtlich lernt Brütt wohl gemeinsam mit Hans Olde die Kunstmittel der Landschaftsmalerei zu beherrschen: Anfang 1879 kann Hans Olde nach Fürsprache durch Sophus Claudius (Nr. 5) die Münchner Akademie besuchen (1).

Lit.:
(1) Gantner, Olde (1970), S. 7

17. Wahlstorf, um 1880

Aquarell und Bleistift, 19 x 28,5 cm
Bez.: „Wahlsdorf"
Nissenhaus B 2087, S. 36

18. Bordesholm, um 1880

Aquarell und Bleistift, 14 x 27,8 cm
Bez.: „Bordesholm"
Nissenhaus B 2087, S. 31

Der Lehrer Leopold Rau 1878-1879

Brütt ist ganz gezielt zum Meisterschüler von Bildhauer Leopold Rau (1847-1880) geworden; eine am 28.11.1878 geschriebene Postkarte an Hans Olde meldete: „Habe Arbeit bei Bildhauer Rau bekommen." Der antwortete am 3. 12. 1878: „Also doch wieder in Berlin hängen geblieben! ... Schreibe mir auch bitte einmal darüber, was Rau für ein Kerl ist in künstlerischer Beziehung..." Die Antwort ist nicht mehr aufzufinden, doch wird sie ähnlich gelautet haben, wie Gustav Brandt, wohl in Anlehnung an Äußerungen Brütts, im Katalog der Kieler Ausstellung 1904 formulierte: Rau sei „einer der wenigen Künstler, der das Geheimnis der Kunst besass und es an verwandte Geister offenbaren konnte." Ähnlich hat sich Brütt noch einmal in seiner Autobiographie geäußert und dort festgehalten: „ ... durch seinen Einfluß fand ich meinen Weg."(S. 32)

Das wenige, was über den am 2. März 1847 geborenen Leopold Rau bekannt ist, bestätigt das Urteil von Brütt. So schrieb Max Jordan, der Direktor der Nationalgalerie, im Katalog von 1883: „R. gehörte zu den genial begabten jungen Künstlern einer Richtung, welche mit warmem Naturgefühl Grossartigkeit der Formgebung und Tiefe des Gedankenausdrucks in seltenem Maße verband." Jordan ließ daher die Skizzen der Sockelfiguren des Konkurrenzmodells von 1878 für das Liebig-Denkmal nachgießen, wie sie im Katalog der Nationalgalerie von 1908 abgebildet sind.

Rau hatte zuerst in Nürnberg Malerei erlernt, war dann 1867 an die Berliner Akademie und dort zur Bildhauerei gekom-

Leopold Rau (Nr. 31)

men. Sein erster Erfolg war der 2. Preis in der Konkurrenz zum Admiral Tegethoff-Denkmal für Pola und Wien. Der Erfolg ermöglichte einen zweijährigen Romaufenthalt April 1873 bis 1874.

Während Rau noch in Berlin war, hatte Nietzsches Berliner Freund Freiherr Carl von Gersdorff (1844-1904) diesen im Brief vom 8.4.1873 über den Bildhauer informiert: „Der Berührungspunkte sind viele; auch der des Erziehungswesens, zu dessen Reform er als armer 20jähriger Wanderbursche in Gesellschaft eines sehr begabten Dr. Georgens aus Nürnberg öffentliche Reden gehalten und sich halb zuschanden gearbeitet hat, bevor er in Berlin die Akademie betrat. Deine Vorträge fesseln ihn; er muß sie während meiner Abwesenheit durchlesen. So habe ich sie doch nicht einzig für mich abgeschrieben." Weiter erfuhr Nietzsche von Gersdorff am 22.10.1873: „Rau hat eine große Gruppe auf die Kunst-Ausstellung geschickt, welche solchen Eindruck namentlich auf Laien gemacht hat, daß man sie für das Nationalmuseum hat ankaufen wollen." Die ausgestellte „Abenddämmerung" wurde Voraussetzung für den Auftrag zur „dekorativen Plastik" für die Universität Kiel (Nr. 43 u. 45). Die Modelle für den Hippokrates und den Plato wurden unter Mitwirkung von Brütt im Sommer 1879 fertig, die Portalfigur „Plato" Ende August auf der 53. Berliner Kunstausstellung gezeigt.

Es läßt sich also zweierlei festhalten: Leopold Rau hat Brütt seit 1879 eine Kunstauffassung vermittelt, die nach den Mitteilungen v. Gersdorffs erstens auf der Pädagogik von Dr. Jan Daniel Georgens (1823-1886), zweitens auf der Kunstauffassung von Friedrich Nietzsche gründete: Zur statuarischen Ruhe der von Brütt gezeichneten klassischen Skulptur des Kieler Kunstmuseums treten die auf Georgens zurückzuführende humanistisch-pädagogische Komponente und Nietzsches pädagogische Zivilisationskritik.

Die von Carl v. Gersdorff angesprochene pädagogische Arbeit von Georgens läßt sich in ihren Umrissen am besten, besser als aus den zahlreichen theoretischen Schriften, aus dem Gesamtspektrum der gemeinsam mit der Ehefrau Jeanne Marie geb. v. Gayette (1817-1895) 1872 herausgegebenen artistisch-literarischen Zeitschrift „Auf der Höhe" ablesen. Auch sind dort die von Rau an Brütt weitergegebenen Grundsätze von der Erziehung zur Humanität und der Erziehung zur sittlichen Tat formuliert, der in der Forderung von Arbeitsschulen und Jugendbildungswerkstätten mündende Grundsatz von „Selbstbewußtsein und Selbsttat" ausgesprochen: „Gefühlsbestimmung kommt aus dem Leben, nicht aus dem Lernen." Es ist eben nicht ganz unwahrscheinlich, daß hier Brütts Kunstwollen gründet, wie es sich in seiner „Eva" (Nr. 117–120) oder seinem „Fischer" (Nr. 95) zeigt. Eine Reihe von Affinitäten Brütts mögen sich so erklären: seine Arbeiterbilder oder die über seinen Schüler Arthur Boué nachweisbare Beziehung zur Ethik Eduard von Hartmanns bis hin zur Lehrmethode der „Selbsttat" in den Weimarer Meisterateliers von 1905, deren größerer Rahmen ein umfassendes, auf Arbeitsschule und Einheitsschule gründendes Bildungskonzept war. Das hatte Georgens bereits 1857 gefordert, und Brütt hatte die von schaffender Arbeit ausgehende Unterrichtsmethode als Handwerker bei Müllenhoff und, pädagogisch durchbildet und von Nietzsches Philosophie durchdrungen, bei Leopold Rau erfahren. Das war das Konzept der von innerer Notwendigkeit gespeisten plastischen Kraft – auch der „taille directe". Und merkwürdig genug: dieselben pädagogisch-philosophischen Grundgedanken, die Brütt bei Leopold Rau erfuhr, prägten das Weimar der Vorkriegszeit.

Ein Beispiel für die von Max Jordan an Raus Werken gerühmte „Tiefe des Gedankenausdrucks" ist der Entwurf einer Sokkelgruppe „Gebende und versagende Natur", die 1878 bei der erwähnten Konkurrenz für das Liebig-Denkmal als Sockelfigur entstanden ist. Sie zeigt in klarer Silhouette eine weibliche Gestalt mit nacktem Oberkörper, einem kleinen Knaben Milch gebend, einem größeren diese verwehrend. Otto von Leixner sah in ihr „das starre, kalte Antlitz der Natur, die mit gleicher Ruhe Liebe und Haß erweist, ohne Willen und Wahl der Notwendigkeit gehorchend" (2). Man kann hierin eine wesentliche weltanschauliche Anregung für Brütts „Eva" (Nr. 117–120) sehen, insofern diese nach dessen eigenem Bekunden die Mutter der Brüder Kain und Abel darstellt, die zu Feinden werden, weil ihr Opfer vom Herrn ohne einsehbaren Grund unterschiedlich aufgenommen wird.

Der dem jungen Brütt durch Leopold Rau vermittelte Nietzsche läßt sich nun aus den Briefen des Freiherrn v. Gersdorff erschließen. Bereits 1872 hatte Rau die Titelvignette für die Erstausgabe der „Geburt der Tragödie aus dem Geiste der Musik" gezeichnet. Nach der Lektüre der dritten der „Unzeitgemäßen Betrachtungen" schrieb Rau, wie Gersdorff am 3. Dezember 1874 an Nietzsche berichtete: „Ich danke Ihnen recht herzlich für Nietzsches ‚Schopenhauer'; heut bekam ich ihn und habe ihn schon fast durchgelesen. Es ist das erste gute Buch über Schopenhauer. Ich bekomme zu Nietzsche immer mehr Liebe, je mehr ich von ihm lese; er ist ein Mensch, der nicht nach Schablone denkt, sondern frei, wie ein König durch das Reich des Gedankens geht, nicht wie die anderen, die es im besten alle zu verantwortlichen Ministern bringen, verantwortlich den Philistern und der angelernten Historie im Innern. Es wird mir dies das liebste Buch von den Unzeitgemäßen bleiben; ich habe das Gefühl beim Lesen, als ob es für mich geschrieben wäre; die beiden ersten sollen mehr eine Zuchtrute für die Spitzbuben im Geiste sein; man fühlt sich wohler beim Anschauen und Erkennen eines Genius als beim Kampf mit dem Gemeinen."

Viel ist auch an den Werken von Rau abzulesen (1), wobei sich ein Ausblick auf das Bayreuth Richard Wagners eröffnet. Da heißt es im Brief Gersdorffs vom 3. Februar 1874: „Rau hat einen jungen Siegfried mit dem Lindwurm modelliert. Weiteres weiß ich nicht." Am 14.4.1874 erfährt Nietzsche: „Das Bayreuther Theater beschäftigt ihn lebhaft, und er hofft, das architektonische Problem einmal lösen zu können. Wenn nur der Mammon nicht wäre." Man erfährt also, daß sich Rau zur selben Zeit wie Arnold Böcklin mit dem Bayreuther Theater beschäftigt hat. Man kann nur annehmen, daß Lepold Rau Zugang zum Haus des Ministers von Schleinitz in Berlin hatte, wo Wagner am 17. Januar 1873 die „Götterdämmerung" las (vgl. Nr. 20). Für diesen Kreis ist auch Brütt tätig geworden (Nr. 32).

Lit.:
(1) Steckner, Sparsamkeit (1981), S. 12-14
(2) Otto v. Leixner, Die moderne Kunst und die Ausstellungen der Berliner Akademie, Bd. 2, Berlin 1879, S. 29

19. Drachenreiter (Entwurfskizze), um 1880

Feder aquarelliert, 15,5 x 9 cm
Nissenhaus B 2053

Vorstudie zum Ölbild (Nr. 20). Im Unterschied dazu reitet hier auf dem Drachen eine männliche Gestalt, nach dem Hammer in der Rechten zu urteilen, wohl Thor.

20. Drachenreiter, um 1880

Öl auf Leinwand, 130 x 114 cm
Nissenhaus B 2148

Auf einem deutlich weiblichen Drachen (der Bilder von Arnold Böcklin voraussetzen könnte) reitet kauernd ein Urwesen. Bei einer Stadt am Meer bleibt ein Schloß im Feuerhauch des Drachens brennend liegen.

Schon das 1886 entstandene Atelierbild von Hans Olde (Nissenhaus B 2053, vgl. Abb. S. 11), das die Räumlichkeit des Stadtbahnbogens 214 am Schiffbauerdamm 11 samt Brütt porträtiert, zeigt das Gemälde. Datierungen oder Signaturen sind auf beiden Drachenbildern nicht zu erkennen. Beim Ölbild handelt es sich um das in der Autobiographie S. 39 erwähnte Bild, das im gemeinsam mit dem Maler Peter Paul Müller geführten im Atelier in der Händelstraße in Berlin entstand. Auch nach dieser Angabe muß das Werk vor 1884 gemalt worden sein.

Sowohl den Schreiben Carl v. Gersdorffs an Friedrich Nietzsche wie dem Gemälde ist abzulesen, daß sich Brütt als Meisterschüler von Leopold Rau in Berlin seit 1879 im Umkreis des Berliner Wagner-Vereins um die Gräfin Schleinitz bewegte. Die ausführliche Beschreibung der Etablierung des Wagnerkultus in Berlin durch die Gräfin Schleinitz von Paul Vassili (1), Anton v. Werners Skizze der Gesellschaftsabende dort (2), die Adolph v. Menzel auf seinem zugunsten der Wagnerfestspiele in Bayreuth gestifteten Salonbild von 1874 festgehalten hat (3), berühren genauso wie die Unterdrückung des Salons Schleinitz durch Bismarck (4) (5) den Hintergrund des Frühwerkes von Adolf Brütt, dessen künstlerisch-pädagogische Auffassung durch Leopold Rau unmittelbar im Sinne Nietzsches geprägt wurde. Im Weimar von 1905 war Brütt dann wohl der einzige Künstler, der nicht pathetische Nietzschebegeisterung ausstrahlte, sondern der im Kern die Historie abgestreift hatte, um aus innerer Notwendigkeit zu schaffen und zu wirken. Er hat nie ausdrücklich auf diesen Hintergrund hingewiesen, er tat es dennoch durch seine Weimarer Skulptur „Nacht".

Lit.:
(1) Paul Vassili, Hof und Gesellschaft in Berlin, Budapest 1884, S. 94 f.
(2) Anton v. Werner, Erlebnisse und Eindrücke 1870-1890, Berlin 1913, S. 366
(3) Max Jordan, Das Werk Adolf Menzels 1815-1905, München 1905, Abb. S. 76, S. 112
(4) Fedor v. Zobeltitz (Hg.), Aus den Papieren der Familie v. Schleinitz, Berlin 1905, S. 272ff.
(5) Philipp zu Eulenburg Hertefeld, Aus 50 Jahren, Berlin 1923, S. 58
(6) Veit Veltzke, Vom Patron zum Paladin. Wagnervereinigungen im Kaiserreich von der Reichsgründung bis zur Jahrhundertwende, Bochum 1987

Drachenreiter. Gemälde von Brütt, um 1880 (Nr. 20)

Schwerin 1879/80

Nach Auskunft der Autobiographie (S. 33) lernte Brütt 1879 bei einem Besuch in Kiel bei Sophus Claudius (Nr. 5 u. 6) den Landschaftsmaler Theodor Martens aus Schwerin kennen, dem er wohl im September 1879 als Mitarbeiter folgte, da Rau nach Rom gereist war. Die im Umkreis von Schwerin entstandenen Zeichnungen überliefern den Zeitrahmen des Schwerin-Aufenthaltes: 1879-1880. Künstlerisch wird die durch die Schweriner Maler an Brütt vermittelte Landschaftsmalerei von Charles François Daubigny (1817-1878) und Camille Corot (1796-1875) spürbar, wie es in dessen Brief an Julius Dupré anklingt: „Am frühen Morgen steht man auf, um drei Uhr, vor der Sonne; man setzt sich am Fuße eines Baumes, man schaut sich um und wartet. Zuerst sieht man nicht viel. Die Natur gleicht einem grauen Leintuche, worauf sich kaum die Profile einiger Massen abzeichnen: alles duftet, alles bebt im erfrischenden Luftzug des kommenden Tages.“(2)

Lit.:

(1) Steckner, Sparsamkeit (1981), S. 15

(2) Karl Eugen Schmidt, Französische Malerei des 19. Jahrhunderts, Leipzig 1903, S. 43

21. Seeufer bei Schwerin, 1879

Bleistift, 28,5 x 20,5 cm
Bez.: „Godern 3/10 79.“
Nissenhaus B 2087, S. 35

Godern liegt etwa sechs Kilometer von Schwerin entfernt am Pinnower See.

22. See bei Schwerin, 1879

Aquarell und Bleistift, 18,5 x 28,5 cm
Nissenhaus B 2087, S. 37

23. Landschaft bei Schwerin, 1879

Bleistift, 17 x 29 cm
Bez.: „bei Schwerin“
Nissenhaus B 2087, S. 37

24. Steg bei Schwerin, 1879

Bleistift, 19 x 29,4 cm
Nissenhaus B 2087, S. 32

25. Porträt Theodor Martens, 1879

Reliefporträt, Größe unbekannt
nicht erhalten

Brütt nennt in der Liste seiner Bildnisreliefs und Plaketten „Maler Martens“. Gemeint ist der Schweriner Landschaftsmaler Theodor Martens (1822-1884), vermutlich nach dem Leben porträtiert. Die Autobiographie Brütts gibt S. 33 Auskunft über das Zusammentreffen mit dem im Januar 1879 aus Paris zurückgekommenen Schüler von Emile Lambinet (1815-1877) sowie den Aufenthalt in Schwerin als Staffagemaler des Landschaftsmalers. Martens war als Kaufmann erst 1866 zur Malerei gekommen, später als Camille Corot (1796-1873), dessen naturverbundene Stimmungsmalerei aus dem Walde von Fontainebleau Brütt durch Martens kennenlernte. Hans Olde ging dann auch diesen späten Weg zur Freilichtmalerei.

Im Winter 1882 zog Martens nach Italien, wo er im Oktober 1884 in der Hafenstadt Portici bei Neapel verstarb.

Lit.:

(1) F. Schlie, Beschreibendes Verzeichnis der Werke neuerer Meister in der Großherzoglichen Gemälde-Gallerie zu Schwerin, Schwerin 1884, S. 45

(2) Thieme-Becker 24, 1930, S. 150

26. Porträt Friedrich Franz von Mecklenburg, 1879

Federzeichnung, 19,5 x 17 cm
Nissenhaus B 2085
Bez.: „Großherzog Friedr. Franz nach der Natur gezeichnet A.B."

Wahrscheinlich handelt es sich bei der Federzeichnung um eine Vorstudie zu Nr. 27. Der Zeichenstil von Brütt hat sich zusammen mit der Auffassung sichtlich gewandelt. Brütt modelliert nicht mehr plastische Massen, sondern sucht Oberflächen zu charakterisieren.

27. Büste Friedrich Franz II. von Mecklenburg, 1879

Gips, Maße unbekannt
wohl Stadttheater Schwerin, nicht mehr nachgewiesen

Durch eine im Nachlaß erhaltene Porträtzeichnung des linken Kopfprofils nach der Natur (Nr. 26) ist die Entstehung der Porträtbüste Friedrich Franz II. von Mecklenburg (1823-1883) dokumentiert (1). Eine Passage in der Autobiographie nennt den Schweriner Maler Theodor Martens (vgl. Nr. 25) als Auftragsvermittler. Die Büste wurde dann durch die Stillersche Hofbuchhandlung in Schwerin in Gips als „Hilfsmittel zum Malen von Porträts" vervielfältigt und für 30 Mark angeboten (2).

Nachdem sich der Großherzog beim Brand des Schweriner Hoftheaters eine tödliche Lungenentzündung holte, scheint das von Brütt modellierte Porträt im 1883-1886 von Daniel neu errichteten Theaterbau aufgestellt worden zu sein (die von Kurt Brütt als Standort genannte Stadthalle ist nicht nachzuweisen). Dennoch kam Brütt bei der Errichtung des Reiterdenkmals für den Großherzog 1895 nicht zum Zuge, sondern Bildhauer Ludwig Brunow (1843-1913).

Lit.:
(1) Steckner, Sparsamkeit (1981), S. 15
(2) Schweriner Zeitung, Nr. 223, 1879

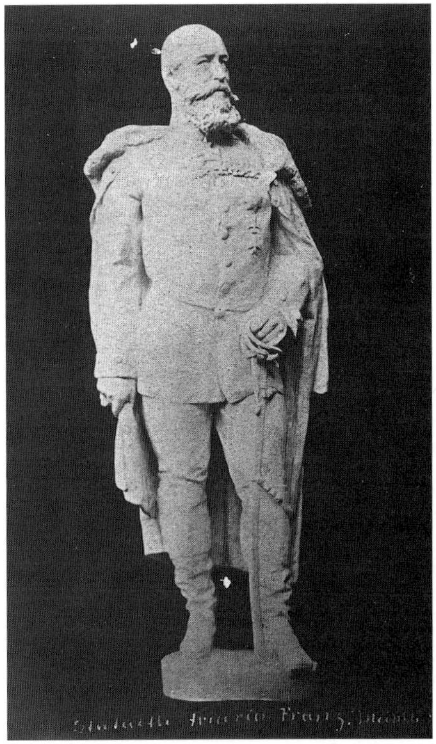

28. Statuette Friedrich Franz II. von Mecklenburg, 1879

Gips, Maße unbekannt
nicht erhalten

Schreitende Figur, das linke Bein vorgestellt, in Uniform mit Degen und umgehängtem Mantel, Blick nach links gewendet. Gleichzeitig mit der Büste (Nr. 27) entstanden. Der Gipsabguß der Statuette wurde durch die Schweriner Hofbuchhandlung Stiller verbreitet für 45 Mark.

Die 1879 modellierte Statuette scheint Brütt in das Modellieren kleiner plastischer Formate eingeführt zu haben. Vollendet ist das Formenkalkül des kleinen Maßstabes dann bei der Statuette des Prinzen Wilhelm (Nr. 185).

Abb.: Nissenhaus B 2086 I, S. 1

29. Büste Carl Malchin, 1879/1880

Gips, Maße unbekannt
nicht erhalten

Bärtiger Maler, Büste in sich stark verjüngender Hermenform ohne Beschriftung. Carl Malchin (1838-1923), der als sein Spezialgebiet die Stimmungslandschaft bezeichnete, wurde 1881 durch Großherzog Friedrich Franz II. zum Konservator der Schweriner Galerie ernannt. Die Büste Carl Malchin steht dem Porträt Claudius (Nr. 6) formal in Oberflächenbildung und Augen- wie Haarmodellierung sehr nahe.

Abb.: Nissenhaus B 2086 I, S. 1

Lit.:

(1) Robert Beltz, Karl Malchin, in: Mecklenburg 18, 1923, S. 14-17

(2) Heinrich Reifferscheid, Carl Malchin, in: Mecklenburger Monatshefte 2, 1926, S. 86-88

(3) Erich Verzmer, Carl Malchin. Ein Maler der Heimat, Schwerin 1952

30. Kain und Abel (Aufgeschaut), 1879/80

wohl Gips, Gruppe in Lebensgröße
Privatbesitz, nicht mehr nachweisbar.

Mit der Gruppe setzt die Thematik der späteren „Eva"-Gruppen (Nr. 117-120) mit ihrer Anspielung auf Kain und Abel ein (vgl. Nr. 56). Die Atelieraufnahme Nr. 60 könnte im Hintergrund eine noch um 1884 erhaltene Skizze zeigen (1).

Die Ausstellungsberichte gehen nicht auf das Werk ein, zu dem sich Brütt noch in einem Brief an Hans Olde (Landesmuseum Schleswig, 20.12.1885) äußert: „Ach Jott wie war mir zu Muthe als ich meine erste Gruppe Kain u. Abel ausstellte ... und ich hätte das Ding am liebsten gleich wieder fortgenommen."

Das in Berlin ausgestellte Werk entstand noch in Schwerin (vgl. Autobiographie S. 33). Ein in der Kunsthalle zu Kiel erhaltener Personalfragebogen von Brütt gibt an: „Gruppe lebensgross, darstellend Kain u. Abel (Aufgeschaut) in Privatbesitz." In seiner Werkliste gibt Brütt jedoch an: „zerstört".

Ausstellungen: Berlin 1880 (1) und Kiel 1882 (2)

Lit.:

(1) Katalog der 54.Ausstellung der Königlichen Akademie der Künste Berlin 1880, Nr. 914

(2) Katalog der Jubiläumsausstellung des schleswig-holsteinischen Kunstvereins 1882, Kiel 1882, S. 8

(3) Steckner, Sparsamkeit (1981), S. 15

Berlin 1880-1882: Zeit der Geld- und Gelegenheitsarbeiten

Aus Schwerin kehrte Brütt noch 1880 nach Berlin zurück, wo er zumindest seit November Carlsbad 22 wohnte. Zum Erwerb des Lebensunterhaltes fand Brütt im Frühjahr 1881 für reichlich ein halbes Jahr bei der Steinmetzfirma Paul Wimmel Arbeit (Nr. 38). Anschließend wirkte er als Gehilfe von Gustav Eberlein (1847-1926) und Carl Begas (1845-1916) an der Vollendung der von Rau begonnenen Philosophenfiguren für die Universität Kiel (Nr. 43 u. 45) mit. Von Carlsbad 22 zog Brütt später in die Lehrter Str. 12.

Zu Anfang der achtziger Jahre gab es kaum Aufträge für Bildhauer; Brütt klagt in seinen Briefen an Hans Olde genauso darüber, wie er in seiner Autobiographie darüber Auskunft gibt, daß die damals modellierten Werke nur das Modelliergeld einbrachten, jedoch keinen Anteil am Gewinn der nach dem Modell gegossenen Duplikate. Noch war das Musterschutzrecht längst nicht eingeführt, noch war die Skizze rechtlich kein Kunstwerk (1).

Die damals von Brütt zur Sicherung seines Lebensunterhaltes für die Zinkgußfabrik Albert Meves Nachfolger in Berlin modellierten plastischen Modelle schließen sich ganz eng an damalige populäre Bildformen an. Die Landsknechte sind im sogenannten Trompeter von Säckingen-Stil gehalten. Anton v. Werner war durch seine prägenden Illustrationen zu Joseph Victor v. Scheffels (1826-1886) „Trompeter von Säckingen" mit den 150 Ausgaben und Auflagen des Buches berühmt und zum Berliner Akademiepräsidenten geworden. „‚Der Trompeter von Säckingen' (1854) gehört zu den Büchern, die die Popularität bei uns unpopulär gemacht haben", schreibt Richard M. Meyer in „Die deutsche Litteratur des Neunzehnten Jahrhunderts“ (Berlin 1900).

Ein anderer Fall ist Carl Gehrts, ein Schüler von Karl Gussow und A. Bauer, dessen Werk die Zeitschrift „Kunst für Alle“ 1888 umfassend vorstellte (2). Er scheint den von Brütt verwendeten Typus des Gnomen (Nr. 42) geprägt zu haben. Man hat angesichts der 1888 veröffentlichten Werkübersicht geradezu den Eindruck, als sei der Typus des allgegenwärtigen Gartenzwerges auf Carl Gehrts zurückzuführen. Im Bildanhang von Oscar Schwindrazheims Buch „Die Volkskunst“ von 1892 findet man ebendenselben Zwerg in die vorgestellten Beispiele eingefügt. Auch das dort als Beispiel der erhofften Volkskunst vorgestellte „Renaissance“-Rahmenwerk mit den eingefügten Gnomen dürfte man heute noch finden.

In den beiden populären Typen, den Säckingen-Landsknechten und den Gehrts-Gnomen, ist Brütts Orientierung an den populären Themen zu fassen, die wenige Jahre später die norddeutsche Volkskunstbewegung aufgreift, um sich der wirtschaftlichen Situation engegenzustemmen. Damals fand sich anläßlich der Hamburger Gewerbeausstellung 1889 der Verein für Volkskunst zusammen (3), der durch Ferdinand Avenarius und seine seit 1890 erscheinende Zeitschrift „Das Kunstgewerbe“ Unterstützung erhielt. Schwindrazheim veröffentlichte damals für den Verein die „Beiträge zu einer Volkskunst“, deren Zusammenfassung die „Volkskunst“ von 1892 war. Dort berief sich der Autor auf Langbehns „Rembrandt als Erzieher“ sowie auf Tolstois Schrift über die Bedeutung von Wissenschaft und Kunst. Diese Ideen wurden wenig später in Schleswig-Holstein wirksam: 1894 trat im Vorfeld der Kieler Gewerbeausstellung von 1896 unter Mitwirkung von Alfred Lichtwark die Schleswig-Holsteinische Kunstgenossenschaft zusammen (5), zu deren Gründungsmitgliedern auch Brütt gehörte (vgl. Nr. 119 a).

Lit.:
(1) Steckner, Sparsamkeit (1981), S.17 f., S. 36 (Kunstrecht)
(2) Die Kunst für Alle 3, 1888, S. 99-104; S. 115-119
(3) Heinrich Harz, Erinnerung an den Hamburger Verein „Volkskunst“, in: Deutsche Kunst und Dekoration 3, 1898/99, S. 115-125
(4) Gantner, Olde (1970), S. 78

31. Büste Leopold Rau, 1880

Gips, wohl lebensgroß (Abb. S. 82)
Ehemals Privatbesitz Carl Freiherr v. Gersdorff, wohl nicht erhalten.

Porträtbüste des 1880 in Rom verstorbenen Lehrmeisters von Adolf Brütt mit Oberlippenbart, nach Art des antiken Hermes des Praxiteles nach links blickend. Um die Schultern ein antikes Mantelmotiv, darunter der rechteckige Sokkel hervorkommend.

Wahrscheinlich eine Erinnerungsbüste aus dem Gedächtnis ohne Photovorlagen, da die von Bildhauer Paul Otto (1846-1893) 1880 im Auftrage des Freiherrn Carl v. Gersdorff (1844-1904) geformte Totenmaske nicht zu Verfügung stand.

Eine dauerhafte Marmorfassung der Porträtbüste sollte 1884 für das Grab von Rau in Rom von Karl Albert Bergmeier (1856-1897) und Robert Toberentz (1849-1895) ausgeführt werden. Das geht aus einem am 18.4.1884 in Rom verfaßten Schreiben von Bergmeier hervor (Nissenhaus B 2724). Dieses Vorhaben kam anscheinend nicht zur Ausführung. Die von Brütt an Gersdorff auf das Gut Ostrichen geschickte Büste kam kurz vor dem 20.6.1899 in den Besitz dieses Nietzsche-Freundes und Förderers von Leopold Rau (Briefwechsel Brütt mit v. Gersdorff, Nissenhaus B 2724). Das Werk ist nicht mehr nachweisbar.

Ausstellungen: Berlin 1881 (1), Kiel 1882 (2 u. 3)
Abb.: Nissenhaus B 2086 S. 3 (hier wiedergegeben) und S. 4 (Atelierphoto Brütt mit E. Thiel, im Hintergrund die Büste L. Rau neben einem Abguß der Büste des Hermes des Praxiteles = Nr. 55)

Lit.:
(1) Katalog der 55. Ausstellung der Königlichen Akademie, Berlin 1881, Nr. 969: „Porträtbüste des verstorbenen Bildhauers Rau“
(2) Katalog der Jubiläumsausstellung des schleswig-holsteinischen Kunstvereins 1882, Kiel 1882, Nr. 55: „Büste des verstorbenen Bildhauers Rau in Berlin“.
(3) Jubiläumsausstellung des schleswig-holsteinischen Kunstvereins, in: Kieler Zeitung Nr. 8934, 10.8.1882
(4) Steckner, Sparsamkeit (1981), S. 14

32. Wappenschild Alexander Gustav Graf von Schleinitz, um 1880

Material und Maße unbekannt
nicht erhalten

Das in Brütts Werkliste erwähnte Wappen könnte anläßlich der Erhebung des königlich preußischen Hausministers Alexander Gustav Freiherr von Schleinitz (1807-1885) in den persönlichen Grafenstand anläßlich der goldenen Hochzeit Kaiser Wilhelms I. am 15. Juni 1879 entstanden sein (2); ein Zusammenhang mit dem Tod des Grafen Schleinitz 1885 erscheint weniger wahrscheinlich.

Lit.:
(1) Steckner, Sparsamkeit (1981), S. 15 f.
(2) Der Bär 7, 1881, S. 635, 646

33. Büste Botho Graf zu Eulenburg, wohl 1880

Gips, wohl lebensgroß
nicht erhalten

Porträtbüste des Grafen Eulenburg, Blick nach links gewendet. Kleidung: Anzug mit Fliege. Die Büste formal mit einem Mantelmotiv geschlossen, wohl 1880 entstanden und lebensgroß in Gips nach dem Tonmodell abgeformt. Eine ikonographische Identifizierung des Porträtierten war nicht möglich: welcher Graf Eulenburg ist eigentlich dargestellt? Ist es Friedrich Graf zu Eulenburg (1815-1881), der bis 1878 Innenminister war? Die Angaben Kurt Brütts sowie das Alter des Dargestellten weisen auf den späteren Oberpräsidenten von Hessen, Botho Graf zu Eulenburg (1831-1912), der von 1878 bis 1881 gleichfalls Innenminister war, bis auch er nach Auseinandersetzungen mit Reichskanzler Bismarck ging.

Ein innerer Zusammenhang des Porträtauftrages mit den Brütt damals vertrauten Kreisen der Bismarckgegner ist anzunehmen: Da Brütt durch seine Schweriner Bekannten sowie durch Leopold Rau Zugang zum Wagner-Kreis um die Gräfin v. Schleinitz erhalten hat, wie der Auftrag zum Wappen Schleinitz (Nr. 32) belegt, so können sowohl das Porträt Eulenburg wie das noch zu nennende Porträt Bockelmann (Nr. 105) für Kassel als Folgeaufträge zu verstehen sein.

Der Dargestellte ist nicht zu verwechseln mit dem auf der 55. Königlichen Kunstausstellung 1881 in Berlin von Alexander Tondeur porträtierten Graf Eulenburg (Kat. Nr. 1073: „Marmorbüste Fr.W. Botho Graf Eulenburg, gest. 25. Mai 1880") oder Botho Graf zu Eulenburg (1804-1897).

Ausstellung: Wahrscheinlich die „Porträtbüste" auf der 54. Ausstellung der Akademie der Künste in Berlin 1880, Nr. 913
Abb.: Nissenhaus B 2086 I, S. 1
Lit.:
(1) Steckner, Sparsamkeit (1981), S. 15

34. Standbild Friedrich Wilhelm, der Große Kurfürst, 1880

Gips, wahrscheinlich nicht ganz lebensgroß
Architekt: Friedrich Hitzig (1811-1881)
nicht erhalten

Der Große Kurfürst, dargestellt im Küraß mit umgehängtem Mantel. Standmotiv Kontrapost, die Linke in die Hüfte gestemmt, die Rechte mit vorgehaltenem Marschallstab ans Standbein gestützt. Die Auffassung erinnert stark an eine im Hohenzollernmuseum aufbewahrte Holzstatue (2). Entstanden für die Konkurrenz des Kriegsministeriums 1880 zu einer Serie von sieben Standbildern aus Bronze (1) für das alte Zeughaus in Berlin, das durch Friedrich Hitzig (1811-1881) seit 1877 als Ruhmeshalle der brandenburgisch-preußischen Armee erneuert wurde (vgl. Nr. 106). Überliefert ist folgendes Konkurrenzergebnis:

Großer Kurfürst: Erdmann Encke (3)
Friedrich I.: Ludwig Brunow
Friedrich Wilhelm I.: Carl Hilgers
Friedrich II.: Ludwig Brunow
Friedrich Wilhelm II.: Ludwig Brunow
Friedrich Wilhelm III.: Emil Hundrieser
Friedrich Wilhelm IV.: 2. Preis Julius Moser

Die Reihe ergänzte später das Standbild Kaiser Wilhelms I. von Rudolf Siemering (1835-1905). Im Zuge der weiteren Ausstattung mit den Büsten verdienter Generale erhielt Brütt schließlich 1889 den Auftrag, zwei Büsten zu modellieren (Nr. 106 u. 107).

Abb.: Nissenhaus B 2086 I, S. 22

Lit.:

(1) Zeitschrift für Plastik 1, 1881 (August 1880), S. 10/11

(2) Paul Seidel, Der große Kurfürst in der Plastik seiner Zeit, in: Hohenzollernjahrbuch 2, 1898, S. 93 ff., S. 100 Abb.

(3) Monika Arndt, Die ‚Ruhmeshalle' im Berliner Zeughaus. Eine Selbstdarstellung Preussens nach der Reichsgründung, Berlin 1985, S. 50, Abb. 50

35. Standbild Asmus Carstens, 1880

Gips, wohl unterlebensgroß

Männliche Figur des durch die Verschmelzung des Plastischen und Malerischen als Neubegründer der deutschen Kunst geltende Malers Asmus Jacob Carstens (1754-1798)(1), dargestellt im Kontrapost bei geöffnetem Mantel in Kniebundhosen dastehend. Blick in Richtung des Spielbeins nach rechts gewendet, in der vorgestreckten Hand Zeichenkreide. Auf dem Sokkel hinter den Beinen liegender Zeichenkarton. Es ist nicht unwahrscheinlich, daß Brütt an das Carstens-Verständnis seines Lehrers Leopold Rau anschloß, der 1874 beauftragt worden war, für das wiederentdeckte Grab von Carstens in

Rom ein Porträt-Relief zu schaffen. Daher wagte es Brütt wohl, gegen die mächtige Konkurrenz alter Schule anzutreten, als unter dem preußischen Kultusminister Robert v. Puttkamer (1828-1900) aus dem Kunstfonds für 1880 vier Statuen für die Säulenhalle des Alten Museums in Berlin ausgeschrieben wurden. Als Gewinner sind überliefert für das Standbild

Otfried Möller: Alexander Tondeur (1829-1905);

Cornelius: Alexander Calandrelli (1834-1903);

Carstens: August Wittig (1826-1893);

Schlüter: August Wredow (1804-1891) (2).

1914 verzeichnet der Baedeker insgesamt folgende zehn Standbilder: Rauch von Drake, Cornelius von Calandrelli, G.W. v. Knobelsdorff von Karl Begas d.J., Schlüter von Wiese (nicht Wredow!), Winckelmann von Wichmann, Schinkel von Tieck (einzig heute aufgestellt), Otfried Müller von Tondeur, Chodowiecki von Otto, Carstens von Janensch (3), nicht mehr die Statue von Wittig, G. Schadow von W. Hagen (4).

Abb.: Nissenhaus B 2086 I, S. 5

Lit.:

(1) K.L. Fernow (Hg. Hermann Riegel), Carstens Leben und Werke, Hannover 1867, S. 24 f.

(2) Zeitschrift für Plastik 1881, S. 11 (August 1880)

(3) Berliner Architektur Welt 16, 1913, S. 384, Abb. 477.

(4) Baedekers Berlin und Umgebung, 18. Auflage, Leipzig 1914, S. 72

Wald bei Tabbert. Bleistiftzeichnung, 1881 (Nr. 38)

Berlin 1881

„Im Frühling 1881 war ich wieder in Berlin angelangt und mußte, weil ich keine andere Arbeit fand auf dem Steinmetzplatz von Wimmel wieder reichlich ein halbes Jahr lang Ornamente in Stein hauen ... (Lebenslauf Brütt, 15.4.1892, Akademie der Künste in Berlin)

Wenngleich diese Angabe so klingt, als sei Brütt nach dem Schwerinaufenthalt erst im Frühling 1881 wieder in Berlin eingetroffen, so war er doch schon seit dem Herbst 1880 wieder dort, um an den damals ausgeschriebenen Konkurrenzen teilzunehmen. Da der Erfolg ausgeblieben war, mußte er nach Arbeit suchen.

36. Schloss Köpenick, 1881

Bleistift, 10,5 x 15,5 cm
Bez.: „Köpenick. Schloss. 17/7 81.
Nissenhaus B 2085

Zur Entspannung ruderte Brütt mit seinen unter gleichen schwierigen Umständen lebenden Freunden Carl Schneider, Max Kruse (1854-1942) und Peter Breuer (1856-1930), den Brütt damals porträtierte (Bleistiftskizze in B 2087, Abb. S. 35), auf der Spree. Die beiden Zeichnungen Nr. 36 und 37 sowie einige im Entwurf angelegte, hier nicht dokumentierte Skizzen im Nachlaß dokumentieren diese Ruderwanderungen.

37. Wald bei Tabbert, 1881

Bleistift, ca 10,2 x 15,3 cm
Bez.: „Wald bei Tabbert. 24.7.1881“
Nissenhaus B 2723, S. 221

38. Bauskulptur Kriminalgericht Moabit, 1881

Werkstein
Architekten: Von Oberbaudirektor Herrmann und Geh.-Oberregierungsrat August Busse zwischen 1877 und 1882 errichtet
nicht mehr erhalten

Die Vorlagen zur dekorativen Bauplastik bzw. zu Ornamenten hatte wohl Architekt Busse entworfen, für dessen Reichsversicherungsamt Brütt später noch wirken sollte (Nr. 170), während kein Auftrag für das von Busse gebaute Kaiserliche Patentamt (Luisenstr. 33) festzustellen war (3). Nach den Angaben der Zeitschrift für Bauwesen 1885 wurde das 1877-1882 fertiggestellte Kriminalgericht zusätzlich zu den im folgenden genannten Statuen im Innern noch mit Porträtbüsten der preußischen Könige und mit Figurengruppen geschmückt, wobei Brütt damals als Steinmetz der Berliner Firma Wimmel durchaus selbständige Werke hat einbringen können. Vielleicht hat sich Brütt vergeblich um einen entsprechenden Auftrag bemüht. Von den überlieferten baubezogenen thematischen Figuren hatten Moritz Schulz (1825-1904) die Borussia, Otto Geyer (1843-1914) die Justitia und Bernhard Afinger (1830-1882) die Figur „Römisches Recht" modelliert, Gustav Eberlein „Schwur" und „Urteil" (4).

Lit.:

(1) Berlin und seine Bauten, Bd. 2, Berlin 1896, S. 337-340
(2) David Joseph, Geschichte der Baukunst, Bd. 3,2, Leipzig 1907, S. 434
(3) Blätter für Architektur und Kunsthandwerk 6, 1893, H 12, S. 56
(4) Rolf Grimm, Werkverzeichnis Eberlein, Dransfeld 1983, S. 93

39. Landsknecht mit Laterne (Modellaufnahme), wohl 1881 (Abb. S. 94)

wohl Gips, Maße unbekannt
nicht erhalten

Landsknecht im Küraß mit Morion und Federbusch. In der erhobenen linken Hand eine Laterne. Die Aufnahme zeigt wahrscheinlich das Modell zu Nr. 40 nach einer vielleicht von Brütt aufgenommenen Photographie; es zeigt einige Unterschiede zur ausgeführten Fassung, so daß es sich auch um eine Alternative oder Variante handeln kann; solange kein Modellkatalog der Zinkgußfabrik nachgewiesen ist, läßt sich das nicht entscheiden. Auf jeden Fall aber hat Brütt für die Berliner Zinkgußfirma Albert Meves mehr als zwei Modelle geliefert.

Die Modelle von Brütt wurden von der Firma Albert Meves Nachfolger (1), Berlin, Chausseestr. 99 (der Fabrikant Bast der Autobiographie, S. 40), im Zinkguß vor allem im Export verbreitet. Für eine solches zu vervielfältigendes Modell bekam der Bildhauer einmal 150-200 Mark Modellgeld, während der Fabrikant an Tausenden von Ausformungen einen Verdienst hatte.

Abb.: Nissenhaus B 2086 I, S. 15

Lit.:

(1) Adressbuch Berlin 1881, S. 643.

Modellaufnahme (vgl. S. 93)

Mitte:
40. Landsknecht mit Laterne, wohl 1881

Zinkguß, ca. 40 cm
unbezeichnet
Ausführung: Fa. Albert Meves Nachf.
Nissenhaus, Privatbesitz Köln

Landsknecht im Küraß mit Morion und Federbusch. In der erhobenen linken Hand eine Laterne. Leuchterfigur im deutschen Trompeter v. Säckingen-Stil, in dem auch Fritz Schaper eine Landsknechtsfigur schuf, welche den Siegesbrunnen in Halle bekrönen sollte (1878). Die Stil-Wirkung reicht bis zum Tafelsilber des Kronprinzen (Nr. 47).

Abb.: Nissenhaus B 2086 I, S. 15 (wohl Modell)
Lit.:
(1) Steckner (1978), S. 8
(2) Steckner, Sparsamkeit (1981), S. 17

Rechts:
41. Landsknecht mit Fahne, wohl 1881

Zinkguß, ca. 40 cm
unbezeichnet
Ausführung: Fa. Albert Meves Nachf.
Privatbesitz, Köln

Eine Variante zu Nr. 40 ist der Landsknecht mit Fahne, der nur unter Vorbehalt Brütt zuzuschreiben ist. Brütt hat nach Auskunft seiner Autobiographie für den Fabrikanten mehrere Modelle geliefert, nach den Werklisten im Nachlaß sicher zwei, wenn nicht drei Landsknecht-Modelle.

Der Vorbehalt der richtigen Identifizierung muß ausgesprochen werden, weil nach Ausweis der Autobiographie S. 40 auch der befreundete Peter Breuer (geb. 1856) für die Firma Albert Meves Nachf. modelliert hat, darunter vielleicht auch Landsknechte im selben Stil.

Lit.:
(1) Steckner (1978), S. 8
(2) Steckner, Sparsamkeit (1981), S. 17

42. Gnom, wohl 1881

Zinkguß, H. 20 cm
unbezeichnet
Ausführung: wohl A. Meves Nachf.
Nissenhaus B 2095

Gnom in zerschlissener Kleidung, mit Holzschuhen und Zipfelmütze auf runder Plinthe, als Thermometerhalter gedacht (Brütt notiert in seiner Werkliste: „Gnomthermometer").

Der Gnom gehört zu den populären, von Carl Gehrts (1853-1898) geprägten Bildstoffen: „Sein gemütlicher Humor trat am anziehendsten hervor in kleinen Aquarellen, Zeichnungen und Illustrationen, die deutsche Märchengestalten, besonders das Treiben der Gnomen und Zwerge schalkhaft behandelten."(1)

Nach den identifizierten Leuchter-Landsknechten und dem Umstand zu urteilen, daß die Figur aus dem Nachlaß Brütt stammt, handelt es sich um ein Produkt der Firma Albert Meves Nachf., Berlin. Auch diese Figur ist im Zinkguß hergestellt und wurde anschließend elektrolytisch bronziert.

Ausstellung: Husum 1978
Lit.:
(1) Max Schmid, Kunstgeschichte des XIX. Jahrhunderts, Bd. 2, Leipzig 1906, S. 250 u. Abb. 202
(2) Steckner (1978), S. 8

Gehilfe von Carl Begas 1882

Carl Begas (1845-1916) war Schüler seines Bruders Reinhold Begas (1831-1911) sowie des längere Zeit in Rom wirkenden Bildhauers Louis Sussmann-Hellborn (1828-1908). Aufgrund der mehrjährigen Zusammenarbeit mit Carl Begas wurde Brütt in der Literatur zum „Schüler von Begas" – was verstanden wurde als: Reinhold Begas. Allerdings ist bei den Bronzearbeiten wie der frühen Schwerttänzerin (Nr. 136) noch das „Pellemachen", die durch Reinhold Begas eingeführte Oberflächenbehandlung plastischer Werke, sichtbar, die dann in der zweiten Version von 1896 (Nr. 137) fehlt.

43. Portalfiguren Solon und Aristoteles der Universität Kiel, 1882

Kalkstein, überlebensgroß
Architekt: Martin Gropius
Ausführung: Adolf Brütt als Gehilfe von Carl Begas
nicht erhalten

Der aus dem preußischen Kunstfonds finanzierte Auftrag für die vier Portalfiguren des neuen Kollegiengebäudes der Universität Kiel war zunächst dem Berliner Bildhauer Leopold Rau gegeben worden zu der Zeit, in der Brütt dessen Meisterschüler war. Hippokrates und Plato als Verkörperungen der Medizinischen und Philosophischen Fakultät waren im Modell fertig geworden, und man hatte die in Gips abgeformten Werke im Sommer 1879 im Oberlichtsaal des Berliner Kunstausstellungsgebäudes öffentlich ausgestellt. Beide Figuren waren nach den autobiographischen Angaben von Brütt durch ihn selbst nach der Meisterskizze mehr oder weniger frei monumentalisiert worden (S. 32). Nach dem Tod von Rau 1880 wurde vom preußischen Kultusminister Robert v. Puttkamer der Auftrag zur Ausführung der Figuren zwischen Carl Begas und Gustav Eberlein geteilt (vgl. Nr. 45), und Brütt half nach Auskunft seiner Autobiographie

(S. 32) beiden beim erneuten Aufbau der Originalmodelle. Begas hatte ihn bei der Vollendung der Monumentalfiguren „Solon" und „Aristoteles" als einen mit dem Gesamtprojekt der vier Figuren und dem Bau vertrauten Gehilfen zur Seite; die „für ihre Lebendigkeit des Ausdrucks, klassische Ruhe der Gewand-Motive" gelobten Plastiken waren im Juli 1882 fertig (2).

Abb.: Wilhelm Dreesen, Land- und Seebilder von Kiel und der Kriegsmarine, Kiel u. Leipzig 1894, Taf. 5

Lit.:

(1) Adolf Rosenberg, Gustav Eberlein, Leipzig und Bielefeld 1903, S. 29

(2) Deutsches Kunstblatt 1882, S. 116

(3) Manfred Klinkott, Martin Gropius und die Berliner Schule, Berlin 1971, S. 134-150

(4) Zeitschrift für Bauwesen 1884, Atlas, Blatt 26-38

(5) P. Wall, Martin Gropius, in: Der Baumeister 2, 1904, Abb. 17

(6) David Joseph, Geschichte der Baukunst, Bd. 3,2, Leipzig 1907, S. 552/553

Haupteingang zum Kollegiengebäude der Universität Kiel mit den Standbildern der Griechen, die die vier Fakultäten repräsentieren (von links): Platon (Theologie) – Solon (Jura) – Hippokrates (Medizin) – Aristoteles (Philosophie). Ausschnitt aus einem Foto von Wilhelm Dreesen

44. Büsten in Sandstein, 1882

Maße unbekannt

Ausführung: Adolf Brütt für Carl Begas

Ort unbekannt, möglicherweise Ruhmeshalle Berlin

1882 entstanden fünf Büsten in Sandstein (Auftragsvolumen 3000 Mark) für eine Ruhmeshalle, deren Ausführung ein Bauinspektor Koch leitete. Die Arbeiten sind im Briefwechsel Brütts mit Carl Begas genannt, doch die erwähnte „Ruhmeshalle" ist ohne Ortsangabe vermerkt, so daß die Berlin Ruhmeshalle im alten Zeughaus anzunehmen ist, da auch vom Datum her an eine Mitarbeit an diesem Bauvorhaben zu denken ist. Damals wurden neben den Standbildern für eine Herrscherhalle (1) mehrere Gruppen von Feldherrenbildnisse in Auftrag gegeben. Darunter befand sich eine Serie von 32 bronzenen Kolossalbüsten nach Modellen von verschiedenen Bildhauern unter der Gesamtleitung von Reinhold Begas; Carl Begas modellierte dabei 1882 die Büsten Moltkes, des Prinzen Friedrich Carl und Otto v. Sparr (vgl. 2), ferner die kranzwerfende Viktoria für den Bronzeguß.

Archivalien: Briefe von C. Begas an Brütt 24.5.1882 und 15.2.1882, Nissenhaus B 2724.

Lit.:

(1) Deutsche Bauzeitung 14, 1880, Nr. 42, S. 224

(2) Monika Arndt, Die ‚Ruhmeshalle' im Berliner Zeughaus. Eine Selbstdarstellung Preussens nach der Reichsgründung, Berlin 1985, S. 46f.

Gehilfe von Gustav Eberlein 1882

Auch wenn es anläßlich der Arbeiten am Kriminalgericht Moabit (Nr. 36) bereits zu einer Zusammenarbeit gekommen sein kann, ist doch nur beim Auftrag für die Portalfiguren der Kieler Universität eine Zusammenarbeit bekannt. Durch die Auftragsaufteilung an Carl Begas und Gustav Eberlein wurde Brütt für dieses Projekt koordinierender Gehilfe beider Bildhauer.

45. Portalfiguren Plato und Hippokates der Universität Kiel, 1882

Kalkstein, überlebensgroß

Architekt: Martin Gropius

Ausführung: Adolf Brütt als Gehilfe von Gustav Eberlein

nicht erhalten

Nach dem Tode von Leopold Rau wurde der Auftrag zur Ausführung der Portalfiguren (vgl. Nr. 43) geteilt. Die beiden schon von Rau unter Mitwirkung von Brütt fertig modellierten Philosophenfiguren wurden von Gustav Eberlein vollendet (1); da sich von den ersten Monumentalmodellen keine Aufnahmen erhalten haben, läß sich nicht sagen, wie weit sich Eberlein und Brütt an die Vorgaben gehalten haben. Allerdings ist auffällig, daß die Gesichtsbildung von Eberleins „Hippokrates" etwas von Brütts Büste des Grafen Eulenburg zeigt (Nr. 33). Das kann natürlich auch durch Brütt in das Porträt hineingelegt worden sein.

Abb.: Landesbibliothek Kiel

Lit.:

(1) Rolf Grimm, Werkverzeichnis des Bildhauers, Malers und Dichters Prof. Gustav H. Eberlein (1847-1926), Hemmingen 1983, S. 54 (Abb.)

Harzreise 1882

Das Konvolut Nissenhaus B 2087 enthält Bilder von der Harzreise 1882, die Brütt sich leisten konnte, nachdem er die ersten Aufträge erhalten hatte. Erhalten haben sich das Titelblatt mit dem Quedlinburger Roland, eine Reihe von aquarellierten Federzeichnungen und dekorativ zu Tafeln kombinierte Photos und Einzelskizzen. Die Anlage der Blätter mit gedrehten und versetzten Skizzen, die durch farbige, verbindende Motive zusammengefaßt sind, gleicht Hans Oldes Veröffentlichung „Kaiser Wilhelm II. in Kiel" in der Gartenlaube 1888, S. 544. Aus dem Konvolut ist die Ansicht von Quedlinburg ausgewählt.

46. Quedlinburg, 1882

Federzeichnung, aquarelliert, ca. 20 x 30 cm
Nissenhaus B 2087, S. 4

Ansicht von Quedlinburg mit Blick auf die Stiftskirche St. Servatius auf dem Schloßberg, entstanden auf der Harzreise 1882. Die Auffassung von Brütt hat sich wie sein Zeichenstil gewandelt. Ihn interessiert nicht mehr so sehr das weit ausgebreitete Linienspiel landschaftlicher Konturen und Silhouetten (Nr. 16-18 u. 20), sondern wie bei seinen Porträtzeichnungen (Nr. 26) die lebendige Wirkung von Licht- und Schattenkontrasten der Bildfläche.

Zusammenarbeit mit Adolf Heyden 1882-1883

1882 bekam Brütt, wie er später selbst schrieb, „endlich den ersten selbständigen Auftrag in Berlin durch den Herrn Baurath Heyden, derselbe übertrug mir verschiedene Arbeiten für den Silberschatz des Prinzen Wilhelm und war dem Zigeunerleben ein Ende gemacht, es war im Jahre 1882 und seit dieser Zeit habe ich sehr viele dekorative Figuren, Büsten und andere Arbeiten gemacht..." (Lebenslauf Brütt vom 15.4.1892 für die Akademie der Künste in Berlin, Personalakte Brütt, Nationalgalerie Berlin-Ost)

Bei den in Zusammenarbeit mit Adolf Heyden (1838-1902) entstehenden Arbeiten fällt deren Dimensionskontrast auf. Einerseits modelliert Brütt die Tafelsilbermodelle in Wachs, andererseits die monumentale Giebelgruppen für das Ausstellungsgebäude.

Die Zusammenarbeit ist für die Jahre 1882-1884 nachzuweisen, unterbrochen durch die zusammen mit Hans Olde unternommene Italienreise von 1883.

Lit.:

(1) Zentralblatt der Bauverwaltung 22, 1902, S. 293

(2) Deutsche Bauzeitung 36, 1902, S. 311

47. Hochzeitssilber Prinz Wilhelm v. Preußen, 1883

Übergabe am 21.5.1883
Silberguß und -treibarbeit, Maße unterschiedlich
Architekt: Adolf Heyden
Ausführung durch verschiedene Firmen nach den Wachsmodellen
nicht erhalten

Die Geschichte des Zustandekommens des Hochzeitsgeschenkes für den späteren Kaiser Wilhelm II. und Prinzessin Auguste Victoria zu Schleswig-Holstein ist von Julius Lessing zusammengefaßt worden (1). Für das „Tafelsilber ihrer Königlichen Hoheiten des Prinzen und der Prinzessin Wilhelm von Preussen" hatten sich die Vertreter der 96 Städte Preußens nach einer Anregung des Oberbürgermeisters von Danzig, v. Winter, zu einer Komiteegründung am 29. November 1880 im Berliner Rathause getroffen. Unter Festlegung einer Summe von 400 000 Mark übertrug man die künstlerische Leitung dem Architekten Adolf Heyden (1838-1902), dem als Beurteilungskommission die führenden Köpfe des Kunstwerbemuseums zu Seite standen (Direktor Grunow, Architekt Martin Gropius und Bildhauer Julius Lessing). Das Modellier-Atelier war auch in der kunstgewerblichen Unterrichtsanstalt des von Gropius gebauten neuen Kunstgewerbemuseums untergebracht, so daß den Künstlern zu Studienzwecken auch geeignete Vorbilder in den Sammlungen erreichbar waren.

Die Arbeiten schritten so schnell voran, daß die Vertreter der Städte die Modelle gleich nach der Hochzeitsfeier am 1. März 1881 im Königlichen Schlosse vorführen konnten. Zur Fertigstellung wurden fünfzehn Zentner Silber verarbeitet: „Für den Luxus der neuen Fürstenhöfe wird Tafelsilber geschaffen, welches (...) zu gleicher Zeit eine leicht kontrollierbare Ansammlung des Silbervorrates für Notfälle darstellte."(3) Da das mit dieser Bestimmung geschaffene alte preußische Tafelsilber aus der Zeit des Hofarchitekten Andreas Schlüter (1664-1714) nur noch in Teilen bestand, weil vieles von Friedrich dem Großen zur Finanzierung des Schlesischen Krieges eingeschmolzen worden war, so sollte das neue Silbergeschirr zur Ergänzung des Bestandes mit dem Zeitstil Friedrich Wilhelms I. wie auch mit den Räumlichkeiten des Schlosses übereinstimmen, indem es formal dem „malerischen Schwung jener Periode" folgte. Dem entsprach auch die Kunsttechnik: das Silber wurde nach einem neuen Verfahren teilweise vergoldet, welches ermöglichte, „die Goldschicht dicker oder durchsichtiger nach malerischen Prinzipien zu gestalten". Hier ist zum ersten Mal die Anbindung des Zeitstils an die das Stadtzentrum prägenden Bauformen ausgesprochen. Der spätere Kaiser Friedrich III. dürfte die treibende Kraft im Hintergrund gewesen sein. Schon die von ihm 1872 im alten Zeughaus initiierte Kunstgewerbeausstellung, die zur Gründung des Kunstgewerbemuseums mit seiner Unterrichtsanstalt geführt hatte, wies in diese Richtung; auch das Zeughaus war unter Schlüter begonnen worden und wurde seit 1877 durch Hitzig zur Ruhmeshalle ausgebaut. Gerade Friedrich Hitzig (1811-1881) wurde durch seinen Materialstil bekannt, d.h. er suchte bewußt den Backstein und Stuck, den Zink- wie Eisenguß der vorausgegangenen Architektengeneration durch den Einsatz von Werkstein und Bronze zurückzudrängen. Auch das war im Kern ein Anknüpfen an die Kunsttraditionen der Schlüterzeit.

Trotz des vorgegebenen Rahmenstiles bemühte sich Adolf Heyden, daß dennoch die „landschaftlich so verschieden gearteten Provinzen ihre Eigenart zum lebendigen Ausdruck" bringen konnten. Diesem Gesichtspunkt folgend, gruppierte sich das Tafelsilber nach bestimmten, den Provinzen zugeordneten Bestandteilen und Funktionen. Brütt wirkte im Rahmen der Gesamtdisposition bei den Westfalen und Schleswig-Holstein zugeordneten Bestandteilen des Tafelsilbers mit. Beim Modellieren von Gefäßpaaren wirkten Brütt und Peter Breuer zusammen, die auch beide für die Zinkgußfabrik Albert Meves Modelle geliefert hatten. Hier zog der öffentlich ausgezeichnete Beitrag von Brütt weitere Aufträge von Adolf Heyden nach sich.

1.1 Entwurf der Diana-Kanne zum Geschenk der Provinz Schleswig-Holstein
Bleistiftzeichnung, ca. 29 x 12,5 cm
Nissenhaus, in B 2085

1.2 Diana-Kanne, Geschenk der Provinz Schleswig-Holstein

Bei den Arbeiten an den Geschenken der Provinz Schleswig-Holstein ist der Anteil Brütts anhand der Aufnahmen des Silbers zu fassen, da die eingravierten Beschriftungen auf den veröffentlichten Lichtdrucktafeln sichtbar sind. Besonders gut ist die Überlieferung im Fall der Diana-Kanne. Nach einem an seine Mutter gerichteten Brief im Nachlaß modellierte Brütt selbständig eine der Kannen für 1200 Mark in Wachs: „Es ist eine schöne Kanne, auch noch für Prinz Heinrich bestimmt“. Dem Brief legte er eine einfache Skizze seines Entwurfes (1.1) bei, die die 2 1/2 Fuß hohe Kanne zeigte: „sehr figurenreich für 1200 Mark in Wachs zu modellieren“ (Nissenhaus B 2705). Die Umformung für den Silberguß dieser Wachsmodelle besorgte der Modelleur Zacharias, dann fertigte die Berliner Firma Sy & Wagner die 75 cm hohe Silberkanne. Eine zweite Kanne wurde nach dem Modell von Peter Breuer ausgeführt.

Abb.: (1), S. 10 u. Taf. 12; Nissenhaus B 2084, S. 35 (hier reproduziert)

Rechts:

2 Weinbowle, Geschenk der Provinz Schleswig-Holstein

Entwurf und Modell Adolf Heyden und Adolf Brütt, H 80 cm. Gußvorbereitung Paul Schley und H. Zacharias

Abb.: (1), Taf. 11, 12, 13; Nissenhaus B 2086 I, S. 7

S. 100 links:

3 und 4 Weinkühler, Geschenk der Provinz Schleswig-Holstein

Für dieses Silbergeschirr wirkten die Bildhauer Carl Bergmeier, Otto Geyer, W. Uhlmann sowie Peter Breuer und Brütt, die die Reliefs schufen.

Abb.: (1), Taf. 4 (hier oben reproduziert), 5, 6; Nissenhaus B 2084, S. 36 u. 37 (danach hier die drei übrigen Wiedergaben)

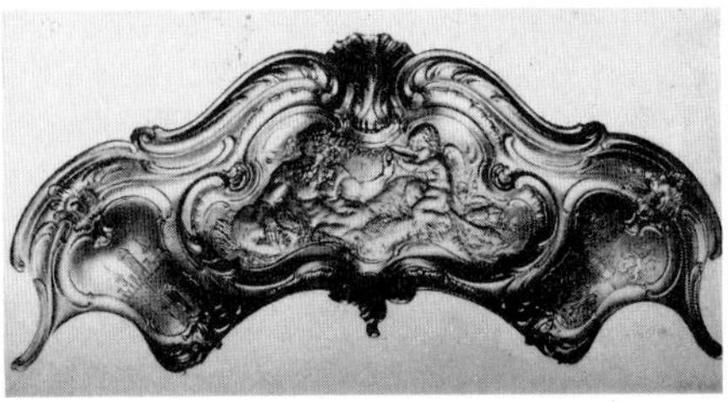

5 Tafelaufsatz, Geschenk der Provinz Westfalen

Als Geschenk der Provinz Westfalen entstand ein 1,40 m hoher silberner Tafelaufsatz mit zwei Landsknechtfiguren des Trompeter von Säckingen-Typus (vgl. Nr. 40 u. 41) sowie zwei dazugehörige Schalen; neben Brütt lieferten die Bildhauer Robert Neumann, W. Uhlmann und Max Wiese Wachsmodelle, so daß der Anteil von Brütt ist nicht mehr bestimmbar ist. Er selbst führt den Aufsatz jedoch nicht unter seinen Werken auf.

Abb.: (1), Taf. 1

Am 21. Mai 1883, zwölf Uhr, übergab die Städtedeputation im Weißen Saal des Berliner Schlosses dem Prinzen Wilhelm das mit Blumen und Kerzen geschmückte Tafelsilber, das auch „der einstigen Stellung des Erben der Krone Preußens und des deutschen Reiches“ entsprach. Man lobte die Schöpfung allenthalben, verglich sie „mit den Meisterwerken Schlüters, denen sie sich ebenbürtig anreiht, die Jahrhunderte zu überdauern“ (Deutsche Bauzeitung 1883, S. 247 ff.), und wies darauf hin, daß „in dieser Arbeit das Kunsthandwerk des Vaterlandes in ungewöhnlicher Weise erstarkt“ sei (1, S. 10). Die Modelle kamen schließlich in das Kunstgewerbemuseum (3).

Archivalien: LAS, Abt. 301, Nr. 1128 und 1131

Auszeichnungen: Ehrenvolle Erwähnung der Kgl. Akademie der Künste, Berlin 1.10.1886

Ausstellungen: Kunstgewerbemuseum Berlin 1883(2), Berlin 1886 (5)

Lit.:

(1) Das Tafelsilber ihrer Königlichen Hoheiten des Prinzen und der Prinzessin Wilhelm von Preussen. Festgeschenk zu höchstderen Vermählung am 27.2.1881 dargebracht von Preussischen Städten. Entworfen von Adolf Heyden, Text von Julius Lessing, Berlin 1883

(2) Ausstellungskatalog: Hochzeitsgeschenke ihrer königlichen Hoheiten des Prinzen und der Prinzessin Wilhelm von Preussen 5. Juni-8. Juni 1883, Kunstgewerbemuseum zu Berlin, Fünfte Sonderausstellung , Berlin 1883

(3) Julius Lessing, Gold u. Silber, Berlin 1892, S. 142

(4) Paul Seidel, Der Silber- und Goldschatz der Hohenzollern im Königlichen Schlosse zu Berlin, Berlin 1906

(5) Katalog der Jubiläums-Ausstellung der Königlichen Akademie der Künste, Berlin 1886, S. 5 ff.

48. Wandspiegel für die Französische Botschaft Berlin, 1883

wohl 3 x 2 m
Architekt: Adolf Heyden
nicht erhalten

Plastischer Rahmen zum Wandspiegel des Repräsentationssaales der Französischen Botschaft, Berlin, Pariser Platz 5 (2). Den von Putten geöffneten Vorhang als Wandspiegelrahmen modellierte Brütt nach dem Gesamtentwurf von Adolf Heyden (3). Von den den Rahmen krönenden Wappen ausgehend, umfaßt ein Vorhangmotiv die Spiegelfläche von etwa 3 x 2 Meter und schließt sich an der unteren Schmalseite als Rocaille wieder zusammen. Auf halber Höhe schweben an den fallenden Vorhängen zwei vorhangöffnende Putten.

Abb.: Nissenhaus, in B 2085
Lit.:
(1) Zeitschrift für praktische Baukunst 39, 1879, Sp. 212
(2) Deutsche Bauzeitung 18,1884, S.370
(3) Entwürfe von Adolf Heyden in der Ausstellung „Jugendstil", Landesmuseum Darmstadt 1976, Katalog Nr. 18 und 19 (1882)

49. Giebelgruppe der Hygiene-Ausstellung Berlin, 1883

Material unbekannt, weit überlebensgroß
Architekt: Adolf Heyden
nicht erhalten

Die aus unbekanntem Material ausgeführte monumentale Giebelgruppe des neuen Ausstellungsgebäudes war Brütt übertragen. Im Nachlaß des Bildhauers hat sich eine gezeichnete Skizze der aus drei Figuren bestehenden Gruppe erhalten, ebenso eine Aufnahme der Gipsmodells der Gruppe: „Als Vorwurf seiner plastischen Gruppe hat der Künstler die Göttin Hygieia gewählt, der zur rechten und zur linken Seite zwei hilfsbedürftige Menschenkinder, ein Seemann im Wasser und eine für das Leben ihres Kindes bangende Mutter, beigesellt sind. Die weit überlebensgroße Gruppe ist von großer Lebendigkeit und Anschaulichkeit." (Unbezeichneter Artikel der Vossischen Zeitung im Nachlaß Brütt).

Nach dem Vorbilde der internationalen Ausstellung auf dem Gebiete des Rettungswesens und der Hygiene in Brüssel 1876 entschloß man sich in Berlin eine ähnliche Ausstellung zu zeigen. Dabei war nicht nur das sozialhygienische Vorbild von Gewicht, sondern auch der Umstand, daß die liberale Sozialpolitik des erst in den dreißiger Jahren unabhängig gewordenen Staates Belgien insgesamt für Deutsche Reich vorbildlich war. Dort waren vor 1848 für den Arbeiterstand Maßregeln getroffen worden, die allgemeinen Wohlstand, Volksbewußtsein und Nationalgefühl begründeten.

Am 2. Juni 1881 beschloß das Central-Comité das Programm für die allgemeine deutsche Ausstellung auf dem Gebiete der Hygiene und des Rettungswesens: „Wir wollen beweisen, daß die Forschungen des menschlichen Geistes fortschreitend dem Wohl unserer Mitmenschen sich widmen, daß Gesundheitspflege und Rettungswesen vereint unsere Zeit durch ihre Leistungen ehren."

Die Leitung des Unternehmens hatte als Vorsitzender des Komitees der Wirkliche Geheime Rat Hobrecht. Die Ausführung verzögerte sich, weil der zuerst hölzerne Ausstellungsbau im 12. Mai 1883 abbrannte. Die Versicherungen zahlten die Summe von 71.837.319 Mark (Europäischer Geschichtskalender 1883, S. 103) sofort, so daß das Projekt weitergeführt werden konnte. Da die Zeit drängte, denn die Ausstellung sollte dennoch termingerecht durchgeführt werden, griff man auf das 1879 zur Zeit der erfolgreichen Berliner Gewerbeausstellung konzipierte „Weltausstellungsgebäude für Berlin" der Architekten Kyllman & Heyden zurück und schrieb dessen Ausführung als Eisenbau in einem Wettbewerb aus, den die Firma Dr. Proll & Scharowsky in Dresden mit der Firma A. Druckenmüller zu Berlin zur Ausführung gewann. Der Plan erfuhr durch das neue Material und den Zeitdruck technische Änderungen sowie eine Betonung des Ganzen durch einen zentralen Turmkuppelbau mit der von Brütt geschaffenen Monumentalgruppe der öffentlichen Gesundheitspflege über dem Eingangsportal. Im übrigen bildete das Ganze ein zerlegbares Eisen-Glas-Bauwerk, aus dessen einzelnen Gliedern beliebige Grundrißformen gebildet werden konnten (5).

Auszeichnungen: Dankdiplom der Ausstellung für die Giebelgruppe vom 15.10.1883
Abb.: Nissenhaus B 2086 I, S. 4
Lit.:

(1) Zentralblatt der Bauverwaltung 3, 1883, S. 56, 57-58, 121-122, 164-166, 346-347
(2) Baugewerkszeitung 15, 1883, S. 121-124
(3) Wochenblatt für Architektur und Ingenieurwesen 5, 1883, S. 245
(4) Deutsche Bauzeitung 17, 1883, S. 80-82
(5) Deutsches Bauhandbuch, Bd. 2, Berlin 1884, S. 640
(6) Steckner, Sparsamkeit (1981), S. 17

Verlobung und Italienwanderung 1883

Brütt verkehrte im Haus des Potsdamer Gymnasialprofessors und Archäologen Richard Schillbach (1827-1913), das ein Treffpunkt junger Künstler war. Ein Freund Brütts, der spätere Architekt und Hochbaumeister Carl Schneider, hatte eine Tochter des Hauses kennengelernt und die Bekanntschaft ihrer Schwester Margarethe mit Brütt angebahnt.

1883 hatten sich die ersten geldbringenden Erfolge eingestellt, und Brütt verlobte sich mit Margarethe Schillbach, um anschließend mit Hans Olde eine Fußreise nach Italien zu unternehmen. Man könnte nach einer Andeutung der Autobiographie (S. 36) annehmen, Brütt habe von seinem künftigen Schwiegervater die Reise finanziert bekommen, tatsächlich bestritt er die Reisekosten selbst; der befreundete Bildhauer Max Kruse (1854-1942) versorgte nach den erhaltenen Briefen an die Verlobte Brütt in Italien mit Geld.

Am 9. Juni 1884 gab es schließlich im Hause Schillbach eine Doppelhochzeit: Schneider heiratete Elisabeth Schillbach, Brütt Margarethe Schillbach (1864-1943).

Das Doppelporträt seiner Schwiegereltern (Nr. 75) ist das erste der Archäologenporträts von Adolf Brütt. Sein Schwiegervater Prof. Dr. Richard Schillbach (1827-1913) hatte während eines längeren Griechenland- und Kleinasienaufenthaltes zusammen mit dem später von Brütt porträtierten Alexander Conze (Nr. 239 u. 240) den Peloponnes bereist. Nach anschließendem Italienaufenthalt erschien als Ausbeute eine Reihe von Schriften zur klassischen Antike, die für Schillbach zur Grundlage vielfältiger, für Brütt bedeutsamer humanistischer Aktivitäten wurden. Ähnlich wie der Kieler Archäologe P.W. Forchhammer machte sich Schillbach um das Turnen verdient; er forderte 1862 den Turnunterricht für Mädchen. Schillbach war ferner in der Friedensbewegung wirksam und förderte das „Deutschtum im Ausland". Diese vielfältigen Verbindungen machten das Haus Schillbach zu einem bis nach Berlin hin attraktiven Treffpunkt junger Künstler, darunter Adolf Brütt.

Archivalien: Nachlaß K.P. Brütt, LAS, Abt. 399. 10
Lit.:

(1) K.P. Brütt, Beiträge zur Geschichte der Familie Schillbach, Heft 5, September 1931

50. Sonst – Jetzt, 1883

Federzeichnung
aquarelliert, Postkarte 9 x 13 cm
Privatbesitz Gauting

Die nach dem kaum leserlichen Stempel wohl 1883 für Hans Olde gezeichnete Bildpostkarte zeigt Brütt in der damaligen, von Wilhem Busch karikierten Künstlertracht der Zeit, die er auch bei seiner Italienwanderung trug. Die Zeichnung spielt auf die Veränderung seiner finanziellen Lage durch die großen Aufträge (Nr. 47 u. 49) an. Sein Verdienst ist die Voraussetzung für den Entschluß zur Heirat mit Margarethe Schillbach, aus deren Elternhaus in Potsdam er am 27.7.1884 an Hans Olde schreiben kann: ".. habe in den letzten drei Jahren doch immer über 3000 Mrk. verdient." (Nachlaß Olde, Landesmuseum Schleswig)

51. Porträt Margarethe Schillbach, 1883

Bleistiftzeichnung, Dm 30 cm
Nissenhaus B 2067

Die Zeichnung zeigt die mit Brütt verlobte Margarethe Bertha Schillbach (1864-1943). Die Zeichnung ist mit einer von Hans Olde signierten Porträtzeichnung seiner Schwester Anna Olde vom 15.1.1881 zu vergleichen (Nissenhaus B 2071, nicht bei Gantner, Olde), was auf die künstlerische Parallelentwicklung hinweist. Während Olde durch die zu den Blattecken hin leichter werdende Zeichnung das Gesicht der Schwester hält, und durch die Spannung der Schwärzung von Halstuch und gescheiteltem Haar an die Blattdiagonalen bindet, wird die auf Volumenwirkung hin ausgearbeitete Profilzeichnung von Brütt medaillonartig im richtungslosen Kreis gehalten, so daß die Ausgewogenheit einer Porträitmedaille erzielt wird.

52. Ponte Rialto, 1883 (Abb. S. 38)

Bleistiftzeichnung, ca. 10 x 8 cm
Bez.: „Venedig Ponte Rialto"
Nissenhaus B 2087, S. 20

Die auf einem Albumblatt mit anderen Zeichnungen zusammen eingeklebte Ansicht zeigt einen Blick auf die Kirchenkuppeln bei der Rialtobrücke.

Auf 16 großformatigen Blättern im Reisealbum B 2087 dokumentiert neben eigenen und gekauften Photographien eine Reihe von eingeklebten Zeichnungen, von denen hier nur zwei (und das Porträt Hans Oldes S. 37) ausgewählt sind, die gemeinsam mit Hans Olde Ende Mai 1883 unternommene Fußreise von München nach Innsbruck, wo Brütt das Grabmal Kaiser Maximilians sah, über den Brenner bis nach Venedig (vgl. Autobiographie S. 36 f.). Von hier aus hat Brütt den Weg allein nach Florenz fortgesetzt, wo er Anfang Juli 1883 ankam.

Die Statue des Theoderich vom Maximiliangrab in der Hofkirche zu Innsbruck gehört zu den Voraussetzungen von Brütts Siegesallee-Skulpturen.

(1) Steckner, Sparsamkeit (1981), S. 20

(2) Ausstellungskatalog: Nordfriesische Künstler in Italien (1818 – 1924), Husum 1989, S. 27

53. Florenz, 1883

Bleistiftzeichnung, 12 x 19,5 cm
Bez.: „Florenz. 8.7.83"
Nissenhaus B 2087, S. 29

Die Zeichnung zeigt einen Blick über das im Arnotal daliegende, von der Domkuppel überragte Florenz; im Vordergrund die Nachformung des David des Michelangelo auf der Terrasse des Piazzale Michelangiolo.

Am Ziel seiner Reise hatte Brütt am 6.7. an seine Verlobte Margarethe Schilllbach geschrieben: „Das was mich am meisten nach Italien zog, die Werke Michelangelos, habe ich nun gesehen ... ich will Dir sagen, daß es wohl schön ist all die großen vielgepriesenen Kunstschätze zu sehen und sich darüber zu freuen, aber ein besserer Künstler werde ich doch nicht davon und wenn einer glaubt, daß es notwendig für einen Künstler ist, nach Italien zu gehen, dann sage ich ihm, das ist Archäologengeschwätz. Ich behaupte sogar, daß es schädlich für einen selbständig schaffenden Künstler ist, sich lange in Italien aufzuhalten. Ich bin zu der Ansicht gekommen, daß das einzigst Wahre ist, sich mit der Nase auf die Natur zu drücken und zu suchen, das Höchste zu erreichen, was man durch seine schwachen Kräfte erreichen kann." (Nachlaß Brütt, Nissenhaus)

Das eigene Atelier 1884

Nach Auskunft der Autobiographie S. 38 wurde Brütt vom Vater seines Schwagers Carl Schneider unterstützt. Nachdem Brütt zusammen mit dem Maler Peter Paul Müller ein gemeinsames Atelier in der Händelstraße gehabt hatte, wohnte er zunächst noch Alt Moabit 15. Möglicherweise hatte er auch dort ein Atelier, bis er in den Garten Friedrichstraße 100 ausweichen konnte. Zu Anfang Juli 1885 bezog Brütt sein erstes eigenes Atelier im Stadtbahnbogen 214 am Schiffbauerdamm 11, wo er bis 1890 blieb. Die Wohnung des jungen Ehepaars Brütt lag nun in der Gerhardstr. 7.

1884 erschien im Deutschen Bauhandbuch eine allgemeine Charakterisierung von Bildhauer-Ateliers: „Während die Kunstleistungen des Malers mit seltenen Ausnahmen nur eigenhändige sind, fällt bei denjenigen des Bildhauers ein namhafter Theil der Ausführung nicht allein den auf einen gewissen Durchbildungsgrad gebrachten Schülern, sondern auch gewissen Hülfsarbeitern, den ‚Pointeuren' und ‚Praktikern' zu. Die Pointeure sind stereometrisch gebildete Leute, welche, lediglich vom leblosen Modell ausgehend, den Thonklumpen bezw. Steinblock in gewisse Allgemeinformen bringen, während die Praktiker die spezielle Ausarbeitung unter der Leitung des in der ermüdenden Meisselarbeit oft weniger geübten Meisters besorgen – mitunter so weit, dass dem Werke nur durch wenige Meisselschläge oder Striche das Gepräge der Meisterarbeit gegeben wird. Neben jenen Hülfsarbeitern fungieren unter Umständen noch als Atelier-Gehülfen die oft in einer Person des Praktikers vereinigten Former und Giesser." Brütt konnte als ausgebildeter Steinmetz von vornherein auf Pointeur und Praktiker verzichten; später hat ihm diesen Dienst sein Studienkollege Franz Tübbecke (1856-1937) wohl mit einer vom befreundeten Max Kruse (1854-1942) erfundenen Kopiermaschine (1) abgenommen.

Wenn man die „allgemeinen Rücksichten" zusammenfaßt, so bestimmte der Werkprozeß die innere Anordnung und Größe des Ateliers, „insofern es sich um Ausführung von Werken in Stein, oder auch nur um Herstellung von Gips- und Thonmodellen handeln kann, denen erst durch weitere Abformung in keramischer oder Gusstechnik bleibende Dauer gegeben werden soll." (Junk) So scheint das Atelier von Brütt nach dem Ölbild von Hans Olde (Abb. S. 11) aus Modellier- und Formraum bestanden zu haben, in dem ein Gehilfe mitwirkte.

Meist lieferte der Bildhauer nur die dauerhafte Gipsabformung. Wenn man nicht den durch Schinkel eingeführten Zinkguß oder Kupfertreibarbeit für Dachbekrönungen wählte, wurden viele Bauskulpturen direkt vom Gerüst nach den Abformungen gearbeitet. In anderen Fällen wurden die Tonmodelle nur gebrannt, um sie dauerhaft haltbar zu machen (z.B. Nr. 100). Oft warteten die für Bronze bestimmten Gipsmodelle wie der „Fischer" (Nr. 95) lange Jahre, bis das Kapital für den Guß bereit stand. Überhaupt war die Bronzeindustrie noch in ihren Anfängen.

Lit.:
(1) Steckner, Sparsamkeit (1981), S. 49 u. Abb. 44

54. Die Stadtbahnbögen, 1884 (Abb. S. 39)

Federzeichnung,
aquarelliert, 20 x 24,5 cm
Beischrift: „Berlin 84“
Nissenhaus B 2087, S. 39

Die Federzeichnung zeigt die Stadtbahnbögen, wie Brütt später beigeschrieben hat, „von Alt Moabit 15 aus gesehen.“ In einem der Stadtbahnbogen wird das erste eigene Atelier liegen: Schiffbauerdamm 11, Stadtbahnbogen 214.

Links:
55. Innenaufnahme des Stadbahnbogenateliers, nach 1885

Photographie von Adolf Brütt
Nissenhaus B 2086 I, S. 4

Zusammen mit dem in Berlin tätigen Illustrator Ewald Thiel (geb. 1855) hat sich Brütt (rechts) in seiner Berliner Atelierumwelt dargestellt. Im Hintergrund stehen vor einem Dünenbild von Hans Olde die Büste von Leopold Rau (Nr. 31) sowie die säugende Eva (Nr. 58) samt dem Konkurrenzmodell Nr. 91. Eine Löwengruppe (Nr. 62) ist fertig modelliert, ebenso das Modell für die Tiergarten-Villa Schönfeldt von Gustav Hochgürtel (Nr. 59).

Rechts:
56. „Atelier-Ecke im Stadtbahnbogen“, nach 1885

Photographie von Adolf Brütt
Nissenhaus B 2086 I, S. 3

Eine andere Ecke des Ateliers als Nr. 55 zeigt diese Interieuraufnahme von Brütt. Die sichtbaren Werke sind im Anschluß aufgeschlüsselt (Nr. 61, 64, 65, 66, 71), der offensichtlich gerade in Arbeit befindliche Tischaufsatz auf dem Modelliertisch rechts folgt weiter unten (Nr. 134).

57. Arbeiter und Sphingen, 1884

wohl Metallguß, wohl „lebensgroß"
Architekt: Adolf Heyden (?)
Ausführung: Guß bei Lauchhammer nicht erhalten

Im Nachlaß Brütt ist die Aufnahme einer von muskulösen Arbeitergestalten flankierten Bühnenöffnung erhalten, ein später zugesetztes Datum datiert 1884. Links ein junger Waffenschmied, mit der Linken auf den Amboß gestützt, in der Rechten einen Säbel haltend, rechts ein bärtiger älterer Schmied, im Begriff, im Ruhestand seine Schürze abzunehmen. Man muß nicht erst auf den Kontrast des Baldachinboges zu den Arbeitergestalten und wiederum zu dem Sockelornament aufmerksam machen. Als Arbeiter ist der Typus des Schmiedes gewählt. Die Arbeitergestalten sind in denkbarer selbstbewußter Natürlichkeit gezeigt, jegliches Pathos fehlt. So hat der Industriearbeiter das Selbstbewußtsein des selbständigen Handwerkers. Auch für den heutigen Betrachter setzen sich diese Gestalten gegen das Ornament durch. Hier ist die den „Fischer" von 1887 (Nr. 95) kennzeichnende Charakterisierung des Sozialtypus völlig ausgebildet, das zugrundegelegte Motiv des sozialen Handelns gegen die Arbeitsweltgefahren zudem verwandt. Die dazugesetzten Sphingen weisen in zweiter Ebene auf „unerwartete Prankenschläge" schlafender Gefahren hin. Offen bleibt, ob nicht der junge Arbeiter in der Gestalt des alten Arbeiters zu einem späteren Zeitpunkt gemeint ist und damit seine Vorsorge für kommende Schicksalsschläge.

Die geschwungenen Ornamente und der im Zentrum des Bühnenbogens eingefügte Wappenschild mit Reichskrone und Putto zeigen die zu Ende der Regierungszeit Wilhelm I. herausgebildete Formensprache ähnlich dem von Brütt modellierten Porträtrelief des Kaisers (Nr. 66).

Von den Arbeitergestalten her würde man die gesamte Arbeit gern ins Ende der achtziger Jahre setzen, doch ist das Werk sowohl durch die Beischrift der Photographie wie durch einen Brief vom 16.6.1884 an Hans Olde (Nachlaß Olde, Landesmuseum Schleswig) datiert: „Die Sphingen sind schon geformt und nach Lauchhammer zum Guß gebracht, wohin ich wahrscheinlich in einigen Wochen mal reisen werde, um das Ziselieren anzuordnen." Ein am 27.7.84 in Potsdam geschriebener Brief berichtet von einer Abschlagzahlung für die Sphingen. Das 1933 in der Firmenschrift „Lauchhammer Bildguß" gedruckte Verzeichnis S. 300 ff. nennt die Sphingen jedoch nicht. Die Arbeiterfiguren werden dagegen in der Korrespondenz nicht genannt. Man könnte an zwei verschiedene Aufträge denken; die Werklisten im Nachlaß lassen jedoch nur einen gemeinsamen Auftrag von Sphingen und Arbeitergestalten zu.

Es bleibt die Frage nach dem Hintergrund des Auftrages für die „Unfallausstellung". Ein Zusammenhang mit der Berliner Hygieneausstellung 1883 schließt vom Datum her aus. Die Arbeitergruppe würde gut zu der unter der Ehrenpräsidentschaft von Tonio Bödiker (1843-1907) durchgeführten „Deutschen allgemeinen Ausstellung für Unfallverhütung" in Berlin 1889 passen (1), zumal Brütt selbst die Arbeiterfiguren einer „Unfallausstellung" zuordnet und 1894 seine Arbeitergestalten Nr. 57 im Jahre 1894 zur Treppenhausgruppe von Bödikers Reichsversicherungsamt weiterentwickelt (Nr. 170). Doch läßt sich die Bühnendekoration nicht im Rahmen der Ausstellung von 1889 nachweisen. Aber hat man für eine ephemere Dekoration Metallguß gewählt – nach der Wahl der Gießerei Lauchhammer zu urteilen wohl Eisenguß? Die Abbildung läßt das Material der Sphingen nicht sicher erkennen, Brütt hat in seinem Werkverzeichnis Gips für die Figuren, Sandstein für die Sphingen angegeben, doch die Abbildung zeigt eher einen Metallguß. Jedenfalls muß der frühere Versuch, die bei Lauchhammer gegossenen Sphingen für das Regierungsgebäude in Kassel in Anspruch zu nehmen (Steckner, Sparsamkeit, S. 15 u. 35), fallen gelassen werden, da die Kasseler Sphingen doch aus Sandstein gefertigt wurden. Da somit die Möglichkeit von zwei Aufträgen zu Sphingen aus Stein und aus Metall ausschließt, kann nur ein Sphingenpaar bei Lauchhammer entstanden sein. Waren es Zinkfiguren?

Der Aufwand und die in den Vordergrund gesetzte Reichskrone über dem Wappen Preußens sowie die unter dem Bogen sichtbare Reichsflagge lassen an eine wichtige Veranstaltung Ende 1884 oder Anfang 1885 zum Inkrafttreten des Unfallversicherungsgesetzes denken. Die Arbeiterbilder waren jedoch auch nicht über eine vom Datum her denkbare Zusammenarbeit mit Adolf Heyden greifbar, obgleich dem gesamten Aufbau eine gewisse Verwandtschaft mit der Ausstattung der Französischen Botschaft nicht abzusprechen ist.

Zwei kleine Bleistiftzeichnungen zu Sphingen

im Nachlaß Brütt könnten sich auf das Gußvorhaben beziehen, der zeichnerische Stil paßt zum Zeitrahmen. Zu den Arbeitergestalten fanden sich keine Unterlagen. Das durch sie verkörperte Anliegen wird vom sozialpolitischen Hintergrund des Zeitraums 1881 – 1889 her verständlich (1, 2 u. 3).

Das Werk ist auf 1884 zu datieren, als auch Brütts erste Fassung der „Eva" (Nr. 58) entstand, die damit in ganz ähnlichem Zusammenhang steht, wie die zum Denkmal der Arbeit gehörende „Mutterschaft" von Constantin Meunier. Bei Brütt liegt jedoch der von Leopold Rau übernommene Grundgedanke der gebenden und versagenden Natur zugrunde, was durchaus mit der von Emile Zola her bekannten moralstatistisch begründeten künstlerischen Wahrheit des Naturalismus zusammenhängen kann (4): Zur gebenden und versagenden Natur gehört auch der mit statistischer Wahrscheinlichkeit kommende Schicksalsschlag, den Brütt durch die Sphingen zu verkörpern suchte.

Abb.: Nissenhaus B 2086 I, S. 6

Lit.:

(1) Robert C.W.Platz, Offizieller Bericht der Deutschen Allgemeinen Ausstellung für Unfallverhütung 1889, Bd.1, Berlin 1890, S. VIIff.

(2) Ludwig Heyde, Abriß der Sozialpolitik, 5. Auflage, Leipzig 1928, S. 29f.

(3) A.O. Klaußmann (Hg.), Kaiserreden (1902), S. 86

(4) Adolf Stern, Geschichte der neueren Litteratur, Bd. 7, Leipzig 1885, S. 420

58. Säugende Eva, 1884

Gips, etwa lebensgroß (H = ca. 1 m)
nicht erhalten (Brütt: „zerstört")

Die „Eva" von Brütt folgt in der geschlossenen Komposition und in verschiedenen Details wie dem Oberkörper und den aus kompositionellen Gründen gekreuzten Unterschenkeln der „Gebenden und versagende Natur" (1878) von Leopold Rau (3, Abb. 10, S. 13).

Die Eva datiert ein Brief vom 20. Juli 1884 an Olde: „Jetzt habe ich auch mehr Ruhe, denn meine Eva ist fertig geworden..." (Landesmuseum, Schleswig)

Die Eva entstand zur Zeit der Hochzeit von Brütt mit Margarethe Schillbach, was sich sicher auf die Motivfindung auswirkte. Zugleich darf nicht vergessen werden, daß die Eva von 1884 in ganz ähnlichem Zusammenhang steht, wie die zum Denkmal der Arbeit gehörende „Mutterschaft" von Constantin Meunier, was bei Brütt auch den Umstand zum Hintergrund haben kann, daß er sich nach verschiedenen gewinnbringenden Aufträgen für heiratsfähig hielt.

Abgesehen von unmittelbaren Zeitumständen ist die sich über Jahrzehnte erstreckende, mythologische Typen berührende Auseinandersetzung zu berücksichtigen, die z. B. die Gruppe „Kain und Abel" (Nr. 30) und die „Eva" als Mutter der feindlichen Brüder miteinander verbindet (Nr. 117-120). Unschwer zu erraten, daß mit den unterschiedlich angenommenen Opferfeuern Kain und Abels an die gebende und versagende Natur gedacht ist. Das ist zum Schaden Brütts bei seiner Eva von 1884 nicht sichtbar. Auch liegt bei ihr schon im „gemalten" Inkarnat, im „Pellemachen", etwas Kokettes, Süßliches, das in den strampelnden Kinderbeinen auch aus der Komposition herausbricht: „Es ist begreiflich, daß ein so scharf ausgesprochenes Talent wie Reinhold Begas die heranwachsende Generation mit stetig wachsender Gewalt in seine Kreise bannt. Seine wirksame Art der Inscenierung, seine volle Hingabe an die Neigungen einer den Luxus liebenden Gesellschaft und sein Hang zu üppiger Formgebung, welche selbst vor einer mehr oder weniger starken Frivolität nicht zurückschreckt, alle diese Eigenschaften wirken nur zu verlokkend auf junge Künstler. Diese glauben, durch eine geistvolle und pikante Inscenierung des strengen Studiums enthoben zu sein, und ein Stück von einem Michelangelo fühlt am Ende jeder in sich. So ist die Entstehung der üppigen Venus von Eugen Börmel mit dem modern-koketten Kopfe auf dem überfetten Rumpfe, so die Entstehung der massiven Eva mit einem Kinde an der Brust von Adolf Brütt zu erklären."(1) Das saß. Brütt blieb am Thema und kam 1889 mit seiner ureigenen „Eva" (Nr. 117-120).

Ausstellungen: Königliche Akademie Berlin 1884

Abb.: Nissenhaus B 2086 I, S. 2 und B 2723, nach S. 66 (hier reproduziert)

Lit.:

(1) Adolf Rosenberg, in: Zeitschrift für Bildende Kunst 20, 1884, S. 14

(2) Katalog der 57.Ausstellung der Königlichen Akademie der Künste in Berlin 1884, Nr. 936

(3) Steckner, Sparsamkeit (1981), S. 20

59. Eva, 1884

Federzeichnung, 18,5 x 16 cm
Bez.: „Eva“, sign: „A.Brütt“
Nissenhaus B 2723, nach S. 66

Bei der Berliner Ausstellung 1884 veröffentlichte Brütt eine Federzeichung (1), die sich im Original erhalten hat. Deutlich ist zu erkennen, daß es sich um eine Umzeichnung eines von ihm selbst gemachten, leicht verzerrten Photos der Plastik handelt (B 2723, nach S. 66). Es kann damit nachgewiesen werden, daß Brütt frühzeitig das Medium Photographie nicht nur als Vorlage zu plastischen Werken, sondern auch als Hiflsmittel für die Präsentation seiner Werke verwendet hat.

Lit.:
(1) Katalog der 57.Ausstellung der Königlichen Akademie der Künste in Berlin 1884, Nr. 936

60. Brunnenmaske, um 1884

Wohl Keramik, Maße unbekannt
Architekt: G. Hochgürtel
nicht mehr nachweisbar

Eine Aufnahme des Ateliers von Brütt im Stadtbahnbogen Nr. 214 (Nr. 55) zeigt eine Brunnenmaske, die in Stein für eine Brunnennische der Villa des Bankiers Schönfeldt in der Großen Queralle in Berlin Tiergarten ausgeführt wurde. Architekt G. Hochgürtel wird genannt, nicht jedoch Brütt (1). Brütts Arbeit orientiert sich an römischen Vorbildern; seine Charakterisierung gibt dem Wasserspeier etwas Schalkhaftes.

Abb.: (1) u. S. 104
Lit.:
(1) Bau- und Kunstgewerbe-Zeitung für das Deutsche Reich, Jg. 4, 1888, S. 28-29, Tafel 14

61. Büste Luise Jädicke, geb. Schneider, um 1885

Büste, lebensgroß
nicht erhalten

Eine weibliche Büste ist sowohl auf der photographischen Atelieraufnahme Nr. 56 wie auf dem Ölbild von Hans Olde von 1886 im Atelier im Stadtbahnbogen während der Abformung sichtbar (Abb. S. 11). Über dieses Frauenporträt ist nichts weiter bekannt, allerdings besteht die Möglichkeit, daß es sich um eines der Familienporträts handelt, vielleicht die von Brütt in seiner Werkliste erwähnte Gipsbüste Luise Jädicke, geb. Schneider, die er von der Büste Luise Schneider (Nr. 94) von 1886 unterscheidet, aber gleichzeitig datiert.

62. Löwen, 1884

Modelliermasse, Maße unbekannt
nicht erhalten

Naturstudie nach Vorstudien im Berliner Zoo (vgl. Nissenhaus B 2085); möglicherweise im Zusammenhang mit der Gruppe kämpfender Löwen (Nr. 63) entstanden, und ausgestellt 1884 zusammen mit der ersten Version der „Eva“ (Nr. 58). Die von Kurt Brütt im Werkverzeichnis gemachte Angabe „Löwengruppe, Marmor“ trifft auf ein für Georg Mardersteig entstandenes Werk zu (Nr. 343), das dann möglicherweise auf die fünf erhaltenen Zoo-Studien von 1884 zurückgeht (Nissenhaus, in B 2085).

Abb.: Nissenhaus B 2084, S. 21 (s. Abb. S. 104)
Ausstellung: Katalog der 57. Ausstellung der Akademie der Künste, Berlin 1884, Nr. 937

63. Kämpfende Löwen über einem Leblosen, um 1885

plastische Skizze, Ton oder Gips, Maße unbekannt
nicht erhalten

Zwei ineinander verbissene Löwen über einem in einen Mantel gehüllten liegenden Leblosen. Die im Berliner Zoo gemachten Vorstudien zeigen, daß die Löwengruppe (Nr. 62) als parallel ausgeführte Arbeit anzunehmen ist. Diese Arbeit ist nur durch eine Nachlaßaufnahme überliefert.

Abb.: Nissenhaus B 2086 I, S. 11

64. Gruppe, um 1885

Modelliermasse, Maße unbekannt
nicht erhalten

Die Atelieraufnahme Nr. 56 zeigt die Skizze einer Gruppe. Eine männliche Gestalt zieht einen Leblosen zu sich heran. Durch ein beigegebenes Netz und einen großen Fisch (?) bzw. einen Eberkopf (?) ist der Leblose als Verunglückter gekennzeichnet. Daher kann es sich bei der Gruppe nicht um eine Skizze zu „Kain und Abel" (Nr. 30) handeln. Brütt hat hier weiter am Thema der Portalgruppe der Hygiene-Ausstellung gearbeitet und eine Vorstufe zum Fischer von 1887 formuliert.

65. Flügelgestalt, nach 1880

Material und Größe unbekannt (Abb. S. 105)
nicht erhalten

Weibliche Flügelgestalt ähnlich Gustav Eberleins Viktoria der Kunstausstellung 1880 (1). Die Atelierinnenaufnahme Nr. 56 von Brütts Stadtbahnbogenatelier zeigt an, daß die Figur vor 1890 entstanden sein muß. Sie könnte als Viktoria mit dem Relief Nr. 66 zusammen Ausstattungsstück einer Kaiser Wilhelm-Geburtstagsfeier gewesen sein, da Brütt in seinem Werkverzeichnis notiert „Victoria. Geburtstagsfeier Wilh." An einen Zusammenhang mit dem später entstandenen Grabengel Nr. 220 ist zu denken.

Abb.: Nissenhaus B 2086 I, S. 8

Lit.:

(1) Adolf Rosenberg, Gustav Eberlein, Bielefeld und Leipzig 1903, S. 36, Abb. 2

66. Kaiser Wilhelm , Relief, nach 1880

Material und Maße unbekannt (Abb. S. 105)
nicht erhalten

Das Atelierphoto Nr. 56 zeigt ein bekröntes Profilrelief des Kaisers in einem palettenförmigen Rahmen auf einer Staffelei, gehalten von einem Putto. Das verwendete Material könnte Gips sein.

Es scheint sich um eine Arbeit für eine Kaiser Wilhelm-Geburtstagsfeier zu handeln und kann zusammen mit Nr. 65 entstanden sein; eine Durchsicht der Geburtstagsfeier-Berichte in der Kreuzzeitung erbrachte allerdings keinen Hinweis auf ein Werk von Brütt. Die Krone ist auch in der Ausführung der Bekrönung der Arbeitergruppe verwandt (Nr. 57).

67. Zigarrenanzünder, nach 1880

Silber, Maße unbekannt.

Brütt nennt in seiner Werkliste einen „Zigarrenanzünder Silber für Kaiser W[ilhelm]". Diese Arbeit war nicht näher bestimmbar.

68. Thermometerhalter, nach 1880

Gips, Maße unbekannt
nicht mehr nachweisbar

Drei ein Thermometer enthüllende Putten. Das erhaltene Modell entstand nach Brütts eigenen Angaben für Frau Baurat Maria Wächter, geb. Schneider.

Abb.: Nissenhaus B 2086 II, S. 62

69. Spiegel, nach 1880

Material und Maße unbekannt

Ein Wandspiegel und ein Standspiegel aus Kunststein werden beide von Kurt Brütt als Besitz Dr. Hans Brütt genannt. Diese offensichtlich zusammengehörigen Spiegel sind nicht mehr nachzuweisen.

70. Skizze, nach 1880

Modelliermasse, Maße unbekannt
nicht erhalten

Skizze zu einer sitzenden polyphemartigen Riesengestalt mit kleineren menschlichen Gestalten.

Abb.: Nissenhaus B 2084, S. 10

71. Knabe mit Kasten, nach 1880

Gips, fast lebensgroß
nicht erhalten

Die Atelieraufnahme Nr. 56 zeigt eine fast lebensgroße Knabenfigur, einen Kunsthandwerker oder Goldschmied darstellend, der in der rechten Hand den Treibhammer, mit der linken Hand ein Kästchen hält.

Die Darstellung ist in der Auffassung eine Zwischenform zwischen den arbeitenden Putten auf den Säulenschäften des Kaiserpalastes für Straßburg (Nr. 88) und den späteren Arbeiterfiguren.

Abb.: Nissenhaus B 2086 I, S. 3

72. Dekorative Reliefs, nach 1880

Gipsskizzen, Maße unbekannt
nicht mehr nachzuweisen

Der Nachlaß Brütt überliefert im Photo zwei symmetrisch zusammengehörige Reliefs mit liegenden weiblichen Figuren und blumenstreuenden bzw. geigespielenden Putten. Zu den aufgrund des Reliefstils relativ früh anzusetzenden Modellen ist nichts weiter bekannt als die wohl hierauf zu beziehende Angabe „Dekorative Reliefs in Kiel" in Brütts Werkliste.

Abb.: Nissenhaus B 2086 I, S. 10

73. Elisabeth und Carl Schneider, 1884

Reliefteller aus Zinn, Maße unbekannt
Nicht erhalten

Das Relief des Schwagerehepaars von Brütt entstand als Grundmodell für die Spiegel von Zinntellern, die vielleicht anläßlich der Hochzeit in Potsdam am 9. Juni 1884 Verwendung fanden. Die Angaben im Nachlaß lassen nicht eindeutig erkennen, ob es sich um ein Doppelporträt – was anläßlich der Hochzeit des Paares wahrscheinlich ist - oder um zwei Reliefs in der Art von Nr. 74 handelte.

74. Adelheit Schillbach, 1884

Porträtmedaillon, Gips, Dm 15 cm
Bez: „AB 1884"
Nissenhaus B 2657

Porzellanteller mit dem Profilporträt im Zentrum mit Negativform, die als Matrize gedient zu haben scheint. Das grau getönte Relief ist zugleich eine zum Schutz des Modells gemachte Ausformung. Der Versuch Brütts, seine Schwiegermutter Adelheit Schillbach (1824-1911) zu porträtieren, steht wie die Gipsbüste (Nr. 221) und die plastischen Elemente für die Rahmen der Bilder von Hans Olde (Nr. 79 u. 80) in engem Zusammenhang mit der von Georg Treu angeregten Ausstellung farbiger Bildwerke in Berlin (Ausstellung farbiger und getönter Bildwerke in der Königlichen Nationalgalerie zu Berlin 1885).

75. Porträt Richard Schillbach, 1884

Porträtplakette, wohl Gips
nicht erhalten

Eine Darstellung seines Schwiegervaters Richard Schillbach nennt eine Aufstellung von Porträtreliefs und -plaketten im Nachlaß Brütt, allerdings für 1886 datiert; Kurt Brütt gibt an: „Gipsplakette". Es ist nicht unwahrscheinlich, daß auch dieses Porträt zu den anläßlich der Doppelhochzeit Brütt-Schneider entstandenen Porträts Nr. 73 u. 74 gehört.

76. Doppelporträt Richard und Adelheit Schillbach, wohl 1885

Bleistiftzeichnung, H ca. 10 cm
Bez.: „Richard & Adelheit Schillbach" und „AB ca. 1884/85" (spätere Aufschrift)
Nissenhaus B 2087, S. 41

Da die Zeichnung von einem Kreis umzogen ist, kann es sich bei der Zeichnung nur um die Entwurfskizze zu Nr. 77 handeln.

77. Doppelporträt Richard und Adelheit Schillbach, wohl 1885

Porträtplakette, wohl Gips und Bronze, Dm ca. 10 cm
kein Exemplar nachweisbar

Gips- und Bronzeplakette mit Profilreliefs der Schwiegereltern von Adolf Brütt. Auf sie könnte sich die in Brütts Werkliste mit zwei Nummern versehene Notiz „Doppelplaketten" beziehen, die am Anfang einer Reihe von Reliefs von Familienmitgliedern steht. Eine im Nachlaß Brütt erhaltene Bleistiftzeichnung (Nr. 76) mit Angabe des Plakettenumrisses ist wohl die Vorlage zu diesem Doppelporträt; demzufolge. scheint die Medaille einen entsprechenden Durchmesser gehabt zu haben. Vom Datum her kann es sich nicht um ein für die Grabstätte Schillbach auf dem Kirchhof der Kaiser-Wilhelm-Gedächtniskirche in Berlin-Charlottenburg gedachtes, als weit größer anzunehmendes Relief handeln. Das Grab wird von W. Wohlberedt, Grabstätten bekannter und berühmter Persönlichkeiten in Groß-Berlin und Potsdam mit Umgebung (1932-1950) nicht genannt.

Seekamp und Berlin 1885

„Solche Gruppen, die hinausziehen aus der Stadt, um im Dorfe wieder der Natur nahe zu kommen, sind das Bezeichnende für die Landschaft unseres ganzen Jahrhunderts...: In Dachau bei München, in Grötzingen bei Karlsruhe, in Mittenwalde, in Goppeln bei Dresden, in den hessischen Dörfern, in Seekamp bei Friedrichsort, in Ahrenshop bei Stralsund und sonst in versteckten Winkeln, und neuerdings wieder in dem Dorfe Worpswede bei Bremen."(1)

Das hier genannte Gut Seekamp nördlich von Kiel, das Elternhaus Hans Oldes, wurde um 1885 ein Treffpunkt für Malerfreunde Oldes und Brütts aus München und Berlin, die hier arbeiteten oder weiterzogen nach Eckernförde oder auf die Insel Fanö. Frühe Aufenthalte von Walter Leistikow (1865–1908) und Lovis Corinth (1858–1925) sind wahrscheinlich; ein Besuch von Hans Schlittgen (1859–1930) ist für den Sommer 1885 bezeugt.

Diesen Sommer verbrachte auch Brütt auf Seekamp, der dort mit dem Freund gemeinsam arbeiten wollte, nicht zuletzt, um die erste, für das Ende des Jahres geplante Ausstellung Oldes in Hamburg vorzubereiten. Diesem Aufenthalt ging ein im Selbstzweifel am 15.3.1885 in Berlin niedergeschriebener Brief an Olde voraus: „Weißt Du Hans, mir ist bei unserer gemeinschaftlichen Reise aufgefallen (und dir gewiß auch), wie unsere Art und unsere Ansichten in den letzten Jahren auseinander gegangen sind, obgleich wir ein gleiches Ziel verfolgen... Mir ist hauptsächlich aufgefallen, daß Du etwas sehr Behutsames ja fast Zaghaftes bekommen hast und ich, wie ich leider im Gegensatz zu Dir eingestehen muß, etwas Großschnäuziges und Rechthaberisches, was allzulange mich befleißigt. Im Grunde bin ich aber vielleicht weniger von meiner Berufenheit zum Künstler überzeugt, als Du denkst. Ich weiß wohl, was ich kann, aber das ist noch nicht das, was ich möchte und vielleicht nie können werde. Du dagegen kannst meines Erachtens mehr, als Du glaubst. Im Grunde also hast Du, glaube ich, mehr Selbstvertrauen als ich." Dieser Brief ist der Anstoß zu verstärkter gemeinsamen Arbeit (Nr. 79 – 81) bis hin zum gemeinsamen Zeichnen und Aquarellieren auf Seekamp (Nr. 82 u. 83).

Trotz aller Selbstzweifel: 1885 erhielt Brütt in Berlin und Kiel viele Aufträge, deren Gewinn indes nur gering war, da sich Ausführung und Bezahlung wegen allgemeiner Geldknappheit über Jahre hinzogen. Auch konnte Brütt in den meisten Fällen nur an Skizzen und Modellen in kleinem Maßstab verdienen, die von Spezialfirmen in den großen Maßstab in dauerhaftes Material übertragen wurden (vgl. Nr. 88 u. 89).

Lit.:
(1) Cornelius Gurlitt, Die deutsche Kunst des 19. Jahrhunderts, 2. Aufl., Berlin 1900, S. 590
(2) Gantner, Olde (1970), S. 14

78. Doppelporträt Brütt-Olde, um 1885

Photographie, ca. 10 x 6 cm
Nachlaß Brütt, Nissenhaus

Die Aufnahme ist von Brütt (rechts) oder dem gleichfalls photographierenden Hans Olde gemacht. Nach Kleidung (vgl. Nr. 50) und Alter fällt das Doppelporträt in die Zeit der gemeinsamen Arbeit auf Seekamp bei Kiel.

79. Möwen für Motivrahmen, 1885

wohl Holz geschnitzt, vergoldet
nicht erhalten

Hans Olde bestellte aus Seekamp bei Brütt in Berlin für drei seiner damals auf Fanö entstandenen Bilder als Applikationen für die Rahmen (64 x 74 cm) ruhig schwebende Möwen vollplastisch oder im Hochrelief; eine ausgestopfte Möwe sollte dabei als Modell dienen: „Ich möchte die Möwe versilbert rechts oben auf den Rahmen meiner 3 Fanö-Bilder anbringen, dieselben sollen aus glatten mattvergoldeten 20 – 25 cm breiten Eichenholzplatten bestehen. Für die ruhigen Stimmungen meiner Bilder, glaube ich, dürfte das die passenden Rahmen abgeben.“ (Hans Olde, 22.5.1885)

Es handelte sich um die Rahmen folgender Bilder von Hans Olde:

(I) „Spinnerin/Stube mit Sonnenschein“, 1885 (Gantner 9), verkauft an den Maler Max Nonnenbruch für 600 Mark. Zuletzt in Privatbesitz, Gauting.

(II) „Abend am Meer“, 1885 (Gantner 10), 1884 nach Amerika verkauft; nicht nachgewiesen.

(III) „Heimatstrand“, 1885 (Gantner 11); nicht nachgewiesen.

Ausstellungen: Hamburg 1885, München 1886

Lit.:

(1) Gantner, Olde (1970), S. 14

Im Park von Seekamp. Aquarell, 1885 (Nr. 83)

80. Motivrahmen mit schwebenden Schwalben für Hans Olde, 1885

wohl Holz, vergoldet, 95 x 130 cm
Rahmen nicht erhalten

Für das Bild „Unter Blütenbäumen / Bildnis Minna Olde / Dame im Garten" (95 x 130 cm, Kunsthalle zu Kiel; Gantner 12) waren die Blätter und Blüten auf dem Rahmen plastisch mit eingesetzten Schwalben belebt. 1888 wurde der plastische Schmuck anläßlich einer Freilichtmalerei-Ausstellung der Berliner Galerie Gurlitt in Berlin auf Oldes Wunsch von Brütt wieder entfernt.

Mit der Gruppe der vier durch plastische Elemente räumlich und thematisch vertieften Bilder trat Hans Olde bei einer Ausstellung im Dezember 1885 in Hamburg zum ersten Mal an die Öffentlichkeit.

Ausstellungen: Hamburg 1885

Lit.:

(1) Gantner, Olde (1970), S. 16.

(2) Ingeborg Kähler, Blühende Schönheit. Betrachtungen zu einem Mythos, ausgehend von einem Frauenbildnis Hans Oldes d. Ä., in: Nordelbingen 57, 1988, S. 85–110 (über den Rahmen: S. 99)

Sitzbank im Park von Seekamp. Aquarellierte Federzeichnung, 1885 (Nr. 82)

81. Kamingruppe für das Gut Seekamp, 1885

Wohl Stuck; Maße unbekannt
ehemals Gut Seekamp; nicht erhalten

Am 21.3. 1885 schrieb Hans Olde aus Seekamp an Brütt, daß sein Vater 1000 Mark ausgesetzt habe für die Saaldekoration des Gutes, für die er ein Bild malen solle. Vor das Wandbild mit Porträts der Familie (Gantner 17) waren plastische Balustraden gesetzt, so daß die sich durch das Bild (1.30 x 2.20 m, heute Landesmuseum Schleswig) scheinbar öffnende Raumwand wie ein Panorama angelegt war. Das im August entstandene Bild gab einen scheinbaren Ausblick auf ein Halbgeschoß. Es war als Triptychon angelegt: dem Hauptbild mit Vater Joachim Wilhelm Olde, dem Schwager und den Töchtern war rechts ein Selbstporträt Hans Oldes zugeordnet, links scheint ein Landschaftsausblick zur Fensterwand des Raumes übergeleitet zu haben. Hans Schlittgen malte zusätzlich zwei Seitentafeln mit Blumenstücken. Ein Steinkamin mit der vom Brütt modellierten Figur auf dem Abzug schloß als weiteres raumbildendes Element wohl im gleichen Seekamper Saale an. Eine erhaltene Abbildung des Kamins (Privatbesitz Gauting) zeigt diesen als einen „romanischen", auf rechts und links je zwei gedrungenen Säulen ruhenden Rundbogen, der nach oben mit einem von Gebälk getragenen Gesims abschließt. Die Komposition der weiblichen Figur von Brütt war dabei auf den Umriß des Kaminabzuges abgestimmt.

Abb.: Privatbesitz, Gauting

Lit.:

(1) Gantner, Olde (1970), S. 15; S. 227 Nr. 178 (Interieur auf Seekamp), nach: Kunst und Künstler 5, 1917, Abb. S. 109, sowie: Unsere Nordmark 2 , 1914 S. 245

(2) Hans Olde, Seekamp. Kindheitserinnerungen an einen schleswig-holsteinischen Gutshof (1977), S. 36

82. Sitzbank in Seekamp, 1885

lavierte Federzeichnung, 30,5 x 21,5 cm (Abb. S. 114)
Bez.: „Oct. (?) 85. Seekamp"
Nissenhaus B 2087, S. 35

Entstanden im Herbst zeitgleich mit der Ausstattung des Gutshauses Seekamp, das im Hintergrund zu erkennen ist. Nach wie vor lassen sich Parallelen in der Malerei von Brütt und Olde anhand dieser Blätter zeigen, hier ist es das bei Gegenlichtdarstellungen charakteristische Gegeneinandersetzen von kulissenartigen Licht- und Schattenzonen, wobei Brütt sichtlich die Flächenspannungen nicht beherrscht; unglücklich ist die angeschnittene Bank, die sich weder in den räumlichen, noch in den Aufbau der Fläche fügt.

83. Seekamp, wohl 1885

Aquarell, 25,8 x 19,6 cm (Abb. S. 113)
Bez.: „Seekamp"
Nissenhaus B 2087, S. 38

Gegenlichtstimmung mit kräftigen Baumdiagonalen; die auf der Lichtung ruhende Gestalt könnte Hans Olde sein. Ganz ähnlich ist ein im Nachlaß Brütt erhaltenes Aquarell (B 2087, S. 45; nicht bei Gantner) von Olde aufgebaut, das nach Lichtführung, Sujet und Beschriftung „Seekamp d. 9. Sept." im Herbst des gleichen Jahres entstanden sein könnte. Auch hier bildet eine menschliche Gestalt den Mittelpunkt des Bildes, es ist wohl Mimi Olde, deren Sonnenschirm als weißes Kompositionszentrum dient.

84. Frau Professor Petersen, 1885 (?)

Porträtrelief
wohl Plastilin oder Gips, Größe unbekannt
nicht erhalten

Die Arbeit könnte um 1880 entstanden sein und die Frau des Professor Dr. Petersen, Mitglied des Schleswig-Holsteinischen Kunstvereins, meinen (1), da die Arbeit in einer von Brütt aufgestellten Werkliste zwischen frühen Werken genannt ist; auch ist an die Ehefrau des Archäologen Eugen Petersen zu denken, dann wäre die Arbeit jedoch erst nach der Jahrhundertwende anzusetzen. Kurt Brütt gibt dagegen an: „Frau Prof. Peters, Kiel. Gipsrelief".

Lit.:

(1) Bericht des Schleswig-Holsteinischen Kunstvereins in Kiel für das Jahr 1878, Kiel 1879

85. Porträt H.C.H. Reiche, wohl 1885

Porträt, Material wohl Gips, Größe unbekannt
nicht nachgewiesen

Nach einem Hinweis im Nachlaß Brütt könnte vom Landgerichtsdirektor H.C.H. Reiche, Kiel, Mitglied des Provinziallandtages, 1885 ein Porträtrelief entstanden sein. Kreisrichter Reiche war auch Mitglied des Schleswig-Holsteinischen Kunstvereins. Er hielt am 11. März 1875 die Einweihungsrede des Hauses der Gesellschaft freiwilliger Armenfreunde von 1793 in Kiel, deren „Stipendium für aufstrebende Talente" Brütt bis 1881 in Anspruch genommen hatte. In einem Brief von Brütt an Hans Olde vom 25. August 1885 heißt es: „dann spreche ich mit einem Kreisgerichtsrat Reiche wegen eines Denkmals von dem man munkelt und suche auf irgendeine Weise Geld zu machen, was hoffentlich gehen wird." (Nachlaß Olde, Landesmuseum Schleswig) Das Provinzial-Denkmal (Nr. 194) kann Brütt dabei nicht meinen, da Kaiser Wilhelm I. noch lebt.

Landseite

86. Dachgruppen der Marineakademie Kiel, 1885

Einweihung 6. Oktober 1888
Zinkguß, galvanisch bronziert, Maße unbekannt
Architekt: Architekten Kraft & Lübbert, Regierungsbaumeister Wüst
Zinkguß unbekannter Firma
nicht erhalten

1 Mittelgruppe der Gebäudevorderseite als Dachzier der Marineakademie zu Kiel: Viktoria mit dem Siegeskranz, zu beiden Seiten lagernde männliche Figuren als Verkörperungen von Handels- und Kriegsmarine; auf den beiden Ekken des Mittelrisalits zwei schwingenschlagende Adler.

2 Mittelgruppe der Fördeseite mit einer Germania als Hauptfigur; sonst wie auf der Landseite (2).

Es läßt sich insgesamt vom Aussehen der Bauplastik kein Bild gewinnen, da keine genügend detailgetreuen Aufnahmen zu erreichen waren. Es wird nur sichtbar, daß Brütt die Gruppen ähnlich wie beim Hygiene-Ausstellungsgebäude komponierte (Nr. 49). Diese Arbeit wird ihn auch für den Kieler Auftrag empfohlen haben.

Nachdem 1871 die Reichskriegsmarine begründet worden war, war schon 1872 die Entscheidung gefallen, für die Ausbildung der Offiziere die Marineakademie in Kiel einzurichten. 1881 wurde das Gelände abgesteckt und 1884 die Fundamentierung abgeschlossen (1). Bereits 1885 – also wohl während seines Kiel-Aufenthaltes im Sommer des Jahres – hat Brütt nach Auskunft der Archivalien den Auftrag für die Dachgruppen erhalten, während die Aufstellung erst im September und die Einweihung am 6. Oktober 1888 erfolgte. Der Bau selbst steht zwar noch als Landeshaus, doch ist das alte Dach nicht mehr erhalten.

Archivalien: Schreiben von Regierungsbaumeister Krafft vom 26.2.1886 im Nachlaß Brütt, Nissenhaus
Abb.: Fritz Stoltenberg, Die Marineakademie, in: Illustrierte Zeitung 91, 1888, S. 466
Lit.:

(1) Blätter für Architektur und Kunsthandwerk 1, 1888, S. 127 f.
(2) Kieler Zeitung, 26.9.1888, Morgenausgabe (der Artikel spricht fälschlich von „Bronzefiguren")
(3) Kieler Zeitung 19.06.1904 (fälschlich „Bronzegruppen")
(4) 100 Jahre Haus an der Förde – von der Marineakademie zum Landeshaus. Redaktion: Klaus Volquartz, Kiel 1988, mit Abb. S. 10-12, 22 u. 31

87. Kolossalbüste Kaiser Wilhelm I., Kiel 1885

Material unbekannt, H 1,20 m

Ende 1885 scheint noch eine Kolossalbüste Kaiser Wilhelms I. von Brütt modelliert worden zu sein, die wohl für die Marineakademie bestimmt gewesen sein wird. An der weiteren Ausstattung der Marineakademie mit Bronzebüsten verdienter Admirale scheint Brütt nicht beteiligt gewesen zu sein.

Archivalien: Schreiben von Regierungsbaumeister M. Lübbert wg. Kolossalbüste Kaiser Wilhelm I. vom 18.12.1885 im Nachlaß Brütt, Nissenhaus

88. Säulentrommeln für den Kaiserpalast Straßburg, 1885

Einweihung 20. August 1889
Bajerfelder Sandstein, H. 1,40 cm
unbezeichnet
Architekt: Hermann Eggert (1844-1920)
Ausführung: Fa. Holzmann
Baukosten insgesamt: 2 660 000 Mark
Palais du Rhin, Straßburg

Brütt lieferte die Modelle für die beiden Säulentrommeln der Balkonsäulen des Kaiserpalastes in Straßburg. Die Reliefs stellen die Gewinnung der Produkte des Elsasses dar. Auf die Säulentrommeln entfallen die umlaufenden Darstellungen von Jagd und Forsten und der Weinherstellung. Zur Darstellung sind Kinderfiguren gewählt worden, um durch die Proportionsverschiebung den Zusammenhang von Arbeitsgerät und Arbeitshandlung zu verdeutlichen.

Brütt hatte an der bauplastischen Ausgestaltung zweier unter der Leitung von Eggert stehender Bauten teil, die beide von politischer Tragweite waren. Der neue Frankfurter Bahnhof (Nr. 89) paßte in das Konzept der „Eisenbahnpolitik" des Reichskanzlers, in dessen Rahmen Hermann Eggert sowohl den Schleswig-Holstein erschließenden Altonaer Bahnhof als auch den für Elsaß-Lothringen wichtigen Frankfurter Bahnhof ausführte. Mit diesem Bauvorhaben wurde das politische Projekt der „neuen Straßburger Kaiserpfalz"(1) verbunden. Dazu hatte der Reichsstatthalter von Elsaß-Lothringen, Edwin Freiherr v. Manteuffel (1809-1885), am 22. Oktober 1881 ein erläuterndes Begleitschreiben zu seinem Antrag an das Reichskanzleramt verfaßt: „Der Gedanke des Antrages ist, daß es von großer politischer Bedeutung ist, dem Reichslande zu zeigen, daß das deutsche Reich nicht gesonnen ist, dasselbe wieder an Frankreich abzutreten und durch Erbauung einer Residenz für den deutschen Kaiser gewissermaßen den Stempel darauf drückt, daß die Vereinigung des Reichslandes mit Deutschland eine definitive ist, daß die Bevölkerung dies noch nicht glaubt, ist die größte Schwierigkeit, welche das Hervortreten der Elemente, welche sich Deutschland anschließen möchten, erschwert."(a) Den vom Kaiser am 2. November genehmigten Antrag des Reichskanzlers (vgl.1 u. 3) nahm der Reichstag am 7.12.1881 in erster Lesung an, in zweiter Lesung am 8.2.1883. Im Anschluß an die dritte Lesung wurde Landbauinspektor Baurat Eggert, der schon die ersten Entwürfe bearbeitet hatte, mit der Bauausführung beauftragt.

Um die Bauangelegenheiten möglichst schnell in die Wege zu leiten, siedelte Eggert im Herbst 1883 von Berlin in das ihm von seinen Universitätsbauten her vertraute Straßburg über (1). Der Minister für öffentliche Arbeiten, gleichzeitig Chef der Verwaltung der Reichs-Eisenbahnen, übertrug dabei die Verwaltung des Projekts der Kaiserlichen Generaldirektion der Eisenbahnen in Elsaß–Lothringen, damit einer politisch neutralen Institution. Auch konnten so die Bauvorhaben in Frankfurt und Straßburg von Eggert gleichzeitig geleitet werden. Wohl waren auf diese geschickte Art der Verknüpfung mit der „Eisenbahnpolitik" durch den Fürsten Bismarck einige der mit dem Bauvorhaben verbundenen politischen Schwierigkeiten ausgeräumt, nicht aber die Stilfrage des Straßburger Amtssitzes des Kaisers. Diese Frage sollte die Gemüter erhitzen: „Eifrig wurde über die Stilfrage gestritten. Die Gegner des Eggertschen Entwurfs verlangen, daß in Straßburg ein für den Deutschen Kaiser auszuführender Bau im ‚deutschen', d.h. gotischen Stil ausgeführt werden möge, auch die Kuppel und ihre Bekrönung wird heftig angegriffen. Der Baureferent führte aus, es sei von der Wahl des gotischen Baustils Abstand genommen worden, weil alle in den letzten Jahrhunderten in Straßburg entstandenen Bauten in Renaissanceformen ausgeführt seien. Es sei schwierig,

Balkon des ehemaligen Kaiserpalastes in Straßburg

mit dem Münster zu konkurrieren, welches unwillkürlich den Maßstab für eine Beurteilung jedes in Straßburg entstehenden gotischen Bauwerks abgeben wird."(4)

Der mit Zitaten nach der Architektur des antiken Olympia bereicherte Entwurf von Eggert wurde angenommen und ausgeführt. Am 23. September 1885 war der Bau soweit fortgeschritten, „daß das Modellieren der Wappen und das Aushauen derselben in Stein dringend geboten ist."(b) Diese Modellierarbeiten übernahm der Bildhauer Born aus Frankfurt, anderes die Berliner Richard Ohmann, Max Klein, Adolf Brütt, Karl Albert Bergmeier und der Frankfurter Krüger. Die Übertragung der Modelle in Stein übernahm unter der Leitung Borns die Frankfurter Firma Philipp Holzmann, die in Straßburg eine Bildhauerwerkstätte parallel zum

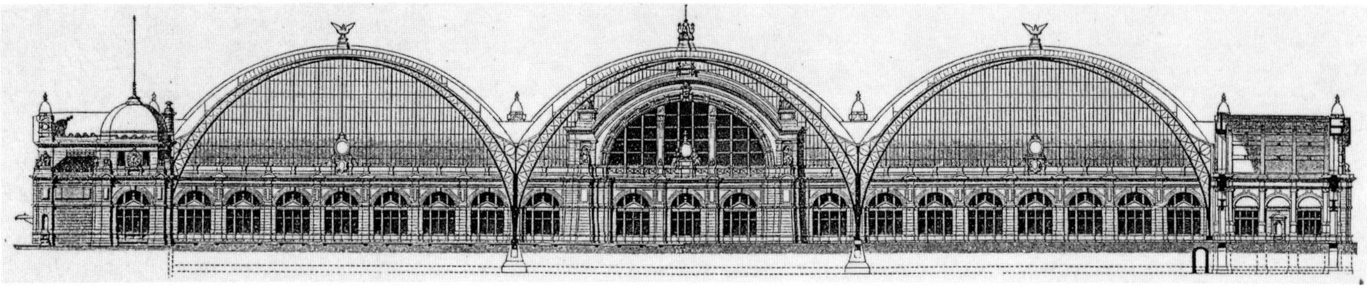

Schnitt durch die Halle des Hauptbahnhofs Frankfurt a. M. Aus Meyers Konversations-Lexikon, 6. Aufl., Bd. 2, Leipzig u. Wien 1906 (Tafel: Bahnhöfe II)

Bahnhofsbau in Frankfurt eingerichtet hatte. Die Bildhauer lieferten demnach die Modelle, für die sie ein Modellgeld erhielten.

Die Bauzeit zog sich infolge der durch den Pariser Bankkrach vom 19. Januar 1882 ausgelösten „großen internationalen Geschäftsstokkung“ der Jahre 1883-1887 äußerst lange hin, bis man las, es sei „das Gebäude im Winter 1888/89 in die Verwaltung des Kaiserlichen Ober-Hofmarschall-Amtes übergeben worden.“(2)

Archivalien:
(a) Archives Bas-Rhin, AL 27 Paq 151, No. 812 (Akten des Reichsstatthalterarchivs)
(b) Archives de la ville de Strasbourg, Div. VI. 162-855: Bürgermeisteramt Straßburg. Akten betreffend Kaiserpalast
Abb.: als Lehrmittel: Kaiserpalast in Straßburg, Seemanns Wandbilder, 60 x 78 cm, u. Blätter für Architektur und Kunsthandwerk 4, 1891, S. 17, Tafel 31-35

Lit.:
(1) Straßburger Kaiserbuch. Deutsche Kaiser und Könige in Straßburg, Hrsg. Hermann Ludwig, Straßburg 1889, S. 212f.
(2) Wochenblatt für Baukunde (= Sonderausgabe der Deutschen Bauzeitung) 24, 1890, 141 ff.
(3) Alberta v. Puttkamer, Die Ära Manteuffel. Federzeichnungen aus dem Elsaß-Lothringen, Stuttgart 1904, S. 95
(4) Fritz Beblo, Die Baukunst in Elsaß-Lothringen 1871- 1918, in: G. Wolfram (Hg.), Das Reichsland Elsaß-Lothringen, Bd. 3, Frankfurt 1934, S. 246

89. Obsthandel und Kunsthandwerk, Hauptbahnhof Frankfurt, 1885

Sandsteingruppen, wohl überlebensgroß
Architekt: Hermann Eggert
Ausführung: Firma Holzmann
Hauptbahnhof Frankfurt, wohl nicht erhalten
Eröffnung 18. August 1888

Ende 1880 war das Bahnhofsgebäude Frankfurt für die Architekten ausgeschrieben worden. 55 Entwürfe gingen ein (1), wobei Landbauinspektor Hermann Eggert durch die Preisrichter der Akademie für Bauwesen mit dem ersten Preis ausgezeichnet und sodann mit der Durchführung beauftragt wurde. Die Deutsche Bauzeitung hat den Vorgang der bauplastischen Ausstattung festgehalten: „Für den Entwurf der großen krönenden Gruppe über dem äußeren Bogen-Giebel der Eingangs-Halle – Atlas, den Erdball tragend, unterstützt durch die Genien des Dampfes und der Elektrizität – war eine Preisbewerbung ausgeschrieben worden, bei welcher der Bildhauer Gustav Herold den Sieg errungen hat. Das von ihm gelieferte Modell wird von Howald in Braunschweig in Kupfer getrieben, während alle anderen Bildwerke, dem Fassadenmaterial entsprechend, in Sandstein gemeisselt sind.

In den Pfeilernischen dieses äußeren Mittelbaues haben 4 weibliche Figuren Platz gefunden: vorn durch weibliche Sitzfiguren verkörpert Akkerbau und Handel von Calandrelli in Berlin, seitlich Schiffahrt und Industrie von Hundrieser in Berlin. Die beiden männlichen Figuren in den entsprechenden Pfeilernischen der Innenseite, Heerwesen und Bergbau, rühren von Jos. Keller her. Die Uhr-Figuren der Außenseite (Tag und Nacht) sind von G. Kaupert, diejenigen der Perronseite (Morgen und Abend) von F. Krüger erfunden und ausgeführt. Als Pfeiler-Bekrönungen auf dieser Seite sind 2 Figuren-Gruppen und neben den Giebeln der beiden äußeren Seiten-Eingänge des Mittelbaus je 2 einzelne Figuren aufgestellt worden, welche verschiedene Arten von Reisenden darstellen: dort ein auf der Hochzeitsreise begriffenes Paar von Rumpf und ein Lehrer mit seinem Schüler auf der Belehrungsreise von Schierholz, hier einerseits der Tourist und der Auswanderer von Scholl in Mainz, andererseits der Studienreisende und der Geschäftsreisende von Eckhardt. In den Bögen der seitlichen Ausgangshallen sind endlich 2 Gruppen von Brütt in Berlin (Obsthandel und Kunsthandwerk) und von H. Becker (Kleinhandel und Handwerks-Thätigkeit) aufgestellt; 2 weitere Gruppen von M. Wiese in Hanau (Ingenieurwesen und Maschinenbau) bekrönen die beiden äußersten vorderen Ecken des Kopfbaues... Unter den dekorativen Bildhauer-Arbeiten der Fassade, welche durch den Bildhauer Born ausgeführt worden sind, ragen die 3 großen Wappen am Schlußstein des Bogens über der Eingangshalle (Frankfurt) sowie in den Aufsätzen über den Korridor-Portalen (Preußen und Hessen) hervor.“(3)

Über die Vergabe der Arbeiten ist sonst nichts bekannt. Brütt berichtet seinem Freund Hans Olde lediglich: „Meine Skizze nach Frankfurt kostet mich ca. 100 Mark bar und ist nicht glücklich in der Silhouette geworden, wird also an die Ausführung kein Gedanke sein..“ (7.1.85, Nachlaß Olde, Landesmuseum Schleswig) Die Skizze hatte aber Erfolg, ein weiterer Auftrag kam hinzu, schließlich auch die Mitwirkung am Straßburger Kaiserpalast (Nr. 88). Die gelieferten Modelle wurden 1885 durch die Firma Holzmann ausgeführt und waren zur Eröffnung der Bahnhofsanlage 1888 fertiggestellt.

Lit.:

(1) Concurrenz zum Empfangsgebäude für den Bahnhof zu Frankfurt am Main, Dresden 1881

(2) Deutsche Bauzeitung 22, 1888, S. 403-404 (Übersicht der Bahnhofsbauten von Oberbaurat Grüttesien)

(3) Deutsche Bauzeitung 22, 1888, S. 555 ff.

(4) H. Eggert, Das Empfangsgebäude des Hauptbahnhofes Frankfurt a.M., in: Zeitschrift für Bauwesen 11, 1891, S. 67-74

(5) M. Kubinsky, Die Bahnhöfe Europas, Stuttgart 1969, S. 95 ff.

90. Standbild Martin Luther, 1885

Gipsskizze, H ca. 80 cm
nach Kurt Brütt zuletzt Privatbesitz Darmstadt, nicht mehr nachweisbar

Die Denkmalskizze entstand für die Luther-Konkurrenz 1885, die in die Zeit des Umzuges in das Atelier am Schiffbauerdamm Anfang Juli fiel: „trotzdem mache ich aber die Luther-Concurrenz mit.“ Im September war die Skizze fertig; an Hans Olde schrieb Brütt am 25. September 1885, daß das Konkurrenzmodell fertig sei und „am Montag in die Schlacht geht, wo es sich zeigen wird, ob sie was taugt.“ Oldes 1886 entstandenes Ölbild des Ateliers im Berliner Stadtbahnbogen (Abb. S. 11) zeigt im Hintergrund den Konkurrenzentwurf.

Sieger dieses Wettbewerbs wurde Martin Paul Otto (1846-1893), die Arbeit vollendete nach dessen Tode Robert Toberentz (1849-1895). Am 11. Juni 1895 erfolgte die Enthüllung des Reformatorendenkmals vor der Berliner Marienkirche und die Übergabe an die Stadt (8).

Archivalien: Nachlaß Hans Olde, Landesmuseum Schleswig

Lit.:

(1) Carl Schäfer, Von deutscher Kunst, Berlin 1910, S. 321 ff.

(2) Die Kunst für Alle 1, 1885/86, S. 39, 59 ff., 104.

(3) Paul Otto, in: Wiener Bauindustriezeitung 8, 1891, S. 480

(4) Adolf Rosenberg, in: Kunstchronik 21, 1885/86, S. 25-29, S. 109-112

(5) Deutsche Bauzeitung 19, 1885, S. 546-548

(6) Centralblatt der Bauverwaltung 6, 1885, S. 118-119

(7) Der Bär 20, 1894, S. 374 f.

(8) Der Bär 21, 1895, S. 296 f. (zur Einweihung)

Rechts:

91. Gefallenendenkmal für 1870/71, wohl 1886

Gips, H ca. 1,60 m
Inschrift: „1870-71“
nicht erhalten

Die Denkmalskizze zeigt eine geflügelte männliche Gestalt, die einen Lorbeerkranz über den an den Denkmalsockel gelehnten Ehrenschild hält. Bildlich überliefert ist die Gipsabformung des Konkurenzmodells für Bronzeguß und Granit. Eine annähernde Datierung erlauben die photographische Aufnahme des Stadtbahnbogen-Ateliers von Brütt (Nr. 55) sowie das Atelierbild von Hans Olde (Abb. S. 11), das während seines halbjährigen Aufenthaltes bei Brütt im Winter 1886 entstand. Das Konkurrenzmodell könnte 1885/86 entstanden sein. Es wäre dann anzunehmen, daß es sich um den Konkurrenzentwurf zu dem für 1886 ausgeschriebenen Kriegerdenkmal auf dem Garnisonsfriedhof Columbiadamm zu Berlin handelt. Johannes Boese (1856-1917) wurde damals für seinen Obelisken mit dem ersten, Bildhauer Hüschen mit seiner Germania mit dem zweiten Preis bedacht (1). Boeses „Denkmal der Berliner Kriegerbünde für die Gefallenen von 1866 und 1870/71“ aus Stein und Erz ist erhalten (2).

Abb.: Nissenhaus B 2086 I, S. 2 und Abb. S. 104

Lit.:

(1) Die Kunst für Alle 2, 1887, S. 371

(2) Reclams Kunstführer Deutschland VII. Berlin, Stuttgart 1977, S. 364

Berlin 1886/87

Brütt arbeitete an den Aufträgen von 1885; um die Zeit der Geburt seines zweiten Sohnes Kurt (14.9.1886) kam Hans Olde nach Berlin, um über ein halbes Jahr lang bei dem jungen Ehepaar zu wohnen. Durch Otto Eggeling, den Kunsthistoriker der Weimarer Kunstschule ist in dem 1908 in Westermanns Monatsheften erschienenen Aufsatz über Hans Olde überliefert, daß im Hause Brütt sowohl Max Klinger (1857-1920) verkehrte als auch Karl Stauffer-Bern (1857-1891), dessen Bildnis „Gustav Freytag" damals entstand. Damals porträtierte Olde seinen Freund Brütt im Atelier im Stadtbahnbogen (Abb. S. 11).

92. Karyatiden des Berliner Landesausstellungsgebäudes, 1885/86

Gipsmarmor, überlebensgroß
Architekten: Kayser & v. Großheim
nicht erhalten

Nach dem erfolgreichen Abschluß der Berliner Hygiene-Ausstellung von 1883 (vgl. Nr. 49) wurde das Ausstellungsgebäude für 1886 zum Kunstausstellungsgebäude umgebaut. Ursprünglich war zur hundertsten Wiederkehr der ersten, von Friedrich dem Großen eröffneten Akademieausstellung 1786 eine Weltkunstausstellung geplant gewesen. Die Jubiläums-Ausstellung der Königlichen Akademie der Künste wurde eine Ausstellung der großen Kunstzentren des Bundesstaates: Berlin, München, Düsseldorf, Dresden, Weimar nebst Wien mit einer großen Sonderausstellung niederländischer Architekten.

Brütt war auf der Ausstellung mit einer „Marmorbüste" (Nr. 94) vertreten und in der Abteilung für dekorative Kunst mit den von ihm modellierten Gefäßen des Hochzeitsgeschenkes von 1883 (Nr. 47). Für den Kuppelraum als Zentrum der Ausstellung (1) erhielt Brütt den Auftrag zu zwei Karyatiden auf der linken Seite des von insgesamt vier Figuren getragenen Durchgangs; die beiden rechts schuf O. Geyer. Die Zuordnung ist z. B. in der Neuen Preußischen (Kreuz-) Zeitung vom 25. Mai 1886 falsch; dort wird Bildhauer Rudolf Siemering anstelle von Brütt genannt. Nach dem damals erschienenen Abbildungsmaterial und dem amtlichen Führer ist die Karyatide mit dem Schurzfell, die Arbeit, von Brütt (vgl. Nr. 57). Für die vier Nischen hatten Emil Hundrieser die Phantasie, Joseph Kaffsack die Harmonie, Gustav Eberlein die mit der Natur identifizierte Wahrheit (vgl. A. Rosenberg, G. Eberlein 1903, S. 54, Abb. 12) und Nikolaus Geiger die Inspiration als plastische Gruppen verkörpert: „Die gesamte plastische Dekoration atmet den Geist der üppigsten Spätrenaissance oder, wenn man will, des Barockstiles, aber in jener Mäßigung, wie sie etwa durch den Namen Schlüter gekennzeichnet ist." (4) Damit ist der für die Neubauten des Zentralstadtteils von Berlin auch bei Dom und Museumsbauten gewählte Stil bezeichnet.

Abb.: (1), hier reproduziert

Lit.:

(1) Deutsche Bauzeitung 20, 1886, S. 249 (Querschnitt von Meurer)
(2) Nachtrag zum offiziellen Katalog der Jubiläums-Ausstellung 1886, 2. Auflage, S. 3
(3) Anton v. Werner, Erlebnisse und Eindrücke, Berlin 1913, S. 464
(4) Adolf Rosenberg, in: Zeitschrift für bildende Kunst, 21, 1886, S. 247 ff., S. 251, Abb. S. 249

93. Dekoration des Griechischen Festes beim Pergamon- und Olympia-Panorama der Jubiläums-Ausstellung, Berlin 1886

Material und Umfang der Arbeit unbekannt

„Denk Dir, die Pergamenischen Reliefs werden in ihrer architektonischen Umgebung, wie sie wirklich war, aufgestellt werden und ein Panorama von Pergamon bringen." So schrieb Brütt am 10.7.1885 an Hans Olde. Neben der aktuellen Kunst war bei der Jubiläums-Ausstellung der Akademie der Künste aus Mitteln des Preußischen Kultusministers Gustav v. Goßler (1838-1902) ein „klassisches Dreieck" angelegt, das die Erschließung des dunklen Erdteils im altägyptischen Kaiser-Diorama, vor allem aber das „Friedenswerk" zeigte, die Rekonstruktion der Altertümer von Olympia und Pergamon. Da waren die farbig rekonstruierte östliche Giebelfront des Zeustempels von Olympia und der Pergamenische Altar gezeigt. Brütt war an diesen Arbeiten oder im Rahmen des mit der Ausstellung verbundenen Künstlerfestes wirksam: „Ein ‚Altar des Dionysos' stand am Eingang zum Festplatze dem Zeustempel gegenüber geschmückt mit der Herme des weinliebenden griechischen Gottes. Die Pforte zum Platze war gebildet durch zwei auf hohen Sockeln ragende Mastenpaare mit dazwischen schaukelnden Laubgewinden und Velarien. Je eine Sphinx lagerte vor jedem Mastenpaare, auf dem Kopfe ein Opferfeuer."(2)

Erhalten hat sich dazu im Nachlaß nur die Aufnahme eines schwertziehenden „Griechen", eines Teilnehmers des vom Verein Berliner Künstler ausgerichteten „Griechischen Festes".

Archivalien: Nachlaß Olde, Landesmuseum Schleswig; Nachlaß Brütt, Nissenhaus

(1) Ernst Fabricius & Ludwig Pietsch, Führer durch das Pergamon- und Olympia-Panorama sowie durch das Kaiser-Diorama, Berlin 1886
(2) Neue Preußische (Kreuz-) Zeitung, 27. Juni 1886, Beilage 147
(3) Jubiläums-Festschrift des Vereins Berliner Künstler 1841-1891, Berlin 1891, S. 80 f.

94. Büste Luise Schneider, 1886

Marmorbüste, H 78 cm
Bez.: „A. Brütt 1886"
eigenhändige Arbeit
Berlin, Privatbesitz

Gezeigt ist als Halbfigur Luise Schneider, geb. Reimer (1836-1914), die Mutter des mit Brütt befreundeten Ingenieurs Carl Schneider, der auch dessen Schwager wurde. Die zum geschlossenen Bogen verschränkten Arme straffen den Umriß und den Aufbau der Darstellung, deren kompakte Form durch das Schultertuch eine zusätzliche Innenbindung erhält. Das Werk, Brütts erste Marmorarbeit, ist durch seine Aufstellung im Freien sehr schlecht erhalten, die Oberfläche ist angegriffen, Nase und Ohren angeschlagen.

Ein Vergleich mit der ähnlich aufgefaßten Marmorbüste einer Frau B. von Adolf v. Hildebrand (1847 – 1921) von 1876 (3), die Brütt nicht bekannt gewesen sein muß, zeigt, daß beide Bildhauer mit verwandter Komposition des Armbogens auf die Physiognomie hinarbeiten. Bei Brütt jedoch bildet der Kopf mit seinen lebendigen Augensternen den Ruhe- und Mittelpunkt eines Blütenkelchs konzentrischer Formen, bei Hildebrand korrespondiert die etwas hölzerne Steifheit mit den nur geglätteten Augäpfeln. Nach seinen eigenen Anmerkungen ist bei Brütt in der lebendig „gemalten" Oberfläche der in Berlin wirkende Einfluß des vergleichsweise barocken Reinhold Begas wirksam, den er bald abstreifen kann; doch schon ist der angestrebte Ausgleich zwischen natürlicher Frische und plastischer Kristallisation wie bei der bald entstehenden Eva (Nr. 117-120) greifbar.

Ausstellungen: Berlin 1886 (1) und Kiel 1904 (2)
Abb.: Nissenhaus B 2086 I, S. 15 (hier reproduziert) u. B 2723, S. 224
Lit.:

(1) Katalog der 58. Jubiläumsausstellung, Berlin 1886, Nr. 1606
(2) Katalog Ausstellung Adolf Brütt, Kiel 1904, Nr. 1 („Weibliche Porträtbüste. Marmor. 1884.")
(3) Alexander Heilmeyer, Adolf Hildebrand, Bielefeld und Leipzig 1902, Abb. 10

95. Der Fischer, 1887 (Abb. S. 123)

Titelvarianten: „Fischer eine Ertrunkene tragend", „Gerettet"
Bronze, H: Plinthe 9 cm, Gesamthöhe 176 cm
Bez: „A. Brütt"
Ausführung: „Aktiengesellschaft vorm. H. Gladenbeck u. Sohn Bildgießerei"
Der Original-Gips der „Gruppe für Bronze" 1887 aus dem Kißschen Stiftungsfonds durch die Nationalgalerie Berlin angekauft, erst 1894 in Bronze gegossen
als Leihgabe der Nationalgalerie in Flensburg aufgestellt.

Gestalt eines Fischers in der Tracht von Möltenort mit einem verunglückten Mädchen auf den Armen, ein Hauptwerk des „Norddeutschen Realismus" (Otto v. Leixner).

Die erst 1894 auf Betreiben Brütts in Bronze gegossene Gruppe wurde 1907 zusammen mit dem Bocciaspieler von August Kraus, dem Bogenspanner von Nicolaus Friedrich, dem Hunnen zu Pferde von Erich Höfel, dem Barbarenbesieger von Heinrich Baucke, der Steinklopferin von Karl Janssen-Düsseldorf und dem trunkenen Faun von Sussmann-Hellborn vor der Nationalgalerie aufgestellt. Auf Betreiben des Flensburger Museumsdirektors Fritz Fuglsang kam die Gruppe 1928 als Freilichtplastik auf kubischem grauen Granitsockel auf den Lutherplatz Flensburg (Leihgabe der Nationalgalerie Berlin West: Inv. Nr. NG 60; Staatliche Museen Berlin Ost: Inv. Nr. B I 101).

Der 1887 preisgekrönte Originalgips des „Fischer" wurde nach dem Guß im Jahre 1896 der Kunsthalle zu Kiel geschenkt, wo er im Zweiten Weltkrieg zerstört wurde.

Das Thema der Gruppe gehört zu den von Adolf Brütt bevorzugten, in christlicher Ethik wurzelnden sozialmoralischen Motiven (1): „Fischer" heißt eben auch: Menschenfischer. Brütt hat an die Thematik der Giebelgruppe der Hygiene-Ausstellung von 1883 (Nr. 49) angeschlossen. Die Gruppe konnte so zum Signet der „Deutschen Lebensrettungs-Gesellschaft" werden, zu deren Gunsten die Nationalgalerie eine Photographie des „Gerettet" als Wohlfahrtspostkarte herausbrachte.

Die Wirkungsgeschichte der Gruppe ist vom

Brütt bei der Arbeit am „Fischer“ (Nr. 95). Photo: Nachlaß Brütt

Möltenorter Schriftsteller Fritz Lau (1872-1966) dargestellt worden (2); auch Brütt hat sich zur Entstehung des „Fischers“ geäußert (3). Bei einem Kieler Sommeraufenthalt in Möltenort hatte Brütt wohl studienhalber zusammen mit Hans Olde den Fischer Klaus Löpthien (1815-1895) porträtiert, jedenfalls hatte Hans Olde auch Photographien gemacht, die ihm vielleicht für seinen eigenen „Fischer“ dienten (Gantner 30, Landesmuseum Schleswig). So konnte der Möltenorter Fischer die Gruppe als ein bei Lebzeiten errichtetes Denkmal seiner Rettungstat verstehen.

1887 schickte Hans Olde, der sich erst 1886 einen Photoapparat gekauft hatte, sein photographisches Porträt des Fischers an Brütt (7), der am lebensgroßen Modell seiner Gruppe arbeitete. Das Photo hat dann bei der Detaillierung die Studien an den dort erreichbaren lebenden Modellen ergänzt. Und die Besonderheiten der Möltenorter Fischertracht deutete Brütt ohnehin nur an, um das Werk nicht zur Trachtenpuppe werden zu lassen. Wichtig war ihm das Milieu: die zupackenden Fischerhände und die Fischerphysiognomie: „Die plumpen Wasserstiefel, die halblang, faltenlos herabhängende Hose, der formlose Südwester, die mächtigen Fäuste des Retters halten sich von gekünstelter Linienschönheit ebenso fern, wie der leblos herabhängende Körper der Geretteten, aber das Ganze ist wahr und packend bis in die noch wie zum Schwimmen aneinander gelegten Finger des jungen Mädchens hinein.“ (Georg Malkowsky, Die Gegenwart 32, 1887, S. 222) Hierin ist Brütt dem Nackten als Konfliktstoff von Storms Novelle „Psyche“ (1875) geschickt ausgewichen, denn er hat die Leblose bekleidet gezeigt, ohne gänzlich auf den Reiz der unschuldigen Dornröschenlinien verzichten zu müssen, um den Effekt des Mitleides zu wahren. Die gegen das durchnäßte Kleid der Verunglückten gesetzte Berufskleidung des Fischers beherrscht die Wirkung der Gruppe derart, daß der Gedanke, der körperliche Reiz des Mädchens habe zur Rettungstat bewogen, nicht aufkommen kann. Im Vordergund steht die Zufälligkeit des Unglücksfalles und des Opfers, die Rettungstat ohne Ansehn der Person. Die Zeitschrift „Moderne Kunst“ (Jg. 9, 1895, S. 133) betonte unter der Überschrift „Aus der Brandung des Lebens“ das durch die Gruppe verkörperte soziale Pflichtgefühl des Berufes, das den „Fischer“ zum Emblem der Deutschen Gesellschaft zur Rettung Schiffbrüchiger von 1865 werden ließ; hierin wirkt Brütts „Fischer“ z.B. in Hugo Baerwalds „Rettung aus Seenot“ (Schwerin, 1911) weiter.

Auszeichnungen: Kleine Goldmedaille Berlin 1887 (neben Adolf Hildebrand); Goldmedaille II. Klasse München 1891; Goldmedaille St. Louis 1904

Ausstellungen: 59. Ausstellung der Königlichen Akademie der Künste Nr. 1156 (mit Abbildung nach einer Zeichnung von Brütt) 1887; Münchner Jahresausstellung 1891 Nr. 2056; 63.Ausstellung der Königlichen Akademie der Künste 1892 Nr. 1851; Weltausstellung Chicago 1893; Weltausstellung St. Louis 1904, Kat.Nr. 1290

Abb.: Nissenhaus B 2086 I, S. 8 u. B 2086 II, S. 38 (hier S. 123 reproduziert); Meyers Großes Konversations-Lexikon, 6. Auflage, Bd. 2, Leipzig und Wien 1906, Tafelbeilage Bildhauerkunst XVIII. 10; Brockhaus' Konversations-Lexikon, 14. Auflage, Bd. 4, Berlin und Wien 1903, Tafelbeilage Deutsche Kunst V.; Max Schmid, Kunstgeschichte des XIX. Jahrhunderts, Bd. 2, Leipzig 1906, Abb. 267 (Zeichnung); Wohlfahrtspostkarte für die Deutsche Lebensrettungs-Gesellschaft, als „Amtliche Veröffentlichung der Nationalgalerie Berlin“ verbreitet; Verlag Julius Bard, Berlin; (4)

Lit.:

(1) Steckner, Sparsamkeit 1981, S. 22-25
(2) Fritz Lau, Klaus Löpthien, in: Unterhaltungs-Beilage der Kieler Zeitung Nr. 17 vom 29. April 1922
(3) Adolf Brütt, Wie mein erstes Werk entstand, in: Kieler Neueste Nachrichten 16.6.1929; Wiederabdruck oben S. 65
(4) Georg Malkowsky, in: Die Gegenwart 32, 1887, S. 222
(5) Adolf Rosenberg, Die akademische Kunstausstellung zu Berlin, in: Zeitschrift für bildende Kunst 23, 1888, S. 15 f. (Abb.)
(6) Aus der Brandung des Lebens, in: Moderne Kunst 9, 1895, S. 133
(7) Gantner, Olde (1970), S. 37

96. Der Fischer, 1887

Federzeichnung, Motiv ca. 10 x 6 cm
nicht erhalten

Im Berliner Ausstellungskatalog von 1887 veröffentlichte Brütt wie 1884 seine „Eva“ auch seinen „Fischer“ nach einer eigenhändigen Federzeichnung. Wieder fällt auf, daß Brütt ein Photo seines Werkes umzeichnet, nicht dieses selbst. Für Brütt ist die Photographie einerseits Naturskizze, da bei der Arbeit am Originalmodell auch nach Photovorlagen von Hans Olde gearbeitet hat, andererseits Dokumentationsmedium. In beiden Fällen dient die Photographie der Distanzierung, um mit Bewußtsein die in Sujet und Werk wirkenden Kunstmittel zu beherrschen.

Abb.: Ausstellungskatalog der 59.Ausstellung der Königlichen Akademie der Künste Nr. 1156, Berlin 1887

97. Der Fischer (1887), 1892

Salonbronze, wohl Einzelstück, H 75 cm
Ausführung: wohl Gladenbeck
Sammlung Felix Koenigs, 1901 Elise Koenigs, nicht mehr nachweisbar

„Ein Fischer trägt auf den Armen ein bewußtloses junges Mädchen, das er den Fluthen entrissen hat", so lautet die Beschreibung von P. Wallé in dem als Privatdruck erschienen Verzeichnis der Sammlung Felix Koenigs vom Mai 1901 (Bibliothek des Nissenhauses, Vd 187). Im Sonderausstellungskatalog der Nationalgalerie wird Brütt dagegen nicht erwähnt.

Nach einer Angabe des Privatdrucks hat Brütt die kleine Fassung des „Gerettet" 1892 dem befreundeten Bankier Felix Koenigs (1846-1900) geschenkt. Aus der Größenangabe bei Wallé geht hervor, daß diese Bronze geringfügig größer war als die später entstandene Seriengußfassung der Firma Gladenbeck (Nr. 98).

Lit.:

(1) P. Wallé, Sammlung Felix Koenigs, Berlin Mai 1901 (Privatdruck W. Büxenstein), S. 31

„Der Fischer" (Nr. 95) in seiner ursprünglichen Aufstellung vor der Nationalgalerie in Berlin

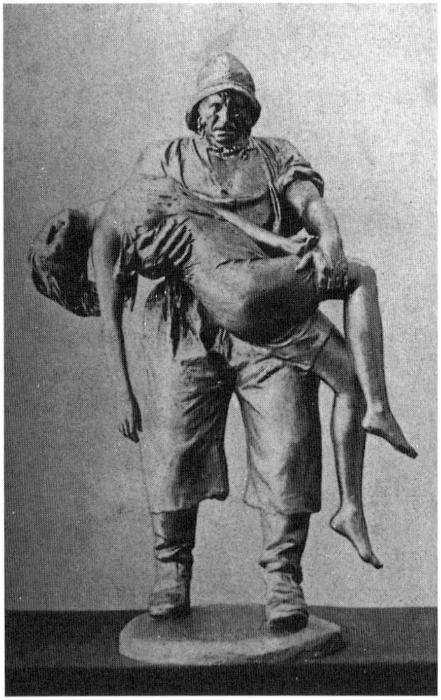

98. Statuette „Der Fischer" (1887), wohl 1894

Titelvariante: „Gerettet"
Bronze, H 72 und 42 cm
Bez.: „A. Brütt"
Ausführung: Gladenbeck, Katalog. Nr. 1026 und 988
Ein Exemplar der größeren Seriengußfassung (H 72 cm): Nissenhaus B 2089

Brütt hat zu unbekanntem Zeitpunkt (wohl zur Zeit der Bronzeausführung des Originals 1894) zwei verkleinerte Fassungen der Gruppe modelliert, die durch die Firma Gladenbeck gegossen und verbreitet wurden. Die Auflagenhöhe der beiden Kleinbronzen ist nicht bekannt.

Ausstellungen: Kiel 1904; Weimar 1907 (wohl diese Fassung); Husum 1978; Dauerausstellung Nissenhaus
Lit.:
(1) Steckner (1978), S. 9, Abb. 2

99. Büste eines Fischers, 1889

Modelliermasse und Textilien, polychrom, lebensgroß
nicht erhalten

Die Büste ist nach einer Atelieraufnahme (Abb. S. 41) aus dem Nachlaß Brütt identifiziert; da die Photographie das Originalmodell der „Eva" (Nr. 119) zeigt, kann die Büste, die deutlich die Physiognomie des „Fischers" (Nr. 95) zeigt, frühestens 1889 entstanden sein. Da dieser Studienkopf im Atelier in Berlin entstanden ist, kann es sich nur um eine abermalige Umsetzung der bereits für die Gruppe verwendeten Photographie handeln. Allerdings hat Brütt hier die erst in diesem Jahrhundert genutzten Kunstmittel eingesetzt: Südwester und Halstuch sind textile Realien.

Bei Nr. 99 könnte sich um eine Vorarbeit für die Bauplastik der Deutschen Bank in Berlin handeln (Nr. 147).

Abb.: Nissenhaus B 2086 I, S. 5
Lit.:
(1) Gantner, Olde (1970), S. 37
(2) Steckner, Sparsamkeit (1981), S. 24

Berlin 1888

Ende der achtziger Jahre bildete sich Brütt in einer Berliner Privatakademie weiter, löste sich von der Naturbetrachtung durch das photographische Objektiv (Nr. 59 u. 96) und gewann die künstlerischen Voraussetzungen für seine „Eva" von 1889 (Nr. 119). Die Privatakademie war von Karl Steffek (1818-1890) gegründet, „dessen Schule nach Pariser Vorbild – dem einzig nachahmenswerten – eingerichtet war: Vormittags vom 9 – 1 Uhr wurde nach dem lebenden Modell gearbeitet, nachmittags nach Gips gezeichnet und abends von 6-8 Uhr war Aktsaal, wo neben uns angehenden Malern Architekten wie Kayser und von Großheim, Kunsthistoriker wie Wilhelm Bode die menschliche Figur studierten."(1) Aus Steffeks Schule in der Berliner Hollmannstr. 17 ging der Aktsaal „Nasser Lappen" hervor, der durch ein im Wintersemester 1887/1888 entstandenes Gemälde (A) von Paul Heydel (geb. 1854) dokumentiert ist (2). Im Nachlaß Brütt ist ein Photo einer bislang nicht identifizierten Reproduktion dieses Gemäldes mit der gedruckten Unterschrift „Berliner Aktsaal im Winter 1887 bis 1888" erhalten (B), auf der Brütt selbst und Lovis Corinth dargestellt sind (Abb. S. 125).

Wichtig an diesem Bilddokument ist nun das am sitzenden Modell ablesbare Ponderationsstudium. Es wird also die Natur nicht im Wortsinn oberflächlich und verkeinert abgezeichnet, sondern die vom Stützen und Lasten abhängige Körperponderation studiert. Die neue Qualität wird auch gleich bei den 1888 entstehenden Werken Brütts sichtbar. Brütt legt das oberflächliche „Pellemachen" der Begassschule völlig ab, um sich auf den inneren Aufbau seiner Gestalten zu konzentrieren, um seine Plastiken von ihrem inneren Schwerpunkt her aufzubauen. Von diesem archimedischen Punkt aus kommt er auch zur Darstellung des dynamischen Momentes.

(1) Max Liebermann, Gesammelte Schriften 1922, S. 139f.
(2) Georg Habich, Alte und neue Akademien, in: Kunst für Alle 14, 1898/99 S. 350
(3) R. Wrede & H. v. Reinfels, Das geistige Berlin 1, Berlin 1897, S. 187

Paul Heydels „Aktsaal" in zwei Varianten (oben A, unten B). Dargestellt sind:

A		*B*
	Max Klein	
	E. F. Koch	
	R. Schirmer	
Diamant		*Adolf Brütt*
Frank		*Lovis Corinth*
	Paul Souchay	
	Georg Rehlender	
	Paul Heydel	
	Ernst Hausmann	
	Gustav Zaak	
	Joseph Kaffsack	
Herzner		*Bruno Schmitz*

100. Statuette Phryne, 1888

Titelvariante: „Statuette"
Bronze, H 22 Inch = 51,5 cm
Bez.: „A. Brütt 88" (4)
gegossen von Schäffer & Walker, Berlin
Nationalgalerie Melbourne, Australien (1889), Leihgabe an die Bendigo Art Gallery (1943); neuer Nachguß im Nissenhaus, Husum

Unbekleidete weibliche Figur mit Gürtel, der einen in hellenistischer Art mit Bleikugeln beschwerten Mantel hält. Durch diese Erfindung kann Brütt die selbstsichere Gestalt der Phryne vom Gewandmotiv trennen und unabhängig entwickeln. Seine Phryne muß sich nicht enkleiden, sie kann das Gewand nach ihrem Willen fallenlassen, denn es geleitet durch seine Bleigewichte herab wie ein Theatervorhang. Brütt hat damit das von Rodin 1896/97 bei seinem Balzac studierte Ummanteln der Nacktfigur als plastische Problemstellung berührt.

Unter den zahlreichen schon an sich reizvollen Varianten des antiken Themas der Phryne (2) wäre die von Brütt modellierte Variante nach der Jahrhundertwende mit Sicherheit nach der Lex Heinze ebenso der „Zentralstelle für die Bekämpfung des Schmutzes in Wort und Bild" zum Opfer gefallen wie die Abbildung seines 1910 auf der Weltausstellung Brüssel gezeigten „Opus 100" (3); der Typus von Brütts „Phryne" wird schon schon 1888 besprochen (4).

Neben der Ausformung der Australischen Nationalgalerie hat Brütt einen in Chicago 1893 prämierten Guß besessen, der nicht überliefert ist.

Auszeichnungen: Goldmedaille München 1888, Melbourne 1888 und Chicago 1893
Ausstellungen: Internationale Kunstausstellung München 1888; Weltausstellung Melbourne 1888-1889 in der Deutschen Sektion. Katalog-Nr. 268; Columbische Weltausstellung Chicago 1893; Dauerausstellung Husum
Abb.: Nissenhaus B 2086 I, S. 5 (Modell)
Lit.:

(1) Moderne Kunst 5, 1890, S. 56
(2) Joachim Heusinger von Waldegg, Jean-Léon Gérômes „Phryne vor den Richtern", in: Jahrbuch der Hamburger Kunstsammlungen 17, 1972, S. 122-142
(3) Julius C. Brunner, Rechtsprechung und Kunst. Ein Protest gegen die Zensur, München 1914
(4) Friedrich Merkel, Wer ist schön?, in: Deutsche Rundschau, 8.9.1888
(5) Harlold Berman, Bronze Sculptors & Founders 1800-1930 (Chicago 1974), S. 22

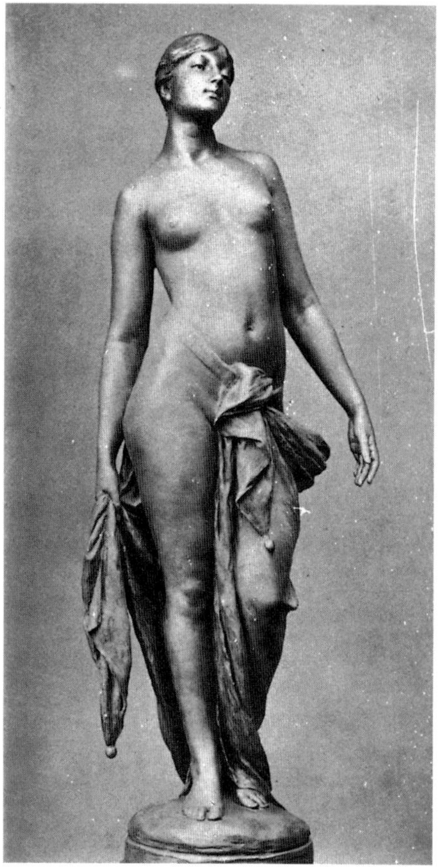

Rechts:
101. Serienguß Statuette Phryne, 1888

Bronze, H 55,5 cm

Eine geringfügig größere Fassung der „Phryne" hat die Berliner Gießerei Schäffer & Walker als „Echte Bronze" zum Preis von 500 Mark verkauft. Von diesen Güssen ist kein Exemplar bekannt geworden.

Da der Katalog von 1890 (1) die von Brütt aufgenommene Photographie (Nissenhaus B 2086 I, S. 5) des auf einem gedrechselten Holzsockel montierten Gusses Nr. 100 im Holz-

schnitt abbildet, läßt sich nichts über den Serienguß sagen.

Abb.: (1)

Lit.:

(1) Der Zimmerschmuck für das behagliche Heim, Hrsg. Actiengesellschaft Schäffer & Walker, Berlin 1890, S. 34, 91

(2) Steckner, Sparsamkeit (1981), S. 36

102. Medaille Rudolf und Luise Schneider, 1888

Bronzemedaille, Dm. 6,8 cm
Umschrift: „RUDOLF U. LUISE SCHNEIDER 1888"
Bez.: „A. Brütt"
Ausführung: Oertel, Berlin
Nissenhaus B 2725 a u. B 2725 b

Dargestellt sind die Eltern von Brütts Schwager Carl Schneider (vgl. Nr. 94). Da Brütt für das Doppelporträt die Medaillenform gewählt hat, kann es sich nur um einer Einnerungsmedaille handeln; Anlaß könnte ein Hochzeitsjubiläum sein.

Abb.: Nissenhaus B 2084, S. 22

103. Plakette Hans, Kurt und Werner Brütt, 1888

Plakette, Bronze und Silber, Dm 17,8 cm
Bez.: „Brütt 1888"
ohne Gußstempel
Nissenhaus B 2116

Plakette, die Söhne Hans (1885-1933), Kurt (1866-1969) und Werner Brütt (1888-1889) gestaffelt im Rechtsprofil zeigend. Die Flächenverteilung durch das beigegebene Pflanzenornament des Maiglöckchenzweiges ergänzt. Hat Brütt damit auf sein Geburtsdatum am 10. Mai hinweisen wollen, wie er später bei der Plakette für Felix Koenigs (Nr. 142) die Maiglöckchen als Hinweis auf das Geburtsdatum nimmt?

Das Motiv der gestaffelten Profilreihe der Söhne hat Brütt im Relief der Kinder des Kaisers (Nr. 135) wiederaufgenommen.

Ausstellungen: Dauerausstellung, Nissenhaus

Abb.: Nissenhaus B 2084, S. 22

Berlin 1889/90

1888 ist der junge Kaiser Wilhelm II. (1859-1941) an die Regierung gekommen. Gleichzeitig beginnt eine merkwürdige Entwicklung im Werk von Brütt: seine Plastiken sind nicht mehr Ausdruck einer Kunstauffassung, sondern zeigen sich zunehmend nach ihrem Kontext differenziert. Da gibt es die freien Werke, zu denen die „Eva" (Nr. 117) gehört, die in Serien aufgelegte Gebrauchskunst der Leuchterfiguren (Nr. 111 – 115), die repräsentativen Porträts mit Denkmalcharakter (Nr. 104), schließlich für den privaten Kreis plastische Gebrauchsarbeiten (Nr. 108), zu denen bald Scherzfiguren und Karikaturen treten. Diese Arbeiten darf man wohl mit Anregungen vom Treff des „Kladderadatsch" sehen: „Ludwig Pietsch fehlte beim Sonntags-Frühschoppen selten; auch Hans Hoffmann, Lindenberg, Zabel, der Maler Warthmüller, die Bildhauer Brütt und Magnussen, Professor Ulrich Wilken, Moritz Busch, Schaper gehörten zu diesem Kreise." (1)

Für die weitere Differenzierung des Werkes von Brütt ist die Begegnung mit dem Berliner Bankier Felix Koenigs (1864-1900) im Jahre 1889 genauso entscheidend (Nr. 141) wie die Formierung des „Schleswig-Holsteiner-Abends", der durch die Herkunft der nunmehrigen Kaiserin Auguste Victoria (1858-1921) ein neues Gewicht erhält (Nr. 134 u. 135). Um den Zeitumständen Rechnung zu tragen, berücksichtigt der Werkkatalog für den Zeitraum bis 1902/1903 zuerst den sozialen und topographischen Entstehungskontext.

Lit.:
(1) Fedor v. Zobeltitz, Chronik der Gesellschaft unter dem letzten Kaiserreich 1894-1914, Bd.1, Hamburg 1922, S. 264)

104. Büste Herzog Ernst von Altenburg, 1889

Marmor, lebensgroß
Hermenbüste des Großherzogs, nicht mehr nachweisbar

Am 3.2.1889 erhielt Brütt durch Vermittlung des ihm vom Schleswig-Holsteiner-Abend in Berlin (2) her bekannten Herzogs Ernst Günther zu Schleswig-Holstein (1863-1921), des Bruders der Kaiserin, den Auftrag, für das Kasino von Altenburg eine Büste des Herzogs Ernst nach dem Leben zu modellieren und in Marmor, aber auch in Gips und Elfenbeinmasse zu liefern.

In der Liste der Schenkungen an das Lindenau-Museum Altenburg ist unter Nr. 40 genannt: „Große Büste Herzogs Ernst I. von Sachsen-Altenburg (1853-1908), Gips, Geschenk Herzog Ernst". Dabei könnte es sich durchaus um einen Abguß von Brütts Büste handeln.

Seine Porträtkenntnis hoffte Brütt nach dem Tode Herzog Ernsts bei einer Denkmalkonkurrenz nutzen zu können (Nr. 311).

Auszeichnungen: Verdienstmedaille für Kunst und Wissenschaft in Gold mit der Krone am 30. Dezember 1889 (Diplom im Nissenhaus B 2722).

Archivalien: Schreiben des Adjudanten v. Leipziger 3.2.1889, Nachlaß Brütt, Nissenhaus
Abb.: Nissenhaus B 2086 I, S. 6
Lit.:
(1) Franz Volger, Herzog Ernst v. Sachsen-Altenburg, Altenburg 1896
(2) Christian Lange, Schleswig-Holsteiner-Abend in Berlin. Mitglieder-Liste 1911, Berlin 1911, S. 6 f.

105. Porträt Landschaftsrat Bockelmann, um 1889

Marmor, wohl lebensgroß
wohl ehemals Kassel

Die im Nachlaß Brütt in Abbildung überlieferte Büste mit der Bezeichnung „Bockelmann, Landschaftsrat" könnte den Landrat Friedrich v. Bockelberg (geb. 1851) darstellen. Die Identität ist jedoch nicht eindeutig. Der Auftrag zur Büste könnte über den seit 1889 an der Kasseler Akademie lehrenden Carl Begas erfolgt sein; ein Zusammenhang mit dem Porträt des als Oberpräsidenten von Hessen identifizierten Botho Graf Eulenburg (Nr. 33), d.h. mit dem Kreis der Gegner Bismarcks, ist nicht unwahrscheinlich.

Nicht gänzlich von der Hand zu weisen allerdings ist, daß es sich um das Porträt des Direktors der schleswig-holsteinischen landwirtschaftlichen Genossenschaftsverbände und Stadtverordneten Bokelmann handelt, der z.B. auch in den Berichten des Schleswig-Holsteinischen Kunstvereins 1878, Kiel 1879, erwähnt wird. Dies würde gelten, wenn die in Nachlaß gewählte Schreibweise richtig ist, der Hinweis auf Kassel jedoch falsch.

Abb.: Nissenhaus B 2086 I, S. 15

106. Büste Graf zu Lynar, Ruhmeshalle (altes Zeughaus) Berlin, 1889

gebrannter Ton, überlebensgroß
Architekt: Hermann Ende (1829-1907)
Ausführung: unbekannt
ehemals Zeughaus, Berlin

Eine Aufnahme im Nachlaß Brütt zeigt die ausgeführte Porträtbüste des bärtigen brandenburgischen Generals und Baumeisters am Berliner Schloß im Küraß, eingestellt in eine Rundnische des unteren Stockwerkes des Zeughauses. Brütts Bemühungen um eine genaue Personencharakterisierung ist durch den Briefwechsel belegt.

Kaiser Wilhelm I. hatte den Umbau des alten Zeughauses in „ein Waffenmuseum in Verbindung mit einer Gedächtnishalle der Herrscher, ihrer hervorragendsten Heerführer und Staatsmänner sowie mit geschichtlichen Darstellungen vom Aufsteigen des Kurfürstentums bis zur Gründung des Kaiserreiches"(2) beschlossen und 1877 dem Akademiepräsidenten Friedrich Hitzig (1811-1881) den Umbau übertragen, der sich anschließend unter der Leitung von Hermann Ende bis 1891 hinzog. Schon Hitzig hatte grundsätzlich an den von Oberbaudirektor Andreas Schlüter (1664-1714) geprägten architektonischen und skulpturalen Formen von Zeughaus und Schloß festgehalten, so daß sich die mit Aufträgen bedachten Bildhauer mit der kräftigen Formensprache des Skulpturenschmuckes von Schlüter und wie die Geschichtsmaler mit der historischen Ikonographie auseinanderseten mußten.

Schon Brütts Lehrmeister Leopold Rau hatte sich 1879/80 an der Konkurrenz für die Victoria der Ruhmeshalle beteiligt; den Bronzeguß der Skizze bewahrte die Nationalgalerie. Auch Brütts Konkurrenzentwurf zum Standbild des Großen Kurfürsten (Nr. 34) war für diese Berliner Herrscher- und Feldherrnhalle gedacht. Eine letzte Ausstattung erfolgte 1889, als noch einmal 10 Bildhauer mit 40 Heerführerbüsten in „gebranntem Ton" beauftragt wurden. (Brütt gibt in Nachlaßverzeichnis falsch an: Gips; vgl. 4); genannt sind Gerhard Janensch, A. Brütt (2 Büsten?), Reinhold Felderhoff, Otto Büchting, Karl Silbernagel, Theodor Lietke, Otto Geyer, Hermann Kokolsky (4 Büsten)(1). Die Auftragserteilung durch das Königliche Kriegsministerium erfolgte im Juli 1889. 1891 waren die Arbeiten an der Neugestaltung des Zeughauses abgeschlossen.

Archivalien: Schreiben Maximilian Graf Lynar vom 10.7.1889 und 19. 7. 1889 (Nissenhaus, Briefkonvolut)

Lit.:

Abb.: Nissenhaus B 2084, S. 25 (hier reproduziert); Hofphotograph Adolph Halwas, Das Zeughaus zu Berlin. 30 Aufnahmen, Berlin 1896

(1) Kunst für Alle 4, 1888/89, S. 365

(2) Das Königliche Zeughaus. Führer durch die Ruhmenshalle und die Sammlungen, 4. Auflage, Berlin 1907, S. 28

(3) P. Wallé, Der Baumeister Rochus zu Lynar, der erste General des brandenburgisch-preussischen Heeres, in: Der Bär 18, 1891/92, Abb. S. 501

(5) Monika Arndt, Die ‚Ruhmeshalle' im Berliner Zeughaus. Eine Selbstdarstellung Preussens nach der Reichsgründung, Berlin 1985, S. 86f.

107. Büste eines Generals, Ruhmeshalle (altes Zeughaus) Berlin, 1889

gebrannter Ton, wohl lebensgroß.
Architekt: Hermann Ende (1829-1907)
Ausführung: unbekannt
ehemals Zeughaus, Berlin

Ein weiteres Porträt wird neben der Büste des Grafen Rochus von Lynar (Nr. 106) als Arbeit für das Berliner Zeughaus von Brütt in seiner Werkliste aufgeführt. Die Auftragserteilung dürfte ebenfalls 1889 erfolgt sein, doch ist nach der Liste der Feldherrnbüsten beider Stockwerke (1) nicht zu ersehen, um welches Porträt es sich handelte.

Lit.:
(1) Das Königliche Zeughaus. Führer durch die Ruhmenshalle und die Sammlungen, 4. Auflage, Berlin 1907, S. 28

108. Buffettgruppe I, um 1890

Material unbekannt, Maße unbekannt
war nach Angaben von Kurt Brütt im Besitz seines Bruders

Sitzende weibliche Gestalt mit drei Kinderfiguren. Die Gruppe mit betont dreieckigem Umriß. Nach dem beigegebenen Glas in der Hand des durch den Köcher als Amor ausgewiesenen Kindes dürfte die Arbeit fast lebensgroß gewesen sein, doch spricht die Detaillierung des abgebildeten Modells eher für eine Höhe von ca. 70 cm. Das Glas wäre dann ein Miniaturglas. Die strenge Komposition sowie der Typus der weiblichen Gestalt zeigen eine gewisse Verwandtschaft mit der Verkörperung der „Wahrheit" für das Nordportal des Reichstages (Nr. 164). Daher wird man das abgebildet Werk nicht mit dem Tafelaufsatz für die Offiziermesse eines Kieler Schiffes (Kiel?) identifizieren können (Nr. 285).

Abb.: Nissenhaus B 2086 I, S. 6

Rechts:
109. Fortuna I, um 1890

Zinkguß, lebensgroß

Im Kontrapost stehende, leicht bekleidete Figur, die ein Füllhorn in ihrem Rücken hält, so daß die Bewegung des Körpers nicht verdeckt wird. Eine erhaltene Atelieraufnahme vom Atelier Schiffbauerdamm (Abb. S 41), die das Modell zeigt, macht eine Entstehung um 1890 wahrscheinlich.

Abb.: Nissenhaus B 2086 I, S. 5

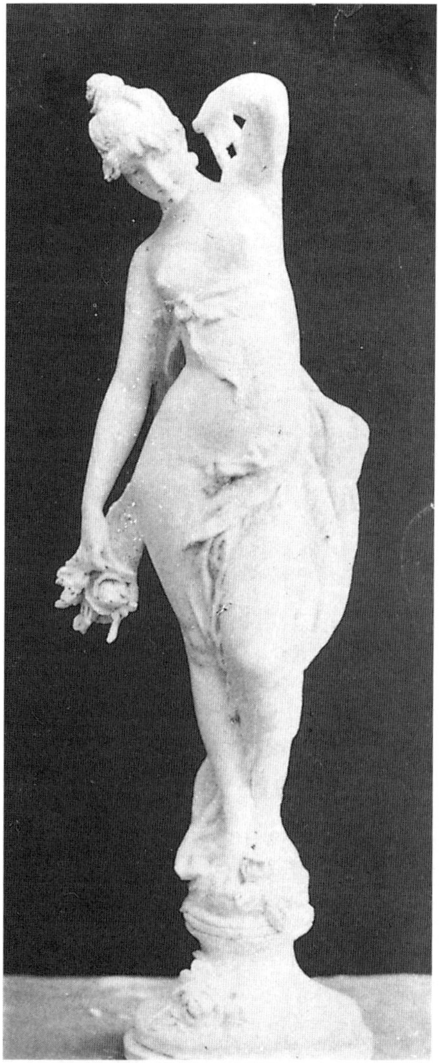

110. Fortuna II, um 1890

Statuette, Material und Maße unbekannt
Statuette, der großen Fortuna (Nr. 109) im Aufbau ähnlich, doch spielerischer, manierierter.
Abb.: Nissenhaus B 2086 I, S. 4

111. Leuchterfigurenpaar, um 1890

Material und Maße unbekannt
Architekten: Fellner & Helmer
Ausführung: Schulz & Sackur (?)
nicht nachweisbar

Zwei Jünglinge, der eine mit mit Koller und Schulterschutz, beide mit römischem Rock und Sandalen und einem mit einem Ring gehaltenen Mantel bekleidet. Als herstellende Firma kommt nach einer Innenaufnahme aus der Berliner Gewerbeausstellung von 1896 die Gießerei Schulz & Sackur in Frage (1), da aber sehr schlecht zu erkennen ist, zu welchem Aussteller die Figuren tatsächlich gehören, so ist auch an die Gesellschaft für Fabrikation von Bronzewaren und Zinkguß vormals J.C. Spinn und Sohn zu denken. Eine Durchsicht der zugänglichen Exemplare der Zeitschrift für Beleuchtungswesen Jg. 1 (1895) brachte keine weiteren Hinweise.

Die beiden Leuchterfiguren, die vielleicht auch nur einen Teil des Auftrages darstellen, könnten nach Andeutungen in den Nachlaßunterlagen Brütt für das 1891/92 von den Wiener Architekten Fellner & Helmer erbaute Metropoltheater (nach Adolf Brütt) bzw. das Wintergarten-Theater in der Dorotheenstr. 81/21 bestimmt gewesen sein, eine Verifizierung war jedoch nicht möglich. Es ist wahrscheinlich, daß die Leuchterfiguren Nr. 111 keine durch die Architekten an Brütt direkt, sondern über die Bronzewarenindustrie vergebene Aufträge sind.

Ausstellung: ausgestellt auf der am 1. Mai 1896 eröffneten Gewerbeausstellung Berlin.
Abb.: Nissenhaus B 2086 I, S. 3 und (1)
Lit.:
(1) Prachtalbum photographischer Aufnahmen, Berliner Gewerbeausstellung 1896, S. 151

Mitte:
112. Leuchterträger, um 1890

Material wohl Bronze, Maße unbekannt
Ausführung: Schulz & Sackur (?)
kein Exemplar nachweisbar

Gasstandleuchter in Form einer männlichen Gestalt, mit Nr. 113 korrespondierend.

Beide Figuren tragen eine nicht genau identifizierbare Frührenaissancekleidung. Der Hersteller der Lampenkörper könnte Schulz & Sakkur (Berlin) sein, wie bei den anderen Leuchterfiguren vermutet wurde.

Abb.: Nissenhaus B 2084 I, S. 38

Rechts:
113. Leuchterträgerin, um 1890

Material wohl Bronze, Maße unbekannt
Ausführung: Schulz & Sackur, Berlin (?)
kein Exemplar nachweisbar

Weibliche Figur, eine fünflichtige Gaslampe tragend; möglicherweise mit Nr. 112 zusammen ein Leuchterpaar bildend, sonst einzeln bestellbarer Beleuchtungskörper für Gaslicht; nach der Werkliste Brütts ist ein baugebundener Auftrag unwahrscheinlich.

Abb.: Nissenhaus B 2084 I, S. 38

114. Kronleuchter, um 1890

Bronze und Glas, H 1,20 m, Durchm. 0,65 m
Ausführung: Schulz & Sackur, Berlin (?)
kein Exemplar nachweisbar

Der Leuchterschaft als weibliche, auf einem Schwan stehende Figur ausgebildet, von Putten begleitet, von Brütt als „Schwanenkrone" bezeichnet.

Eine Abbildung hat sich als gedruckte Katalogabbildung einer nicht zu identifizierenden Firma im Nachlaß Brütt erhalten. Die Arbeit könnte von Schäffer & Walker oder der Aktiengesellschaft für Bronzewarenindustrie (Spinn) bzw. auch von Schulz & Sackur gefertigt sein.

Die Figur steht in der etwas lasziven Haltung der „Phryne" von 1888 (Nr. 100) sehr nahe, in beiden Fällen, so zeigt ein Gesichtsvergleich, könnte Brütt nach dem gleichen lebenden Modell gearbeitet haben.

Abb.: Nissenhaus B 2084 I, S. 38

115. Doppelporträt Hans und Margarethe Olde, 1889

vielleicht 1889 anläßlich der Hochzeit entstanden
Material und Maße unbekannt
nicht nachgewiesen

Brütt nennt in seiner Werkliste ein Relief von „Olde u. Frau"; es ist denkbar, daß er ein solches Doppelporträt anläßlich der Hochzeit bzw. als Hochzeitsgeschenk modelliert hat.

116. Grabstein Werner Brütt, 1889

Grabplastik (?), Werkstein, Maße unbekannt
ehemals Berlin

Von Kurt Brütt wird der Grabstein für seinen am 15.7.1888 geborenen und bereits am 9.7.1889 verstorbenen Bruder Werner genannt. Er war für den St. Johannis-, Nazareth- und St. Paulskirchof an der Seestraße in Berlin ausgeführt.

117. Eva I, 1889 (Abb. S. 134)

Bronze, H 169 cm
Bez.: „A. Brütt 89"
Ausführung: kein Gußstempel sichtbar, Plinthe mitgegossen; Gußfehler im Nacken
Ehemals Thaulow-Museum, Kiel, zeitweise Freilichtaufstellung in Rendsburg, heute Landesmuseum Schleswig

Schreitende Mutter mit zwei Kindern auf den Armen, Guß des Originalmodells von 1889; zusammen mit der für Felix Koenigs skulpierten Marmor-Fassung (Nr. 118) Urfassung der Eva. Das Originalmodell zeigt eine Atelieraufnahme im Nachlaß Brütt (Abb. S. 41). Hier ist eine Datierung nicht zu erkennen, so daß die Angabe von P. Wallé, die Urfassung sei bereits 1888 entstanden (1), durch die datierten Werk-Signaturen der dauerhaften Ausführungen nicht bestätigt wird.

„Als die Eva entstand wollte ich, nach der heiligen Legende eben die Mutter darstellen, die als die erste die ungeheure Verantwortung übernahm, die ersten und schon feindlichen Brüder in die Welt zu setzen." (Brütt) Das ist nicht das Thema der „Mutterliebe" von Hans Olde (ehemals Privatbesitz Lovis Corinth in der Kunsthalle zu Kiel; Gantner 38). Die zwischen Erotischem und Mütterlichem spielenden Formen der ins Religiöse reichenden Gestalt sind es, die immer wieder neu den Urkonflikt (vgl. Nr. 58) zeugen lassen – ein Urtypus, den Walter Pater 1873 auch in der lächelnden Gioconda (Mona Lisa) Leonardos wiedererkannte: „Sie ist viel älter als die Felsen rings um sie her... sie wurde als Leda die Mutter Helenas von Troja, und als Heilige Anna die Mutter Marias..." (3). Auf den gleichen Hintergrund machten die zur „Eva" veröffentlichten Beschreibungen durch die Hervorhebung des „nichtssagenden" Gesichtes der Eva aufmerksam: Brütt zeigte also, wie einst Leopold Rau bei seiner „Gebenden und versagenden Natur" von 1878, das „Antlitz der Natur, die mit gleicher Ruhe Liebe und Haß erweist, ohne Willen und Wahl der Notwendigkeit gehorchend."(4)

Es gelang ihm indes, die innere Notwendigkeit nicht mit Kälte, sondern mit sichtbarer Wärme zu verbinden, so daß auch der zart anklingende Gegensatz des feindlichen Brüderpaars fast

aufgehoben wird. Wenn Brütt das Antlitz der Eva aus der Komposition herausnimmt, es isoliert und strafft (Nr. 121), so hat man hier wohl den Versuch vor sich, die natürliche und zugleich schicksalhafte innere Notwendigkeit im Porträt zu fassen.

Es ist das Verdienst von Wilhelm Schölermann, dem Übersetzer der Gedichte von Walt Whitman, anläßlich der Kieler Brütt-Ausstellung von 1904 am Beispiel der „Schwerttänzerin“ darauf hingewiesen zu haben, daß die freien Verse des Dichters Parallelen zum plastischen Werk von Brütt formulieren: „Ich trachte weniger danach, einen Gedanken oder Stoff breit auszulegen, als vielmehr den Lesenden in die Atmosphäre des angeschlagenen Themas zu versetzen, damit er darin selber seinen Gedankenflug verfolgen kann.“(5) So kann man auch hier Verse aus Whitmans „Kindern Adams“ anführen (übersetzt v. Johannes Schlaf, Weimar 1907):

„Das Weib enthält alle Eigenschaften und mäßigt sie.
Sie ist an ihrer Stelle und bewegt sich mit vollkommener Harmonie.
Sie ist alles in angemessener Verschleierung; sie ist beides, aktiv und passiv.
Sie hat Töchter ebenso wie Söhne zu empfangen; und Söhne ebenso wie Töchter.
Wie ich meine Seele in der Natur gespiegelt sehe,
Wie ich durch einen Nebel eine sehe von unaussprechlicher Vollkommenheit, Gesundheit, Schönheit:
Sehe ihr gebeugtes Haupt und ihre über die Brust gekreuzten Arme;
So sehe ich das Weib.“

Ausstellung: Kunsthalle Kiel 1930 (?)
Abb.: Nissenhaus B 2086 I, S. 12
Lit.:

(1) P. Wallé, Sammlung Felix Koenigs, Berlin Mai 1901 (Privatdruck W. Büxenstein) S. 31
(2) Steckner, Sparsamkeit (1981), S. 30
(3) Walter Pater, Die Renaissance, Jena und Leipzig 1906, S. 151 (Übersetzung Wilhelm Schölermann).
(4) Otto v. Leixner, Die moderne Kunst und die Ausstellungen der Berliner Akademie, Bd. 2, Berlin 1879, S. 29
(5) Albert Soergel, Dichtung und Dichter der Zeit, 13. Aufl. (um 1921), S.534.

Salon im Hause von Felix Koenigs mit der „Wintersonne“ von Hans Olde (links), der „Eva“ von Brütt (Nr. 118) und der „Maja“ von Anders Zorn (rechts)

118. Allmutter Eva, 1889

Marmor, H 130 cm
eigenhändige Ausführung von Brütt
Ehemals Sammlung Felix Koenigs, heute Privatbesitz Neuwied

„Eva schreitet mit etwas gesenktem Haupt vorwärts, ihre kleinen Knaben tragend. Rechts Kain, der den Arm um ihren Hals legt, links der schlummernde Abel. H. 130. Für Felix Koenigs 1888 zuerst dauerhaft ausgeführt in dreiviertel Lebensgröße, dann 1891 im Marmor in voller Lebensgröße für die Nationalgalerie.“(1)

Die von P. Wallé veröffentlichte Aufnahme des Salons im Hause von Felix Koenigs zeigt die „Eva“ zusammen mit Hans Oldes „Wintersonne“, die aus dem Nachlaß Koenigs in die Nationalgalerie kam.

Abb.: (1)
Lit.:

(1) P. Wallé, Sammlung Felix Koenigs, Berlin Mai 1901 (Privatdruck W. Büxenstein), S. 31
(2) Steckner, Sparsamkeit (1981), S. 26

119. Eva II, 1889

a Gips, H 51 cm
Bez.: „A.Brütt 89"
Privatbesitz, Herrsching

Verkleinerte Fassung der ursprünglichen Eva (Nr. 117), nur dieses Exemplar bekannt, das, nach der Größe zu urteilen, vielleicht als Modell für eine Auflage von Kleinbronzen gedacht war, was das Entstehungsdatum unbestimmbar macht, da sich die Künstlersignatur nur auf den Originalentwurf von 1889 zu beziehen braucht. Da Brütt diesen Gipsabguß seiner vertrauten Schülerin Anita Nordenholz übergab, ist anzunehmen, daß hier eine erste Formulierung der Gruppe vorliegt.

Vielleicht – dafür sprechen die Größen von 51 cm (Nr. 119 a) und 65 cm (Nr. 119 b) – hatte Brütt hier zwei Statuetten für den Bronzeguß vorbereitet; in vergleichbaren, wohl üblichen Größen bot Gladenbeck die Gruppe „Gerettet" an (Nr. 98).

Die anläßlich der Gründungsausstellung der Schleswig-Holsteinischen Kunstgenossenschaft 1894 von Brütt als Gründungsmitglied gestifteten und damals verlosten Gipsstatuetten dürften vom Typ 119 a gewesen sein. Es ließ sich keines der Verlosungsexemplare nachweisen.

Ausstellungen: Erste Jahres-Ausstellung der Schleswig-Holsteinischen Kunstgenossenschaft 1894 (2)

(1) Bericht über den Schleswig-Holsteinischen Kunstverein für das Jahr 1893, Kiel 1894, S. 26

(2) Verzeichnis der ersten Jahresausstellung der Schleswig-Holsteinische Kunstgenossenschaft 1894, S. 17

b Gips, H 65 cm
Bez.: „A. Brütt 1889"
Privatbesitz, Ahrensburg

Von Brütt 1921 anläßlich der Errichtung des Grabmals Freyer auf dem Invaliden-Friedhof (Nr. 322) an den Friedhofinspektor Treuwerth als Orignial-Gips geschenkt.

c Bronzeguß nach dem Gips 118 b, H 52 cm (ohne Sockel)
Bez.: „A. Brütt 1889"
Gießerei unbekannt
Privatbesitz, Ahrensburg

Nach Auskunft der jetzigen Besitzer durch Treuwerth veranlaßter Guß nach Nr. 119 b, wobei sich die Größenangabe durch die Gußschrumpfung ergibt.

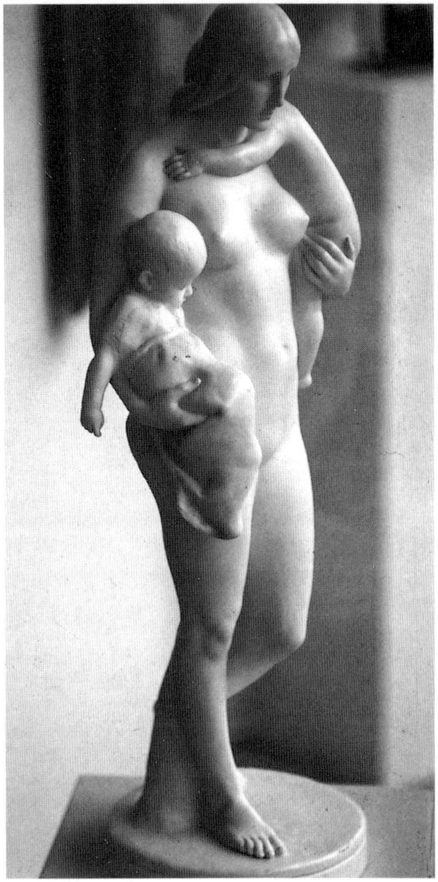

d Bisquitporzellan, H 65 cm
Bez.: „A. Brütt 1889"
Ausführung um 1910: Schwarzburger Werkstätten für Porzellankunst, um 1910; Auflage unbekannt
Nissenhaus B 4332, Geschenk Dr. Jürgen Jensen, Kiel

Das unglasierte Material der Porzellanstatuette hat die matte Oberfläche des Marmors; auch versucht die feine Modellierung die bei der Skulptur durch Raspeln und Schleifen erreichten Klänge als Stimmungselemente zu erhalten. Es handelt sich demnach nicht um eine bloße Verkleinerung, da die Porzellanfigur ein über 10%

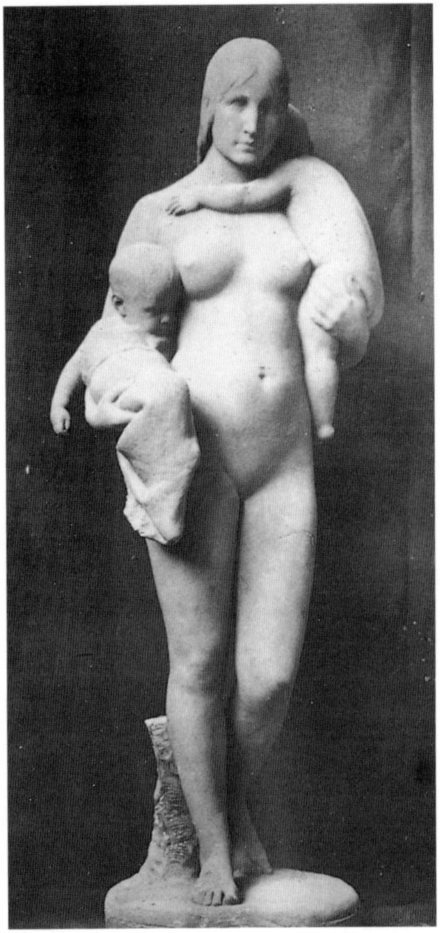

Eva mit ihren Kindern. Marmor (Flensburg, Deutsches Haus)

größeres Modell, also wohl nicht Nr. 119 b, voraussetzt. Dem kleinen Maßstab entsprechend ist die Detaillierung modelliert. Geringfügige Ponderationsänderungen scheinen gleichfalls zur Wirkungssteigerung eingearbeitet zu sein; allerdings spricht nichts dafür, daß die Verkleinerung erst um 1910 modelliert wurde.

120. Eva mit ihren Kindern (1889), 1890

Carrara-Marmor I. Klasse, H 177 cm mit Plinthe
Bez.: „A. Brütt 1890"; AB monogrammiert
eigenhändige Ausführung

1891 durch die National-Galerie Berlin angekauft, 1934 (?) aufgestellt im Foyer des zwischen 1927 und 1930 von P. Ziegler und Th. Rieve erbauten „Deutschen Hauses" in Flensburg (Inventar Nationalgalerie Berlin Ost: B I 90; Nationalgalerie Berlin West: NG 79). Die Aufstellung entspricht nicht den üblichen konservatorischen Anforderungen, wie man an den Beschädigungen leicht erkennt.

„Da wäre zunächst Brütts Eva ein merkwürdiges Beispiel dafür, wie ein Körper im Plastischen Seele haben kann ohne ein sprechendes Antlitz. Bei völlig nichtssagendem Gesicht zeugt dieser Leib von einer kindlichen, keuschen, wirklich erstmenschlichen Seele. Eine Gestalt das, die es uns verständlich macht, wie es möglich ist, nackt zu wandeln." So charakterisierte ein unbekannter Kunstkritiker anläßlich der Berliner Kunstausstellung 1890 die Natur der Urmutter der feindlichen Brüder (Ausschnittsammlung Nachlaß Brütt, Nissenhaus).

Die Marmorskulptur ist weitgehend identisch mit Nr. 117, jedoch mit materialbedingten Abweichungen in der Oberflächengestaltung, sonst an der Armhaltung der Kinder, den Wickeldekken etc. Zusätzlich ist eine Beinstütze mitgearbeitet. „Eva schreitet langsamen Schrittes nackt in ernstem Sinnen daher, während sie den kleinen Kain, der, den Arm um ihren Hals legend nach rückwärts blickt, mit dem linken Arm stützt und den schlummernden Abel in der herabhängenden Rechten trägt." (1)

In einem Brief an den Direktor der Nationalgalerie vom 23. Juni 1891 erklärt sich Brütt mit dem Ankauf für 16.000 Mark zum 1. April 1892 einverstanden; ein weiterer Brief vom 9. Januar 1892 enthält den Vorschlag für einen „rothen Marmorsockel" für die „Eva", der von der Firma Schleicher am 21.3.1892 geliefert wurde. Dieser drehbare farbige Sockel für die allsichtige Figur gelangte nicht mit nach Flensburg, wo die Nischenaufstellung die Figur nicht zur Wirkung kommen läßt.

Alfred Lichtwark beabsichtigte 1894 eine Wiederholung der Skulptur für die Hamburger Kunsthalle zu erwerben: „Aber für die Wiederholung des ersten, im Besitz der Nationalgalerie befindlichen Exemplars verlangt er M 20.000. Da liegt es außerhalb unseres Bereichs. Brütt hat sich unsere Sammlung auch schon eingehend angesehen."(4)

Brütt schuf in der aus dem „Kain und Abel" (Nr. 30) entwickelten „Eva" ein Hauptwerk: Anläßlich der Gründungsausstellung der Schleswig-Holsteinischen Kunstgenossenschaft wurde die Verkleinerung seiner „Eva" verlost (Nr. 119 a), zur Sonderausstellung in Kiel im Jahre 1904 ließ Brütt in der damals in der künstlerischen Graphik führenden „Steglitzer Werkstatt" einen Katalog mit der „Eva" als Titelabbildung drukken (Abb. S. 199); anläßlich seines 50. Geburtstages stellten sich drei seiner Weimarer Schüler als Kinder Evas dar (Abb. S. 313), indem sie Brütt in der Haltung der Eva von 1889 zeigten.

Ausstellungen: 62. Ausstellung der Königlichen Akademie der Künste Berlin 1890 Nr. 1553; Münchner Jahresausstellung 1891 Nr. 2052; Columbische Weltausstellung Chicago 1893; 67. Internationale Kunstausstellung Berlin 1896 Nr. 3364; Verein Berliner Künstler 1897 (3); Sonderausstellung Adolf Brütt Kiel 1904 Nr. 3 (Titelabbildung); Sonderausstellung Adolf Brütt Weimar 1907; Kiel 1909
Abb.: Nissenhaus B 2086 I, S. 12 (hier reproduziert), 13 u. 14; Kunstkatalog der Neuen Photographischen Gesellschaft, Berlin o.J. Nr. 1059.

Lit.:

(1) Katalog der Königlichen National-Galerie zu Berlin (1908), S. 153
(2) Katalog der Königlichen National-Galerie zu Berlin, 15. Aufl. (1903), S. 395
(3) Das Atelier 7, 1897, Heft 5, S. 7
(4) A. Lichtwark, Briefe an die Commission für die Verwaltung der Kunsthalle Bd. 3, S. 25

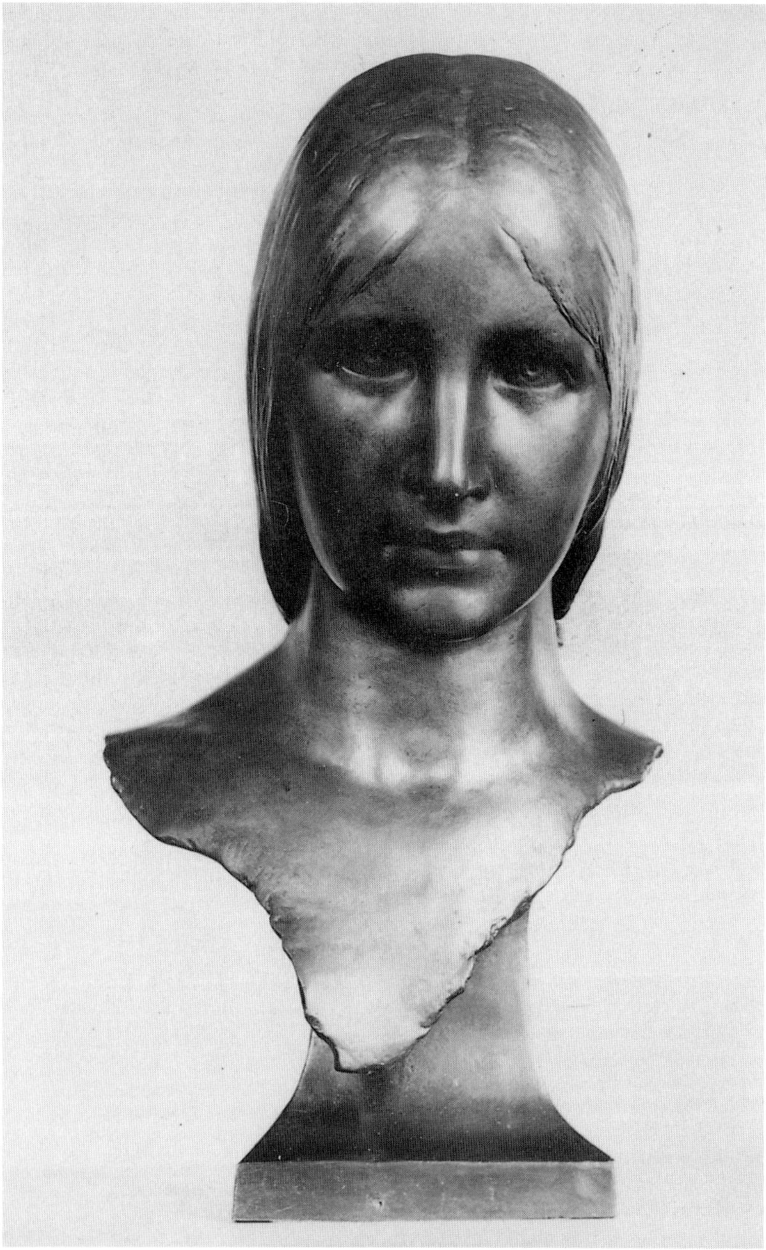

121. Kopf der Eva, 1889

Bronze, H 47 cm
unbezeichnete Bronzegüsse; die Gipsfassung der Nationalgalerie trägt links die Bezeichnung „A. Brütt 1899".
Ausführung: ohne Gießermarke
A Bronzeguß in zwei Exemplaren:
1 Nissenhaus B 2096 a
2 Nissenhaus B 2365 (Geschenk E.F. Schneider, Hamburg)
B Gipsausformungen:
1 Nissenhaus K 3298 (Geschenk Hans Kolbe, Pinneberg)
2 Nissenhaus B 2136 (Geschenk G. Semrau, Berlin)
3 Nissenhaus B 3135
4 Staatliche Museen zu Berlin, Nationalgalerie, Gips, H 51 cm.
5 Ehemals Sammlung Felix Koenigs, 1941 zerstört
6 Ehemals Sammlung Walter Leistikow (4)

Der Kopf der „Eva" in der Bronzeausführung hat durch eine lichtbraune Patinierung fast polychromen Charakter (wie auch die nicht überlieferten bemalten Gipsausformungen) und ist in der Detaillierung ganz auf die Möglichkeiten der Modelliermasse abgestimmt: Der Umriß des Brustschildes ist nicht scharf begrenzt wie sonst bei den Büsten, sondern zeigt durch Bruchkanten an, daß der Kopf ein „Ausriß" des modellierten Gesamtwerkes ist. Der mitgegossene Büstenfuß trägt dem Rechnung, er ist unterschnitten angesetzt. Brütt hat diese äußerste physiognomische Reduktion der „gebenden und versagenden Natur" weiterhin beschäftigt; er hat sie in seiner Weimarer Zeit im „Bildnis einer Pariserin" noch einmal aktualisiert (Nr. 260).

Ausstellung: Hohenzollern-Kunstsalon, Berlin 1892 (getönter Gips)

Lit.:
(1) Max Schmid, in: Das Atelier 2, 1892, S. 1 (1. Januarheft)
(3) Steckner (1978), S. 10
(4) Lovis Corinth, Das Leben Walter Leistikows. Ein Stück Berliner Kulturgeschichte, Berlin 1910, S. 113 Abb.

Die Akademischen Schule für bildende Künste im Atelierhaus Lützowstr. 82, Berlin 1890/91

Das Atelierhaus Lützowstr. 82 (1), das Brütt Ende 1890 bezog, war wohl mit staatlicher Unterstützung vom Architekten Oswald Kuhn erbaut worden; hier arbeiteten neben Brütt die Bildhauer Max Baumbach (1859-1915), Karl Ferdinand Hartzer (1838-1906) und Robert Toberentz (1849-1895), die Maler Conrad Fehr (1854–1933), Hugo Schnars-Alquist und Walter Leistikow (1867-1908), letzterer der Initiator der „Berliner Sezession". Und hatte Brütt den modernen Realismus mit dem „Fischer" in die Bildnerei eingeführt, so war es Toberentz, der die Kunsttechnik des Wachsausschmelzverfahren für den monumentalen Bronzeguß wiedererweckt hatte.

Im Oktober 1891 gründete Fehr zusammen mit Brütt und dem Kupferstecher und Radierer Gustav Eilers (1834-1911) die „Akademischen Schule für bildende Künste". Die „Kunst für Alle" berichtete: „Der Maler Konrad Fehr in Berlin hat dort in der Lützowstr. 82 eine ‚Akademische Schule für bildende Künste' eröffnet. Nachdem der Künstler schon seit Jahren Privatunterricht erteilt hatte, ließen die gemachten Erfahrungen ihn erkennen, daß es zweckmäßig sein würde, diesen Kunstunterricht durch die Mitwirkung vorhandener Lehrkräfte zu vervollständigen. Fehr mietete darauf ausreichende Räume und verband sich mit dem Kupferstecher Professor G. Eilers und dem Bildhauer A. Brütt. Als Lehrer fungieren außerdem an dem Institut: W. Leistikow als Landschaftsmaler, Bildhauer Baumbach für Modellieren, Architekturmaler W. Herwarth für Perspektive, Kunstgeschichte traktiert Dr. Max Schmid." (Jg. 7, 1892, S. 125)

Die „Akademie Fehr", wie sie kurz genannt wurde, war als sezessionistische Alternativeinrichtung zur traditionellen Akademie gedacht. Sie sollte die neuen Anschauungen der werdenden Sezessionsbewegung an die kommende Künstlergeneration weitergeben. Die eigene künstlerische Position stellte der Kunsthistoriker der Akademie Fehr, Dr. Max Schmid, im „Magazin für Litteratur" dar, der im Februar 1892 anläßlich der Debatte über Kunst und Wissenschaft im Preußischen Abgeordnetenhaus den Satz notierte: „Es wird nicht eher besser, als bis von den Kunstakademien nichts übrig bleibt, als die Meisterateliers. Dann erst kehren wir unter Anpassung an moderne Verhältnisse zum ursprünglichen Bildungsgange der alten Kunst zurück."

Der Nachlaß Brütt enthält ein Konvolut Ende 1891 entstandener Aktzeichnungen (B 2085) – entstanden also zur Zeit des ersten Lehrsemesters. Diese Zeichnungen setzen den Unterricht im „Nassen Lappen" im Winter 1887/1888 voraus, da sie sich mit der Auswirkung des Tragens und Lastens auf die Körperponderation auseinandersetzen. Obgleich Brütt für das Wintersemester in den im „Atelier" erschienenen Anzeigen als Lehrkraft nicht genannt ist, so scheint er doch 1891/92 und auch weiterhin bis zum Umzug in das Atelierhaus Siegmundshof 11 um 1900 unterrichtet zu haben. Nach einer mündlichen Überlieferung von seiten seiner Schülerin Anita Nordenholz hatte er eine reine Frauenklasse, was dem Prinzip des getrennten Unterrichtes entsprechen würde.

Da die Aktzeichnungen von Brütt keine Vorstudien zu den damals entstandenen Werken sind, sie nach dem datierten Blatt Nr. 122 sicher im Winter entstanden sind, muß man davon ausgehen, daß sie die ersten Dokumente seiner Bildhauerschule darstellen (siehe Anhang S. 310–312).

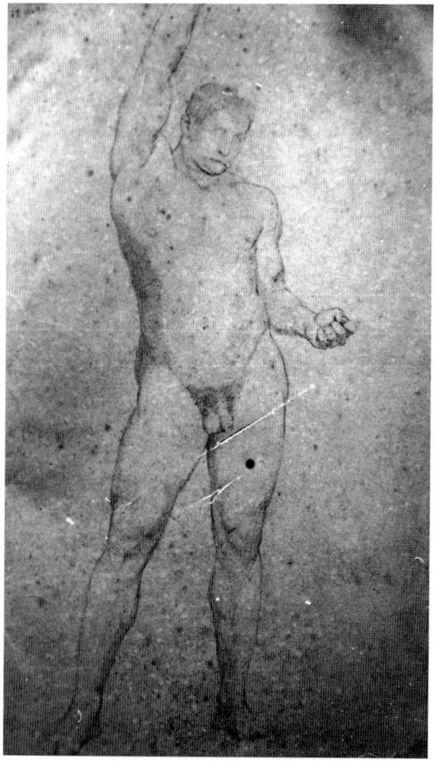

122. Stehender männlicher Akt, 1891

Bleistiftzeichnung, 51 x 34 cm
Bez.: „27.11.91"
Nissenhaus B 2085

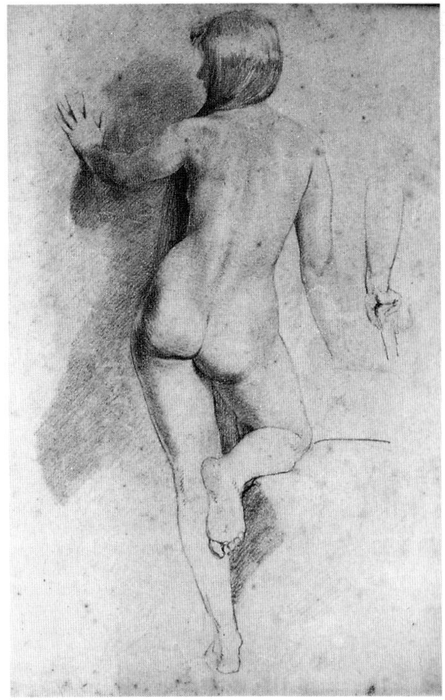

123. Stehender weiblicher Akt, 1891

Bleistiftzeichnung, 51 x 34 cm
Bez.: „Hedwig Hamann, Münzstr. 8", sig. „A. Brütt"
Nissenhaus B 2085

124. Sitzender, 1891

Bleistiftzeichnung, 51 x 34 cm
Nissenhaus B 2085

125. Weiblicher Rückenakt, 1891

Bleistiftzeichnung, 51 x 34 cm
Nissenhaus B 2085
Wahrscheinlich das Modell der „Eva" von 1889 (Nr. 117-120)

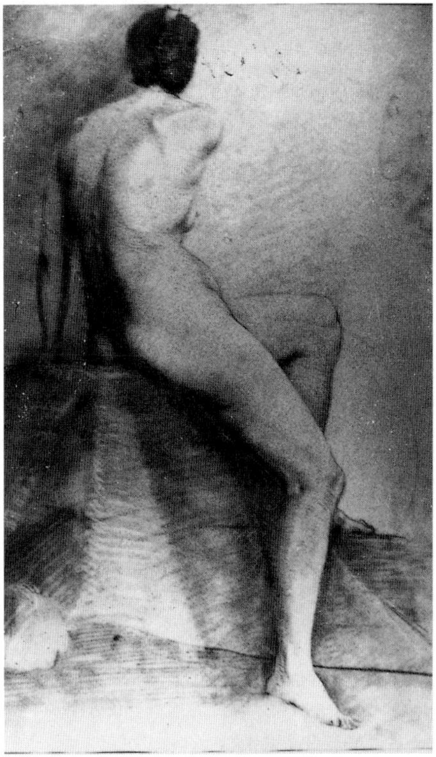

126. Weiblicher Rückenakt, 1891

Bleistiftzeichnung, 51 x 34 cm
Nissenhaus B 2085

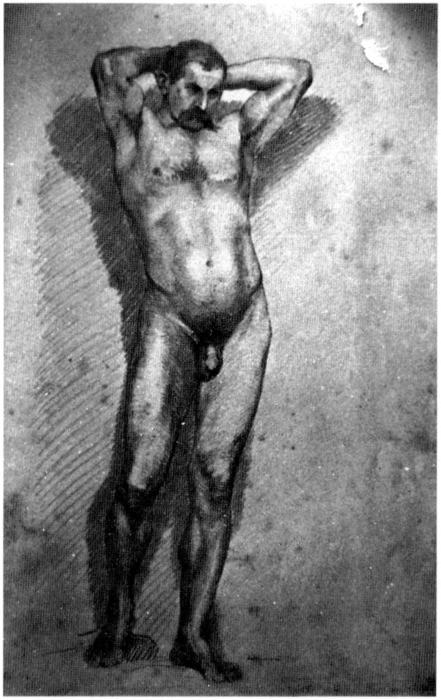

127. Stehender männlicher Akt mit verschränkten Armen, 1891

Bleistiftzeichnung, 51 x 34 cm
Nissenhaus B 2085

128. Weiblicher Akt, 1891

Bleistiftzeichnung, 51 x 34 cm
Bez.: „1891"
Nissenhaus B 2085

129. Weiblicher Akt, 1891

Bleistiftzeichnung, 51 x 34 cm
Bez.: „1891"
Nissenhaus B 2085

130. Weiblicher Akt mit Krug, 1891

Bleistiftzeichnung, 37,3 x 26,5 cm
Bez.: „1891"
Nissenhaus B 2085

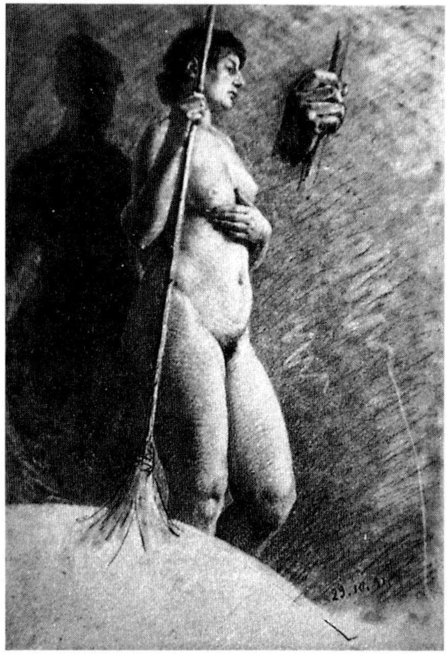

131. Weiblicher Akt mit Besen, 1891

Bleistiftzeichnung, 37,3 x 26,5 cm
Bez.: „23.10.91"
Nissenhaus B 2085

132. Männlicher Akt, auf Stab gestützt, 1891

Bleistiftzeichnung, 37,3 x 26,5 cm
Bez.: „1891"
Nissenhaus B 2085

Akademie der Künste (1892)

Die jährlich erscheinenden Jahresberichte (später Chronik) der Königlichen Akademie der Künste zu Berlin geben weitgehend Auskunft über den Lebensweg von Brütt. Sein II. Preis in der Konkurrenz des Bildhauer-Aktsaales von 1878 ist die erste Notiz. Am 22.1.1892 wird Brütt u.a. zusammen mit Bildhauer Emil Hundrieser zum Mitglied ernannt, am 2. Mai 1896 erhält er durch Kultusminister Robert Bosse (1832-1901) als Mitglied der Königlichen Akademie der Künste gleichzeitig mit dem Maler Konrad Kiesel (1846-1921) und den Bildhauern Nikolaus Geiger (1849-1897) und Ludwig Manzel (geb. 1858) den Titel Professor. Im gleichen Jahr 1896 tritt Brütt in den Beirat des Kunstgewerbemuseums in Berlin ein, dem er bis zu seiner Berufung nach Weimar angehört. Am 27. März 1903 wird Brütt schließlich in den Senat der Akademie gewählt. Auch diesem Gremium gehört er bis zu seiner Weimarer Berufung an.

Archivalien: Nissenhaus, B 2722 Nr. 7 (Mitgliedsernennung) u. Nr. 16 („Prädikat Professor"). Nr. 13 (Senator der Akademie); Königliche Akademie der Künste zu Berlin, Reg. 2,1e Nr. 46

133. Büste Friedrich Wilhelm II., wohl 1892

Gipsbüste, Größe unbekannt
Architekt: Ernst v. Ihne (?)
nicht nachweisbar

Porträtbüste für die Akademie der Künste in Berlin. Die Arbeit könnte anläßlich der Ernennung von Brütt zum Mitglied der Akademie der Künste am 24.2.1892 entstanden sein, wenn es sich nicht um eine bauplastische Arbeit oder ein Ausstattungsstück für das Akademiegebäude gehandelt hat. Dies erscheint allerdings wahrscheinlich, weil Brütt auch z.B. für Primkenau (vgl. Nr. 256) mit Ernst von Ihne zusammengearbeitet hat.

Bei früher Datierung könnte die für die Akademie geschaffene Büste eine Voraussetzung für die entsprechende Gruppe der Siegesallee gewesen sein (Nr. 181); stimmt die Angabe von Kurt Brütt, daß es sich um die Büste Friedrich Wilhelms I. handelte, besteht jedoch kein Zusammenhang, da die entsprechende Denkmalgruppe Rudolf Siemering (1835-1905) schuf.

Im Falle einer späteren Datierung ist an den von Walter Schott beschriebenen, sich über Jahre bis zum Kriegsbeginn 1914 hinziehenden Vorgang der Ausstattung des Sitzungssaales der 1907 an den Pariser Platz verlegten Königlichen Akademie der Künste zu denken (1 u. 2). Dann könnte es sich um eine unter der Leitung von Ernst v. Ihne stehende baugebundene Arbeit in der Nachfolge der Siegesallee handeln.

Lit.:

(1) Brüstlein, Der Ausbau des Palais Arnim zum Dienstgebäude für die Königliche Akademie der Künste, in: Zentralblatt der Bauverwaltung 27, 1907, S. 465-468
(2) Walter Schott, Ein Künstler-Leben und gesellschaftliche Erinnerungen, Dresden 1930, S. 185 f., Abb. nach S. 184.

Schleswig-Holsteiner-Abend

Am 4. Dezember 1878 hatte Christian Lange (Nr. 244) den „Schleswig-Holsteiner-Abend in Berlin" gegründet (1). Der Eintritt von Brütt datiert am 3.11.1886 als Mitglied 68, seine Wirksamkeit für den Verein setzte 1890 ein. Daneben gab es in Berlin den 1888 förmlich gegründeten „Verein der Schleswig-Holsteiner zu Berlin" mit dem Vereinslokal Klubhaus Belle Alliance. Eine Mitgliedschaft Brütts konnte nicht festgestellt werden.

Der Schleswig-Holsteiner-Abend traf sich von Oktober bis Juni alle 14 Tage am Mittwoch, 1885-1890 im Münchener Leistbräu in der Behrenstraße, 1891-1893 im Münchner Spatenbräu in der Friedrichstraße, 1894-1895 im „Großen Kurfürsten" an der Potsdamer Brücke, 1896-1911 wieder im Spatenbräu.

Lit.:

(1) Christian Lange, Schleswig-Holsteiner-Abend in Berlin. Mitglieder-Liste 1911, Berlin 1911

134. Maßliebchen, 1890

Scherzfigur, Material unbekannt, Maße unbekannt
nicht erhalten

Holsteiner Mädchen in Tracht, farbige Plastik als Stammtischzeichen des „Schleswig-Holsteiner-Abends" Es handelt sich um eine Stiftung von Brütt zum Stiftungsfest am 4.12.1890.

Auf einer Abbildung, die das Atelier von Brütt zwischen 1885 und 1890 zeigt (Nr. 56), ist bereits eine ähnliche Figur, einfarbig und annähernd 30 cm hoch, zu erkennen. Diese Kleinplastik ist zusammen mit einer Kinderfigur über eine Schale gesetzt, so daß die Gruppe insgesamt wie ein hoher Tafelaufsatz erscheint: „Auf dem Stiftungsfest 1890 überreichte Bildhauer Brütt die allen Mitgliedern bekannte kleine Statue (schleswig-holsteinisches Bauernmädchen), die

an jedem Bierabende auf dem Tisch des Vereinszimmers steht."(1)

Daneben hat eine fast lebensgroße, in Gips modellierte polychrome Variante dieses Werkes existiert (Abb. B 2086 I, S. 2).

Abb.: auf Nr. 56

Lit.:

(1) Christian Lange, Schleswig-Holsteiner-Abend in Berlin. Mitglieder-Liste 1911, Berlin 1911, Vorwort

135. Geschenk des „Schleswig-Holsteiner-Abends", 1890

Zierschild, wohl Kupfertreibarbeit, vergoldet, Maße unbekannt

nicht erhalten

Nierenförmiger, in Rocaillen gefaßter Zierschild, mit einem seine Schwingen ausbreitenden Adler bekrönt. Das Relief zeigte in gestaffelter Folge die Köpfe der fünf kaiserlichen Prinzen dem Profil des Kaisers gegenübergesetzt: „Unlängst fand im hiesigen Künstlerkreise (Berlin) auch ein Kunstwerk viel Anerkennung ... ein in Silber getriebener Schild mit den Relief-Bildnissen des Kaisers und der kaiserlichen Prinzen, welches als Ehrengeschenk einer schleswig-holsteinischen Korporation ... Sr. Majestät dargebracht worden ist. Den Entwurf hatte Brütt geliefert."(1)

Die der Mitglieder-Liste des „Schleswig-Holsteiner-Abends" von 1911 beigegebenen Erläuterungen stellen die Zeitungsnotiz richtig: „Auf Anregung des Kammerherrn und Abgeordneten Freiherrn Carl von Liliencron schenkte der Schleswig-Holsteiner-Abend am 22. Oktober 1890 Ihrer Majestät der Kaiserin zum Geburtstage ein von Professor Brütt modelliertes, vergoldetes Kupferrelief mit den Köpfen Seiner Majestät des Kaisers und der fünf ältesten Prinzen-Söhne: am folgenden Tage sprach Ihre Majestät dem Künster und dem Unterzeichnenden [d.i. Christian Lange] als Vertretern des Abends während einer Audienz ihren Dank für das Geschenk aus."(2)

Abb.: Nissenhaus B 2086 I, S. 2

Lit.:

(1) Kieler Zeitung, 19.2. 1892

(2) Christian Lange, Schleswig-Holsteiner-Abend in Berlin. Mitglieder-Liste 1911, Berlin 1911, Vorwort vom 24.3.1911

Die „Schwerttänzerin“ und die Gründung der Münchner Sezession 1893

Die Kataloge der „Münchner Sezession“ 1893, 1894 und 1895 nennen Adolf Brütt, der inzwischen in Berlin in der Bülowstr. 24 wohnt, als Gründungsmitglied. Im Zentrum der ersten Ausstellung 1893 stand seine gerade vollendete „Schwerttänzerin“ (Nr. 136, im Katalog als „Schwertschwingerin“ bezeichnet).

Diese Bewegungsfigur hat viele Nachahmer bis in den zwanziger Jahre gefunden, ohne daß jemals deutlich wurde, daß hier eine allgemeine künstlerische Auffassung plastische Gestalt gewann. Es ist die Auffassung, die in der Architektur durch Paul Wallot ihren Ausdruck fand, und diese Verwandtschaft bestimmte Wallot, die architekturdominierenden Kronenträgergruppen der Reichstagstürme (Nr. 162) an Brütt zu vergeben, da hier die subtilen Gegengewichte zu den Waagerechten des Gebäudeblocks mit der Kuppel gesetzt waren. Wenn damals der Kunsthistoriker Cornelius Gurlitt die Architektur Wallots charakterisierte: „Er suchte im Raume den wichtigsten Punkt, auf den unwillkürlich die Augen sich richteten, und schmückte von hier aus die Umgebung: Nicht durch ein gleichmäßiges Umspinnen mit Formen, sondern durch entschiedenes Betonen des Wichtigen und durch eine sichere Beherrschung der Flächen,“ so ist diese Architekturauffassung zugleich auch eine Umschreibung des künstlerischen Zieles nicht nur der Architekturplastik des Reichstagsgebäudes, sondern auch der „Schwerttänzerin“. Die angedeuteten Prinzipien werden von Lothar von Kunowsky 1903 – fast zehn Jahre später – prägnant in seiner Schrift „Rhythmus und Bilderbogen“ am Beispiel des Tanzes der Isadora Duncan gefaßt: „Man kann Aufbau und Bewegung des menschlichen Körpers, Rhythmik und Accente der Form nicht verstehen ohne Annahme eines Lebenszentrums, von dem die Seele ausstrahlt in alle Glieder, um gleichzeitig sich kundzugeben im Blick der Augen, Gebärde der Finger, Hebung der Füße...Da hat man ein Weib, in dessen Leib der Geist allgegenwärtig zu sein scheint, stets Herr über alle Gliedmaßen, keines rührend ohne seiner Verschiebung zum andern sich bewußt zu sein... so sammelt sie von Zeit zu Zeit, bald nach dieser Richtung des Raumes, bald nach jener gewandt, sich selbst und ihre Leidenschaft in die Ordnung und das Gesetz der Plastik, des Raumes, der Zeichnung, nach allen Seiten hin, nach vorn, hinten, rechts und links gleichzeitig dem Auge der rings Versammelten Gegenüberstellungen der Glieder, der Gelenke, der Brennpunkte bietend, die ein blitzschneller Augensprung erhaschen und sich einprägen und rhythmisch mit dem Bild jeder folgenden Bewegung vergleichen kann ... verbunden also wie im Raume durch Richtungen und Punkte, so in der Zeit durch Übergang aus einem Punkt- und Richtungssystem in das andere...“

Die Lehre von raumbeherrschenden Brennpunkten ist aus einem dann noch in Weimar wirksamen Grunde wichtig: Nach einer Notiz von Cornelius Gurlitt hat sich Henry van de Velde, mit dem Brütt in Weimar 1905 wieder zusammentraf, damals in Berlin den gleichen Grundsatz gebildet wie Paul Wallot fünf Jahre zuvor, als er 1897 van de Velde vorschlug, „daß jedes Zimmer einen Haupt- und Knotenpunkt hat, von dem sein Leben ausstrahlt und dem sich alle Gegenstände darinnen angliedern und unterordnen müssen.“

136. Schwerttänzerin I, 1891/93

Titelvariante: „Schwertschwingerin“
Bronze, lebensgroß
Ausführung: Guß von Gladenbeck
zwei Exemplare bekannt, beide verschollen

Der plastische Aufbau ist einfach: wie die vier Speichen eines Rades entwickeln sich die Extremitäten aus dem Schwerpunkt der Gestalt, und diese Zentrierung hat ihr Echo in der Konzentration der selbstbewußten Physiognomie.

Bei seinem Besuch auf der um den Eiffelturm gruppierten Pariser Weltausstellung 1889 (Autobiographie, S. 40) hatte Brütt den Tanz einer Ägypterin gesehen, und versucht, den aus Dreischritten gefügten Tanz mit den Schwertern (Jatagan = Kabylensäbeln) im fruchtbaren Moment zu kristallisieren. Im Dezember 1891 sah Alfred Lichtwark bei einem Atelierbesuch die „Herodias-Judith-Schwerttänzerin in Arbeit“ (Briefe an die Commission für die Verwaltung der Kunsthalle, Bd. 1, S. 83f.), dies ist der früheste Beleg für die Plastik. Erst 1893 meldet die Zeitschrift „Kunst für Alle“ den Guß bei Gladenbeck (6).

Um seine künstlerische Position zu unterstreichen, war Brütt mit zwei Güssen seiner „Schwerttänzerin" in beiden Kunstzentren des Reiches präsent, in München 1893 auf der ersten Ausstellung der Münchner Sezession (Katalogausgabe 15. Juli 1893) als Gründungsmitglied, in Berlin auf der Großen Kunstausstellung (Nachtrag Nr. 2567). Max Schmid schrieb dazu 1893 im „Atelier": „Mit dieser Tänzerin würde er selbst auf dem Champ de Mars Aufsehen erregen. Mehr als alle anderen bewegt er sich ausserhalb der traditionellen Bahnen, in denen die Mehrzahl wandelt." Die Plastik galt als Leitbild der jungen Bewegung der Sezession (1) und wurde entsprechend als Titelblatt der Erstausgabe der Zeitschrift „Kunst-Halle" 1895 abgebildet.

Da keine der beiden gleichzeitig in Berlin und München 1893 gezeigten Plastiken überliefert ist, lassen sich weder die beiden Güsse auseinanderhalten, noch erlauben die vorhandenen Aufnahmen einen sicheren Vergleich mit der Fassung von 1896 (Nr. 137). Brütt änderte die ursprüngliche Form bei einer zweiten Fassung 1896 vor allem hinsichtlich des Frauentypus sowie im Detail des Kopftuches, das bei der späteren Fassung in einem Bogen liegt und vom Rücken getrennt ist; da für die Veröffentlichung der jüngeren oft Aufnahmen der älteren Fassung verwendet wurden, wird die Unterscheidung nach Abbildungen zusätzlich erschwert.

Ein von Wilhelm Schölermann (2) in den Kieler Neuesten Nachrichten vom 19.6.1904 geschriebener Artikel anläßlich der Schenkung der „Schwerttänzerin" (Nr. 137) an die Stadt Kiel versuchte das Wesen der Plastik zunächst im Gegensatz zu den Auftragsarbeiten herauszuarbeiten, wobei Schölermann den ersten Entwurf für den Kieler Brunnen (Nr. 207) vor Augen hatte, der ein junges Paar zeigte: „Es gibt für den Bildhauer, wie Brütt sich selbst einmal äußerte, ‚Aufträge zweierlei Art', solche, wo man an ganz bestimmte Vorschriften und Grenzen gebunden ist (wer denkt dabei nicht an die Berliner Siegesallee?) und solche, wo man innerhalb der gegebenen Aufgabe, aber nach eigenen Gedanken und Impulsen schaffen kann... Der Urheber selbst meinte freilich mit Recht: plastische Figuren brauchen nicht allemal als Symbole und Allegorien aufgefaßt zu werden. Abgesehen also von einer möglicherweise gewollten oder nebenbei geahnten Versinnbildlichung in dieser Richtung, stellen eben solche ernsten, treuen Menschengestalten eine rein formale, sinnenbeglückende plastische Idee von harmonischer Körperschönheit dar."

So führte Schölermann zur „Schwerttänzerin" hin, die, längst bevor der Nackttanz der Sulamit-Rahu mit Schwertern Mode wurde, die konzentrierten Bewegungen einer selbstbewußten Tänzerin zeigte. Brütt hatte in seiner Plastik geschickt das Exotische soweit zurückdrängen können, daß die unmittelbare, natürliche Harmonie von Bewegung und Gestalt den Betrachter berühren mußte. Das war die Botschaft der Weltausstellung. Wenige, schrieb Hans Olde an Brütt, wenige hätten das Wesentliche dieser Ausstellung verstanden, „den neuen Zeitgeist, das kommende Jahrhundert, von dem die Franzosen etwas früher berührt sind als wir; nicht das Französische in der Kunst, das kann uns ganz Wurscht sein."(3)

Wilhelm Schölermann hat diesen Zeitgeist der „Schwerttänzerin" mit Versen von Walt Whitman (1819-1892) belegen können: „Man könnte beim Betrachten dieses mehr feierlich schreitenden als tanzenden Weibes eine traurige Betrachtung anknüpfen über den uns abhanden gekommenen Sinn für den Tanz als Ausdruck der Bewegung im Geiste der Antike. Das sich selbst Genießen im Rhythmus des langsamen Tanzes, wie es hier bei der Egypterin in jeder Biegung und Schmiegung ihres jungfräulich kräftigen Leibes, im ‚Federn' der Gelenke und im Spiel der Muskeln offenbart wird. Wie merkwürdig kindlich und komisch müßten wohl unsere heutigen Tanzbelustigungen, mit ihrem paarweisen Hopsen und Springen, in den Augen der alten Kulturvölker, z.B. Griechen oder Inder, erscheinen? Unwillkürlich fallen uns da die Worte Walt Whitmans, des Sängers der ‚Grashalme' ein, über die Tänze des Altertums und des Ostens:

‚Ich höre die formfreien, religiösen Tänze aus dem Orient!
Ich höre den Ton der hebräischen Harfe!
Ich höre die Derwische eintönig singen, vermischt mit rasendem Aufschrei, wenn sie sich drehen, immer nach Mecca gewandt -
Ich sehe die verzückten, religiösen Tänze der Perser und Araber,
Dann wieder in Eleusis, Heimat der Ceres! die modernen Griechen tanzen,
Höre das Klatschen der Hände, wenn sich die Leiber vorbeugen,
Höre das metrische Schurren der Füße,
Sehe wieder den wilden Schwung der Korybanten, die sich gegenseitig verwunden!
Die römischen Jünglinge zum schrillen Ton der Flageoletts ihr Waffen werfen und fangen!
Ich höre die egyptische Leier mit vielen Saiten,
Die heilige Kaiserhymne von China,
Und die Hinduflöten mit dem aufreizenden Gellen der Vina:
Ein Reigen von Bajaderen!..'

Das sind Bilder, die auftauchen beim Anblick dieser in sich selbst verzückten, triumphierenden Schwerttänzerin von Brütt. Es ist das königliche, seiner sieghaften Schönheit bewußte Weib, von dem wiederum der genannte amerikanische Dichter sagt:

Ohne Scham kennt und bekennt das Weib, wie ich es liebe, seines Geschlechtes Schönheit!"

Schölermann hätte auch auf den Tanz der Salome hinweisen können, und es ist ferner zu erwähnen, daß die Bildhauerin Anita Nordenholz, eine Schülerin von Adolf Brütt, aus der „Schwerttänzerin" anläßlich des Berliner Frauenkongresses 1904 eine Schwertkämpferin gemacht und mit dem Titel „Kämpfendes Weib" ausgestellt hat. Diese Aspekte mit inbegriffen sagt der von W. Schölermann zitierte Dichter viel mehr über das verkörperte neue, selbstbewußte Menschenbild. In den „Kindern Adams" ist das Thema: „Die Welt, die von neuem sich erhebt zum Garten", mit der immer wiederkehrenden Gleichsetzung: „Und wäre der Leib nicht die Seele, was dann wäre die Seele?" Das in Weimar entstandene „Opus 100" (Nr. 280) von Brütt ist eine Weiterentwicklung in dieser plastischen Richtung:

„Die Physiologie sing' ich vom Kopf bis zum Fuße;
Weder Physiognomie noch Geist allein sind der Muse preiswürdig; ich sage, weit preiswürdiger ist ihr die Gestalt in ihrer Gesamtheit"

(Ein Selbst sing' ich, Übersetzung Johannes Schlaf, Weimar 1907).

Aber auch Parallelen zur Auffassung der „Eva" (Nr. 117-120) von Brütt ergeben sich; das Verständnis der „Eva" wird tatsächlich durch die

Brütts „Schwerttänzerin" von 1896 (Nr. 137) in der Rotunde des Kieler Rathauses

„Kinder Adams" erleichtert. Diese Parallelen haben Wilhelm Schölermann beeindruckt, und dort, wo man die Kenntnis Whitmans voraussetzen kann, ist das Verständnis für die Plastik von Brütt in besonderem Maße gegeben, so bei Lorado Taft (European Sculpture, 1923). Zu erklären ist die Parallelität Brütt – Whitman wohl durch die über Leopold Rau an Brütt vermittelte Auseinandersetzung Nietzsches mit Emerson (7). –

Zum Verbleib der beiden Güsse der „Schwerttänzerin" Nr. 136 läßt sich folgendes festhalten: Im September 1895 wurde für die Berliner Gewerbeausstellung 1896 ein Exemplar erworben für die Lotterie der Ausstellung (4). Gewinner war eine Malerin Gronau (5). Ein weiteres Exemplar hat Baurat Wächter (Nr. 222) in Berlin besessen; dieser Guß fiel um 1945 Buntmetalldieben zum Opfer.

Vielleicht hat es noch einen dritten Gruß dieser Fassung der „Schwerttänzerin" gegeben, da Felix Koenigs neben einer kleinen erhaltenen Fassung (Nr. 138) anscheinend eine Version der Nr. 136 besaß, die nach einer nicht sicher deutbaren Briefstelle an Paul Wallot gegangen sein könnte (Wallot an Brütt, 20.11.1901, Nachlaß Brütt, Nissenhaus).

Auszeichnungen: Goldmedaille Paris 1900

Ausstellungen: 64. Große Berliner Kunstausstellung 1893 Nachtrag 2567; Internationale Kunstausstellung des Vereins bildender Künstler (Münchner Sezession) 1893, Nr. 789; vermutlich Ernst Arnoldsche Hofkunsthandlung Dresden, Dezember 1893; Berliner Gewerbe-Ausstellung 1896; Weimar 1907 (?); Große Berliner Kunstausstellung 1913, Kat. 395 („Besitzer Baurat Wächter")

Abb.: Titelblatt der ersten Nummer der Kunstzeitschrift „Die Kunst-Halle" 1. Oktober 1895; A. Schulz, Deutsche Sculpturen der Neuzeit II, Taf. 9; Die Kunst unserer Zeit 1893, S. 101; Anton Springer, Die Kunst von 1800 bis zur Gegenwart, 8. Auflage, Stuttgart 1921, S. 408, Abb.489 (Bearbeiter

Statuette der „Schwerttänzerin" (Nr. 138)

Max Osborn) und (4) sowie Nissenhaus B 2086 II, S. 40 u. 41
Lit.:
(1) Cornelius Gurlitt, Die Secession II, in: Die Kunst unserer Zeit 2, 1893 S. 101 Abb. „Das Vestibül der Secessions-Ausstellung mit Schwertänzerin".
(2) Wilhelm Schölermann, Aus dem Thaulow Museum, in: Kieler Neueste Nachrichten, 19.6.1904
(3) Gantner, Olde (1970), S. 62
(4) Die Kunst-Halle 1, 1895/1896, S. 331 und Tafelabb. Heft 1
(5) Die Kunst-Halle 2, 1896/97 (1.1.1897)
(6) Die Kunst für Alle 8, 1893, S. 363
(7) Steckner, Sparsamkeit (1981), S. 62

137. Schwerttänzerin II, 1896 (Abb. S. 147)

Bronze, H mit Plinthe 2,06 m
Bez.: „Brütt 96"
Ausführung: „Guß v. Walter & Paul Gladenbeck Friedrichshagen"
Kiel, Rathausrotunde, montiert auf schwarzem Marmorsockel.

Der plastische Aufbau ist identisch mit Nr. 136, verändert ist die Physiognomie des gesamten Leibes. Es sind also zwei deutlich unterscheidbare Gestaltungsphasen auseinanderzuhalten.

Am 6. August 1904 wurde die „Schwerttänzerin" von Brütt aus seiner Kieler Ausstellung im Thaulow-Museum dem Oberbürgermeister Paul Fuß übergeben. Die erste Aufstellung erfolgte im Foyer des Stadttheaters (1). 1940 war die Figur gefährdet, doch im „Meldebogen für Denkmäler aus Bronze oder Kupfer" war vermerkt: „Die jugendliche Gestalt, die beschwingte Haltung – schwebend und doch gestrafft –, machen die Plastik zu einer der schönsten Bidwerke von Prof. Brütt. Der künstlerische Wert dieses Werkes verlangt gebieterisch seine Erhaltung."(2)

Die Schwerttänzerin von 1896 ist möglicherweise nach einem anderen lebenden Modell entstanden als Nr. 136; die Unterschiede sind allerdings nur schwer zu bestimmen, aber insgesamt scheint die Bewegung der neuen Version leichter, schwebender zu sein. Auf Anita Nordenholz geht eine mündliche Überlieferung zurück, die besagt, daß für die Fassung von 1896 eine damals berühmte Tänzerin oder Nacktänzerin Modell gestanden habe. Die Fassung von 1896 formte die Brütt-Schülerin Anita Nordenholz zur „Schwertkämpferin" von 1899 um, die im Zentrum der Internationalen Frauenkongresses Berlin 1904 stand(4).

Die Fassung von 1896 ist noch einmal 1906 von Ludwig Hevesi anläßlich des Jubiläums der Wiener Sezession als Skulptur der Sezession hervorgehoben worden: „Adolf Brütts weit ausschreitende ‚Schwerttänzerin' ist ein Bronzeguß von pompejanischer Kühnheit."(5)

Nur durch eine Künstlerfest-Aufnahme aus Weimar (Privatbesitz, Gauting) überliefert ist die Existenz von zumindest einer Ausformung oder Nachmodellierung der „Schwertänzerin" von 1896 in Gips.

Auszeichnung: Goldmedaille Paris 1900
Ausstellungen: Internationale Kunstausstellung Kopenhagen 1897, Nr. 946; Weltausstellung Paris 1900, Kat. 908; Große Berliner Kunstausstellung 1903 (Repräsentationssaal); Sonderausstellung Adolf Brütt, Kiel 1904 Nr. 4 (dort falsch auf 1891 datiert); Sonderausstellung Adolf Brütt, Museum für Kunst und Gewerbe, Weimar 1907
Archivalien: Akte Kulturamt Kiel 09/303 „Schwerttänzerin"
Abb.: Kunstkatalog der Neuen Photographischen Gesellschaft, Berlin o.J., S. 259, Nr. 640, Maße: 41,5 x 55,5 cm
Lit.:
(1) Kieler Zeitung, 7. August 1904
(2) Akte Kulturamt Kiel 09/303 „Schwerttänzerin", Meldebogen vom 31.7.1940
(3) Harold Berman, Bronzes, Sculptors & Founders 1800-1930, Bd. 2 (Chicago 1976) Nr. 1635; als Nr. 1633 ist eine „Schwerttänzerin" von Brütts Freund Peter Breuer angeführt.
(4) Moderne Kunst 14, 1900, S. 8 Abb.
(5) Ludwig Hevesi, Acht Jahre Sezession, Wien 1906, S. 542

Aus dem Katalog der Gießerei Gladenbeck (vgl. Nr. 138)

138. Statuette Schwerttänzerin, 1896 (Abb. S. 148)

Bronze, a: H 70 cm (Nr. 1831); b: H 51 cm (Nr. 1832)
Bez.: „Brütt fec."
Ausführung: Aktien-Gesellschaft vorm. H. Gladenbeck & Sohn, Berlin; Auflage unbekannt
Privatbesitz, Rheinland (a)
Schleswig-Holsteinisches Landesmuseum Schleswig (feuervergoldete Bronze b)
Staatliche Museen zu Berlin, Nationalgalerie (feuervergoldete Bronze b)
Nissenhaus (Bronze b)

Um 1896 scheinen diese zwei Varianten der „Schwerttänzerin" modelliert worden zu sein. Die Gestalt steht der Fassung von 1896 in ihrer straffen Oberflächengestaltung näher als der vorausgegangenen Fassung mit dem unterschnittenen Kopftuch.

Da der vorliegende Katalog von Gladenbeck (Abb. S. 149) drei Angaben enthält, wovon eine mit gleicher Bestellnummer überdruckt ist, sind möglicherweise drei Varianten ausgeliefert worden.

Ausstellungen: Deutsche Kunstausstellung Dresden 1899, Nr. 1204; Dauerausstellungen Husum und Landesmuseum, Schleswig
Abb.: Verkaufskatalog Aktien-Gesellschaft Gladenbeck, Berlin o.J.

Der Freundeskreis um Felix Koenigs

1888 war der Bankier Felix Koenigs (1846-1900) in den Verein Berliner Künstler eingetreten, wozu ihn die Künstler des Künstlerstammtisches im Hofbräuhaus bewogen hatten. 1889, als Brütt in diesen Kreis trat, gehörten zum Stammtisch um Felix Koenigs: Knaus, Gussow, Schaper, Wallot, Schwechten, gelegentlich Hermann Allmers, Julius Stinde, Emil Rittershaus, Tiede, Brunow, Stilke, Voigtländer, Lessing, Schaller, Martens, Meurer, Prell, später durch Brütt auch Klinger und Olde.(1) Brütt könnte damals schon Mitglied des Vereins Berliner Künstler gewesen sein, da seine Teilnahme am „Griechischen Fest" von 1886 (Nr. 93) wahrscheinlich ist.

Neben diesem Künstlerstammtisch gab es einen engeren Freundeskreis um Felix Koenigs und Brütt, in den dieser bald auch Hans Olde eingeführt hatte: Max Klinger (1857-1920), Wilhelm Leibl (1844-1900), Schulfreund von Felix Koenigs, Herrmann Prell (1854-1922), Giovanni Segantini (1858-1899) und der wichtige Bildhauer Fürst Paul Troubetzkoy (1866-1938).Der Katalog der Gedenkausstellung Koenigs aus dem Jahre 1901 nennt diese Namen: „So waren die letzte Zeit seines Lebens Künstler sein hauptsächlicher Verkehr und Künstler seine nächsten Freunde.." (Peter Wallé).

Wohl 1893 traten Brütt und Koenigs zusammen mit anderen Freunden wie Brütts Schwager Carl Schneider in den Berliner Ruderclub ein. Über das gesellige Leben dieses Umkreises gibt das Logbuch von Carl Schneider Auskunft (Privatbesitz, Hamburg). Es gehören dazu: Baumeister Otto Hohn, der Architekt des Knivsbergmonumentes Friedrich Möller (vgl. Nr. 200), Wilhelm Simmler, Franz Schwechten, Stilke (vgl. Nr. 216), Karl Gussow und Otto Lessing. Die angeführten Architekten, mit denen allen Brütt zusammengearbeitet hat, gehörten auch zum Künstlerstammtisch im Hofbräu. Obgleich Hans Grisebach (1848-1904) von P. Wallé nicht als Freund von Koenigs genannt wird, dürfte er dazugehört haben wie der genannte Wilhelm Martens (1843-1910), wie Franz Schwechten (1841-1924) und Paul Wallot (1841-1912).

Felix Koenigs starb 1900 während der Pariser Weltausstellung an einer Lungenentzündung, noch ehe er sein Projekt zu einem eigenen Wohn- und Sammlungshaus in Berlin verwirklichen konnte. Eine Nachlaßausstellung der Nationalgalerie zeigte seine Privatsammlung in Umrissen; vieles war zurückbehalten, darunter die in anderen Ausführungen in der Nationalgalerie vertretenen Werke von Brütt; die allerdings in der Nationalgalerie nicht vertretene „Schwerttänzerin" kam durch Brütt in den Besitz des befreundeten Architekten Paul Wallot (vgl. Nr. 136). Andere Werke blieben im Besitz der Familie, während die Wohnungseinrichtung durch Vermittlung von Hans Olde an den Dichter Detlev von Liliencron ging (Gustav Schiefler, Hamburgische Kulturgeschichte 1890-1920, 1985).

Die 1901 an die Berliner Nationalgalerie überwiesen Werke veränderten das Gesicht der Sammlung: „Die Berliner Nationalgalerie weist jetzt auch glücklich eine Skulptur Klingers auf. Man würde diesem gesinnungstüchtigen Institute zu viel Ehre anthun, wollte man dieses Verdienst auf sein Konto setzen. Der feinsinnige Privatsammler Koenigs hat ihm seine Sammlung moderner Meister hinterlassen. Auch ein paar prachtvolle Segantinis sind darunter. Das nimmt sich nun unter all den überflüssigen patriotischen und anderen Schmarren aus wie vertriebene Könige beim Volke der Bettler. Mich ergreift immer ein sonderbares Gefühl beim Durchschreiten der Nationalgalerie. Grausige Einöde, plötzlich mitten hinein der Blitz von dem Werke eines Großen. Wie einsam ist doch jede Größe.“ So schrieb im Jargon des Sezessionsstreites Lothar Brieger-Wasservogel 1902 in seiner Klinger-Monographie. Aber die Bedeutung der Sammlung Koenigs wird deutlich, die heute mit Rodins „L'homme et sa pensée“, dem „Mädchen aus Seeland“ von Charles van der Stappen und der „Büste des Malers Giovanni Segantini“ von Troubetzkoy der dominierende Bestand internationaler Kunst der Jahrhundertwende ist. Zugleich ist damit das auch von Segantini und Tolstoi geprägte künstlerische Bezugsfeld von Brütt umrissen (3), der sich als der enge Freund von Felix Koenigs an internationaler Kunst orientierte und über den Parteifragen deutscher Kunst stand.

Lit.:
(1) P. Wallé, Sammlung Felix Koenigs, Berlin Mai 1901, Privatdruck von W. Büxenstein, S. 5
(2) Jubiläums-Festschrift des Vereins Berliner Künstler 1841-1891, Berlin 1891, S. 101
(3) Steckner, Sparsamkeit (1981), S. 26

139. Brunnen der Carpesischen Osteria, 1891

Material und Größe unbekannt
Architekt: (Franz Schwechten?)
nicht erhalten

Für die von Felix Koenigs mitgeplante Jubiläumsausstellung 1891 schufen Mitglieder des Vereins Berliner Künstler eine Ausstellungskneipe, die den Namen „Carpesische Osteria“ trug, wobei Carpi in der Provinz Verona gemeint war. Unter den Mitarbeitern ist Brütt genannt.

Nach den Angaben der Jubiläumsfestschrift arbeitete Brütt mit den Bildhauern Gustav Eberlein, Emil Hundrieser, J. Kaffsack und Paul Pietsch zusammen. Es ist wahrscheinlich, daß Brütt eine größere Aufgabe übernahm; nach den Nachlaßunterlagen – Adolf Brütt erwähnt in seinem Werkverzeichnis einen Brunnen für eine Kunstausstellung, Kurt Brütt eine Brunnenfigur – handelte es sich möglicherwesie um eine in Verbindung mit Franz Schwechten geschaffene Brunnenanlage.

Die Gesamtanlage der „Carpesischen Osteria“ ist zu vergleichen mit dauerhafteren Osteria der Künstler-„Zunft zum Goldenen Anker“, für die Brütts Schüler Arthur Boué den St. Lukas schuf. Auch Beziehungen zu Bernhard Sehrings Künstlerhaus St. Lukas von 1890 in der Fasanenstraße sind anzunehmen.

(1) Jubiläumsfestschrift des Vereins Berliner Künstler 1841-1891, Berlin 1891, S. 101ff.

140. Scherzfigur Kegelsau, nach 1892

wohl Gips, gefärbt, Maße unbekannt
nicht mehr erhalten

Der Privat-Stammtisch von Felix Koenigs traf sich im Kegelclubhaus in der Villenkolonie Grunewald, Koenigsalle 1. Das von den Architekten Rosemann und Jacob errichtete Haus kostete 56000 Mark, wovon 10000 auf die Kegelbahn entfielen (1). Für den privaten Kreis im Kegelclubhaus hat Brütt die „Kegelsau“ geschaffen und diese Gestalt später physiognomisch genau, mit Mumm-Sekt und Glas, im Profil für die Geburtstagsmedaille (Nr. 141) nachgebildet.

Abb.: Nissenhaus B 2086 I, S. 25

(1) Berlin und seine Bauten, Bd. 3, Berlin 1896, S. 271 Abb. 713

141. Relief Felix Koenigs, 1896

Bronze, H 55, B 43
Gießer unbekannt
verschollen

Geburtstagsmedaille für den Bankier der Berliner Bank Delbrück, Leo & Co.: Felix Koenigs (1864-1900) (1): „Vorderseite (nach dem Urteil des Paris): Drei Grazien bemühen sich um die Gunst des aus den Wolken lächelnd herabschauenden Felix Koenigs, der in der Linken den goldenen Apfel hält. Die Grazien verkörpern die Kegelkunst (mit einer Flasche Mumm und mit einem Kranz von neun Kegeln um das Haupt); die Ruderei, eine jugendliche Gestalt in Koenigs Boot „Maus"; dann die Kunst, die Segantinis Bild „Ave Maria" aus der Sammlung Felix Koenigs sinnend betrachtet und den rechten Arm auf einen vollen Beutel stützt. – Auf der Rückseite die Inschrift: „Koenigs Freund und Mäcenas, Nimm mit 50 Jahren das, Bleib fidel in Stammtischmitt, Dies wünscht Dir Dein Krischan Brütt." Berlin 18. Mai 1896. Darunter Herz mit Pfeil und die Bezeichnung „Trade Mark". (Geschenk des Künstlers zu 50. Geburtstage an Felix Koenigs.)" (2). Von dieser Medaille muß noch ein weiteres Exemplar ohne Rückseitenbeschriftung, montiert in einen Holzsockel mit der von Ferdinand Seeböck (1864-1953) 1895 geschaffenen lebensgroßen Bronzebüste von Felix Koenigs (4) existiert haben (Photo im Nachlaß Brütt, Nissenhaus; Büste von F. Seeböck in Privatbesitz Bonn erhalten; eine weiteres Exemplar (?) aus dem Nachlaß Koenigs im Katalog der Nationalgalerie von Hugo v. Tschudi 1908 nicht mehr genannt).

Abb.: Nissenhaus B 2086 I, S. 25

Lit.:

(1) Georg Tischert, Männer und Werke (1912), S. 27 (vgl. Heimatchronik Berlin 1962, S. 890)

(2) P. Wallé, Sammlung Felix Koenigs, Berlin Mai 1901 (Privatdruck W. Büxenstein), S. 32

(3) H.R., Die Sammlung Felix Koenigs in der Königlichen Nationalgalerie zu Berlin, in: Die Kunst, 3, 1901, S. 386

(4) Katalog der Königlichen National-Galerie zu Berlin, 15. Auflage, Berlin 1903, S. 411

(5) L. Corinth, Das Leben Walter Leistikows, Berlin 1910, S. 59.

142. Plakette Felix Koenigs II, 1896

Bronze, H 10 cm
Bez.: „Brütt"
unbekannte Gießerei
Nissenhaus; Städtisches Museum Flensburg

„Freunde und Verwandte erhielten als Andenken eine Verkleinerung dieser Geburtstagsmedaille [Nr. 141] 10 cm hoch. Vorderseite wie das Original; auf der Rückseite (statt der Inschrift) Maiglöckchen (in Anspielung auf den Geburtsmonat) und „1846. – 18.5. – 1896. Brütt."(1).

Auch zur kleinen Fassung der Geburtstagsmedaille gab es eine Büste Felix Koenigs von Ferdinand Seeböck in entsprechend kleiner Größe aus Bronze (Privatbesitz, Königstein).

Abb.: Nissenhaus B 2086 I, S. 25

Lit.:

(1) P. Wallé, Sammlung Felix Koenigs, Berlin Mai 1901 (Privatdruck W. Büxenstein), S. 32

(2) Athina Kozamanis-Schauenberg, Die Bildnis-Medaille, Freiburg o.J., S. 65 (Urteil des Paris)

Der Bankarchitekt Wilhelm Martens

Durch den auf der Internationalen Kunstausstellung Berlin 1891 gezeigten prämierten Entwurf für die Deutsche Bank in Bremen von 1889 scheint Martens als spezieller Bankarchitekt zu Erfolg gekommen zu sein. Sowohl in Berlin als auch in Bremen, Hamburg und Schleswig-Holstein sind durch ihn ausgeführte Bauten nachweisbar und teilweise – wie die Deutsche Bank in Bremen – auch mit ihrer von Brütt modellierten Plastik erhalten.

Er gehörte zum Kreis um Felix Koenigs und war in Berlin Nachbar von Hans Grisebach in der Fasanenstraße. In seinem Hause verkehrten die bedeutendsten Architekten seiner Zeit. Noch 1908 trat der aus Bad Segeberg gebürtige Martens in den von Christan Lange geführten Schleswig-Holsteinischen-Abend in Berlin ein (3).

Martens ist Autor der „Skizze zu einer praktischen Aesthetik der Baukunst und der ihr dienenden Schwesterkünste, in einem neuen Systeme zusammengestellt" (1885). Später folgte noch die Bearbeitung des Abschnittes „Börse, Banken und Münze" für den 2. Band von „Berlin und seine Bauten" (Berlin 1896, S. 349-376).

Lit.:
(1) Berliner Architektur Welt 12, 1910, S. 485 (Nachruf)
(2) Thieme-Becker 24, 1930, S. 50
(2) Christian Lange, Schleswig-Holsteiner-Abend in Berlin, Mitglieder-Liste 1911, Berlin 1911, S. 21

143. Porträt Wilhelm u. Bertha Martens, geb. Gropius, 1899

Marmor, Maße unbekannt
Bez.: „Brütt 99."
aus dem Besitz der Familie Delbrück dem Haus der Architekten, Berlin, überwiesen, nicht mehr nachgewiesen

Porträtiert ist der zum Freundeskreis um Brütt und Koenigs in Berlin gehörende Bankarchitekt Wilhelm Martens (1843-1910), der vom Mitarbeiter von Martin Gropius zu dessen Schwiegersohn wurde. Er ist mit seiner Ehefrau Bertha, geb. Gropius (1856-1941) porträtiert, die später Heinrich Delbrück (1855-1922) heiratete.
Abb.: Nissenhaus, B 2086 II, S. 49

144. Porträt Wilhelm und Bertha Martens, geb. Gropius, 1905

Bronze, 10,6 x 8,3 cm
Bez.: „Brütt"
Nissenhaus B 2119 a und b, B 3019; Landesbibliothek Kiel (Sammlung Lange)

Die Bronzeplakette ist die überarbeitete Verkleinerung des großen Reliefs aus Marmor (Nr. 143).

Abb.: Nissenhaus B 2084, S. 22
Lit.:
(1) Christian Lange, Sammlung schleswig-holsteinischer Münzen und Medaillen, Bd. 2, 1912, S. 168 Nr. 1063

145. Zwei Giebelgruppen der Deutschen Bank, Bremen, 1891

roter Sandstein, H ca. 2 m
Architekt: Wilhelm Martens
Ausführung: Philipp Holzmann
Deutsche Bank, Bremen

Im September 1889 hatte Martens zusammen mit dem Bremer Architekten Friedrich Rauschenberg den Ausschreibungspreis für den Neubau der Deutschen Bank in Bremen bekommen. Am 23. Juni 1891 konnte das Bankgebäude bezogen werden.

Von Brütt stammen sicher die Modelle für die Knabengruppen beiderseits des Gebäudemittelgiebels, wobei links Schiffahrt und Fischerei, rechts Handwerk bzw. Industriearbeit und Welthandel ganz ähnlich wie bei dem damals gerade eingeweihten Kaiserpalast zu Straßburg (Nr. 88) allegorisiert sind. Das Wappen im Giebelfeld könnte dagegen aus dem Atelier H. Giesecke stammen. Da für die Deutsche Bank Bremen auch ein Modell auf der Internationalen Kunstausstellung Berlin 1891 gezeigt war, ist zu vermuten, daß hierbei ähnlich wie beim Modell des Reichstages von Paul Wallot (Nr. 161) auch Brütt bzw. sein Atelier mitgewirkt hat.

Ausstellung: Internationale Kunstausstellung Berlin 1891, Kat. 1946
Lit.:
(1) J. Andresen, in: Bremen und seine Bauten (1900), S. 372 f.

146. Stifterrelief Max-Maria-Hoffmann-Stiftung, Bremen, 1893

Bronze, Maße unbekannt
Architekt: Wilhelm Martens
Ausführung: Gießer unbekannt
Verbleib unbekannt

Am heutigen Ansgar-Haus als der früheren Max-Maria-Hoffmann-Stiftung (1) scheint das um 1893 entstandende Bronzerelief in einer Außenwandnische angebracht gewesen zu sein. Dargestellt waren das Stifterehepaar Max Heinrich Hoffmann (1846-1900) und Maria geb. Langes (1850-1906) und der mit Brütt befreundete Baurat Wilhelm Martens mit dem Bauplan des Kinderkrankenhauses der Stiftung in der Hand. Das Relief ist erläutert durch eine im Bildfeld modellierte Inschriftentafel mit dem wohl als 1893 zu lesenden Stiftungsdatum.

Abb.: Nissenhaus B 2086 I, S. 22
Lit.:
(1) Auskunftstelle für Wohltätigkeit (Hrsg.), Die Wohlfahrtseinrichtungen Bremens, 2. Auflage Bremen 1910, S. 134

147. Bauplastik Deutsche Bank I, Berlin, nach 1890 (Abb. S. 156)

Schlesischer (Wünschelburger) Sandstein, Maße unbekannt
Architekt: Wilhelm Martens
Ausführung: Fa. Carl Schilling
Berlin-Mitte, Bauplastik nicht erhalten

Brütt lieferte für die Zentrale der Deutschen Bank drei Modelle zu Skulpturen für die Fassade:

(a) Die vier Meter hohe „Geistige Arbeit" war dargestellt als lorbeerbekränzte weibliche Gestalt mit Öllampe und Schreibgriffel, ein Kind mit Merkurstab zu Füßen.

(b) Ein Schmied verkörperte die „Industrie", gekennzeichnet durch den umgürteten Lederschurz und die auf den Amboß gestützte rechte Hand.

(c) Wohl den „Seehandel" verkörperte ein Steuermann im Südwester, mit der rechten Hand ins Steuer greifend, in der linken Hand ein Fernrohr. Brütt nennt ihn in seiner Werkliste „Fischer" (vgl. Nr. 99).

Allerdings sind die Verkörperungen nicht allegorische Gestalten, sondern aus ihren sozialen Umwelten heraus entwickelte Charaktere, deren Gewicht im selbstbewußten aktiven Handeln liegt. Durchaus klingt etwas von dem selbstbewußten Gesellen der Steinindustrie Wimmel & Co. an, der Brütt ja selbst war, wie er es auch in seiner Autobiographie nicht verhehlt. In dieser Hinsicht fällt die „Geistige Arbeit" als bloße Allegorie weit zurück.

Die Deutsche Bank in Berlin wurde durch

Brütts „Steuermann" (Nr. 148) am Funkhaus des NDR in Kiel

Wilhelm Martens in fünf Bauperioden ausgebaut (1890, 1897, 1900, 1902, 1908). Die Zuordnung der Bauplastik zu den einzelnen Bauperioden ist nicht genau nachzuvollziehen, diese drei Arbeiten von Brütt gehören wohl in die erste Bauphase, die vier Weltteile (Nr. 155) dagegen zur abschließenden Bauerweiterung.

Ausstellung: Internationale Kunstausstellung Berlin 1891, S. 108 Nr. 1946; Große Kunstausstellung Berlin 1899, Nr. 1634
Abb.: Nissenhaus B 2086 I, S. 22 (Geistige Arbeit" in Sandstein) u. B 2086 II, S. 26 („Industrie" und „Seehandel" als Gipsmodelle)
Lit.:
(1) Berliner Architektur Welt 1899, S. 208, S. 211
(2) Wilhelm Martens, in: Berlin und seine Bauten, Bd. 2/3 (1896), S. 364
(3) David Joseph, Geschichte der Baukunst, Bd. 3,2, 1907, S. 449

Bauplastiken vom Gebäude der Deutschen Bank in Berlin (Nr. 147): Schmied (Gipsmodell) – Geistige Arbeit (Sandsteinskulptur) – Steuermann (Gipsmodell)

148. Bauplastik Steuermann, Kiel, nach 1890 (Abb. S. 155)

Kupfertreibarbeit, H ca. 4 m
Ausführung: Kupferformwerk Schultz & Sohn, Hamburg
Kiel, NDR-Gebäude

Die Figur des Steuermannes der Deutschen Bank in Berlin (Nr. 147 c) wurde am Bau in Stein, dann aber noch einmal für Kiel, Wall 72a, in Kupfertreibarbeit nachgebildet. Der Steuermann ist neben dem „Fischer" (Nr. 95) das einzig erhaltene Beispiel für die realistischen Darstellungen von Brütt.

Es war nicht zu erschließen, wie es zu dieser Replik für das Haus des Schankwirtes H.C.J. Schlichting (Adreßbuch Kiel 1907, S. 340) in Kiel gekommen ist.

Abb.: Nissenhaus B 2086 I, S. 26 (Gipsmodell)
Lit.:
Kieler Nachrichten, 18.11.1972

Mittelgiebel des Gebäudes der Hypothekenbank in Hamburg

149. Bauplastik der Hypothekenbank in Hamburg zu Hamburg, 1896

wohl Zinkguß, Maße unbekannt
Architekt: Wilhelm Martens; örtliche Bauleitung R. Bielenberg
Ausführung: unbekannte Gießerei
Hamburg, Hohe Bleichen

Das gesamte plastische Programm der Dachbekrönung der im Stile der Hochrenaissance gehaltenen Architektur stammte von Brütt. Nach sehr schlechten veröffentlichten Abbildungen des Bauwerkes gab es folgende wohl in Zinkguß ausgeführte plastische Arbeiten: Der Mittelgiebel, mit einer weiblichen Figur bekrönt, war von den weltkugeltragenden Puttengruppen der beiden Seitengiebel flankiert (ähnlich den Gruppen auf dem Reichstagsgebäude in Berlin = Nr. 162). Die Modelle für die reiche Bauornamentik des Werksteins hatte Heinrich Giesecke geliefert.

Das ursprüngliche Dach der Hypothekenbank war vollkommen unbeschädigt über den Krieg gekommen; der gesamte Bestand fiel einer Modernisierung zum Opfer.

Ausstellung: Große Kunstausstellung Berlin 1899, Nr. 1632
Abb.: (1, hier reproduziert; 3)

Lit.:
(1) Deutsche Bauzeitung 34, 1900, S. 121 u. Abb. S. 125
(2) Hamburg und seine Bauten, Bd. 1, 1914, S. 431, Abb. 809-811
(3) David Joseph, Geschichte der Baukunst, Bd. 3,2, 1907, S. 449
(4) Paul Kick, Gebäude für Banken und andere Geldinstitute, 2. Auflage (1923), S. 335

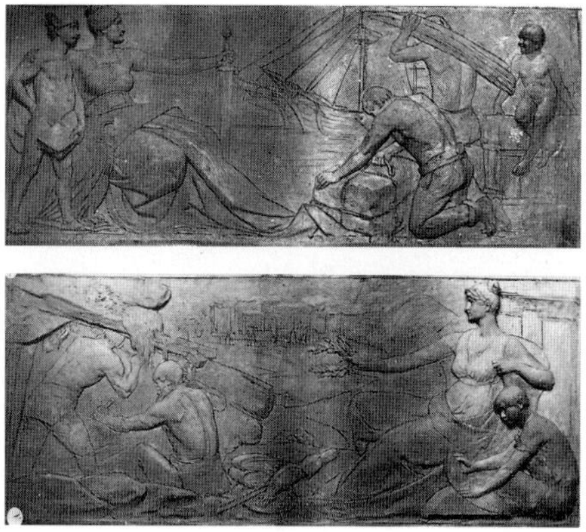

150. Bauplastik einer Bank in Hamburg, vor 1900

Material und Maße unbekannt
Architekt: Wilhelm Martens (?)
Ausführung: nicht bekannt
Hamburg, genauer Ort nicht identifizierbar

Im Nachlaß Brütt finden sich zwei Abbildungen von Modellen von „Reliefs für eine Bank in Hamburg“: links eine Sitzende mit Schwert und Reichsadler gegenüber von Schauerleuten; rechts eine Sitzende mit Lorbeer, vor ihr Bergleute. Die Gruppen des Reliefs sind so angeordnet, daß jeweils links und rechts außen die Sitzenden, zum Zentrum hin die Arbeiter mit Schiffen und Industrieansichten als Hintergrund plaziert sind. Die beiden Reliefs konnten keiner bestimmten Hamburger Bank zugewiesen werden.

Abb.: Nissenhaus B 2086 II, S. 29

151. Atlanten einer Bank, vor 1900

Werkstein, Maße unbekannt
Architekt: Wilhelm Martens (?)
Köln oder Berlin (?)

Eine Nachlaßaufnahme zeigt ein Werksteinportal eines repräsentativen Gebäudes mit Atlanten, die von den verschränkten Gliedern her vielleicht „Neid“ und „Geiz“ verkörpern. Daß die angespannte Oberkörpermuskulatur der Gestalten ein Abstützen zeigt, ist unwahrscheinlich, weil die Figuren weder sitzen noch stehen.

Die erhaltene Aufnahme zeigt die Buchstaben “[... gese]LLSCHAFT COELN“. Es kann sich dabei – gerade wegen der Ortsnennung – um eine Filiale einer Kölner Bankgesellschaft in Berlin handeln.

Abb.: Nissenhaus B 2086 II, S. 36
Lit.:
(1) Wiener Bauindustrie Zeitung 9, 1892, S. 411

152. Bauplastik der Kieler Spar- und Leihkasse, Kiel, vor 1900

Material und Maße unbekannt
Architekt: Wilhelm Martens
Ausführung: unbekannt
Kiel

Eine Zeichnung im Nachlaß Brütt (Nissenhaus Bs 110 j) deutet an, daß Brütt Entwürfe zu einem Bankbau von Wilhelm Martens in Kiel, also für den Neubau der Kieler Spar- und Leihkasse geliefert haben kann. Die Skizze, die eine weibliche Figur mit geschulterter Ruderpinne im Rahmen eines rundbogigen Giebelfeldes zeigt, könnte diesem Projekt zugewiesen werden, vorausgesetzt, das sternförmige Gebilde auf den beigegebenen Schild ist das holsteinische Nesselblatt.

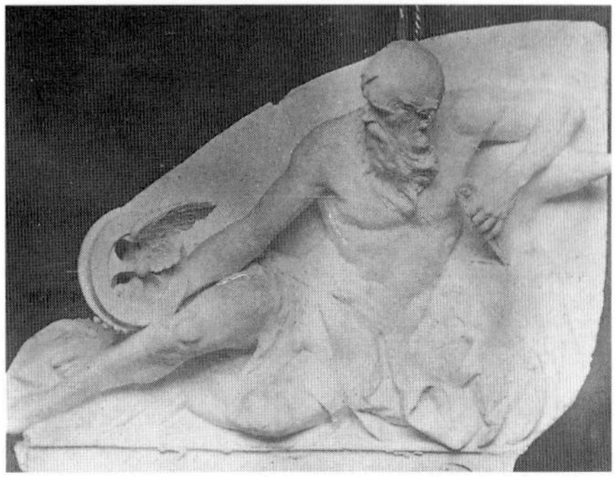

153. Bauplastik der Kommerz- und Diskontobank (Berliner Bank), Berlin, 1897

Warthauer Sandstein, überlebensgroß
Architekt: Wilhelm Martens
Ausführung: Carl Schilling
Berlin, Behrensstr. 46 / Charlottenstr. 47, nach der Angabe in Brütts Werkliste abgebrochen

Die vom Neubau der Kommerz- und Diskontobank (Berliner Bank) veröffentlichten Aufnahmen ermöglichen es, zumindest die Giebelfiguren als Arbeiten von Brütt zu identifizieren: eine mittlere weibliche Sitzende mit zwei Kindergestalten wird von zwei Allegorien für Industrie (links) und Handel (rechts) flankiert. Atelieraufnahmen der Gipsmodelle zeigen als Bild der „Industrie“, einen Bärtigen mit geflügeltem Eisenbahnrad auf den Amboß gestützt, den „Handel“ als eine Frau mit Ruder auf einen als Drachenkopf gebildeten Steven gelehnt.

Kommerz- und Diskontobank in Berlin mit dem von Brütt gestalteten Mittelgiebel (Nr. 153)

Abb.: Nissenhaus B 2086 II, S. 30 (nur „Industrie“ und „Handel“ als Gipsmodelle); (1)
Lit.:
(1) W. Martens, Die Berliner Bank, in: Die Architektur des 20. Jahrhunderts 2, 1902, S. 7-9, Taf. 6
(2) Festschrift Carl Schilling 1882-1907 (1907), S. 32

154. Merkur, nach 1900

Gips (?), Größe unbekannt

Obgleich keine Abbildung überliefert ist, läßt sich nach den Nachlaßerwähnungen die Skizze eines ruhenden Merkur nachweisen. Die Arbeit war 1904 in Kiel ausgestellt und scheint um 1900 entstanden zu sein, da die Exponate dieser Ausstellung weitgehend chronologisch geordnet waren.

Wenn mit dem Merkur nicht auf den Handel oder das Bankwesen angespielt ist und die Skizze zu einem der Bankaufträge gehört (dann käme eine von Martens geplante Bank in Frage), so ist auch an einen „Hermes als Wächter“ zu denken, wie ihn Ernst Herter für das Lustschloß Lainz im Auftrage der Kaiserin Elisabeth von Österreich schuf (3).

Ausstellung: Kiel 1904
Lit.:
(1) Ausstellungskatalog Adolf Brütt, Kiel 1904, Nr. 23: „Merkur. Dekorative Skizze“
(2) Kieler Zeitung, 17.6.1904
(3) Georg Malkowski, Ernst Herter, Berlin 1906, S. 49

155. Bauplastik Erweiterungsbau Deutsche Bank II, Berlin, 1908

Werkstein, Maße unbekannt
Architekt: Wilhelm Martens
Ausführung: Die Modelle entstanden in der Weimarer Bildhauerschule
Berlin-Mitte, Bauplastik nicht erhalten

Der ältere Baublock der Deutschen Bank (Nr. 147) war über die Französische Straße hinweg durch eine Brücke mit dem Neubau verbunden, dessen Haupteingang auf Halbkreisgrundriß in die Mauerstraße vorspringt. Die heute leeren Nischen enthielten die Standbilder der Erdteile: Afrika, Amerika, Europa und Asien. Die drei rechteckigen Felder über den durch Rundbogen abgeschlossenen Durchgängen füllten Reliefs, deren Zuweisung an Brütt nicht gesichert ist.

Die Standbilder der Erdteile sind direkte Parallelen zu den Fakultäten der Universität Jena (Nr. 276), die auch annähernd gleichzeitig entstanden, was durch die verwandte Menschenauffassung bzw. die Menschentypen besonders in der Nasen- und Mundpartie der Darstellungen sichtbar ist. Das heute in Jena im Gipsmodell

Die Modelle der Standbilder der vier Erdteile vom Erweiterungsbau der Deutschen Bank in Berlin: Afrika – Amerika – Europa – Asien

erhaltene Porträt des Homer ist hier der Gestalt der Europa beigegeben, die Fakultätsfigur der Philosophie ist hier beim Standbild des Afrikaners aufgegriffen und damit der Schwarze Erdteil eben nicht nur als Kolonialkontinent aufgefaßt, sondern mit Ägypten auch als Quell der griechischen bzw. europäischen Weisheit.

Abb.: Nissenhaus B 2084, S. 33 (Modelle)
Lit.:
(1) Berliner Architektur Welt 11, 1909, S. 226 u. Abb. 248 (Amerika und Europa)
(2) Architektonische Rundschau 1909, Taf. 65

Architekt Hans Grisebach

Adolf Brütt scheint mit Hans Grisebach, dem Hausnachbarn von Wilhelm Martens (Nr. 143) in der Fasanenstraße, über die Zusammenarbeit hinaus näher vertraut gewesen zu sein, wofür das Porträt der Tochter Grisebach spricht (vgl. Nr. 214).

156. Bauskulptur der Johanneskirche Gießen, 1893

Wahrscheinlich Sandstein, Einweihungsfeier 30.11.1893 Architekten: Hans Grisebach
Ausführung: J. Holzmann & Co

Oktober 1890 war ein Entwurf für die Gießener Johanneskirche ausgeschrieben worden, der von dem Architekturbüro Dinklage & Grisebach eingereichte Entwurf erhielt den Preis.

Von Brütt stammt wohl das Modell zur Mantelfigur des Johannes unter einem Baldachin der Westfassade, das Ganze gestützt auf eine Konsole und einen kleinen Engel mit Spruchband. Johannes langhaarig dargestellt mit fast mädchenhaften Zügen.

Die von Adolf und Kurt Brütt zusammengestellten Werkverzeichnisse übergehen die Bauskulptur der Johanneskirche völlig, um stattdessen die Arbeiten fälschlich der Frankfurter Peterskirche (Nr. 160) zuzuweisen.

Lit.:

(1) Festschrift zur Einweihung der Johanneskirche in Gießen, Gießen (1893)

(2) Ekhardt Berckenhagen, Hans Grisebach, Berlin 1974, S. 29

Altar der Johanneskirche in Gießen mit Brütts Darstellung des Abendmahls (Nr. 157)

157. Altarblatt der Johanneskirche Gießen, 1893

wohl Stuckmörtel, ca. 1 x 2,3 m
Architekt: Hans Grisebach
Ausführung: Atelierarbeit Adolf Brütt
Original zerstört; Gipsmodell im Nissenhaus B 2144

Den architektonischen Rahmen des Gießener Altars führte nach dem Entwurf von Hans Grisebach Georg Hulbe in Altona aus, wobei die Fassung ganz auf die Lichtführung und Farbigkeit der von Hermann Schaper (gest.1911) entworfenen Glasfenster abgestimmt war.

Der im Krieg mit der Kirche unzerstört gebliebene Altar wurde bei der „Modernisierung" 1950 zerschlagen.

Erhalten ist das farbig gefaßte Modell (39 x 99,5 cm) des für die Kirche gefertigten Altarblattes aus Stuckmörtel in architektonischem Rahmen. Die Jünger sind beim Abendmahl um die zentrale Gestalt Christi gruppiert, ihre Körperhaltung spiegelt das Wort Matthäus 26, 21: „Wahrlich ich sage euch: Einer unter euch wird mich verraten". Als vergleichbares Altarblatt ist das Relief von Wilhelm Haverkamp für die Reformierte Kirche von Solingen zu erwähnen (Berlin Architektur Welt 5, 1902, S. 423 Abb. 655).

Ausstellungen: Kiel 1904, Kat. 5; Nissenhaus 1978

Abb.: Gesamtaufnahme des Altars und Aufnahme des Altarblattes Nissenhaus B 2086 I, S. 10, des Modells B 2086 I, S. 38

Lit.:

(1) Festschrift zur Einweihung der Johanneskirche in Gießen (1893), S. 78

(2) Steckner (1978) S. 11 Abb. 4

(3) Ekhardt Berckenhagen, Hans Grisebach, Berlin 1974, S. 29

158. Wappen für das Geschäftshaus der Firma J.C. Schmidt, 1895

Werkstein, Maße unbekannt
Architekten Grisebach & Dinklage
nicht erhalten; ehemals Unter den Linden 16

Die Konsole des Gebäudeerkers ist als Wappenschild mit symmetrisch angeordneten Wappenhaltern in der Form von keulenbewaffneten wilden Männern oder Herkulesgestalten gezeigt (1). Weit sichtbar war so das Hoflieferantenwappen über den Eingang mit dem Schriftzug J.C. Schmidt gesetzt. Der sonst auch oft für Bankarchitekt Martens neben Brütt wirkende H. Giesecke lieferte die Modelle für die ornamentalen Bildhauerarbeiten.

Abb.: (1)

Lit.:

(1) Architektonische Rundschau 12, 1896, Heft 2, Taf. 9

(2) Ekhardt Berckenhagen, Hans Grisebach, Berlin 1974, S. 29

159. Zierbrunnen im Geschäftshaus der Firma J.C. Schmidt, 1895

Bronze, Maße unbekannt
Architekt: wohl Hans Grisebach
Ausführung: unbekannt
nicht erhalten; ehemals Unter den Linden 16

Tritonenbrunnen für den Innenraum des von Hans Grisebach erbauten Blumenhauses Schmidt. Die zu diesem Geschäftshaus nachgewiesenen Zeitschriftenartikel gehen nicht auf die Brunnengrotte ein. Nach der Abbildung handelte es sich um eine spiralig um eine Art Baumschaft gewundene Komposition mit bekrönendem Frosch. Das Zusammenspiel von weiblicher Gestalt und männlichem Wasserspeier bereitet den ersten Entwurf für den Kieler Brunnen vor (Nr. 207), aus dem schließlich der erhaltene „Schwertträger" (Nr. 300) erwuchs.

Abb.: Nissenhaus B 2086 I, S. 4

160. Bauskulptur der Peterskirche, Frankfurt, 1895

Einweihung Frühjahr 1895
Pfälzer Sandstein, Maße unbekannt
Architekt: Hans Grisebach
Ausführung: Steinmetzmeister Scheuer, Warmuth und Lang
zerstört

Die Architekten Grisebach & Dinklage erläuterten den preisgekrönten Entwurf zur Peterskirche: „Der Stil der Kirche lehnt sich an die zur Zeit der Reformation in unserem Norden eigenthümlich entwickelten Renaissanceformen an, bei welchen eine dem Protestantismus eigenthümliche Bauweise erkannt werden darf." (Blätter für Architektur und Kunsthandwerk 4, 1891, S. 1). Der Entwurf mit dem Motto „Gut protestantisch" hatte den Wettbewerb am 29. September 1890 gewonnen. Die Ausführung des Kirchengebäudes verzögerte sich durch eine Arbeitsniederlegung der Steinmetzgehilfen 1894. Im Frühjahr 1895 konnte die Einweihung erfolgen (1, S. 244).

Die Gipsmodelle für die Steinmetzarbeiten

Geburt Christi für den Portalbogen der Peterskirche in Frankfurt (Nr. 160)

lieferte H. Giesecke als bewährter Mitarbeiter der Architekten, „während die Hauptportalreliefs und Zwickel, die Chorgiebelzwickel und die Schlußkonsole des nördlichen Giebelfensters aus dem Atelier des genialen Bildhauers A. Brütt in Berlin hervorgegangen sind" (1, S. 242).

Eine erhaltene Abbildung der Gesamtanlage (2) zeigt über dem steinernen Portalbogen die Zwickel als Engelsfiguren mit Spruchbändern: „Das steinerne Bogenfeld stellt im Mittelrelief die Geburt Christi dar, während aus den beiden Zwickeln über dem äußeren Boden prächtige Engelgestalten herniederschauen." Für die Chorgiebelzwickel und die Schlußkonsole gibt es keine Bildüberlieferung. Am besten ist durch die erhaltene Entwurfszeichnung (14 x 22 cm, Nissenhaus, in B 2085) und eine Nachlaßaufnahme das Modell für das Portalrelief mit der Hirtenanbetung überliefert. Die durch die Meister Scheuer, Warmuth und Lang gehauenen Skulpturen sind nicht erhalten.

Abb.: Nissenhaus B 2086 I, S. 10 (Modell des Portalbogens)

Lit.:

(1) F.W. Battenberg, Die alte und die neue Peterskirche (1895, hier S. 162 reproduziert)

(2) Moderne Neubauten, Jg. 2, Abb. 86

(3) Ekhardt Berckenhagen, Hans Grisebach, Berlin 1974, S. 28

Architekt Paul Wallot

Paul Wallot (1841-1912) gehörte in Berlin zum Künstlerstammtisch um Felix Koenigs, als er 1884-1894 den Bau des Reichstagsgebäudes leitete. Er war daher Brütt auch privat bekannt. So überwies Brütt nach dem Tode von Koenigs zumindestens zwei seiner Werke aus dem Nachlaß an Wallot (Nr. 136 u. 211).

Ein Zusammenwirken von Wallot und Brütt ist nur beim Bau des Reichstagsgebäudes feststellbar, nicht dagegen für das Reichspräsidialgebäude (1897-1904) und das Palais des Reichstagspräsidenten (1903).

161. Modell des Reichstagsgebäudes, Weltausstellung Chicago 1893

Wohl Gips, Maße unbekannt
Architekt: Paul Wallot
Ausführung: wohl Atelier Brütt
nicht erhalten

Um der Welt auf der Columbischen Weltausstellung Chicago 1893 die wichtigsten Staatsbauten des Reiches zu zeigen, wurden durch den Bauträger, das Reichsamt des Innern, sowohl das neue Reichsversicherungsamt als auch der aus dem Französischen Kriegsentschädigungsfonds finanzierte neue Reichstag im Modell vorgestellt (1). Für beide Gebäude ist als Architekt Paul Wallot angegeben, der auch die Bronzemedaille erhielt, die wegen der damaligen Geldkrise allein verliehen wurden. Im Nachlaß Brütt hat sich das Diplom der Worlds Columbian Commission „for originality of composition and artistic modeling and execution" erhalten. Die Auszeichnung wurde Brütt verliehen für das „MODEL FOR THE REICHSTAG". Es steht dort nicht „Model of the Reichstag". Doch die ausführliche Begründung kann sich eigentlich nicht auf eine Plastik oder ein Skulpturmodell beziehen, so daß wahrscheinlich ist, daß das von Wallot gezeigte

Architekturmodell aus dem Atelier Brütt kam. Ein sonst nicht weiter bekannter Bildhauer Berger würde dann zum Atelier Brütt gehört haben. Dafür spricht eine Zeitschriftnotiz von 1896: „Bildhauer Berger ist mit der Ausführung eines 30 000 Mark kostenden Modells, das den eben im Baue befindlichen protestantischen Dom bis ins Allerkleinste getreu darstellen und in der Berliner Gewerbeausstellung Platz finden soll, beschäftigt. Derselbe Bildhauer hat ein ähnliches Modell von dem neuen Reichstagsgebäude gefertigt, welches zu Chicago ausgestellt war."(2) Doch die Weltausstellungskataloge nennen in Zusammenhang mit dem Reichstagsmodell weder Berger (der auch einen Award erhalten haben kann) noch Brütt, sondern eben allein Wallot. Die Modellaufnahme (1) ist zu wenig detailgenau, um Aussagen über die Ausführung des Modells von 1893 machen zu können, insofern ja auch denkbar ist, daß Berger die Bauornamentik ausführte und Brütt die plastischen Gruppen modellierte.

Da Brütt durch den Koenigs-Kreis in Berlin auch privat engen Kontakt mit Paul Wallot hatte, ist wahrscheinlich, daß mit dem Architekturmodell des Reichstages durch Wallot und Brütt das für die Ausführung maßgebliche Zusammenspiel von Architektur und Skulptur festgelegt wurde. Für eine gemeinsame Arbeit an diesem als Hilfsmodell zu verstehenden Baukörper sprechen auch der für 1892 anzusetzende Entstehungszeitpunkt und das gleichzeitige Modellieren weiterer Hilfsmodelle wie z.B. für den Westgiebel im Atelier von Reinhold Begas nach der Idee von Paul Wallot (5). Nur mit den Hilfsmodellen waren die Bildkompositionen auf die architektonischen Massen abzustimmen.

Diese bezeugte Zusammenarbeit von Wallot mit Begas spricht genauso für eine mit Brütt durchgeführte gemeinsame Modellarbeit, wie auch der Umstand, daß Paul Wallot mehrere plastische Arbeiten von Brütt besessen hat. Das führt zu Frage gemeinsamer künstlerischer Auffassung von Wallot und Brütt. Nach einer Angabe von Cornelius Gurlitt gab es tatsächlich tiefe Gemeinsamkeiten in der Raumauffassung (6), da Wallot seine Architektur wie Brütt seine Plastiken von Kulminationspunkten (8) her entwickelte (vgl. Nr. 136). Aus diesem Grunde wird Wallot diesem auch die für die Maßstäblichkeit und Silhouettenwirkung des Reichstages so wichtigen Kronenträgergruppen der vier Türme (Nr. 162) übertragen haben. Das architektonische Gewicht der Kronenträgergruppen zeigen auch die Aufnahmen des Gesamtgebäudes von Hans Lucas v. Cranach (4), einem Photographen übrigens, den Brütt 1924 noch porträtieren sollte (Nr. 336).

Aus der Dokumentation zur Pariser Weltausstellung 1900 geht weiter hervor, daß Paul Wallot letztlich als Architekt des Reichsversicherungsamtes anzusehen ist, nicht Architekt August Busse (Nr. 170); auch bei diesem Gebäude wirkte Brütt mit.

Auszeichnung: Diplom der Weltausstellung
Ausstellung: Weltausstellung Chicago 1893
Abb.: (1)
Lit.:

(1). Hermann Hilger, Die Columbische Weltausstellung Chicago 1893 (1893), S. 456, Abb. 460
(2) Der deutsche Steinbildhauer 12, 1896, S. 39
(3) Amtlicher Bericht über die Weltausstellung in Chicago 1893 (1894), S. 1138
(4) Paul Wallot, Das Reichstags-Gebäude in Berlin (1913) mit Aufnahmen von Hans Lucas v. Cranach.
(5) Der Bär 18, 1892, S. 106
(6) Cornelius Gurlitt, Die deutsche Kunst des 19. Jahrhunderts, 2. Aufl., Berlin 1900, S. 670
(7) Cornelius Gurlitt, Erinnerung an Paul Wallot, in: Stadtbaukunst alter und neuer Zeit 2, 1921, S. 209-210
(8) Steckner, Sparsamkeit (1981), 28f.

Rechts:

162. Kronenträgergruppen Reichstagsgebäude, Berlin, 1893

Fertigstellung vor August 1893
Sandstein, Maße unbekannt
Architekt: Paul Wallot
Ausführung: unbekannte Firma
nicht erhalten

Im August 1893 waren die vier, um Ährengarben gebildeten Knabengruppen des Südwestturmes des Reichstagsgebäudes als Verkörperung des Volksernährungsgewerbes bereits in Stein übertragen; bei Gelegenheit ihrer Fertigstellung geriet Brütt mit auf eine der Aufnahmen der Attika (1). Auf die Bedeutung gerade der jeweils vier Kronenträgergruppen als architektonischer Abschluß und Endpunkt der skulpierten Bildfolgen der jeweiligen Türme macht die von Paul Wallot eingeleitete Dokumentation aufmerksam, wo die Rede ist vom „kühnen und ursprünglichen Gedanken seines mit den vier Ecktürmen einen mächtigen Akkord bildenden Kuppelbaues."(2) Ähnlich stellt es Cornelius Gurlitt dar (3).

Abb.: in (1) und (2) sowie Nissenhaus B 2086 I, S. 47
Lit.:

(1) Blätter für Architektur und Kunsthandwerk 8, 1893, Tafel 115
(2) Paul Wallot, Das Reichstags-Gebäude in Berlin (1913) S. 13, S. 34.
(3) Cornelius Gurlitt, Die deutsche Kunst des 19. Jahrhunderts, Berlin 2. Aufl. 1900, S. 670

Attika des Südwestturms des Reichstagsgebäudes. Rechts an der Balustrade Brütt

163. Dekorative Reliefs für die Türen des Reichstages, 1893/1894

Kartuschen für die Türen der großen Wandelhalle, Bronze, Maße unbekannt
Architekt: Paul Wallot
Ausführung: Stotz, Stuttgart
nicht erhalten

Eine Atelierinnenaufnahme im Nachlaß Brütt (Abb. S. 229) zeigt eine Kartusche mit einer im Seitenprofil gezeigten weiblichen Gestalt mit Öllampe und Eule, die sich als plastisches Element der Türen des Reichstagsgebäudes indentifizieren ließ (1). Damit ist wahrscheinlich gemacht, daß Brütt die Modelle für die Kartuschen der Türen lieferte, während sonst die Zierbeschläge nach Modellen von Wilhelm Widmann (1855-1915) gefertigt wurden (2).

Abb.: (1)

(1) Das Kunstgewerbe im Reichstagsgebäude in Berlin, Heft. III (Arbeiten in Metall), Berlin o.J., Abb. 8

(2) Paul Wallot, Das Reichstags-Gebäude in Berlin (1913), S. 23/24.

164. Wahrheit, Reichstagsgebäude, Berlin, 1893

Portalfigur, Sandstein, überlebensgroß
Architekt: Paul Wallot
Ausführung: Werkstattarbeit (?)
nicht erhalten

Für den Außenbau des Reichstagsgebäudes hat Brütt das Modell der „Wahrheit" für das Nordportal gefertigt; bis zur Huldigungsfeier für Wallot am 7. 12. 1894, die zwei Tage nach der Schlußsteinsetzung erfolgte, waren diese plastischen Außenarbeiten in Stein ausgeführt.

Die Konzeption der „Wahrheit" scheint auf Brütt selbst zurückzugehen, da Wallot 1913 seine Urheberschaft an der Bildidee wie bei anderen Arbeit nicht anmerkt. Eine weibliche Figur, die deutlich die Züge auch anderer weiblicher Gestalten von Brütt aus dieser Zeit trägt, stützt sich links auf einen Himmelsglobus und hebt mit dem rechten Arm die Fackel. Das hochgesteckte Haar ist von einem vierzackigen Stern so bekrönt, daß diese Hinzufügung zugleich als ein das Kompositionsdreieck straffendes Element erscheint. Über der Diagonale des gestreckten rechten Beines der „Wahrheit" enthüllt sich aus verdeckendem Tuch eine Jünglingsfigur, die sich mit dem rechten Arm auf ein Schwert über Masken und Fächer als den Symbolen der Verstellung stützt.

Abb.: Nissenhaus B 2086 I, S. 44 (Modell)

Lit.:

(1) Paul Wallot, Das Reichstags-Gebäude in Berlin (1913) S. 36

165. Konkurrenzmodell Wilhelm I., Konsolen der Wandelhalle des Reichstages, 1895

Wohl Gips, Maße unbekannt
Architekt: Paul Wallot

Nach einer Mitteilung des Berliner Intelligenzblattes vom 11. 5. 1897 war 1895 zwischen den Bildhauern Otto Lessing, Rudolf Maison, Ludwig Manzel, Adolf Brütt und Robert Diez eine engere Konkurrenz zu einem Standbild Kaiser Wilhelms I. als des ersten Kaisers der Neuzeit über dem am 5. Dezember 1894 gesetzten Schlußstein der Wandelhalle ausgeschrieben. Über diese Konkurrenz ist sonst nichts bekannt; Modelle und Modellphotos sind nicht überliefert. Die Figur kam, verbunden mit der Verherrlichung des Kaisers durch Arbeiten von Wilhelm Widmann, Johannes Schilling und Bildhauer Ernst Hilger, jedoch erst 1902 durch Johannes Pfuhl zur Ausführung. Offenbar blieb auch dieses Vorhaben wie die Ausführung der acht Kaiserstatuen mit der von dem Wallot-Schüler Gustav Halmhuber geplanten Siegesallee zunächst liegen.

Lit.:

(1) Paul Wallot, Das Reichstagsgebäude in Berlin, Leipzig 1913, S. 22

166. Standbild Heinrich I. der Vogler, Reichstag, 1898

Einweihungsdatum der südlichen Wandelhalle unbekannt
Bronze, H 2,40 m
Architekt: möglicherweise Paul Wallot
Ausführung: Gießerei Schäffer & Walker, Berlin
nicht erhalten

Im Berliner Künstlerverein hatte Paul Wallot 1891 über den Bau des Reichstags gesagt: „Bei der Innendecoration ist die geschichtliche Entwicklung des deutschen Volkes mit zu beachten, weshalb in den Portalhallen im Süden bzw. im Norden Figuren aus der Vorgeschichte des Reiches, wie Arminius, Carl der Grosse, andererseits die Kaiser des 9. bis 16. Jahrhunderts in Betracht kommen. So sind für die Südhalle, welche in Elsässer Sandstein bekleidet wird, 8 Kaiserstatuen angenommen, die eine mittelalterliche Auffassung erhalten.“(1) Daher kann die Ausgestaltung der Südhalle durchaus an das Innsbrucker Grabmal-Projekt Kaiser Maximilians (10) angeschlossen haben (7).

Bereits Anfang 1891, längst bevor von der Siegesallee als Geschichtsbild der preußischen Monarchie die Rede war, stand also das Programm für die statuarische Ausstattung des Parlamentsgebäudes fest, doch erst Anfang Februar 1897 kam es zur Auftragserteilung für das Standbild Heinrichs I. an Brütt (3); im März war die erste Modellskizze fertig (1904 in Kiel ausgestellt) und das Originalmodell für den Bronzeguß durch die Gießerei Schäffer & Walker in Berlin Ende 1898 (7). Der Kaiser war als kräftige Gestalt gezeigt, das Schwert in der rechten Hand auf den Boden gestützt, die linke Hand unter dem Umhang hervorkommend, ein Kirchenmodell haltend. Die acht Bronzefiguren waren zum Treppenaufgang der Südhalle hin gedreht, standen dabei etwas erhöht auf einem ca. 1 m hohen Steinsockel, der durch ein umlaufendes Profil mit den dahinterliegenden Wandpfeilern verbunden war. Diese Aufstellung vor den Pfeilern der

Wandelhalle erklärt sowohl die Körperhaltung als auch den strengen, durch die Mantelbildung gegebenen Umriß, aber auch die Ponderation, die nach den architektonischen Gesichtspunkten von Paul Wallot auf die Durchgangsachse hin ausgerichtet war: „Er suchte im Raume den wichtigsten Punkt, auf den unwillkürlich die Augen sich richteten, und schmückte von hier aus die Umgebung: Nicht durch ein gleichmäßiges Umspinnen mit Formen, sondern durch entschiedenes Betonen des Wichtigen und durch eine sichere Beherrschung der Flächen." (11) Insgesamt umfaßte die Südhalle folgende je zu vieren zusammenstehende Kaiserstatuen, die zuerst auf der Pariser Weltausstellung 1900 von den genannten Gießereien ohne ihren architektonischen Hintergrund ausgestellt waren:

Karl d. Große von P. Breuer
Heinrich I. von A. Brütt
(Guß Schäffer & Walker, Berlin)
Otto d. Große von R. Maison
(Guß Miller, München)
Heinrich III. von L. Manzel
Friedrich Barbarossa von M. Baumbach
(Guß Lauchhammer)
Rudolf v. Habsburg von A. Vogel
Karl IV. von R. Diez
Maximilian I. von W. Widmann
(Guß Gladenbeck, Berlin)

Bei Nr. 166 sind zu also unterscheiden: (a) die Entwurfsskizze, die 1904 in Kiel ausgestellt war, (b) der nach dem 1:1-Modell für das Reichstagsgebäude 1898 ausgeführte Guß und (c) ein von Schäffer & Walker möglicherweise angefertigter Zweitguß (dafür spricht, daß die Gießerei, nicht Brütt ausgezeichnet wurde) für die Pariser Weltausstellung 1900. Keine der Arbeiten ist erhalten.

Auszeichnungen: wohl Schäffer & Walker für den Guß Paris 1900
Ausstellungen: Paris 1900, Kat. 4743; Kiel 1904 Kat. 7 (Skizze)
Abb.: Nissenhaus B 2086 I, S. 42 (1:1-Modell, hier reproduziert)
Lit.:

(1) Das Atelier, Jg. 1, 15.2.1891, S. 6
(2) Deutsche Bauzeitung 1891, S. 56, S. 71
(3) Deutsche Kunst 1, 1897, 20. März (Auftragserteilung)
(4) Kunst-Halle 2, 1897, S. 186
(5) Zeitschrift für bildende Kunst 1897/98, S. 268
(6) Fremdenblatt Berlin 16. 3. 1897
(7) Kunst-Halle 3, 1898, S. 254 (1. Mai 1898)
(8) Katalog Pariser Weltausstellung 1900, Nr. 4743
(9) Paul Wallot, Das Reichstagsgebäude in Berlin, Leipzig 1913, S. 18
(10) D. v. Schönherr, Das Grabmahl Kaiser Maximilian I. in der Hofkirche Innsbruck, in: Jahrbuch des allerhöchsten Kaiserhauses, Bd. 11, 1890
(11) Cornelius Gurlitt, Die deutsche Kunst des 19. Jahrhunderts, 2. Aufl., Berlin 1900, S. 661ff.; Tafelabb. S. 664

Parlamentarische und Verwaltungsbauten

167. Fischerei, Turmhalle des Roten Rathauses (Berlin), 1894 (Abb. S. 168)

Aufgestellt am 20.12.1894
Tiroler Marmor, Maße unbekannt
Architekt: unbekannt
Ausführung: Werkstattarbeit Brütt
Turmhalle des Roten Rathauses, Berlin (Ost)

Die von Brütt geschaffene Figur der Fischerei (1,2) bildet mit den Verkörperungen von Schifffahrt (Ernst Herter), Ackerbau (Otto Geyer), Handel (Peter Breuer) eine Vierergruppe für die Turmhalle des Rathauses: „Von der Königstraße treten wir durch das imposante Hauptportal in die durch drei Stockwerke aufsteigende Turmhalle, deren reich ornamentiertes Sterngewölbe auf vier Riesenpfeilern aus rötlichem Granitstück ruht. In den Nischen der Turmhalle haben die von Geyer, Herter, Breuer und Brütt modellierten marmornen Verkörperungen des Ackerbaus, der Schiffahrt, des Handels und der Fischerei Platz gefunden. Eine breite Paradetreppe von 39 Granitstufen führt zum ersten Stockwerk hinauf; durch einen riesigen, die . . . Weiheworte Kaiser Wilhelms „An Gottes Segen ist alles gelegen" tragenden Rundbogen wird das erste Treppenhaus von dem zweiten geschieden."(1) Der Körper, vor allem der gesamte Unterleib in Bau und Schreiten, sowie die Physiognomie der „Fischerei" von Adolf Brütt zeigen sehr starke Ähnlichkeit mit der „Eva" (Nr. 117-120). Man wird davon ausgehen müssen, daß in beiden Fällen das gleiche Mädchen Modell stand.

Die offizielle Eröffnung des Rathauses war bereits am 17. April 1871 erfolgt, doch ging man dann erst an die Ausstattung des Innern und hatte die Vorschläge, die man bei Schnaase, Eggers, Stüler, Droysen und Gustav Freytag eingeholt hatte, verworfen. Freytag hatte dabei gewarnt: „Die Phantasie ist eine launische Göttin und weigert sich leicht in zu eng gezogenen Grenzen zu fliegen". Die Grenzen, die den vier Bildhauern gesetzt waren, sind nicht überliefert. Am 20. Dezember 1894 wurden die fertigen Bildwerke aus Tiroler Marmor mit elektrischer Abendbeleuchtung aufgestellt (2).

Abb.: Nissenhaus B 2086 I, S. 5 (1:1-Modell)
Lit.:
(1) A. Buchholz, Velhagen & Klasings Monatshefte 11, 1896/97 S. 297, Abb. S. 294
(2) Vossische Zeitung, 21.12.1894
(3) Georg Malkowsky, Ernst Herter (1906), S. 65 u. Abb.

168. Gesetz und Recht, Preußisches Abgeordneten-Haus (Berlin), 1902

Standbilder für den Sitzungssaal des Preußischen Abgeordneten-Hauses.
Bronze, Maße unbekannt
Architekt: Friedrich Schultze (1843-1912)
Ausführung: Gießerei unbekannt
nicht mehr nachzuweisen

Am 20. April 1902 war der „Kunst-Halle" zu entnehmen, daß Professor Brütt für den Sitzungssaal des Preußischen Abgeordneten-Hauses zwei Bronzefiguren „Gesetz" und „Recht" herstellen werde (1 u. 2). Das „Gesetz" ist eine weibliche Gestalt in griechischem Gewand mit Helm. Gesiegelte Gesetzesrolle und ein auf das Römische anspielendes Fascienbündel sind als Attribute beigegeben. Die Gewand-Silhouette erinnert an eine Mandorla. Das „Recht" ist durch eine weibliche Gestalt in weitem Umhang versinnbildlicht, der Richtschwert und Taube (für Strenge und Milde) als Attribute beigegeben sind. Die Auftragserteilung wahrscheinlich durch die Landeskunstkommission scheint 1902 erfolgt zu sein (3).

Die von einer unbekannten Gießerei ausgeführten dunklen Bronzefiguren waren in halbrunde, durch Rundbogen abgeschlossene Ni-

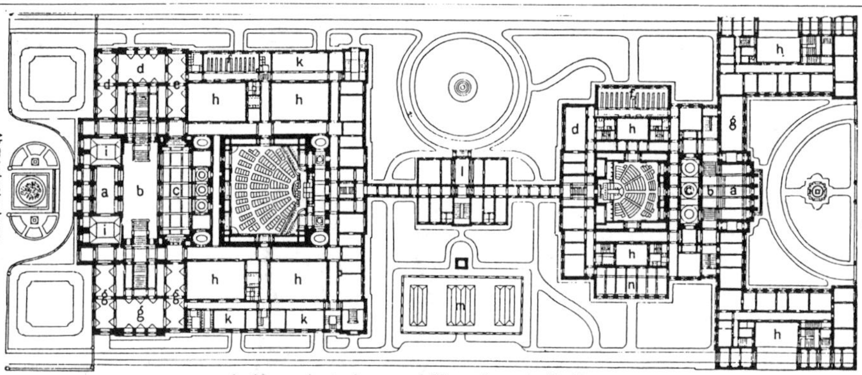

1. Abgeordnetenhaus und Herrenhaus in Berlin.

10 5 0 10 20 30 m

Zu Fig. 1.
a Eingangshalle
b Treppenhalle
c Wandelhalle
d Lesesäle
e Handbücherei
f Bücherei
g Erfrischungsräume
h Höfe
i Schreibsäle

Zu Fig. 1.
k Kommissions-Sitzungszimmer
l Minister-Sitzungszimmer
m Maschinen- und Kesselhaus
n Registratur

Sitzungssaal des Preußischen Herrenhauses mit den noch leeren Nischen hinter dem Sitz des Präsidenten

Links: Parlamentsgebäude II, aus: Meyers Konversations-Lexikon, 6. Aufl., Bd. 15, Leipzig u. Wien 1908

schen gestellt und konnten nur durch ihre Silhouette wirken. Brütt hat sich nur an die vorgegebene Nischenarchitektur gehalten und sich völlig von den stilistischen Vorgaben der Renaissancearchitektur des von F. Schultze entworfenen Gebäudes gelöst. Für die Ausführung hatte man den Bronzeguß gewählt, weil bereits die vier von Constantin Starck für die Treppenhalle geschaffenen Werke gegossen waren. Der plastische Schmuck des Außenbaus war nach Modellen von Otto Lessing ausgeführt worden.

Abb.: Nissenhaus B 2086 I, S. 5 u. 6 (Modelle)

Lit.:

(1) Kunst-Halle, Jg. 7, 1902, S. 219
(2) Der Baumeister, 1903, S. 14ff.
(3) Chronik der Königlichen Akademie der Künste zu Berlin 1. 10. 1901 – 1. 10. 1902, 1902, S. 41

169. Cicero und Demosthenes, Preußisches Herrenhaus (Berlin), 1902/1905

Holz, überlebensgroß
Architekt: Friedrich Schultze (1843-1912)
wohl nicht erhalten; der Sitzungssaal des ehemaligen Preußischen Herrenhauses ist heute im Baukomplex Haus der Ministerien Gedenkstätte für die Rede Liebknechts von 1908.

G. Kutna hat noch 1905 die Skulpturen von Demosthenes und Cicero aus Holz im Atelier Brütt gesehen (1): „Die Figuren fürs Herrenhaus sind ein Cicero, als eleganter Redner charakterisiert, und Demosthenes, eine ernstere Porträtgestalt." Vielleicht handelte es sich wegen des Materiales nicht um Modelle, sondern um die noch nicht zur Aufstellung gekommenen Originale. Beide Figuren waren für das Preußische Herrenhaus bestimmt, das durch den von Alfred Messel ausgeführten neuen Zwischenbau mit dem Ministersitzungssaal eine bauliche Einheit mit dem Abgeordnetenhaus bildete. Eine 1904 veröffentlichte Innenansicht des Herrenhauses (2) zeigt die Nischen beiderseits des Präsidentensitzes noch leer. Auch die plastischen Arbeiten von Alfred Reichel (Wahrheit und Mäßigung) scheinen erst nach 1904 zur Aufstellung gekommen zu sein. Dafür spricht auch, daß der 1904 anläßlich der Gebäudefertigstellung und Ingebrauchnahme veröffentlichte Gesamtbericht (3) nichts über diese plastische Ausgestaltung des Herrenhauses zu sagen weiß.

Es sind keine Aufnahmen dieser Arbeiten überliefert; auch ist das gesamte innere Skulpturenprogramm nicht zu erschließen gewesen, während am Außenbau Versinnbildlichungen des Nähr- und Wehrstandes von Otto Lessing angebracht waren.

Lit.:

(1) G. Kutna, Bei Adolf Brütt, in: BZ am Mittag, Berlin, 19.9.1905
(2) Beilage der Deutschen Bauzeitung Jg. 38, 1904, S. 23
(2) Zentralblatt der Bauverwaltung 24, 1904, S. 190

170. Meister und Geselle, Reichsversicherungsamt (Berlin), 1893/1894

Sandstein, H ca 1,80 m
unbezeichnet (?)
Architekt: August Busse (1839-1896)
Ausführung: unbekannt
bis 1985 im ehemaligen Reichsversicherungsamt

Die ursprünglich ein Uhrgehäuse flankierenden Arbeitergestalten des Reichsversicherungsamtes wurden bereits um 1907 in ein Denkmal für den Gründer des Reichsversicherungsamtes Bödiker verwandelt (1); an die Stelle des Uhrgehäuses mit der dornenreichen Distel trat eine Nische mit der Büste des ersten Präsidenten der Reichsversicherungsanstalt Tonio Bödiker (1843-1907) von Dopmeyer und dem bekrönenden Adler von Otto Richter (geb. 1867) (2), wodurch die beiden Figuren zu weit auseinander gerückt wurden.

Brütt hat den Moment einer beginnenden charakteristischen Bewegung festgehalten: Der Alte schiebt seine linke Hand in die Schürze und gibt sein Werkzeug wie eine Stafette an den Jüngeren, der sich auf einen schweren Vorschlaghammer stützt, so daß die Silhouettenbildung den Winkel des gegenüberliegenden Ellenbogens aufgreift. Dieses Weitergeben baut sich von der Beinstellung der Gestalten auf. Diese sind keine allegorisch-begrifflichen Verkörperungen, sondern aus einer sozialen Umwelt heraus entwikkelte realistische Charaktere. Weiterentwickelt ist das Gegenüber der Arbeitergestalten von 1884 (Nr. 57). Von daher ist auch an eine Auftragserteilung durch Bödiker selbst zu denken, zumal Brütt 1900 mit diesem zusammen die Errichtung des Freiherr v. Ketteler-Denkmal in Münster betreut.

Meister und Geselle (Nr. 170) als Rahmen für die Büste von Tonio Bödiker

Auch der „Fischer“ von 1887 (Nr. 95) sowie Schmied und Steuermann bzw. Fischer der Berliner Deutschen Bank (Nr. 147) sind Beispiele von sozialcharakterologischen Verkörperungen der Industriegesellschaft der Jahrhundertwende, die, zusammen mit den Arbeiterbildern Nr. 57 und Nr. 170, jedes auf die Werke der Künstler J.F. Millet, C. Meunier, Th. Myrtek, G. Courbet, H. Thoma, M. Liebermann und K. Kollwitz eingeschränkte Bild zu einem den tatsächlichen Verhältnissen entsprechenden Gesamtbild ergänzen, denn die Industriegesellschaft bildet charakteristische soziale Gruppen in Abhängigkeit von der wirtschaftlichen Institution der Banken, wie sie auf Grundlage der Versicherungsmathematik das Versicherungswesen aufbaut und auf Grundlage der Unfallstatistik vorsorglichen Unfallschutz (Nr. 171) kennt. Das Bild ist verzerrt, wenn die baugebundene Industriearbeiter-Darstellung wie bei Margot Riess (3) ausgelassen wird.

Abb.: Nissenhaus B 2086 I, S. 18 (wohl Plastilin-Modell)

Lit.:
(1) Der deutsche Steinbildhauer 13, 1907, S. 365
(2) F. Jansa, Deutsche Bildende Künstler in Wort und Bild, Leipzig 1912, S. 480
(3) Margot Riess, Der Arbeiter in der Bildenden Kunst, Berlin 1925

171. Hauptportal der Ausstellung für Feuerschutz und -rettungswesen, Berlin 1901

Material und Maße unbekannt
Architekt: H. Hansen & W. Müller
nicht erhalten

Das Relief füllte den Bogen einer symmetrisch zu zwei Spiralen auslaufenden Volute mit eingestellten Medaillons: links wohl die Borussia, rechts das Emblem von Leiter und Feuerwehrbeil. Die zentrale Figur des Bogenfeldes ist eine männliche schildbewehrte Gestalt, die mit der freien rechten Hand einen zweiköpfigen „Drachen des Feuers" würgt. Rechts drei mit einer Kerze spielende Kinder und eine direkt unter dem Schild plazierte sitzende Krankenschwester mit einem verbundenen Kind im Arm. Auch das im Nachlaß Brütt vorliegende Diplom der Ausstellung zeigt eine weitgehend vergleichbare Verkörperung des Ausstellungsthemas.

Die Berliner Feuerschutzausstellung wurde am 25. Mai 1901 durch die Kaiserin wohl als Protektorin der Ausstellung eröffnet. Es war nach der Hygiene-Ausstellung von 1883 (Nr. 49) und der wohl für eine Unfallschutzausstellung geschaffenen Bühne von 1884 (Nr. 57) die dritte der unter wesentlicher Beteiligung von Brütt entstandenen Berliner sozialhygienischen Ausstellungen.

Auszeichnungen: Im Anschluß an die Ausstellung wurde Brütt mit einem Ehrendiplom für hervorragende Leistung ausgezeichnet (19.10.1901).
Abb.: (1)
Lit.:
(1) Feuerschutz und Rettungswesen beim Beginn des XX. Jahrhunderts, Berlin 1902, S. 51, Abb. S. 464
(2) Deutsche Bauzeitung 35, 1901, S. 341 (Abb. des Hauptbaus)

Ehrendiplom Brütts von der Ausstellung für Feuerschutz und Feuerrettungswesen, 1901

Denkmalhalle der Kaiser Wilhelm-Gedächtniskirche

Wenngleich Brütt den Berliner Architekten Franz Schwechten (1841-1924) vom Stammtisch Koenigs her seit mindestens 1890 kannte, lassen sich weder aus dem Nachlaß Brütt noch aus dem Nachlaß Schwechten nähere Beziehungen ablesen. Meist ist wie beim Brunnen für die Carpesischen Osteria (Nr. 139) nicht mehr als die Erwähnung beider Namen zu fassen, was leider auch für die Zusammenarbeit bei der Ausgestaltung der Kaiser Wilhelm-Gedächtniskirche gilt. Und hierbei ist nicht auszuschließen, daß sich für die maßgebliche Beteiligung von Brütt der Einfluß der Kaiserin Auguste Viktoria geltend gemacht hat.

172. Hohenzollernstatue für die Kaiser Wilhelm-Gedächtniskirche (Berlin), 1894

Maße und Material unbekannt
Architekt: Franz Schwechten

Im Vorfeld der Ausstattung hatten die Bildhauer Wilhelm Haverkamp, Peter Breuer und Adolf Brütt Aufträge zu dann nicht ausgeführten Hohenzollernstatuen erhalten (1). Hinweise aus dem Nachlaß Brütt liegen dazu nicht vor. Die genannten Bildhauer fanden dann bei der ausgeführten Ausstattung besondere Berücksichtigung.

Lit.:
(1) Vera Frowein-Ziroff, Die Kaiser Wilhelm-Gedächtniskirche. Entstehung und Bedeutung, Berlin 1982, S. 207f.

173. Reliefs der Denkmalhalle der Kaiser Wilhelm-Gedächtniskirche (Berlin), 1906 (Lageplan S. 174)

Einweihung am 27.2.1906
Hochreliefs, Carrara-Marmor
Architekt: Franz Schwechten
Ausführung: Punktierung Franz Tübbecke
Berlin, Kaiser Wilhelm-Gedächtniskirche

Hinter dem Projekt standen der 1888 gegründete Evangelisch-Kirchliche Hilfsverein sowie der Evangelische Kirchenbau-Verein von 1890, über den Ernst Freiherr v. Mirbach, Oberhofmarschall der Kaiserin Auguste Viktoria, den Bau der Kaiser-Wilhelm-Gedächtniskirche für Berlin und Charlottenburg als eine „Einnerungsmal an den erhabenen Heldenkaiser" betrieb, wobei er auf Sacré-Cœur in Paris und die Votivkirche in Berlin als Vergleichsprojekte hinwies. Den Bauplatz, an dem ursprünglich die Dankeskirche geplant war (ist die dann von Orth auf dem Weddingplatz erbaute Dankeskirche gemeint?), hatte Charlottenburg gestiftet.

Die Vollendung war zunächt für 1895 gedacht, doch die ausführlichen technischen Studien z.B. zur Rekonstruktion der spätantiken Mosaiktechnik führten zusammen mit Finanzierungsproblemen zu langer Bauzeit. Da nach einem vertraulichen Bericht v. Mirbachs vom 10.2.1904 „von Manchen in den Provinzen nicht gern große Summen für die Kaiser-Wilhelm-Gedächtniskirche, weil sie eine Berliner Kirche ist, gegeben" werden, entstand die Kaiserin-Auguste-Victoria-Stiftung auf dem Ölberge bei Jerusalem (vgl. Nr. 292). Die aus Spenden finanzierte Vollendung erfolgte zum Tage der silbernen Hochzeit des Kaiserpaares am 27.2.1906 und war mit zahlreichen caritativen Stiftungen im vierfachen Wert der Baukosten von 1.150.00 Mark verbunden (3).

Unter den kräftigen Farben der Mosaiken mit kirchengeschichtlichen Hohenzollerndarstellungen zeichnet das weiche Seitenlicht Brütts Bildfolge von „fast sportlicher Biegsamkeit der Form"(5) im milden Weiß des Carrara-Marmors. Nicht unbeabsichtigt klingt in den Reliefs zum Leben Jesu über den Durchgängen die Nachfolge Christi an; auch das aus den siegreichen Befreiungskriegen in die Gegenwart des Deutschen Reiches des Jahres 1906 wirkende Leben des Prinzen Wilhelm erscheint damit im Licht göttlicher Gnade. Hier stehen das persönliche Leben Kaiser Wilhelms I. und das nach Auflösung der deutschen Reichsverfassung vom 6. August 1806 erneute Werden des Deutschen Reiches im Vor-

Reliefs der Ostwand der Denkmalhalle in der Kaiser-Wilhelm-Gedächtniskirche (von links): Prinz Wilhelm erhält 1807 von seinen Eltern den Säbel – Frieden – Krieg – König Wilhelm mit seinen engsten politischen und militärischen Beratern in der Zeit der Einigungskriege: Roon, Bismarck und Moltke

dergrund, verkörpert in der lebendigen Kraft des Prinzen Wilhelm: Daher setzt der Bildzyklus mit dem Neujahrstage 1807 ein, daher treten die preußischen staatlichen und landeskirchlichen Funktionen Wilhelms völlig zurück.

(A) Unter Haverkamps Sandsteinrelief „Jüngling, ich sage dir, stehe auf" die erste Darstellung aus dem Lebenslauf des Kaisers: König Friedrich Wilhelm III. überreicht im Beisein der Königin Luise am Neujahrstag 1807 in Königsberg seinem Sohn den Säbel; hiermit tritt der junge Wilhelm in den Befreiungskrieg ein. Eine Schüssel mit Rosen auf dem Tisch. Die Orangenbäume beiderseits erinnern an Potsdam oder Oranienbaum.

Stifter des Reliefs war laut Inschrift Richard v. Hardt, einer der Vorsitzenden des 1890 gegründeten Berliner Evangelischen Kirchenbau-Vereins.

(B) Das chronologisch anschließende Relief bezieht sich auf die Befreiungskriege. Es zeigt auf dem ersten Hauptrelief den Prinzen Wilhelm als jungen Leutnant in der Schlacht von Bar-sur-Aube am 27. Februar 1814 im Begriff, auf Befehl des Königs zum russischen Regiment Kaluga zu reiten. Als Erinnerungszeichen dieser „Feuertaufe" erhielt Prinz Wilhelm das Eiserne Kreuz. Links unten: eine Frau pflegt einen Verwundeten, ein Hinweis auf die Gefahren des Waffenganges, aber auch auf den Hilfsdienst der patriotischen Frauen im Befreiungskampf. Ernst Herter modelliert auf dem Relief seines 1900 eingeweihten Potsdamer Kaiser Wilhelm I.-Denkmales den gleichen Moment der Schlacht als reine Mänersache; Frauen zeigt seine Darstellung des siegreichen Einzuges von 1871: drapierte Ehrenjungfern (4). Und während bei Herter irgendein Baum geborsten ist, zeigt Brütt eine Eiche, die er neu grünend im Dreikaiserrelief wiederholt.

Der erste Entwurf zu diesem Relief entstand

bereits im August 1903. Die Probe zeigte, „daß das Relief doch wohl, dem Licht der Halle Rechnung tragend, kräftiger gehalten werden muß, so daß statt eines Flachreliefs ein Haut-Relief wird“(5).

(B 1; B 2) Flankiert ist die Darstellung der ca. 2 x 6 m messenden Reliefflache von einer fragend in die Zukunft blickenden Frauengestalt mit einem Schild, der die Jahreszahl 1797 trägt, das Geburtsjahr des Kaisers; rechts ein ernst blickender Krieger in Rüstung, dessen vorgehaltener Schild in der Darstellung einer aufgehenden Sonne die Jahreszahl 1813 trägt; auf diesen Zeitpunkt bezieht sich die Darstellung des Kaisers als Jüngling im Tiergarten (Nr. 184). Bildunterschrift: „1814 – 27. Februar – 1906.“ Inschriftlich ausgewiesen als eine Stiftung von Wilhelm v. Krause.

(C) Unter dem Sandsteinrelief von Haverkamp mit dem Heiland im Garten Gethsemane: „Doch nicht mein, sondern Dein Wille geschehe“, zeigt das Relief Wilhelm als preußischen König mit Bismarck und Roon, während Moltke seinen Kriegsplan vorträgt (H. v. Moltke, Gesammelte Schriften und Denkwürdigkeiten, Bd. 3, Berlin 1891, S. 427f.). Lorbeerbaum und Eichenbaum flankieren als flaches, symmetrisches Relief das Bildfeld, so daß sowohl die Rahmenelemente des Neujahrsreliefs 1807 (Beginn der Befreiungskriege) anklingen als auch der Eichbaum der beiden querrechteckigen Hauptbilder. Das Relief ist eine Stiftung der Kirchengemeinde zum 27. Februar 1906.

(D, E) Dies auf den Krieg von 1870/71 bezogene Relief wird von dem Relief zum Beginn der Befreiungskriege 1807 durch zwei hochrechteckige Darstellungen auf den Mittelportalpfeilern getrennt: auf dem rechten Pfeiler die Gestalt eines jugendlichen Kriegers mit einem Lorbeerkranz in der Hand, von Disteln gerahmt, auf dem linken Pfeiler das Relief einer Frauengestalt mit Ähren auf dem Arm und gerahmt von Kornblumen. Ernst v. Mirbach hatte am 26. April 1905 in Potsdam seinen Vorschlag für Brütt aufgeschrieben: „Krieg: ein junger Krieger (in ritterlicher, oder antiquer) Rüstung mit freiem Kopf, auf sein gezücktes Schwert gestützt, mutig in die Welt sehend; Frieden: eine schöne jugendliche

Prinz Wilhelm in der Schlacht von Bar-sur-Aube. Erster Entwurf zum Relief für die Westwand der Denkmalhalle der Kaiser-Wilhelm-Gedächtniskirche

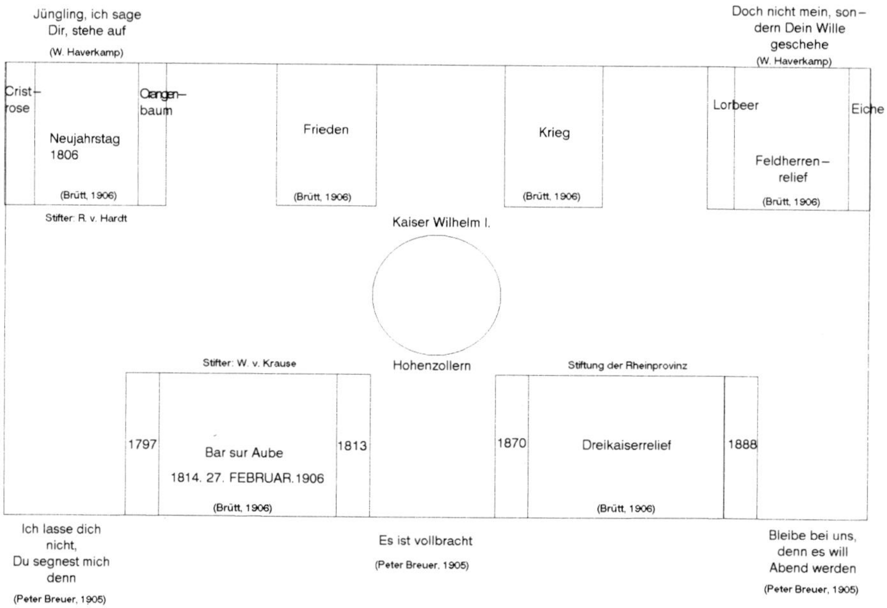

Lageplan der Reliefs in der Denkmalhalle der Kaiser-Wilhelm-Gedächtniskirche

Reliefs der Westwand der Denkmalhalle der Kaiser-Wilhelm-Gedächtniskirche: Prinz Wilhelm in der Schlacht von Bar-sur-Aube, und: Wilhelms Erhebung zum Deutschen Kaiser; daneben vier begleitende Figuren mit wichtigen Jahreszahlen aus dem Leben des Kaisers

Frauengestalt mit Palmzweig in der Hand." (Nissenhaus)

(F) Das zweite längsrechteckige Hauptrelief gegenüber ist die „Darstellung des Kaisers in Bezug auf Erhebung zur Kaiserwürde", wie Ernst v. Mirbach das Thema angab. Nachdem daran erinnert worden war, daß der Kaiser wiederholt bei öffentlichen Bildwerken eine Germania an seiner Stelle hatte anbringen lassen, diese Lösung jedoch bei der Kaiser Wilhelm-Gedächtniskirche ausschloß, forderte v. Mirbach von Brütt: „Die Gestalt des Kaisers muß den Mittelpunkt des Reliefs bilden, aber Ihre schwierige Aufgabe wird es sein, die dem Kaiser als siegreichen und ruhmgekrönten Herrscher dargebrachten Ovationen so zur Darstellung zu bringen, daß der alte Kaiser gewissermaßen davon unberührt erscheint" (Nissenhaus, Brief vom 10. August 1903) (vgl. 5). Gezeigt ist der thronende Kaiser zwischen Sohn und Enkel. Vor dieser Gruppe unter der Eiche eine Schar huldigender Knaben und Mädchen, der Kronprinz kniend mit dem Lorbeerkranz, sein Bruder Eitel Friedrich mit der Kaiserkrone: „Könnte bei dem neuen Relief vom alten Kaiser, wo Kaiser Friedrich und der jetzige Kaiser am Sessel stehen, noch der Kronprinz zu Füßen sitzend angebracht werden, um die vier Kaisergenerationen zur Darstellung zu bringen", ergänzte Ernst v. Mirbach in einem Brief vom 14.4.1904 (5). Um die politische Brisanz des Gegensatzes Deutschlands und Frankreichs abzumildern, formuliert Brütt mit antiken Formen in Kleidung und Symbolen, wie bei der Nike-Viktoria, und hält das dem Rhein zugewandte Niederwalddenkmal mit der Germania so weit wie möglich im Hintergrund.

(F 1; F 2) Ein gerüsteter Krieger links mit der aufgehenden Sonne des Reiches und der Zahl 1870, rechts eine trauernde Frauengestalt mit dem Todesjahr des Kaisers 1888, dem Dreikaiserjahr, wodurch wie schon links ein Rückbezug auf die Dreikaisergruppe gegeben ist. Das Relief wurde aus Spenden der Rheinprovinz finanziert.

Archivalien: LAS, Abt. 301, Akte Oberpräsidium Nr. 1146; Briefe Fr. v. Mirbach im Nachlaß Brütt, Nissenhaus.

Auszeichnungen: Adolf Brütt erhielt anläßlich der Einweihung die Krone zum Roten Adlerorden III. Klasse, Bildhauer Franz Tübbecke den Roten Adler Orden IV. Klasse. Franz Schwechten und Fritz Schaper wurden zugleich mit dem Roten Adlerorden III. Klasse dekoriert.

Abb.: Nissenhaus B 2086 II, S. 32 (Modelle von B u. F) u. 33 (erster Entwurf zu B sowie Modelle B 1, 2 u. F 1,2)

Lit.:

(1) Die Kaiser-Wilhelm-Gedächtniskirche. Zum Tage der Silbernen Hochzeit des Kaiserpaares, den 27.2.1906, Berlin 1906
(2) Paul Seidel, Der Kaiser und die Kunst, Berlin 1907, S. 75 ff.
(3) Berliner Tageblatt, 25.2.1906
(4) Georg Malkowsky, Ernst Herter, Berlin 1906, S. 136 u. Abb. S. 140
(5) Vera Frowein-Ziroff, Die Kaiser Wilhelm-Gedächtniskirche. Entstehung und Bedeutung, Berlin 1982, S. 306 f.
(6) Berlin. Reclams Kunstführer Deuschland Bd. VII, Stuttgart 1977, S. 460

Architekt Julius C. Raschdorff

Über das Verhältnis von Brütt zu Julius Raschdorff (1823-1914) gibt die Autobiographie Auskunft (S. 47). Dort werden die unterschiedlichen künstlerischen Positionen bei der 1895 unternommenen Reise nach Oberösterreich deutlich, die Brütt aus der Erinnerung und nach einigen im Nachlaß erhaltenen Tagebuchblättern schildert. Allerdings wird nicht deutlich, wie Brütt zum Teilnehmer dieser Reise werden konnte. Raschdorff war noch von Kaiser Friedrich III. eingesetzt. Da Brütt für Mausoleum und Dom wirksam wurde, zudem im Anschluß daran Raschdorff porträtierte, kann man nur vermuten, daß sich Brütt bei Beginn der Arbeiten am Mausoleum der Kaiserin Friedrich durch seine Herkunft aus dem Umkreis Schleinitz (vgl. Nr. 20 u. 32) empfahl.

174. Hermenbüste Julius C. Raschdorff, 1895

Bronze, H ca. 1,70 m
Bez.: „Brütt 95"
Ausführung: Wachsausschmelzverfahren, Aktiengesellschaft Gladenbeck (?)
Protestantischer Dom, Berlin

Die Büste mit einer lebendig modellierten Physiognomie des Architekten Julius C. Raschdorff (1823-1914) ist abgestimmt auf den Schaft mit dem Flachrelief einer Ansicht des Domes, eine einheitliche Komposition, die neben Haltung und physiognomischem Detail sich auch der architektonischen Form des Schaftes bedient sowie durch zurückhaltende ornamentale Zusätze den Dombaumeister zu charakterisieren sucht. Die Möglichkeiten der lebendigen, bis ins Detail frischen, skizzenhaften Modellierung sind für das Wachsausschmelzverfahren genutzt. Wo es auf Plastizität ankommt, sind die Formen gestrafft, die Fläche durch eine fast farbige Patina belebt. Dagegen stehen Partien aufgerissener Oberfläche wie bei den Plastiken des Fürsten Troubetzkoy (Büste des Malers Giovanni Segantini, Nachlaß Koenigs, Nationalgalerie Berlin).

Auch die Charakterstimmung kommt nicht zu kurz. Brütt kannte ja den eklektizistisch sammelnden Raschdorff von einer Studienreise aus Österreich, wie aus seiner Autobiographie hervorgeht; wenn man will: es wird auch etwas von dem Charakterbild sichtbar, das Walter Schott gegeben hat (3). Die Sammeltätigkeit Raschdorffs hatte auch positive Aspekte, hatte bereits 1884 zur Gründung des Berliner Architekturmuseums geführt, das 1912 über 20.000 Originalzeichnungen, 200 Skizzenbücher, 50 Gebäudemodelle und 400 Gipsmodelle umfaßte.

Abb.: Nissenhaus B 2086 I, S. 17 (Modell 1:1, hier S. 176 reproduziert)

Lit.:

(1) Norddeutsche Allgemeine Zeitung 24.11.1896 (Mittags-Ausgabe)

(2) Aufzeichnungen aus dem Leben und Schaffen des Architekten Professor J.C. Raschdorff, Berlin 1903

(3) Walter Schott, Ein Künstlerleben und gesellschaftliche Erinnerungen, Dresden 1930, S. 156 f.

175. Bauplastik Kaiser Friedrich-Mausoleum (Potsdam), 1888/90

Grundsteinlegung 18.10. 1888 (Geburtstag Kaiser Friedrichs III.), fertiggestellt 1890
Bauskulptur, Sandstein
Architekt: Julius C. Raschdorff
Ausführung: Fa. Carl Schilling
Mausoleum Kaiser Friedrich III., Potsdam

„Das Innere des Kuppelbaus ist durch die Schönheit des Materials, die vornehme Durchbildung der Renaissancemotive, die Säulenstellung in zwei Rängen außerordentlich wirkungsvoll und feierlich. Man merkt, daß dabei hochgesteigertes kultiviertes Kunstempfinden zur Wirkung gelangt. Im Sinne ihres Gatten hat hier die Kaiserin mit Raschdorffs Hilfe ihrem eigenen Stilempfinden den unmittelbaren Ausdruck verliehen."(1) Zweierlei setzt das Bauwerk voraus: die Kenntnis des unmittelbaren Vorbildes, der Heiliggrabkapelle von Innichen (2), sowie den Gesamteindruck der Albert Memorial Chapel von Windsor und des naheglegenen Mausoleums für Königin Victoria und Prinz Albert. Grundsätzlich dominiert in der Formensprache die stilistische Anbindung an die von Andreas Schlüter (1664-1714) geprägte Bausubstanz Berlins. Vom

Engelsköpfe für die Zwickel im Mausoleum Kaiser Friedrichs III. in Potsdam (Nr. 175)

Thema her handelt es sich bei dem Innichen-Zitat um dasselbe Rahmenthema wie beim Berliner Dom: Mausoleum und Dom sind liturgisch-architektonische und daher evangelische Variationen zur Grabeskirche von Jerusalem (8).

Neben Nikolaus Geiger und Otto Lessing wirkte Brütt an der Bauskulptur mit (7); erst seine Arbeiten machten die zitierende Architektur Raschdorffs lebendig, denn Brütt modellierte für den Triumphbogen des Mausoleums beide in Sandstein ausgeführten Engelsgestalten sowie für die dem Vorbild von Innichen folgenden Zwickel der umlaufenden Arkaden des Zentralbaus Engelsköpfe ähnlich den später für den Berliner Dom geschaffenen Konsolen (Nr. 176): Die plastische Charakterisierung sucht durch eine Verbindung von Kindercharakter und Blumensprache Reinheit, Freude, Glaube und Treue nicht als verknöchertes Bildschema vorzusetzen, sondern durch Elemente unmittelbarer Erfahrung. So ist eine ikonographische Erstarrung zur Formel glücklich vermieden und zugunsten des Ganzen ein der zitierenden Architekturauffassung Raschdorffs entgegengesetzter Standpunkt eingenommen.

Abb.: Nissenhaus, B 2086 I, S. 9 (Modelle); (6)

Lit.:

(1) Hans Kania, Potsdamer Baukunst, 2. Auflage, Potsdam 1916, S. 92
(2) Gustav Dahlmann, Das Grab Christi in Deutschland, Leipzig 1922, S. 137 f.
(3) Otto Odrich, Kaiser Friedrichs Grabkapelle, in: Blätter für kunstsinnige Frauen 1889, Nr. 7, S. 29
(4) J.C. Raschdorff, Kaiser Friedrich III. Mausoleum zu Potsdam (1899)
(5) Aufzeichnungen aus dem Leben und Schaffen des Architekten Professor J.C. Raschdorff (1903), S. 6
(6) Festschrift Carl Schilling 1882-1907, Berlin 1907, S. 27, S. 40
(7) Wiener Bauindustrie-Zeitung 8, 1890, 27
(8) C. Steckner, Friedrich Wilhelm IV., Karl Friedrich Schinkel, Wilhelm Stier und das Projekt einer protestantischen Mater Ecclesiarum, in: Otto Büsch (Hg.), Friedrich Wilhelm IV. in seiner Zeit, Berlin 1987, S. 232 ff.

Der Dom zu Berlin. Aus Meyers Konversations-Lexikon, 6. Aufl., Bd. 2, Leipzig u. Wien 1906 (Tafel: Berliner Bauten III)

176. Engelsköpfe für die Taufkirche des Berliner Domes, 1896/99

Fertigstellung Februar 1899
Konsolen in Form von Engelsköpfen, Sandstein, H ca. 1 m
Architekt: Julius Raschdorff
Ausführung: Dombauhütte (?)
Berliner Dom, erhalten

Wie das Potsdamer Mausoleum ist auch der Berliner Dom in seiner Grundkonzeption aus der Jerusalemer Grabeskirche bzw. der konstantinischen ökumenischen Liturgie heraus entwikkelt (1), wenn auch eine durch den damaligen Oberbaudirektor Andreas Schlüter (1664-1714) um 1700 gefundene Form ausgeführt wurde, um zusammen mit dem Schloß ein Ensemble zu bilden (2). Die Taufkirche hat sich dabei als ein aus der Liturgiediskussion zu Ende der zwanziger Jahre des 19. Jahrhunderts hervorgegangenes, dem Zentralraum zugeordnetes architektonisches Element herausgebildet. Zum Schloß hin gelegen war das von Engelsfiguren Otto Lessings flankierte Südportal (diese Skulpturen entsprechen den von Brütt geschaffenen Engeln des Triumphbogens des Potsdamer Mausoleums), das direkt in die Taufkirche des Domes führte. Einzige plastisch-ikonographische Herausarbeitung der liturgischen Funktion waren die vier von Brütt geschaffenen Engelsköpfe der das Hauptgesims tragenden Konsolen, teils physiognomische, teils symbolische Verbildlichungen von Glaube (Efeu), Reinheit (Lilie), Freude (Rose) und Treue. Diese natursymbolische Darstellungsweise entspricht den Zwickelfiguren von Brütt für das Mausoleum Kaiser Friedrichs III. für Potsdam (Nr. 175).

Abb.: Nissenhaus B 2086 I, S. 17; (2)

Lit.:

(1) C. Steckner, Friedrich Wilhelm IV., Karl Friedrich Schinkel, Wilhelm Stier und das Projekt einer protestantischen Mater Ecclesiarum, in: Otto Büsch (Hg.), Friedrich Wilhelm IV. in seiner Zeit, Berlin 1987, S. 232 ff. Abb. S. 3 u.S. 4.

(2) Karl-Heinz Klingenburg, Der Dom zu Berlin, Berlin 1982, S.

(3) Paul Seidel, Der Kaiser und die Kunst (1906) 86f.; Abb. S. 12 und S. 86

(4) H. Vollmer, in: Moderne Kunst, 1899, Abb. und Text S. 53

Engelsköpfe für die Taufkirche des Berliner Doms (Nr. 176)

Fassadenseite der Südturmattika des Berliner Doms mit den beiden Skulpturen von Brütt (Nr. 177 u. 178)

177. Apostel Thomas, Berliner Dom, 1896

Autragserteilung 1896, Modellbesprechung mit dem Kaiser September 1897, Einweihung 27. 1. 1900
Sandstein, H ca. 5 m
Architekt: Julius C. Raschdorff
Ausführung: Dombauhütte
Am Berliner Dom erhalten

Sandsteinfigur des Apostel Thomas für das Gesims an der Frontseite des Südturmes des Domes. Da das umlaufende Gesims in großer Höhe die Figuren auch teilweise verdecken konnte, waren die Gesimsskulpturen auf Sockel gestellt und durch relativ bewegte Silhouetten besser sichtbar gemacht, auch waren die Attribute bei einigen Skulpturen nicht mitgearbeitet, sondern aus Kupfer getrieben, so daß sich die Patina zum roten Sandstein in Kontrast setzte. Die Figur des Thomas hält als Attribut des Baumeisters gemäß seiner Charakterisierung in den Thomasakten ein Winkeleisen in der linken Hand, während seine Rechte erhoben ist, als habe er gerade das letzte Geldstück des Königs Gundifar nichtachtend über die Schulter geworfen, wovon die Legende auch in der Version der Legenda Aurea des Jacobus de Voragine erzählt.

Abb.: Nissenhaus B 2086 I, S. 18 (Modell)

178. Apostel Jacobus minor, Berliner Dom, 1896

Auftragserteilung 1896, Modellbesprechung mit dem Kaiser September 1897, Einweihung 27. 1. 1900
Sandstein, H ca. 5 m
Architekt: Julius C. Raschdorff
Ausführung: Dombauhütte
Am Berliner Dom erhalten

Ähnlich wie beim Thomas lehnt sich die Darstellung an die Legendentexte an. Jacobus ist mit dem Walkerknüppel gezeigt, als behindere ihn dieser, verliere er ihn beinahe, während er mit der andern Hand das Kreuz der Verkündigung hebt. Auf diese Weise hat Brütt den Tod des Jacobus durch den Walkerknüppel bei der Predigt angedeutet.

Abb.: Nissenhaus B 2086 I, S. 18 (Modell)

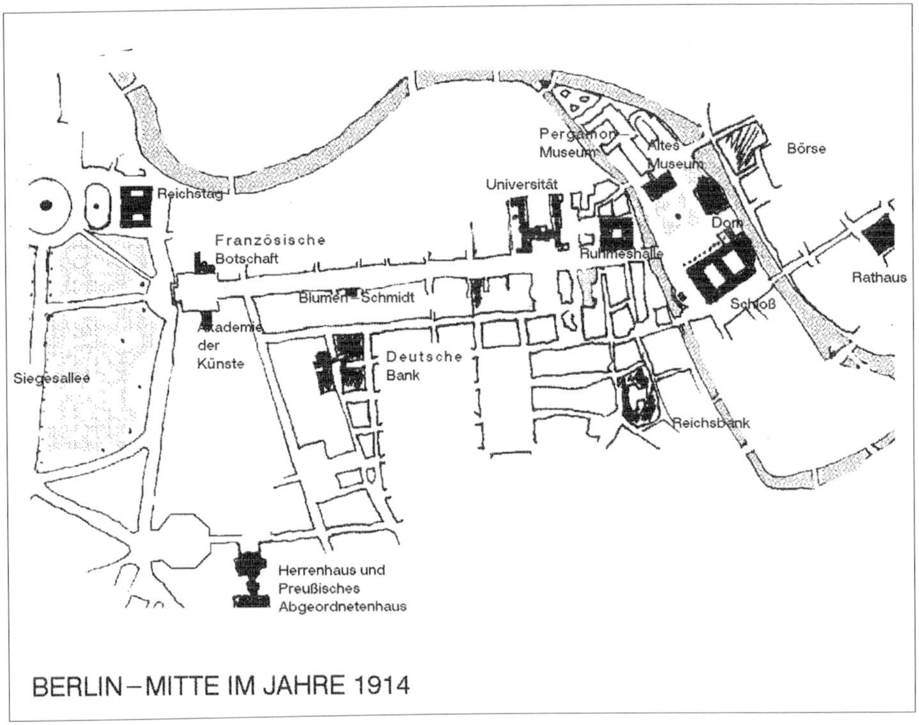

Skizze der Berliner Innenstadt. Schwarz markiert: Bauten, die mit Werken von Brütt ausgestattet waren.

Die Siegesallee

„The Kaiser has covered Berlin with a mass of statues, the majority of inferior artistic merits. His famous series of German princes in the Avenue of Victory in Berlin scarcely satisfied anybody but himself. He stated it as his opinion that although the sculptor must be bound by certain rules, he should be able to put a bit of himself into his work“ (Our German Cousins, wohl London 1907, S. 21).

Der Fall ist komplizierter, als in diesem Zitat dargestellt. Das Siegesallee-Projekt gehört mit dem Dom zusammen zu einer noch von Kaiser Friedrich III. festgelegten Planung. Grundsätzlich war vorgesehen, die von Oberbaudirektor Andreas Schlüter (1662-1714) um 1700 vorgegebenen architektonischen Grundlinien des Schlosses bei Dombau und Museumsinsel fortzuführen (1), um der neuen Reichshauptstadt ein einheitliches Gesicht zu geben. Dazu hatte Kaiser Friedrich III. jahrelang unter Mitwirkung zahlreicher Gelehrter wie Ranke, Duncker und Droysen eine Gedenkhalle der preußischen Geschichte in Charakterbildern entworfen (2).

Schon als Kronprinz hatte Kaiser Wilhelm II. an den Projektarbeiten teilgenommen. Bald nach seiner Regierungsübernahme bekundete er, „daß ein Volk nur dann seiner nationalen Entwicklung treu bleiben könne, wenn es mit seiner Geschichte aufs innigste vertraut sei. Unserer Jugend ganz besonders müßten mehr noch als bisher die Gestalten all jener Männer vertraut werden, deren unentwegter Pflichttreue und selbstloser Hingabe das Vaterland seine Größe verdanke.“(3) Nach diesem von Friedrich dem Großen festgeschriebenen Erziehungsgrundsatz und nach dem formalen Vorbild des Panoramas der Pariser Weltausstellung von 1889 entstand nun der Gedanke zur sogenannten Hohenzollerngalerie, einem von Maler Philipp Fleischer und Architekt L. Hein ausgeführten Panorama, das die 300jährige Hohenzollerngeschichte mit 1.200 nach der Regierungungszeit der Herrscher gruppierten Gestalten zeigte, „welches unserem Volke und vor allem unserer Jugend das Werden und Wachsen des Vaterlandes in farbenkräftigen, gestaltenreichen Bildern vorführt.“ Die endgültig gefundene Form soll ihre Anregung durch die anläßlich der Einholung der siegreichen Truppen im Jahre 1866 errichtete Via triumphalis erhalten haben (4), doch neben der nie zur Vollendung gelangten Marmorstatuenreihe des Wiener Paradiesgartels von Johann Bernhard Fischer von Erlach oder der 1849 eingerichteten Heldenallee der österreichischen Geschichte bei Wetzdorf kam auch das Vorbild antiker „Heiliger Straßen“ zur Wirksamkeit.

Das gesamte von Friedrich III. angelegte Programm wurde aus der Hohenzollerngruft herausgenommen und als Pleinair-Anlage in den Tiergarten verlegt, um auf jeden zu wirken, der die öffentlichen Plätze und Gärten betrat. Parallel zur Ausführung von Museumsbauten, Dom, Reichstag sowie der Zeughaus- und Schloßerneuerung nach den von Schlüter vorgegebenen Leitlinien bereitete eine „Ergänzungskonkurrenz" antiker Statuen die Bildhauer Berlins auf das Siegesallee-Projekt vor (5), das von vornherein auf engste mit der Schulpolitik verbunden war (vgl. 6). So ist die Pleinair-Anlage des Tiergartens letztlich auch eine Verwirklichung des vom Gartentheoretiker Christian Cay Lorenz Hirschfeld (1742-1792) erhofften denkmalbesetzten Volksgartens in der Art von Jægerspris bei Kopenhagen (12).

Als Instrument der Nationalerziehung wurzelt das Konzept der Siegesalle wie die Reliefs in der Kaiser Wilhelm-Gedächtniskirche (Nr. 173) im Zeitalter der Befreiungskriege. Das ist durch die vordergründige, schließlich verwirklichte patriotisch-dynastische Gesinnungspädagogik des Kaisererziehers und „leidenschaftlichen Schulmeisters" Georg Hinzpeter (1827-1907) völlig verdeckt: als Charakterisierungsmaßstab wurde nachweisbar dem Bildhauer der Denkmalgruppe der Kaiserin Friedrich (vgl. Nr. 182) durch Kaiser Wilhelm II. ein Charakterbild aus der Feder von Hinzpeter verlesen. Bei solchen Grundlagen konnte auch der von Adolph Menzel veranlaßte Notbehelf nichts ausrichten, den Geist der Befreiungskriege wenigstens durch den Tschako des von Brütt geschaffenen Standbildes Wilhelm Prinz von Preußen (Nr. 184) zu beschwören.

Die Berliner Siegesallee ist eine Planung des zum Wallot-Kreis gehörenden Architekten Gustav Halmhuber (1862-1936): „Ebenso wie die Bestandteile eines Bauwerkes unter einander in lebendiger Wechselwirkung stehen, thun sie es mit ihrer Umgebung. Es muss also selbst in der freiesten Landschaft, mag sie flächig oder bergig sein, durch Baukörper, die von der Hauptmasse losgelöst sind, ein allmälig verhallendes Echo geschaffen werden." So schrieb Halmhuber in seinen 1897 erschienenen „Architektonischen Gedanken". Für die von ihm 1896 geplante Siegesallee heißt das:

1. Die Siegesallee war wie die Architektur des Reichstages auf Bewegungsabläufe und Achspunkte hin konzipiert; beide Anlagen waren in ihrem räumlichen Aufbau durch topologische Lagebeziehungen bestimmt (vgl. Nr. 166).

2. Die aufgeforderten Bildhauer hatten sich hinsichtlich der Architektur der Gruppen einerseits mit den architektonischen Form- und Massenvorgaben auseinanderzusetzen, andererseits mit dem Inhaltlichen der Charakterisierung, der die von dem preußischen Archivar Reinhold Koser zusammengestellten Dokumente wissenschaftliche Rahmenbedingungen gaben.

Der aus den Plänen Kaiser Friedrichs III. schließlich 1896 hervorgegangene Grundentwurf Gustav Halmhubers sah die auf die Siegessäule ausgerichtete U-förmige Abfolge von 32 Denkmalgruppen vor; in Verlängerung der Charlottenburger Chaussee kamen vor dem Brandenburger Tor als Nr. 33 und 34 die Gruppen Kaiser Friedrich III. und Kaiserin Friedrich nach einer Planung Ernst v. Ihnes hinzu. Die architektonische Grundform der monumentalen Bänke der Denkmalgruppen ist wahrscheinlich eine Weiterentwicklung der ehemals mit Figuren geschmückten pergamenischen Exedra des Attalos II., die 1901 unmittelbar beim Eingang des alten Pergamonmuseums aufgestellt wurde. Da diese Exedra wie auch der Siegesaltar auf dem Burgberg von Pergamon unter freiem Himmel standen, kann die früher hervorgehobene Anregung durch die Berliner Via triumphalis von 1866 nur ein Teilaspekt sein: Verwandt mit den Bänken der Siegesallee ist die im „Architektonischen Skizzenbuch" (IX, Blatt 3) veröffentlichte Gartenbank bei der großen Fontaine von Sanssouci. Das Thema ist zur Zeit der Siegesalleefertigstellung noch aktuell: 1901 macht die Zeitschrift „Dekorative Kunst" den Charlottenburger F. Rüdiger als Gewinner eines Preisausschreibens für eine monumentale Bank bekannt. Gleichzeitig entwirft der Bildhauer Adolf von Hildebrand vergleichbare Denkmalbänke für Gartenanlagen (z.B. Brahmsdenkmal, Meiningen).

Die architektonische Form aller Entwürfe folgt den in Gartenanlagen und Grabgärten aufgestellten antiken Bänken, der Banktypus der Siegesallee steht dabei in Abhängigkeit vom pergamenischen Vorbild: „Außerhalb des Museums neben der Vorhalle", so heißt es im Führer durch das Pergamonmuseum von 1902, „ist eine halbkreisförmige Marmorbank aufgestellt, eine Stiftung des Königs Attalos II., die in dem Bezirk des Trajaneums in Pergamon in seltener Vollständigkeit wiedergefunden und nach Berlin übergeführt wurde. Ihr Hauptschmuck freilich, Bronzegruppen, die auf der breiten Rückwand ihren Platz hatten, sind verloren und nur noch in ihren Standspuren auf den Deckplatten der Rückwand erkennbar."

Die gleichzeitige Fertigstellung von Siegesallee und Pergamonmuseum an einem Tage ist auch ein Hinweis für die mit dem Pergamonaltar verbundene Sinngebung. Merkwürdigerweise ist jedoch 1901 die vom Pergamonaltar abhängige Konzeption der Siegesallee nirgendwo herausgearbeitet worden, obwohl selbst in der zu Recht vieldiskutierten kaiserlichen Rede über die wahre Kunst vom 18. Dezember 1901 ausdrücklich und unmittelbar vor den entscheidenden Passagen auf die Eröffnung des Pergamon-Museums hingewiesen ist.

Was die artikulierte Kunstauffassung des Kaisers betrifft, so hat 1903 W. v. Seidlitz kommentiert: „Der nun schon hundert Jahre währende und seit einem Menschenalter mit besonderer Heftigkeit geführte Kampf, bei dem es sich darum handelt, ob die Kunst sich mit äußerer

Formvollendung begnügen oder in erster Linie nach innerer Beseelung streben soll, wird in Regionen ausgefochten werden, die durch keinerlei menschliche Massnahme beeinflußt werden können, da es sich um Kräfte handelt, die mit der Macht von Naturgewalten wirken und mit Notwendigkeit zum Sieg führen müssen, falls sie nicht künstlich unterbrochen werden." (7) Man kann das an den Skulpturen Brütts verfolgen. Bei den Skulpturen Ottos des Faulen (Nr. 179) und Friedrich Wilhelms II. (Nr. 181) ist durch eine von der Beinstellung ausgehende Ponderation zwischen Privat- und öffentlichem Charakter vermittelt, beim Friedrich III. (Nr. 182) kommt es zum inneren Konflikt: „Ich wollte möglichst wenig Pose; das geht aber bei der Erscheinung nicht, und so ist das nicht gelungen."(8) Gleichzeitig gelang es Brütts Weimarer Konkurrenten Louis Tuaillon bei dem 1905 enthüllten Denkmal, Friedrich III. „halbnackt als Triumphator darzustellen; das kann man bei Kaiser Friedrich, der hat so was von klassischem Heldentum..." (Brütt). In seinem Sinne kann Brütt die Spannung zwischen öffentlichem Charakter und Privatperson, zwischen Formvollendung und Beseelung in den Reliefs der Denkmalkirche Kaiser Wilhelms I. (Nr. 173) und beim Standbild des jugendlichen Kaisers (Nr. 184) harmonisch verdichten. Die gleiche leichte Eleganz hatten auch das Reiterbild Großherzog Carl Alexanders (Nr. 274) für Weimar oder die Standbilder in der Eingangshalle des neuen Rathauses von Hannover (Nr. 304 u. 305), wo der Privatcharakter den öffentlichen Charakter gänzlich in den Hintergrund drängt und selbst im uniformierten Porträt nichts Martialisches mehr zu spüren ist.

Die Aufträge zu den Denkmalgruppen wurden durch den von Reinhold Begas beratenen Kaiser an einzelne Bildhauer vergeben, zuerst an Walter Schott, der darüber berichtet hat (9). Im Nachlaß Brütt haben sich die undatierten Vertragsbedingungen als „Grundzüge für die Herstellung der Denkmalgruppen in der Siegesallee" erhalten. Die mißlichen Erfahrungen von Walter Schott mit den Kopisten der Steinbrüche Italiens sind in § 1 bereits berücksichtigt, und Baumeister Max Spitta (1842-1902) ist als ausführender Architekt eingetreten:

„§ 1 Die Marmorarbeiten sind nach den von Seiner Majestät dem Kaiser und Könige gebilligten Modellen in tadelloser, künstlerischer Ausführung herzustellen, wenn angängig, hier in Berlin, damit Allerhöchstdemselben die Möglichkeit gegeben ist, die Arbeiten öfters in Augenschein zu nehmen.

§ 2 Die Arbeiten sind, soweit sie nicht Bildwerke betreffen, sauber zu schleifen. Der zu verwendende Marmor soll für die Bildwerke die erste Qualität der zweiten Klasse, für die Architekturtheile die zweite Qualität der zweiten Klasse sein. Besondere Sorgfalt ist auf gleichmäßige Farbe der Steine zu verwenden.

§ 3 Der Bildhauer hat sämtliche Arbeiten zoll- und transportfrei bis zur Baustelle zu liefern, und die zum Versetzen erforderlichen Marmorarbeiter und Steinmetzen kostenfrei zu stellen. Die einzelnen Stücke sind in einem zum Versetzen direkt geeigneten Zustande anzuliefern, so daß umfangreichere Nacharbeiten ausgeschlossen sind. Das Versetzen geschieht unter der Verantwortlichkeit des Bildhauers bis zur endgültigen Fertigstellung der Gruppe. Seitens der Bauverwaltung werden ihm außerdem für jeden Marmorarbeiter zwei Maurergesellen unentgeltlich zur Hülfe gestellt, ebenso die sämtlichen Gerüste, Hebezeuge, Taue und die zum Aufwinden etc. erforderlichen Hilfsmannschaften.

§ 4 Alle übrigen zur Aufstellung der Gruppe nöthigen Arbeiten werden von der Bauverwaltung ausgeführt. Hierzu gehören:

1. die nivellistischen Vorarbeiten
2. die Erdarbeiten
3. die Maurerarbeiten
4. die Gerüst- und Zimmerarbeiten
5. die Versetzarbeiten, soweit solche außer § 3 noch in Betracht kommen
6. die Mosaikarbeiten
7. Bauleitung und Abrechnung.

Die Entwürfe zu den Mosaikarbeiten werden, wenn die Bildhauer es nicht vorziehen, sie selbst herzustellen, von der Bauverwaltung im Einvernehmen mit den Künstlern besorgt, ebenso die Anfertigung der Werkzeichnungen für die Fundamente.

§ 5 Sollten außer den, in § 4 erwähnten Arbeiten noch weitere nicht vorherzusehende nothwendig werden, z.B. Aufstellung von Arbeitsschuppen, Schutzgerüsten u.s.w. so werden diese ebenfalls von der Bauverwaltung besorgt.

§ 6 Der für jede Gruppe bewilligte Betrag ist 50.000 Mark. Hiervon werden für die in §§ 4 und 5 erwähnten Arbeiten 4000 Mark zurückbehalten, so daß ohne Rücksicht auf etwaige Mehrarbeiten 46.000 Mark zur Auszahlung gelangen. Sämtliche Mehrkosten werden demnach von der Schatulle Seiner Majestät übernommen.

§ 7 Je nach Fortschreiten der Arbeiten sollen Abschlagzahlungen angewiesen werden. Der Rest wird ausgestellt, wenn die Gruppe fertig aufgestellt und alle Rechnungen abgewickelt sind.

§ 8 Sollte der Bildhauer während der Ausführung der Arbeiten durch Tod oder sonstige Umstände verhindert sein, seine Arbeit zu vollenden, so behält Seine Majestät Sich das Recht vor, einen anderen Bildhauer mit der Vollendung zu beauftragen.

Den Erben sollen jedoch für die gelieferten Arbeiten angemessene Entschädigungen gezahlt werden.

§ 9 Die geschäftliche Leitung der gesamten Arbeiten liegt in den Händen der Bauverwaltung, zur Zeit in den Händen des

Geheimen Baurats Spitta, mit welchem sich die Bildhauer ins Einvernehmen zu setzen haben.“

Lit.:
(1) P. ·Wallé, Die Hohenzollern und der Dom zu Berlin, in: Deutsche Revue, Juli 1892, S. 47f.
(2) Hans Delbrück, Persönliche Erinnerungen an den Kaiser Friedrich und sein Haus, Separatabdruck aus dem Augustheft der Preußischen Jahrbücher 1888, S. 25 f.
(3) Der Bär 18, 1891/92, S. 233
(4) Albert Hofmann, Denkmäler, Stuttgart 1906, S. 755 (= Handbuch der Architektur IV,8,2a)
(5) Steckner, Sparsamkeit (1981), S. 47 ff.
(6) R.E. Hardt, Die Beine der Hohenzollern, Berlin 1960
(7) W. v. Seidlitz, Der Kaiser und die Kunst, in: Jahrbuch der bildenden Kunst 1903, S. 89
(8) G. Kutna, Bei Adolf Brütt, in: B.Z. am Mittag, Berlin 19.9.1905
(9) W. Schott, Ein Künstlerleben und Gesellschaftliche Erinnerungen, Dresden 1930
(10) Das Atelier I, 1891, 15.Feb. S. 6
(11) P.O. Rave u. I. Wirth, Die Bauwerke und Kunstdenkmäler von Berlin. Bezirk Tiergarten, Berlin 1955, S. 211 ff.
(12) Karl Arndt, Denkmaltopographie als Programm und Politik, in: Ekkehard Mai und Stephan Waetzoldt (Hg.), Kunstverwaltung, Bau- und Denkmal-Politik im Kaiserreich, Berlin 1982, S. 165 f.

179. Standbild Markgraf Otto der Faule (Berlin), 1899

Enthüllung 22.3.1899
Denkmalgruppe 12: Standbild Markgraf v. Wittelsbach
Sockelaufschrift: „OTTO von WITTELSBACH der FAULE 1365-1373“
Büste Thilo v. Brügge
Sockelaufschrift: „Thilo von Brügge. Münzmeister von Berlin.“
Büste Thilo v. Wardenberg
Sockelaufschrift: „Thilo von Wardenberg. Münzmeister von Berlin.“
Carrara-Marmor, H 2,5 m
Architekt: Gustav Halmhuber; Bauleitung Max Spitta
Ausführung: Punktierung Franz Tübbecke, endgültige Ausarbeitung und Detaillierung von Brütt
Versetzt im Rahmen der Neuplanung der Reichshauptstadt durch Albert Speer, durch Kriegseinwirkungen teilweise zerstört, nach Magistratsbeschluß von 1947 vergraben.

Die in architektonischem Stil, Sockelform samt Schriftcharakter der Siegesalleedenkmäler unmittelbar sichtbare Geschichtlichkeit, das meist vergeblich erscheinende Ringen der Bildhauer mit den architektonischen Vorgaben einerseits und der Spannung von leiblicher Ponderation und Rüstung, Privatcharakter und uniformiertem öffentlichen Rang andererseits, erschien allein im Standbild „Otto des Faulen“ von Brütt anerkannt gelöst. Brütts Werdegang macht wahrscheinlich, daß die Erfindung eines solchen Charakterbildes nur möglich war, weil Brütt tief durchdrungen war von den ihm durch Leopold Rau 1878 vermittelten Lehren der „Unzeitgemäßen Betrachtungen“ Nietzsches.

Der ursprünglich aus „dermatologischen Gründen“ gegebenen Beiname des letzten Wittelsbachers der Mark Brandenburg, Markgraf Otto (1365-1375), wurde von Brütt physiognomisch zu „faulen Linien“ umgedeutet. Die „geharnischte Nachtmütze“(3) ist von der Beinstellung her aufgebaut, lehnt sich an die Statuenstütze in Form eines Baumstammes, dort hängt das Wappenschild. „Wenn man nur die Beine sähe, man müßte wissen, daß diese Figur Otto den Faulen darstellt,“ hieß es im Schulaufsatz eines

Thilo von Brügge

Otto der Faule

Thilo von Wardenberg

Schülers des Joachimsthaler Gymnasiums zu den Beinstellungen der Hohenzollern: „Wie kann man aus der Beinstellung der Denkmäler der Siegesallee auf den Charakter der dargestellten Herrscher schließen?", und der Kaiser hatte angemerkt: „Aber das Gesichte doch noch viel mehr."(3) Und Max Osborn hatte an die Standbilder des Grabmals Maximilian I. in der Innsbrucker Hofkirche erinnert: auch dort waren die in ihren Rüstungen verborgenen Herrscher lebendig zu charakterisieren (4). Dieses bildnerische Problem wurde bei den Oranier-Standbildern der Lustgarten-Balustrade (vgl. Nr. 267) zum Hauptthema der Reihe.

Brütt war mit den Erzbildern der Innsbrukker Hofkirche vertraut. 1883 war er zu Beginn seiner Italienreise in Innsbruck gewesen und hatte damals in das Reiseerinnerungsbuch eine photographische Aufnahme des Rudolf v. Habsburg sowie des Theoderich eingeklebt (Nissenhaus B 2085). So ist richtig, was Max Osborn schrieb: „Mag immer die Statue „Theoderich des Großen" von Peter Vischer in der Innsbrucker Hofkirche dem Künstler Anregungen gegeben haben, seinem Werke bleibt doch der Ruhm der Selbständigkeit gewahrt." Diese wurde auch vor allen anderen Standbildern der Siegesallee anerkannt und durch Karikaturen u.a. von Lyonel Feininger herausgearbeitet. Die beiden Seitenporträts, die als Verkörperung den kulturellen Charakter der Regierungszeit des Markgrafen repräsentieren sollten, sind kaum beachtet worden.

Auszeichnungen: Brütt wurde anläßlich der Enthüllung der Denkmalgruppe mit der Krone zum Roten Adler-Orden 4. Klasse, Franz Tübbecke mit dem Kronenorden 4. Klasse dekoriert.

Abb.: Nissenhaus B 2086 II, S. 13 (Gesamtanlage), S. 14 (begleitende Büsten), S. 18 (Modell der Statue) u. 20/21 (ausgeführte Statue); Meyers Großes Konversations-Lexi-

Otto der Faule. Karikatur von Lyonel Feininger in einer Illustrierten (Nachlaß Brütt)

Otto der Faule. Modell

kon, 6. Auflage, Bd. 2, Leipzig und Wien 1906, Tafelbeilage Berliner Denkmäler II.6

Lit.:

(1) Max Osborn, in: Tägliche Rundschau 21.12.1901

(2) R. Koser, Die historischen Denkmale in der Siegesallee, in: Hohenzollernjahrbuch 4, 1900, S. 360ff.

(3) R.E. Hardt, Die Beine der Hohenzollern, Berlin 1960, Aufsatz Theodor Schamberg u. S. 134 f.

(4) Hans W. Singer, Neuer Bildniskatalog (1938), Nr. 26865

180. Gipsmodell Otto der Faule, 1899

Gips oder wahrscheinlicher Steinguß, Maße unbekannt

Ehemals Vereinshaus des Künstler-Vereins zu Weimar

„Eine besondere Zierde des Gartens bildet „Otto der Faule“, die Ritterfigur rechts vom Eingang, das Gipsmodell einer Statue, die der damals an der Kunstschule als Lehrer tätige Bildhauer Brütt im Auftrag Kaiser Wilhelms I. für die Siegesallee in Berlin schuf.“ (1) Die Bezeichnung als „Gipsmodell“ müßte den Gipsabguß des aus Modelliermasse bestehenden 1:1-Modells bezeichen, nach dem Franz Tübbecke das Carrara-Standbild fertigte (2); vgl. dagegen Nr. 184. Da schwer vorstellbar ist, daß man sich das Vereinshaus mit einem 2,5 m hohen Gipsblock verstellte, kann nur eine kleinere Version gemeint sein, also wohl die bei seiner Kieler Ausstellung 1904 im Thaulow-Museum gezeigte „Skizze“, die Brütt bald nach seiner 1905 erfolgten Übersiedlung nach Weimar gestiftet hätte.

Ausstellung: Ausstellung Brütt, Kiel 1904 Kat. 10; Weimar 1907

Lit.:

(1) Albrecht v. Heinemann, Chronik des Künstler-Vereins zu Weimar von seiner Gründung bis zur Gegenwart, Weimar 1932, S. 28 (Abb. S. 51)

(2) Steckner, Sparsamkeit (1981), S. 49f. u. Abb. 44

181. Standbild Friedrich Wilhelm II. (Berlin), 1900

Auftragserteilung 13.2.1899, Enthüllung am 22.3.1900
Denkmalgruppe 29: Standbild Friedrich Wilhelm II.
Sockelaufschrift: „FRIEDRICH WILHELM II. 1786-1797“
Büste Großkanzler Graf Casimir v. Carmer
Sockelaufschrift: unbekannt
Büste Immanuel Kant
Sockelaufschrift: unbekannt
wohl Carrara-Marmor, H 2,50 m
Architekt: Gustav Halmhuber; Max Spitta
Ausführung: Punktierarbeit Franz Tübbeke; Ausarbeitung von Händen und Physiognomie A. Brütt
Kosten: 50.0000 Mark
Versetzt im Rahmen der Neuplanung der Reichshauptstadt durch Albert Speer, durch Kriegseinwirkungen 1945 zerstört, 1950 abgetragen.

Der füllige König Friedrich Wilhelm (1786-1797) mit überschlagenen Beinen an eine tuchverhüllte Standbildstütze gelehnt, die gleichfalls überkreuzten Arme auf einen Gehstock gestützt, der Oberkörper im Kontrast in Haltung, die flankierenden Büsten durch Blickrichtung auf das Standbild bezogen.

Die 1904 in Kiel ausgestellte Skizze des Standbildes (vgl. Nr. 180) ist nicht mehr nachweisbar.

Auszeichnungen: Anläßlich der Enthüllung erhielt Brütt den Kronenorden III. Klasse
Ausstellungen: Ausstellung Adolf Brütt, Thaulow-Museum Kiel, Nr. 12 (Skizze)
Abb.: Nissenhaus B 2086 II, S. 15
Lit.:

(1) G. Albrecht, Die Denkmäler in der Siegesallee in ihrer Bedeutung für die vaterländische Geschichte, Berlin 1900
(2) R. Koser, Die historischen Denkmale in der Siegesallee, in: Hohenzollernjahrbuch 6, 1902, S. 241-245

182. Standbild Kaiser Friedrich III. (Berlin), 1903 (Abb. S. 189)

Auftragserteilung durch Kaiser Wilhelm II. am 3.10.1900, Fertigstellung vor dem 25.9. 1903, Enthüllung 18.10.1903 (72. Geburtstag Kaiser Friedrichs III.)
Ursprünglich Denkmalgruppe 33 der Siegesallee, bestehend aus dem Standbild Kaiser Friedrichs III. mit der Porträtbüste des Generalfeldmarschalls Graf Blumenthal links und der Büste des Physikers und Physiologen Hermann v. Helmholtz rechts.
Sockelaufschrift: „FRIEDRICH III. / DEUTSCHER KAISER / KOENIG / VON PREUSSEN“ Aufschriften der Büsten unbekannt.
Laaser Marmor, H 2,80 m, nach anderen Angaben H 3,15 m
Architekt: Ernst v. Ihne und Architekt Wassermann
Ausführung: Punktierung Franz Tübbecke, Detaillierung von Physiognomie und Händen wohl eigenhändige Arbeit von Brütt
Kosten: 50.000 Mark
Versetzt im Rahmen der Neuplanung der Reichshauptstadt durch Albert Speer, durch Kriegseinwirkungen 1945 zerstört, 1950 abgetragen.

Kaiser Friedrich III. (1831-1888) in Kürassier-Uniform mit dem Mantel des Schwarzen Adler-Ordens und „einer Fülle höchst korrekt nachgebildeter Orden“(1), in der rechten Hand der Marschallstab, die Linke auf den Degengriff, der Kopf leicht gehoben: „An diesen Statuen ist alles nüchtern wiedergegeben, von der Helmspitze bis zu den Sporen, von der Königskrone auf dem glatten Victoria-Scheitel bis zum Schuhabsatz. Als sich der Bildhauer Adolf Brütt dagegen wehrt, an den Denkmälern sitzende Adler mit ausgebreiteten Flügeln darzustellen, mit der Begründung, daß es solche Adler in der Natur nicht gibt, erfolgt von „Allerhöchster Stelle“ der Befehl, daß ‚preußische Adler, auch wenn sie sitzen, nicht anders als fliegend dargestellt‘ werden dürfen.“(7) Auch für August Gaul ist die Zurückweisung eines entsprechenden Auftrags zu heraldischen Adlern überliefert (8). So fehlen an der Gruppe 33 die bei den anderen Gruppen sichtbaren Bankwangen.

Bereits im Oktober 1901 war die Gruppe 33 nach der Auftragserteilung im Januar fast vollendet (4), als das Standbild der Kaiserin Friedrich zuerst genannt und der Bildhauer Hans Everding dafür in Aussicht genommen wurde. Zu diesem Zeitpunkt scheint das Denkmal 33 (der damals geplante Aufstellungsort ist unbekannt) aus der Statuenreihe der Siegesallee herausgenommen worden zu sein, um unter der Leitung des Hofarchitekten Ernst v. Ihne vor dem Brandenburger Tor zu einer selbständigen Gruppe Kaiser und Kaiserin Friedrich III. mit eigener Platz- und Raumkonzeption zu werden. Es ist daher eine architektonische Planungsänderung wahrscheinlich, so daß zumindest das von Brütt konzipierte Standbild ursprünglich für eine andere rahmende Architektur gedacht war.

Den Auftrag für das Standbild der Kaiserin erhielt endlich Fritz Gerth aus Nassau zugesprochen (3); ein weiteres Standbild der Kaiserin führte parallel Joseph Uphues 1902 für Bad Homburg aus.

Im Falle des Standbildes der Kaiserin Friedrich ist bekannt, daß der Kaiser dem Bildhauer Gerth die von Georg Hinzpeter (1827-1907) verfaßte Charakterisierung seiner Mutter verlas (9). Demnach waren auch die inhaltlichen Rahmenbedingungen der Darstellung so eng gezogen wie die architektonischen Vorgaben den Gestaltungsspielraum beengten: „Für die Architektur sind die Formen des Schlüterschen Barockstiles gewählt worden, den Kaiser Friedrich besonders geliebt hat.“(2) Die stilistische Einheit des Berliner Zentralstadtteils wurde dabei durch die Wirksamkeit des Hofarchitekten Ernst v. Ihne gewahrt, der den Bau der Eckpunkte leitete, das 1904 vollendete Kaiser Friedrich-Museum (mit dem Reiterbild Kaiser Friedrichs III. von Rudolf Maison), die Lustgartenterassen von 1907 und die Neugestaltung des Brandenburger Tores am anderen Ende der Straße Unter den Linden. Der am Lustgarten liegende Dom war ohnehin in den noch von Kaiser Friedrich III. genehmigten Formen der Schlüterzeit ausgeführt worden, die Schloß und Ruhmeshalle (altes Zeughaus) bewahrten.

Die zunächst für den 18.10.1901, zum 70. Geburtstag Kaiser Friedrich III., geplante Kaiser-Gruppe kann in der nun Baukunst (v. Ihne), Gartenkunst (Tiergartendirektor Geitner) und Bildhauerei (neben Brütt August Vogel, Wilhelm Widemann, Karl Taubert) vereinenden Konzeption eine Reaktion auf die öffentliche Siegesallee-Kritik sein. Durch die Platzplanung wurde das Vorfeld des Brandenburger Tores geöffnet; 311.000 Mark standen insgesamt zu Verfügung, doch aus unbekannten Gründen – war es die Finanzierung ? (vgl. 10) – geriet die Planung ins Stocken und kam erst zwei Jahre nach dem ursprünglich angesetzten Termin zur Vollendung. Die zwischen Otto Lessings Roland und der Siegessäule dargestellte brandenburgisch-preußische Geschichte bis zur Reichsgründung klang mit dem Kaiserpaar Friedrich III. am Ende der sich zum Brandenburger Tor öffnenden Friedensallee aus. Damals währte die friedliche Entwicklung Berlins zur Reichshauptstadt über dreißig Jahre: „Diese stolzen und glänzenden Gestalten werden in den Beschauern auch der künftigen Geschlechter stets andere Empfindungen erwecken als die Bilder der nun abgeschlossenen Siegesallee.“(5)

Brütt selbst sah sein Werk nach Aussage der Autobiographie (S. 50) skeptisch, was eine Karikatur des Kladderadatsch vom 3. April 1904 wiedergab, die das Gerücht illustrierte, Brütt wolle die Statue Kaiser Friedrichs III. durch eine neue Arbeit ersetzen. Die sich auf die Wirkung des Standbildes auswirkenden Planungsänderungen kamen damals jedoch nicht öffentlich zur Sprache. Schließlich notierte Brütt den Ausspruch seines Freundes Peter Breuer: „Du, neulich sah ich Deinen Kaiser Friedrich vor dem Brandenburger Tor und fand ihn doch sehr monumental“ mit der den eigenen Vorbehalt andeutenden Bemerkung: „Wie seltsam“.

Auszeichnungen: Roter Adler Orden III. Klasse mit Schleife

Ausstellung: Landes-Ausstellungsgebäude Moabit, Februar 1903 (3)

Abb.: Nissenhaus B 2086 II, S. 22 (Modelle der begleitenden Büsten) u. S. 23 (Gesamtanlage)

Lit.:

(1) Kieler Zeitung, 22.10.1903

(2) Berliner Architektur Welt 3, 1900/1901, S. 64

(3) Berliner-Lokalanzeiger, 17.2.1903

(4) Kunstchronik NF 13, 1901, S. 16, 29, 39
(5) Schulthess' Europäischer Geschichtskalender 19, 1903, S. 151
(6) O. Kern, Die Denkmalanlagen am Platze vor dem Brandenburger Tor, in: Zentralblatt der Bauverwaltung 23, 1903, S. 572-575 (mit Lageplan)
(7) Joachim v. Kürenberg, War alles falsch?, Bonn 1951, S. 224
(8) Berliner Architektur Welt 6, 1903/04, S. 179 (August Gaul)
(9) Paul Seidel, Der Kaiser und die Kunst, Berlin 1906 S. 168
(10) R.E. Hardt, Die Beine der Hohenzollern, Berlin 1960, S. 160 f.
(11) P.O. Rave u. I. Wirth, Die Bauwerke und Kunstdenkmäler von Berlin. Bezirk Tiergarten, Berlin 1955, S. 216 f.

Mitte:
183. Bronzebüste Hermann v. Helmholtz, 1903

Bronze, wohl lebensgroß
Gießer unbekannt
verschollen

„... namentlich die Büste Helmholtz ..., der jetzt in Berlin sein drittes Denkmal erhalten hat ... ist ein Meisterwerk geworden." (1) Vorhergegangen waren das Marmorstandbild des Physiologen von Ernst Herter (geb. 1846) im Vorgarten der Universität von 1899 und das Bronzesitzbild von Max Klein (1847-1908) auf der Potsdamer und Viktoria-Brücke von 1898. Von der hervorgehobenen Büste, die zum Denkmal für Kaiser Friedrich III. (Nr. 182) gehörte, bestellte nach den Nachlaßunterlagen die Familie v. Helmholtz eine Bronzefassung; es ist anzunehmen, daß dabei das überarbeite Originalmodell des Siegesalleeporträts als Gußmodell diente und nun als Privatporträt mit dem Marmorbildnis von Adolf v. Hildebrand aus dem Jahre 1891 zu konkurrieren hatte.

Abb.: Nissenhaus B 2086 II, S. 22
Lit.:

(1) Kieler Zeitung 22.10.1901
(2) Alexander Heilmeyer, Adolf Hildebrand, Bielefeld und Leipzig 1902, Abb. 86

184. Standbild Wilhelm Prinz von Preußen (Berlin), 1904

Titelvariante „Jung Wilhelm"
Auftragserteilung wohl noch 1902 (1), Enthüllung 2. Mai 1904
Pentelikon-Marmor, H. ca. 2,50 m auf Plinthe von 12 cm; Postamenthöhe 1,62 cm
Bez.: „Brütt 1904"
Postamentaufschrift: „WILHELM PRINZ VON PREUSSEN / 1813 / nachmals / Kaiser Wilhelm der Große"
Ausführung: Punktierung Franz Tübbecke, eigenhändige Ausarbeitung (1)
Kosten: 20.000 Mark
Kleine Luisen-Insel im Tiergarten, Berlin
Erhaltungszustand: Flickstellen am Unterschenkel, den Beinen und am Leib von einer Restaurierung (1953), die gesamte Oberflä-

che wegen fehlender Denkmalpflege ausgewittert.

Ein Schreiben des Chefs des Zivilkabinetts Hermann v. Lucanus (gest.1908) an das Senatsmitglied der Königlichen Akademie der Künste Professor Brütt, datiert Wilhelmshöhe, den 20.8.1903, nennt als den festgesetzten Preis für das Standbild Kaiser Wilhelms I. als Jüngling 20.000 Mark. Zu diesem Zeitpunkt war das in halber Größe gehaltene Hilfsmodell nach einer Meldung vom 6.10.1902 (2) bereits fertig. Das mechanisch auf den Maßstab 1:1 gebrachte, sodann von Brütt „künstlerisch durchgearbeitete" Originalmodell besichtigte das Kaiserpaar im März 1903 im Atelierhaus Siegmundshof. Schließlich punktierte Franz Tübbecke das Werk in Marmor, das dann von Brütt vollendet wurde.

Zunächst war der 22. März 1904 als Geburtstag Wilhelms I. zur feierlichen Enthüllung vorgesehen, die dann aber auf den Gedenktag der Schlacht von Großgörschen verlegt wurde: Am 2.5.1814 waren die preußisch-russischen Verbände zuerst auf die Truppen Napoleons gestoßen.

Der als Jüngling dargestellte Kaiser hatte sich bereits vor diesem Tag bei Bar-sur-Aube ausgezeichnet (27.2.1814; vgl. Nr. 173 B) und war mit dem St. Georgen-Orden vierter Klasse (5.3.1814) und dem Eisernen Kreuz dekoriert worden. Diese (künftigen) Auszeichnungen und die Armbinde der Verbündeten über der Offiziersuniform des I. Garderegiments zu Fuß zeigt das Standbild, dessen Entstehung einer Bemerkung des Malers Adolph v. Menzel zu verdanken ist: Brütt hat in seiner Autobiographie überliefert, daß er vom Kaiser ins Schloß befohlen war: „der alte Menzel hat es getadelt, daß in der ganzen Siegesallee kein Tschako aus den Befreiungskriegen zu sehen ist, und darum habe ich beschlossen, daß Sie mir meinen Großvater als Jüngling mit Tschako in Marmor machen."(Autobiographie S. 50) So entstand ein Parallelwerk zu der im Königlichen Schloß befindlichen Plastik des jugendlichen Friedrich des Großen von Robert Toberentz (gest.1895). Zudem bildete die Darstellung jetzt inhaltlich ein Verbindungsstück zwischen den Skulpturen der Siegesallee im Tiergarten und den Reliefs der Kaiser Wilhelm-Gedächtniskirche.

Parallel zur Jünglingsfigur des Prinzen Wilhelm I. schuf Bildhauer Gerhard Janensch auch aus Pentelikon-Marmor im Auftrage des Kaisers – was trotz der Wahl des Enthüllungstages den Wert des einzigen Tschakos der Befreiungskriege minderte – das Standbild „Kurprinz Friedrich Wilhelm", das am 1.6.1904 enthüllt wurde.

Ausstellungen: Kiel 1904 Kat. 24 (wohl das Hilfsmodell)

Abb.: Nissenhaus B 2086 II, S. 19 (Modell) u. S. 17 (Marmorausführung am Standort)

Lit.:

(1) Werkstatt der Kunst 2, 1902, S. 809

(2) Steckner (1978), S. 21

185. Statuette des jugendlichen Kaiser Wilhelm I., 1904

Bronze, H 25 cm

Bez.: „Brütt fecit"

Ausführung: Guß „Aktiengesellschaft Gladenbeck, Berlin"

Nissenhaus B 2094; Privatbesitz Ernst Freiherr v. Mirbach (nicht mehr nachgewiesen)(1); Privatbesitz Kaiser Wilhelm II., Silber, nicht mehr nachgewiesen

Die bei der erhaltenen, verwitterten Marmorfigur (Nr. 184) nur noch in Grundzügen spürbare lebendige Leichtigkeit der unpathetischen Konzeption ist in der Statuette noch unmittelbar spürbar. Diese von Brütt modellierte Statuette ist das Beste der gesamten Siegesallee. Die Verkleinerung ist neu durchgearbeitet mit unmerklichen Veränderungen an Beinstellung und Körperhaltung. Der Detailreichtum der Marmorfassung ist erhalten, doch gelegentlich verändert. So ist die Zierquaste des nach Bar-sur-Aube verliehenen Ehren-Säbels nicht mehr über den Arm gelegt.

Die kleine Fassung ist wahrscheinlich ursprünglich eine Auftragsarbeit von Kaiser Wilhelm II., der bei Brütt die kleine Version für seine Privatjacht in Silber bestellt hatte.

Archivalien: Frh. v. Mirbach bedankt sich am 13.10.1905 bei Brütt in Weimar für die „entzückende Statuette", Nachlaß Brütt, Nissenhaus

Ausstellungen: Weimar 1907; Husum 1978

Abb.: (2)

Lit.:

(2) Steckner (1978), S. 21

186. Porträtbüste Carl Humann (Pergamon-Museum, Berlin), 1901

Marmor, H 64 cm
Bez: "CARL HUMANN", signiert: „A. BRÜTT 1901"
Ausführung: Punktierung Franz Tübbecke, Vollendung Adolf Brütt
Architekt: Fritz Wolff (erstes Pergamonmuseum); Alfred Messel und Ludwig Hoffmann (zweites Pergamonmuseum)
Pergamonmuseum, Berlin

Auf einem Muschelkalkpfeiler in einer Nische aufgestellt, erreicht das Bildnis Humann eine Höhe von ca. 185 m. Bei heute leicht gelblichem Klang der Marmoroberfläche zeigt das Porträt Humann im Gesellschaftsanzug mit insgesamt sehr differenziert behandelter, teilweise geraspelter, teilweise polierter Oberfläche.

Die Büste Humanns entstand zur Eröffnung des Pergamon-Museums in Berlin gleichzeitig mit der Vollendung der Siegesallee: „Nun meine Herren," hatte sich der Kaiser in seiner Festansprache vom 18.12. 1901 an die Bildhauer der Berliner Siegesallee gewandt, „am heutigen Tage ist auch zu gleicher Zeit in Berlin das Pergamonmuseum eröffnet worden. Auch das betrachte ich als einen sehr wichtigen Abschnitt unserer Kunstgeschichte und als ein gutes Omen und ein glückliches Zusammentreffen. Was in diesem Raum dem staunenden Beobachter dargeboten wird, das ist eine solche Fülle von Schönheit, wie man sie sich gar nicht herrlicher vereint vorstellen kann." Zur Eröffnung des Museums hatte Brütt die Marmorbüste von Carl Humann, dem Entdecker und Retter der Gigantenkampfes, geschaffen, die dem Altarraum gegenüber Aufstellung fand; heute befindet sich die Hermenbüste im Treppenhaus des linken Gebäudeflügels des Pergamonmuseums.

Die zahlreichen Kommentare zur vieldiskutierten Kunstrede Kaiser Wilhelms II. anläßlich der Vollendung der Siegesallee in Berlin haben nirgendwo auf den in der Rede angedeuteten inneren und bewußt durch das Datum gesetzten Zusammenhang mit der Eröffnung des Pergamonmuseums hingewiesen. Allein in den Kommentaren zur Museumseröffnung deutet sich im Vergleich der von Brütt geschaffenen Büste mit der Skulptur des Sieges-Altares an, daß bewußt die moderne Kulturleistung der Sieges-Allee dem antiken Werk entgegengesetzt war: „Wenn Brütt's Arbeit auch nur eine Büste ist, sie genügt, um durch einen Vergleich mit einem Gewandzipfel vom Pergamenischen Gigantenfries das wahre Verhältnis der Berliner Bildhauerschule, zu deren relativ besten Vertretern, wie gesagt, Brütt noch gehört, zur Antike ad oculos zu demonstriren; wie ihre Zusammenstellung mit einer Büste Donatello's genügen würde, um darzuthun, daß die Berliner Bildhauerschule einen Vergleich mit den Meistern der Renaissance ernstlich nicht aushält. Zwei deutsche Männer soll's geben, die das weit eher thun, sie heißen: Klinger und Hildebrand. Beide schaffen als echte Künstler, dem eigenen Schaffensdrange folgend, wie Gott es ihnen eingiebt und kein Auftrag, unbekümmert um den Geschmack der Menge und um Konnexion" (Zeitungsausschnitt, Nachlaß Brütt). Da ist gleich zweierlei schief. Erstens sind sowohl der antike Altar als auch die Siegesallee zunächst architektonische Werke. Zweitens hat sich, seitdem das Friedenswerk der Ausgrabung und Rekonstruktion begonnen wurde

(vgl. Nr. 93) das Verhältnis zur Antike durch archäologische Funde mehrfach verändert, und damit auch das Verhältnis zu den anderen Epochen. Das hatte gerade 1901 der Archäologe Kekulé von Stradonitz in seiner Berliner Rektoratsrede herausgearbeitet.

Sicher ist, daß Brütt als der qualitätvollste Bildhauer der Berliner Schule berufen war, das Porträt Humanns zu schaffen. Wenn man berücksichtigt, daß Brütt mit Hans Olde zur den Hauptvertretern des deutschen Neoimpressionismus zu zählen ist, so wird man aufgrund der damit gegebenen elementaren Bedeutung des natürlichen Lichtes „en plein air" an die Bemerkung des Architekten Walter Gropius erinnern müssen: „Ich erinnere mich des lebhaften Eindrucks, den ich einmal im Pergamon-Museum in Berlin hatte. Immer war mir das Licht, das durch Oberlichter auf die Tempelwände fiel, zu diffus und eintönig erschienen. Aber eines Abends kam ich dazu, wie dort ein Photograph mit einem starken Scheinwerfer operierte. Ich war begeistert von der starken Wirkung dieser direkten Beleuchtung, die erst die Reliefs zum Leben brachte und mich ganz neue, mir bis dahin unbekannte Schönheit dieser Skulpturen entdecken ließ."(6)

Das Humann-Porträt zeigt ähnlich wie die Siegesallee-Werke von Brütt das für seine damaligen Werke charakteristische Zusammenspiel von plastischer Massenkomposition und einer nur im Licht lebendig reflektierenden Oberflächendetaillierung. Ein Nachteil war dabei sicherlich für Brütt, nur Photographien als Porträtvorlagen zu haben, doch die Büste hält sich heute viel besser, als es der Kommentar von 1901 glauben macht. Der Skulptur fehlt das Pathetische der Werke Klingers, und sie strahlt dabei mehr Leben aus als manche Werke Hildebrands, die sich dafür besser photographisch reproduzieren lassen; bei Brütt wirkt eher das Original in seiner Größenwirkung und in seiner bis in Detail kalkulierten Oberflächenbehandlung.

Abb.: Nissenhaus B 2086 I, S. 49; (2) (3)

Lit.:

(1) Kunst-Halle 7, 1901, S. 10
(2) Chronik der Königlichen Akademie der Künste zu Berlin 1901-1902 (1902), S. 41 f.
(3) Ausstellungskatalog „Pergamon-Ausstellung", Ingelheim 1972 (Abb.)
(4) Steckner, Sparsamkeit (1981) S. 49 f.
(5) Reinhard Lullies u. Wolfgang Schiering, Archäologenbildnisse, Mainz 1988, S. 69 f.
(6) Walter Gropius, Architektur. Wege zu einer optischen Kultur, Frankfurt & Hamburg 1956, S. 38

Denkmalkonkurrenzen um 1900 (ohne Schleswig-Holstein)

Bei seinen Lebzeiten hatte Kaiser Wilhelm I. selbständige Monumente seiner Person untersagt, um 1890 aber setzte die Flut der Denkmalstiftungen ein, was das Aufblühen einer noch mit kunsttechnischen Schwierigkeiten kämpfenden Industrie zur Folge hatte (1). So wurden die Beschlüsse der Laiengremien einer staatlichen Qualitätskontrolle unterworfen, die einerseits die Kunsttechnik, andererseits die historische Treue der Darstellung prüfte. Auch pendelte sich hinsichtlich der Auftragsvergabe das Verhältnis von Künster und Stiftungskomission erst allmählich ein (1): So stand der Künstler zwischen den Wünschen der Stiftungsgremien als Auftraggeber einerseits (vgl. Nr. 190) und den Bürokraten des Innenministeriums als Genehmigungsbehörde andererseits. Die Glosse von Cornelius Gurlitt über öffentliche Denkmäler in der „Gegenwart" 1893 schilderte die tatsächlichen Verhältnisse: „Ich habe mir erzählen lassen, irgendwo in einem Schuppen stehe eine große Bronzestatue des Prinzen Friedrich Karl, die von einem Komitee von Kanzleiräten und Landwehrleutnants für Steglitz bestellt worden war. Dort steht noch ein Bretterzaun, hinter dem das Postament versteckt sein soll – gesehen habe ich es nicht. Schon waren die Jungfrauen von Steglitz und ihre weißen Kleider frisch gewaschen, als Befehl von oben kam, die öffentlichen Behörden dürften sich an der Enthüllung nicht beteiligen, da der Prinz zu Pferde dargestellt sei, und in Preußen nur Könige auf Bronzepferden reiten dürften – so erzählt man sich wenigstens."

Lit.:

(1) Steckner, Sparsamkeit (1981), S. 38f.

187. Entwurf Nationaldenkmal Bismarck für Berlin, 1897

Wohl Gipsskizze, Maße unbekannt
nicht erhalten

Nach Abschluß des ersten Wettbewerbes um die Ausführung des vor dem Reichstag zu erstellenden Denkmals waren die 13 ausgezeichneten Bildhauer zu einer zweiten, engeren Konkurrenz aufgerufen, an der zusätzlich Robert Diez, Rudolf Maison, Ludwig Manzel, Reinhold Begas und Adolf Brütt teilnehmen sollten: „Das Monument soll nicht im unmittelbaren Anschluß an die Rampe des Reichstagsgebäudes projektiert, sondern im Interesse einer den reichen, zur Verfügung stehenden Mitteln entsprechenden Gestaltung mehr abgerückt werden, doch soll das äußerste Maß von einhundert Meter, von dem westlichen Portikus des Gebäudes ab gemessen, keinesfalls überschritten werden"(3). Im Frühjahr 1897 war das Ergebnis dieser zweiten Konkurrenz in der Berliner Akademie der Künste

ausgestellt (1). Georg Malkowsky beschrieb für das lesende Publikum den Konkurrenzentwurf von Brütt: „Adolf Brütts schöne Begabung drückt sich in stimmungsvollem Maßhalten aus und in dem malerischen Sinn, der sich zwanglos der gärtnerischen und architektonischen Umgebung anpaßt. Fontainen und Gruppen von Drachen und Löwentötern vermitteln den Übergang vom Monument zu den Anlagen einerseits und zum Reichstagshause andererseits, während rechts der Krieg, durch einen kampfbereit auf einem Löwen ruhenden Jüngling dargestellt, links der Frieden, ein im Stolz ihrer Schönheit mit einem kräftigen Knaben prunkendes Weib, den Sockel flankieren. Auf diesem selbst ragt machtvoll die Gestalt des Fürsten, mit der Linken den Pallasch an die Brust drückend, in der Rechten die Urkunde der Reichsgründung haltend. Die wuchtige Gestalt Bismarcks macht die wallenden Falten eines Mantels überflüssig und Brütt ist Bildhauer genug, um ihr auch ohne diese beliebte Zuthat statuarische Geltung zu verschaffen." (2). Die Konkurrenz gewonnen hat der Entwurf von Reinhold Begas, des „Phidias von Spreeathen" (Georg Malkowsky).

Ausstellung: Kiel 1904, Nr. 8

Abb.: Nissenhaus B 2086 I, S. 23 (Modell der Gesamtanlage u. des ganzen Denkmals vor der Silhouette des Reichstages) u. S. 24 (Standbild und Sockelfiguren)

Lit.:

(1) Zentralblatt der Bauverwaltung 17, 1897, S. 473

(2) Georg Malkowsky, in: Deutsche Kunst 2, 1897/98, S. 30f.

(3) Berthold Daun, Rudolf Siemering, Bielefeld & Leipzig 1906, S. 106

Modell der Gesamtanlage des Bismarck-Denkmals vor dem Reichstag

188. Entwurf Bismarck-Denkmal für Breslau, 1899

Wohl Gipsskizze, Maße unbekannt
nicht erhalten

Zur zeitgemäßen Vervollständigung der Denkmäler im öffentlichen Raum von Breslau hatte 1899 ein Komitee verschiedene Bildhauer zur Konkurrenz aufgerufen. Rudolf Siemering lehnte jedoch die Teilnahme ab, er werde sich an keiner Konkurrenz mehr beteiligen, Fritz Schaper äußerte, er könne keine bessere Bismarck-Statue als die in Mönchengladbach schaffen. So verblieben die Bildhauer Adolf Brütt, Joseph Uphues, Fritz Schneider, Peter Breuer und Karl Hilger als Konkurrenten. Zum 15. Mai waren dann die jeweils 70 cm hohen Modelle abzuliefern (1). Brütt reichte eine Lösung ein, über die das Publikum unterrichtet wurde: „Das Modell von Brütt hat sich wohl die wenigsten Freunde erworben, ihm schadete namentlich der seltsame Gedanke, die Vereinigung von Kraft des Willens und Tiefe der Gedanken – oder was sonst damit gemeint sein möchte – im Wesen Bismarcks durch einen Löwen und eine Sphinx auszudrükken, die an den Ecken eines mit dem Standbilde zusammenhängenden Schrankenbaus ruhten."(2). Die schon damals auffällige Sphinx mag sich dadurch erklären, daß Brütt damals nach Ausweis seiner Arbeiten für v. Schleinitz (Nr. 20 u. 32) und v. Eulenburg (Nr. 33) sich in Kreisen der Bismarck-Gegner bewegte. Aus der Konkurrenz ging dann natürlich nicht der verhalten kritische Entwurf Brütts, sondern das Modell seines Freundes Peter Breuer siegreich hervor.

Lit.:
(1) Deutsche Kunst 3, 1899, S. 159
(2) Die Kunst für Alle 14, 1899, S. 318

189. Entwurf Kaiser Friedrich-Denkmal für Charlottenburg, 1900

Wohl Gipsskizze, Maße unbekannt
nicht erhalten

„Nach Klärung der Platzfrage für das Denkmal wurden für den zweiten engeren Wettbewerb Ludwig Tuaillon (Rom), Joseph Uphues, Adolf Brütt, Ludwig Manzel und Bernhard Schaede, Berlin, sowie Adolf Hildebrand (Florenz) aufgefordert, von denen der Letzgenannte die Teilnahme wegen anderer Arbeiten ablehnte. Von den in einer Schule in Charlottenburg ausgestellten Entwürfen wurde der von Uphues zur Ausführung bestimmt und vom Kaiser genehmigt." Brütts im Photo überliefertes Modell hatte das Reiterbild vor eine architektonische „Maske" gestellt, um der Plastik einen Hintergrund zu geben.

Abb.: Nissenhaus B 2086 II, S. 31
Lit.:
(1) Paul Ortwin Rave u. Irmgard Wirth, Die Bauwerke und Kunstdenkmäler von Berlin. Stadt und Bezirk Charlottenburg, Berlin 1962, S. 499
(2) Deutsche Bauzeitung 35, 1901, S. 245
(3) Berliner Architektur Welt 3, 1901, S. 397
(4) Baugewerkszeitung 37, 1905, S. 615
(5) Werner Vomm, Deutsche Reiterstandbilder, Diss. Köln 1976, Kat. 24

190. Kaiser Friedrich-Denkmal (Breslau), 1901

Enthüllt am 26. Oktober 1901
Bronze, H 4,50 m
Bez.: „Brütt 1901"
Sockelbeschriftung: „Friedrich III."
Architekt: Landesbaurat Blümmer, Architekt Bußmann
Ausführung: Guß Martin & Piltzing, Berlin; Granitarbeiten Zeidler & Wimmel, Berlin
Kosten: 120 000 Mark Denkmalerstellung für Brütt, 30 000 für die Aufstellung
nicht erhalten

Der Kaiser wohl in der Uniform des Schlesischen 8. Dragoner-Regiments mit Helm dargestellt und dekoriert durch das eiserne Kreuz und den Orden Pour le mérite (7). Die Persönlichkeit durch das Halten des Marschallstabes und die Reithaltung als „Schlachtenlenker" charakterisiert und gegen die Bewegung des Pferdes gesetzt, das bei gekrümmtem Hals unter ihm gebändigt erscheint. Mit gestischen Elementen hat Brütt seine bildnerische Absicht formuliert, und

Enthüllung des Denkmals Kaiser Friedrichs III. vor dem Museum für bildende Künste in Breslau, 1901

dennoch ist die in der Schlesischen Zeitung Breslau am 19.5.1907 formulierte Kritik nicht unberechtigt: „Und was ist aus dem Siegfried der Brüttschen Konkurrenz-Statuette geworden! ein biederer Wachtmeister der Landwehr."

Wie bereits bei der Ausführung des Standbildes Kaiser Friedrichs III. für die Siegesallee (Nr. 182) hatte es, von der Öffentlichkeit weitgehend unbemerkt, massive behördliche Eingriffe in die Ausgestaltung des Denkmals gegeben, so daß die mühevolle Durchführung der gesamten Konkurrenz teilweise hinfällig wurde. Zunächst hatte man nämlich zu engerer Konkurrenz Rudolf Maison (München), W. v. Rümann (München) sowie aus Berlin Johannes Böse, Adolf Brütt, Joseph Uphues sowie Eugen Börmel eingeladen. Nachdem die eingereichten Skizzen dem Denkmalgremium nicht genügt hatten, war man direkt auf Brütt zugegangen (1). Dann berichteten die Zeitungen 1902 über einige bis ins Deatil der Gestaltung gehende Auflagen des Innen- und des Kultusministeriums (2 u.3). Der diesbezügliche Runderlaß des Preußischen Ministers des Innern vom 17.6.1897 hatte ursprünglich eine Qualitätssteigerung der Denkmäler zum Ziel gehabt (8), war aber zur Zeit der Lex Heinze zu einem Instrument übelster Gängelei nach der als Maßstab historische Wahrheit genommenen militärischen Kleiderordnung verkommen (vgl. Nr. 304 u. 305). Mit nur wenigen Forderungen war damit auf preußischem Territorium mit Leichtigkeit aus einem Siegfried ein biederer Wachtmeister der Landwehr mit korrekter Uniform zu machen.

Um zu retten, was zu retten war, konnte Brütt für sein Bronzereiterbild als neuen Standort einen Platz vor der Freitreppe des Schlesischen Museums für bildende Künste durchsetzen, einen architektonischen Hintergrund (von Brütt „Maske" genannt), der die immer auf zu dünnen Beinen schwebende Bronzemasse von Roß und Reiter optisch abfangen konnte: „Dieser Platz bietet dem Künstler ein fertiges, geschlossenes Architekturbild, massige Dimensionen und in der Säulenvorhalle des Museums einen Hintergrund für das Denkmal, wie ihn Brütt, nach seinen eigenem Ausspruch, in Breslau nicht besser finden konnte." (1, S. 380).

Abb.: Nissenhaus B 2086 I, S. 45 (Modell) u. S. 46 (Enthüllungsfeier und enthülltes Bronzereiterbild); (5)

Lit.:

(1) Die Kunst für Alle 15, 1900/01, S. 355
(2) Die Kunst für Alle 16, 1901/02, S. 118
(3) Werkstatt der Kunst 1, 1902, S. 359 f.
(4) Die Kunst-Halle 1902, Nr. 12, S. 187
(5) W. Nickel, Die öffentlichen Denkmäler und Brunnen Breslaus, Breslau 1938, S. 97 f.
(6) Werner Vomm, Deutsche Reiterstandbilder, Diss. Könl 1976, Kat. 42
(7) Georg Wolfram v. Ebertz, Kaiser Friedrich und das 11. Regiment, Breslau 1901
(8) Steckner, Sparsamkeit (1981), S. 40

Rechts:

191. Entwurf August Kekulé-Denkmal für Bonn, 1902

Gipsskizze, Maße unbekannt
nicht erhalten

Zu 1902 hatte die Deutsche Chemische Gesellschaft ein Kekulé-Denkmal für Bonn ausgeschrieben. Der erste Preis und die Ausführung fielen H. Everding zu. Sämtliche eingegangenen Entwürfe des engeren Wettbewerbes (Breuer, Magnussen, Küppers, Brütt und Everding) wurden dann 1902 im Obernier-Museum gezeigt (Diez und Hildebrand hatten die Teilnahme abgesagt)(1).

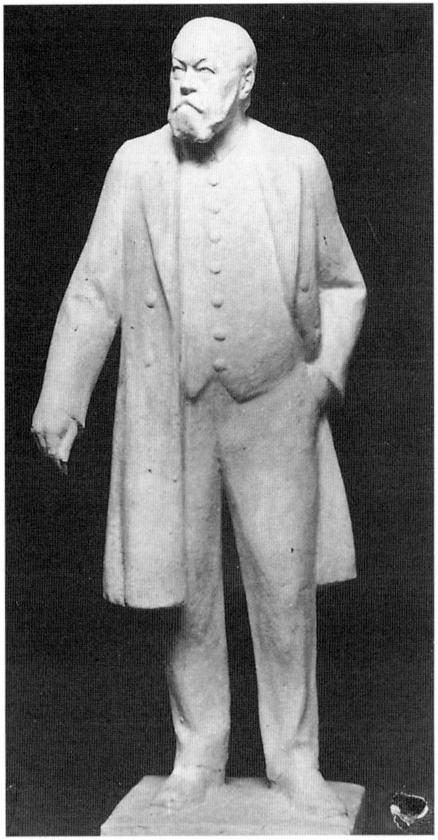

Entwurf des Denkmals für August Kekulé (Nr. 191)

Brütts Entwurf stellte den Gelehrten leicht über das linke Standbein vorgeneigt in verhaltener Bewegung dar, den rechten Arm korrenspondierend zur entschlossenen Miene leicht vorgestreckt, die linke Hand in der Hosentasche.

Archivalien: Archiv der Stadt Bonn, Registratur P 30/51n

Ausstellung: Obernier-Museum, Bonn 1902

Abb.: Nissenhaus B 2086 II, S. 59

Lit.:

(1) Kunst-Halle 5, 1901, S. 256

Kunst und Denkmalstiftungen in Schleswig-Holstein

Wie Brütt in seiner Autobiographie S. 19 zeigt, war das Verhältnis der Provinz zum Reich etwas zwiespältig. Schleswig-Holstein ist auf auf Betreiben des gelehrten liberalen Politikers Albert Hänel (Nr. 323) die erste preußische Provinz gewesen, die ihre Eigenständigkeit durch eine Landesausstellung 1896, im Jahre der Enthüllung ihres Provinzialdenkmals, dokumentierte. Diese von den Politikern der Deutschen Freisinnigen Partei um Hänel und Ahlmann (Nr. 295) betriebene sezessionistische Sonderstellung Schleswig-Holsteins läßt sich auch durch gesondertes landsmannschaftliches Auftreten bei den großen Kunstausstellungen nachweisen. Das gleiche Modell der künstlerischen Selbstverwirklichung war auch Grundlage der von Hans Olde geleiteten Weimarer Kunstschule, an der auch Brütt seinen Anteil hatte.

Die Mittel für die Philosophenfiguren des Neubaus der Universität Kiel (Nr. 43 u. 45) waren noch durch die Preußische „Landeskommission zur Begutachtung der Verwendung des Kunstfonds“ bereitgestellt worden. Seit 1892 gab es jedoch eine eigene „Provinzial-Kommission zur Förderung wissenschaftlicher, künstlerischer oder kunstgewerblicher Bestrebungen in der Provinz“, gegründet auf Antrag des Kieler Oberbürgermeisters Paul Fuß mit dem Ziel „die in der Provinz vorhandenen, für wissenschaftliche und künstlerische Interessen zugänglichen Kräfte zu einer möglichst auch provinziellen Zwecken dienenden Thätigkeit anzuregen.“ In der Folge unterstützte man nicht nur Werke der Kunst im öffentlichen Raum, sondern auch landesgeschichtliche Arbeiten wie Projekte der Denkmalpflege. Graf Reventlou (Nr. 234) war seit 1897 neben Rochus v. Liliencron (Nr. 233) führender Kopf der Komission. Als dann z.B. 1902 die Preußische Landeskunstkommission in Berlin für die Provinz Schleswig-Holstein die Mittel zu einem „Brunnen von überwiegend plastischem Charakter“ (Nr. 207) vergab, dürften die latenten Spannungen zwischen Provinz und preußischer Residenz ein Grund für die sich über ein Jahrzehnt hinziehende Ausführung gewesen sein.

1894 war Brütt Gründungsmitglied der Schleswig-Holsteinischen Kunstgenossenschaft, mit dem ersten Vorsitzenden Fritz Stoltenberg gut bekannt (vgl. Nr. 15). Die Genossenschaft zählte 100 Mitglieder, die Hälfte davon war als Ortsgruppe der Allgemeinen Deutschen Kunstgenossenschaft organisiert, als Berufsverband also. Daneben hatte die Vereinigung höhere Ziele, die man am besten mit der Herausbildung einer eigenständigen Kunstrichtung umschreiben kann. Seit der Vereinsgründung nahm Brütt an deren Ausstellungen teil und stiftete zur Gründungsausstellung die nicht mehr nachzuweisende Verkleinerung seiner „Eva“ (Nr. 119 a). Wanderausstellungen entstanden 1897-1898, 1899-1900 und 1904. Unter dem Namen „Gruppe Schleswig-Holstein“ stellten die Mitglieder 1902, 1904 und 1906 in Düsseldorf aus, 1902 und 1903 im Glaspalast in München, 1904 in auf der Weltausstellung in St. Louis, um die Eigenständigkeit ihrer Malerei zu betonen. Lilli Martius hat in ihrer Schrift „125 Jahre Schleswig- Holsteinischer Kunstverein“ 1968 auf diese Vereinigung aufmerksam gemacht und den ersten Aufruf von 1894 zum korporativen Zusammenschluß mitgeteilt, in dem darauf hingewiesen ist, daß in Deutschland die Künstler aus den großen Mittelpunkten in ihre engere Heimat strebten.

Die umfassendste Darstellung der in diesem Rahmen geschaffenen Kunst bot die Kieler Landeskunstausstellung im Rahmen

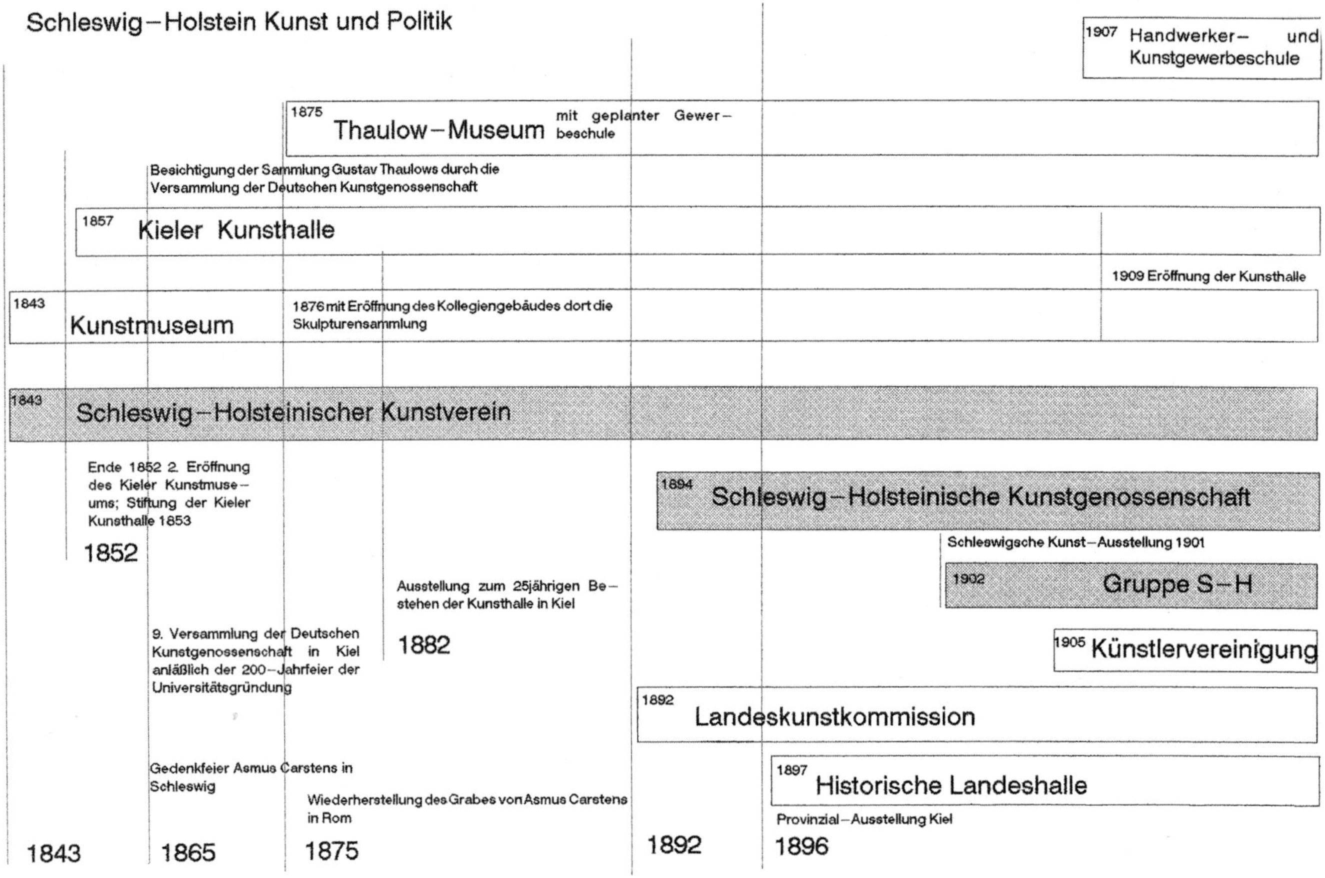

der großen Provinzialausstellung von 1896, auf der hundert Künstler unter der Leitung von Albert Hänel mit 300 Werken der Malerei und Bildhauerei vertreten waren, neben Olde und Brütt, der die Zinkguß- Statuette der zweijährigen Tochter Grisebach zeigte (Nr. 214), präsentierte Ernst Barlach (Altona/Paris) eine Grabplatte mit einem „ergreifenden Auferstehungsgedanken" (1). Es war „die erste Ausstellung in Deutschland, bei welcher der landsmannschaftliche Verband ausschließlich die Grundlage und das Prinzip bildete." (2)

Noch konzentrierter war die folgende „Schleswigsche Kunstausstellung" 1901, die im ganzen Reich Beachtung fand: „Zum ersten Mal werde versucht eine Heimatkunst dadurch zu statuieren, daß man die Künstler in der geographischen, geistigen und künstlerischen Heimat selbst sammele. Es handele sich hier um keine Sezession ... sondern um eine Kontraktion bereits in sich gefestigter künstlerischer Kräfte." Hier zeigte sich tatsächlich eine künstlerische Gruppierung – ähnlich der „Gruppe Schleswig-Holstein" – in 233 Exponaten u.a. von Ludwig Dettmann, Hans Christiansen, Momme Nissen, Hans Olde und Brütt, der das Doppelporträt seiner Söhne (Nr. 50) zeigte. Das Fundament war die Beherrschung der Kunstmittel, das Ideal suchte man im Charakteristischen des seelischen und sinnlichen Ausdrucks.

Das Stichwort „Heimatkunst" macht heute bedenklich – indes war damit das in den Künstlerkolonien geübte Studium der regionalen Eigenarten gemeint, das spezifische Licht etwa, das gerade Hans Olde studierte. Alfred Lichtwark, der die Gründung der Schleswig-Holsteinischen Kunstgenossenschaft in ihren Anfängen begleitet hatte, wirkte in Hamburg nach dem gleichen, die vorhandenen Kräfte konzentrierenden „regionalen Prinzip". Die sich um die Jahrhundertwende herausbildende Kunstszene Schleswig-Holsteins wurde zur Voraussetzung der 1902 begonnen Neugestaltung der Weimarer Kunstschulen, deren Lehrkörper sich unter der Leitung von Hans Olde überwiegend aus schleswig-holsteinischen Künstlern zusammensetzte. Auch die Architektur fand bald nach der Jahrhundertwende eine eigene schleswig-holsteinische Sprache (3).

Eine Übersicht über das plastische Werk Brütts gab im Jahre 1904 das Kieler Thaulow-Museum (4) mit 24 öffentlichen und freien Werken unter besonderer Berücksichtigung von Schleswig-Holstein. Ausgestellt waren Modelle zum Wrangel-Denkmal (Nr. 197), zur Husumer „Friesin" (Nr. 205) sowie eine Porträtskizze „Exellenz von Esmarch" (Nr. 209). Die „Männliche Porträtbüste" des Exponatenverzeichnisses war das Bildnis Christian Langes (Nr. 244). Ausgestellt war aber auch der erste Entwurf für den geplanten Kieler „Neumarkt-Brunnen" (Nr. 207).

Lit.:
(1) Ausstellung der Provinz Schleswig-Holstein verbunden mit Sonder-Ausstellungen und einer internationalen Schiffahrts-Ausstellung Kiel 1896, hrsg. v. L. Boysen, Kiel 1897 (über die Kunstausstellung S. 216-241)
(2) W. Jellinek, Albert Hänel und Schleswig-Holstein, in: ZSHG 49, 1919, S. 344-355
(3) Hans-Günther Andresen, Bauen in Backstein. Schleswig-Holsteinische Heimatschutz-Architektur zwischen Tradition und Reform, Kiel 1989
(4) Ausstellungen von Werken Adolf Brütt's, Thaulow-Museum Kiel, 1904 (Text von Gustav Brandt)

Umschlag des Katalogs zur Brütt-Ausstellung in Kiel 1904 (Nissenhaus)

192. Konkurrenzentwurf zu einem Standbild Kaiser Wilhelms I. für Kiel, 1891/1892 (Abb. S. 200)

Gipsskizze, Maße unbekannt
nicht erhalten

„Der Entwurf ... stellt Kaiser Wilhelm I. im 70. Lebensjahre in der Uniform des 1. Garderegiments zu Fuß dar. Am Sockel und Unterbau finden sich Erinnerungszeichen der geschichtlichen Entwicklung Schleswig-Holsteins, die in der Gründung des Deutschen Reiches durch Kaiser Wilhelm gipfelt, am Sockelschaft rückwärts: das Bildnis Lornsens (1830), rechts vom Beschauer: Bildnisse des Grafen Reventlou und Beselers (1848-50), links: Bildnisse Kaiser Friedrichs III. und Herzog Friedrich VIII. von Schleswig-Holstein (1864-66), vorne: Inschrift – Am Unterbau sieht man vorne den Wappenhalter der Herzogtümer Schleswig-Holstein, als Volkskraft gedacht, rechts einen die Geschichte Schleswig-Holsteins erzählenden Greis, links eine sitzende Viktoria, an die entscheidenden Siege von 1870-71 mahnend, und rückwärts eine Darstellung der Marine sowie die Daten der Grundsteinlegung des Kanals." So liest sich die wohl nach einer Vorlage von Brütt veröffentlichte Beschreibung des Konkurrenzmodells (1), das zusammen mit den Arbeiten von Heinrich Möller, P. Otto und Paul Peterich in einer im Kieler Schloßgarten errichteten provisorischen Halle von Januar bis März 1892 ausgestellt war. Zusätzlich war als Variante von Brütt ein Reiterbild des Kaisers ausgestellt, von dem sich keine Beschreibungen auffinden ließen.

An dieses Modell von 1891/1892 knüpfte aber die weitere Entwicklung der plastischen Form in Diskussion mit der Denkmalkommission unter Vorsitz des später von Brütt porträtierten Graf Reventlou-Preetz an (Nr. 234), der über den Fortgang an den Oberpräsidenten v. Steinmann berichtete, der wiederum mit dem Preußischen Ministerium des Innern in Verbindung stand, das die Errichtung von Denkmälern nach den für die „Standbilder fürstlicher Personen" geltenenden Richtlinien überwachte. Im Sommer 1893 wurde berichtet: „Der Ausschuß hat keinen der dargestellten Entwürfe zur Ausführung bestimmt, sondern Herrn Brütt aufgefordert, seine Skizzen, und zwar sowohl das

Standbild wie die Reiterstatue, nochmal durchzuarbeiten und neue Entwürfe einzusenden. Darnach will der Ausschuß entscheiden, ob das Denkmal als Standbild oder als Reiterstatue auszuführen und ob Herrn Brütt die Ausführung zu übertragen ist. Herr Brütt will seine Entwürfe bis zu kommenden Herbst fertig stellen. Auch Herr Peterich wird eine Umarbeitung seines Entwurfs vornehmen und wieder mit ausstellen" (1). Bei dieser Gelegenheit legte Brütt den Entwurf zum Standbild nur „wenig verändert" wieder vor (1, S. 267).

Im Detail der Ausführung klingt von Anfang an die Rückbesinnung auf die Befreiungskriege und die Erhebungszeit an, das latent vorhandene Spannungsverhältnis zu Preußen wird verdeckt, während gleichzeitig der Reichsgedanke in den Vordergrund tritt und die innere Selbständigkeit der Provinz Schleswig-Holstein.

Abb.: Nissenhaus B 2086 I, S. 26

Lit.:

(1) H. Dannmeier, Die Entwürfe zu dem Landesdenkmal Kaiser Wilhelm I. für Schleswig-Holstein, in: Die Heimat 3, 1893, S. 145-152

193. Reiterbild Kaiser Wilhelm I für Kiel, 1893

Gipsskizze, Maße unbekannt
nicht erhalten

Im Herbst 1893 legte Brütt in Kiel den Entwurf für ein Reiterbild des Kaisers vor, von dem anzunehmen ist, daß er die bereits 1892 präsentierte Skizze (vgl. Nr. 192) weiterentwickelte. Brütt erläuterte selbst: „Der schlichten Größe des hochseligen Kaisers entsprechend, darf ein Denkmal, welches dem Einiger des Deutschen Reiches gewidmet ist, nicht prunken mit überflüssigen Dekorationen; jedoch um das Monument als ein Schleswig-Holsteinisches Landesdenkmal zu charakterisieren und die Entwicklung der Geschichte des Landes zu versinnbildlichen, sind die Namen derjenigen Männer, welche hauptsächlich ihre ganze Energie und Kraft der Befreiung der Herzogtümer vom Dänischen Joche widmeten, eingegraben auf einer Platte, welche von zwei allegorischen Figuren, Schleswig und Holstein, gehalten wird. Schleswig, welches hauptsächlich der Schauplatz der Erhebung und des blutigen Kampfes war, schmückt die Denktafel mit dem Lorbeer. Holstein hält das Schwert zum Zeichen, daß die Provinzen Teil hatten an dem Kampfe, der die Einigung Deutschlands vollendete. Links vom Beschauer, an der Langseite des Sockels ist die letzte That Kaiser Wilhelms für die Provinzen, die Grundsteinlegung des Nord-Ostsee-Kanals, als Reliefbild angebracht und unter diesem die hervorragenden Denktage von 1870-71. Rechts vom Beschauer befindet sich der ruhmvolle Vorgang von Eckernförde am 5. April 1849 und unter diesem Relief sind die Denktage der Schleswig-Holsteinischen Erhebung einzugraben. Auf der Rückseite des Sockels ist durch Embleme auf die Deutsche Marine hingewiesen."(1)

Bisher war die Provinz in die Peterichianer und die Brüttianer geschieden, wie es in den Presseberichten über den Wettbewerb hieß (das Stadtarchiv Kiel bewahrt eine Unterschriftensammlung zugunsten Peterichs). Jetzt erhielt jedoch Brütt durch den Ausschuß am 19. September 1893 den Auftrag zur Ausführung des Reiterbildes zugesprochen, aber nicht ohne eine Änderungskommission zugeordnet zu bekommen, die aus dem Graf Reventlou-Preetz, Graf Reventlow-Wittenberg, Oberbürgermeister Fuß, Justizrat Hänel und Kommerzienrat Sartori bestand. Es war Brütts erster Auftrag für ein bronzenes Monumentaldenkmal.

Abb.: (1)

Lit.:

(1) H. Dannmeier, Die neuen Entwürfe zu dem Landesdenkmal Kaiser Wilhelm I. für Schleswig-Holstein, in: Die Heimat 3, 1893, S. 265-268

194. Provinzial-Denkmal Kaiser Wilhelm I. (Kiel), 1896

Enthüllt am 25.11.1896
Bronze, ca. 3 m
Bez.: „Brütt fec. 1896"
Sockelaufschrift: „Wilhelm dem Ersten das Befreite Schleswig-Holstein / errichtet im Jahre 1896"
Architekt: unbekannt
Ausführung: „Guss v. Gladenbecks Bronce-Giesserei Inh. Walter u. Paul Gladenbeck-Friedrichshagen"
Kosten: Die Sammlungserträge in Kiel (77.390 Mark) und in der Provinz (43.497 Mark) von zusammen 120.887 Mark wurden durch die Provinzialverwaltung (125.000 Mark) auf 245.887 Mark aufgestockt
Kiel, Schloßgarten (ohne die Sockelfiguren)

Die endgültige Fassung des Denkmals der Provinz Schleswig-Holstein ist ein Reiterbild des Kaisers mit ruhig stehendem Pferde, den Blick auf Hafen und Werft gelenkt.

Die Zeit der Befreiungskriege, die erste Bewährung bei Bar-sur-Aube 1814 (vgl. Nr. 173 B), klingt mit dem Eisernen Kreuz an der Brust des Kaisers an, auch ist der Orden pour le mérite gezeigt. „Das Pferd von kräftiger Rasse ist in voller Ruhe dargestellt. Die Gestalt des Monarchen zeigt in jeder Linie Porträtähnlickeit und schildert ihn im Alter der siebziger Jahre, als er ruhmgekrönt aus dem großen Kriege heimkehrte. Der Kaiser trägt den einfachen Rock der Interimsuniform, sein Helm ist mit einem Eichenkranz geschmückt, seine Hände halten die Zügel des Pferdes, und sein milder Blick ist in die Ferne gerichtet."(2) Die beiden Breitseiten des roten Granitsockels tragen zwei sorgfältig detaillierte Reliefs (jeweils 105 x 225 cm), bez. „Brütt 96 Gladenbecks Bronce-Gießerei Inh. Walter u. Paul Gladenbeck Friedrichshagen". Das wie in weiches Wachs skizzierte Relief links zeigt die Grundsteinlegung des Nord-Ostsee-Kanals, rechts die Ereignisse von Eckernförde.

Erhalten sind zum Relief der Grundsteinlegung bezeichnete Bleistift-Skizzen der Hände der bei der Grundsteinlegung beteiligten Persönlichkeiten (Nissenhaus B 2085, 45 x 30 cm, s. Abb. S. 74), die zeigen, daß Brütt in der Gestalt der Hände ein gewichtiges Charakterisierungselement sah.

Aus den Marine-Emblemen des Entwurfs von 1893 wurde eine nackte männliche Sitzfigur auf Taurolle und Anker, links eine die Nacktheit verhüllende See-Flagge, rechts ein Schwert haltend.

Aus den Frauengestalten wichen die symbolischen Anspielungen auf die Erhebung von 1848, die vor allem in dem ersten Entwurf vorhanden gewesen waren; auch waren sie jetzt nicht beide als Sitzfiguren dargeboten: die sitzende „Holsatia" wurde durch Attribute der Landwirtschaft, die stehende „Sleswica" in bronzezeitlicher Tracht durch Attribute der Fischerei charakterisiert, beide durch Haltung und Bewegungskristallisation zur Gruppe gebunden und diese in einem wesentlich weicheren Umriß als die rückseitige „Marine" gefaßt.

Die Sockelgruppen dienten der Silhouettenbildung der Seitenansicht des Gesamtmonuments, das in der Frontalansicht durch die lebendigen Kontraste von flächig glänzendem rotem Stein und grünem belebten patiniertem Metall vor der farbigen Architektur des Universität-Hauptgebäudes von Martin Gropius stand. Zudem umgab man bei der anschließenden Umgestaltung des Schloßgartens wohl nach einem Ent-

Erstes und zweites Modell sowie Bronzeausführung der weiblichen Sockelfiguren vom Denkmal Kaiser Wilhelms I. in Kiel (Nr. 194)

wurf von Brütt den Sockel mit einer flachen Treppe nach dem Grundriß des Eisernen Kreuzes, so daß dem Passanten beim Heranschreiten nur bestimmte Ansichtswinkel zugänglich wurden (vgl. 9).

Während das von dem Entwurf von Brütt zumindest in den Sockelfiguren der „Slesvica" und „Holsatia" abhängige Altonaer Denkmal von Gustav Eberlein aus den Jahren 1896-1898 vollständig mit allen Sockelgruppen in der alten Aufstellung erhalten ist, erscheint das Kieler Reiterdenkmal, seines Hintergrundes und der in Bewegung, Massen und Silhouettenführung auf die aufstrebende Gesamtform komponierten Sockelfiguren beraubt, heute nur noch als Rudiment. Im Vergleich mit dem Mannheimer Kaiser Wilhelm I.-Denkmal von Gustav Eberlein ist die Plastizität dieses sich in den Rahmen vorgegebener Muster fügenden Werkes von Brütt bereits in seinem Nekrolog herausgearbeitet worden (4). Hinzuzufügen wäre, daß auch in dem schlichten, sich von Eberleins barocken Sockelformen absetzenden Kieler Sockel die Handschrift von Brütt zu spüren ist – zumal kein Architektenname in Zusammenhang mit der Denkmalausführung genannt ist.

Den Ersten Weltkrieg überdauerte das Denkmal unbeschadet (6). Doch selbst das Urteil von Hinrich Ewald Hoff, der das Denkmal 1925 „jedenfalls zu den bedeutendsten Werken der bildenden Kunst in Deutschland" rechnete, bewahrte das Provinzialdenkmal nicht vor dem Einschmelzen im Zweiten Weltkrieg. Der Kieler Bildhauer Walter Rössler hat zwar die Gußform der Sockelfiguren durch Gipsmodelle über die Kriegs- und Nachkriegszeit zu retten versucht, aber andere sahen wohl nur den Gips, nicht die Form, so daß das „wertlose" Material zerstört wurde; so bewirkt heute die ungeminderte Spannung von Sockelkubus und Pferderumpf eine zu durchsichtige Beinstellung der Reiterfigur. Ohnehin fehlt als Hintergrund das Kollegiengebäude der Universität mit seinen Philosophenfiguren.

Archivalien: LAS, Abt. 301, 1140; Stadtarchiv Kiel Nr. 10, 16, 54, 56, 57, 58, 198, 10035, 10036, 10060.
Auszcichnungen: Königlicher Roter-Adler-Orden IV. Klasse
Abb.: Nissenhaus B 2086 I, S. 26 (nicht ausgeführter Entwurf der beiden weiblichen Sockelfiguren), S. 27 (Modelle der beiden Reliefs), 28 (ausgeführtes Modell der beiden weiblichen Sockelfiguren), S. 29 (Bronze der männlichen Sockelfigur), S. 30 (Bronze der beiden weiblichen Sockelfiguren), S. 31 u. 32 (Feier der Denkmalenthüllung); S. 33 u. 34 (Gesamtanlage), S. 35 u. 36 (Feier der Denkmalenthüllung), S. 41 (Gesamtanlage); Die Enthüllung des Denkmales, Photo von M. Ziesler, Berlin, in: Illustrierte Zeitung Nr. 2788, S. 693 (5.12.1896)
Lit.:

(1) Kieler Zeitung , 24. und 25. November 1896
(2) Norddeutsche Allgemeine Zeitung, 24.11.1896 (Morgenausgabe)
(3) H. Krumm – F. Stoltenberg, Unsere meerumschlungene Nordmark (1915), S. 414.
(4) Lilli Martius, Nekrolog Adolf Brütt, in: Schleswig-Holsteinisches Jahrbuch 1942/1943, S. 95-98
(5) H.E. Hoff, Schleswig-Holsteinische Heimat-Geschichte (1925), S. 471
(6) Kiel als Universitätsstadt, Kiel 1921, S. 40, Abb. S. 8 u. 11
(7) Werner Vomm, Deutsche Reiterstandbilder, Diss. Köln 1976, Nr. 101
(8) Hans W. Singer, Neuer Bildniskatalog (1938), Nr. 38617
(9) Josef Stübben, Der Städtebau, Darmstadt 1890, S. 424 f.

Die beiden Reliefs vom Denkmal Kaiser Wilhelms I.:
Oben: Die Vernichtung des dänischen Kriegsschiffs „Christian VIII.“ in der Eckernförder Bucht, 1849
Unten: Die Grundsteinlegung für den Nord-Ostsee-Kanal durch Kaiser Wilhelm I. 1887. Ganz links Wilhelm II. und sein Bruder Prinz Heinrich, rechts im Vordergrund der Hofprediger Frommel, links neben diesem Brütts Lehrer Adolf Müllenhoff mit Schurzfell und Zylinder

195. Reliefs der Wettersäule für Kiel, 1897

Erwähnt im Nachlaß Brütt, nichts weiter bekannt.

Brütts Werkliste verzeichnet vier Reliefs für die Wettersäule im Kieler Schloßpark beim Provinzialdenkmal, die 1945 zerstört worden sein soll. Doch weder die Befragung der Kieler Graphikerin und Kunsthistorikerin Lilli Martius noch die Archivalien im Stadtarchiv Kiel ergaben weitere Anhaltspunkte über die Art der Arbeiten von Brütt.

Archivalien:

(1) Stadtarchiv Kiel Nr. 10784 (Wettersäule des Naturwissenschaftlichen Vereins)

(2) Stadtarchiv Kiel Nr. 10743 (Brief von A. Brütt an den Magistrat der Stadt Kiel vom 7.11.1897)

196. Porträtbüste General Carl v. Wrangel, 1894

Bronze, wohl lebensgroß

Letzter bekannter Besitzer Ada v. Liliencron; 1945 in Thüringen verlorengegangen

Die Porträtbüste zeigt den mit dem Eisernen Kreuz und dem Orden pour le mérite dekorierten General Carl v. Wrangel (1812-1899). Nach Angabe der Autobiographie Brütts entstand das Werk bei Porträtsitzungen auf dem Gut Sproitz des Dargestellten. Ein Brief des Generals im Nachlaß Brütt, Nissenhaus, vom 30.12.1894 datiert das Werk und deutet an, daß bei der Auftragserteilung sich noch der Schweriner Aufenthalt von Brütt auswirkte.

Abb.: Nissenhaus B 2086 I, S. 2

Lit.:

(1) Christian Lange, Sammlung schleswig-holsteinischer Münzen und Medaillen, Bd. 2, 1912, S. 204

197. Standbild General Carl v. Wrangel (Flensburg), 1903

Enthüllung am 27. September 1903, dem Geburtstag des Generals

Standbild und Sockelrelief, Bronze, Standbildgröße ca. 3 m, Relief 93 x 87 cm

Bez.: „A. Brütt fec. 1903“

Sockelaufschrift: „1812 General Carl von Wrangel der Trommler von Kolding 1899“

Architekt: unbekannt

Ausführung: „Guss v. H. Noack Berlin“

Flensburg, Stadtpark

Der General Carl v. Wrangel (1812-1899) im Feldmantel, dekoriert mit dem Eisernen Kreuz und dem Orden Pour le mérite. Die linke Hand stützt sich auf die gegürtete Hiebwaffe, in der Rechten ein zusammengeschobenes Fernrohr. Der Sockel von 1,70 m Höhe aus grauem Granit trägt an seiner Vorderseite ein Bronzerelief, in welchem das historische Ereignis von 23. April 1849 gezeigt ist: Wrangel entreißt bei der Verteidigung von Kolding dem verzagten Trommler das Instrument, um das Blatt des Kriegserfolges zu wenden. Zur Erinnerung an diesen Moment wurde seither der sogenannte Koldingtag gefeiert und schließlich, um dem Fest durch ein Heroenstandbild einen Mittelpunkt zu geben, durch den Hauptmann a.D. Klaeber im Juni 1901 ein Aufruf zur Stiftung eines öffentlichen Denkmals verbreitet (1).

Die Auftragerteilung erfolgte durch den später von Brütt auch porträtierten Santiätsrat Dr. Ehrhardt (Nr. 360) im März 1903 (2). Der von Brütt modellierte Erstentwurf (er entstand parallel zum Standbild des jugendlichen Kaisers Wilhelm I. für Berlin) war noch im März 1903 (und wieder bei der Brütt-Ausstellung 1904) im Kieler Thaulow-Museum ausgestellt (3); Brütt konnte an das einige Jahre zuvor modellierte Porträt (Nr. 196) anknüpfen. Zur Denkmaleinweihung erschien dann auch bei Perthes in Gotha die Biographie der Generals, die seine Tochter, Freifrau Ada v. Liliencron, verfaßt hatte. Sie war auch Besitzerin der Büste Wrangels von Brütt.

Eine Besonderheit ist noch anzufügen: Zwei Wochen nach der Fensburger Denkmalenthüllung erschien in Ahlmanns Kieler Zeitung eine Abbildung des Reliefs nach einem neuen, von Theodor Dittman entwickelten Reproduktionsverfahren.

Ausstellungen: Kiel, Thaulow-Museum 1903; ebd. 1904, Nr. 18

Abb.: Nissenhaus B 2049 I, S. 49 (Modell)

Lit.:

(1) Kunst-Halle 4, 1901, S. 287

(2) Hamburger Korrespondent, 21.3.1903

(3) Berliner Neueste Nachrichten, 22.3.1903

198. Entwurf Herzog-Friedrich-Denkmal für Kiel, 1898

Gipsskizze, Maße unbekannt

nicht erhalten

kam als Geschenk von Brütt an die Kunsthalle zu Kiel, im Zweiten Weltkrieg zerstört

Zum Jahre 1898 erfolgte in Kiel die Ausschreibung zu einem Denkmal für Herzog Friedrich von Schleswig-Holstein-Sonderburg-Augustenburg, den Vater der Deutschen Kaiserin. Ursprünglich war an eine wohltätige Stiftung zur Erinnerung gedacht worden (1), aber stattdessen wurde ein beschränkter Wettbewerb zu einem Denkmal unter den aus Schleswig-Holstein gebürtigen Bildhauern Adolf Brütt, Jeremias Christensen, Harro Magnussen und Paul Peterich ausgeschrieben (2). Die Modellskizze von Brütt, die den Herzog im Zivilrock darstellte, soll „das Porträt nicht getroffen" haben (3). Bildhauer Christensen erhielt den Auftrag im Dezember 1898 zugesprochen (4).

Ausstellungen: Schleswig-Holsteinischer Kunstverein, November 1898 (5)

Lit.:

(1) Hamburgischer Correspondent, 1.6.1897

(2) Kunst-Halle 3, 1898, 15. August 1898

(3) Kieler Zeitung, 4.12.1898

(4) Kieler Zeitung, 15.12.1898

(5) Bericht des Schleswig-Holsteinischen Kunstvereins in Kiel für das Jahr 1898, Kiel 1899, S. 8

199. Standbild Bismarck (Altona), 1897/98

Enthüllung bei Lebzeiten Bismarcks am 9. Juli 1898
Bronze, H ca. 3 m
Bez.: „Prof. A. Brütt fec. 1898“
Architekt: unbekannt
Ausführung: „Guss von W. u. P. Gladenbeck Friedrichshagen“
Kosten: Einschließlich Fundamentierung 29.575 Mark
Gartenanlagen an der Königstraße, Hamburg-Altona

Bismarck ist in leichter Schritt-Stellung im Interimsrock mit Helm modelliert; er ist so zivil als möglich in seiner Eigenschaft als Chef und General-Oberst der Kavallerie des Halberstädter Kürassier-Regiments von Seydlitz dargestellt, den Pallasch in der Hand. Als Dekorationen sind der Orden Pour le mérite und das Eiserne Kreuz beigegeben.

Das Bismarck-Standbild ist Teil einer von Bürgermeister Franz Adickes betriebenen großangelegten Stadtkernplanung für Altona durch Josef Stübben und Joseph Brix (1). Das Standbild kam auf Betreiben von Brütt im alten, heute zerstörten Stadtzentrum zu Aufstellung, nicht in der Achse des Bahnhofes zusammen mit dem großen Tritonen-Brunnen von Paul Türpe (hier war Brütt Mitglied des Denkmalkomitees) und dem Denkmal Kaiser Wilhelms I. von Gustav Eberlein vor dem neuen Rathaus: „Das Denkmal für den Fürsten Bismarck, das ursprünglich auf dem Platz an der Bahnhofstrasse aufgestellt werden, dann aber auf Wunsch des Bildhauers Prof. Brütt in der Allee der Anlagen bei der Heiliggeistkirche an der Königstrasse seinen Platz erhalten sollte, dürfte voraussichtlich auch dort nicht zur Aufstellung gelangen. In den erwähnten Anlagen wurde das dort bereits einmal zur Probe aufgestellte Holzmodell heute Vormittag auf einer anderen Stelle inmitten der Anlage hingesetzt, um die Wirkung auszuprobieren-...“(Zeitungsausschnittsammlung Brütt, Nissenhaus). Bei der endgültigen Aufstellung hat Brütt für einen geeigneten Abstand zur Straße und einen Hintergrund durch Bäume und damals noch bestehende Gebäude gesorgt. Die Bronze war durch den Kontrast der grünen Patinierung mit dem roten Sockel belebt; bei Gestaltung des

Platzpflasters war auf eine geeignete Passantenführung geachtet.

Finanziert wurde das Standbild (Kosten 29.575 M) durch eine Basisspende vom Altonaer Unterstützungsinstitut und Verschönerungsverein sowie freiwillige Spenden.

Archivalien: Staatsarchiv Hamburg, Abt. VIII, 2 f.
Abb.: Nissenhaus B 2086 I, S. 42 (Modell) u. 48 (Standbild- u. Gesamtanlage, hier beide reproduziert)
Lit.:
(1) Cornelius Steckner, Denkmalsetzung und Baugesetz. Franz Adickes, Joseph Stübben und Altona, in: Nordelbingen 50, 1981, S. 19-37

Modell der Bismarck-Statue

200. Bismarck-Statue, Nationaldenkmal Knivsberg, 1899/1901

Einweihung 4. August 1901
Kupfertreibarbeit, H 6,5 m
unbezeichnet
Architekt: Friedrich Möller
Ausführung: unbekannte Kupfertreibarbeit (die gleiche Ausführungsfirma wie die des Kieler Steuermannes Nr. 148?)
heute Aschberg (Hüttener Berge)

Zum 1. Mai 1897 war durch die Knivsberg-Gesellschaft für den Knivsberg bei Apenrade ein Bismarck-Turm ausgeschrieben worden. Die als Preiskomitee zusammengetretenen Architekten Ende, Otzen und Schwechten wählten unter den 64 eingereichten Entwürfen den Vorschlag des Architekten Friedrich Möller (1864-1904) aus, eines Brütt-Freundes und Mitgliedes des Schleswig-Holsteiner-Abends in Berlin seit 1898 (10), der Brütt bei der Ausführung mit heranzog, vielleicht anstelle von Harro Magnussen (vgl. unten).

Die Grundsteinlegung zum 45 m hohen Turm auf dem 97 m hohen Knivsberg erfolgte am 4. August 1896. Der Unterbau enthielt eine Gedächtnishalle. Das hoch angebrachte, in Kupfer getriebene Standbild von Brütt war auf die Gjenner-Bucht ausgelegt und den Sportplatz für die dort seit 1896 abgehaltenen Festspiele (9); auch die an den später dort entstandenen Bauten zu Ehren des in Hadersleben geborenen Julius Langbehn (1851-1907) gesetzte Inschrift weist in die gleiche Richtung. Es handelt sich also um eine an Langbehns „Rembrandtdeutschen" orientierte Parallele zu dem geplanten Volksfest eines deutsch-nationalen Olympia bei Niederwald-Denkmal, Leipziger Völkerschlacht-Denkmal oder Kyffhäuser. Hier wird, von dem Bismarckbild Langbehns geprägt, ein Gedanke verwirklicht, der unter anderen Vorzeichen später in dem 1911 von Otto March erbauten Berliner Olymiastadion für 1916 und in dem von Harry Graf Kessler betriebenen Weimarer Stadionprojekt Gestalt gewinnt, in dessen Zentrum eine von Maillol geschaffene Verkörperung des Apollinischen Prinzips stehen sollte.

Bismarck ist im Küraß mit Helm und hohen Schaftstiefeln modelliert. Über den Schultern liegt der Ordensmantels des Schwarzen Adlerordens, rechts das Reichsschwert (allerdings mit nach unten gebogener Parierstange), während die rechte Hand auf der stilisierten Reichskrone ruht.

Unmittelbar nach dem Protest gegen die bevorstehende Abtretung Nordschleswigs vom 11. Mai 1919 beim Bismarckturm kam das Bismarck-Bild aus dem künftig dänischen Nordschleswig nach Rendsburg, um schließlich 1929 auf dem Aschberg bei Ascheffel zu ebener Erde aufgestellt zu werden (14), so daß es heute, einst auf eine Höhe von 30 m konzipiert, zu plump erscheint. Der Bismarckturm selbst wurde erst 1945 gesprengt, die Grundmauern mit einer Gedenkinschrift und dem Bild des Monumentes sind erhalten.

Merkwürdig ist eine Nachricht über eine Ausstellung in dem wenig später von Brütt übernommenen Atelier von Harro Magnussen (1861-1908) im Berliner Siegmundshof 11: „Auch der imposante von Baumeister Möller geschaffene

Entwurf des National-Denkmales, das als deutsche Warte in der Nordmark auf dem Knivsberge errichtet und weithin sichtbar über Meer und Felsland emporragen soll, ist in des Bildhauers Werkstatt zu sehen. Magnussen ist dafür die Ausführung der Bismarck-Statue übertragen worden." (Deutsche Kunst, 3, 1899, S. 153) Es wird wahrscheinlich, daß zunächst Magnussen, nicht Brütt, das Modell für Möller modelliert hat. Auch kann sich Brütt bei Magnussen Rat geholt haben, der, wie die „Deutsche Kunst" (1896/97, S. 366) wußte, „den Charakterkopf Bismarcks schon an vierzig Mal modelliert hat."

Archivalien: LAS, Abt. 371, Nr. 828 Akte Knivsberg-Gesellschaft (Bitte um Unterstützung der Verpflanzung des Denkmals vom 14. März 1919)

Abb.: Nissenhaus B 2086 I, S. 43 (Modell, hier S. 207 reproduziert)

Lit.:

(1) Blätter für Architektur und Kunsthandwerk 4, Taf. 86

(2) A. Neumeier – E. Häberle (Hrsg.), in: Deutsche Konkurrenzen, Bd. 7, Heft 8 (1897)

(3) E. Witte, Der Knivsberg und die deutschen Volksfeste im nördlichen Schleswig, 1899

(4) Robert Körner, Das Bismarck-National-Denkmal auf dem Knivsberg in Nordschleswig, in: Die Heimat 11, 1901, S. 225-229

(5) N.A. Schröder, Der deutsche Verein für das nördliche Schleswig und das Bismarck-National-Denkmal auf dem Knivsberge, Hadersleben 1901

(6) Dunker, Die Weihe des Bismarckdenkmals auf dem Knivsberge, in: Jahrbuch für Volks- und Jugendspiele 11, 1902, S. 291-297

(7) Über unsere Denkmäler und ihre Inschriften, in: Schleswig-Holsteinischer Kunstkalender 1, 1911, S. 33, Abb. 6

(8) Dr. Graef, Die Knivsbergfeste 1896-1919, in: Schleswig-Holsteinischer Kunstkalender 1920, S. 140-142

(9) Christian Lange, Schleswig-Holsteiner-Abend in Berlin. Mitglieder-Liste 1911, Berlin 1911, S. 16

(10) Julius Kähler (Hg.), Festschrift zur 40jährigen Wiederkehr des ersten Volksfestes auf dem Knivsberg, Apenrade 1934

(11) Die deutschen Nationalfeste und der Kyffhäuser als Feststätte, in: Zentralblatt der Bauverwaltung, 3. April 1897, S. 156 f.

(12) Statt mit dem Schwert grüßte Bismarck einst mit frischem Grün, in: Kieler Nachrichten, 3.9.1977

(13) Ulrich Bischoff, Nationaldenkmäler in Deutschland – Politische Bauwerke als Zeugen der Geschichte, in: Austellungskatalog „Vor hundert Jahren: Dänemark und Deutschland 1864-1900. Gegner und Nachbarn, 1981/82, S. 69 f. (ohne Hinweis auf die Volks- und Nationalspiele)

(14) Hans Petersen, Die Odyssee der Bismarckstatue auf dem Aschberg, in: Jahrbuch der Heimatgemeinschaft Eckernförde 46, 1988, S. 11-20

Die Bismarck-Statue an ihrem heutigen Standort auf dem Aschberg

201. Bismarck-Statue Knivsberg (kleine Fassung), 1899/1901

Material und Größe unbekannt
Architekt: Friedrich Möller
Verbleib unbekannt

Der Nachlaß Brütt, Nissenhaus, hat einen Zeitungsausschnitt unbekannten Datums bewahrt, der von einem „Bismarck-Kommers" in der Berliner Philharmonie berichtet. Die Festdekoration war danach von Baumeister A. Möller (gemeint ist sicher Friedrich Möller) ausgerichtet worden: „in der Nische auf der Bühne wird die von Professor Brütt modellierte Bismarckstatuette stehen." Da auch das Bismarckbild vom Knivsberg auf eine Nische hin ausgearbeitet war, könnte Brütt ein Hilfsmodell zur Treibarbeit von Nr. 200 überarbeitet haben.

Rechts:

202. Reliefporträt Senator Michael Jebsen, 1901

Bronze, 68 x 54 cm
keine Bez.
Inschrift: „Ihrem hochverehrten Rheder Michael Jebsen seine dankbaren Kapitäne"
unbekannter Gießer
Knivsberg-Gesellschaft, Apenrade

Posthum von Brütt geschaffenes rundes Reliefporträt des Apenrader Senators und Reichstagsabgeordneten Michael Jebsen (1835-1899), Vorsitzender der Knivsberg-Gesellschaft, für die Gedächtnishalle des Bismarckturmes auf dem Knivsberg (1).

Vor der Sprengung des auf Jahrhunderte konzipierten Denkmalturmes 1945 wurde dies Relief aus der Denkmalhalle des Monumentes gerettet. Ob sich dort noch weitere Arbeiten befanden, ist nicht überliefert.

Jebsen war Brütt persönlich vom Schleswig-Holsteiner-Abend in Berlin bekannt, da er von 1890 bis zu seinem Tode als Mitglied geführt ist. Das Reliefporträt wird also nach Photovorlagen und nach der Erinnerung entstanden sein.

Hinweise von O. Sternkopf, Knivsberggesellschaft, Åbenrå
Lit.:
(1) Kunst-Halle 6, 1901, S. 351
(2) Christian Lange, Schleswig-Holsteiner-Abend in Berlin. Mitglieder-Liste 1911, Berlin 1911, S. 9

203. Denkmalbüste Theodor Storm (Husum), 1897/98

Enthüllt am 14. September 1898
Bronze, überlebensgroß, H 89 cm
Bez.: „Brütt 98“
Architekt unbekannt
Ausführung: „Guss v. Gladenbeck“
Postamentbeschriftung: „Theodor Storm“
Kosten: 7.500 Mark für die Büste
Husum, Schloßpark; Gipsabgüsse Realschule Süd u. Storm-Haus, Husum

Die Auftragserteilung an Brütt erfolgte durch das unter dem Protektorat des Herzog Ernst Günther zu Schleswig-Holstein stehende Berliner Denkmalkomitee (Kommerzienrat Paetel, Dr. Julius Rodenberg, Prof. Dr. Erich Schmidt): „Der von den Arbeitsausschüssen in Berlin und Husum erlassene Aufruf zur Stiftung von Beiträgen für die Stormehrung hatte einen Ertrag von rund 7000 Mark ergeben, so daß in der Versammlung des Berliner Komitees am 2. Dezember 1897 beschlossen werden konnte, das Denkmal in der Weise herzustellen, daß eine Bronzebüste in über Lebensgröße auf einem Granitsokkel geschaffen werden sollte.“ (1)

Die Porträtbüste entstand nach Photographien in „überraschender Lebenswahrheit“, wie die Kinder Storms verlauten ließen. Aufstellungsort und silhouettengebende Form wurden von Brütt bestimmt, der im März 1898 eine Kulissenprobe mit einem bronzierten Gipsmodell durchführte: „Auf dringendes Anraten des Künstlers sollte das Denkmal seinen Platz gerade vor dem Durchblick durch das alte, ehrwürdige Parkportal erhalten.“(1) Diese Ausrichtung auf die Achse des Parkportals ist heute durch Veränderungen der Bepflanzung nicht mehr wahrnehmbar, obgleich das Storm-Denkmal noch an alter Stelle zu stehen scheint. Auch ist durch das Nachdunkeln der Patina der belebende Kontrast des Grün mit dem roten Granitpfeiler abgeschwächt.

Für die Husumer Schulen hat Brütt Gipsabgüsse mit der detaillierten Oberfläche des Originalmodells (1, S. 64) zur Verfügung gestellt.

Ausstellung: Husum 1978
Abb.: Nissenhaus B 2086 II, S. 2
Lit.:
(1) Felix Schmeißer, Alt Husumer Bilderbuch (1939), S. 63
(2) Richard Sier, Deutsche Geistes-Helden (1901) S. 33, S. 80
(3) Steckner (1978), S. 13

204. Gedenktafel für Theodor Storm (Husum), 1898

Bronze, Maße unbekannt
nicht erhalten

Am Vortag der Denkmalsenthüllung anläßlich des 80. Geburtstages des Dichters 1897 wurde am Geburtshaus von Theodor Storm eine Gedenktafel nach einem von Brütt gelieferten Modell angebracht. Außer einer Erwähnung in einem unbezeichneten Zeitungsausschnitt im Nachlaß ist über diese Tafel nichts bekannt geworden.

205. Asmussen-Woldsen-Brunnen (Husum), 1901/1902

Enthüllung 5. Oktober 1902
Granitbrunnen mit Standbild, Bronze, ca. 2 m
Bez.: „Brütt 1902“
Aufschrift: „CATHARINA ASMUSSEN – AUG. FRIEDR. WOLDSEN – AUS DANK ERRICHTET VON HUSUM A.D. 1902“
Architekt: Karl Spaeth (Spaeth & Usbeck, Berlin)
Ausführung: Guß Actiengesellschaft Gladenbeck, vormals H. Gladenbeck; Granitarbeiten Penseler, Berlin
Gesamtkosten: ca. 20.000 Mark
Marktplatz Husum

Erster Entwurf und Modell für die Figur des Asmussen-Woldsen-Brunnens

Mitte 1901 übertrug das Husumer Denkmalkomitee Brütt als Sohn der Stadt den Auftrag, mit dem Husum ein Denkmal für Catharina Asmussen (1793-1868) und ihren Vetter August Friedrich Woldsen (1792-1868) errichten wollte, die 1859 in einem gemeinsamen Testament ihr bedeutendes Vermögen der Stadt zur Unterhaltung eines Kindergartens („Warteschule“) und eines Witwenstifts vermacht hatten. Die Sache ging jedoch nicht glatt, eine Frau Lorenzen beflügelte das Unternehmen noch einmal im September mit einer größeren Geldstiftung (2); daß es über die Holzpantinen zum sogenannten Holzschuh-Streit mit aufgebrachten Bürgern kam, die darin ein Zeichen der Armut sahen, sei nur am Rande erwähnt. Im Mai 1902 war das Projekt dann bis zur Kostenveranschlagung gediehen und hatte seine endgültige Form gefunden.

Es hätte sich angeboten, die wohltätigen Stifter von 1859 zu porträtieren. Brütt ist einen Schritt weiter gegangen. Seine „Friesin“ porträtierte nicht, sondern stellte den allgemeingültigeren Typus der Catharina Asmussen dar, den dann Gustav Frenssen in seinem „Heimatsfest“ zur 300-Jahr-Feier Husums von 1903 als Verkörperung eines wohltätigen Geistes bzw. der Heimatliebe (Festzeitung vom 6.7.1903) auffassen konnte (vgl. Nr. 206). Diese segnende Kraft liegt in der kaum wahrnehmbaren „mütterlichen" Stimmung des Standbildes, das die assistierenden Reliefs genauso wie die sich labenden Rinderköpfe unterstreichen. Der von Brütt selbst hervorgehobene Gesichtspunkt eines „Sinnbildes der Schiffahrt" (bezogen auf das Ruder in der Hand der Friesin) mit dem „malerischen Faltenwurf" als „Ausdruck der Seeluft" betrifft die äußere Ausgestaltung und die strenge Silhouettenkomposition (6). Die Ruderpinne ist eben auch ein Kompositionselement, wodurch aus der inneren Notwendigkeit des kompositionell bedingten Motives „Ruder" leicht ein Attribut wird und die Gestalt damit zur „nordfiesischen Fischerin", wie es im Baedeker von 1914 steht.

Die Details, die als Fischköpfe geformten Wasserspeier und die als Ochsenköpfe gebildeten Wasserableitungen des großen Sammelbeckens, ordnen sich der strengen Dreiecks-Komposition unter, geben jedoch zugleich der wasserbezogenen Friesin mitten auf dem Platz in ihrem Marktbezug Sinn und zugleich als Tränke eine Funktion. Schiffahrt, Fischfang und Viehhandel lassen zugleich auch die den Stiftungen zugrundeliegenden wirtschaftlichen Faktoren anklingen.

Brütt ist bei seinem Husumer Brunnen andere Wege gegangen als bei seiner „Fischerei" von 1894 für das Berliner Rathaus (Nr. 167), ohne auf den Reiz der Gestalt zu verzichten. Das von Brütt in Husum entdeckte und mit Mühe überredete lebende Modell war Dora Fuchs. Beim ersten Entwurf hatte Brütt als Gewand die Ostenfelder Bauerntracht gewählt, um auf das durch den Heimatsinn der Bürger 1899 bewahrte Ostenfelder Bauernhaus anzuspielen. Doch die endgültig gefundene neutralere Fassung konnte wesentlich besser den Typus der Friesin herausarbeiten und machte die Plastik damit allgemeingültiger: Schon 1903 wurde sie vom „Volksmund" als „Tine" bezeichnet (3), d. h. als Standbild der Catharina Asmussen verstanden.

Die weitere Ausgestaltung des Brunnenschaftes zeigt in Reliefs die noch heute wirkenden Elemente der Asmussen-Woldsen-Stiftung. Kin-

Oben: Modell der Gesamtanlage des Asmussen-Woldsen-Brunnens. Unten: Enthüllungsfeier auf dem Husumer Marktplatz 1902

derschule und Roten Haubarg, neben Stadtwappen und Schleswig-Holstein-Wappen.

Auskunft von Frau Dr. Wölfing, Husum, Otto Jordan, Bohmstedt

Abb.: Nissenhaus B 2086 II, S. 7 (Modell der Gesamtanlage in Modelliermasse), S. 8 u. 12 (fertige Gesamtanlage), S. 9 (erster Entwurf der Figur), S. 10 (Modell) u. S. 11 (Enthüllungsfeier)

Lit.:

(1) Die Kunst-Halle 6, 1901, S. 271
(2) Die Kunst-Halle 7, 1902, S. 235
(3) Husumer Wochenblatt, 29.12.1903
(4) Berliner Architektur Welt 7, 1904, Abb. 262
(5) Die Denkmalspflege, 29.7.1903
(6) Husumer Nachrichten, 4.7.1953

Mitte:

206. Statuette Friesin, 1902

Bronze, H 62 cm
Bez: „Brütt 1902"
Aufschrift: „Dem Dichter G. Frenssen die Stadt Husum"
Ausführung: „Akt. Ges. vorm. H. Gladenbeck & Sohn, Berlin-Friedrichshagen"
Privatbesitz Barlt

Zur 300-Jahr-Feier der Stadt Husum von 1903 schrieb Gustav Frenssen (1863-1945) ein Festspiel „Das Heimatsfest", in dem er Brütts „Tine" als Verkörperung des wohltätigen Bürgersinns der Stadt leibhaftig auftreten ließ. Auch wurde das Stück im selben Jahr mit der Umschlagzeichnung von Brunnenfigur und Husumer Marktplatz gedruckt; die von Frenssen als Verkörperung der Heimatliebe aufgefaßte „Friesin" wurde zugleich auch als Personifikation der Stadt verstanden. Auf einer Sitzung der städtischen Kollegien vom 13.7.1903 beschloß man, um Frenssen zu danken, die „Tine" von Brütt noch einmal modellieren zu lassen, „eine Nachbildung der Brunnenfigur in Bronze in ähnlicher Größe, wie derartige Kunstwerke auf der Kunstausstellung vorhanden sind." Brütt sagte die Fertigstellung bis zum Jahresende zu. „Am 2. Weihnachtstag überbrachte eine Komission, bestehend aus dem Herrn Bürgermeister Schücking, Senator Homfeldt, Stadtverordnete U.A. Christiansen und Tönnies dem Dichter in Meldorf die von Herrn Prof. Brütt hergestellte Nachbildung unserer Brunnenfigur, der „Tine", wie das Volk sie getauft hat und wie sie wahrscheinlich auch in späteren Zeiten noch wird benannt werden." (2)

Weitere Güsse dieser kleinen Figur sind bislang nicht bekannt geworden.

Ausstellungen: Kiel 1904, Kat. 15; Weimar 1907; Husum 1978

Lit.:

(1) Husumer Wochenblatt, 14.7.1903
(2) Husumer Wochenblatt, 29.12.1903
(3) Steckner (1978), S. 17

207. Neumarkt-Brunnen für Kiel (1. Entwurf), 1904

wohl Plastilinmodell, Maße unbekannt
nicht erhalten

1902 hatte die Preußische Landeskunstkommission in Berlin für die Provinz Schleswig-Holstein die Mittel zu einem „Brunnen von überwiegend plastischem Charakter" bereitgestellt: „Es soll sich bei dem Werke um eine freie künstlerischen Schöpfung unter Ausschluß von Porträtdarstellungen handeln." Brütt wurde im Dezember 1902 von der Kommission als Bildhauer vorgeschlagen. Das Modell des 1. Entwurfes konnte am 20. Februar 1904 in der Königlichen Akademie der Künste begutachtet werden (LAS, Abt. 301, Nr. 1200). Es handelte sich um eine Gruppe, gebildet aus einem stehenden Mann mit einem Speer in der herabhängenden rechten Hand. Ihm zu Füßen eine auf dem Brunnenrand sitzende weibliche Gestalt. Unter der Gruppe eine „Grotte, zu beiden Seiten Echsen, die mit ihrem schlanken Leib das Wasserbecken neben der Grotte begrenzen und aus ihren Köpfen Wasser speien."(1) Als das Brunnenmodell im Sommer 1904 in der Vorhalle des Thaulow-Museums in Kiel ausgestellt war (2), sagte Brütt, er habe keine Symbolik oder Allegorie zeigen wollen, sondern nur zwei schöne Menschen, die durch ihre Körperformen sprechen (3). Dennoch weicht die von Brütt gegebene Antwort der Frage nach dem Sujet aus: Der Mann ist als Jäger charakterisiert, durch die Sitzhöhe ist angedeutet, daß die Frau unter seinen Schutz gestellt ist. Das ist eine ganz andere Auffassung, als sie die Schwerttänzerin (Nr. 136-138), die zur Schwertkämpferin „Kämpfendes Weib" umgeformt werden konnte, oder die damals entstandene Diana (Nr 253) zeigt. Bereits hier läuft die Entwicklungslinie der plastischen Form auf den Schwertmann der athletischen Sportlichkeit und Wehrhaftigkeit von 1906 (Nr. 262), 1909 (Nr. 279), 1910 (Nr. 286) und 1912 (Nr. 300) zu, und es wird wahrscheinlich, daß Brütt sich mit seinem Werk doch in einen Rahmen von Vorgaben zu fügen hatte. Jedenfalls wird, passend zu den bronzezeitlichen Anklängen der Sockelfiguren des Provinzialdenkmals (Nr. 194), aus dem Speer von 1904 das bronzezeitliche Schwert von 1912.

Formal ist der Aufbau des ersten Entwurfs mit dem Brunnen für das von Architekt Hans Grisebach erbaute Haus Blumen-Schmidt in Berlin (Nr. 159) vergleichbar. Vermieden hat Brütt jetzt jedoch die sonst beliebte Form des Tritonenbrunnens, wie er sie als Jurymitglied im Wettbewerb für Altona (Ausführung Paul Türpe, Berlin) befürwortete.

Ausstellung: Kiel 1904, außer Katalog
Abb.: Nissenhaus B 2086 I, S. 39 u. II, S. 28
Lit.:
(1) Kieler Zeitung, 17.6.1904
(2) Kieler Zeitung, 20.3.1904 und 23.7.1904
(3) Wilhelm Schölermann, in: Kieler Neueste Nachrichten, 19.6.1904
(4) G. Kutna, Bei Adolf Brütt, in: B.Z. am Mittag, 19.9.1905

208. Standbild Friedrich v. Esmarch (Tönning), 1904/1905

Einweihung am 5. August 1905 in Anwesenheit des Dargestellten
Bronze, H ca. 2, 50 cm ohne Sockel
Bez.: „Brütt 1904"; Sockel-Aufschrift: „Friedrich von Esmarch"
Ausführung: „Guß Gladenbeck Berlin Friedrichshagen"
Tönning, Schloßplatz

Friedrich Esmarch (1823-1908) mit verschränkten Armen an einen Pfeiler mit Wappen gelehnt. Auf das grün patinierte Bronzestandbild auf dem Sockel aus kontrastierendem rotem Granit mit Inschrift in vergoldeten Buchstaben führt die gartenarchitektonische Anlage hin. Ähnlich wie bei dem Altonaer Bismarck-Standbild (Nr. 199) oder dem Kieler Provinzialdenkmal (Nr. 194) hat Brütt auf eine durchdachte Einbindung und Hinführung geachtet. Symbolische oder allegorische Hinweise auf das sozialmedizinische Wirken von Esmarch fehlen ganz, es ist allein die Persönlichkeit als entschlossen tätiger Geist durch Gestalt, Haltung, Hände und Physiognomie charakterisiert.

Die Idee von 1902 (1), Esmarch an seinem Tönninger Geburtshaus eine Gedenktafel zu setzen, scheint der Anstoß für das dann in Angriff genommene Standbild bei Lebzeiten geworden zu sein. Der Nachlaß Brütt enthält Aufnahmen der Enthüllungsfeier, die v. Esmarch neben seiner Frau, der Kaiserinschwester, samt dem Standbild zeigen.

Abb.: Nissenhaus B 2086 II, S. 24 (Standbild) u. 25 (Modell)
Lit.:
(1) Die Kunst-Halle 7, 1902, S. 138
(2) H. Böttger, in: Neue Deutsche Biographie Bd. 4, 1959, S. 654 (Erwähnung ohne Namensnennung Brütt)

Friedrich v. Esmarch. Links die im Nachlaß dokumentierte Fassung der Büste, rechts die Variante im Besitz der Landesbibliothek Kiel

209. Büste Friedrich v. Esmarch, 1904/1905

Bronze oder Gips, lebensgroß
Bez. unbekannt
Aufschrift: v. ESMARCH
Ausführung: unbekannt
a. Verbleib unbekannt; b. Landesbibliothek Kiel

Aus dem Porträt des Standbildes hat Brütt das selbständige Porträt entwickelt, das durch eine Aufnahme des Tonmodells (a) im Nachlaß Brütt überliefert ist; nach der Abbildung hat Brütt nicht aus dem Gipsmodell zu Nr. 208 eine Büste ausgesägt, sondern es könnte sich umgekehrt bei dem Porträt um die nach dem Leben modellierte Porträtstudie zum Denkmal handeln. Brütt hat diese Fassung vielleicht 1904 ausgestellt, einen Bronzeguß hat es nicht sicher gegeben.

Eine Variante (b) der Büste ist als Gipsabguß erhalten. Der Büstenschaft ist wesentlich länger, die Anschnittkante mit der Aufschrift fehlt. In den Details lassen sich kleine Unterschiede zum Tonmodell erkennen; auch hier sind die Bekleidungsandeutungen des Denkmals nicht übernommen. Da es sich um eine im Serienguß herstellbare Gipsabformung handelt, könnte diese Porträtversion als Gipsbüste verbreitet worden sein (vgl. Nr. 203).

Über die Esmarch-Ikonographie orientiert ein Lexikonartikel, in dem nur das Standbild erwähnt ist, die Büste jedoch fehlt (2). Zu nennen ist auch noch das von Johann Tietjens (1852-1916) nach 1889 modellierte Porträt des Mediziners.

Ausstellungen: Ausstellung Brütt Kiel 1904 Nr. 20: „Exellenz von Esmarch. Porträtskizze. 1904."
Abb.: Nissenhaus B 2086 II, S. 25

Lit.:
(1) Katalog „Ausstellung von Werken Adolf Brütt's", Thaulowmuseum, Kiel 1904
(2) Klaus-Joachim Lorenzen-Schmidt u. Hartwig Molzow, in: SHBL, Bd. 7, Neumünster 1985, S. 56-59

Freie Arbeiten und Porträts bis zur Jahrhundertwende

Die Porträts waren für Brütt „freie Arbeiten"; in die gleiche Kategorie fallen seine Kinderprortärts: so stellte er erstaunlicherweise auf der großen Schleswig-Holsteinischen Provinzialausstellung von 1896 nichts anderes aus als das „Kleine Mädchen" (Nr. 214) – kein größerer, aber bewußt von Brütt gesetzter Kontrast zu dem gleichzeitig enthüllten Provinzialdenkmal Kaiser Wilhelms I. in Kiel (Nr. 194) ist denkbar. Ebenso hatte Brütt während der Ausstellung der ersten Konkurrenzentwürfe zum Kieler Denkmal (vgl. Nr. 192) auch einen Christus (Nr. 210) gezeigt.

Sämtliche Arbeiten dürften zwischen 1890 und 1900/1901 im Atelierhaus Lützowstraße 82 entstanden sein. Zu wenig ist für eine chronologische Aufstellung bekannt. So ist nach Kinderbildnissen und möglicherweise zusammengehörigen Porträtgruppen geordnet.

Über die Art der Ausführung in dauerhaften Materialien ist in den seltensten Fällen etwas bekannt, auch nicht der Anteil der Gehilfen, Mitarbeiter und Schüler. Gelegentlich gelang es Figuren wiederzuentdecken, wie den Christus (Nr. 210), dessen Ausführungsdatum in Marmor jedoch nicht zu erschließen war, weil Brütt nur signiert, nicht aber datiert hatte.

210. Segnender Christus, 1892

Marmor, H 1,70 m
Bez.: „Brütt“
Ehemals Erbbegräbnis Paul Bercht, St. Georgen-Kirchhof Berlin

Mit dem ersten Entwurf für das Provinzialdenkmal Kaiser Wilhelm I. für Kiel war 1892 ein segnender Christus ausgestellt (1); vermutlich daher wird Nr. 210 im Werkverzeichnis des Nachlasses für Kiel statt für Berlin genannt. So hat es sich um den undatierten Christus für das Erbbegräbnis Bercht gehandelt, ohne daß sicher ist, daß die Figur damals bereits in Marmor ausgeführt war. Die bis vor kurzem (1981) noch in der Nische einer Architekturwand geschützt hinter Dickicht erhaltene Marmorfigur feinster Oberflächenbearbeitung ist undatiert.

Durch den frühen Kieler Beleg rückt die Darstellung des Christus ganz in den Umkreis des durch den Aufenthalt Hans Oldes in Berlin bekannten damaligen Künstlerkreises um Brütt, zu dem neben Conrad Fehr die Künstler Hans Herrmann, Franz Skarbina, Max Klinger und der 1891 verstorbene Karl Stauffer-Bern gehörten (2); letzterer schuf Ende der achtziger Jahre eine Skulptur des Gekreuzigten (3). Jedenfalls reicht die Auseinandersetzung mit dem Thema in den Beginn der neunziger Jahre zurück, als durch Fritz v. Uhde ein neues Christusbild geprägt wurde: „Fritz v. Uhde hat die Armut religiös verklärt, indem er sie unmittelbar mit der Gestalt Christi in Verbindung brachte.“(4). Bei Brütt, dessen Plastik durch den Anstoß von Leopold Rau wie bei seinem „Fischer“ (Nr. 95) immer mit dem sozialen Gedanken verknüpft gewesen ist, könnte damals auch die in Berlin wirksam werdende Schule von Carrara mitgewirkt haben, deren Begründer Giovanni Dupré (gest. 1882) mit einer Pietà hervorgetreten war (6).

Nachdem eine Berliner Dame an Brütt geschrieben hatte: „Ihr Christus auf jenem Kirchof ist mir unsagbar trostvoll gewesen: wenn es gar nicht mehr gehen wollte, vergegenwärtigte ich mir ihren Heiland und empfand stets Tröstung“, kommentierte er diese in der Autobiographie wiedergegebene Passage: „Rührend. – Da mir diese Figur, die ich vor etwa 40 Jahren schuf, ziemlich aus dem Gedächtnis entschwunden war, suchte ich sie auf ... und verließ den Friedhof bis in die Knochen enttäuscht und beschämt. – Ja ich gestehe, daß ich damals, um Geld zu verdienen, mancherlei unverantwortliche Dinge in die Welt setzte.“ In Folge dieses Einstellungs-Erlebnisses entstand mit selbstkritischem Anspruch, doch weniger reizvoll als der Christus aus der Zeit nach 1892 und zugleich als Weiterentwicklung des für Kiel bestimmten Auferstandenen von 1905 (Nr. 258) die Christusfigur „Mahnung“ von 1928/1932 (Nr. 367).

Abb.: Nissenhaus B 2086 I, S. 15

Lit.:

(1) Itzehoer Nachrichten, 4.2.1892
(2) Otto Eggeling, Hans Olde, in: Westermanns Monatshefte 52, 1908, S.498
(3) Gantner, Olde (1970), S. 26
(4) Karl Scheffler, Das Phänomen der Kunst. Grundsätzliche Betrachtungen zum 19. Jahrhundert (1952), S. 22
(5) H. Priebe, Das Christusbild in der Kunst des 19. und 20. Jahrhunderts, Diss. 1932, S. 61
(6) Richard Henker (Hg.), Grabmäler ausgeführt von hervorragenden Künstlern unserer Zeit I, Berlin o.J. (1902) Taf. 7
(7) C. Steckner, Museum Friedhof (1984), S. 57

211. Badende, 1892

Polychrome Kleinplastik, wohl Gips, Größe unbekannt
nicht nachgewiesen

Nach einer Nachlaßaufnahme war eine zögernde Badende dargestellt mit dem zu einem Meerwesen verdichteten Wasser. Es handelt sich um eine Vorstufe des „Badenden Mädchens" (Nr. 212) von 1892, vielleicht für den Stammtisch „bei Frau Danziger im Hofbräu im Verein mit Freund Felix" (Paul Wallot an Brütt, 20.11.1901, vgl. Nr. 140).

Abb.: Nissenhaus B 2086 I, S. 4

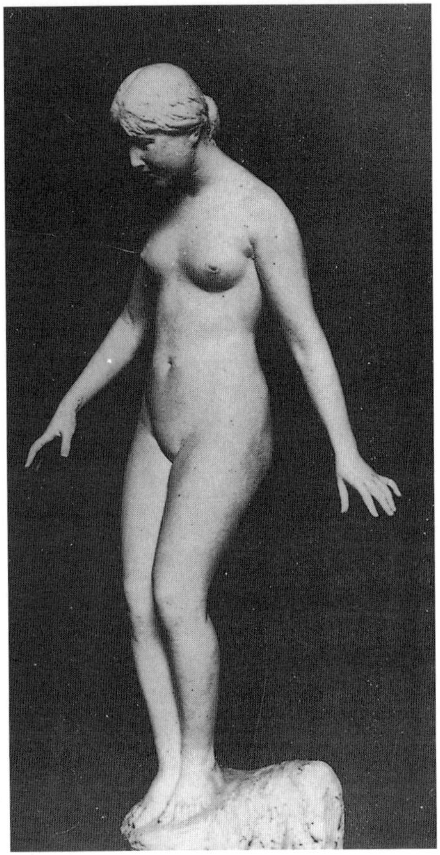

212. Badendes Mädchen I, 1892

Kleinbronze (?), Maße unbekannt
Ausführung: Aktiengesellschaft vormals H. Gladenbeck & Sohn, Berlin (?)
verschollen

Ein „Badendes Mädchens" schenkte Brütt dem Architekten Paul Wallot, der sich am 9.11.1892 bedankte: „Wohl schon manches Mal wird eine Eva so am Ufersrand gestanden und überlegt haben, ob sie auch in den Strudel hineinstürzt oder nicht." Für diese 1892 ausgestellte Figur kann der Vorentwurf (Nr. 211) sowie die Aufnahme des Modells herangezogen werden. 1898 hat Brütt sein Werk nach Ausweis der datierten Signatur noch einmal überarbeitet (Nr. 213).

Die Figur ist von einem Raumpunkt her aufgebaut, aus dem sich die vier plastischen Kulminationspunkte entwickeln: der den Ausdruck des Leibes bestimmende Schwerpunkt sowie die beiden Hände und die Physiognomie. Damit steht die Kleinbronze, die man sich als plastischen Mittelpunkt des Künstlerstammtisches von Felix Koenigs vorstellen kann (vgl. Nr. 140), in engem Zusammenhang mit der dem plastischen Konzept Brütts verwandten Architekturtheorie von Paul Wallot, die nach Cornelius Gurlitt 1891 datiert und 1897 von Herny van de Velde neu aufgegriffen wurde (1). Diese Daten entsprechen den beiden Gestaltungsphasen der „Badenden" (Nr. 212 u. 213) sowie der „Schwerttänzerin" (Nr. 136 u. 137).

Abb.: Nissenhaus B 2086 I, S. 20 (Modell)
Ausstellungen: 63. Ausstellung der Akademie der Künste Berlin 1892 Nr. 1850; Columbische Weltausstellung Chicago 1893
Lit.:
(1) Cornelius Gurlitt, Die deutsche Kunst des 19. Jahrhunderts, 2. Aufl., Berlin 1900, S. 670

213. Badendes Mädchen II, 1898

Kleinbronze, H 48 cm
Bez.: „Brütt 98“
Ausführung: Aktiengesellschaft vormals H. Gladenbeck & Sohn, Berlin
Nissenhaus B 2093

„Es ist überaus reizvoll, wie die gewollte Bewegung hier durch eine konkurrierende Empfindung momentan gehemmt wird. Der Körper ist zum Sprunge bereit, aber gleichzeitig zittert ein Schauer vor der Kühle des Wassers über ihn hin, die Arme bereiten sich wie abwehrend aus, die Knie pressen sich zusammen und der Blick mißt mit vorgeneigtem Haupte die Tiefe. Alles ist auf den Moment berechnet, in der nächsten Sekunde straffen sich die leise zitternden Glieder und tauchen wohlig in die noch eben gefürchteten Wellen“ (1) Dieser Körper als sichtbare Seele wurde durch die Gießerei Gladenbeck vervielfältigt (Katalog Nr. 958, H 37 cm, Gesamthöhe 48 cm). Das Husumer Exemplar trägt keinen Gußstempel und ist daher nicht unbedingt identisch mit den Exemplaren des Auflagengusses. Eine Überprüfung ist erst mit dem Bekanntwerden eines dieser Exemplare möglich; die gleiche Größe macht eine Identität jedoch vorab wahrscheinlich.

Ausstellung: Sonderausstellung Adolf Brütt, Kiel 1904, Nr. 9; Weimar 1907 (wohl diese Fassung)
Abb.: (2), (3)
Lit.:
(1) Georg Malkowsky, in: Deutsche Kunst 2, 1897/1898, S. 71
(2) Verkaufskatalog Aktiengesellschaft vorm. H. Gladenbeck und Sohn, Berlin o.J. Nr. 958 (Abb.)
(3) Steckner (1978), S. 14

Hans Grisebach mit seiner Tochter Eveline (Photo: Privatbesitz)

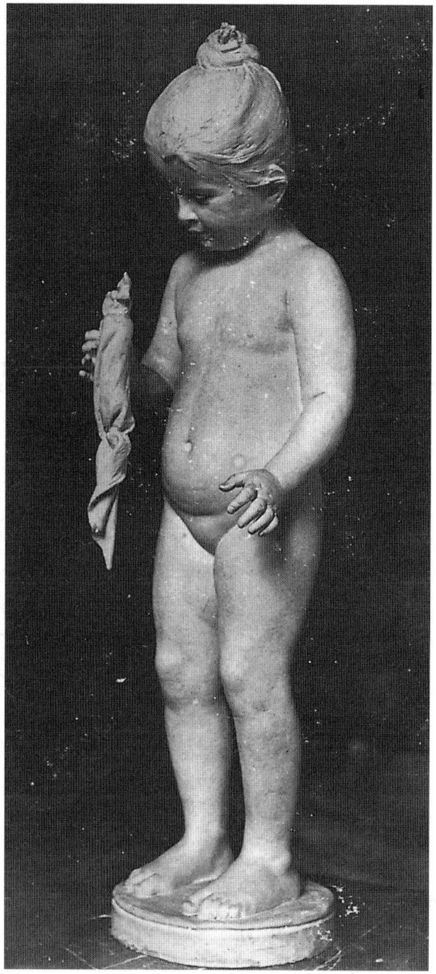

214. Kleines Mädchen (Porträtstatuette Eveline Grisebach), 1895

Porträtstatuette, Zinkguß, Maße unbekannt
nicht erhalten
Überliefert ist das Photo einer Gipsstatuette, wohl 50 cm groß, offensichtlich das Modell der dann in möglicherweise Zinkguß dauerhaft ausgeführten Arbeit.

Ähnlich wie das „Badende Mädchen“ (Nr. 212 u. 213) ist das „Kleine Mädchen“ eine der eigentlich unbenannten Bewegungsstudien. Eveline Grisebach, geb. am 8. März 1890, beobachtet einen mit der linken Hand gehaltenen Stoffzipfel, die „Maus": „Die Zweijährige blickt ängstlich auf eine zwischen den Fingerspitzen gehaltene, aus einem Taschentuch geknotete Maus." (1) Geschickt ist die sich im ganzen Körper spiegelnde Vorstellungskraft des Kindes gefaßt, ein thematisches Wagnis von Brütt, der in Kiel seinem Kaiser Wilhelm I. (Nr. 194) ein Gegengewicht zu geben wußte, indem er sich in der gleichzeitigen Provinzialausstellung nur mit dieser Statuette präsentierte. Die frische Natürlichkeit des Bildnisses setzt sich ohnehin von der süßlichen Kinderplastik seiner Zeit ab.

Eveline Grisebach war die Tochter des Berliner Architekten Hans Grisebach (vgl. Nr. 156-160).

Ausstellungen: 66. Große Berliner Kunstausstellung 1895, Kat. 2358 (Kleines Mädchen); Provinzialausstellung Schleswig-Holstein, Kiel 1896

Abb.: Nissenhaus B 2086 I, S. 22

Lit.:

(1) Ausstellung der Provinz Schleswig-Holstein, Kiel 1896, S. 240

215. Die Kinder Druckenmüller, vor 1900

Bronzerelief, Maße unbekannt
nicht erhalten

Druckenmüllers gehörten zum Freundeskreis von Rudolf und Luise Schneider (vgl. Nr. 94 u. 102). Näheres war nicht zu ermitteln. Die Firma Druckenmüller vertrat Krupp in Berlin und führte den Berliner Ausstellungsbau von 1883 aus (vgl. Nr. 49). Es ist jedoch auch möglich, daß Brütts Kinderporträt erst zu Anfang der neunziger Jahren entstand, als der befreundete Carl Schneider und dann auch Felix Koenigs mit Brütt im Spreewald ruderten.

216. „Der kleine Stilke", vor 1900

Gipsskizze, Maße unbekannt
nicht erhalten

Identität nicht sicher, es wird sich um das Kind des 1900 verstorbenen Verlagsbuchhändlers Georg Stilke, eines Freundes von Felix Koenigs und Adolf Brütt, handeln. Auch hat Johanna Koenigs in ihrem Tagebuch, wie mir H.-H. Schröder mitteilt, diesen Namen unter den Freunden am Totenbett von Felix Koenigs in Paris 1900 angeführt; auch P. Wallé nennt ihn in seinem Nachruf als Mitglied des Künstlerstammtisches um Felix Koenigs (1). Die Autobiographie (S. 41) und Logbuch von Brütts Freund Carl Schneider (Privatbesitz Hamburg) führen den Namen in der Form „Stielke".

Lit.:

(1) P. Wallé, Sammlung Felix Koenigs, Berlin Mai 1901, Privatdruck W. Büxenstein, S. 5

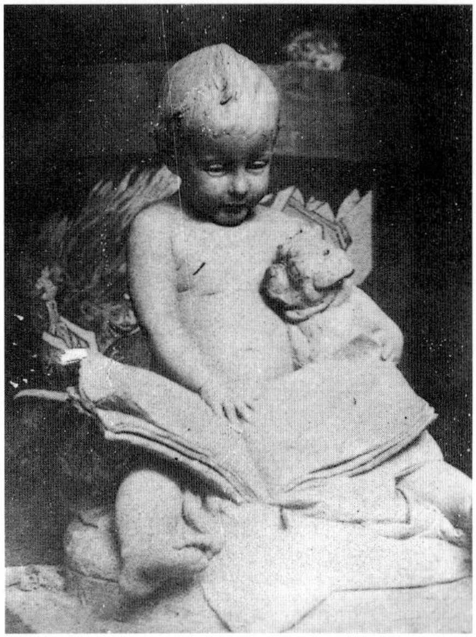

217. „Der kleine Siebel", vor 1900

Marmor, Maße unbekannt
nicht erhalten

Lesendes Kind mit Mops. Da der Name „Siebel" in der nachgelassenen Korrespondenz nicht vorkommt, war eine Identifizierung unmöglich.

Abb.: Nissenhaus B 2086 I, S. 2

218. Kind mit Eule, vor 1900

Gipsskizze, Maße unbekannt
verschollen

Gipsskizze eines lesenden Kindes. Unter dem linken Arm eine „mitlesende" Eule. Das Buch auf die gespreizten Beine gelegt. Der Figurenaufbau ist der Skizze des „kleinen Siebel" (Nr. 217) verwandt und könnte annähernd im gleichen Zeitraum entstanden sein, wofür auch die Schriftzüge auf dem Buch der Skizze sprechen. Von Kurt Brütt wird Pauline Hahn als Besitzerin genannt.

Abb.: Nissenhaus B 2084, S. 32

219. Porträt Gretel Schneider, 1897

Marmorbüste, Größe unbekannt
Sockel aus poliertem dunkelfarbigem Marmor

Gretel Schneider, die Tochter von Brütts Schwager Carl Schneider, verstarb wohl 1897 an Diphtherie. Es dürfte sich um eine nach dem Tode des Kindes entstandene Arbeit handeln. Das Werk wurde 1945 in Berlin zerstört.

Ausstellung: Kiel 1904 (1)
Abb.: Nissenhaus B 2086 I, S. 24
Lit.:
(1) Ausstellung Kiel 1904, Kat. Nr. 6 („Porträtbüste. Marmor. 1897")

220. Engel für das Erbbegräbnis Schneider, vor 1900

Material und Größe nicht bekannt

Für die Familie Schneider hat Brütt nach einer Angabe des Sohnes Kurt einen Grabengel für den Friedhof der Matthäi-Gemeinde an der Großgörschenstr. 12-14 geschaffen; eine Atelieraufnahme im Nachlaß zeigt eine Viktoria (Nr. 65), aus der möglicherweise der sonst nicht weiter dokumentiere Grabengel geworden sein kann. Als Entstehungszeitpunkt wäre der Tod von Gretel Schneider (vgl. Nr. 219) denkbar.

221. Porträt Adelheit Schillbach, 1899

Porträtbüste, Gips, leicht getönt, H 54 cm
Bez.: „Brütt 99"
Nissenhaus B 2137

Lebensgroße Porträtbüste der Schwiegermutter Brütts, Adelheit Schillbach (1827-1911). Detaillierte Ausarbeitung auf stoffliche Wirkung hin, durch die Fassung ähnlich wie bei Adolf Hildebrands „Büste der Frau F." betont (2). Das Werk scheint direkt in den Gips modelliert, wie die Ausarbeitung der Augensterne und die Charakterisierung des Haares andeuten. Die polychrome Fassung sowie der blockhafte Aufbau erwecken den Eindruck, das Porträt sei eine Vorstudie zu einer Holzskulptur wie der gefaßte Christus für Kiel (Nr. 258).

Ausstellung: Husum 1978
Abb.: Nissenhaus B 2084, S. 20
Lit.:
(1) Steckner (1978), S. 18
(2) Alexander Heilmeyer, Adolf Hildebrand, Bielefeld und Leipzig 1902, S. 38 u. Abb. 11

222. Porträt Karl Wächter, vor 1900

Marmorbüste mit Sockel, lebensgroß
1945 zerstört

Die Darstellung deutet das Körpervolumen des Regierungsbaumeister Karl Wächter (1840-1913) an (1). Der öffentliche Charakter des damaligen Direktors der Berliner Nordbahn ist durch die Kleidung angedeutet, die persönliche Charakterisierung durch Blick und detaillierte Mundpartie sowie die Haarwiedergabe.

Abb.: Nissenhaus B 2084, S. 17
Lit.:
(1) Deutsche Tageszeitung, 28. 5. 1913 (Nachruf)

223. Porträt Maria Wächter, um 1900

Marmor, Größe unbekannt
1945 zerstört

Pendant zur Büste Regierungsbaumeister Karl Wächter (Nr. 222). Keine Aufnahme identifizierbar.

224. Porträtrelief Dümmler, vor 1900

Material und Maße unbekannt

Werk im Nachlaß erwähnt, möglicherweise der Historiker Prof. Ernst Ludwig Dümmler (gest. 1902).(1)

Lit.:
(1) W. Wohlberedt, Grabstätten bekannter und berühmter Persönlichkeiten in Groß-Berlin und Potsdam mit Umgebung I (1932), S. 30 (Neuer Dorotheenstädtischer Friedhof)

225. Porträtrelief Adolf Schulze, vor 1900

Marmor, Maße unbekannt

Professor Adolf Schulze war Senatsmitglied der Königlichen Akademie der Künste und Vorsteher der Abteilung für Gesang an der Hochschule für Musik in Berlin gewesen. Es war bislang kein näherer Nachweis dieser Arbeit möglich.

226. Porträtrelief Leuschner, vor 1900

Material und Maße unbekannt

In Brütts Werkliste ist unter den Porträtreliefs und -plaketten eine Darstellung Dr. Leuschner erwähnt, sonst sind keine weiterführenden Hinweise zu erschließen. Möglicherweise handelt es sich bei der Person um Dr. Hermann Lüschner, der in Wer ist's 1928/29 als Ingenieur genannt ist.

227. Porträt Kliemt, vor 1900

Marmorbüste, Größe unbekannt

In einem der Werkverzeichnisse des Nachlasses wird eine Büste „Kliemt“ genannt, möglicherweise die Porträtbüste des Reichsbankrevisors Alfred Kliemt, was das Werk in den Umkreis Felix Koenigs setzen würde.

228. Porträtrelief Frau Prof. Müller-Grote, vor 1900

Material und Größe unbekannt

Brütt selbst nennt unter den Porträtreliefs und -plaketten eine Darstellung der Frau Müller-Grote, womit die Ehefrau (?) des 1904 verstorbenen Berliner Verlagsbuchhändlers (1) gemeint sein könnte.

Lit.:

(1) W. Wohlberedt, Grabstätten bekannter und berühmter Persönlichkeiten in Groß-Berlin und Potsdam mit Umgebung III (1939), S. 273 (Friedhof Klein-Glienicke)

Maria Vogel. Gemälde von Hugo Vogel

229. Büste Maria Vogel, vor 1900

Marmor oder Gips, lebensgroß
Ausführung wohl eigenhändig
nicht nachweisbar

Büste der Gattin Maria geb. Greeff (2) des Malers Prof. Hugo Vogel mit der von Brütt bei seinen Frauendarstellungen bevorzugten hochgesteckten Frisur z. B. bei der Versinnbildlichung der „Wahrheit“ für das Reichstags-Nordportal von 1894 (Nr. 164); dort auch mit verwandter Draperie, die hier geschickt zur Verbindung von Sockel und Büste eingesetzt ist; eine Nähe zu ähnlichen Büsten von Reinhold Begas deutet sich an (Porträt Kaiserin Auguste Viktoria bei: A.G. Meyer, Reinhold Begas, 1901, Abb. 69). Die Sockelform wiederum ähnelt der Ausführung der Porträtbüste Baurat Wächter (Nr. 222). Die von Brütt geschaffene Porträtbüste ist mit dem Porträt „Die Gattin des Künstlers“ von Hugo Vogel selbst zu vergleichen (1).

Ein Zusammenhang mit dem Bau der Villa Vogel durch Franz Schwechten 1901 ist zu vermuten.

Abb.: Nissenhaus B 2086 I, S. 21

Lit.:

(1) Jaro Jessen, Ein Maler der Gesellschaft, in: Moderne Kunst, 26, 1912, S. 237 ff., Abb. S. 241.

(2) Deutsches Zeitgenossenlexikon, Leipzig 1905, Sp. 1505

230. Bildnis einer jungen Malerin, vor 1900

Gips, wohl lebensgroß

Über dieses Werk ist nichts weiter bekannt. Die in den Werklisten geführte Bezeichnung deutet an, daß Brütt vielleicht eine seiner Berliner Kunstschülerinnen porträtiert hat.

Der Ausstellungskatalog Kiel 1904 nennt unter den Werken von Adolf Brütt als Nr. 19 eine „Weibliche Porträtbüste“ für 1903, die, mangels näherer Angaben, mit sämtlichen weiblichen Portäts dieses Zeitraumes identisch sein kann.

231. Porträt Fräulein Joseph, vor 1900

Gips oder Bronze, Maße unbekannt

Vielleicht Tochter des von Berlin nach Brüssel berufenen Kunsthistorikers Dr. David Joseph, von dem sich ein Brief im Nachlaß Brütt findet. Verschiedene Bauten, an denen Brütt mitwirkte, sind auch in der „Geschichte der Baukunst“ von Joseph abgebildet. Vermutlich in zeitlichem Zusammenhang mit der Büste Ida Seeliger (Nr. 232) entstanden. Es ist nicht unwahrscheinlich, daß die Porträtierte in den Umkreis der Berliner Privatkunstschulen gehört.

Kurt Brütt gibt als Material Gips an, was heißen könnte, daß die Büste von Brütt nur für Bronze modelliert war, ohne je gegossen zu werden.

232. Büste Ida Seeliger, vor 1900

Gips, Maße unbekannt

Die Portätbüste Ida Seeliger wird in den nachgelassenen Werkverzeichnissen geführt, war aber nicht mit den vorhandenen Abbildungen von Frauenporträts in Verbindung zu bringen. Die Dargestellte könnte auch aus dem Kreis der Berliner Kunstschüler stammen.

233. Büste Rochus von Liliencron, um 1900

Gips, lebensgroß

ursprünglich Kloster St. Johannis, Schleswig

Von der um 1890 modellierten und in Gips abgeformten Büste des Klosterprobsten und Gelehrten Rochus v. Liliencron (1820-1912) ist keine bildliche Überlieferung mehr nachzuweisen. Nach einer Angabe von Henning v. Rumohr wurde das Porträt während des 2. Weltkrieges in Hamburg zerstört (1).

Nach Kurt Brütt könnte die Büste 1902 entstanden sein, also zum 80. Geburtstag des Gelehrten, der damals kurz vor der Vollendungs seines Hauptwerkes stand, der Allgemeinen Deutschen Biographie. Während er dort zahlreiche Biographien seiner Landsleute einbringen konnte, regte er gleichzeitig zur historischen Porträtsammlung der von ihm mitbegründeten „Historischen Landeshalle“ an; es ist daher nicht auszuschließen, daß Brütts Porträt auch zu einer Landesfeier entstand. Allerdings ist auch ein Zusammenhang mit dem Porträt Kurt Graf Reventlou möglich (vgl. Nr. 234).

Lit.:

(1) Henning v. Rumohr, Die Klosterpröbste von St. Johannis, Schleswig 1972, S. 52 ff.

(2) H. J. Rieckenberg, SHBL 6, 1982, S. 162-166

(3) Steckner, Museum Friedhof, 1984, S. 101

(4) Volbehr/Weyl, S. 180

234. Büste Kurt Graf v. Reventlou, um 1900

Gips, wohl lebensgroß

wohl nicht erhalten

Die Porträtbüste des Preetzer Klosterprobsten und Landtagsmarschalls Graf Kurt v. Reventlou (1834-1914) ist nur durch eine Nachlaßaufnahme überliefert. Von der Art der Modellierung sowie der Büstenform ist zu wenig zu erkennen, um eine Aussage über die Entstehungszeit und das Material der Ausführung abzusichern, auch ist kein Anlaß für die Entstehung des Porträts bekannt geworden. Es ist allerdings zu erwähnen, daß Graf Reventlou (1) seit 1897 neben Rochus v. Liliencron führender Kopf der „Provinzial-Kommission zur Förderung wissenschaftlicher, künstlerischer und kunstgewerblicher Bestrebungen“ war, was für einen Zusammenhang mit dem Entstehen der Büste Liliencron (Nr. 233) sprechen könnte.

Abb.: Nissenhaus 2086 I, S. 42
Lit.:
(1) Paul v. Hedemann-Heespen, Graf Kurt Reventlou und die Provinzialkommission für Denkmalpflege, Kunst und Wissenschaft, Schleswig-Holsteinischer Kunstkalender 1920, S. 160-164.
(2) Dieter Lohmeier, SHBL 7, S. 194-196

Mitte:
235. Porträtrelief Ludwig Franzius, Bremen, vor 1900

Entstanden zum 25. Dienstjubiläum 1900
Marmor, Dm 72 cm
heute Bremer Landesmuseum

„Er öffnete der Weltschiffahrt den Weg zur Stadt Bremen" stand auf dem 1908 nach einem Entwurf des Architekten Fritz Schumacher errichteten Denkmal für Ludwig Franzius (1832-1903). Schon zum 1900 begangenen 25. Dienstjubiläum als Oberbaudirektor Bremens hatte die Bremer Kaufmannschaft ein Porträtrelief Franzius von Brütt für die Bremer Börse gestiftet, das den Börsenbrand von 1943 überstand.

Ludwig Franzius war Bruder des Kieler Marine-Hafenbaudirektors Georg Franzius (1842-1914) und demzufolge häufig in Kiel gewesen, um den Bruder zu beraten, aber auch, um dort zu malen. Die Stadt Kiel besitzt eine farbige Pastellzeichnung „Blick über Alt-Ellerbek nach Kiel" aus dem Jahre 1872, einen der Fischerorte der Kieler Förde, den auch Hans Olde und Adolf Brütt zu Anfang der achtziger Jahre für ihre Freilichtstudien aufsuchten.

Für die Auftragerteilung könnten die in Verbindung mit W. Martens für Bremen ausgeführten Bauten ausschlaggebend gewesen sein, wenn nicht die alten Beziehungen Brütts eine Rolle spielten.

Ausstellung: Staatsarchiv Bremen 1982
Lit.:
(1) J.S. Kunstreich, Ludwig Franzius, in: Harlinger Heimatkalender 1982
(2) Faltblatt zur Ausstellung „Ludwig Franzius in Bremen", Staatsarchiv Bremen 1982

236. Büste Richard Koch, 1896

Marmor, wohl lebensgroß
ehemals Reichsbank, Berlin, nicht nachgewiesen

Büste mit Kleidungsandeutung, der Kopf leicht nach rechts gewandt. Überliefert nur durch eine Aufnahme des Hilfsmodells aus Gips. Richard Koch (1834-1910) war Reichsbankpräsident bis 1907. Er wurde in dieser Eigenschaft auch von Max Kruse, dem mit Brütt befreundeten Bildhauer, anläßlich des Eintritts in den Ruhestand porträtiert (1), außerdem von der 1867 geborenen Lenbachschülerin Vilma Parlaghy (Sammlung Nissen, Nissenhaus).

Wahrscheinlich trifft die Angabe „ist fertig" in der Norddeutschen Zeitung vom 24.11.1896 den Entstehungszeitpunkt der Marmorbüste, nicht des Originalmodells.

Abb.: Nissenhaus B 2086 I, S. 21
Lit.:
(1) Berliner Architektur Welt 7, 1907, S. 207
Abb. 287

237. Willkomm für Dr.jur. Leonhard Richard Karl, vor 1900

In den Husumer Nachlaßunterlagen wird ein Willkomm, also ein Pokal mit Sinnsprüchen, für Dr. Leonhard Richard Karl genannt, der wohl zeitweise Mitarbeiter der Bank Delbrück, Leo & Co war; nach dem Tagebuch von Johanna Koenigs gehörte Dr. Karl zum Freundeskreis von Felix Koenigs, der den Willkomm bei Brütt bestellt haben dürfte. Nach der für Felix Koenigs gearbeiteten Geburtstagsmedaille (Nr. 142) ist damit zu rechnen, daß den Pokal anstelle von Sinnsprüchen einige Porträtreliefs und Allegorien zierten.

Mitteilungen von H.-H. Schröder, Sinzig

238. Porträtrelief Dr. Leonhard Richard Karl, nach 1901

Material und Größe unbekannt
Verbleib unbekannt

Ein undatierter Brief von Brütt an Hans Olde im Landesmuseum Schleswig erwähnt Vorarbeiten zu einem Portätrelief: „Es ist nicht unmöglich, daß ich ein Relief von Dr. Karl machen muß, drum möchte ich Dich ... bitten nur, falls Du die Sachen noch hast, die Platten zu leihen, die Du von K. gemacht hast. Seine Totenmaske habe ich zwar, aber damit kann ich wenig anfangen. Die Leute sollten sich die Totenmasken bei Lebzeiten abnehmen lassen.“ In Brütts Werkliste ist das Relief nicht verzeichnet.

Vgl. Bildnis Dr. Leonhard Richard Karl von Hans Olde aus dem Jahre 1901 (Gantner 144)

Lit.:

(1) Gantner, Olde (1970), S. 220

239. Porträtrelief Alexander Conze, 1905

Übergabe im Kaiserlich Deutschen Archäologischen Institut, Berlin, Corneliusstr. 2, am 29. September 1905
Bronze, Maße unbekannt
Bez.: „ALEXANDER CONZE“
Ehemals Sitzungssaal des Deutschen Archäologischen Institutes Berlin, Verbleib unbekannt

H. Dragendorff wies in der 1915 veröffentlichten Gedächtnisrede auf den Archäologen Alexander Conze (1831-1912) darauf hin, daß der „Reiz seiner rassigen äußeren Erscheinung erst recht herauskam, wenn er in der knappen Joppe zum Ritt oder zum Gang ins Terrain bereitstand...“(1) Das hat Brütt bei den Porträtsitzungen in Berlin herauszuarbeiten gesucht.

Der Auftrag für das Relief wurde nach Ausweis der Briefe im Nachlaß Brütt, Nissenhaus, zum Ausscheiden aus dem Dienst am Archäologischen Institut als dessen Generalsekretär (1887 – 1904) durch den General-Direktor der Königlichen Museen in Berlin, Dr. Richard Schöne (gest. 1922), am 28. Juli 1905 für „das mit der Ausführung diese Planes betraute Comité“ übermittelt; das von Brütt geschaffene Reliefporträt Conze ist also keine Parallelarbeit zu der Büste von Fritz Klimsch (Pergamon-Museum und Deutsches Archäologisches Institut, Istanbul) (3).

Wie aus weiteren Briefen hervorgeht, fanden die Porträtsitzungen nach einer vorübergehenden Abwesenheit Conzes vom 7. -16. August 1905 in Berlin statt, dann werden als Kosten für das „Bronzerelief“ 3000 Mark genannt, für ein „Zweitexemplar“ weitere 300 Mark. Eine Aufnahme im Nachlaß Brütt überliefert nun noch ein großes Porträtrelief aus Marmor, wie die Beschriftung angibt. Weder über Entstehungsumstände noch über einen wahrscheinlichen Ort seiner Anbringung ließ sich etwas in Erfahrung bringen, so daß nicht auszuschließen ist, daß die Abbildung tatsächlich das Gipsmodell des Bronzereliefs zeigt, wofür auch der erhabene Schriftzug sprechen könnte.

Der Verbleib des im Schriftverkehr erwähnten Zweitexemplars – 300 Mark dürften den Gußpreis bestreiten – ist unbekannt, es fand keine Verwendung beim Grab Conzes auf dem Friedhof Halensee-Grunewald.

Für Conze und Petersen entstanden sicher 1905 jeweils eine große und eine kleine Fassung eines in Bronze ausgeführten Porträtreliefs. Da es für ein Marmorporträt für Petersen keine Parallele gibt, so ist es nicht ganz unwahrscheinlich, daß das vermutete Marmorrelief – wenn überhaupt – anläßlich des Todes des Gelehrten 1914 entstand, als sich der 83jährige beim Bereiten eines jungen Pferdes überanstrengt hatte.

Abb.: Nissenhaus B 2086 II, S. 49

Archivalien: Schreiben von Richard Schöne an Brütt (28.7.1905; 5.8.1905; 26. Sept. 1905)

Lit.:

(1) H. Dragendorff, Alexander Conze, Berlin 1915, S. 8
(2) Reinhard Lullies & Wolfgang Schiering, Archäologenbildnisse, Mainz 1988, S. 59
(3) Ausstellungskatalog Berlin und die Antike, Berlin 1979, S. 427

240. Porträtplakette Alexander Conze, 1905

Bronze, 10,3 x 7,1 cm
Bez.: „Brütt“
Aufschrift: „ALEXANDER CONZE“
Ausführung: unbekannt
Nissenhaus B 2122; weiteres Exemplar: Deutsches Archäologisches Institut, Berlin (1)

Der Archäologe Alexander Conze ist im rechtsseitigen Profil dargestellt. Bei der Plakette kann es sich um die Verkleinerung des in der Korrespondenz erwähnten „Bronzereliefs“ für 3000 Mark (Nr. 239) handeln. Die Beschriftung scheint dabei mitverkleinert worden zu sein.

Anzunehmen ist ein Parallelauftrag zur Porträtplakette Petersen (Nr. 242), da Petersen noch vor Conze 1886 erster Generalsekretär des Deutschen Archäologischen Instiutes in Berlin gewesen war.

Abb.: Nissenhaus B 2084, S. 22
Lit.:
(1) F. Goethert, NDB s.v. Conze (dort als Urheber fälschlich „Alexander Brütt“)

241. Porträtrelief Eugen Petersen, 1905

Bronze, Maße unbekannt
ehemals Deutsches Archäologisches Institut, Rom

Da eine bildliche Überlieferung des in den Institutsunterlagen in Rom genannten großen Reliefs fehlt, kann nur vermutet werden, daß das Reliefporträt des Archäologen Eugen Petersen (1836-1919) ein Pendant zum Porträt Alexander Conze (Nr. 239) war. Wenn das Relief nicht für den Sitzungssaal in der Berliner Zentraldirektion gearbeitet war, sondern für Rom, so mag es beim Umzug des Deutschen Archäologischen Institutes vom Capitol in die Via Sardegna 79 verloren gegangen sein. Wahrscheinlich spielte bei der Auftragserteilung der Umstand maßgeblich mit, daß Eugen Petersen noch vor Conze 1886 in Berlin zum ersten Sekretär des Zentralinstitutes ernannt worden war, im folgenden Jahr aber nach Rom ging, um für den Zeitraum 1887-1904 als Erster Sekretär des Deutschen Archäologischen Institutes in Rom zu bleiben; Conze war parallel dazu in Berlin Generalsekretär.

Über den Charakter von Petersen, der zunächst 1864 Gymnasiallehrer in Husum gewesen war und sich vom habilitierten Herausgeber einer neuen Ausgabe der „Charaktere“ des Theophrast 1859 zum Archäologen entwickelt hatte, gibt H. Blanck Auskunft (1). Petersen war wie Brütt (1890) und Ernst Steinmann (1901) in den deutschen Künstlerverein in Rom eingeführt (2); bei seinem Abschied dort am 31.3.1905 war auch Alexander Conze zugegen, man wird eine größere Veranstaltung annehmen können. War ein Porträtrelief bei dieser Gelegenheit für den Versammlungsort des deutschen Künstlervereins in Rom im Palazzo Serlupi, Via del Seminario 13 bestimmt?

Abb.: Nachlaß Brütt (eventuell jedoch Aufnahme der Plakette)
Lit.:
(1) Reinhard Lullies u. Wolfgang Schiering, Archäologenbildnisse, Mainz 1988, S. 63
(2) Friedrich Noack, Das Deutschtum in Rom Bd. 2, Stuttgart, Berlin & Leipzig 1927, S. 445

242. Plakette Eugen Petersen, 1905

Bronze, 8,6 x 10,5 und 8 x 10
Nissenhaus B 2121 a und b; Landesbibliothek Kiel

Petersen (1836-1919) ging 1905 gleichzeitig mit Alexander Conze in den Ruhestand. Es muß sich um einen Parallelauftrag zum Porträt Conze (Nr. 240) handeln.

Abb.: Nissenhaus B 2084, S. 22
Lit.:
(1) Christian Lange, Sammlung schleswig-holsteinischer Münzen und Medaillen II, Berlin 1912, S. 193, Nr. 1175 Abb. Taf. 68.

243. Totenmaske und Handabguß Theodor Mommsen, 1903

Gipsabformung und Bronzeguß
Familie Mommsen, Verbleib unbekannt

„Von dem verstorbenen Historiker Dr. Theodor Mommsen hat der Künstler die Totenmaske genommen", meldete die Chronik der Akademie der Künste zu Berlin für 1903/1904, S. 54. Die Totenmaske aus Gips und die später in Bronze dauerhaft gegossene Handabformung sind an die Familie Mommsen gekommen. Brütt hatte die Abformungen am 1. November 1903 in Berlin genommen; gleichzeitig porträtierte Hans Olde den gerade Verstorbenen (1), dessen Zeichnung auch die Hände unmittelbar vor der Abformung wiedergibt. So ist die Zeichnung Oldes das einzig erreichbare Bilddokument für den Naturabguß von Brütt, dessen Vorgang belegt, daß Brütt in Berlin zum Kreis um Mommsen gehört hat.

Ein Bronzeguß nach der ursprünglich abgenommenen Handabformung wurde noch zu Beginn der fünfziger Jahre an die Familie Mommsen gegeben, konnte jedoch auch nicht mehr nachgewiesen werden.

Die Naturabgüsse von 1903 konnte Brütt bei der Gestaltung seines Mommsen-Denkmales von 1903 nutzen. (Nr. 283).

(1) Illustrierte Zeitung Nr. 3150 vom 12. Nov. 1903 S. 710 (hier reproduziert)

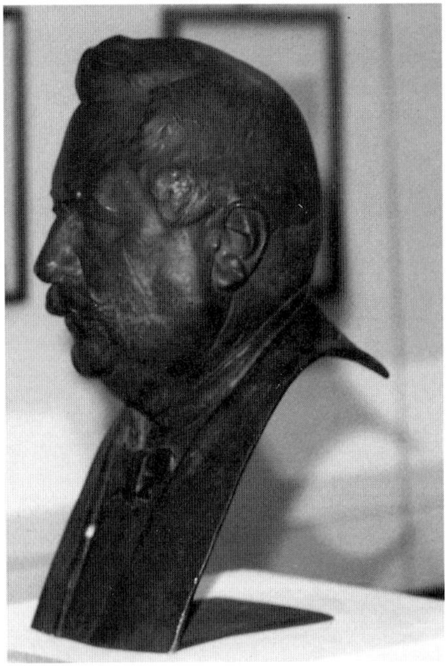

244. Bronzebüste Christian Lange, wohl 1904

Porträtbüste, Bronze, H ca 50 cm
Ausführung: Gießerei unbekannt
Landesbibliothek Kiel

Ähnlich wie bei der in Weimar entstandenen „Büste einer Pariserin" (Nr. 260) ist der Porträtkopf des Ingenieurs Christian Lange (1845-1914) aus dem schildartig ansetzenden Oberkörperausschnitt entwickelt, so daß sich eine Aufstellung als Hermenbüste empfahl, die anders als bei früheren Bronzeporträts mit geschlossenem Schulterstück hier die Gußstärke und damit die Technik sichtbar beließ. Bei sparsamer Detaillierung wirkt die Oberfläche im modellierenden Licht äußerst lebendig, ohne Skizze zu bleiben. Die frische Handschrift Brütts ist im äußerst qualitätvollen, keine Überarbeitungsspuren zeigenden Guß erhalten ohne jegliche Spannung der Eigenart des Charakterkopfes zu der dem Künstler eigenen Formensprache; der frühe Kieler Ausstellungsbeleg zeigt das frühe Entstehen diese Bronzeporträts mit einer Formensprache an, die sonst erst in den zwanziger Jahren zu erwarten ist. Als Gießer möchte man den später von Brütt an die Weimarer Bildhauerschule gezogenen Gießermeister Emil Schmidt annehmen.

Christian Lange gehört zu den Gründern des Schleswig-Holsteiner-Abends in Berlin und ist als Nr. 1 der Mitgliederliste mit seinem Eintritt vom 4.12.1878 auch Chronist dieses Vereins (1), zu dem Brütt als Mitglied 68 am 3.11.1886 hinzutrat (vgl. S. 143). Lange war auch Mitglied des Vereins Historische Landeshalle für Schleswig-Holstein, dem er außer einer bedeutenden Sammlung schleswig-holsteinischer Münzen und Medaillen auch die Bronzebüste schenkte (2).

Ausstellungen: Kiel 1904, Nr. 21 („Männliche Porträtbüste. Bronze. 1904"); Weimar 1907

Lit.:

(1) Christian Lange, Schleswig-Holsteiner-Abend in Berlin. Mitglieder-Liste 1911, Berlin 1911

(2) 15. Jahresbericht für 1914 der Historischen Landeshalle für Schleswig-Holstein, April 1915

245. Relief Emilie Gertrud Lange, wohl 1904

Marmor, Maße unbekannt
nicht erhalten

Das Marmorrelief der Emilie Gertrud Lange (1859-1904) erwähnt eine Werk-Aufstellung im Nachlaß Brütt unter der Bezeichnung „Frau Chr. Lange"; diese Arbeit könnte in Zusammenhang mit der Büste Christian Lange entstanden sein, vielleicht 1904, als am 25.12.1904 Emilie Gertrud Lange in Berlin verstarb und Joseph Kowarzik 1905 im Auftrage Langes eine Erinnerungsmedaille schuf (1).

Möglicherweise hat als Pendant noch ein Porträtrelief Christian Lange existiert, da das Werkverzeichnis von Brütt ein Porträtrelief „Ingenieur X" nennt, die Büste Nr. 244 jedoch (genauso wie Nr. 246) übergeht, und Kurt Brütt zu „Lange. Eckernförde Kiel" verbessert.

246. Büste Siegmund Hinrichsen, 1904

Marmor, H 54 cm
Bez.: Frontaufschrift „HINRICHSEN"; bez. „BRÜTT 1904"
Ausführung: wohl Atelierarbeit von Brütt
Rathaus Hamburg

Der hamburgische Bürgerschaftspräsident (1892-1902) und Bankier Hinrichsen hatte sich für die Kunstförderung in Hamburg eingesetzt, er starb während einer Bürgerschaftsdsitzung im Präsidentenstuhl. Die Büste scheint von Brütt nach einer Photographie geformt zu sein; den Auftrag könnte der mit Brütt und Hans Olde gut bekannte Alfred Lichtwark (1852-1914) vermittelt haben, der sich in Hamburg durch Ankauf auch für Brütts Mitarbeiter Arthur Boué einsetzte; dessen Mitarbeit oder die von Gottlieb Elster ist bei den zahlreichen, um die Jahrhundertwende entstandenen Arbeiten ohnehin nie auszuschließen.

Lit.:
(1) G. Schiefler, Eine Hamburgische Kulturgeschichte 1890-1920 (1985), S. 44
(2) A. Lichtwark, (Nachruf auf Siegmund Hinrichsen), in: Jahrbuch der Gesellschaft Hamburgischer Kunstfreunde, Bd. 8, 1902, S. 83-90
(3) H.J. Brandt, Das Hamburger Rathaus (1957), S. 94

Rechts:
247. Büste Rudolph Hertzog, um 1909

Marmor, lebensgroß
Bez.: „RUDOLPH HERTZOG", Künstlersignatur unbekannt
Architekt: Hausarchitekt der Fa. Rudolph Hertzog, Berlin
Ausführung: wohl Atelierarbeit von Brütt
Ausstellungssaal des Erdgeschosses der Fa. Rudolph Hertzog, Berlin

Da Rudolph Hertzog (1815-1894) bereits verstorben war, als die Büste entstanden zu sein scheint, kann das Werk nur nach Photographien gemacht sein. Denkbar ist auch, daß die Büste 1914 zum 75-jährigen Bestehen des 1839 gegründeten Berliner Kaufhauses Rudolph Hertzog entstand. Die durch die Agenda 75 (2) des Kaufhauses dokumentierte Aufstellung im Ausstellungssaal des Erdgeschosses zeigt die Büste des Firmengründers architektonisch gerahmt in einer raumdominierenden Aedicula. Für eine Datierung in diesem Zusammenhang würde sprechen, daß Brütt jede Kleidungsandeutung weggelassen hat, so daß die Darstellungsweise an die Büste Hans Olde von 1915 (Nr. 314) erinnert. Der gewählte Schrifttypus ist mit der Büstenaufschrift des Porträts Carl Humann (Nr. 186) vergleichbar. Dann wäre eine Entstehung um 1905 anzunehmen. Wahrscheinlich wurde dann das Werk 1914 im Zuge der von Gustav Hochgürtel (vgl. Nr. 60) geplanten Umbauten (3) nur neu aufgestellt.

Abb.: Nissenhaus B 2084, S. 26; (2)
Lit.:
(1) A.B., Rudolph Hertzog, ein Lebensbild, in: Der Bär 20, 1894, S. 442 bes. 477 ff.
(2) 75. Agenda Rudolph Hertzog, Berlin 1914, S. 48 ff.
(3) Architektur und Schaufenster 6, 1909, Nr. 68, S. 1

Adolf Brütt vor der Doppelbüste seiner Söhne (Nr. 250). Photo von L. Geiswig, Berlin, 1901 (Nissenhaus, Nachlaß Brütt)

Adolf Brütt im Atelier Siegmundshof 11. Photo von L. Geiswig, Berlin, 1901 (Nissenhaus, Nachlaß Brütt). Die Aufnahme ist durchkomponiert, von der Hektik der von vielen Mitarbeitern geschaffenen Denkmalskulptur ist nichts zu spüren. Zu sehen sind vor allem freie Werke: die „Doppelbüste meiner Söhne" (Nr. 250), das Modell der „Eva mit ihren Kindern" (Nr. 120), die „Weibliche Figur" (Nr. 248), das Modell zur Salonbronze des „Fischers" (Nr. 97) und das Modell des „Kleinen Mädchens" (Nr. 214) sowie die Büsten Bockelmann (Nr. 105), Raschdorff (Nr. 174) und Reventlou (Nr. 234). Vorn rechts eines der Reliefs für die Türen des Reichstags (Nr. 163) und ein Photo der weiblichen Sockelfiguren zum Denkmal Kaiser Wilhelms I. in Kiel (Nr. 194)

Der Formwandel nach der Jahrhundertwende

Brütt ist inzwischen in das von den Architekten Ende & Böckmann gebaute Atelierhaus Siegmundshof 11 in das ehemalige Atelier von Harro Magnussen eingezogen (vgl. Nr. 200). Nach der Autobiographie könnte der Umzug schon 1897 erfolgt sein, doch 1899 ist Magnussen noch im Siegmundshof. Jedenfalls ist Brütt 1900 sicher dort, und sein Schüler und Mitarbeiter Gottlieb Elster hat das alte Atelier Lützowstraße 82 übernommen. Eine Serie von ganz ausgezeichneten Porträtaufnahmen der Berliner Photographin L. Geiswig zeigt Brütt in seinem Atelier, während gerade die Büste seiner Söhne (Nr. 250) entsteht.

Mit der Doppelbüste seiner Söhne tritt ein Wandel im Werk Brütts ein: Brütt entwickelt in der Technik der Taille directe die Skulptur aus den materiellen und formalen Eigenschaften des Steins. Das Doppelporträt scheint wie ausgebrochen, ohne als Torso zu wirken. Wurde früher vor den Werken Brütts hervorgehoben, man würde das Material beim Anblick des Bildwerks vergessen, jetzt steht die aus dem Material entwickelte Kunstform im Vordergrund. Der zum Freundeskreis des 1900 verstorbenen Felix Koenigs gehörende Max Klinger (er hatte nach dem gemeinsam unternommen Kauf der Plastiken Rodins Felix Koenigs auf den Totenbett gezeichnet) hob 1902 in einem in der „Werkstatt der Kunst" 1902 abgedruckten Interview entsprechend hervor, „daß die zwei Worte idealistisch – naturalistisch ihre frühere Bedeutung gar nicht mehr besitzen... Man sucht allerdings den ‚Idealismus' weniger in der äußeren Form als in der guten Bewältigung der Materie..."

Die zwischen 1901 und 1903 geschaffenen freien Werke von Brütt spiegeln in ihren künstlerischen Problemstellungen eine Umbruchzeit. Wohl unter dem Eindruck der mit Koenigs und Klinger 1900 in Paris erworbenen Skulpturen Rodins („L'homme et sa pensée", „Faunesse debout" und „Frère et sœur") läßt bei Brütt wieder die Lehren von Leopold Rau (1847-1880) wach werden (vgl. dessen Skizze der „Gebenden und versagenden Natur" in der Nationalgalerie)(1). Bei Brütt wird die Skizze zur Kunstform (Nr. 249). Wie die Doppelbüste (Nr. 250) entsteht auch die im Frühjahr 1903 fertiggestellte Diana (Nr. 253) in der unmittelbaren Bearbeitung des Werkblockes durch die Taille directe (vgl. Nr. 251). Nicht zuletzt in der naturverbundenen, waidgerechten Jagd (Nr. 252) hatte Brütt seine innere Ruhe wiedergefunden.

Dies alles geschieht zu einem Zeitpunkt, indem, nach außen durch die Praxis der Lex Heinze sichtbar (2), im Umkreis von Brütt die zum Weltkrieg hinführende politische Veränderung wahrgenommen wird (3).

Lit.:

(1) Katalog der königlichen Nationalgalerie zu Berlin, Berlin 1908, S. 169, Abb.
(2) Julius C. Brunner, Rechtsprechung und Kunst. ein Protest gegen Zensur, München 1914
(3) Theodor Mommsen, Was uns noch retten kann, in: Die Nation 20, 1902, Nr. 11, S. 163-164
(4) Steckner, Sparsamkeit (1981), S. VIII

248. „Weibliche Figur", 1901

Titelvarianten: „Weibliche Bronzeskizze" u. „Torso"
Bronze, H 43 cm
Gießerei unbekannt
Nissenhaus B 2091
Ein weiteres Exemplar möglicherweise ehemals Sammlung Elschner, Berlin

Der Anlaß zur Entstehung des „Torso" wird durch die Autobiographie überliefert: Brütt hatte anläßlich der Enthüllung des Breslauer Reiterdenkmals Kaiser Friedrichs III. (Nr. 190) eine Auseinandersetzung mit dem dortigen Anatomie- und Kunstprofessor C. Hasse über den Begriff des „Torso" am Beispiel der „Venus von Milo", über die Hasse gearbeitet hatte: Gegen die Bemerkung, die Arme seien ein wunderbares Mittel, den Ausdruck zu erhöhen, hatte Brütt gesetzt: „Die Venus würde nur halb so großartig wirken, wenn sie Arme hätte." Mithin: Das

Weglassen ist für Brütt eine Form der Ausdruckssteigerung.

Die Arbeit scheint unmittelbar im Anschluß an die Breslauer Auseinandersetzungen entstanden zu sein. Hier ist der Torso der Venus von Milo Grundlage der Frauengestalt mit dem Tuch. Sie ist, als habe sie die Skulptur gerade enthüllt, dem annähernd im gleichen Maßstab gehaltenen männlichen „Torso vom Belvedere", dem Werk des Apollonios, gegenübergestellt.

Im Sinne des Torsobleibens ergibt sich ein Doppelsinn, denn die Bronzeskizze ist als Skizze, gegen die Präzison etwa der Statuette des Prinzen Wilhelm (Nr. 185) von 1904 gesetzt, unvollendet geblieben. Aber der Ausdruck ist gesteigert, die Bronzeskizze ist zur selbständigen künstlerischen Form geworden, nicht mehr Vorform eines noch auszuführenden Werkes.

Beim Gegeneinandersetzen von Torsoskizze und skizzierter weiblicher Figur klingt wohl auch das Betasten des Torso durch die sehende und zugleich bildende Hand des Bildhauers an, wie es Olga von Gerstfeld-Steinmann, für die Brütt später den Grabstein in Rom schuf (Nr. 297), in ihren „Pilgerfahrten in Italien" von 1910 (4. Auflage 1922, S. 283) vom blinden Michelangelo schreibt, der „betastet, um wenigstens fühlend die Schönheit zu ahnen, die er schauend nicht mehr genießen konnte"; eine Parallele, die auf die Aktualität der plastischen Diskussion kurz nach 1900 hinweist, findet sich im Werk Gustav Eberleins, der auf das Titelblatt seiner Bildhauerschrift „Michelangelo nebst anderen Dichtungen und Gedanken über Kunst" 1902 den Torso setzte und 1905 eine Plastik dazu schuf: „Der blinde Michelangelo betastet den ‚Torso vom Belvedere'" (3).

Etwas anderes ist dann die Lehre von den elementaren, haptischen „Greifformen" der Bildhauertheorie des mit Brütt befreundeten Max Kruse von 1903 (2), die unter dem Eindruck der ägyptischen Plastik formuliert ist und erst in Weimar wirksam wird.

Ausstellung: Ausstellung Adolf Brütt, Kiel 1904, Kat. 14; Husum 1978, S. 15

Lit.:

(1) Steckner (1978) S. 15
(2) Steckner, Sparsamkeit, S. 53, 55
(3) Rolf Grimm, Gustav Eberlein, Dransfeld 1983, S. 32 Nr. 18, vgl. Nr. 23.

249. Weibliche Figur (1901), um 1910

weißes Porzellan, H 35 cm
Ausführung: Schwarzburger Werkstätten für Porzellankunst, Unterweißbach (Thüringen), Form U 22; Auflage unbekannt
Nissenhaus B 4877

Die geringe Größe der Figur setzt ein eigenes Modell voraus, das sich im Detail – etwa im stärker betonten Kontrapost und der größeren Körperdrehung – von der Bronzeversion (Nr. 248) unterscheidet. Diese kleine Wiederholung wurde von den Schwarzburger Werkstätten unter dem Titel „Torso" für 30.- Mark angeboten.

Es ist denkbar, daß das Modell für die Manufaktur in der keramischen Werkstatt der Weimarer Bildhauerschule entstand.

Lit.:

(1) Steckner (1978), S. 15

250. „Doppelbüste meiner Söhne", 1901

Marmor, H 57 cm
Bez.: „Brütt 1901"
Ausführung: eigenhändige Arbeit
Nissenhaus B 2100, Geschenk von Kurt Brütt

Der traditionelle Büstenaufbau ist fallengelassen. Ohne formal ausgebildeten Sockel balanciert der rohe Block auf seiner Standfläche. Die Rautenform des Umrisses verdichtet sich in der direkt aus dem Stein herausgemeisselten Form der beiden Porträtköpfe der damals fünfzehn und sechzehn Jahre alten Söhne Brütts: ".. betrachtet man das Antlitz des älteren der beiden Söhne, so drängt sich dem Beschauer eine höchst interessante Bemerkung auf: das Gesicht gibt nämlich ganz unverkennbar den Typ von Brütts frei geschaffenen männlichen Idealfiguren an .."(1) – was noch insbesondere hinsichtlich des „Schwertmannes" (Nr. 300) gelten wird.

Kompositionelle Vorbilder sind nicht zu spüren: den Kantenparallelen ist die senkrechte Schattenzone zwischen beiden Köpfen entgegengesetzt, die Volumen der Köpfe mit dem Verlauf der Bruchkanten abgestimmt. Der Zusammenklang der hohen Schulterkante mit dem kantigen Schädel des Älteren wie die runderen Formen des aufmerksam-verschmitzten Jüngeren: alles läuft auf die physiognomische Charakterisierung hinaus.

Ausstellungen: Schleswigsche Kunstausstellung, Flensburg 1901; Internationale Kunst-Ausstellung Bremen 1902, Kat. 593; Deutsche Nationale Kunstausstellung Düsseldorf 1902, Kat. 1197; Internationale Kunstausstellung Bremen 1902, Kat. 593; Große Berliner Kunstausstellung 1903, Kat. 1090; Ausstellung Adolf Brütt, Kiel 1904, Nr. 11; Akademie der Künste Berlin, Herbst 1920, Kat. 250; Husum 1978

Abb.: Nissenhaus B 2086 II, S. 1

Lit.:

(1) Kieler Zeitung, 19.6.1904

(2) Steckner (1978) S. 16

251. Handabguß Adolf Brütt mit Fäustel, wohl 1901

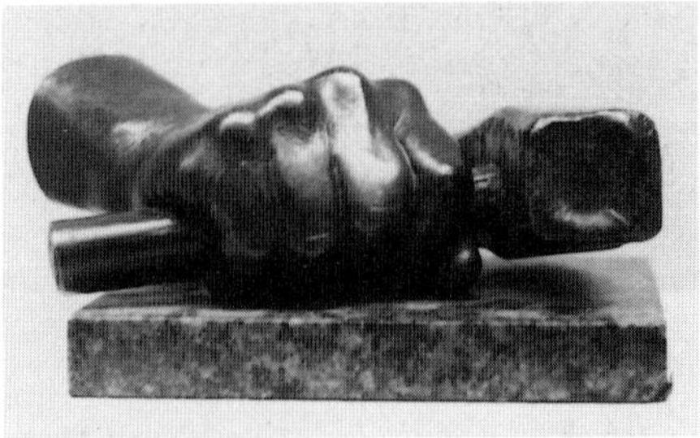

Naturabguß, Bronze, H 10 cm L 20 cm
Unbez.
Ausführung: Gießerei unbekannt
Nissenhaus B 2090

Der Handabguß ist Ausdruck der handwerklichen Einstellung von Brütt, Symbol der „Taille directe“ und der Ausdrucksformen. Brütt sah das Physiognomische und die Hände als einen Ausdrucksschwerpunkt. Bei seinen Porträtdarstellungen – z.B. auch beim Denkmal für den Gelehrten Mommsen (Nr. 283) – hat er neben Naturaufnahmen auch Naturabgüsse von Gesicht und Händen verwendet. Hier ist die Hand mit dem Bildhauerhammer die Selbstdarstellung der schöpferischen Kraft des Bildhauers: „Der Handfäustel ist eine Art Hammer, dessen hölzener Stiel eine Länge von ca. 15 cm haben muß. Es besteht aus Eisen und kann an den beiden Schlagseiten, welche 6/6 cm groß sind, angestählt sein. In diesem Fall muß der Teil der Werkzeuge, welche der Handfäustel beim Arbeiten trifft, weich, d.h. ungehärtet sein, während bei einem ganz eisernen Handfäustel genannte Teile gehärtet sind. Der beste Handfäustel ist aus hartem Blei.“(1) Um diese Art Hammer, das Hauptwerkzeug der Taille directe, wird es sich handeln.

Die Siegesallee-Figuren Brütts wie z.B. das Standbild Kaiser Friedrich III. (Nr. 182) entstanden in Zusammenarbeit mit Franz Tübbecke (1856-1937). Dieser Bildhauer, ein Studienkollege Brütts, führte in Strahlau bei Berlin eine Werkstätte zur Ausführung von monumentaler Plastik. In seiner Werkstatt wurden mit Bildhauermaschinen nach den Gipsabgüssen der Originalmodelle die Rohformen aus den Marmorblökken herausgearbeitet, die Detaillierung lag dann in Händen der Mitarbeiter Brütts (bekannt geworden sind Arthur Boué und Gottlieb Elster). Hände und Physiognomien als „Brennpunkte“ des plastischen Werkes dagegen führte Brütt eigenhändig, wenn möglich, nach dem lebenden Modell aus.

Bei der Gestaltung der plastischen „Brennpunkte“ legte Brütt bei den Statuen nach dem Zeugnis seiner Schülerin Else Witting besonderen Wert auf die Charakteristik der Hände, ähnlich wie es Hermann Sudermann in seinen literarischen Werken sah (1). Ein Handabguß mit Ehering und Wischlappen (3) ist nach ebendieser „Hand-Psychologie“ ein Naturabguß der Hand von Brütts Schwager Carl Schneider.

Lit.:

(1) Richard M. Meyer, Die deutsche Literatur des 19. Jahrhunderts, 1900, S. 802 ff.

(2) Albert Burrer, Der Steinhauer an der Arbeit, Eßlingen 1911, S. 6

(3) Steckner (1978), S. 19

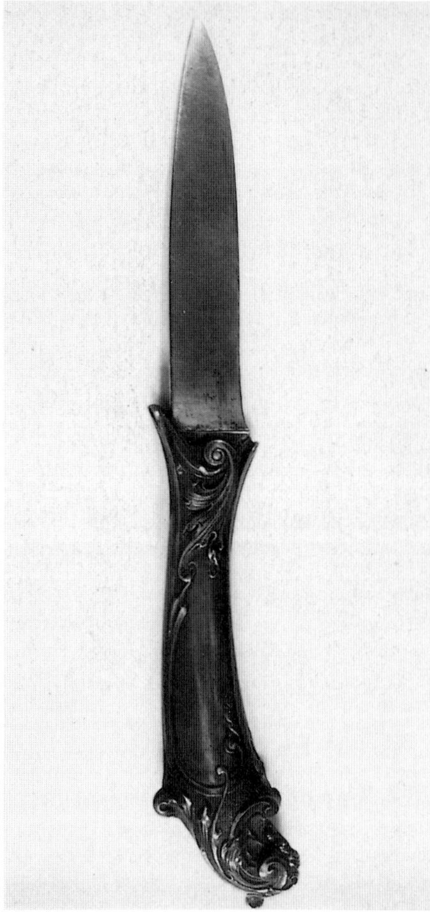

252. Jagdmesser, um 1900

Bronze, L. ca. 15 cm
Bez.: „Brütt“
Ausführung: keine Gießermarke
Nissenhaus B 2133

Es handelt sich um das für seine Hand selbstentworfene Jagdmesser von Brütt, dessen Ornament von der Funktion des Montagestiftes der Eisenklinge her auf den Griffkörper hin entwickelt ist. So wird auch hier die den Bildwerken Brütts ablesbare Formentwicklung von den Schwer- und Brennpunkten her sichtbar.

253. Diana, 1903

Carrara-Marmor, H 168 cm
Bez.: „Brütt 1903"
eigenhändige Taille directe

Von der Nationalgalerie 1903 angekauft, wohl schon in den zwanziger Jahren magaziniert (Nat. Gal. Berlin (Ost) Inv. Nr. B I 187)

In spiralförmiger Drehung ist die Gestalt um eine senkrecht verlaufende Achse von der Standfäche her entwickelt (vgl. Nr. 269). Bei dieser formalen Logik des plastischen Aufbaus wird die die nur roh behauene Statuenstütze zu einer Art Quellpunkt, während die Plinthenscheibe durch das Möndchen der Haube gebunden wird. „Die Göttin hat eben ihren Gürtel gelöst, den sie noch in der herabhängenden Linken hält, und streicht sich mit sanftem Druck der Rechten über die Weiche, die er gepresst hat. Ein prächtiges Bewegungsmotiv, das von allen Seiten wundervolle Linien ergibt."(1). Die Andeutungen der Beschreibung lassen gewissermaßen durch den Blickwinkel des damaligen Betrachters eine Sinnschicht anklingen: den Zusammenhang mit der ihren Höhepunkt erreichenden Frauenreformkleidungsbewegung, in der die damals in Berlin wirkenden Künstler Henry van de Velde und Paul Schultze-Naumburg mitstritten (9). Das Werk von Brütt liegt aber nicht in der Linie des vom Deutschen Naturheilverein angebotenen Korsettersatzes „Diana". Die im Wortsinn unverschämte Nackteit seiner Gestalt war den hochgeschlossenen Kleidungen der damaligen Betrachter entgegengehalten. Wenn Brütt auch thematisch an die Diana der Kanne für das Tafelsilber von 1881 anknüpfte (Nr. 47.2), so bestimmte hier doch der im Mythologem quasi charakterologisch gefaßte Urtypus die Darstellung, nicht ohne auf die in Kleidung und Gestalt unverbildeten Mädchen Hollands anzuspielen: „Der Helm mit dem Halbmond zeigt Anklänge an eine holländische, zu beiden Seiten nach außen umgebogene Haube, und dies lag auch in der Absicht des Künstlers, der das ‚unendlich Neue' dieser Kopftracht der niederländischen Frauen für seine Vorstellung der Diana verwerten wollte."(2) Es wirken demnach die Eindrücke der kurz vor 1900 von Brütt mit Hans Olde und Felix Koenigs unternommene Hollandreise nach (Autobiographie S. 44–47). Ähnlich hatte der Brüsseler Akademiedirektor Charles van der Stappen (1843-1910) bei seinem „Mädchen aus Seeland" (1901 aus dem Nachlaß Koenigs an die Nationalgalerie überwiesen) die Spitzenhaube betont.

Obgleich Brütt für seine Skulptur einen mythologischen Namen wählte: es geht um das im Briefwechsel mit Hans Olde immer wieder anklingende neue Menschenbild. Von der Beinstellung her baut sich aus innerer Notwendigkeit die ruhige Selbstbewußtheit der Gestalt auf: „Zwar heißt das neue Werk ‚Diana'; vielleicht ist es aber ebenso gut keine Diana trotz der Jagdkappe mit der Lunasichel darauf, sondern einfach eine jugendliche Weibsgestalt, die, des beengenden Gürtels ledig, soeben aufatmet."(3) Daher sind die Diana-Attribute so weit als möglich zurückgedrängt, klingen nur an im Halbmond und im kaum wahrnehmbaren Köcher an der roh behauenen Beinstütze. Nach Max Osborn wirkt auch die Auseinandersetzung mit der Diana des Bildhauers Alexandre Falguière (1831-1900) von 1882 nach, was sich anscheinend indirekt durch die von Felix Koenigs 1899 an die Nationalgalerie gestiftete „Büste des Bildhauers Falguière" von Auguste Rodin bestätigt: „Brütt hat durch seine Kopfbedeckung mit dem kleinen Halbmond denn auch offenherzig bekannt, was seinem Werke den Impuls gab. Aber damit ist die ‚Ähnlichkeit' der Figuren auch erschöpft. Der Franzose stellte Diana in dem Augenblick dar, da sie einen Pfeil von ihrem Bogen abgeschnellt hat, dem ihr Jägerblick folgt. Der Deutsche schildert sie etwa in dem Augenblick, da sie den Gürtel ablegt, um in olympischer Nacktheit ins Bad zu steigen." Danach geriete der Betrachter in die Rolle des Aktäon. Aber ist nicht wieder, vergleichbar mit der „Eva" (Nr. 117-120) und der „Schwertänzerin" (Nr. 136 u. 137), die selbstverständliche, natürliche Nacktheit gegeben? Die Zusätze wären dann als „Lesehilfen" zu verstehen, die angesichts dieser Badenden an die Gegenwart des Mythos (8) erinnern.

Brütt hat in seiner Autobiographie allein die Taille directe als Methode des unmittelbaren plastischen Gestaltungswillens angesprochen, was an der Skulptur die roh belassene Statuenstütze sichtbar macht: „Meine Marmorarbeiten, von der Diana I an, holte ich außerdem selber von Anfang an aus dem Block heraus, und das war ein herrliches Kraftgefühl.." Diese Passage deckt sich inhaltlich mit einem am 8. Februar 1904 bei der Nationalgalerie eingegangenen Brief (Nationalgalerie Berlin Ost, Spezialia B, Acta Adolf Brütt): „Infolge des Umstandes, daß ich meine von der Nationalgalerie angekaufte ‚Diana' nach einem oberflächlich modellierten Modell in Marmor punktieren ließ und sie dann freihändig in Marmor nach der Natur fertig machte, habe ich nichts weiter, als das unvollkommene Gypsmodell für mich behalten." Brütt ließ im Keilformverfahren eine Form herstellen, über die er am 22.2.1904 schrieb, daß die Ausformungen in Gips für 300 Mark von ihm zu haben seien. Eine solche große Ausformung ist mir nicht bekannt geworden.

Nachfolge fand Brütts Diana z.B. in Reinhold Felderhoffs „Diana" (Wröhmännerpark, Spandau).

Auszeichnungen: Große Goldmedaille Berlin 1903
Ausstellungen: Kunstausstellung Berlin 1903

Kat. 1089; Dauerausstellung der Nationalgalerie bis 1926 (?); Sonderausstellung Brütt Kiel 1904, Kat. 17 („Diana. Marmor. 1903"); Sonderausstellung Berliner Bildhauer von Schlüter bis zur Gegenwart 1936, Kat. 25 Abb. 17
Abb.: Nissenhaus B 2086 II, S. 27 u. 39; (5) u. (6)
Lit.:
(1) Hans Rosenhagen, in: Kunst für Alle 18, 1903, S. 429
(2) Wilhelm Schölermann, in: Kieler Neueste Nachrichten, 18. und 19. 6. 1904
(3) F. Fuchs, in: Westermanns Monatshefte, 1903
(4) Max Osborn, in: Velhagen & Klasings Monatshefte, Mai 1909, S. 107
(5) Fendler, in: Illustrierte Zeitung, 23. Juli 1903, S. 141 Abb.
(6) Katalog der Königlichen National-Galerie zu Berlin, Berlin 1908, S. 153 (Abb.)
(7) Ausstellungskatalog Berlin und die Antike, Berlin 1979, S. 200
(8) Herbert Hunger, Lexikon der Griechischen und Römischen Mythologie, 5. Aufl., Wien 1959, S. 54 (Nennung der Diana von Brütt)
(9) Albert Dresdner, Der Weg der Kunst, Jena u. Leipzig 1904, S. 270f.

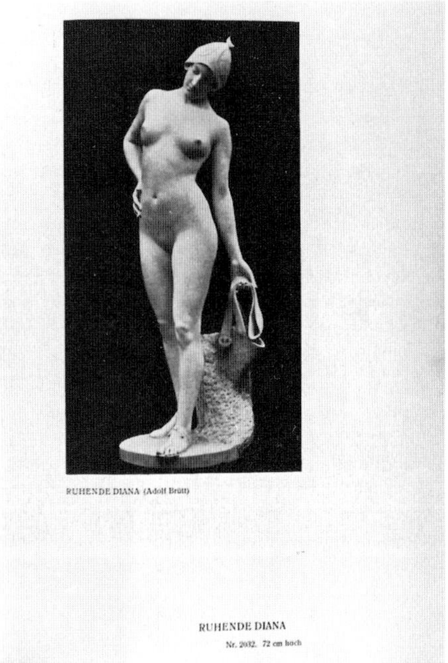

254a Diana (kleine Fassung), 1903/1904

Bronze, H 72 cm
Ausführung: Aktiengesellschaft Gladenbeck
kein Exemplar bekannt

Mit der Bestellnummer 2032 hat die Aktiengesellschaft Gladenbeck eine kleine Fassung in der üblichen Größe von ca. 70 cm mit Plinthe verbreitet. Das genaue Aussehen dieser Figur ist nicht bekannt, da für die Abbildung im Katalog eine Photographie der Marmorfassung der Nationalgalerie genommen wurde.

Die kleine Fassung kann nur im Anschluß an die Abformung der großen Fassung entstanden sein, also erst nach Februar 1904

Lit.:
(1) Steckner, Sparsamkeit (1980), Abb. 46

254b Diana, kleine Fassung (1903), um 1910

weißes Porzellan, H 61 cm
Ausführung: Schwarzburger Werkstätten für Porzellankunst
Privatbesitz, Kiel

Die „Diana" gehört zu den frühesten Arbeiten der im Herbst 1908 gegründeten Schwarzburger Werkstätten für Porzellankunst, da sie die Formnummer U 19 hat. Sie ist zugleich das erste Werk Brütts im Angebot der Manufaktur und überhaupt die erste seiner Plastiken, die in Porzellan reproduziert worden ist.

Eine Aufnahme des Ateliers der Berliner Bildhauerin Marlene Poelzig-Moeschke (Technische Universität Berlin, Plansammlung, Nachlaß Poelzig) zeigt eine Gipsstatuette der „Diana", die das Modell für die Porzellanfassung sein könnte, sofern sie nicht für eine kleinere Fassung des Bronzegusses (Nr. 254a) gedacht war. Diese Überlieferung läßt jedenfalls vermuten, daß die Bildhauerin im Umkreis Brütts ausgebildet worden ist.

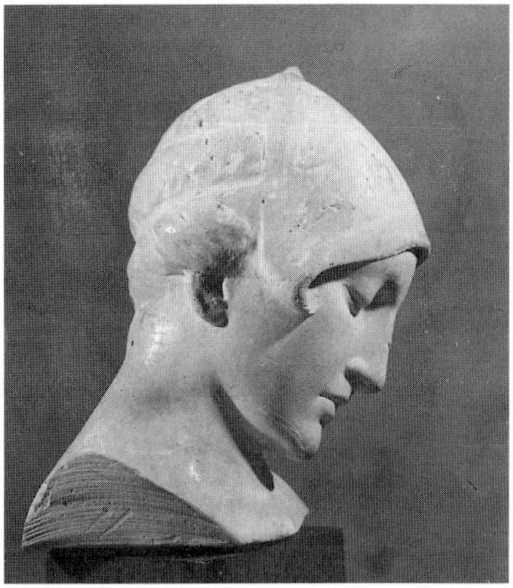

255. Kopf der Diana, 1904

Gips, H 14,5
unbezeichnet
Ausführung: Atelier Brütt
Nissenhaus B 2138

Kleiner Gipskopf der Diana, mit geringfügigen Unterschieden zur großen Fassung. Halbmond der Haubenspitze fehlt. Da die Schulterpartien Sägespuren zeigen, ist anzunehmen, daß hier der ausgesägte Kopf als Teil des Modells für den Bronzeguß von 72 cm Höhe erhalten ist und durch Brütt zum selbständigen Werk wurde.

Ausstellung: Husum 1978
Lit.:
(1) Steckner (1978), S. 20

256. Zwei Reliefs für die Eingangshalle von Schloß Primkenau, 1904

Material und Größe unbekannt
Architekten Ernst v. Ihne (1848-1917) und Baumeister Sindermann
Ausführung: nach dem Modell von Brütt wohl in Stein
ehemals im von Architekt Ernst v. Ihne umgebauten Schloß Primkenau (1)

Von einem oder zwei Jagd(?)-Reliefs für die Eingangshalle von Schloß Primkenau, das Architekt Ernst v. Ihne in ähnlichen Formen wie das von ihm restaurierte Schloß Friedrichshof der Kaiserin Friedrich schuf, ist in einem Brief von Herzog Ernst Günther zu Schleswig-Holstein (1863-1921)(3) vom 25.9.1904 an Brütt die Rede; es war als Modell von Brütt im März fertiggestellt und sollte unter Leitung des Baumeisters Sindermann in den Bau eingefügt werden (Nissenhaus, Briefkonvolut Brütt, Nr. 183). Brütt war nach den Nachlaßunterlagen auch zur Jagd nach Primkenau eingeladen, er kannte also das Schloß, wie auch eine Ansichtspostkarte belegt.

Da auch Jagdreliefs und heraldische Dekorationen für Primkenau von Harro Magnussen (1861-1908) in der Kunstpresse 1896 erwähnt werden (2), ist anzunehmen, daß auch noch andere aus Schleswig-Holstein gebürtige Künstler zur Ausstattung des Schlosses Primkenau und vielleicht auch von Schloß Gravenstein herangezogen wurden.

Neben verschiedenen Protektoraten für Schleswig-Holsteins Denkmalsbestrebungen (z.B. Storm-Denkmal für Husum) hatte Herzog Ernst Günther zu Schleswig-Holstein zeitweise das Protektorat des 1880 gegründeten Berliner Künstlervereins „Pallas" e.V. inne, eines „Vereins für künstlerische Bestrebungen", der nach dem Künstler-Adressbuch von Heinrich Dressler von 1913 zuletzt in der Yorkstraße 74 sein Studien-Atelier hatte. Man wird annehmen können, daß bei der Ausstattung von Schloß Primkenau Künstler dieses Kreises mit herangezogen wurden. So war auch Gustav Eberlein in Primkenau(5), dessen Zugehörigkeit zum Kunstverein Pallas allerdings nicht gesichert ist.

Archivalien: Nicht ausgewertet wurden die nach Schleswig-Holstein gekommenen Archivalien des Hausarchives Primkenau (4)
Lit.:
(1) Architektonische Rundschau 1897, Taf. 25, 26, 33, 50.
(2) Kunst-Halle 1, 1896, S. 380
(3) Dieter Lohmeier, in: SHBL 8, 1987, S. 100-102
(4) O. Klose, Das Primkenauer Archiv, in: ZSHG 76, 1952, S. 200-206
(5) Adolf Rosenberg, Gustav Eberlein, Bielefeld & Leipzig 1903, S. 25

Mitte:
257. Jagdstiftung: Kaiser Wilhelm I.-Denkmal für Christianstadt/Bober, 1906

Denkmal mit Reliefmedaillon, Bronze, Maße unbekannt. Enthüllung 27.Mai 1906
Bez.: Aufschrift „WILHELM / DER / GROSSE"
Architekt: Franz Schwechten (?)
Gießerei unbekannt
nicht erhalten

„Brütt hat für den Marktplatz der Stadt Christianstadt, in der er sich oft aufhält, ein in Kupfer ausgeführtes Kaiser-Wilhelm-Denkmal im Werte von 4000 M. gestiftet", meldete die Zeitschrift „Kunst für Alle" (1). Das Sorauer Tageblatt vom 17.3.1906 ergänzte, daß dies Bronzerelief für die Stadt kostenlos hergestellt worden sei: „Das Bildnis wird in einen Granitblock von 3 1/2 Meter Höhe eingelassen werden und Aufstellung auf dem hiesigen Marktplatz finden. Die Kosten dieser Aufstellung und der Bahnfracht sind durch Spenden reichlich gedeckt. Als Tag der feierlichen Enthüllung ist von der städtischen Behörde der 27. Mai festgesetzt."

Nach den erhaltenen Photographien handelte es sich bei der Stiftung für die Stadt, von der Brütt damals die Jagd gepachtet hatte, um eine Stele mit kreuzförmiger Silhouette, in deren oberen Teil das Hochoval des Reliefs eingelassen war. Der mitgearbeitete Punktrand gibt dem Ganzen einen leichten Empirecharakter. Den Gedenkstein selber könnte Franz Schwechten entworfen haben.

Hinweise von Rudolf Silz, Essen, und H.-G. Rudolph, Berlin
Abb.: Nachlaß Brütt; H.-G. Rudolph, Berlin (hier reproduziert)
Lit.:
(1) Kunst für Alle, Jg. 20, 1905, S. 47.
(2) Sorauer Tageblatt, 17.3.1903

Weimar 1905-1910

Als Lehrer trat Brütt zuerst im Wintersemester 1890/91 in Erscheinung, als er zusammen mit dem Maler Conrad Fehr und dem Kupferstecher Gustav Eilers im Atelierhaus Lützowstraße 82 in Berlin die „Akademische Schule für bildende Künste" gründete (vgl. S. 139) und dort insgesamt 53 Schüler unterrichtete. Die neugegründete Privatakademie konnte im Wintersemester 1891/92 insgesamt 99 Schüler zählen, wobei offiziell zunächst Max Baumbach, dann Otto Riesch, August Gaul und Fritz Klimsch den einführenden Bildhauerunterricht gaben, während Brütt talentierte Kräfte nach dem von Leopold Rau (Nr. 31) übernommenen Grundsatz von „Selbstbewußtsein und Selbsttat" im praktischen Werkstattunterricht fortbildete. Die in der Kunstzeitschrift „Atelier" erschienen Anzeigen wie die streitbaren Beiträge zur Kunstsituation machen deutlich, daß die Privatakademie als der sezessionistische Gegenpol zur staatlichen Akademie gedacht war.

Das setzte sich fort im Siegmundshof 11, wo Brütt um 1900 für seine Monumentalaufträge das Atelier von Harro Magnussen übernommen hatte. Hier unterrichteten die „Studien-Ateliers für Malerei und Plastik" durch Bildhauer Arthur Lewin-Funkke sowie Max Kruse und Maler Lovis Corinth, die beide auch kunstpädagogische Schriften veröffentlichten. Das Ineinandergreifen von Studien-Ateliers, von Schülerwerkstätte und Atelierbetrieb sollte die Mitarbeitern zur Beherrschung der Kunstmittel führen, was auch für die Zusammenarbeit mit den Werkmeistern der von Brütt bevorzugten Bronzegießereien und der Punktierwerkstatt Franz Tübbecke galt. Die Beherrschung der Kunstmittel sollte zu selbständiger Arbeit und individueller Formgebung führen (vgl. S. 240). Nach diesem Konzept fanden auch Arthur Boué und Gottlieb Elster, die beide nachweislich Brütts Assistenten in Berlin waren, ihre künstlerische Selbständigkeit.

Die in Brütts Atelier gelehrte Handwerkskunst wurde zur Grundlage der Weimarer Bildhauerschule, als 1905 Hans Olde, der 1902 zum Direktor der Weimarer Kunstschule ernannt worden war, Brütt nach Weimar zog. Er sollte die Weimarer Bildhauerschule neu aufbauen, die dann am 1. November 1905 mit vier Schülerwerkstätten und einer eigenen Kunstgießerei eröffnet wurde. Im Oktober 1905 bezog Brütt als Nachbar Oldes eine neue Wohnung in der Bernhardstr. 1a: „Mir wurden ebenfalls neuerbaute, prächtige Atelierräume, sowie vier gute Schülerwerkstätten zur Verfügung gestellt. Es waren sogenannte Meisterateliers und ich der ‚Meister' von vier Schülern, die mir gefolgt waren, und sofort begann eine rege Tätigkeit." (Autobiographie, S. 51)

Die Bildhauerschule führte die auf der Kunstschule vorgebildeten Schüler stufenweise in praktischer Atelierarbeit hin zum selbständigen Werk im eigenen Schüleratelier. Die spezielle Werkstofftechnologie lag in Händen von Werkmeistern: Gießermeister Emil Schmidt und der zugleich der Kunstgewerbeschule Henry van de Veldes unterstellte Ziseleur Egon Dinkloh betreuten den Bronzeguß. Die Technik der Steinbearbeitung konnte der vom Handwerk her kommende Brütt selbst unterrichten, wobei er, als Form- und Werkmeister zugleich, besonderen Wert darauf legte, die Abhängigkeit der künstlerischen Form von den Eigenschaften der Materialien zu vermitteln. Ein Materialfundus war dazu bereitgestellt. Ansonsten waren die Gießerei und die Schülerateliers auf auswärtige Aufträge ausgerichtet: „... unter Voraussetzung, daß Herrn Professor A. Brütt der Auftrag auf das Landesdenkmal für den Großherzog Carl Alexander zuerteilt wird.." übernahm Brütt die Leitung der Meisterateliers: "Herrn Professor A. Brütt wird ein Institut für seine eigene und für die Arbeiten seiner Schüler gebaut und unentgeltlich zur Verfügung gestellt." So lautete der von Brütt und Hans Olde am 20. April 1905 unterzeichnete Dreijahresvertrag für den Zeitraum 1. Oktober 1905 bis 1. Oktober 1908.

Bereits während der Ausbildung sollten die Schüler der Weimarer Bildhauerschule an öffentlichen Bauaufträgen mitwirken. Als am 11. Januar 1908 das weitgehend vom Großherzog finanzierte Weimarer National-Theater eröffnet wurde, konnte man beispielsweise auch die Arbeiten der Bildhauerschule sehen. Es waren Medaillons und Supraporten aus weissem Marmor. Für das Foyer des Theaters hatten Willy Menzner, Franziska v. Seeger, Bernhard Sopher, Heinrich Walter und Max Weinitschke Medaillons von Goethe, Schiller, Mozart, Wagner und anderen geschaffen. Die Kunstgewerbeschule war mit der Kunstindustrie des Landes an der Ausstattung des Gebäudes beteiligt, die Malerschule wie die Professoren hatten Wandbilder und Porträts geliefert.

Die Weimarer Bildhauerschule gab auch 1908 die erste überregional beachtete Ausstellung im Museum für Kunst und Gewerbe am Karlsplatz. Werke von Wolfgang Schwartzkoppff, Bernhard Sopher, Willy Menzner, Max Weinitschke, Franziska v. Seeger waren ausgestellt. Das von der Bildhauerin geschaffene, in der Schulgießerei gegossene und ziselierte Bronzeporträt „Kopf eines Arbeiters" von 1907 erwarb das Weimarer Museum für seine Sammlungen, im folgenden Jahr konnte dann Franziska v. Seeger ihre erste Werkausstellung in Stuttgart zeigen.

Die Weimarer Bildhauerschule wirkte auch im Rahmen der der Kunstindustrie Thüringens. Von Anfang an ist die Zusammenarbeit mit den im Herbst 1908 von Max Adolf Pfeiffer (geb. 1875) neugegründeten „Schwarzburger Werkstätten für Porzellankunst" in Unterweissbach der damals fortschrittlichsten deutschen Porzellanmanufaktur nachweisbar. Nach dem Leitsatz „billig und gut" produzierte man nach dem Modellen erster und vor allem junger Bildhauer. Neben Ernst Barlach, Hermann Hosäus, Gerhard Marcks und Richard Scheibe nennt der Verkaufskatalog der Manufaktur von 1912 die Namen von Schüler Wolfgang Schwartzkopff (erhaltene Modelle von Franziska v. Seeger gingen nicht in den Verkauskatalog ein) neben Joseph Vinecky, dem Werkmeister für kunstgewerbliches Modellieren an der Kunstgewerbeschule, und Brütt als Leiter der Weimarer Bildhauerschule.

Ein Blick auf den Grundriß der Weimarer Kunstschulbauten zeigt, daß die Bildhauerateliers mit den Modellierräumen, der Gießerei und der Ziseleurwerkstatt fast das gesamte Erdgeschoß des Kunstgewerbeschulgebäudes einnahmen. Der Ziseleur, Werkmeister Egon Dinkloh, war nach den erhaltenen Verträgen ausdrücklich für Bildhauerschule und Kunstgewerbeschule zugleich eingestellt. Für Gießermeister Emil Schmidt ist eine solche Doppelfunktion nicht in den Akten erwähnt, man wird sie jedoch wie auch umgekehrt für den Modelleur der Kunstgewerbeschule, Joseph Vinecky, annehmen können. Von seiten der Bildhauerschule gab es sicher ein großes Interesse, die Schüler mit der Porzellanplastik als populärem Mittel zur Verbreitung plastischer Kunst vertraut zu machen.

Daher gehörten zu den ersten Formnummern der Schwarzburger Werkstätten für Porzellankunst kleine Ausführungen von Werken Brütts: Diana (Formnummer U 19; Nr. 254a), die beiden Büsten Auguste Victoria (Formnummern U 20 und U

Departement des Großherzoglichen Hauses und des Kultus.

Kunstschule,

errichtet durch Statut vom 1. Oktober 1860 zur Ausbildung junger Maler bis zur künstlerischen Selbständigkeit. Schülerinnen werden zum Zweck gründlicher künstlerischer Ausbildung aufgenommen. Der Aufwand für diese Anstalt wird aus den Mitteln der Großherzoglichen Hofhauptkasse bestritten.

Sitz: Kunstschulstraße Nr. 8

Ehrenmitglieder.

Se. Exz. Graf Ferdinand v. Harrach, Wirklicher Geheimer Rat, Professor, Geschichtsmaler in Berlin ✠. — Professor Dr. Adolf v. Hildebrand, Bildhauer in Florenz und München ✠1 ✠. — Professor Reinhold Begas, Bildhauer in Berlin.

Direktor.

Professor Hans Olde ✠1 (OldV3ª. PrgMfK).

Ordentliche Lehrer.

Für Figurenmalerei: Professor Hans Olde, Professor Max Thedy ✠1 ✠g, Professor Frithjof Smith ✠1 ✠g, Professor Fritz Mackensen und Professor Gari Melchers.

Für Figuren- und Tiermalerei: Professor Hans Olde.

Für Landschaftsmalerei: Professor Hans Olde, Professor Theodor Hagen ✠1 ✠g (LuxEKr4).

Beurlaubt:

Professor Ludwig v. Hofmann ✠2.

Sekretär.

Professor Berthold Paul Förster, Landschaftsmaler ✠1.

Außerordentliche Lehrer.

Für Ästhetik und Kunstgeschichte: Professor Otto Eggeling.

Für plastische Anatomie: Medizinalrat Dr. Knopf.

Für Perspektive: Professor Berthold Paul Förster, Landschaftsmaler.

Hilfslehrer.

Für die Antikenklasse: Professor Otto Rasch.

Kassierer und Expedient.

Karl Rothe, Sekretär der Großherzoglichen Schatullverwaltung.

Kastellan.

Karl Bauer. — Hilfskastellan Karl Haase (PrErinnK1866).

Kunstgewerbeschule und Kunstgewerbliches Seminar.

Die am 1. April 1908 eröffnete „Großherzogliche Kunstgewerbeschule in Weimar" ist von Seiner Königlichen Hoheit dem Großherzog Wilhelm Ernst gegründet. Sie dient der theoretischen und praktischen Ausbildung von Kunsthandwerkern und der Förderung des Kunstgewerbes im Großherzogtum überhaupt. Zu letzterem Zweck stellt der Leiter der Anstalt seinen Rat den Industriellen und Kunsthandwerkern des Großherzogtums unentgeltlich zur Verfügung. Außerdem liefert er unbemittelten Interessenten unentgeltlich Zeichnungen und Modelle, welche zu diesem Zwecke in der Schule angefertigt werden. Auch können Modelleure und Zeichner von Industriellen usw. in den Werkstätten der Anstalt zeitweilig arbeiten und sich weiter ausbilden. Die Satzungen der Anstalt sind im Regbl. vom Jahre 1908 S. 95 ff. abgedruckt.

Mit der Großherzoglichen Kunstgewerbeschule ist das Kunstgewerbliche Seminar — früher im sog. Prellerhause — verbunden, welches am 15. Oktober 1902 eröffnet worden ist, und in dem die Schüler der Kunstgewerbeschule die letzte Ausbildung erhalten, nachdem sie den vierjährigen Kursus der Schule durchgemacht haben.

Sitz: Kunstschulstraße Nr. 7.

Direktor der Kunstgewerbeschule und des Kunstgewerblichen Seminars: Professor Henry van de Velde.

Verwaltungsausschuß der Kunstgewerbeschule: Ministerialdirektor im Ministerialdepartement des Innern, Staatsrat Dr. Slevogt, Vorsitzender (Stellvertreter: Regierungsrat Dr. Ebsen); Oberbürgermeister Geh. Regierungsrat Pabst, Direktor der Großherzoglichen Kunstschule Professor Olde, Direktor der Großherzoglichen Museen Hofrat Dr. Koetschau in Weimar, Architekt und Maurermeister Lorenz Freitag in Eisenach, Vorsitzender der Handwerkskammer, Kommerzienrat Emil Wiedemann in Apolda und Fabrikbesitzer Ferdinand Stade in Ilmenau, die beiden letzteren Mitglieder der Handelskammer.

Lehrer: Arthur Schmidt für kunstgewerbliches Zeichnen, Konstruktionslehre usw. — Joseph Vinecky für kunstgewerbliches Modellieren. — Hilfslehrer: Louis Baum, Werkmeister für Buchbinderei. — Egon Dinkloh, Werkmeister für die Ziselierabteilung.

Sekretär: Paul Kämmer.

Kassen- und Rechnungsführer: Ministerialkassierer Rendant Beyer.

Hausmeister: Oskar Mäder.

Bildhauerschule.

Die am 1. November 1905 eröffnete Bildhauerschule ist von Seiner Königlichen Hoheit dem Großherzog Wilhelm Ernst zum Zweck der Ausbildung junger Bildhauer gegründet.

Sitz: Kunstschulstraße Nr. 7.

Leiter: Professor Adolf Brütt ✠ (PrRA3mSchluKr. PrKr2. PrgrgMfK. PrgMfK).

Werkmeister: Gießermeister Emil Schmidt.

Kassen- und Rechnungsführer: Ministerialkassierer Rendant Beyer.

Hausmeister: Oskar Mäder.

Kunstschule, Kunstgewerbeschule und Bildhauerschule in Weimar im Staatshandbuch für das Großherzogtum Sachsen, Weimar 1909

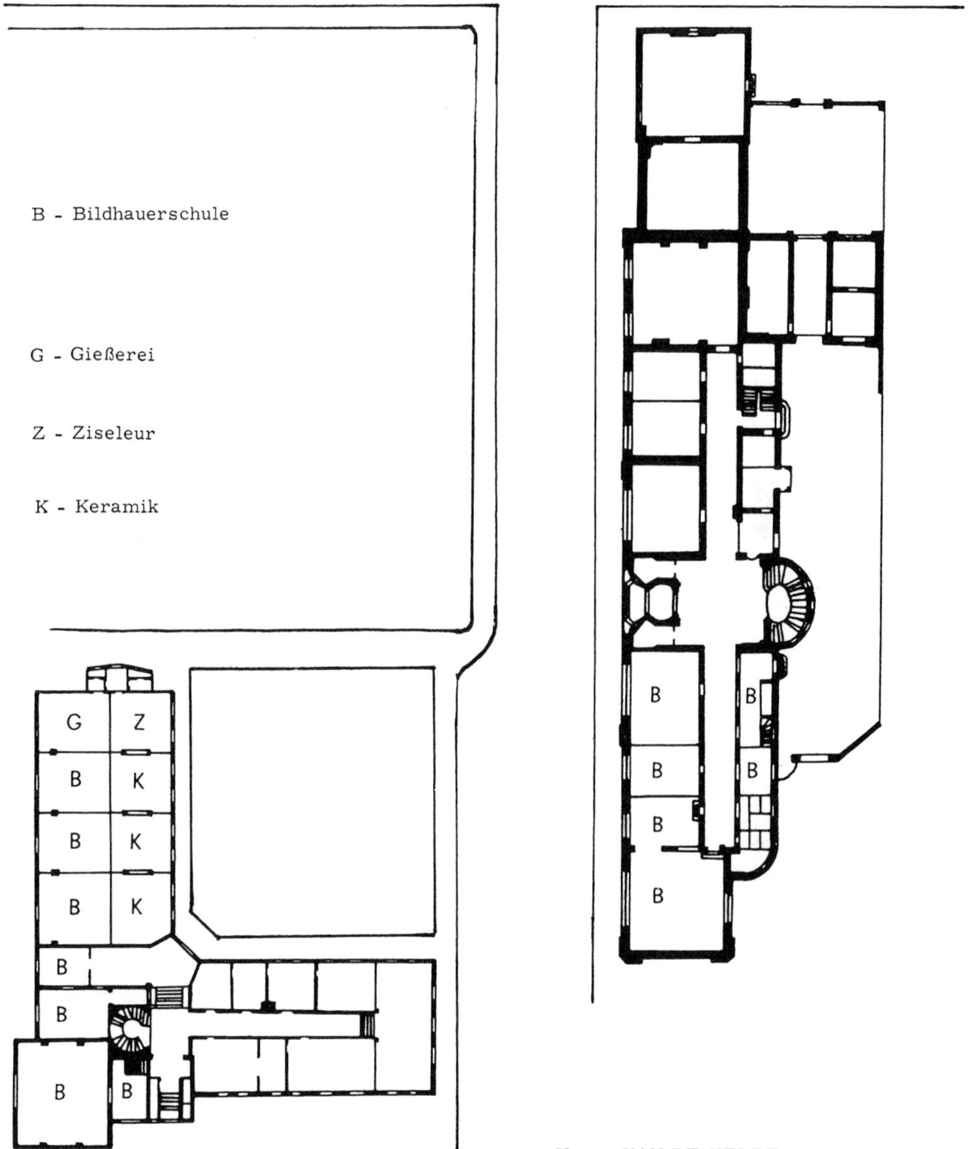

Henry VAN DE VELDE,
Kunstschulbauten Weimar, nach 1903
(Kunstschulstr. Nr. 7 und Nr. 8)

21; Nr.294), sowie „Torso“ (Formnummer U 22; Nr. 249), hinzu kamen später die Kindergruppe (U 529, Nr. 335), die „Diana mit dem waidwunden Wild“ (Nr. 307) und die „Eva“ von 1889 (Nr. 119 d).

Die Schüler und Meisterschüler Brütts wirkten zugleich auch an Monumentalplastiken mit. Sie erlernten dabei im Werkstattbetrieb die Organisation und den Werkprozeß. Das Reiterbild Großherzog Carl Alexanders (Nr. 274) entstand in Weimar und wurde, in Berlin gegossen, 1907 enthüllt. Die Fakultätsfiguren für die neue Universität Jena (Nr. 276) entstanden gleichfalls im Weimarer Kunstschulgebäude zur Eröffnung anläßlich der 350-Jahrfeier der Universtät im Sommer 1908. Daneben gab es Denkmalaufträge wie für das Grabmonument des Direktors der Großherzoglichen Musikschule E.W. Degner mit dem von Brütt geschaffenen Porträtrelief aus dem Jahre 1909 (Nr. 278).

Damals entstandenes Hauptwerk von Brütt war das Denkmal für Theodor Mommsen, das am 1. November 1909 vor der Berliner Humboldt-Universität enthüllt wurde (Nr. 283). Bei diesem Sitzbild wurde auch die spezifische Weimarer Kunstauffassung sichtbar, die in der von Brütt gemeinsam mit den Schülern Franziska v. Seeger und Max Weinitschke unternommenen Ägyptenreise vom Januar 1907 ihren Ausdruck fand.

Derartige Monumenatalaufträge waren Kernstücke der Atelierausbildung; sie erforderten als Lehrstück von den Mitarbeitern sowohl kunsttechnische Fertigkeit wie andererseits auch Einfühlungsvermögen in den Werkcharakter. War der „Mommsen“ eine Skulptur, die konzentrierte Steinbeherrschung im Weimarer Atelier verlangte, so konnten das Standbild des Oraniers (Nr. 266) oder das Denkmal Carl-Alexander nicht in der Schulgießerei vollendet werden; die diffenzierte Organisation des arbeitsteiligen Gußverfahrens sowie die architektonischen Farb-, Raum- und Masse-Probleme der Aufstellung auf öffentlichem Platz zu beherrschen sollte im Lehrbetrieb erlernt werden. So gelang die Patinierung des Reiterbildes durch die Schüler nicht auf Anhieb, und das soll Brütt, da das Reiterbild über ein Wochenende nur halbseitig patiniert dastand, eine Anzeige wegen Majestätsbeleidigung eingebracht haben.

1910 verließen Brütt und Olde Weimar wieder; Brütt ging zurück nach Berlin, Hans Olde nach Kassel. Kurz vor seinem Tode 1917 verfaßte er noch einen Rückblick auf die gemeinsame Weimarer Zeit: „Die Grundlage für alle bildende Kunst ist dieselbe: die Entwicklung der Fähigkeit, Linien, Formen und Farben aufzufassen und wiederzugeben. Daher sind alle Schulen für bildende Kunst zu vereinigen zur Gewinnung dieser Grundlage für künstlerisches Schaffen. Diese Schulung muß straff geführt werden. Andererseits muß den Schülern die volle Möglichkeit gegeben werden, mit Hilfe ihrer Lehrer nach freier Wahl ihre Wege auf allen Gebieten der bildenden Kunst zu finden, sei es der ideal gerichteten oder der Kunst mit praktischen Zielen. Auf diesem Wege würde auch die Verbindung mit dem Handwerk wieder gefunden werden, die zum großen Schaden für beide Teile hochmütig abgeschnitten ist.

Ich sehe unter den jetzigen Verhältnissen den besten Ausweg in einer Vereinigung der Kunstgewerbeschulen, möglichst auch der Architekturschulen, mit den Kunstakademien, sei es auch nur eine räumliche Vereinigung, die die Türen zueinander weit offen hält. Durch Hand-in-Hand-Gehen würden sie auch finanziell viel mehr leisten können.

In Weimar habe ich von Anfang an die Entwicklung und Angliederung der Kunstgewerbeschule an die Kunstschule betrieben und daneben eine Bildhauerabteilung eingerichtet, um die Schule auf eine breitere, gesunde Basis zu stellen. Finanzielle und persönliche Schwierigkeiten verzögerten jedoch die Wirksamkeit der neuen Schule dort sehr. In Kassel war die Verwirklichung dieses Zieles vor dem Kriege aussichtsvoll und hätte, von günstigen Umständen getragen, sich zur Vollkommenheit entwickeln können, d.h. in dem bescheidenen Rahmen unserer Entwicklungsmöglichkeiten.“ (in: Die Zukunft der Vorbildung unserer Künstler, Hrsg. v. Woldemar v. Seidlitz, Leipzig 1917, S. 18 f.)

258. Christus für St. Jürgen (Kiel), 1905

Holz, polychrom gefaßt, H ca. 1,60 m
Architekt: Wilhelm Voigt, Kiel
St. Jürgen, Kiel

„Wie Brütt in seinen Bildwerken gern einen Moment erfaßt, wo eine charakteristische Bewegung, eben beginnend oder aufhörend, das künstlerische Objekt in seinem Wesen und höheren Sinn zeigt, so scheint auch dieser Christus eben der Gruft entstiegen, das Irdische abstreifend, dem Himmlischen neugeboren und neuverklärt entgegenschreitend." (1) Anscheinend hat Brütt die Holzskulptur im Oktober 1905 in Weimar vollendet, denn das Werk ist erst im November in Berlin ausgestellt worden.

Die jetzt fast ganz verlorene Polychromie läßt der vor dem Fortgang Brütts nach Weimar niedergeschriebene Berliner Bericht von Georg Kutna anklingen: „Eine lebendige Gestalt von lebendiger Klassizität neigt sich einem endlosen Vordergrunde zu. Eine große Gemeinsamkeit wird mit dem Blick erfaßt, die Sinne sind gespannt, die Empfindungen erwartend, in Armen und Händen klingt innere Bewegung in leisem Wellenschlag aus. Und die Augen schauen und zittern, mattgolden vom Haar umrahmt, und der Mund spricht in bebendem Schweigen. Fürsorge, Erwarten und leise Bangnis prägt sich im Wesen der Erscheinung aus und gibt der starken Vergeistigung eine edle Idealität. Vertraut und unnahbar steht die Gestalt da in unerzwungener Höhendistanz."(3)

Es ist nicht ganz klar, ob das Werk von vornherein für den architektonischen Rahmen des Altars der Kirche St. Jürgen in Kiel bestimmt war (4). So ist denkbar, daß ursprünglich der Tod seines Schülers Arthur Boué am 12.4.1905 Anstoß für die Entstehung des Christus war, denn Boué war mit dem aus Uetersen gebürtigen Philosophen Arthur Drews befreundet, der sich vielleicht schon damals mit der „Christusmythe" beschäftigte (die Publikation erfolgte 1909). Schließlich darf nicht unerwähnt bleiben, daß das 1862 von Brütts Vater erworbene Erbbegräbnis bei St. Jürgen lag.

Ausstellungen: November 1905 bei Keller und Reiner, Berlin; Mai 1907 Weimar, Museum für Kunst und Gewerbe (Gipsfassung); Eröffnungsausstellung der Kieler Kunsthalle 1909

Abb.: (1); Nissenhaus B 2086 I, vor S. 40 u. S. 40

Lit.:

(1) Westermanns Monatshefte 1905, S. 643 Abb. S. 644

(2) Kieler Neueste Nachrichten, 27.11.1905

(3) G. Kutna, Bei Adolf Brütt, in: B.Z. am Mittag, Berlin 19.9.1905

(4) Bau-Rundschau 8, 1917, S. 37

259. Statuette „Klaus Groth", 1905

Bronze, H 70 cm
Bez: unsigniert, ohne Gießereistempel; ein Guß der Bildhauerschule Weimar?
Dithmarscher Landesmuseum Meldorf; eine Fassung in Gips (H 70 cm) in der Kunsthalle

zu Kiel (Inv. Pl. 170) sowie in der Landesbibliothek Kiel.

Der Dichter Klaus Groth (1819-1899) im langen Gehrock, den linken Arm vor der Herzgegend abgewinkelt, in der Hand des herabhängenden rechten Armes ein Buch, das Groth mit dem Daumen als „Lesezeichen" bereithält. Der Kieler Photograph Graack hat diese für Klaus Groth wohl charakteristische Haltung zuerst 1861 festgehalten (1, Vorsatzblatt; 2). Es ist davon auszugehen, daß photographische oder zeichnerische Studien zu Hans Oldes Porträt von 1897 (Gantner 93) damals Brütt vorlagen (2); auch hatte Harro Magnussen eine Groth-Büste geschaffen, die Brütt bekannt gewesen sein dürfte. Mit dem Buch ist der „Quickborn" von 1852 gemeint und damit letztlich die wenig später in den „Briefen über Hochdeutsch und Plattdeutsch" 1858 vertretene Ansicht, daß das Übergewicht des Hochdeutschen über das Niederdeutsche für die Entwicklung unsrer Literatur bedenklich gewesen sei.

Der Entwurf entstand auf Bitten des Pastors und Schriftstellers Gustav Frenssen (1863-1945), dessen Brief an Brütt in Weimar vom 27.11.1905 im Nachlaß Brütt erhalten ist. Wenig später hat sich Brütt in der Denkmalkommission für den Klaus-Groth-Brunnen in Kiel mit dem Entwurf von Heinrich Missfeldt auseinandersetzten müssen (vgl. Nr. 286).

Ausstellungen: Heide 1910, Bronzeskizze für M. 800.- (3); Husum 1978

Abb.: Nissenhaus B 2086 I, S. 36a

Lit.:

(1) Geert Seelig, Klaus Groth, Hamburg 1924

(2) Rudolf Bülck, Grothbildnisse. Grundlinien einer Groth-Ikonographie, in: Kieler Blätter 1942, S. 244

(3) Katalog: Schleswig-Holsteinische Kunstgenossenschaft. Ausstellung 1910, Nr. 25

(4) N. Detlefsen, Klaus Groth und der Maler Hans Olde, Seekamp, in: Die Heimat 76, 1969, S. 110 ff. (ohne Nennung Brütts)

(5) Steckner (1978) S. 23

(6) Katalog der Bildwerke aus dem Besitz der Kunsthalle zu Kiel, Kiel 1986, S. 44 (Nachlaß J. Fürst)

260. Heuwagenrelief für das Haus der Landwirte (Kiel), 1906

Sandsteinrelief, ca. 2 x 1 m
vor 1945 zerstört
Architekt: Hans Schnittger

Das Relief von Brütt wird in den Reiseführern erwähnt (2), nicht der Architekt oder der für den plastischen Schmuck wirkende Bildhauer Schweighofer; eine Zeitungsbeschreibung erläutert das Relief: „Arbeiter und Arbeiterinnen von echt schleswig-holsteinischem Typus, in der Mitte ein Gespann Pferde, auf denen ein kleiner Hemdenmatz sitzt."(1) Das Sandsteinrelief wurde nach einem Gipsmodell von halber Größe vom Baugerüst aus im versetzen Stein direkt ausgearbeitet: „Die Verteilung des Figürlichen,

Zeichnung zum Heuwagenrelief für das Haus der Landwirte (Nachlaß Brütt)

das kräftig und hoch aus der Fläche herausgearbeitet wird, trägt der weiten Distanz Rechnung, aus der das Relief von der Straße aus gesehen werden soll."(3) Im Nachlaß ist eine kleine Entwurfskizze erhalten, die den „Hemdenmatz" noch nicht zeigt.

Abb.: Nissenhaus B 2085; Gesamtansicht 1908 (4)

Lit.:

(1) Kieler Zeitung, 11.8.1906

(2) Meyers Reisebuch Ostseeküste I (1924) S. 192

(3) Schleswig-holsteinische Zeitschrift für Kunst und Literatur 1, 1906/07, S. 334

(4) Hans-Günther Andresen, Großstadtarchitektur in Kiel, in: Nordelbingen 50, 1981, S. 39-90, hier S. 63, Abb. 17a

261. Bildnis einer Pariserin, 1906

Bronzebüste, H ca. 50 cm
Guß: Weimarer Bildhauerschule
Schloßmuseum Weimar

Lebensgroßes Bronzeporträt eines Mädchens mit langem, über der Brust verschlungenem Haar. Das Gipsmodell zum Guß wurde bereits im Jubiläumsband von Westermanns Monatsheften 1906 veröffentlicht und war dann in Weimar ausgestellt, wo das Werk als erste Bronze aus der Gießerei der Weimarer Bildhauerschule (1) für die Kunstsammlungen erworben wurde.

Wie bei fast allen Bronzebüsten Brütts seit der Jahrhundertwende entwickelt sich die Darstellung aus dem von der abgewinkelten Standfläche her schildartig aufsteigenden Bruststück, das seitlich offen gelassen ist. Diese Fläche ist durch das Linienspiel der Haare belebt, im Haargeflecht konzentriert, um das fein geschnittene Gesicht zu betten: Die Lichtführung ist ganz auf die Schatten des leicht geneigten Kopfes und die dunkle Patina der Bronze abgestimmt. Abgeschlossen ist das lebendige Formenspiel durch eine Art Kappe, nicht durch ein Stirnband. Die Symmetrieeigenschaften und die Begrenzungslinie der Kopfbedeckung stützen die ruhige Gesichtssymmetrie, die Linie von Nasenrücken, Nasenrinne und Oberlippenwulst, gegen die das Haargeflecht wie lodernde Flammen steht.

Das Bildnis ist von der gleichen plastischen Qualität wie der Kopf der „Eva" (Nr. 121). Form, Linienführung und Materialeigenschaften sind dienende Stimmungselemente: das Bildnis der Pariserin ist das Bildnis einer Eva.

Da der erste Guß der „Pariserin" in das Schloßmuseum Weimar kam, könnte es sich bei dem 1913 ausgestellten Kopf um einen weiteren Guß handeln.

Ausstellungen: Weimar 1907; Eröffnungsausstellung der Kieler Kunsthalle 1909; Große Berliner Kunstausstellung 1913, Kat. 1940; Sonderausstellung der Akademie der Künste Berlin 1913, Kat. 20

Abb.: Nissenhaus B 2086 II, vor S. 36 u. S. 36; Westermanns Monatshefte 101, 1906, Jubiläumsheft

(1) Weimarer Tages-Zeitung, 31.3.1907

(2) Steckner, Sparsamkeit (1981), S. 57

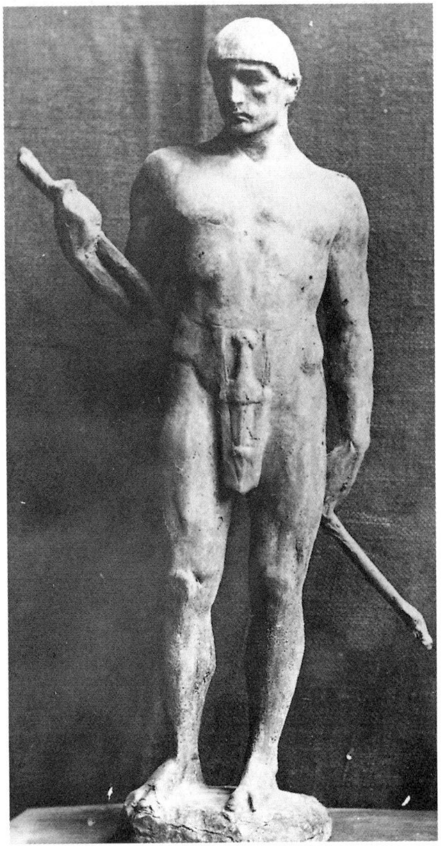

262. Brunnenfigur für Kiel, 2. Entwurf, wohl 1905/1906

Wohl Metallguß, Maße unbekannt
Ausführung: Weimarer Bildhauerschule?
Letzter Besitzer: Friedrich Schöner, Berlin, mehr nicht bekannt

Aus der ursprünglichen Brunnengruppe (Nr. 207) ist eine Einzelfigur geworden, die bereits die Züge der endgültigen Lösung trägt (Nr. 300). Die weibliche Figur ist weggefallen, und die männlich Figur hat die Anklänge an die Gürtellösung der Phryne von 1888 (Nr. 100) als Motiv öffentlicher Nacktheit abgestreift; die aus dem fallenden Gewandzipfel entwickelte Speerdiagonale dient nicht mehr der Silhouettenbildung, sondern läuft durch den Schwerpunkt der Standfigur, bei der der Lendenschurz als Dolchscheide modelliert ist. Deutlich zeigt sich, daß Brütt noch nach dem schlüssigen Motiv zu einer für den öffentlichen Raum geeigneten männlichen Aktfigur sucht, nun aber die Vorstufe der endgültigen Lösung gefunden hat, da er sich bei seiner Fassung an die Gürtellösung des Rolands vor dem Märkischen Museum in Berlin gehalten hat.

Der Anlaß für die Entstehung dieser Zwischenlösung für das Kieler Brunnenproblem ist nicht überliefert, die Sizze wohl auch nicht der Öffentlichkeit bekannt geworden. Die Datierung wird durch die abermalige Beschäftigung mit architektonischen Problemen in Kiel anläßlich des Heuwagenreliefs (Nr. 260) wahrscheinlich.

Zur weiteren Entwicklung der Figur vgl. Nr. 279, 286 u. 300
Abb.: Nissenhaus B 2723, neben S. 231, u. B 2084, S. 10 (hier reproduziert)

263. Büste Kaiserin Auguste Victoria (I), 1906

1906 entstanden zur silbernen Hochzeit des Kaiserpaares
Marmorbüste, H 61 cm
verschollen

Die Büste ist leicht durch die Form des Diadems von den später folgenden Varianten zu unterscheiden; die den klaren Diademkonturen entsprechende, fast geometrisch streng gesteckten Frisur, wird später lockerer, und zwei charakteristische Stirnlocken stimmen das Ganze leichter.

Bei der ersten internationalen Mitgliederausstellung der Akademie der Künste am Pariser Platz 4 in Berlin (vgl. Nr. 133) war die Büste der Kaiserin Auguste Victoria (1858-1921) ausgestellt: „Brütts Büste der Kaiserin sei mit lauter Anerkennung erwähnt, sie vereinigt mit dem Adel der Form den feineren Adel einer intimen Empfindung und erhebt sich durch das geistigmenschliche Element weit über die Grenzen hergebrachter repräsentativer Plastik.“ (1) Im Nachlaß Brütt, hat sich ein Brief der Hofdame der Kaiserin (Therese Gräfin Brockdorff) vom 11.2.1906 erhalten, mitteilend, daß sie die Partie am Hals der Majestät „etwas zu alt“ finde, doch „Ihre Majestät hat mir auch gesagt, wie sehr der Kaiser befriedigt sei.“ Die Angaben in der Autobiographie und diese Briefstelle deuten insgesamt darauf hin, daß damals nur die Porträtbüste der Kaiserin entstand, die sich im Diadem von der späteren Fassung von 1911 (Nr. 291-294) unterscheidet.

Als 1909 die neue Kieler Kunsthalle eröffnet wurde, schrieb Oberbürgermeister Paul Fuß am 18. November an Brütt: : „Ihre Kaiserinbüste ist wieder das Herrlichste.“ Bald sollte der Auftrag für die Büsten des Kaiserpaares für das neue Kieler Rathaus erfolgen (Nr. 290 u. 291).

Zu erwähnen ist noch, daß 1905 für einen abgeschlossenen Garten nordöstlich des Neuen Palais in Potsdam durch Karl Begas (1845-1916) ein Marmorstandbild der Kaiserin Auguste Victoria entstanden war, die bildiche Überlieferung für den ikonographischen Vergleich jedoch fehlt.

Ausstellungen: Königliche Akademie der Künste 1907, Katalog S. 8 Abb. anläßlich der Eröffnung des neuen Dienstgebäudes; Große Berliner Kunstausstellung 1908 Kat. Nr. 18; Eröffnungs-Ausstellung der Kieler Kunsthalle, 1909; Große Kunstausstellung Düsseldorf 1909, Kat. 432

Abb.: Nissenhaus B 2086 I, S. 50

Lit.:

(1) Wilhelm Micheels, in: Berliner Neueste Nachrichten, 25.1.1907

264. Entwurf Ernst Abbe-Denkmal für Jena, 1906

Gipsskizze, Maße unbekannt
nicht erhalten

Nach schriftlichen Quellen war der Gelehrte im Gehrock dargestellt, die rechte Hand leicht erhoben, die linke Hand herabhängend mit großem Hut. Dieser Denkmalentwurf griff demnach Elemente des liegengebliebenen Kekulé-Entwurfes (Nr. 191) auf. Er entstand 1905 im Auftrag des Jenaer Denkmalkomitees, das jedoch die Arbeit nicht annahm, sondern die Bildhauer Hermann Hahn und Ernst Paul zu weiteren Skizzen aufforderte. Zudem stellte Adolf Hildebrand einen Entwurf zur Verfügung. Die zusammengekommenen Vorschläge wurden im Mai 1906 im Volkshaus der Carl Zeiß-Stiftung ausgestellt (1). Doch nachdem Georg Paga den Ankauf des „Denkmals der Arbeit“ von Constantin Meunier vorgeschlagen hatte, vergab man Ersatz-Aufträge an Paul zu zwei Statuetten, an Hildebrand zu vier Halbfiguren der Fürsten der thüringischen Staaten. Um die Reliefs des „Denkmals der Arbeit“ aufstellen zu können, gewann man H. van de Velde für den Entwurf eines Denkmalbaus, der am 30. 7. 1911 fertiggestellt wurde (Mitteilung von Dr. Wahl, Weimar).

Ausstellungen: Volkshaus Jena 1906

Lit.:

(1) Berliner Tageblatt, 17. und 18.5.1906

265. Entwurf Kaiser Wilhelm-Denkmal für Straßburg, 1906

Wohl Gipsskizze, Maße unbekannt
nicht erhalten

Am 31. November 1898 erfolgte aus Straßburg im Reich der Aufruf für ein Denkmal zum 100. Geburtstag Kaiser Wilhelms I.: „Unser Denkmal soll ein Denkmal des Volkes für den verewigten treuen und fürsorglichen ‚Vater des Volkes‘ sein, deshalb wenden wir uns an alle Mitbürger, ohne Unterschied von Rang und Stand, von Religion und politischer Parteistellung.“ (Akte LAS) Dieses Verfahren führte zu keinem Erfolg, so daß man sich zu einem engeren Wettbewerb entschloß. Mit einem Denkmalfonds von 1/2 Million Reichsmark schrieb man die Konkurrenz unter dem Vorsitz des Statthalters von Elsaß-Lothringen, des Fürsten zu Hohenlohe, und den Preisrichten v. Zumbusch (Wien), Wilhelm Bode (Berlin), Theodor Fischer (Stuttgart) und Henry Thode (Heidelberg) unter den Bildhauern Ludwig Manzel, Adolf Brütt, Wilhelm v. Rümann, Hugo Lederer und Louis Tuaillon zum 1. Januar 1906 aus (1). Der Preis fiel dem Entwurf von Ludwig Manzel zu, dessen Werk, erst am 6. Mai 1912 enthüllt, bis 1921 bestand.

Der Konkurrenzentwurf von Brütt ist durch eine Modellaufnahme überliefert; der Kaiser ist auf ruhig stehendem Pferde gezeigt; der Sockel ist an seiner Vorderseite als Schiffsbug mit zwei flankierenden allegorischen Figuren ausgebildet.

Archivalien: LAS, Abt. 301, Nr. 1140 (Denkmalaufruf vom 31. November 1898); Archives du Bas Rhin, Strasbourg, Div. VI, 179-977
Abb.: Nissenhaus B 2086 II, S. 4
Lit.:
(1) Die Kunst für Alle 20, 1905, S. 556
(2) W. Vomm, Deutsche Reiterstandbilder, Diss Köln 1976, Nr. 172

266. Standbild Friedrich Heinrich von Oranien, Berlin 1907

Auftragserteilung durch den Kaiser am 25.11.1905; Enthüllung am 28. 5. 1907
Bronzestandbild, überlebensgroß
Postament-Aufschrift: „Friedrich Heinrich Prinz von Oranien, Graf von Nassau. Jüngster Sohn Wilhelm I. und der Luise von Coligny, Vater der Kurfürstin Luise Henriette, Gemahlin des Großen Kurfürsten. Hervorragender Feldherr und Staatsmann, der Held von Herzogenbusch. Er stellte den durch Religionsstreitigkeiten tief erschütterten inneren Frieden wieder her. / 1587-1647 / Patriae patrique."
Architekt: Ernst v. Ihne
Ausführung: Modell entstanden in der Weimarer Bildhauerschule; Guß Gladenbeck & Sohn, Berlin-Friedrichshagen (Gußkosten 10.000 Mark)
nicht erhalten

Fünf Standbilder der Oranier auf der Schloßterrasse vor der Nordfassade des Berliner Schlosses erweiterten nach einem Entwurf des Architekten Ernst v. Ihne das bereits 1905 vor der Schloßapotheke aufgestellte Denkmal des Admirals Coligny (Bildhauer Graf Görtz-Schlitz) zu einer an die historischen Verbindungen zu den Niederlanden erinnernden Standbildreihe.

Die Statuenfolge begann im Osten mit Wilhelm I., dem Schweiger (1533-1584), von Walter Schott. Es folgten Moritz (1567-1625) von Moritz Wolff modelliert, Friedrich Heinrich (1584-1647) von Adolf Brütt, Wilhelm II. (1626-1650) von Wilhelm Haverkamp, Wilhelm III. (1650-1702, seit 1689 König von England) von Heinrich Baucke. Auf gegossenen Schrifttafeln waren den Standbildern auf den als Denkmalsockel dienenden Brüstungspfeilern kurze historische Erläuterungen beigegeben.

Gemäß der Inschrift war Brütts Standbild charakterisiert: in Feldrüstung mit Marschallstab und griffbereit gehaltenem Degen, dabei der Kopf leicht geneigt, reaktionsbereit. Zur ersten Anregung hatte der Kaiser den ausgewählten Bildhauern eine Reihe von Ideenskizzen vorgelegt (1, S. 20, 22, 171). Nach diesen Skizzen entwarf Ernst von Ihne eine Modellanlage. Die Modellstatuetten wurden sämtlich für die Königin der Niederlande in Bronze nachgegossen (1, S. 172 f.). Zur Förderung der historische Treue der körperverdeckenden Rüstungen hielt der Kaiser in Anwesenheit der Künstler sowie des Grafen Botho (?) Eulenburg, des Kabinettsrats Hermann v. Lucanus und des Architekten Ernst

Blick von der Berliner Schloßterrasse in den Lustgarten. Aus: 75. Agenda Rudolph Hertzog, Berlin 1914

v. Ihne im März 1906 einen Vortrag über den Verfall der Ritterrüstungen zur Zeit der Oranier. Brütt muß zu diesem Vortrag eigens aus Weimar angereist gekommen sein, um zu hören, daß der Kaiser sich zu Demonstrationszwecken selbst eine solche Rüstung hatte anlegen lassen, „um an sich selber zu erproben, wie denn die Männer darin gegangen seien." (2, 3 u. 4). Es ging also bei der Denkmalaufgabe nicht um die Nachbildung des äußeren Erscheinungsbildes der Rüstungen, sondern um die kulturellen Auswirkungen auf Körperhaltung und Körpergefühl. Als Vorlage für die Ausarbeitung der eigenen Arbeit in Weimar diente Brütt ein Werk des F. de Bas (5). Hieraus war das Wesen der Gestalten herauszulösen und in der Gesamthaltung der jeweiligen Darstellung zur Erscheinung zu bringen. Durch das allmähliche Zurücktreten der Rüstung vor der gewöhnlichen Kleidung war zudem in der Gesamtheit der Abfolge der Statuen eine historische Entwicklung zur Moderne hin angelegt.

Bei der Enthüllung der Standbildreihe vor dem Schloß, von denen jedes die Kaiserliche Schatulle 20.000 Mark gekostet hatte, wurde am 28.5.1907 der rote Adlerorden II. Klasse mit Schleife an Schott und Haverkamp vergeben, an M. Wolff der rote Adlerorden IV. Klasse, an Baucke der Kronenorden IV. Klasse und an Brütt als höchste Auszeichnung der Kronenorden II. Klasse.

Auszeichnungen: Kronenorden II. Klasse
Abb.: Nissenhaus B 2084, S. 24
Lit.:

(1) Paul Seidel, Der Kaiser und die Kunst, Berlin 1907, S. 170 f.
(2) Hannoverischer Courier, 16.3.1906
(3) Berliner Lokal-Anzeiger, 14.3.1906
(4) Breslauer Morgenzeitung, 14.3.1906
(5) François de Bas, Hohenzollern in Oranien, in: Hohenzollernjahrbuch 1898, S. 188, Abb. S. 199
(6) Illustrierte Zeitung, 6. Juni 1907
(7) Berliner Börsen Courier, 28.5.1907

Rechts:
267. Standbild Friedrich Heinrich von Oranien, ehemals Den Haag, 1907

Enthüllung vor dem 28.12.1907
Bronzestandbild, überlebensgroß
Ausführung: Modell entstanden in der Weimarer Bildhauerschule; Guß Gladenbeck & Sohn, Berlin-Friedrichshagen (Gußkosten 10.000 Mark)

Eigentum des Königlichen Hausarchivs der Niederlande in Den Haag, seit 1941 ausgeliehen an das Armeemuseum, Leiden, jetzt Delft (zur Zeit nicht ausgestellt)

Ein Schreiben der Gesandtschaft der Niederlande vom 31. Mai 1907 an Brütt in Weimar dankt für Auskünfte über einen der Königin der Niederlande vom Kaiser geschenkten Zweitguß, der nach einem ministeriellen Schreiben im September in Angriff genommen wurde. 10.000 Mark waren für den Guß bereitgestellt und 5000 Mark für den Sockel. Vor dem 28.12.1907 konnte das Standbild in Den Haag vor dem Mauritshuis enthüllt werden.

Archivalien: Nissenhaus B 2724
Abb.: Nissenhaus (1953 aufgenommen)

268. Statuette Friedrich Heinrich von Oranien, 1907

Bronze, Maße unbekannt
Verbleib unbekannt

Da die Modellstatuetten der Oranier sämtlich für die Königin der Niederlande in Bronze nachgegossen wurden (1), ist anzunehmen, daß auch die nach Aussage der Nachlaßunterlagen in Bronze gegossene Statuette der Entwurfsfassung des Standbildes Friedrich Heinrichs von Oranien noch in den Niederlanden erhalten ist. Das noch rohe skizzierte Modell der Statuette ist auf einer anläßlich des 50. Geburtstages von Brütt in Weimar entstandenen Aufnahme (Abb. S. 315) zu erkennen. Es stellt sich daher die Frage, ob nicht der Guß in der Weimarer Bildhauerschule ausgeführt wurde.

Lit.:

(1) Paul Seidel, Der Kaiser und die Kunst, Berlin 1907, S. 172

269. Nacht, 1907

fertiggestellt vor dem 10.12.1907
Marmor, H ca 2 m
Bez: „Brütt 1907"
eigenhändige Taille directe
Erworben im März 1909 für 60.000 Mark durch den Großherzog
ehemals Schloß, heute Kunstschulbau Weimar

Allansichtige Gruppe, für die nach Auskunft von Freifrau v. Fritsch, die als Kind die Fertigstellung beobachtet hatte, Franziska v. Seeger und Hans Brütt Modell standen. Über die Entstehung des Werkes ist nur wenig bekannt, eine Karte von Hans Lucas v. Cranach (vgl. Nr. 336) vom 5.4.1906 könnte sich auf die „Nacht" beziehen; demnach wäre die Konzeption des Werkes bereits Anfang 1906 anzusetzen, die Ausführung nach Beschaffung eines für ein solches Werk überhaupt geeigneten Blockes. Die ersten nachweisbaren Besichtigungen des Werkes erfolgten u.a. durch Großherzog Wilhelm Ernst und Johann Albrecht zu Mecklenburg am 10.12.1907 sowie am 11.1.1908.

Die Deutung ist durch die „Berliner Architektur Welt" mitgeteilt worden (1): „Es zieht zwei Liebende traumhaft und doch unwiderstehlich zueinander und ihre Liebe erhebt sich rein über alles. Es versinkt das Rohe, Physische unter ihnen und sie sehen und empfinden nicht den bitteren Schmerz, der durch ihre Liebe anderen zugefügt wird und der auch ihrer wartet. Sie achten nicht auch Scheelsucht und häßliches Raunen, das sich an das Edelste heranschleicht." Das hatte wohl nicht zuletzt den Weimarer Klatsch zum Hintergrund, weil ja nicht unbekannt geblieben sein dürfte, daß Brütts Meisterschülerin Franziska v. Seeger Modell gestanden hatte; gleichzeitig hatte ein von den Meisterschülern organisiertes Künstlerfest „Die Nacht" das Städtchen mit seinen leibhaftigen Höllendarstellungen in Panik versetzt. Sicherlich klingt auch etwas von Nietzsches „Nachtlied des Zarathustra" mit an oder – da das „autobiographische" Werk in Taille directe entstand – ein in Nietzsches „Der Wille zur Macht" formulierter Aspekt: „Der Mensch ward wieder einmal Herr über den Stoff, – Herr über die Wahrheit! ... Die Kunst als die Erlösung des Leidenden, – als Weg zu Zuständen, wo das Leiden gewollt, verklärt, veröttlicht wird, wo das Leiden eine Form der großen Entzückung ist."

Das ehemals in der Kunsthalle Kiel befindliche kleinere Hilfsmodell aus Gips (1) wurde im Zweiten Weltkrieg zerstört.

Die Marmorskulptur war nach Ankauf durch Großherzog Wilhelm Ernst zunächst in der Westeingangshalle des Weimarer Schlosses aufgestellt (6), dann lange Zeit verschwunden, bis sie vor wenigen Jahren hinter einem Verschlag wiederentdeckt wurde. Der vom Großherzog gezahlte Preis für die „Nacht" – vgl. die Autobiographie S. 54 – läßt sich z.B. nach einer von Karl Koetschau veröffentlichten Aufstellung von 1903 bewerten: Leibls „Alter und junger Bauer" hatte einen Marktwert von 33.000 Mark (7).

Ausstellungen: Weimarer Ausstellungs-Verein 20.12.1907; Große Berliner Kunstausstellung 1908, Kat. 33; Eröffnungsausstellung der Kieler Kunsthalle 1909 (Abguß)
Abb.: Nissenhaus B 2086 II, S. 42-45; (1), (2), (8)
Archivalien: Besichtigungszettel, Nissenhaus B 2724 Nr. 1
Lit.:
(1) Berliner Architektur Welt 11, 1909, S. 279, Abb. 302-303
(2) L. Taft, Modern tendencies in sculpture, Chicago 1921, S. 70 (Abb.)
(3) Schleswig-Holsteinisches Jahrbuch 1942/43, S. 98
(4) Jane Clapp, Sculpture Index, Bd. 1, Metuchen 1970, S. 118
(5) Steckner (1978), S. 19
(6) Rudolf Wustmann, Weimar und Deutschland 1815-1915, Weimar 1915, S. 311
(7) Karl Koetschau, Museumswesen und Kunstförderung, in: Jahrbuch der bildenden Kunst 2, 1903, S. 98
(8) Steckner, Sparsamkeit (1981), S. 63

270. Marmorbüste einer Berlinerin, 1907

Porträtbüste, Marmor
nicht nachweisbar

Die in den Werklisten des Nachlasses und im Ausstellungsbericht erwähnte Marmorbüste einer jungen Berlinerin (1) läßt sich mit Hilfe von Abbildungen des Nachlasses identifizieren.

Ausstellung: Weimarer Ausstellung 1907
Abb.: Nissenhaus B 2086 II, S. 3
Lit.:
(1) Weimarer Tages-Zeitung, 31.3.1907

Die „Mädchenfigur“ (Nr. 271) im Garten des Kunstgewerbeschulgebäudes in Weimar

271. Mädchenfigur, 1907

Aufstellung am 29. oder 30. 4. 1907 (1)
Marmor, Maße unbekannt
zuletzt Stiftung Elschner an das Rathaus Berlin-Pankow, dort nicht auffindbar

Weibliche Standfigur, sich ein Kopfband schnürend. Die Figur entstand nach einem Hilfsmodell aus Ton und war in halbvollendetem Zustand im Zentrum der Gartenanlagen der neuen Weimarer Kunstschule aufgestellt. Es ist nicht auszuschließen, daß Brütt die Skulptur zu Lehrzwecken hergestellt hat.

1907 kam die „Mädchenfigur“ anscheinend in den Besitz der Stadt Weimar. Nachdem sie von Bauhaus-Schülern bemalt worden war (einen der „Täter“ konnte ich noch befragen), kam die Figur an Brütt zurück, wie er in seiner Autobiographie (S. 62 f.) beschreibt. 1924 gelangte sie durch Vermittlung von Rechtsanwalt Dr. Georg Mardersteig zum Kaufpreis von 5500 Mark in die Sammlung Curt Elschner und wurde von diesem vor 1945 nach den Nachlaßangaben Brütt an das Rathaus Berlin-Pankow geschenkt. Das Werk konnte dort nicht mehr nachgewiesen werden; die 1924 von Brütt vollendete Fassung ist auch photographisch nicht dokumentiert.

Abb.: Nissenhaus B 2086 II, S. 34 (Tonmodell)
Lit.:
(1) Weimarer Tageszeitung 30.4.1907

272. Mops, um 1907

Majolika, H ca. 30 cm
unbezeichnet
Privatbesitz Gauting

Farbig glasierter Mops, nach den Nachlaßunterlagen und nach Auskunft von Hans Olde d.J. eine Arbeit von Adolf Brütt.

Es ist möglich, daß Arthur Boué, von dem ein Majolikahase im Nachlaß Brütt erhalten ist, schon um die Jahrhundertwende zusammen mit Brütt Versuche in farbig glasierter Keramik gemacht hat – eventuell einem vertraulichen Aufruf zu Majolika in der Art des Luca della Robbia der Kaiserlichen Manufaktur Kadinen folgend.

Brütt war das Modellieren in Ton und Plastilin lange Gewohnheit, doch bis auf die Terrakottabüste des Baumeisters und Generals Graf Lynar (Nr. 106) ist keine frühere gebrannte Tonarbeit überliefert. Die Beschäftigung mit polychromer Plastik läß sich nur selten wie bei dem „Maßliebchen" von 1890 (Nr. 134) fassen. Nach Ausweis der hölzernen Christusstatue für Kiel (Nr. 258) hat sich Brütt 1905 mit polychromer Holz-Skulptur beschäftigt.

An die sonst nicht weiter belegten polychromen Keramikexperimente aus dem Umkreis von Brütt in Berlin in der Zeit um 1900 schließt in Weimar die Zusammenarbeit mit den Schwarzburger Werkstätten für Porzellankunst an. Außerdem stand der Bildhauerschule im Kunstgewerbeschulbau ein eigener Keramikbrennofen zu Verfügung. Der Umstand, daß der Mops im Nachlaß Hans Oldes erhalten ist, spricht daher für eine Entstehung in Weimar. Es wäre dann die einzig nachweisbare selbständige keramische Arbeit der Weimarer Bildhauerschule. Nach der Gründung der „Schwarzburger Werkstätten für Porzellankunst Max Adolf Pfeiffer G.m.b.H. Unterweissbach"(1) lassen sich zwar selbständige Arbeiten von Brütt-Schülern für diese Manufaktur nachweisen, von Brütt sind jedoch allein Kleinfassungen seiner Bildwerke bekannt, deren Modelle nicht unbedingt aus der Weimarer Bildhauerschule hervorgegangen sein müssen.

Lit.:

(1) Steckner, Sparsamkeit (1981), S. 61

273. Reliefs für das Hoftheater Weimar 1907

Einweihung 11.1.1908
Marmor, Maße unbekannt
Architekt: Max Littmann
Ausführung: Brütt und Weimarer Bildhauerschule
nicht erhalten

Für die weißen Wandpfeiler des neuen Weimarer Theaterfoyers schuf die Weimarer Bildhauerschule unter Leitung Brütts eine Serie von 12 ovalen Marmorreliefs: Die Porträts von Goethe, Mozart und Wagner waren sicher von der Hand Franziska v. Seegers; der Anteil der Meisterschüler Menzner, Sopher, Walter und Weinitschke ist so wenig bestimmbar, wie der Anteil von Brütt gesichert ist. Als eigenhändiges Werk oder in Zusammenarbeit mit Franziska v. Seeger schuf Brütt das Reliefporträt Schillers, das Grundlage für den 1909 gestifteten Schiller-Preis (Nr. 277) wurde.

Möglicherweise umfaßte der an die Weimarer Bildhauerschule vergebene Auftrag noch weitere Reliefarbeiten. So werden noch plastische Supraporten genannt. Jedenfalls konnte sich die Weimarer Bildhauerschule in der Öffentlichkeit bewähren, wie es der Schulkonzeption entsprach. Die Reliefs unterstrichen die schlichte Eleganz des Foyers, das auf beiden Seiten mit Wandbildern von Sascha Schneider abgeschlossen war. Architektur und plastischer Schmuck knüpften an das Empire der Befreiungskriegszeit an, die mächtigen Gestalten der Wandbilder gaben, vergleichbar mit Schneiders Gestalten und Ferdinand Hodlers „Auszug der Jenenser Studenten" der Jenaer Universität, einen Ausblick auf die an die Stein-Hardenbergschen Reformen anknüpfenden Ziele der neuen Bestrebungen.

Die Baukosten wurden mit einer siebenstelli-

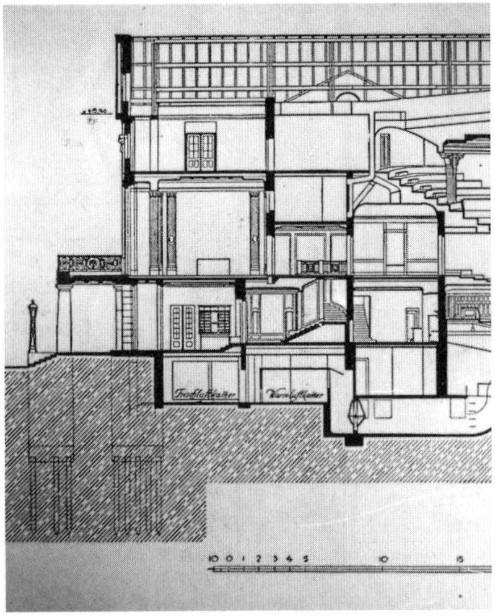

Querschnitt durch das Hoftheater in Weimar mit dem Foyer im 1. Stock

gen Summe aus dem Privatvermögen des Großherzogs mitgetragen; als Architekten gewann man den in München ansässigen Max Littmann (1862-1931), der als Reformer des deutschen Bühnenhauses durch die Einführung des amphitheatralischen Zuschauerraumes und des wohl erstmals in Weimar verwirklichten variablen Proszeniums galt.

Abb.: (2)

Lit.:

(1) Max Littmann, Das Großherzogliche Hoftheater in Weimar (1908)

(2) Deutsche Bauzeitung 42, 1908, S. 101 (Foyerabbildung)

(3) Westermanns Monatshefte, April 1908, S. 132-136

(4) Hermann Scheidemantel, Zur Eröffnung des neuen Weimarer Hoftheaters, in: Illustrierte Zeitung, 9.1.1908 und 16.1.1908

(5) Hermann Conrad, Die neue Hofbühne in Weimar, in: Preußische Jahrbücher 131, 1908, S. 317-327

(6) Moderne Kunst, Jg. 1908, S. 258

274. Landesdenkmal Großherzog Carl Alexander, Weimar 1907

Enthüllt am 24. Juni 1907
Bronze, H ca. 3 m
Ausführung: Weimarer Bildhauerschule (u.a. Max Weinitschke); Guß H. Noack, Friedenau; Sockel aus einem 350-Zentnerblock Fichtelgebirgsgranit
um 1946 eingeschmolzen

Mit der vertraglich abgesicherten Zusage für die Ausführung des Reiterbildes des Gründers der Weimarer Museums und der Kunstschule versüßte Hans Olde dem Freund den Weggang von Berlin. Über die eleganten Vorentwürfe des Reiterbildes berichteten Pressebesucher des Berliner Ateliers von Brütt (1 u. 2). Die Vertragsunterzeichnung zur Ausführung erfolgte am 19.12.1906, die Enthüllung des aus Sammlungsbeträgen und Stiftungen sowie mit Zustimmung der Sozialdemokraten bewilligten Landeszuschüssen für insgesamt 120 000 Mark erstellten Landesdenkmals am 24. Juni 1907.

Großherzog Carl Alexander (1818-1901), Bruder der Kaiserin Augusta (1811-1890), ist dargestellt auf seinem Lieblingspferd als General-Oberst der Kavallerie und Chef des 5. Thüringischen Infanterie-Regiments Nr. 94 Großherzog von Sachsen. So unmilitärisch wie möglich, aber fast sportlich, ist der Großherzog im sogenannten Interimsrock gezeigt: „Ich wollte ihn recht einfach geben und vor allem nicht durch die Uniform den Menschen erdrücken. Aber ich kann ihn nicht halbnackt als einen Triumphator darstellen; das kann man beim Kaiser Friedrich, der hat sowas von klassischem Heldentum, und um seine Person hat sich so viel Sagenhaftes gebildet.“ (1) Diese auf Louis Tuaillons Friedrich III. für Bremen anspielende Erklärung deutet auch die einschränkende Rahmenbedingung für Reiterstandbilder im Deutschen Reich an, die es nur erlaubte, Fürsten als reitende Feldherren darzustellen, wo es doch hier darum ging, auf die kulturellen Leistungen der Regierungszeit Carl Alexanders als „Friedensfürst“ hinzuweisen (Protektor der Schiller-Stiftung, Stiftung des Goethe-Schiller-Archives durch Großherzogin Sophie; Restaurierung der Wartburg). Der Briefwechsel mit der Romanschriftstellerin Fanny Lewald-Stahr (Hrsg. G. Jansen,

Modell zum Denkmal des Großherzogs Carl Alexander

1904) gibt ein ähnliches Charakterbild Carl Alexanders, wie es hier von Brütt in Gestaltung, Haltung und Gesichtsausdruck zu zeigen versucht ist, nicht zuletzt unterstrichen durch den ruhigen Paßgang des Reitpferdes. Hierin war Brütt durch genaue Beobachtungen von Ferdinand Graf Harrach beraten worden: „Er saß, wenn er ritt, auffallend gerade, aber graziös und ohne Steifheit." Brütt konnte durch Überarbeitung des noch in Berlin gefertigten ersten Entwurfes sein Ziel erreichen: „Es kann nicht verschwiegen werden, daß vielfach Stimmen laut geworden waren, die auf die ‚absolute Unmöglichkeit' hinwiesen, einen Friedensfürsten, wie Karl Alexander hoch zu Roß in Generalsuniform darzustellen." (3)

Die Aufstellung auf dem Karlsplatz hatte Brütt durchgesetzt; eine Versetzung erfolgte annähernd gleichzeitig mit der Umsetzung der Standbilder der Siegesallee in Berlin um 1938 beim Ausbau Weimars als Zentrum der nationalsozialistischen Bewegung; nach einem Beschluß der Stadt vom März 1946, der sich anscheinend wesentlich auf den von Wilhelm Schölermann unter dem Pseudonym „Nucleus" unmittelbar nach der Enthüllung 1908 gegen das Reiterbild geschriebenen, auch separat erschienenen Artikel „Neues aus dem alten Weimar" berief, wurde das leicht beschädigte Denkmal vom „Platz der 51 000" entfernt und eingeschmolzen.

Archivalien: Brief von Ferdinand Graf Harrach, 19.1.1906, in: Nissenhaus B 2724.

Auszeichnungen: Komturkreuz des Großherzoglichen Ordens vom „Weißen Falken", Weimar 24.6.1907

Abb.: Nissenhaus B 2084, S. 3-6

Lit.:

(1) G. Kutna, Bei Adolf Brütt, in: BZ am Mittag 19.9.1905

(2) Eg., Im Atelier des Professors Brütt in Berlin, in: Deutschland. Weimarische Landeszeitung, 28.1.1906

(3) O. Fr., Das Denkmal Karl Alexanders, in: Vossische Zeitung, 24 (?) Juni 1907

(4) Georg Kohl, Geschichte des Denkmals, in: Deutschland, 24. 6. 1907

275. Bronzefünte für die Hl. Geist-Kirche Kiel, 1908

Bronze, H ca. 120
Bez: „Gestiftet von OBERKONSISTORIALRAT FLORSCHÜTZ für die / HEILIGENGEIST-KIRCHE in KIEL im JAHRE 1908"
Ausführung: „Guß der Grossh. Bildh. Schule Weimar"
verschollen, ehemals Hl. Geist-Kirche, Kiel

Der Auftrag für die Bronzefünte der Kieler Kirche kann ein Folgeauftrag im Anschluß an die Vollendung des Christus für St. Jürgen (Nr. 258) sein, der erst bei Einrichtung der Gießerei in Weimar zur Ausführung kam. Die Kieler Zeitung (1) meldete im April 1909, daß „Professor Brütt in Weimar einen in Bronze gehaltenen Taufstein angefertigt" habe, „der nunmehr in der Kirche aufgestellt worden ist."

Die Bronzetaufe gehört wie das Bildnis einer Pariserin (Nr. 261) zu den wenigen Belegstücken für die gußtechnische Leistungsfähigkeit der Weimarer Bildhauerschule unter Brütt in Zusammenarbeit mit seinem Werkmeister, Gießermeister Emil Schmidt, und dem zugleich an der Kunstgewerbeschule angestellten Ziseleur.

Mitteilungen von Wolfgang Teuchert, Kiel
Abb.: Landesamt für Denkmalpflege, Kiel
Lit.:
(1) Kieler Zeitung, 29.4.1909
(2) W. Teuchert, Taufen in Schleswig-Holstein, Heide 1986, S. 84-89

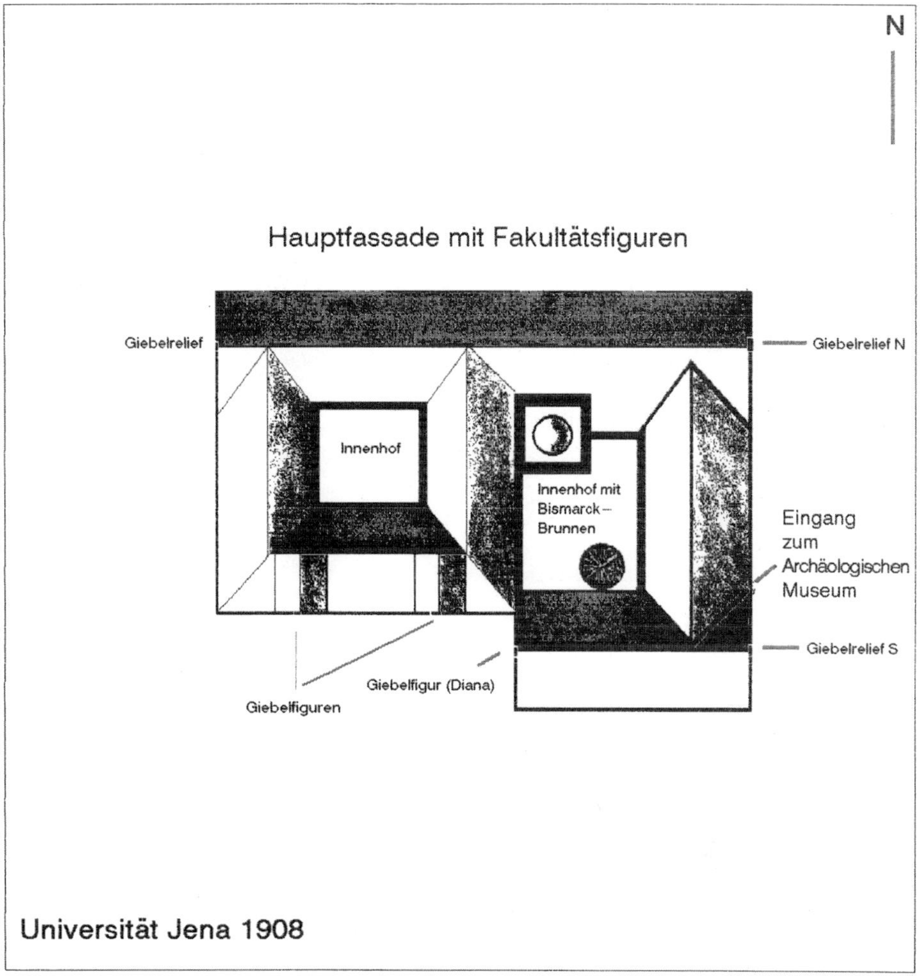

276. Bauplastik der Universität Jena, 1908

Einweihung der Universität 1. August 1908
Werkstein
Architekt: Theodor Fischer (1862-1938)
Ausführung: möglicherweise Weimarer Bildhauerschule
Universität Jena

Die von Brütt modellierten Fakultätsfiguren der Theologie, Jurisprudenz, Medizin und Philosophie für die Hauptfassade der neuen Universität entsprechen dem bereits Ende der siebziger Jahre zusammen mit Leopold Rau durchgearbeiteten Thema. Die dann nach dem Tode von Rau durch Carl Begas und Gustav Eberlein unter Mitwirkung von Brütt vollendeten Marmorskulpturen für den Eingang des neuen Kollegiengebäudes der Christian-Albrechts-Universität in Kiel (Nr. 43 u. 45) von 1882 hoben sich farbig und plastisch von den Backsteinflächen des Kollegiengebäudes ab. In Jena war der Haupteingang zurückhaltend wie eine Klosterpforte gehalten; auch die hoch oben zwischen den Fenstern angebrachten Reliefs fügten sich zur konzentrativen Ruhe des Universitätsgebäudes. Ganz anders, einladend, war dagegen der Eingang zum Archäologischen Museum der Universität gehalten, das bereits im Herbst 1906 fertiggestellt war. Und an dieser Gipsabgußsammlung vornehmlich griechischer Skulpturen entwickelte sich das Programm der Bauplastik, ja selbst das Dankgeschenk Auguste Rodins für seine Ehrendoktorwürde, die marmorne Minerva-Büste, paßte dazu. Im Innenbereich war sonst die Geschichte der Universität entwickelt: da war das Reiterbildnis des Universitätsstifters Johann Friedrich, dann die Bildnisse der Protektoren der neuen Universität, darunter Hans Oldes Porträts der Herzöge von Meiningen und Altenburg. Ferdinand Hodlers Auszug der Jenenser Studentenfreiwilligen 1813 war weitergeführt in den Wandbildern von Sascha Schneider, Erich Kuithan und Ludwig v. Hofmann, die an Schillers Gedicht „Das Ideal und das Leben" anknüpften.

Wie beim Bau des neuen Weimarer Nationaltheaters (vgl. Nr. 273) kam programmgemäß auch beim Bau der neuen Universität in Jena die Weimarer Kunstschule zur Wirksamkeit. Neben der Bildhauerschule unter Adolf Brütt wirkten der 1906 von Darmstadt nach Stuttgart übergesiedelte Bildhauer Ludwig Habich (1872-19??), der Weimarer Bildhauer Arno Zauche (geb. 1875), ein Donndorf-Schüler, ferner Erich Kuithan, Ernst Neumeister und Ernst Hischen (Bismarckbrunnen im Innenhof) mit. Für die Ausführung waren die Handwerkskräfte der sächsischen Erhalterstaaten herangezogen.

Der Architekt der Gesamtanlage, Theodor Fischer, damals Professor an der Technischen Hochschule Stuttgart, war 1903 siegreich aus der Konkurrenz zum neuen Universitätsgebäude hervorgegangen, das das alte Jenaer Schloß ersetzen sollte. Er war Mitarbeiter von Paul Wallot gewesen; es ist anzunehmen, daß er mit Brütt schon von Berlin her bekannt war.

Das ikonographische Programm der architektonisch gerahmten Giebelreliefs war durch Entwurfszeichnungen von Theodor Fischer vorgegeben: nach dem Erscheinungsbild scheint es sich dabei weitgehend um Meisterschülerarbeiten der Weimarer Bildhauerschule zu handeln. Bei den Fakultätsfiguren sind allerdings keinerlei formale Vorgaben zu erkennen, so daß es sich um eigenständige Werke Adolf Brütts handeln muß.

Modelle zu den Fakultätsfiguren für die Universität Jena: Theologie – Jura – Medizin – Philosophie

Formal handelt es sich bei den Fakultätsfiguren Brütts um eine Weiterentwicklung der Personifikationen der Ereignisjahre des Lebens Kaiser Wilhelms I. als rhythmisch gliedernder Wandpfeiler in der ihm gestifteten Denkmalkirche in Berlin (Nr. 173 B1, B2, F1 u. F2) und der Erdteilpersonifikationen der Deutschen Bank in Berlin (Nr. 155): Die Charakterisierung der Ausdrucksfiguren setzt mit Physiognomie und Körpferformen ein. Selbst die Formen der Brüste erscheinen als mitwirkendes Ausdrucksmittel, dann Körperhaltung, Ponderation und Schreitmotiv. Die Komposition wird in der Senkrechten durch Gewandelemente und Attribute in Wechselwirkung gebunden, um sich als dennoch selb-

Die ausgeführten Figuren der Medizin und der Philosophie in Jena

ständiges Element in den Rhythmus der Architektur einzufügen. So hat die Weimarer Bildhauerschule unter der Leitung von Adolf Brütt die Bauplastik der beiden Hauptfassaden übernommen, deren Themen als Spiegel der Binnengliederung des Gebäudes anzusehen sind. Entsprechend eng waren die Vorgaben für die Giebelfiguen durch Theodor Fischer gesetzt.

Die Originalmodelle der angesprochenen bauplastischen Werke wurden 1976 in Jena ausgestellt. Der Husumer Nachlaß Adolf Brütts überliefert Aufnahmen der vorausgegangenen Ton- oder Plastilinmodelle.

(1) Figuren der Fakultäten
Nordfassade, achsensymmetrisch angelegte Fensterzone zwischen den Zwischengiebeln des Obergeschosses über dem nach Westen hin gelegenen Haupteingang der Universität.

a. Hochrelief unter dem Schriftzug THEOLOGIE

Gewandfigur mit Umhang, in der Linken vor der Brust ein Kreuz.

b. Hochrelief unter dem Schriftzug JURISPRUDENZ

Behelmte Gewandfigur mit Richtschwert und Liktorenbündel.

c. Hochrelief unter dem Schriftzug MEDICIN

Barbusige Gewandfigur, nach Art der Hygieia eine Schlange aus einer Schale fütternd, einen Totenschädel zu Füßen.

d. Hochrelief unter dem Schriftzug PHILOSOPHIE

Barbusige Gewandfigur mit ägyptischer Königshaube und Rechtsbuch.

Abb. der Modelle: Nissenhaus B 2084, S. 32

(2) Giebelfiguren der Ostfassade
Im Erdgeschoß des Ostflügels war das Archäologische Museum der Universität untergebracht und über zwei halbkreisförmig geöffnete Treppenläufe zugänglich.

a. Rom: Romulus und Remus

Relief in architektonischer Rahmung, nördlicher Giebel der Ostfassade; wahrscheinlich Meisterschülerarbeit der Weimarer Bildhauerschule. Der aus der Asche aufsteigende Phoenix über zwei sitzenden Kindern (Romulus und Remus); das Giebelrelief Sinnbild des Römischen.

b. Griechenland: Blendung des Polyphem

Relief in architektonischer Rahmung, südlicher Giebel der Ostfassade; wahrscheinlich Meisterschülerarbeit der Weimarer Bildhauerschule. Gegenstück zum Phönixrelief im Sinne der Weisheit des listigen Griechen Odysseus.

c. Maske des Homer

Hochrelief, nach A. Zinserling (5) nicht ausgeführtes Modell für den westlichen Giebel des Nordflügels. Als Giebelbekrönung hätte der Homer zu seinem Gegenstück Vergil als dem Nationaldichter der Römer gepasst. Ausgeführt wurde als Sinnbild des Christlichen die Skulptur eines dornenbekrönten Christus von unbekanntem Bildhauer. Mir scheint jedoch auch wahrscheinlich, daß die Maske des Homer dem Polyphemrelief zugeordnet war, denn es handelt sich ja nicht um eine Vollplastik. Eventuell ist die Maske Homers auch nur aufgrund späterer Bauveränderungen nicht mehr am Baukörper sichtbar.

d. Adler

Hochrelief, Zuordnung unklar, möglicherweise dem Christlichen als Verkörperung des Johannes beigeordnet als Symbol der himmlischen Natur.

e. Das Heidnische: Diana von Ephesus

Vollplastik, westliche Giebelbekrönung des Südflügels über den von Osten her zugänglichen früheren Räumen der archäologischen Abgußsammlung; wahrscheinlich Meisterschülerarbeit der Weimarer Bildhauerschule.

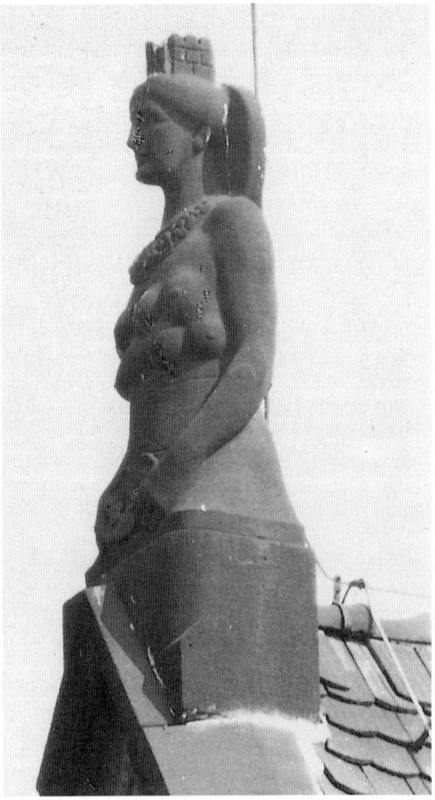

Der Gegenpol zum neuaufgekommenen Christentum war die Große Mutter von Ephesus, die schlechthin für das Heidnische stand und Göttin der irdischen Natur war (Mauerkrone, Bienen, Brüste, Tierköpfe, Verschränkung der Arme über dem Schoß).

Ausstellung: II. Kunstausstellung in der Aula der Universität Jena 1986 (Ausstellung der Gipsmodelle)
Abb.: Nissenhaus B 2084, S. 32 (Modelle)
Lit.:
(1) Max Osborn, Die Neue Universität zu Jena. Erbaut von Theodor Fischer (1908)
(2) A.E., Das neue Jenaer Universitätsgebäude, in: Burschenschaftliche Blätter 22, 1908, S. 185
(3) G. Keyssner, Das Gebäude der Universität Jena (1911)
(4) P. Goldhardt, Neue deutsche Universitätsgebäude: Jena, in: Westermanns Monatshefte 60, 1915, 222
(5) A. Zinserling, Wenn man sie fragt – reden die Steine. Die baukünstlerischen Reliefs von Adolf Brütt am Universitätsgebäude, in: Universitäts Zeitung (Jena) 12/1987, S. 6
(6) K. Dittmar, Das Universitätsgebäude Jena. Ein Rückblick, in: Deutsche Architekturzeitung 8, 1959, S. 449-452

Rechts:
277. Schiller-Plakette, 1909

Preismedaille, Bronze, 38 x 26
Inschrift: „WIDMUNG / DER DEUTSCHEN / SCHILLERSTIFTUNG“ (mit weiterem Text für den jeweiligen Preisträger)
Bez: „Brütt 1909“
Ausführung: unbekannte Gießerei, möglicherweise Weimarer Kunstschule
ein Exemplar Stuttgart, Privatbesitz

Die Schillerstiftung war laut Satzung zur Unterstützung hilfsbedürftiger Schriftsteller und Schriftstellerinnen eingerichtet, die „für die Nationalliteratur mit Ausschluß der strengen Fachwissenschaften, verdienstlich gewirkt, vorzugsweise solcher, die sich dichterischer Formen bedient haben“. 1929 umfaßte die Stiftung 24 Zweigstiftungen in Deutschlande und 3 Stiftungen im Ausland. Das Vermögen hatte seinen Grundstock durch die Schillerlotterie von 1859 und die Sammlungen des Schillerverbandes deutscher Frauen von 1905 erhalten (1).

1909 regte der damalige Staatsminister von Sachsen-Weimar und Vorsitzende der Deutschen Schillerstiftung Dr. Carl Rothe (1848-1921) anläßlich des 50jährigen Bestehens der Stiftung die Schillerplakette an. Brütt hielt sich beim Porträtrelief vielleicht an die Vorgabe des entsprechenden Reliefs im Foyer des Weimarer Hoftheaters bzw. an die gemeinsame Vorlage, wohl Johann Heinrich v. Danneckers Weimarer Schillerbüste von 1797.

Erster Preisträger wurde der Dichter Paul Heyse anläßlich seines 80. Geburtstages (15.3.1910). Als Preisträger der Schillerplakette sind zuletzt Dr. R. Goehler 1942 für seine „Geschichte der Deutschen Schillerstiftung 1859-1909“ von 1909 und 1966 Dr. Hans Malberg zu nennen.

Hinweise von Fritz Göhler, Stuttgart, und Kurt Knote, Bad Berka
Lit.:
(1) Heinrich Lilienfein, Schiller und die Deutsche Schillerstiftung, Weimar 1934

278. Grabmal E.W. Degner, Weimar 1909

Enthüllt am 4. November 1909
Marmor, Dm ca 30 cm
Architekt: wohl Henry van de Velde
Neuer Friedhof Weimar

„Auf schlichter, von zwei Steinpfeilern flankierter Steinwand ist, von Prof. Adolf Brütt in Weimar geschaffen, in ein Marmoroval das wohlgelungene Porträt Degners angebracht worden"(1). Professor E.W. Degner war Direktor der Musikschule Weimar.

Lit.:
(1) Berliner Börsen Courier, 15.11.1909

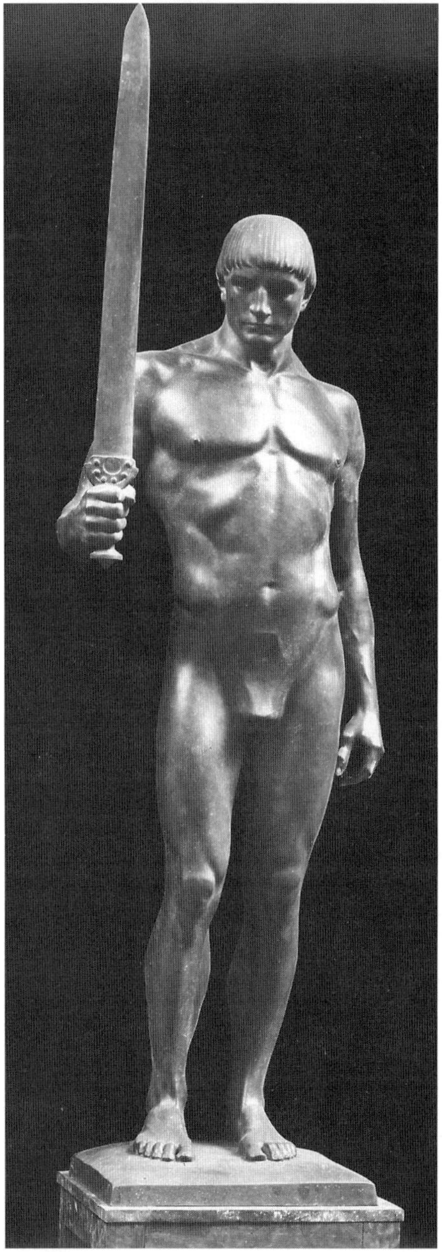

279. Brunnenfigur Kiel, 3. Entwurf, 1909

Bronze, H ca. 130 cm
Ausführung: Weimarer Bildhauerschule (?)
nicht nachweisbar

Die in Weimar entstandene Fassung hat gegenüber Nr. 262 die formale Vereinfachung weitergeführt und bietet bis auf die Gürtellösung bereits die endgültige Form eines Rolands. Das nach bronzezeitlichen Vorbildern entworfene Schwert knüpft dabei an die schon bei den Sockelfiguren des Provinzialdenkmals (Nr. 194) anklingende cimbrische Vorgeschichte an. Der problematische Punkt der öffentlich aufgestellten Aktfigur ist nach der Art des von Hans Surén erfundenen „Nacktschurzes" (1) verdeckt.

Auf der Berliner Kunstausstellung scheint der hier abgebildete Guß ausgestellt gewesen zu sein. Eine zweite Fassung wäre dann der im März 1909 dem Linienschiff „Schleswig-Holstein" durch die Schleswig-Holsteinische Ritterschaft geschenkte silberne Guß einer Statuette (2). Über den Verbleib dieses Exemplars ist ebenso wenig bekannt wie über das Schicksal der in Berlin ausgestellten Statuette. Zur weiteren Entwicklung des Brunnenprojektes vgl. Nr. 286 u. 300.

Ausstellungen: Große Berliner Kunstausstellung 1909 Kat.87 Abb. 109 („Brunnenfigur, verkäuflich")

Abb.: Berliner Architektur Welt 12, 1910, S. 282; Nissenhaus B 2086 II, S. 46

Lit.:
(1) Hans Surén, Der Mensch und die Sonne, 14. Auflage, Stuttgart o.J., S. 132
(2) Flensburger Nachrichten, 16.3.1909
(3) Kieler Zeitung, 7.10.1909; 24.10.1909; 4., 7., 13. u. 17.11.1909

280. Opus 100, 1909

1909 in Weimar entstanden
Seravezza-Marmor, H 83 cm, Plinthe 5 cm
Bez: „Brütt 1909"
Ausführung: eigenhändige Taille directe
Warteraum Krematorium Gerichtstraße, Berlin (Stiftung C. Elschner)

Die Figur ist durch A. Brütt in ihrer Entstehung für die Zeitschrift „Nord und Süd" beschrieben und dokumentiert worden (1) als ein in Taille directe in fünf Bearbeitungsstufen aus dem Block geholtes Hochrelief mit einer Hauptansichtsseite. Die Marmorsorte ist im Nachlaß „Ceravezza" genannt, vermutlich ist Seravezza (Lucca) mit seinen zuerst von Michelangelo genutzten Brüchen gemeint. Beim Herausarbeiten der Figur war die Tochter des Großherzoglichen Hofmarschalls v. Fritsch zugegen, die die von Brütt beschriebene Arbeitsweise vor dem Modell Franziska v. Seeger bestätigen konnte.

Die Kreiskomposition des „Opus 100" wird durch die zum rechten Unterschenkel hin geführte Umrißlinie des linken Armes gefaßt. Der Mittelpunkt des Kreisumrisses liegt dabei nicht im Körperschwerpunkt eines wachen Leibes. Eine Art lebendiger Schlaf trägt also die Komposition, man hat weniger eine Kauernde vor sich als eine kauernd Liegende in Draufsicht. Die Binnenkomposition wird von der Fläche fallenden Haares gehalten; Brütt kann als physiognomischen Brennpunkt die Gesichtssilhouette bilden, gleichzeitig die rechte Brust verdecken, so daß die Volumen von Kopf und linker Brust zur Kontur des Bauches klingen. Eine Figurentiefe wird dabei durch die geschickte Wiedergabe der Hände erhalten, da von den nicht dargestellten Fingern der Linken ein hinten um den Leib gezogener Bogen zu den Fingern der rechten Hand auf dem linken Oberschenkel und von dort zum linken Fuß führt.

Mußte Brütt die natürliche Nacktheit bei der „Eva" (Nr. 117-120) noch in der Bezeichnung oder bei der „Schwerttänzerin" (Nr. 136 u. 137) durch das Tanzthema motivieren, sind beim „Opus 100" Werktitel und Veröffentlichung ein Zeichen dafür, daß im Wilhelminischen Deutschland sehr wohl selbstverständliche Nacktheit darstellbar war (vgl. Nr. 262) und nicht erst zur Zeit der Weimarer Republik. Gleichwohl fiel die Abbildung der Skulptur der um die Jahrhundertwende einsetzenden, durch die Lex Heinze kulturpolitisch zur Wirksamkeit gelangenden Gegenströmung 1913 einem Urteil des Landgerichts Berlin I zum Opfer (3). An Werken wie „Nacht" (Nr. 269) und „Opus 100" entzündete sich auch in Weimar eine Brütt zerrüttende Stimmung, die ihn schließlich zur Rückkehr nach Berlin zwang. Die gleichen provinziellen Strömungen, die dort wenige Jahre zuvor durch die bekannte Rodin-Kritik den Grafen Kessler das Amt als Museumsleiter gekostet hatten, wirkten auch hier wieder gegen den darin ohnmächtigen Großherzog und seinen Hofmarschall, die beide Brütt vergeblich zu halten suchten. Auch Hans Olde gab damals in Weimar auf, um nach Kassel zu gehen.

Das „Opus 100" verblieb im Besitz von Brütt und wurde später von Curt Elschner für Berlin gekauft, dann an das Krematorium als Werk des Trostes gestiftet.

Ausstellungen: Eröffnungsausstellung der Kieler Kunsthalle 1909; Ausstellungshaus Keller & Reiner, Berlin 1910; Weltausstellung Brüssel 1910, Repräsentationssaal der Deutschen Abteilung; Winterausstellung der Königlichen Akademie der Künste Berlin 1911, Kat. Nr. 40
Abb.: Photo Steckner
Lit.:

Die für Franziska v. Seeger ausgeführte Fassung des „Opus 100" (Nr. 281)

(1) Wieder abgedruckt S. 65–68
(2) Berlin. Reclams Kunstführer Deutschland VII, Stuttgart 1977, S. 352.
(3) Jul. C. Brunner, Rechtsprechung und Kunst. Ein Protest gegen Zensur, München 1914, S. 45
(4) Kunstkalender Schleswig-Holstein für 1913, Tafel 23
(5) Steckner, Sparsamkeit (1981), S. 62 f.
(6) W. Schölermann, Aus dem Thaulow-Museum, in: Kieler Neueste Nachrichten, 19. 6. 1904 (mit Referat von Äußerungen Brütts über die „Titelfrage" für Werke der bildenden Kunst: „Der Komponist schreibt in der Regel nur die Nummer unter das fertige Werk: ‚Opus 1' usw. Brütt meinte nun, das wäre auch für die bildenden Künstler das Ideal!")

281. Kauerndes Mädchen, 1909 (Abb. S. 261)

Carrara-Marmor, Größe unbekannt
Ausführung: wohl eigenhändige Taille directe
wahrscheinlich im Krieg zerstört

Auf der Jubiläumsausstellung Kassel 1913 ist als Katalognr. 842 von Brütt ein „Kauerndes Mädchen“ angeführt. Da dies Werk wegen der Benennung nicht „Opus 100“ sein kann, sonst aber kein „Kauerndes Mädchen“ erwähnt wird, ist anzunehmen, daß es sich bei dem Exponat um die für Franziska v. Seeger aus einem besonderen, in Carrara ausgesuchten Block gefertigte kleine Fassung des „Opus 100“ handelt.

Diese ebenfalls in Taille directe entstandene Fassung zeigt nach den erhaltenen Abbildungen physiognomische Unterschiede, Brust und Bauch wirken kugeliger, dagegen sind die Linien und Kanten des roh behauenen Blockes stärker gezogen, die Knierundungen liegen dichter zueinander. Es ist offensichtlich, daß Brütt meist diese veränderte Fassung als „Opus 100“ hat abbilden lassen.

Ausstellungen: Jubiläumsausstellung zum 25. Bestehen der Regierung Wilhelm II., Kassel 1913, Kat. 842
Abb.: Nissenhaus B 2086 II, S. 56 u. 57
Lit:
Adolf Brütt, Wie ein Marmor-Bildwerk entsteht, in: Nord und Süd 33, 1909, S. 434–436 (mit 5 Abb. der Entstehungsstadien); Wiederabdruck oben S. 65–68

282. Büste Franziska v. Seeger, 1909

Marmor, wohl lebensgroß
eigenhändige Taille directe
vor 1945 in Stuttgarter Privatbesitz

Nach den Aufzeichnungen im Nachlaß Brütt hat es neben der Bronzeplakette mit dem Porträtkopf im Flachrelief (Nr. 287) eine Marmorarbeit gegeben, die vielleicht das Gegenstück zur Brütt-Büste von Franziska v. Seeger war (Nissenhaus).

283. Theodor Mommsen-Denkmal für Berlin 1906/1909

Enthüllung am 1. November 1909
Marmor, H 2,50 m
Bez: „MOMMSEN“, signiert: „Brütt 1909“
Architekt: Franz Schwechten (?)
Ausführung: Weimarer Bildhauerschule
Humboldt-Universität, Berlin

Im November 1906 ging Brütt mit seinem Modell des für den Vorgarten der Universität bestimmten Denkmals des liberalen Althistorikers Theodor Mommsen (1817-1903) aus der Berliner Konkurrenz mit Johannes Götz, Hermann Hahn, Wilhelm Haverkamp, Hugo Lederer, Fritz Schaper und Walther Lobach (dessen Mommsen in die Nationalgalerie kam) als Sieger hervor: „Mommsen sitzt im Lehnstuhl, in einen Mantel gehüllt, und blickt mit kritischem Forscherernst nach vorn; hinter dem Forscher wird allmählich die machtvolle Persönlichkeit sichtbar.“ (1) Die Grundlinien des später in Weimar ausgeführten Werkes lagen damit fest: Doch führten wohl erst die Eindrücke der mit Meisterschülern unternommenen Ägyptenexkursion von Brütt im Januar 1907 zur endgültigen Formstraffung im Sinne ägyptischer Skulptur. Erst nach dieser Reise entstand das Modelloriginal. (5) In Wechselwirkung von Formgebung und Materialqualität war die Steinmasse gestaltet. Bei sparsamster Bearbeitung führten die Linien der Steinmasse den Blick auf die charakteristische Hand und die Physiognomie des Gelehrten. So wurde das Bildwerk abstrakt und charakteristisch zugleich.

Der genannte Mantel war nicht nur der Professorentalar Mommsens; für den Berliner war er auch etwas von dem politsch streitbaren liberalen Gelehrten, wie er in der Öffentlichkeit erschien: es war eine Sonderanfertigung mit extra großen Taschen, die es erlaubten, große Buchwerke überallhin mitzunehmen. Durch das Linienspiel fallender Falten konnte Brütt auf die Brennpunkte der Hände und die Physiognomie hinarbeiten, von denen er Naturabgüsse genommen hatte (Nr. 243), konnte aber auch den verhüllten Leib mitklingen lassen. Diese auf die Wesenszüge hinarbeitende Gestaltung des Marmorblockes war so einfach und subtil zugleich, daß hieran die öffentliche Skulptur der letzten Jahrzehnte anknüpfen konnte, so beim Marmordenkmal des Kostas Palamas von B. Palireas aus dem Jahre 1975 vor der Athener Universität. Durch Brütts „Mommsen“ scheint der Typus des Sitzbildes einen völlig neuen Charakter erhalten zu haben, der das Thema für Nachfolger geradezu blokkierte.

Ausstellungen: Weimar 1907 (Gips)
Abb.: Nissenhaus B 2723, S. 234 u. B 2086 II, S. 35 u. 37; (2)
Lit.:
(1) G. Kutna, Bei Adolf Brütt, in: B.Z. am Mittag, 19.9.1905
(2) Einschaltbild „Mommsen“, in: Berliner Architektur Welt 13, 1910, S. 464 (März 1911)
(3) Eberhard Ingversen, Standbilder in Berlin (1967), S. 94 Abb. 38
(4) Reclams Kunstführer Berlin (1977), S. 116
(5) Steckner, Sparsamkeit (1981), S. 66 f.

Rechts:
284. Sitzbild Theodor Mommsen, 1909

Bronze, H 39 cm
Bez: „Brütt 1909“
Ausführung: „H. Noack, Friedenau“, Zahl der Güsse unbekannt
Nissenhaus B 2099

Die kleine Fassung des Mommsen-Denkmales könnte eine überarbeitete Fassung des Denkmalentwurfes für Berlin sein. Entsprechend der Werkgröße sind die Massen etwas anders verteilt, was sich auf die Haltung des Kopfes auswirkte. Es ist dabei zu vermuten, daß Brütt nicht nur ein Entwurfsmodell zu Nr. 283 überarbeitet hat, sondern daß hier erst im Anschluß an die Denkmalfassung eine selbständige Kleinbronze entstand, deren warmbraune Patina die Massenwirkung unterstützt.

Ausstellungen: Große Internationale Kunstausstellung Rom 1911; Königliche Akademie der Künste zu Berlin 1911 Nr. 183
Lit.:
(1) Steckner (1978), S. 24

285. Buffettgruppe für Kiel, 1909

Form und Maße unbekannt

Für eine Buffettgruppe bedankt sich für am 15.3.1909 der Kommandant des Schiffes „Kiel“ (?), v. Holleben. Aus dem Schreiben gehen jedoch weder die Art noch das Sujet des Werkes hervor.

Archivalien: Nissenhaus B 2724, Brief Nr. 108

Modell der Brunnenanlage für den Neumarkt in Kiel, 1910

„Schwertruf". Gipsentwurf für die Rückseite des Brunnenpilasters

286. Brunnenfigur für Kiel (4. Entwurf), 1910

Material und Maße unbekannt
Architekt: Walter Krafft, Berlin
nicht erhalten

Im Nachlaß findet sich ein koloriertes Foto der gesamten Brunnenwand mit einer im Unterschied zu Nr. 279 jetzt völlig nackten Jünglingsfigur als Schwertträger, die vor einem vierkantigen Pilaster steht; der Typus ist ein Roland, dem Brütt ein bronzezeitliches Schwert in die Hand gibt. Das rechte Pilasterrelief ist auf dem Foto erkennbar, während die Entwurfszeichnung des linken durch ein ebenfalls vorhandenes Foto dokumentiert ist: dem Kampf ist der Lorbeer des Sieges gegenübergestellt. Die Kehrseite zeigt ein in Gips skizziertes Modell für die vierte Seite des Pilasters, die verlassene Frau mit den Kindern.

Das in Zusammenarbeit mit dem Berliner Architekten Walter Krafft unter Mitwirkung von Josef Stübben konzipierte architektonische Konzept wurde nach den Hochbauakten am 14.10.1910 durch eine Kulissenprobe vor Ort auf seine Wirkung hin geprüft. Ein in der Zeitungsaussschnittsammlung des Nachlasses vorhandener Artikel der „Deutschen Tageszeitung" berichtete: „Das Denkmal wird... in dem Mittelpunkte der deutschen Seemacht ein künstlerisches Zeichen der Wehrkraft sein. Auf der einen Seite des Brunnens erhebt sich vor architektonischem Hintergrunde die Gestalt eines Schwertträgers, das Sinnbild der Schwertpflicht. Die kernige, großstilisierte nackte Jünglingsgestalt, die

„Sieg". Zeichnung für das Relief der linken Seite des Brunnenpilasters

bereits in Bronze ausgeführt ist, hält in der Rechten als Wahrzeichen erhoben das mächtige Schwert. Der edle Kopf, auf dessen jungen Zügen die wachsame Kampfesfreude sichtbar wird, blickt mannhaft in die Weite. Unter der Figur, die bis zu einer Höhe von 5 Mtr. emporsteigt, breitet sich das rechteckige Wasserbecken aus, in das von der wandartig ausgebildeten Architektur her streng stilisierte Fischköpfe ihre Strahlen senden. Tropfgestein belebt hier die Flächen der Architektur, die in Kalkstein ausgeführt werden wird. Für Kalkstein sind auch die anderen plastischen Teile der Anlage bestimmt. Zu Seiten des großen Mittelpfeilers, vor den der Schwertträger zu stehen kommt, sind ganz flache, fast linienmäßige Reliefs vorgesehen, auf der einen Seite die Andeutung des Kampfes, auf der anderen die des Sieges. In vollem Relief bietet sich dann das plastische Mittelstück der abgewandten Seite. Hier tritt eine edle, antik gewandete Frauengestalt aus dem Mittelpfeiler hervor. Zwei Kinder kauern zu ihren Füßen, der Jüngere spielt noch kindlich, der Ältere wendet sich rückwärts, wo im Hintergrund die Reihen der in den Kampf ziehenden Krieger sichtbar werden. Die ernste, mütterliche Gestalt zeigt schon im Entwurf eine hohe plastische Schönheit. ‚Schwertruf' wird in ornamentalen Buchstaben über diesem Teil der Anlage zu lesen sein. Im ganzen erhält er eine Breite von etwa 9 Meter."

Die Anlage war auf 80.000 Mark veranschlagt, und war so wohl als städtebauliches Gegenstück zum Klaus Groth-Denkmalbrunnen von Heinrich Mißfeldt gedacht, bei dem Brütt Mitglied des Denkmalkomitees war; die Brunnenarchitektur war ähnlich der heutigen Lösung als Platzabschluß zum kleinen Kiel hin gedacht.

Das läßt der Bericht aus. Eine Art Siegfried wird beschrieben, obgleich Brütt einen nackten Athleten als Roland zeigte, der als Typus sowohl dem Neumarkt wie dem Rathaus gemäß war. Ferner ist undenkbar, daß der von Brütt vorgeschlagene völlig nackte Jüngling je zum Guß kam. Die Nacktheit war zwar mit dem Wasserbecken durch das zurückhaltend anklingende sportliche Motiv des Schwimmens begründet, doch zu unbekanntem Zeitpunkt wurde der Figur der martialisierende Schwertgurt um die Lende gelegt (so zeigt es eine Innenaufnahme aus dem Ende 1910 bezogenen Grunewaldatelier = S. 267), dann erst die Plinthe verändert (vgl. Nr. 300).

Jedenfalls entbrannte die Diskussion um die Gestalt des Brunnens aufs Neue. Der Dürerbund und der Bund für Heimatschutz schalteten sich ein. Mit dem Finanzierungsargument wurde die erreichte Lösung gekippt, und nun in Verbindung mit dem Rathausarchitekten H. Billing eine neue Lösung angestrebt.

Archivalien: Kulturamt Kiel, Akte 09/307 mit Auszügen aus den Hochbauakten und Akten des Magistrates zu Kiel

Abb.: Nissenhaus B 2086 II, S. 48 u. 49, S. 58 (Modell für die Rückseite des Pilasters)

Lit.:

(1) Kieler Zeitung, 12.10.1910, 1.11.1910; 15.3.1911; 11.10.1911

287. Reliefplakette Franziska v. Seeger, 1910

Bronze, 9,5 x 6,5 cm
Bez: „A. Brütt 1910"
Aufschrift: „Franziska von Seeger"
Ausführung: Lauer, Nürnberg
Nissenhaus B 2124; B 2126 a und b; B 2127

Reliefplakette mit sehr flachem Relief; durch den gelblichen Ton der Bronze mit weichem Klang. Pendant zu den von Franziska v. Seeger modellierten Reliefs von Adolf und Margarete Brütt (Nissenhaus B 2124, B 2127 u. B 2128; vgl. Abb. S. 56).

288. Georg Mardersteig, Bronzerelief, wohl 1910

Porträtrelief, Bronze, Maße unbekannt
Ausführung: wahrscheinlich Guß der Weimarer Bildhauerschule
nicht nachweisbar

Die Nachlaßunterlagen erwähnen ein um 1910 entstandenes Reliefporträt, das Brütt von seinem direkt bei der Kunstschule wohnenden Jagdfreund Georg Mardersteig modellierte und das, wenn das Relief in der Weimarer Wirkungszeit von Brütt anzusetzen ist (Kurt Brütt gibt wohl zu spät 1912/15 an), in der Gießerei der Weimarer Bildhauerschule ausgeführt sein mag. Brütt und Mardersteig, der 1908 das Jagdrecht des Großherzogtums veröffentlicht hatte, verband die Passion der traditionellen, waidgerechten Jagd (1); zu Weihnachten schenkte Mardersteig an Brütt die im Nachlaß erhaltene „Baumstudie" von Friedrich Preller (1804-1878), so daß das Relief sogar ein noch früher anzusetzendes Gegengeschenk sein könnte.

In Zusammenhang mit Georg Mardersteig entstanden in den zwanziger Jahren weitere Arbeiten, als Brütt sich von Berlin aus nach Bad Berka zurückzog. Mardersteig brachte auch Brütt mit dem Berliner Hotelier Curt Elschner zusammen. 1926 entstand ein weiteres Relief in Marmor (Nr. 341).

289. Büste Johannes Vahlen, 1910

Marmor, H 53 cm
Bez: „Brütt 1910"
Ausführung: vielleicht noch Weimarer Arbeit
Verbleib unbekannt, vielleicht Humboldt-Universität Berlin; Nachzuweisen ist noch ein Gipsabguß der Porträtbüste (Halle a.d. Saale, Privatbesitz = Abb.)

Die Marmorbüste war dem Philologen Johannes Valhlen (1830-1911) „gewidmet von Freunden, Verehrern und Schülern zum 27.IX.1910", dem 80. Geburtstag. Vahlen amtierte, als das Porträt entstand, als ständiger Sekretär der preußischen Akademie der Wissenschaften. Dieses seit 1895 ausgeübte Amt legte er 1911 nieder und verstarb am 30. November.

Abb.: Nissenhaus B 2723, S. 248; Erinnerungsblatt zum 80. Geburtstag von Johannes Vahlen (Nachlaß Brütt)
Ausstellungen: Königliche Akademie der Künste zu Berlin, Winterausstellung 1911 Nr. 39

Brütts Atelier in Berlin-Grunewald, 1920/21 (Photo: Nachlaß Brütt). Um das neueste Werk, „Mysterium" (Nr. 324), gruppieren sich: „Waidwund" (Nr. 306), das Modell zum „Schwertmann" (Nr. 300), eine sonst unbekannte Frauenfigur (vgl. Nr. 325), das Modell zur „Diana" (Nr. 253) und das Modell zur „Nacht" (Nr. 269)

Berlin 1911-1923

Nach seiner Rückkehr nach Berlin wohnte Brütt seit Ende 1910 in der Auguste-Viktoria-Straße 5, sein Atelier befand sich in der Warmbrunner Straße 5. 1912 wurde er in den Senat der Akademie der Künste gewählt, dem er durchgehend bis zum September 1921 angehörte und in dem er bis 1920 an den Sitzungen teilnahm. Wenn er auch äußerlich in den Berliner Bildhauerkreisen wieder seinen Platz gefunden hatte, so entstand doch nur noch wenig in seinem Atelier. Einerseits hatte die Weimarer Zeit ihm selbst innere Probleme gebracht, die sich auf sein Werk auswirkten, andererseits war unterdessen – wie er in seiner Autobiographie sagte – „die Jugend mit vollem Recht und tatkräftig gegen die Alten vorgedrungen, gerade so, wie wir es in unserer Jugend gemacht hatten" (S. 54 f.). Auch waren die allgemeinen politischen Verhältnisse der weiteren Entfaltung seines Werks nicht eben günstig. Hatte er sein „Opus 100" (Nr. 280) im Jahre 1910 noch im neuen Ausstellungshaus Keller & Reiner in Berlin und bei der Brüsseler Weltausstellung zeigen können, so wurde 1913 die Postkartenabbildung dieses Werks nach den Sittlichkeitsregeln der Lex Heinze beschlagnahmt. Dann entzog der Erste Weltkrieg den öffentlichen Aufträgen die Grundlage, und schließlich vertrieb der Verlust seines gesamten Vermögens nach dem Krieg Brütt vollends aus Berlin.

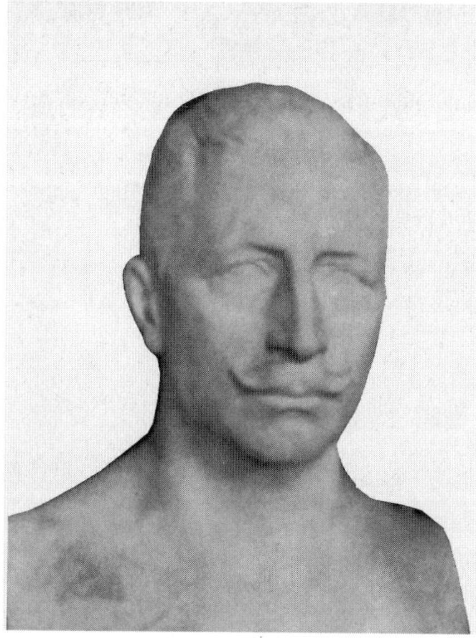

290. Büste Kaiser Wilhelm II. (Rathaus Kiel), 1911

bei der Einweihung des Kieler Rathauses am 14.11.1911 enthüllt
Marmor, H 84 cm
Bez: „A. Brütt 1911"
Ausführung: Atelierarbeit Brütt
Architekt: Hermann Billing
Ehemals Rotunde des Rathauses Kiel, heute Städtisches Museum Kiel

Die Büste wurde 1911 durch den Haus- und Grundeigentümerverein in Kiel dem Rathaus gestiftet; ein Auszug aus dem Protokoll der Ratsversammlung Kiel vom 30.5.1911, Drucksache 182, besagt, daß der Verein den Betrag von 5000.- Mark für eine durch einen schleswig-holsteinischen Künstler zu fertigende Büste zur Einweihung des Rathauses gab (1). Der dreiteilige Büstensockel brachte nach den Akten im Kulturamt Kiel die überlebensgroße Büste auf eine Höhe von 2,50 m. Er könnte von H. Billing, dem Architekten des Rathauses, in Verbindung mit Brütt entworfen worden sein.

Bei der „Entfernung aller monarchischen Sinnbilder und Wahrzeichen des absolutistischen Systems“ 1920 wurde die Büste in den Ratskeller verbracht (2).

Parallel zur Büste Kaiser Wilhelm II. schuf Hans Olde ein nicht mehr nachweisbares Ölbild des Kaisers (Gantner Nr. 199), zu dem, durch den Hamburger Kunsthistoriker Aby Warburg vermittelt, 1912 eine gleichfalls nicht überlieferte Wiederholung für die „Imperator“ entstand (4); es ist anzunehmen, daß Brütt und Olde diese Porträts gemeinsam ausarbeiteten. Dementsprechend vermerkte die Kieler Zeitung ein anläßlich der Rathauseröffnung in der Rotunde geführtes Gespräch des Kaisers mit Billing, Brütt und Olde (1).

Zu dieser Gruppe von Aufträgen an Olde und Brütt für das Kieler Rathaus gehört auch das Porträt des Bürgermeisters Dr. Paul Fuß für den Sitzungssaal des Rathauses (Gantner Nr. 196).

Archivalien: Kulturamt Kiel, Akte 9/103
Ausstellungen: Jubiläumsausstellung zum 25jährigen Bestehen der Regierung Wilhelms II., Kassel 1913, Kat. 407; Husum 1978 (3)
Abb.: Moderne Bauformen 11, 1914 (Aufstellung in der Rotunde, in der heute die „Schwerttänzerin“ von Brütt steht) und (2)
Lit.:
(1) Kieler Zeitung, 14.11.1911 (Nr. 26778)
(2) Kieler Nachrichten, 7.1.1967
(3) Steckner (1978), S. 25
(4) H. Gantner, Olde, S. 138, 180 u. S. 230 f.

Mitte:
291. Büste Kaiserin Auguste Victoria (Rathaus Kiel), 1911

Am 14. 11. 1911 bei Einweihung des Kieler Rathauses enthüllt
Marmor, H ca. 80 cm
Ausführung: Atelierarbeit Brütt
Architekt: Hermann Billing; Aufstellung in Zusammenarbeit mit A. Brütt
Ehemals Rathaus Kiel, 1920 der Ahlmann-Stiftung übergeben, heute verschollen

Aufgestellt war die von Ludwig Ahlmann (1, Nr. 9) gestiftete Büste auf einem von Waldemar Ahlmann (1, Nr. 15) gestifteten Sockel als Pendant der Kaiserbüste (Nr. 290) in der Rotunde des neuen Kieler Rathauses, wo heute die Schwerttänzerin von Brütt (Nr. 137) aufgestellt ist: „Es freut mich,“ schrieb Ludwig Ahlmann am 21. August 1911 an Brütt, „daß Sie mit Herrn Prof. Billing einig geworden sind, über den richtigen und würdigen Platz für Ihre Kaiserin-Büste.“

Nach einem Erlaß des Ministers des Innern vom 24. Dezember 1919 folgte 1920 ein Ratsbeschluß zur Entfernung der monarchischen Sinnbilder (2). Die Büste wurde am 15.5.1920 der Ahlmann-Stiftung in Kiel zurückgegeben, kam aber nach Auskunft von Michael Ahlmann-Eltze 1937 wieder zurück, ohne daß heute der Verbleib zu klären wäre.

Archivalien: Kulturamt Kiel, Akte 9/103; Familienstiftung Ahlmann, Drucksachen der Stadtkollegien 1920, Nr. 192 vom 15.5.1920
Ausstellungen: Vermutlich war dies Exemplar mit der Kaiserbüste zusammen auf der Jubiläumsausstellung Kassel 1913, Kat. 409
Abb.: Nissenhaus B 2086 I, S. 50; Moderne Bauformen 11, 1914 (Gesamtansicht der Rotunde)
Lit.:
(1) Kieler Zeitung, 14.11.1911 (Nr. 26778, Schenkungsliste)
(2) Kieler Volkszeitung, 6.4.1920

292. Büste Kaiserin Auguste Victoria (Auguste-Victoria-Hospital, Jerusalem), 1911

Enthüllt am 22.10.1911 in Jerusalem
Marmor, Maße unbekannt
Aufschrift: „22. October 1911“
Ausführung: Werkstattarbeit Brütt
Auguste-Victoria-Stift in Jerusalem, dort nicht mehr nachweisbar

Wesentliche Unterschiede zu Nr. 291 sind nicht zu erkennen; der Sockel ist als romanische Doppelsäule der Formensprache der Architektur der Gesamtanlage angepaßt.

Abb.: Nissenhaus B 2086 , S. 49 (Rückseite): Bild der Enthüllung in Jerusalem noch ohne den passenden Sockel.
Lit.:
(1) Die neuen Bauten in Jerusalem, Deutsche Bauzeitung 45, 1911, S. 1-69

293. Büste Kaiserin Auguste Victoria (I), 1911

Kleinbronze, zwei Größen: H 32 cm und H 22 cm
wohl unbezeichnet
Ausführung: Aktiengesellschaft H. Gladenbeck, Berlin
kein Exemplar nachgewiesen

Das Verkaufsverzeichnis der Bronzegießerei Aktiengesellschaft H. Gladenbeck führt als Kat. 2118 H 32 cm und Kat. 2119 H 22 cm zwei neu modellierte Bronzeversionen des Porträts der Kaiserin von 1911 mit geringfügigen physiognomischer Variation in der Kinnpartie. Nach der Katalogabbildung wurde die Büste auf einer Marmorplatte montiert geliefert.

Abb.: (1)
Lit.:
(1) Verkaufskatalog Aktiengesellschaft vormals H. Gladenbeck & Sohn, Berlin o.J., Nr. 2118 und 2119

294. Porzellanbüste Kaiserin Auguste Victoria (II), 1909/1911

Porzellan, drei Größen: H 24, 21 und 17 cm
unbezeichnet
Schwarzburger Werkstätten für Porzellankunst
Nissenhaus B 2102 (H 17 cm)

Die abgebildete Büste zeigt die neue Frisur der Kaiserin. Vom Gründungsdatum der Schwarzburger Werkstätten her (Herbst 1908) sowie nach den im Katalog angegebenen niedrigen Formnnummern (U 20 und U 21) muß die Porzellanversion der Büste der Kaiserin eigentlich schon 1909 entstanden sein. Es sind also wohl zwei Serien auseinanderzuhalten: eine frühe Version von 1909 (U 20 H 26 cm 14.- Mark, U 21, H 21 cm 7.- Mark) und die abgebildete späte Fassung Nissenhaus B 2102 in Abhängigkeit von Nr. 291 und Nr. 292.

Lit.:
(1) Verkaufskatalog der Schwarzburger Werkstätten für Porzellankunst 1912 Nr. 20 und 21.
(2) Steckner (1978) S. 26

295. Relief Ehepaar Wilhelm und Dorothea Ahlmann (Kiel), 1911

Grabrelief, Marmor, ca 40 x 20 cm
Bez: „A. Brütt"
Architekt der Grabanlage: Heinrich Moldenschardt, 1879
wohl eigenhändige Arbeit von Brütt
Südfriedhof Kiel

Am 21. August 1911 bestellte Ludwig Ahlmann für 3000 Mark das Relief für das Grab seines Vaters, des Gründers der Kieler Zeitung von 1864, Wilhelm Ahlmann (1817-1910) und seiner Frau Dorothea geb. Feddersen (1828-1910) bei Brütt in Berlin (Nissenhaus B 2724 Nr. 2 und 3).

Der Architekt der Gesamtanlage auf dem Südfriedhof, in die das Marmorrelief eingesetzt wurde, war Moldenschardt, der auch das Thaulow-Museum entworfen hatte (1). Die feine Charakterisierung Wilhelm Ahlmans ist mit den Bildnissen von Hans Olde um 1898 (Gantner 85 und 86; Kunsthalle Kiel Inv. Nr. 741) zu vergleichen, wahrscheinlich hat Brütt Bildvorlagen von Olde benutzt.

Lit.:
(1) D. Klewitz, Heinrich Moldenschardt, in: Nordelbingen 38, 1969, S. 51-86
(2) Volbehr / Weyl, S. 207

296. Ehepaar Wilhelm und Dorothea Ahlmann (Kiel), Bronzeplakette, 1911

Bronze, 9,9 x 7 cm
Bez: „A. Brütt"
Inschrift: „DR. WILHELM AHLMANN / DORA AHLMANN GEB. FEDDERSEN"
Ausführung: Gießerei Oertel, Berlin
Nissenhaus B 2120

Im Anschluß an den Auftrag für das Grabrelief (Nr. 295) bestellte Ludwig Ahlmann am 19. September 1911 die Plakette als Verkleinerung für 1000 Mark, die dann bei Oertel in einer Auflage von 44 Stück vervielfältigt wurde.

Abb.: Nissenhaus B 2084, S. 22

297. Grabmal Olga v. Gerstfeld-Steinmann (Rom), 1911

Marmorstele, H ca. 2 m
unsigniert
Inschrift auf der Rückseite:
"Lass eines dumpfen dunklen Traumgeflechtes / Verworrne Todesnetze mich zerreißen. / Und bleibe mir Du vielgeliebtes Bild. / Vollkommen ewig innig und ewig gleich. / Lass Deiner Augen reines Licht / Mich immerfort umglänzen. Schwebe vor. / Wohin ich wandle, zeige mir den Weg / Durch dieser Erde Dornenlabyrinth! / Du bist kein Traumbild, wie ich Dich erblicke. / Du warst. Du bist. Die Gottheit hatte Dich / Vollendet einst gedacht und dargestellt: / So bist Du teilhaft des Unendlichen, / Des Ewigen, und bist auf ewig Mein.– / Olga Steinmann von Gerstfeldt / gestorben / in Rom den 20. April 1910 / Ernst Steinmann gebo-

ren in / Jördensdorf i. Meckl. 4. Sept. 1866 / gestorben in Basel 23. Nov. 1934“
Rom, Friedhof bei der Cestius-Pyramide
Das Werk scheint noch in Weimar konzipiert zu sein, die Aufstellung des Grabmals erwähnt Brütts Autobiographie (S. 56). Für seine als kulturhistorische Schriftstellerin bekannte Ehefrau hatte Prof. Dr. Ernst Steinmann (1866-1934), Direktor der Großherzoglichen Kunstsammlungen in Schwerin, dann Direktor der 1913 gestifteten Bibliotheca Hertziana in Rom, eine Grabstele bestellt, deren Aufstellung Brütt „in Rom auf dem kleinen protestantischen Friedhof an der Sestus Pyramide selber beaufsichtigen konnte.“

Der zweiten Auflage der 1910 zuerst erschienenen „Pilgerfahrten in Italien“ von Olga v. Gerstfeld hatte Ernst Steinmann ein im Dezember 1911 verfaßtes Vorwort hinzugesetzt: „Das stille Endziel ihres Erdenwandels, das sie so oft im Geist erschaut, das ihre Lieder ahnungsvoll besungen haben, bezeichnet die griechische Grabstele von Adolf Brütt. Dieser Grenzstein ihrer Pilgerfahrt schien auch für dieses Buch das rechte Schlußstück zu sein. Denn manche Melodien ihres Lebens klingen hier im Tode wieder an. Sie, die in allem Maß zu halten wußte, nur nicht in dem, was sie von sich selbst verlangte, sie, die den Schmerz heroisch mit einem Lächeln zu verbergen pflegte, sie die ein leidvolles Erdenleben zum schönsten Kunstwerk umgebildet hat, sie konnte auch im Tode noch zu einer Schöpfung begeistern, in welcher der Schleier der Schönheit die starren Züge des Schmerzes verhüllt.“ Letztlich erhellt die rückseitige Inschrift des Grabsteines des Sinngehalt von Brütts Relief. Alles Beiwerk ist weggelassen, man kann sich auf die Gestalt konzentrieren, die zwischen Schreiten und Schweben in einer plastischen Linienführung gefaßt ist, die ganz auf die Physiognomie hinleitet.
Abb.: Nissenhaus B 2084, S. 10
Lit.:
(1) Olga v. Gerstfeld, Pilgerfahrten in Italien, 2. Auflage, 1911

298. Denkmalentwurf Eugen Richter (Berlin), 1911

Konkurrenzmodell aus Gips
nicht erhalten
1911 wurde in Berlin für den Askanischen Platz ein Denkmal für den freisinnigen Parlamentarier und Bismarck-Gegner Eugen Richter (1838-1906) allgemein und zusätzlich im engeren Wettbewerb für die Bildhauer Hans Arnoldt, Hugo Lederer und Adolf Brütt ausgeschrieben. Richter war Führer der Deutschen Freisinnigen Partei, seit 1893 der Freisinnigen Vereinigung, der auch Albert Hänel beitrat (Nr. 323).

Die Preisrichter L. Hoffmann, Arthur Kampf und L. Manzel entschieden sich für den dann ausgeführten Entwurf der allgemeinen Ausschreibung von Ernst Wenk (1). Eine Abbildung des Entwurfes von Brütt ist bislang nicht nachweisbar.
Lit.:
(1) Berliner Abendpost 17. 8. 1911

299. Porträt Carl Schneider, 1912

Marmorbüste, wohl lebensgroß
nicht nachweisbar
Von dieser in den Nachlaßunterlagen erwähnten Büste von Brütts Freund und Schwager läßt sich kein Nachweis mehr erbringen. Wahrscheinlich ist sie 1945 zerstört worden.

300. Schwertmann (Roland), Neumarktbrunnen Kiel, 1912 (Abb. S. 272)

Enthüllt am 19. Oktober 1912
Bronze, H ca. 3 m
Bez: „A. BRÜTT 1912“
Architekt: Hermann Billing
Ausführung: „GUSS H. NOACK BERLIN FRIEDENAU“
Rathausmarkt, Kiel
Der Typus von 1909 (Nr. 279) wurde in Weimar von Brütt weiterentwickelt und kam in seinem Berliner Atelier im Grunewald zur Vollendung. Die offizielle Einweihung am 19. Oktober 1912 war die letzte Amtshandlung des Oberbürgermeisters Paul Fuß.

Die urspünglich von Brütt konzipierte Brunnenwand für den noch völlig nackt konzipieren Schwertmann (vgl. Nr. 286) kam nicht zur Ausführung. Nachdem Brütt auch für eine zentrale öffentliche Aufstellung im Zentrum des Rathausplatzes auf eine bessere Lösung als den „Nacktschurz“ gekommen war – die Gürtelschlaufe, die als Schwertgurt die Senkrechten der Komposition betonte – entwickelte er nun in Zusammenarbeit mit dem Architekten Hermann Billing ähnlich wie bei der Husumer „Tine“ (Nr. 205) eine zentrierende Brunnenanlage, die das Standbild genügend hoch setzte und zugleich allansichtig machte. Die Löwenköpfe des regelmäßigen Zwölfecks des Brunnenrandes speisten das Brunnenbecken von 16,40 m Durchmesser. Entsprechend der Zentralaufstellung war der Schwertmann von Brütt nochmals überarbeitet worden, erstens was seine absolute Größe betraf, zweitens hinsichtlich der Ponderation und physiognomischen Detaillierung. Der nunmehrigen frontalen Aufstellung vor dem Rathaus und dem Typus nach war der Schwertmann ein Roland, dem Körperschema nach ein Athlet, dessen separat ausgearbeitete Physiognomie die kalte Brutalität eines Siegfried zeigt (Nr. 301); Alfred Lichtwark sah daher bei einem Atelierbesuch in dem Schwertmann mit noch quadratischer Plinthe den dritten Aspekt, den „nackten Krieger“ (7.2.1913; Briefe an die Commission für die Verwaltung der Kunsthalle, Bd. 20, S. 355).

Die heutige Aufstellung erfolgte im Rahmen der Rathausplatzneugestaltung anläßlich der Olympiade 1972, was den athletischen Aspekt

der Figur so in den Vordergrund rückte, daß das Schwert der Bronzezeit kaum noch wahrzunehmen ist und die Drehung zum Rathaus hin den Roland-Aspekt völlig löschte. Diese Neuaufstellung trifft insofern, als man 1912 im Vorfeld der für 1916 geplanten Olympischen Wettspiele stand (vgl. Nr. 303), denn schon entstand das Deutsche Stadion in Berlin-Grunewald nach Plänen von Otto March (1845-1913) (2). Diese jetzt gültige Betonung des athletischens Aspektes läßt verstehen, daß ein Bild des Bremer Rolands auf einem jüngst entstandenen Kieler Außenwandbild gegen Ernst Barlachs sogenannten „Geistkämpfer" gesetzt ist, nicht Brütts Roland.

Abb.: Nissenhaus B 2086 II, S. 46 (hier reproduziert), 47 u. 51

Lit.:

(1) Deutsche Bauhütte 20, 1916, S. 370, Abb. S. 372

(2) Baedekers Berlin und Umgebung, 18. Auflage, Leipzig 1914, S. 188

(3) Kieler Zeitung, 21.2.1912; 8.3.1912; 14.8., 15.8., 16.8.1912; zur Einweihung 9.10. u. 20.10.1912; Volkszeitung 17.10.1925

Der „Schwertmann" (Nr. 300) in seiner ursprünglichen Aufstellung vor dem Kieler Rathaus

Modell des Athletenkopfes

301. Bildnisbüste eines jungen Athleten, wahrscheinlich 1911

Bronze, H 47 cm
Bez: „BRÜTT“
Ausführung: H. Noack (?)
Nissenhaus, Husum B 5072, aus Privatbesitz erworben

Separat gearbeiteter Kopf des Kieler Schwertmannes, kein Teilguß, sondern die Reduktion des Ganzen im Porträt, ähnlich wie Brütt mit dem Kopf der „Eva“ (Nr. 121) die Gesamtaussage des Gestalt durch die porträthafte Darstellung zusammengefaßt hatte. Ähnlich wie die kalte innere Notwendigkeit der „Eva“ von den Kommentatoren von 1890 hervorgehoben wurde, so kommt ebendiese kalte Notwendigkeit auch hier zum Ausdruck und ist gerade in der Konzentration auf das Gesicht spürbar, verstärkt auch durch den glatten Augapfel, durch strenge Frisur und Mund- und Lippenbildung, was etwas an einen durchtrainierten Leibwächter erinnert und wohl auch erinnern soll, wenn man die Entwicklung vom ersten Brunnenmodell mit dem Menschenpaar von 1904 her sieht. Die Entwicklung auf diesen Kopf hin ist konsequent durchgeführt.

1930 nach Eckernförde verkauft, heute im Nissenhaus, Husum

Ausstellungen: Sonderausstellung der Königlichen Akademie der Künste 1913 Kat. 24; Große Berliner Kunstausstellung Berlin 1913, Kat. 1638; Ausstellung A. Brütt in der Kunsthalle Kiel 1930; Charlottenborg Kopenhagen 1937, Kat. 420; Husum 1978
Abb.: Nissenhaus B 2086 II, S. 46 (Modell)
Lit.:
(1) Steckner (1978), S.28

302. Statuette Schwertmann, 1912

Bronze, H 71 cm
Bez: „A. Brütt“
Ausführung: Guß: „H. Noack, Friedenau“
Nissenhaus B 2097

Verkleinerte Fassung des 1912 in Kiel als Brunnenfigur errichteten Schwertmannes (Nr. 300). Die Auflagenhöhe der Verkleinerung ließ sich nicht ermitteln; bekannt ist nur das Husumer Exemplar.

Ausstellungen: Husum 1978
Abb.: Nissenhaus B 2086 II, S. 46 (Modell)
Lit.:
(1) Steckner (1978), S. 27

303. Jahn-Gedenkstein (Kiel), 1913

Grundsteinlegung 27.5.1911; Enthüllung 29.6.1913
Findling (roter Granit), H ca. 2 m, Porträtrelief, H ca. 30 cm
unbezeichnet; Aufschrift: „F-L JAHN 1811-1911"
Nordmarksportplatz an der Eckernförder Chaussee, Kiel

Erratischer Block mit Profilporträt des „Turnvaters" Jahn. Der Block ist nur durch das Vertiefen der Umrißlinie ausgearbeitet und das Porträt dabei so plaziert, daß es mit der Blocksilhouette abgestimmt ist. Darunter ist die Inschrift in schmalen Versalien eingekerbt. Der sonst unbearbeitete Stein gehört in die Gruppe der Denkmäler, die auf den im Lande anfallenden Stein zurückgreifen wie das einstige Knivsbergdenkmal (2). Der in die Zeit der Befreiungskriege zurückreichende Anstoß durch Jahn in seinen Auswirkungen (4) gibt der für die Körperbildung eingerichten Sportanlage mit dem gleichzeitig errichteten Schwertmann des Kieler Rathauses (Nr. 300) noch in seiner jetzigen neuen Aufstellung bei der Olympia-Flamme einen der Knivsberganlage verwandten Zusammenhang: dort überragte der Bismarckturm das direkt dabei gelegene ältere Sportfeld.

Brütt war nach Auskunft seiner Autobiographie selbst Turner; das von ihm in den Hünenstein eingegrabe Bildnis Jahns entsprach auch in Hinblick auf das Körperschema seines Athlethen mit den bronzezeilichen Schwert (Nr. 300) einem von der Gymnastik der Griechen über die Erziehung der germanischen Jugend zum Turnvater der Befreiungskriege gezogenen Bogen, der in den unter der Mitwirkung seines Schwiegervaters Richard Schillbach entstandenen „Bildern aus der Geschichte der Leibesübungen" (4) geschlagen ist.

Auszeichnungen: Ehrendiplom (Nissenhaus)
Lit.:

(1) Kieler Zeitung, 29.5.1911; 30.11.1912; 9.4.1913; 5.6.1913; 1.7.1913
(2) Karl Meyer, Findlinge als Bau- und Denkstein in Schleswig-Holstein, in: Schleswig-Holsteinischer Kunstkalender 4, 1914, S. 30 ff. (ohne Erwähnung)
(3) Karl Radunz, Denkmäler, Gedenksteine und Tafeln, Plastiken Kiels, in: Mitteilungen der Gesellschaft für Kieler Stadtgeschichte 53, 1960, S. 107
(4) Hans Brednicke, Bilder aus der Geschichter der Leibesübungen, Leipzig o.J. (1897), S. 117 f.

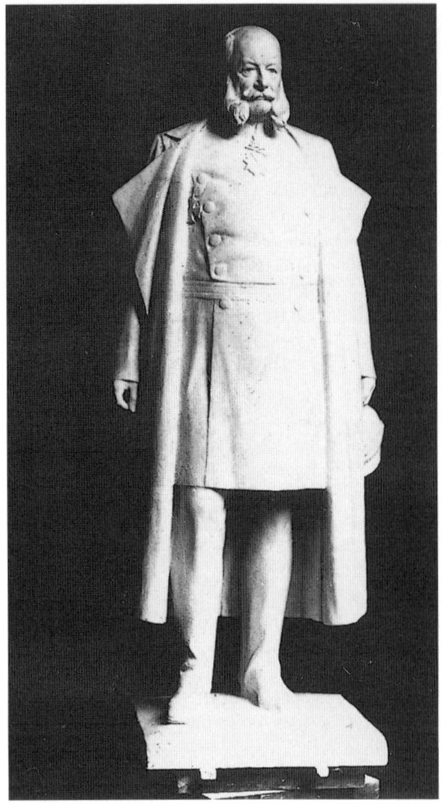

304. Standbild Kaiser Wilhelm I., Rathaus Hannover 1913

Einweihung 20. Juni 1913 mit Eröffnung des Rathauses
Bronze, H 3,10 mit Plinthe
Architekt: Hermann Eggert (1844-1920), Weimar; Architekt der Treppenanlage Gustav Halmhuber für Berater Paul Wallot (1841-1912)
Ausführung: Gießerei unbekannt
Stiftung der Kommerzienräte Senator August Werner und Siegmund Seligmann (1)
ehemals Rathaus Hannover auf dem linken Treppenabsatz, eingeschmolzen vor 1945

„Die Dominante dieser schönen Freitreppe flankieren im Hauptabsatz rechts und links zwei durch Kommissionsbeschlüsse ungünstig weit nach vorn gestellte Bronzestatuen Kaiser Wilhelms I. und des II., denen Bildhauer Prof. Adolf Brütt-Berlin eine vorzüglich ruhige Haltung gegeben hat.“ (2)

Kaiser Wilhelm I. ruhig mit dem Helm in der linken Hand dastehend; der Überrock gibt den Blick auf das Eiserne Kreuz und den Schwarzen Adler-Orden frei. Der Helm in der Rechten ersetzt nach einem Brief des Wirklichen Geheimen Rates v. Valentin vom 19.5.1912 den vorgesehenen Feldmarschallstab, da dieser zum Überrock nicht getragen werde (3). Der „Reichsbote“ und andere Zeitschriften hoben die diskrete Form der Repräsentation hervor, nannten aber noch den von der Kommission bevorzugten Marschallstab (4).

Die Bauausführung war voller Konflikte. Aus der 1895 ausgeschriebenen Konkurrenz hatte Hermann Eggert, der erfolgreiche Architekt des Frankfurter Bahnhofempfangsgebäudes (Nr. 89), 1898 den Bauauftrag erhalten. Er wurde jedoch auf Betreiben von Stadtdirektor Tramm im Herbst 1909 durch den Professor der Technischen Hochschule Hannover, Gustav Halmhuber, den Schüler Paul Wallots und Architekten der Siegesallee von 1896, abgelöst: „Er hatte keinen Teil an der neuen Entwicklung der Kunst und vermochte das im Stürmen und Drängen der letzten Jahrzehnte Gewonnene nicht in seinem Empfinden lebendig werden zu lassen.“ So kam in Hannover noch der Kunstgeschmack, der die Universität Jena von Wallot-Schüler Fischer prägte, zur Wirkung: „Außen keine empfundene Linie, kein Werk eines bedeutenden Bildhauers oder Kunstgewerblers, innen aber hat Halmhuber die Bildhauer Professor Herting, Bredow, Brütt, Feuerhahn und Garvens, die Maler Hodler, Diez, Erler, Hengeler und Schlösser zugezogen und in Verbindung ihnen in den Hauptsälen sein Werk vollendet.“ (2)

Auszeichnungen: „Prof. A. Brütt erhielt anläßlich der Einweihung des hannoverischen Rathauses den Roten Adlerorden II. Klasse“ (4)

Abb.: Nissenhaus B 2084, S. 23 (Modell)

Lit.:

(1) Die Königliche Haupt- und Residenzstadt Hannover. Festschrift zur Einweihung des Rathauses im Jahre 1913, Hannover 1913, S. 87 u. 92

Das Treppenhaus des Rathauses von Hannover, alter Zustand (Photo: Nachlaß Brütt)

(2) Hans Kaiser, Das Neue Rathaus in Hannover, in: Dekorative Kunst 17, 1914, S. 206

(3) Charlotte Kranz-Michaelis, Rathäuser im deutschen Kaiserreich 1871-1918 (1976), Anm. 370

(4) Der Reichsbote Berlin, 31.10.1912

(5) Berliner Architektur Welt 16, 1913/14, S. 217.

305. Standbild Kaiser Wilhelm II., Rathaus Hannover 1913

enthüllt am 20.6.1913
Bronze, H 3,10 mit Plinthe
Architekt: Hermann Eggert (1844-1920), Weimar; Architekt der Treppenanlage Gustav Halmhuber für Berater Paul Wallot (1841-1912)
Gießerei unbekannt
ehemals Rathaus Hannover auf dem rechten Treppenabsatz
eingeschmolzen vor 1945

Der Kaiser ruhig dastehend, seine Haltung auf den Aufstellungsort auf dem rechten Trep-

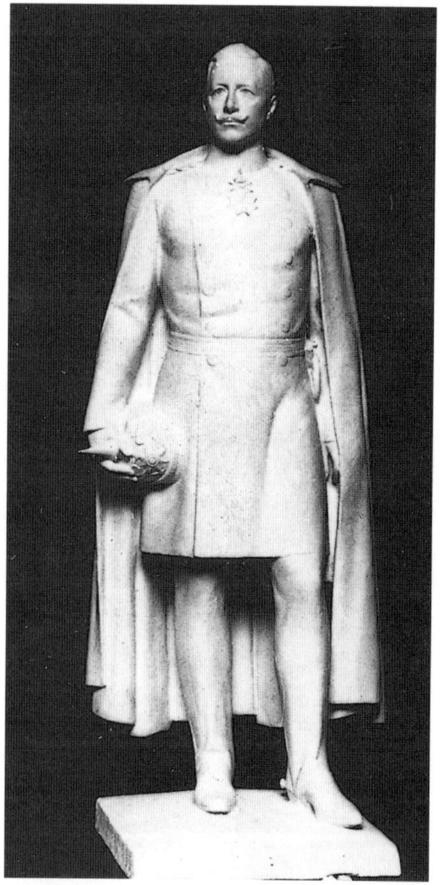

penabsatz der Freitreppe in der Rathaushalle abgestimmt. Der Kaiser dekoriert mit dem Schwarzen Adlerorden. Über dem Überrock ein glatt fallender Umhang, in der rechten Hand einen Helm haltend. Außer diesem Standbild sind keine öffentlichen Standbilder zu Ehren Kaiser Wilhelms II. bekannt geworden (vgl. aber die Büste Nr. 290); zur Bewertung ist anzumerken, daß sich Wilhelm I. noch sämtliche öffentlichen Monumente nach seinem Bilde bei seinen Lebzeiten grundsätzlich verbeten hatte, so daß stattdessen meist Viktorien ihren Platz fanden.

Auszeichnung: Königlicher Roter Adler-Orden II. Klasse mit Eichenlaub.

Abb.: Nissenhaus B 2084, S. 23 (Modell)

306. Waidwund (Diana II), 1913

Titelvarianten: „Diana II", „Diana mit dem waidwunden Wild"
Freie Plastik, Marmor, H 1,85 m
Bez: „A. Brütt 1913"
Ausführung: Eigenhändige Taille directe (dokumentiert durch Photoserie im Nissenhaus)
Vor dem Eingang der Brandenburghalle im Rathaus Berlin Schöneberg

„Eine teilweise bekleidete, schlanke, weibliche Figur mit seltsam gehaltener Haartracht, steht über einem im Wundbett sitzenden Stück Rotwild; die linke Hand liegt am Halse des Tiers, dessen Kopf hoch zurückgebogen wird, während die Rechte ein Messer zaghaft hält. Auf den Zügen der zartgebauten Jägerin, welche die Augen ganz oder beinahe geschlossen hat, liegt eine schmerzliche Empfindung, das Zaudern vor Ausführung einer Handlung, die doch nicht vermieden werden kann." (1) In der Autobiographie notiert Brütt (S. 57): „Diana II mit dem waidwunden Wild, dem sie den Fang geben will. An dieser etwas langen Bezeichnung krankt die Arbeit, obgleich ich sie für eine meiner besten halte." Eine kleine Arbeit von Franziska v. Seeger (Diana. Erinnerung an Tiefengruben, Plakette 2,3 x 1,9 cm) zeigt, daß Brütt hier auf seine Jagderlebnisse zurückgriff, denn er hatte eine Jagd bei Tiefengruben in der Nähe seines Jagdhauses von Bad Berka gepachtet; aber das betrifft nur Äußerliches. Das Motiv ist vom Autor der „Jägerzeitung" wohl gut getroffen („kalte Sophie" nannte man mir jetzt im Rathaus die Skulptur: „na, die will hier das Rehchen abstechen"), denn in der Körperlinie und im angedeuteten Handeln wird die zum waidgerechten „menschlichen" Jagen gehörende Notwendigkeit des Fangstoßes dargestellt. Das Grundproblem ist auch hier zurückzuverfolgen bis zur „Gebenden und versagenden Natur" von Leopold Rau, läßt sich aber auch durch den über Arthur Boué gesicherten Kontakt der Berliner Brütt-Schule mit dem Philosophen Eduard v. Hartmann belegen und hier besonders durch die „Phänomenologie des sittlichen Bewußtseins" (3. Auflage 1922) beleuchten.

Zusammen mit dem „Opus 100" (Nr. 280) erwarb Hotelier Curt Elschner dieses Werk 1922

Brütt bei der Taille directe in seinem Berliner Atelier, 1913 (Photo: Nachlaß Brütt)

während der Inflation für 6 Millionen Mark für seine Sammlung im Hotel Excelsior in Berlin; wohl Ende der dreißiger Jahre stiftete Elschner das Werk dem Rathaus Schöneberg.

Ausstellung: Berlin 1913 (2); Frühjahrsausstellung der Akademie der Künste, Berlin 1919, Kat. 143

Abb.: Nissenhaus B 2086 II, S. 60

Lit.:

(1) Deutsche Jägerzeitung, 7.8.1913

(2) Ausstellungskatalog Große Berliner Kunstausstellung 1913, Berlin 1913, Nr. 1639, Abb. 31

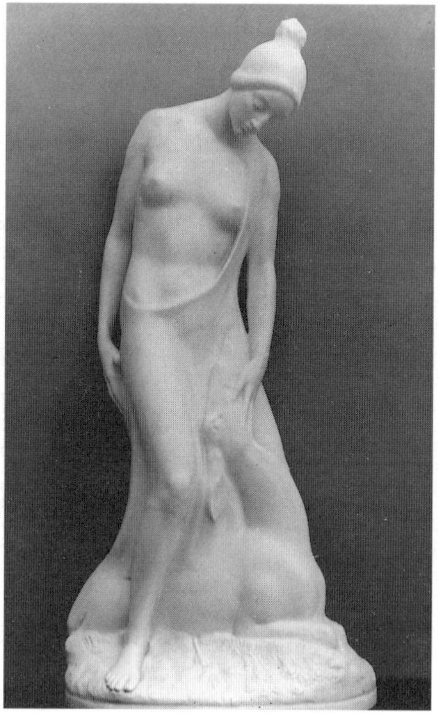

307. Statuette Waidwund (Diana II), 1913

Porzellan, H 62,5 cm

Bez: „A. Brütt 1913"

Ausführung: Schwarzburger Werkstätten für Porzellankunst

Privatbesitz, Husum

Kleine Wiederholung der Marmorfigur, allerdings schon 1912 im Programm der Schwarzburger Werkstätten genannt, so daß die Porzellanversion möglicherweise eine Reproduktion des Hilfsmodells ist. Die Auflagenhöhe ist unbekannt.

Ausstellung: Husum 1978

Lit.:

(1) Steckner (1978), S. 29

308. Unbekanntes Werk für Gotha, 1913

Material und Maße unbekannt

Der Nachlaß von Adolf Brütt enthält im Konvolut der Ehrungen die „Urkunde über Verleihung der Carl Eduard Medaille Gotha 21.6.1913". Die Jahre vor dem Ersten Weltkrieg sind in der Biographie Brütts nur sehr schlecht dokumentiert, und es hat weder im Nachlaß Brütt noch in den erreichbaren Zeitschriften bzw. den Berliner Akademie-Chroniken weiterführende oder erhellende Hinweise für den Grund der Medaillen-Verleihung gegeben. Es ist aber nicht unwahrscheinlich, daß Brütt für die damals in Gotha eröffnete Ausstellungshalle gearbeitet hat. Es könnte auch ein Zusammenhang mit der Flugzeugfabrikation in Gotha bestehen (Gothaer Wagonfabrik). Dort war am 23. April 1913 die erste Gotha-Taube aufgestiegen, im gleichen Jahr noch verunglückte Hellmuth v. Eckenbrecher, ein Freund von Brütt, bei einem Schaufliegen tödlich (vgl. Nr. 309); ferner war Hans Oldes Sohn Otto Flieger, und der befreundete Rechtsanwalt Georg Mardersteig hatte am 27.1.1909 in Weimar den „Verein für Luftverkehr" gegründet und sich für dortige Fluganlagen eingesetzt.

Lit.:

(1) Steckner (1978), S. 31

309. Hellmuth v. Eckenbrecher, 1913

Marmor, H 65 cm
Bez: „A. Brütt 1914“
Aufschrift an der Vorderseite: „HELLMUTH“
Nissenhaus B 2704, erworben aus Privatbesitz

Hellmuth v. Eckenbrecher, Sohn des in Weimar als Kollege Brütts wirkenden Malers Themistokles v. Eckenbrecher, verunglückte am 4. September 1913 als Leutnant nach einem Schaufliegen mit seiner Gotha-Taube. Seine Mutter hat das Porträt bei Brütt bestellt.

Nach jahrzehntelanger Aufstellung am Grab kam die Büste mit deutlichen Verwitterungsspuren an das Nissenhaus. Die dennoch spürbare Frische des Bildwerks läßt nachempfinden, daß Brütt hier einem Freund, dessen Wesen er kannte, ein Charakterisierung in Stein gewidmet hat.

Abb.. Nissenhaus B 2084, S. 19

Lit.:

(1) Steckner (1978) S. 31 Abb. 22

310. Preisbüste, Berlin 1914

Porträtbüste, Ausführungsmaterial und Maße unbekannt

Zwölf Tage lang dauerte das Berliner Künstlerfest „Maske und Palette“, das die Verbände der Schauspieler und bildenden Künstler unmittelbar vor Kriegsbeginn im Anfang April in den Ausstellungs-Hallen veranstalteten. Höhepunkt war eine Schönheitskonkurrenz. Die Gewinnerin des 1. Preises sollte der Maler Max Liebermann, die des 2. Preises der Bildhauer Fritz Klimsch porträtieren. Die Gewinnerin des 3. Preises war von Adolf Brütt zu modellieren. Die damals veröffentlichten Porträtphotos von Karl Schenker würden eigentlich mung der ausgeführten Arbeiten ermöglichen (1), doch entspricht keine der im Nachlaß Brütt überlieferten Porträtarbeiten den ausdrucksvollen Gesichtszügen der dritten Preisträgerin.

Lit.:

(1) Berliner Illustrierte Zeitung XXII, 1914, Nr. 15 (12. April), S. 272.

311. Entwurf Herzog Ernst v. Altenburg-Denkmal (Altenburg), 1914

Standbild, wohl Gipsmodell, Maße unbekannt
nicht erhalten

Für 1914 war für Altenburg eine Konkurrenz zu einem Standbild für Herzog Ernst v. Altenburg ausgeschrieben; Brütt, der den Großherzog früher nach dem Leben porträtiert hatte (Nr. 104), beteiligte sich an dieser Konkurrenz, die Hermann Volz gewann. Wohl noch 1918 wurde das Standbild von Volz im Schloßhof errichtet (1). Das Konkurenzmodell ist im Nachlaß nicht dokumentiert.

Lit.:

(1) J.A. Beringer, Hermann Volz (1923), S. 37

(2) K. Schneider, Geschichte der Stadt Altenburg (1923)

312. Konkurrenzmodell zum Kolonialkriegerdenkmal Berlin, 1914

Gips, grün getönt, Seitenstücke H ca. 60 cm
Seitenteile des Konkurrenzmodells erhalten, Nissenhaus B 3043 a und b.

Unmittelbar vor Beginn des Ersten Weltkrieges war zur Jahresmitte 1914 für Berlin ein Kolonialkriegerdenkmal in engerer Konkurrenz für acht Bildhauer (L. Manzel, K. Sattler, H. Hahn, Hugo (?) Cauer, A. Brütt, G. Wrba, H. Jobst, F. Behn) ausgeschrieben worden zur Erinnerung des „so heimtückischen Krieges gegen die Eingeborenen Südwestafrikas, den Kämpfern in unserem ersten, großen, nach schweren Verlusten glücklich und siegreich beendeten Kolonialkrieg“.(1) Das Unternehmen in dem unmittelbar an britische Interessengebiete angrenzenden Territorium war erst nach der Reichstagsauflösung „wegen Nichtbewilligung der Regierungsforderung für den südwestafrikanischen Feldzug“ am 13. Dezember 1906 möglich geworden.

Brütts Entwurf sah ein von einer Kolonnade gerahmtes Reiterbild vor; der Import von argentinischen Reitpferden hatte wesentlich zum Kriegsausgang beigetragen. Erhalten sind die Konkurrenzmodelle beider in Bronze gedachten Seitengruppen aus grün getöntem Gips. Es ist nicht nur das Zusammenklingen von Steppengraswand und Figurengruppe, die an das Relief der Schnitter am „Denkmal der Arbeit" von Constantin Meunier (1831-1905) erinnert, das im Januar 1906 bei Keller & Reiner in Berlin gezeigt und später für Jena erworben wurde: auffällig im Rahmen der Komposition ist auch die Vergleichbarkeit des vorgestreckten Pferdekopfes mit dem Rinderkopf des Schnitterreliefs (3); die Modellierung des Pferdekopfes von Brütt läßt sich generell mit dem von Meunier bevorzugten Typus vergleichen, und die Grundstimmung hat etwas von dessen Reiterstandbild „An der Tränke". Diese tragenden Parallelen zu den Plastiken „moderner Sklaven" (Gensel) von Meunier geben einem Kolonialkriegerdenkmal einen auffällig kritischen Grundton.

Den ersten Preis der Konkurrenz erhielt Fritz Behn (geb. 1878), München, für seinen ins Architektonische monumentalisierten Elephanten zuerkannt; der preisgekrönte Entwurf wurde noch nach dem Ersten Weltkrieg in Backsteinmauerwerk auf der Bürgerwiese in Bremen vollendet.

Abb.: Nissenhaus B 2723, S. 242; B 2084, S 7 u. 9; (1) Gesamtentwurf mit Architektur

Lit.:

(1) Daheim, 20.6.1914, Abb.
(2) Steckner (1978), S. 30
(3) Walther Gensel, Constantin Meunier, 2. Auflage, Bielefeld und Leipzig 1907

Architekturskizze zum Konkurrenzmodell für das Kolonialkriegerdenkmal (Nr. 312)

313. Porträtbüste Eduard Sachau, 1915

Marmor, lebensgroß
ehemals Humboldt-Universität Berlin, nicht nachgewiesen

Portätbüste des Orientalisten Prof. Dr. Eduard Sachau (1845-1930), Direktor des neubegründeten Seminars für orientalische Sprachen an der Universität Berlin, seit 1898 Herausgeber der „Mitteilungen des Seminars für orientalische Sprachen“, dann seit 1904 des „Archivs für das Studium deutscher Kolonialsprachen“. Während seines Studiums hatte Sachau im Elternhaus Brütt in Kiel gewohnt, Brütt kannte Sachau also seit dieser Zeit. Das Entstehungsdatum spricht für eine Entstehung der Büste anläßlich des 70. Geburtstags des Gelehrten (1), während das Werkverzeichnis von Brütt 1913 angibt.

Ausstellungen: Frühjahrsausstellung der Akademie der Künste, Berlin 1919 Nr. 145
Abb.: Nissenhaus B 2723, S. 247
Lit.:
(1) G. Weil, Festschrift zu Ehren Eduard Sachaus, Berlin 1915

314. Büste Hans Olde, 1915

Marmor, H 58 cm
Bez: „HANS OLDE / ZUM 27. APRIL 1915 VON ADOLF BRÜTT“
Landesmuseum Schleswig, Inv. 1967/2410

Anläßlich ihres 60. Geburtstages porträtierten sich Bildhauer Brütt und Maler Hans Olde (1855-1917) wechselseitig, was nicht unbedingt heißen muß, daß man sich gegenseitig Modell stand. So trägt das von Hans Olde gemalte Bildnis (Schleswig-Holsteinisches Landesmuseum, Abb. auf dem Einband) zwar kein Datum, wird aber zum 10.5.1915 entstanden sein, während die Büstenaufschrift den Entstehungszeitpunkt sichert.

Ausstellungen: Mitgliederausstellung der Königlichen Akademie der Künste Berlin 1915 Kat. 54; Ausstellung zur Kieler Woche 1930
Abb.: Nissenhaus B 2086 II, S. 53 (Tonmodell u. Marmorausführung)
Lit.:
(1) Schleswig-Holsteinisches Landesmuseum. Katalog Schleswig-Holsteinischer Porträts, 1971, S. 35 Nr. 51
(2) Steckner (1978), S. 32

315. Grabmal Alfred Freiherr v. Wolzogen, 1915

Marmor, H ca. 1 m
ehemals Dubberzin, Hinterpommern

Marmorgedenkstein für den als Infanterie-Hauptmann bei Vilcey gefallenen Alfred v. Wolzogen (1883-1915). Zu seinem Gedenken bestellte seine Mutter Hedwig geb. v. Versen bei dem mit dem Gefallenen befreundeten Adolf Brütt den Denkstein mit dem Porträtrelief im Lorbeerkranz für den Familienfriedhof in Dubberzin, Kreis Schlawe / Hinterpommern.

Auskunft W.-D. Freiherr v. Wolzogen, Frankfurt

Abb.: Nissenhaus B 2084, S. 19

316. Gedenktafel Admiral Graf Spee (Kiel), 1916

Marmor, ca 3 x 1,48 m; zwei Teile, davon der untere Block mit dem Porträtmedaillon 60 x 148 cm
keine Signatur
Inschrift:
„IN PIAM MEMORIAM / MAXIMILIAN GRAF VON SPEE / GEB 22.6.1861 / VIZEADMIRAL-FLAGGSCHIFF SMS / ‚SCHARNHORST‘ / MIT SEINEN SÖHNEN / OTTO GRAF VON SPEE / GEB. 10.7.1890 / LEUTNANT ZUR SEE – SMS ‚NÜRNBERG‘ / HEINRICH GRAF VON SPEE / GEB. 14.4.1893 / LEUTNANT ZUR SEE – SMS ‚GNEISENAU‘ / GEFALLEN AM 8. DEZEMBER 1914 / IN DER SCHLACHT BEI DEN FALKLANDINSELN / R.I.P.“
Werkstatt- oder eigenhändige Arbeit
Kiel, St. Heinrichkirche, Feldstraße

An der Südwand der katholischen St. Heinrichkirche in der Kieler Feldstraße ist die Gedenktafel für den Admiral Maximilian Graf v. Spee (1861-1914) und seine beiden Söhne erhalten: „Einer Anregung von Frau Baronin Seckendorff und Frau Admiral Bachmann folgend, haben unlängst etwa 200 Damen des Seeoffizierskorps Mittel zur Verfügung gestellt zur Ausführung eines Gedenksteines für den Sieger von Coronel.“(1) (2) Nach dieser Seeschlacht vor der südchilenischen Küste am 1.11. 1914 war Graf v. Spee samt den Söhnen bei den Falklandinseln gefallen. Brütt in Berlin (über den Kieler Anatomen Ferdinand Graf v. Spee?) bekam den Auftrag zur Ausführung, und das Reichsmarineamt bestimmte die Außenfläche der Kieler Garnisonskirche, die zugleich Pfarrkirche des Grafen gewesen war, als zukünftigen Ort für die Gedenkplatte, mit dem „ausdrucksvollen, sprechend ähnlichen Kopf des Admirals. Trauernd senken über ihm kernige Seeleute Flaggen und Entermesser zum letzten, tiefempfundenen Ehrengruß für den Sieger von Coronel. Die schwebende Gestalt der Siegesgöttin verklärt die Trauer." (1) Diese Deutung wird nicht unbedingt treffen. Zu erkennen ist zunächst in der Ebene der Standfläche der Seeleute die Wellenlinie des Wassers, aus der sich eine Kugel (die Welt?) und darüber die weibliche Gestalt erheben. Brütt hat dabei einen Mandorla-Umriss angedeutet.

Der Männertypus schließt an das Kolonialdenkmal von 1914 an. Für das Reliefporträt des Grafen Spee scheint Brütt nur Photographien zur Verfügung gehabt zu haben, wohl eine Aufnahme von Hofphotograph F. Urbahns, Kiel.

Die Oberfläche des Denkmals ist stark angegriffen; die kleineren Beschädigungen dürften während des Zweiten Weltkrieges entstanden sein.

Im Nachlaß Brütt hat sich eine Aufnahme erhalten, die wahrscheinlich macht, daß zunächst eine viel stimmigere erste Fassung angebracht wurde, auf der das Wellenband und der Rahmen des unteren Blockes sich besser mit der großen Reliefplatte verbanden.

Abb.: Nissenhaus B 2084, S. 11 u. 12 (hier links reproduziert)

Lit.:

(1) Kieler Zeitung, 15.4.1916

(2) Illustrierte Weltschau, 14.5.1916, S. 8

(3) Kiel als Universitätsstadt, Kiel 1921, S. 40

317. Entwurf für ein Gefallenendenkmal, 1916

Gipsskizze, H 29 cm

Bez: „A. Brütt 1916"

Nissenhaus B 2652, 1977 erworben

Weibliche trauernde Gewandfigur auf einem thronartigen Sitz, auf den Knien einen Lorbeerkranz und einen Stahlhelm, dessen „Leere" durch Haltung und Lage gezeigt ist. Der Entwurf ist ganz im Charakter von Brütt; doch 1916 waren noch pathetische Kriegsdenkmäler wie das „Soldatendenkmal" (Nr. 318) verlangt.

Es handelt sich möglichwerweise um eine Studie für Husum (vgl. Nr. 325).

318. Soldatendenkmal, 1916/1917

Gips- oder Tonskizze, Maße unbekannt

nicht erhalten

Stehender Infanterist im Feldmantel mit Karabiner und Stahlhelm, „markanter" Physiognomie und entsprechender Haltung, ein dem Publikumsgeschmack folgendes Nachgeben wie bei dem Hindenburg-Relief (Nr. 350), was auch auf eine spätere Entstehungszeit hinweisen könnte.

Abb.: Nissenhaus B 2084, S. 18

319. Der Deutschen Frau, 1917

getönter Gipsentwurf, H 72
Bez: „DER DEUTSCHEN FRAU“
Nissenhaus B 2141

In strengem Umriß eine stehende Frau als Zentralgestalt, ihr zu Füßen rechts und links kniende Schwertmänner vom Typus des Kieler Rathausbrunnes (Nr. 300) bzw. des Spee-Denkmals (Nr. 316). Vordergründig sieht man in dem Entwurf eine Mutter, die ihre Söhne in den Krieg schickt. Aber Brütt, der wohl kein Freund von kriegerischen Auseinandersetzungen war und durch seinen Schwiegervater mit der frühen Pazifistenbewegung in Berührung gekommen war, scheint wie bei seiner „Eva“ (Nr. 217-220) etwas von den feindlichen Brüdern Kain und Abel mit eingearbeitet zu haben.

Abb.: Nissenhaus B 2084, S. 11
Lit.:
(1) Steckner (1978) S. 34

320. Entwurf Weltkriegsdenkmal, 1917

Tonskizze, Maße unbekannt
nicht erhalten

Bis 1917 hat es im Deutschen Reich verschiedene Bestrebungen zu künftig zu setzenden Siegesdenkmälern und Gefallenendenkmälern gegeben. Diese Denkmalaufrufe sind nur sehr schwer zu greifen, weil der Minister des Innern v. Koebell am 12.12.1916 ein Rundschreiben an die Oberpräsidenten der Länder erlassen hatte, mit der Aufforderung, derartigen Bestrebungen „in geeigneter Weise entgegenzutreten“ (1). In den Umkreis dieser Bestrebungen wird der Entwurf des aus Ähren grüßenden Jünglings im Siegeskranz auf dem Berg von Totenschädeln über dem Globus gehören. Der Gruß des Todgeweihten zumal auf dem Berg von Totenschädeln dürfte damals wohl kaum angekommen sein, zumal Brütt die Elemente der 3 Meter hohen Plastik „Der Militarismus“ (2) von N. Hansen-Jacobsen aus dem Jahre 1899 aufgriff und in Gruß und Haltung zum Gladiatorenbild umformte. Die Grundeinstellung Brütts mag durch seinen in der Pazifismusbewegung wirkenden Schwiegervater gefärbt sein, wie von dem Tod seiner jungen Freunde A. v. Wolzogen (vgl. Nr. 315) und H. v. Eckenbrecher (Nr. 309).

Das Modell scheint während des Krieges entstanden zu sein; ein Zusammenhang mit dem damals in Bad Berka geplanten Denkmal für die Gefallenen des Ersten Weltkrieges scheint unwahrscheinlich.

Abb.: Nissenhaus B 2084, S. 11
Lit.:
(1) Kunstchronik 38, 1917, S. 36
(2) Dekorative Kunst 3, 1899, S. 259

Modell für die Gesamtanlage des Grabmals Freyer

321. Zwillinge I + II, 1919

Freie Skulptur, Marmor, Maße unbekannt
Ausführung: eigenhändig zwei Fassungen beide Exemplare für Ulm gefertigt, nicht mehr nachzuweisen

Schlafende Mutter mit zwei Kindern: bei diesem Hochrelief ergibt sich die ornamental reizvolle Folge von Kugelformen, von Kopf und Frisur, von Brustapfel und Kinderkopf. Die Silhouette wird durch stilisierte Ähren zu einem Dreieck gebunden. Der Katalog der Berliner Ausstellung 1919 vermerkt dazu ausdrücklich: „das Werk ist aus der Form des Blocks entstanden". Auf Bestellung des Käufers, eines Ulmer Industriellen, wurde von Brütt noch eine Zweitfassung gearbeitet. Vergegenwärtigt man sich die thematische Herleitung auch dieser „Säugenden Eva", so ist in diesem Werk nicht mehr sichtbar, daß sein Ursprung das „Kain und Abel"-Thema von 1880 ist.

Ausstellung: Berlin 1919 (1)
Abb.: Nissenhaus B 2084, S.8
Lit.:
(1) Ausstellungskatalog Frühjahrsausstellung der Akademie der Künste, Berlin 1919, Nr. 144

322. Grabmal Freyer (Berlin), 1921

Grabdenkmal
in Marmor ausgeführt
Architekt: unbekannt

Das Denkmal selbst ist zerstört; erhalten sind die Modelle der Seitenreliefs im Nissenhaus B 2147 a und b (19 x 13 bzw. 21 x 13 cm)

„Marmorbildwerk von Brütt für den Berliner Großbetriebsbesitzer Freyer (gest. 1920) mit stark betonter Allegorie" (1). Auf einem fünfstufigen Podest erhob sich auf einem Sockel mit Rundbogennische für eine Urne ein Säulenstumpf. Die Nische flankierten zwei Reliefs: rechts ein Jüngling zwischen Weinstöcken, links eine Engelsgestalt (im Modell in umgekehrter Anordnung). In Stellung, Gewandauffassung, Gestik und den flankierenden Pflanzen läßt Brütt etruskische Vorbilder anklingen: Die großen Schwingen des „Engels" lehnen sich an geflügelte Charon-Darstellungen an, die abgewinkelten Arme greifen auf typische Läuferdarstellungen zurück. Der Apollon von Veji scheint bei der männlichen Gestalt mitgewirkt zu haben. Es erscheint wahrscheinlich, daß Brütt bei seinem Rom-Aufenthalt anläßlich der Errichtung des Grabmals Olga v. Gerstfeld-Steinmann (Nr. 297) etruskische Kunstwerke gesehen hat – oder später in Berlin.

Anläßlich der Denkmalerrichtung schenkte Brütt dem Friedhofsinspektor Treuwerth ein Exemplar der „Eva" (vgl. Nr. 119 b).

Ausstellung: Husum 1978
Abb.: Nissenhaus B 2086 II, S. 52 (Ausführung) u. S. 54 (Modell)
Lit.:
(1) Guenter Hintze, Der Invalidenfriedhof in Berlin, 4. Aufl., Berlin 1941, S. 79
(2) Steckner (1978), S. 33

Das ausgeführte Grabmal Freyer, bei dem die beiden Reliefs gegenüber dem Modell ausgetauscht sind (Photo: Nachlaß Brütt)

323. Büste Albert Hänel (Kiel), um 1920, fertiggestellt 1927

Marmorbüste, Maße unbekannt
Aufschrift: „A. HÄNEL"
eigenhändige Ausführung von Brütt
Ehemals Aula der Christian-Albrechts-Universität in Kiel; möglicherweise war ein Zweitexemplar oder ein Gipsabguß im Hänel-Haus in Kiel.

Über einen Auftrag für die Büste des liberalen Landespolitikers, Reichstagsabgeordneten

und Staatsrechtlers Albert Hänel (1833-1918) ist nichts bekannt. Eine Entstehung nach 1919 ist wahrscheinlich, da die Büste nicht in den Kieler Professorenporträt-Verzeichnissen aufgelistet ist. Für eine noch später anzusetzende Datierung und ein Entstehen in Bad Berka könnte die formale Ähnlichkeit mit der Büste Cranach von 1924 sprechen (Nr. 336). Die Fertigstellung 1927 erwähnt die Autobiographie (S. 64).

Die Skulptur wurde von Brütt wahrscheinlich nach Photovorlagen ausgeführt; daneben waren Brütt sicherlich die Porträts von Max Liebermann von 1892 und Leopold Graf Kalckreuth von 1909 gegenwärtig (beide Bildnisse heute in der Kunsthalle zu Kiel), doch kannte Brütt selbstverständlich Hänel persönlich als langjährigen Vorsitzenden im Direktorium des Schleswig-Holsteinischen Kunstvereins (1890-1917), als Förderer der Schleswig-Holsteinischen Kunstgenossenschaft, als Mitglied des Provinzialdenkmal-Ausschusses und der Landeskunstkommission und Leiter der Landeskunstausstellung auf der Provinzialausstellung von 1896. Hänel trug in der Kieler Bergstr. 2 eine Kunstsammlung zusammen, die wohl schon 1904 dem interessierten Publikum zugänglich wurde. Nach seinem Tod wurde das „Hänel-Haus" zum Seminargebäude der Juristen mit einem Ehrenschrank des Stifters sowie Gemälden bekannter Rechtswissenschaftler.

Archivalien: Nissenhaus, Briefkonvolut B 2724, Briefe 205-210
Abb.: Nissenhaus B 2084, S. 26
Lit.:
(1) Volbehr / Weyl, S. 35
(2) Hans Kauffmann, Kieler Brief, in: Kunstchronik NF 30, 1918/19, S. 576
(3) W. Jellinek, Albert Hänel und Schleswig-Holstein, in: ZSHG 49, 1919, S. 344-355
(4) W. Röhrich, SHBL 4, 1976, S. 76
(5) Stephan Graf Vitzthum, Linksliberale Politik und materielle Staatsrechtslehre. Albert Hänel 1833-1918, München 1971, S. 20 f.

324. Mysterium, 1920/1921

Titelvariante: „Mysterium des Kindes"
Marmorfigur, unbekannte Größe
Ausführung: eigenhändige Taille directe
erhalten in einem Museumsarchiv in Eisenach (Stiftung Curt Elschner)

Zur Entstehung notiert Brütt in seiner Autobiographie: „1920. Nach mancherlei Versuchen war meine Skizze zu einer Arbeit, die mich schon lange beschäftigte, endgiltig fertig; es war das ‚Mysterium des Kindes', zu welchem ich mir sofort einen Marmorblock bestellte." 1922 erwarb Curt Elschner die im Atelier im Grunewald ausgeführte Skulptur (vgl. Abb. S. 267) für sich für 6 Millionen Mark und gab sie später in die Elschner-Stiftung, Eisenach (1926?).

Das Werk ist eine späte Nachwirkung der von Brütt 1885 erlebten Geburt seines ältesten Sohnes Hans Brütt (1885-1933).

Ausstellungen: Sammlung Elschner, Eisenach (heute magaziniert)
Abb.: Nissenhaus B 2086 II, S. 50; in B 2085 eine Seite mit Zeichnungen und Fotos, beschriftet „Werdegang des ‚Mysteriums'."

Rechts: Zeichnung aus der Serie „Werdegang des Mysteriums" (Nissenhaus, B 2085)

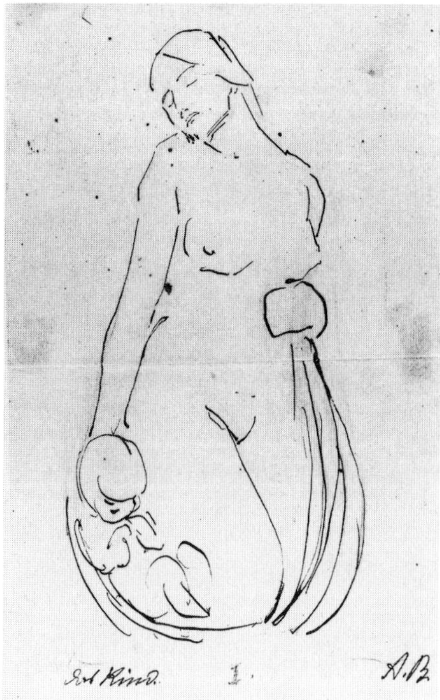

325. Entwurf eines Gefallenendenkmals für Husum, 1921

Gipsmodell, Maße unbekannt

Bei diesem Entwurf könnte es sich um ein Husumer Projekt handeln, für das sicher große Modelle entstanden sind, denn nach Auskunft von Brar V. Riewerts, Husum, sind 1921 an Brütt für geleistete Entwurfsarbeit 15.000 Mark gezahlt worden. Mit diesem Auftrag ist wahrscheinlich nicht eine frontale Frauendarstellung zu verbinden, die im Hintergrund einer Aufnahme des Grunewaldateliers von Brütt zu erkennen ist (Abb. S. 267), das eine Platte mit dem Hochrelief einer lebensgroßen Frauengestalt zeigt und dabei an den alten Typus der waagerecht liegenden Grabplatte erinnert. Vgl. auch Nr. 317.

Abb.; Nissenhaus B 2086 II, S. 58

Curt Elschner, Berlin

1921 machte Georg Mardersteig (Nr. 288 u. 340-343) den noch in Berlin lebenden Adolf Brütt mit dem aus Eisenach gebürtigen Berliner Hotelier Curt Elschner (1876-1963) bekannt (Autobiographie, S. 61). Dessen erster Auftrag für 830.000 Reichsmark waren die Brunnen (Nr. 328-331) für die Innenhöfe des größten Hotels des Kontinents: des Hotel Excelsior in Berlin. In den folgenden Jahren richtete Elschner im Excelsior eine Skulpturensammlung mit den erreichbaren Werken von Brütt ein: Opus 100 (Nr. 280), Diana mit dem waidwunden Wild (Nr. 306), der Skulptur vom Weimarer Kunstgewerbeschulbau (Nr. 271) und dem „Mysterium" (Nr. 324). Diese Werke wurden nach 1933, als Elschner als Opponent gegen das Regime stark bedrängt wurde, an öffentliche Institutionen verschenkt. 1941 kam es in Berlin bei Hans W. Lange zur Versteigerung eines großen Teils des Kunstbesitzes von Elschner.

Die Zusammenarbeit mit Elschner läßt neben den im Umkreis der Ehrenpromotion von 1927 entstandenen Porträts vier Auftragsgruppen erkennen, eine fünfte mag mit dem gleichen Auftraggeber in Verbindung stehen:

1) 1922 die Brunnen für die Innenhöfe des Excelsior (Nr. 328-331)

2) 1924/1925 Brunnen und Figuren für das Haus Felicitas, Berchtesgaden (Nr. 333 u. 334

3) Stiftungen für die Wartburg und Eisenach 1924 - 1926 (Nr. 329 u. 336). Hierzu gehört auch die Elschner-Stiftung an die Stadt Eisenach von 1925: 50 Gemälde, 600 Graphiken, eine Porzellansammlung sowie Brütts „Mysterium" (Nr. 324).

4) Die Neueinrichtung des am 9. Oktober 1928 eröffneten Excelsiorbades – der Berliner Sehenswürdigkeit Ende der zwanziger Jahre (Nr. 337-339).

5) Entwürfe zu einem vielleicht von Elschner vermitteltem, doch nicht zustandegekommenen Auftrag für das Berliner Hotel „Eden" (Nr. 351-353).

Lit.:

(1) Reichshandbuch der deutschen Gesellschaft, Bd. 1, 1930, s.v. Elschner

(2) Excelsior-Zeitung, 27.1.1926 (Geburtstagsausgabe Elschner)

(3) Fritz Dettmann, in: Welt am Sonntag, 23.2.1964, 1.3.1964, 8.3.1964, 15.3.1964, 22.3.1964, 29.3.1964, 5.4.1964

326. Marmorrelief Curt Elschner, wohl 1927

grauer Marmor, 50 x 50 cm
wohl eigenhändige Arbeit von Brütt
verschollen

Brütt hat nach 1921, wohl 1927, ein Porträtrelief aus Marmor für die Eingangshalle des Berliner Hotels Excelsior geschenkt. Vielleicht ist die Marmorarbeit anläßlich der Verleihung der Ehrendoktorwürde durch die Universität Würzburg 1927 an Curt Elschner entstanden. Es sind keine Aufnahmen überliefert.

327. Bronzeplakette Curt Elschner, 1929

Bronze, Dm 9,2 cm
Bez: „A. Brütt 1929"
Umschrift: „CURT ELSCHNER DR. PHIL. HC."
Ausführung: ohne Gießereistempel
Nissenhaus B 2118 (einzig nachgewiesenes Exemplar)

Der Anlaß der Entstehung der Bronzeplakette ist nicht bekannt, ein Jubiläumsdatum oder ein anderer äußerer Anlaß ist nicht zu erkennen, es sei denn, das Relief wäre infolge der Ehrenpromotion der Universität Würzburg entstanden (vgl. Nr. 326).

Nissenhaus B 2084, S. 22
Lit.:
(1) Reichshandbuch der deutschen Gesellschaft Bd. 1, 1930 s.v. Elschner, Curt

328. Loreleybrunnen, Hotel Excelsior (Berlin), 1922

Fertigstellung der Modelle 1922, Ausführung Winter 1923
Muschelkalk, H ca. 4 m; die erhaltene Brunnenfigur H 2 m
Architekten: Schmidt, Heidenreich & Mühl (Umbauarbeiten des Hotels Excelsior)
Ausführung: eigenhändige Übertragung des Modells in Stein
Kosten für das Gesamtprojekt von vier Brunnen 83.000 Mark
Loreleyfigur 1971 in München durch das Nissenhaus erworben (B 2401)

Erster einer Gruppe von vier Hofbrunnen für das Berliner Hotel Excelsior, Ergebnis eines direkten Auftrags von Hotelier Elschner an den damals noch in Berlin lebenden Brütt. Die Ausführung dürfte daher in seinem Atelier im Grunewald erfolgt sein.

Das achteckige Becken des Loreleybrunnens war mit heute verlorenen Reliefs zur Geschichte der Gestalt geschmückt; darüber ein vierkantiger Brunnenschaft, der die Loreley trug, eine naturgemäß verführerisch-weibliche Figur mit leicht geöffnetem Mund, den Loreleygesang andeutend. Haltung und Gewanddrapierung erinnern dabei an die Phryne von 1888 (Nr. 100).

1926, mit der Einrichtung des Excelsior-Bades, versetzte Hotelier Elschner den Brunnen in den Park seiner Villa Felicitas in Berchtesgaden.

Abb.: Bild 37 „Loreleybrunnen" in einer Serie von Hotelpostkarten (Nissenhaus B 2084, S. 13), Ansichtsaufnahmen und Detailaufnahmen in: Nissenhaus B 2084, S. 14; Abb. in (2)
Lit.:
(1) Karlwilhelm Just, Hotels und Restaurants, Handbuch der Architektur IV, 4.1, 3. Aufl. Leipzig 1933, S. 48, Abb. 73
(2) Steckner (1978), S. 36

329. Till-Eulenspiegel-Brunnen, Hotel Excelsior (Berlin), 1922

Muschelkalk, H 5 m
Architekten: Schmidt, Heidenreich & Mühl
Ausführung: teilweise eigenhändige Arbeit von Brütt
Hotel Excelsior, Berlin, bis 1926, dann „Elschner-Brunnen", Eisenach

Die Brunnenanlage war zunächst als Hofbrunnen des Excelsior-Hotels in Berlin konzipiert, wurde dann nach Angaben der Autobiographie 1926 für ein Honorar von 500 Mark überarbeitet (S. 64), um als Stiftung von Elschner in Eisenach wiederaufgestellt zu werden (1), heute in Eisenach magaziniert.

Das Brunnenbecken ist als vegetabiler Kelch ausgebildet. Aus vier Fischköpfen des Schaftes springt Wasser, eine Girlande verbindet diese Wasserspeier. Hierauf folgt ein Schaftring mit dem umlaufenden Relief tanzender, rosengekränzter Bacchantinnen. Der kannelierte Schaft schließt mit dem reitenden Eulenspiegel ab.

Abb.: Bild 38 „Till Eulenspiegel“ in einer Serie von Hotelpostkarten (Nissenhaus B 2084, S. 13); Ansichtsaufnahmen und Detailaufnahmen: Nissenhaus B 2084, S. 13-15; als „Elschner-Brunnen“ (1)

Lit.:

(1) Fritz Rollberg, Die Wartburgstadt Eisenach, Neuruppin o.J., Abb. 29

330. Bacchusbrunnen, Hotel Excelsior (Berlin), 1922

Muschelkalk, H ca. 3 m
Architekten: Schmidt, Heidenreich & Mühl
Ausführung: wohl nur teilweise eigenhändige Arbeit von Brütt
nicht mehr nachweisbar

Schalenbecken mit von einer gedrungengen Bacchusfigur gekröntem Schaft. Auf dem Beckenrand, aus dem gleichen Stein ausgearbeitet, sitzen turtelnde Täubchen, die von der anschleichenden Katze der Gegenseite bedroht sind.

1926 versetzte Hotelier Elschner den Brunnen in den Hof des Haus Felicitas, Berchtesgaden.

Abb.: Bild 39 „Bacchusbrunnen“ in einer Serie von Hotelpostkarten (Nissenhaus B 2084, S. 13); Ansichtsaufnahmen und Detailaufnahmen in: Nissenhaus B 2084, 13

331. Nixenbrunnen, Hotel Excelsior (Berlin), 1922

Muschelkalk, H ca. 2 m
Architekt: unbekannt
Ausführung: wohl teilweise eigenhändige Ausführung von Brütt
ehemals Hotel Excelsior, Berlin; heute verschollen

Runder Beckenring mit aufsitzenden Nixenkindern am Ansatz des Brunnenschaftes, der Schaft des Brunnens in vegetabilem achtblättrigen Kelch sich öffnend. In der Brunnenmitte als Wasserspeier eine aufgebrochene Frucht. Die Nixenkinder erscheinen beim Hausbrunnen der Villa Felicitas 1925 wieder (Nr. 333).

Abb.: Bild 40 „Zierbrunnen“ in einer Serie von Hotelpostkarten (Nissenhaus B 2084, S. 13); Ansichtsaufnahmen und Detailaufnahmen in: Nissenhaus B 2084, S. 15 u.16

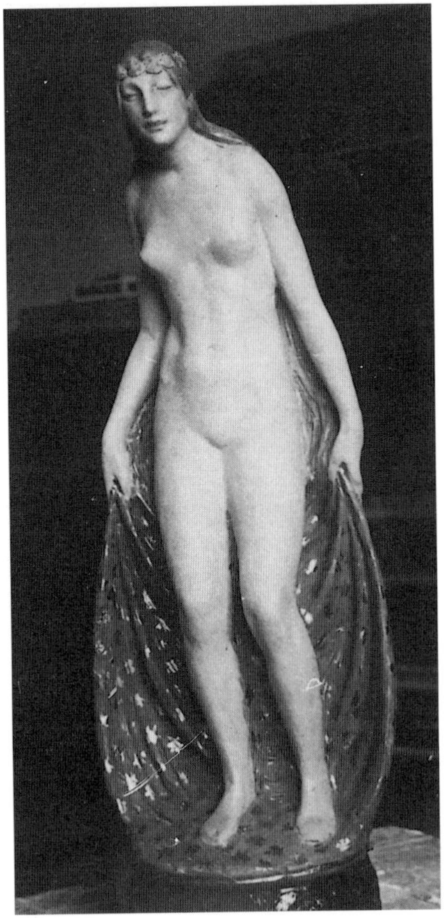

332. Weibliche Figur mit Sternenmantel, 1925

Gips getönt, Maße unbekannt

Figur mit strengem, durch Haar und sternenbesäten Mantel gebildetem Umriß, der Mittelfigur des Nixenbrunnens der Villa Felicitas von Elschner (Nr. 333) entsprechend, möglicherweise ein verworfene Variante; dafür spricht die Datierung durch Brütt. Die glänzende Oberfläche läßt an eine glasierte Brunnenkeramik denken.

Abb.: Nissenhaus B 2084, S. 16 (bezeichnet „A. Brütt 1925")

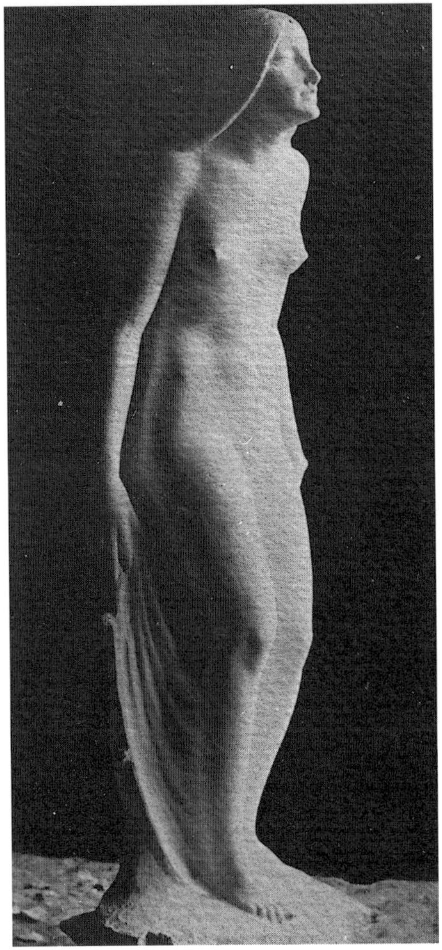

333. Nixenbrunnen, Haus Felicitas (Berchtesgaden), 1925

Carrara-Marmor, Maße unbekannt
signiert und datiert 1925
Architekt: unbekannt
ehemals Berchtesgaden

Vom gescheitelten Haar ausgehend, ist der geöffnete Mantel von Nr. 332 zum symmetrischen Umriß gestrafft, dieser Geometrie entspricht nun die parallele Fußstellung. Diese symmetrische Komposition war auf die beiden unter

der bekrönenden Marmorfigur sitzenden Wassernixenkinder abgestimmt. Der beiderseits aus dem Figurenmund kommende Wasserstrahl kreuzte sich. Er wurde in einem Wasserrosen-Blatt zwischen den überkreuzten, in Flossen endenden Beinen der Nixlein aufgefangen: „Der Brunnen bestand aus einer weiblichen nackten Mittelfigur auf gelbem Marmorsockel in einer Nische von Goldmosaik und zwei Wassernixlein" (Autobiographie, S. 63). Diese Assistenzfiguren tauchten im Kunsthandel auf (1), die Hauptfigur scheint nicht erhalten zu sein.

Dezember 1925 waren die Skulpturen für das Berchtesgadener Haus Felicitas von Elschner fertiggestellt, eigenhändig nach einem Hilfsmodell aus dem Marmor geholt, um das Geld für die Punktierarbeiten einzusparen: „Er war entzückt. Ich leider weniger..."

Abb.: Nissenhaus B 2084, S. 16

Lit.:

(1) Die Weltkunst, Heft 13, 1978, S. 1538 (Abb.)

334. Kindergruppe, Haus Felicitas (Berchtesgaden), 1925

Marmor, H 52 cm
Ausführung: eigenhändige Ausführung in Marmor
nicht mehr nachweisbar

Ein Mädchen hat seinen Spielbären fallengelassen, um mit dem sie entblößenden Hemdzipfel die Nase des Bruders zu putzen. Diese Handlung motiviert die Komposition. Die stilisierten Formen konzentrieren Figur und Handlung, so daß hier das von Brütt immer wieder gestaltete Motiv der Fürsorge und Nächstenliebe, im antiken Sinn der „Hygiene", aufgegriffen erscheint. Weiter findet Brütt hier wieder Anschluß an das Mädchen mit der Maus, das Kinderporträt der Eveline Grisebach (Nr. 214). Das geht bis ins Detail der Puppe und der Physiognomie.

Erhalten ist das Hilfsmodell oder ein Gipsabguß der verschollenen, für Elschners Haus Felicitas in Berchtesgaden ausgeführten Gruppe. Diese Gipsversion kam aus dem Nachlaß von Grete Semrau in das Nissenhaus (B 4767).

Abb.: Nissenhaus B 2084, S. 16 (Modell)
Lit.:
(1) Steckner (1978), S. 37

335. Zwei Kinder (kleine Fassung), 1925

Porzellan, H 42 cm
Bez: „Brütt 1925"
Ausführung: Schwarzburger Werkstätten für Porzellankunst, Form U 529; Zahl der Vervielfältigungen unbekannt
Nissenhaus B 2101

Die Gruppe ist etwas kleiner als Nr. 334 mit kaum merklichen Unterschieden. Wenn auch der Größenunterschied von 10 cm durch Formschwund zu erklären ist, so geht die Porzellangruppe doch auf eine überarbeitete Fassung des Hilfsmodells zu Nr. 334 zurück. 1928 (1) ist angegeben „Zwei Kinder, Meißner Porzellan", was nicht richtig sein dürfte.

Ausstellungen: Flensburg 1928; Husum 1978; Rudolstadt, Berlin etc. (3)
Lit.:
(1) Jubiläumsausstellung zum 25jährigen Gedenktag der Eröffnung des Museumsgebäudes, Kunstgewerbemuseum Stadt Flensburg 1928, S. 9, Nr. 16
(2) Steckner (1978), S. 37
(3) Ausstellungskatalog: Schwarzburger Werkstätten 1909-1949 (1983), S. 59

336. Büste Hans Lucas v. Cranach (Wartburg), 1924

Marmor, H 48,5 cm
Bez links: „A. BRÜTT“
Aufschrift: rechts „30 JAHRE OBERBURGHAUPTMANN / 1924 / JE GETREWER / JE GETROSTER“, vorn: „HANS-.LUCAS (Wappen) von CRANACH“
Ausführung: eigenhändige Werkstattarbeit
Wartburg-Stiftung, Wartburg bei Eisenach

Porträt in der strengen plastischen Form der späten Arbeiten von Brütt. In seiner Autobiographie (S. 63) berichtet Brütt über diesen durch Elschner (als Besitzer des Hotels auf der Wartburg) aus Anlaß des 70. Geburtstags des Oberburghauptmann erteilten Auftrag. Brütt hat H.L. v. Cranach sicher vor dem Ersten Weltkrieg kennengelernt, als dieser die photographische Aufnahme des Reichstagsgebäudes durchführte; im Nissenhaus ist auch eine vom 5.4.1906 datierte Karte v. Cranachs erhalten, die sich wohl auf das damals entstehende Werk „Nacht“ bezieht (Nr. 269).

Abb.: Nissenhaus B 2084, S. 24

337. Brunnenfigur mit Krug, Hotel Excelsior (Berlin), 1927

1927/ Baderöffnung 9. Oktober 1928
Muschelkalk, H 104 cm
Bez: „A. Brütt 1927“
Architekt unbekannt
wohl eigenhändige Ausführung
Nissenhaus, 1971 in München erworben (B 2402)

Die dem wirtschaftlichem Druck entgegenwirkende autonome Großbetriebkonstruktion des Hotel Excelsior in Berlin suchte unter der Leitung von Hotelier Elschner selbst das Kühlwasser der Dieselmotoren der Stromaggregate wirtschaftlich zu nutzen. Die Hofbrunnen (Nr. 328-331) verschwanden, und neu wurde das Excelsior-Bad eingerichtet, für dessen Innenräume und Zugang Brütt insgesamt drei Plastiken schuf Nr. 337-339). Die lebensgroße sitzende Figur mit Krug war für die Herrenabteilung des Bades bestimmt. Um die Skulptur auf die farbenkräftigen Mosaiken mit dominierendem Rot und Gold von Cesar Klein abzustimmen, war das Haar der Figuren leicht vergoldet.

Oktober 1927 waren die Bauplastiken fertiggestellt, ein Jahr später, am 9. Oktober 1928 konnte das Bad eingeweiht werden, die Anlage

hatte bis zur Einrichtung des Augustiner- und Thomas-Kellers 1932 Bestand. Elschner überführte die Figuren nach Berchtesgaden, um sie auf der Terrasse des Hauses aufzustellen.

Ausstellung: Husum 1978
Abb.: Nissenhaus B 2086 II, S. 54 u. 55
Lit.:
(1) Otto Riederich, Das Excelsiorbad, in: Deutsche Bauzeitung 63, 1929, S. 67, Abb. 5
(2) Das neue Bad im Hotel Excelsior, in: Bauwelt 19, 1928, S. 1068
(3) Steckner (1978), S. 40

338. Brunnenfigur mit Mops, Hotel Excelsior (Berlin), 1927

1927 / Baderöffnung 9. Oktober 1928
Muschelkalk, H 96 cm
Bez: „A. Brütt 1927“
Architekt: unbekannt
eigenhändige Ausführung
Nissenhaus, 1971 in München erworben (B 2403)

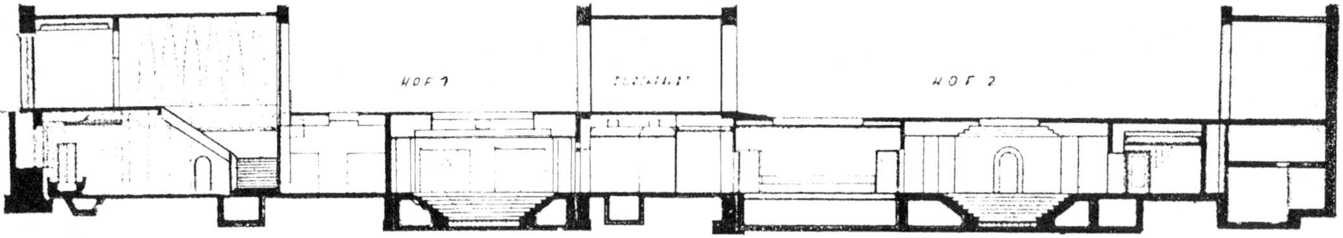

Querschnitt durch die Räume des Excelsior-Bades. Links die Treppe, auf der die „Weibliche Figur" (Nr. 339) ihren Platz hatte

Kalksteinbrunnenfigur für die Damenabteilung des Excelsior-Bades, Berlin. Lebensgroße Gestalt mit Pagenkopf-Frisur, die wie das Pendant der Herrenabteilung (Nr. 337) gefärbt und leicht vergoldet war, um der Farbigkeit der Mosaiken des Bades zu begegnen. Spuren der Steinfärbung sind nicht mehr sichtbar.

Ausstellungen: Husum 1978
Abb.: Nissenhaus B 2086 II, S. 54 u. 55 und Deutsche Bauzeitung 1929
Lit.:
(1) Deutsche Bauzeitung 63, 1929, S. 68
(2) Steckner (1978), S. 40

Rechts:
339. Weibliche Figur, Hotel Excelsior (Berlin), 1927

Vergoldete Bronzeplastik, H ca. 150 cm
Architekt: unbekannt
Ausführung: unbekannte Gießerei
ehemals Hotel Excelsior, Berlin; heute verschollen

Bronzefigur für den Treppenaufgang des Excelsior-Bades in Berlin. Die überschlanke vergoldete Gestalt, deren weit ausgreifende Haltung – im Nachlaß erhaltene Zeichnungen studieren den Arm-Schulterbereich – nur vom Aufstellungsort im Farbenlicht der Glasfenster in der Treppenkehre vor dem Zugang zum Excelsior-Bad her zu verstehen ist (1), erinnert an die Plastik „Die Jugend" von Ernst Seger (2).

Um 1930 wurde die vergoldete Bronze als Gartenfigur vor dem Haus Felicitas des Hoteliers Elschner in Berchtesgaden aufgestellt; über den weiteren Verbleib ist nichts bekannt.

Abb.: Nissenhaus B 2086 II, S. 55 und Ansichtskartenheft des Hotels Excelsior
Lit.:
(1) Deutsche Bauzeitung 63, 1929, S. 68 Abb. 7
(2) Berliner Architektur Welt 1, 1899, Abb. 217

Georg Mardersteig, Weimar

Der Nachlaß Brütt enthält eine aquarellierte Baumstudie von Friedrich Preller (1804-1878), die nach der rückseitigen Aufschrift am 24.12.1908 von Justizrat Georg Mardersteig als Weihnachtsgeschenk Brütt überreicht wurde (Nissenhaus B 2072). Im gleichen Jahr war Mardersteigs „Jagdrecht des Großherzogtums Sachsen“ erschienen und Brütts Porträt Mardersteig (Nr. 288) entstanden. Möglicherweise fällt in diese Zeit auch Brütts Jagdpacht von Bad Berka sowie der Erwerb des später als Alterssitz dienenden Jagdhauses dort.

Während der Weimarer Republik verfaßte der einflußreiche Justizrat Mardersteig das Reichsjagdgesetz. Er vermittelte Brütt noch in Berlin die Bekanntschaft mit Curt Elschner; um sich für dessen Fürsprache dankbar zu erweisen, wie es in der Autobiographie heißt, schuf Brütt die Werke Nr. 341, 342 u. 343 im Jahre 1926.

Amazone (Nr. 340)

340. Amazone, 1923 (Abb. S. 294)

Kleinbronze, Skizze, H 46 cm
unbezeichnet
Ausführung: Gießer unbekannt
Nissenhaus B 2092

Bronzeskizze einer „Amazone“ mit Pagenkopffrisur und Stirnband oder stilisiertem Helm. Nach einer gleichzeitig entstandenen Kaltnadel-Radierung „Jagdanfang“, die das hier nur angedeutete Pferd vollständig wiedergibt, wird das Tier gestützt, um den Huf zu pflegen (B 2095, 11 x 14,5 cm). Die gegenläufigen Bewegungen von Pferdehals und Gestalt scheinen Brütt zu dieser verkürzten Darstellung gereizt zu haben. Ein wohl gleichzeitig entstandenes Exlibris für den Rechtsanwalt Georg Mardersteig gibt einen Anhalt für den Entstehungszusammenhang, da Brütt dabei wiederum auf Jagdradierungen zurückgriff, und aus der Folge Schonzeit, Brunftzeit, Jagdanfang und Nachsuche das dritte Thema „Jagdanfang“ aufgriff; es ist dabei wohl anzunehmen, daß auch die Amazone parallel zu dem von Mardersteig formulierten Reichsjagdgesetz entstand. Vielleicht hat Mardersteig auch damals den Guß für den durch die Weltwirtschaftskrise ruinierten Brütt bezahlt.

Ausstellungen: Husum 1978
Abb.: Nissenhaus B 2084, S. 31 (Modell und Bronze)
Lit.:
(1) Steckner (1978), S. 38, Abb. 29

341. Relief Georg Mardersteig, 1926

Marmor, Maße unbekannt
wohl eigenhändige Atelierarbeit
nicht nachweisbar

In der Autobiographie (S. 64) wird ein Marmorrelief Georg Mardersteig erwähnt, das wohl das nach Kurt Brütt vor dem Ersten Weltkrieg entstandene Porträtrelief (Nr. 288) bzw. dessen Modell voraussetzte. Weiteres ist nicht bekannt: auch eine Begehung der Weimarer Friedhöfe ergab keinen Hinweis.

342. Jagdverein Thüringen, Bronzeplakette 1926

Bronze, 13,5 x 8,5 cm
Bez: „A.B.“
Aufschrift: „A.D. J.V. / LANDESVEREIN THÜRINGEN“
ohne Gußstempel
Nissenhaus B 2132

Das Zentrum nimmt ein durch einen Bogen abgeschlossenes Bildfeld mit zwei liegenden Hirschen in der Art der Dürerzeit ein. Über dem Bogen und zum Kürzel des Allgemeinen Deutschen Jagd-Vereins ist als Wahrzeichen Thüringens die Wartburg im Flachrelief modelliert.

343. Löwengruppe für Thüringer Alpenvereinshütte, 1926

Marmor, Größe unbekannt
Ausführung: eigenhändige Arbeit
Verbleib unbekannt

Im Auftrag von Georg Mardersteig schuf Brütt ein Löwenpaar, der Autobiographie (S. 64) ist zu entnehmen, daß die Tiergruppe für die Thüringer Alpenvereinshütte gedacht war. Brütt hat hier sichtlich an Vorarbeiten aus der Zeit seiner Berliner Zoo-Studien von 1884 zurückgegriffen. Denkbar ist sogar, daß eine damals modellierte Studie nun in Marmor dauerhaft entstand (vgl. Nr. 62).

Abb.: Nissenhaus B 2084, S. 21 (Gipsmodell)

Bad Berka 1923-1939

Nach dem in der Autobiographie geschilderten Verlust seines Ateliers und Vermögens, der die Zerstörung der noch vorhandenen großen Modelle, den Ausverkauf seiner Kunstsammlung und eine abschließende Versteigerung (Näheres nicht bekannt) umfaßte, zog sich Brütt nach Bad Berka in sein während der Weimarer Jahre erworbenes Jagdhaus zurück. Der Adolf Brütt-Weg erinnert an sein dortiges Wirken.

344. Gefallenendenkmal Bad Berka, 1923

Sandstein, H ca. 1 m
Aufschrift: 1914-1918
Architekt unbekannt
Ausführung: wohl eigenhändige Arbeit
Bad Berka

Gruppe zweier Kinder mit Trauergirlande, zu ihren Füßen die Inschrift. Gedacht als Abschlußfigur der Gefallenentafel im Ortskern von Bad Berka an der Ilm. Die Gruppe wurde von Brütt honorarfrei für das Ortsdenkmal gemacht.

Abb.: Nissenhaus B 2086 II, S. 54 u. B 2084, S. 21

345. Büste Frau Wetzenstein, 1924

Marmorbüste, Maße unbekannt
nicht mehr nachweisbar

Porträtbüste der Ehefau des Bildhauers und Malers Ernst Wetzenstein, eines Weimarer Schülers von Adolf Brütt und Fritz Mackensen. Die Arbeit entstand in Bad Berka, wo sich auch Wetzenstein angesiedelt hatte.

346. Gefallenendenkmal Tiefengruben, 1925

Weihetag 14.6.1925
Sandstein aus einem Steinbruch in der Nähe von Tiefengruben, H ca. 5 m
Gebälk-Beschriftung: „GEDENKET DERER DIE FÜR EUCH STARBEN“
Tiefengruben bei Weimar, erhalten

Beim zentralen Ortsteich erhebt sich auf einer Dreistufenbasis das Denkmal als ein von vier Pfeilern getragener Miniaturkuppelbau über einem Adler mit geschlossenen Schwingen, dessen Sockel die Namen der Gefallenen trägt. Die Architektur stammt nach Angaben der Ortsbewohner von Brütt; ursprünglich hatte Brütt einen Obelisken vorgesehen, der von der Bevölkerung abgelehnt wurde.

347. Opus 1926, Hilfsmodell, 1926

Gips, getönt, H 48,5
Nissenhaus B 2140

Das Hilfsmodell (im Hintergrund) ist für einen im Bad Berkaer Atelier Brütts vorhandenen Block konzipiert. Das Werk hat nicht nur die Art des Titels mit dem „Opus 100“ gemein, der Grundgedanke ist hier weiterentwickelt und auf eine zwischen dem Erotischen, Mütterlichen und Sakralen schwingende Stimmung angelegt, die in der „Madonna“ von 1929 (Nr. 357) kristallisiert ist. Aber neben dem zart anklingenden, Schutzmantelmadonna-Typus ist auch die Skulptur „Mysterium“ (Nr. 324) ähnlich angelegt, was in den auf die Physiognomie konzentrierten Abbildungen der Marmorausführung gut sichtbar ist.

Ausstellung: Husum 1978
Abb.: Nissenhaus B 2086 II, S. 52
Lit.:
(1) Steckner (1978), S. 39

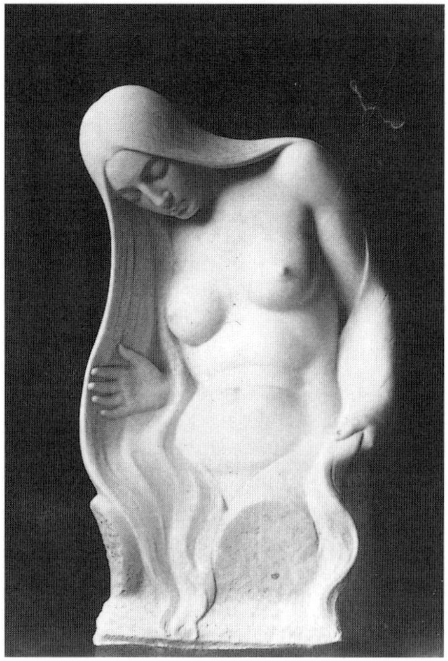

348. Opus 1926, 1926

Titelvariante: „Frauenhaar“
Marmortorso, 90 x 55 x 40 cm
Bez: „A. BRÜTT 1926“
Ausführung: eigenhändige Taille directe
Kunsthalle zu Kiel

1926 in Bad Berka entstanden und von der Kieler Kunsthalle im Anschluß an die Kieler Wochen-Ausstellung 1927 erworben.

Die Blockform des Werksteins ist durch den Beinanschnitt deutlich sichtbar belassen; man vergißt nicht, bloß einen Stein vor sich zu haben: „ohne Beine; denn dazu langte der Block nicht.“ (Autobiographie, S. 64) Gesichtszüge und Auffassung schließen an das „Opus 100“ (Nr. 280) an. Die Taille directe entstand im Februar 1926 im Anschluß an die Aufträge für das Berliner Excelsior durch Elschner.

Weit bekannt geworden ist das „Opus 1926“ durch die Abbildung auf der Bildhauerei-Tafel „Deutsche Kunst des 19. u. 20. Jahrhunderts“ in der damals erscheinenden Brockhaus-Enzyklopädie Bd. 4 (1929).

Über den Ankauf des Werkes berichtet Arthur Haseloff: „Wenn wir mit Genugtuung feststellen können, daß ein Originalmarmorwerk von Adolf Brütt „Opus 1926“ mit Hilfe des preußischen Kultusministeriums vor wenigen Jahren erworben werden konnte, so müssen wir doch bedauern, daß ein Barlach bisher nur mit Erzeugnissen der Kleinkunst, Wiedergaben in Porzellan oder Steingut, vertreten ist.“ (1)

Ausstellung: Kunsthalle Kiel 1926; Kieler Herbstwoche für Kunst und Wissenschaft 1927
Abb.: Nissenhaus B 2086 II, S. 53 (hier reproduziert); Kunstkalender Schleswig-Holstein 1930/31 S. 78 und (1), (3), (4)
Lit.:
(1) A. Haseloff, Die Neuerwerbungen der Kunstsammlungen des Schleswig-Holsteinischen Kunstvereins, in: Schleswig-Holsteinisches Jahrbuch 19, 1930/31, S. 71, Abb. S. 78.
(2) Steckner (1978), S. 39
(3) R. Stolze, Adolf Brütt. Leben und Werke, 1955, S. 23 Abb. 40
(4) Ulrich Bischoff, Katalog der Bildwerke aus dem Besitz der Kunsthalle zu Kiel, Kiel 1986, S. 46

349. Relief Hermann Reinhold, 1927

Porträtrelief oder Plakette, Bronze, Maße unbekannt
Ein Exemplar im Besitz der Familie Schillbach, Verbleib unbekannt

Die Existenz des Werkes ist durch eine Eintragung im Werkverzeichnis sowie durch Nennung in der Autobiographie gleichzeitig mit der Büste Professor Hänel (Nr. 323) gesichert, was einen zusätzlichen Anhaltspunkt für die Datierung geben kann. Vielleicht ist der Dargestellte mit den Stifter des Erbbegräbnisses Hermann Reinhold auf dem Luisenstädtischen Friedhof in Berlin identisch.

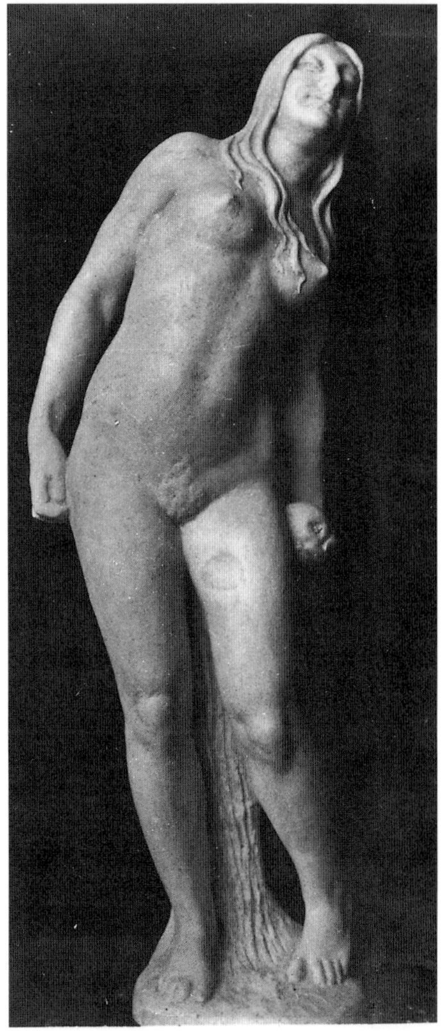

350. Hindenburg, Relief, wohl 1927

Gipsmodell, Maße unbekannt
nicht erhalten

Gipsrelief mit dem charakteristischen Hindenburg-Porträttypus (1,2); der Entstehungszusammenhang war nicht zu rekonstruieren. Da Reichspräsident Paul v. Hindenburg (1847-1934) 1927 seinen 80. Geburtstag feiern konnte, ist ein Zusammenhang mit der von Bad Berka 1917 ausgesprochenen Ehrenbürgerschaft Hindenburgs denkbar (3).

Abb.: Nissenhaus B 2084, S. 25

Lit.:

(1) Firmenschrift „Lauchhammer Bildguß“, 1933

(2) Hugo Vogel, Als ich Hindenburg malte, Berlin 1927

(3) Karlheinz Spielmann, Ehrenbürger und Ehrungen in Geschichte und Gegenwart, 3. Auflage, Dortmund 1967, S. 37

351. Weib und Kind, 1928

Gipsskizze, Maße unbekannt

Die Skizze ist eine Weiterentwicklung des „Opus 100“ (Nr. 280). Auch sind Anklänge an die Gesichtszüge von Franziska v. Seeger sicher nicht zufällig. Brütt nennt die Stimmung „ruhig und ernst, freilich etwas michelangelesk, aber gut geschlossen komponiert“ (Autobiographie). Die nach Brütts eigener Angabe ins Religiöse fallende Gipsskizze entstand parallel zu den beiden folgenden Entwurfsarbeiten für das Berliner Hotel Eden: „könnte auch eine Madonna werden; darum bleibt sie Skizze“ notiert Brütt neben dem Photo, dann: „Die Gruppe fiel auf den Steinfußboden und zerbrach unheilbar“ (B 2723, nach S.156). Die Idee sollte wohl noch nach 1930 ausgeführt werden: im Nachlaß (Nissenhaus B 2087) liegt schließlich eine Pappe mit eigener Inventarnummer B 2077 mit einer Bleistiftskizze der Gruppe, dabei eine Notiz Brütts: „Dies sollte mein letztes Werk werden, aber mein Schlagfluß gebot mir Halt –“

Abb.: Nissenhaus B 2086, S. 29

Links:
352. Eva mit Apfel, 1928

Gipsplastik unbekannter Größe
zerstört

Im Juni 1928 erhielt Brütt aus Berlin die Aufforderung, für das Eden-Hotel in Berlin Entwürfe für zwei Figuren anzufertigen. Die stehende Figur mit dem Apfel war als lockende Eva für das neue Tanzlokal des Hotels gedacht: „Für den Tanzsaal entwarf ich eine Eva mit dem Apfel, denn solch ein Lokal ist doch in zweiter Linie eine Apfelhandlung“, ergänzt die Autobiographie. Doch die stehende Figur wurde vom verantwortlichen Architekten in Berlin abgelehnt. Nach der Rückkehr aus Berlin versuchte Brütt die Figur für sich selbst zu verbessern und beschrieb diesen Vorgang als einen „Einblick in die künstlerische Schöpfungsnarrheit“. Die neuen Varianten sind nicht bildlich überliefert.

Abb.: Nissenhaus B 2723, nach S. 156

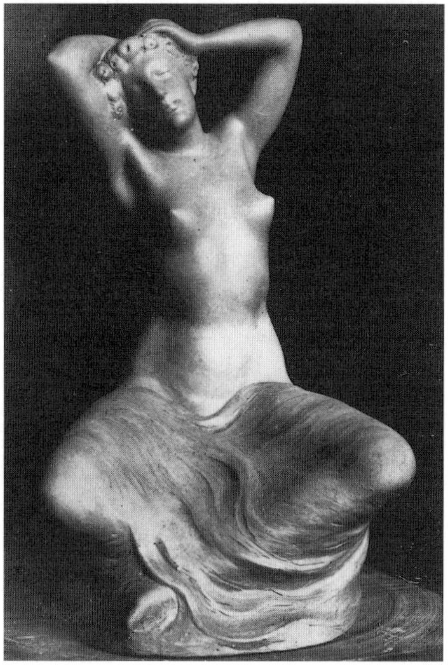

353. Sitzende, 1928

Gipsskizze, Größe unbekannt
zerstört

Die zweite für das Hotel Eden bestellte Figur war eine mit überschlagenen Beinen dasitzende weibliche Figur für den Treppenaufgang. Die Aufgabe ähnelt der Auftragsarbeit für das Hotel Excelsior von Elschner (Nr. 337); Brütt scheint sogar das gleiche Modell gewählt zu haben. Die Arbeit kam nicht zur Ausführung in dauerhaftem Material.

Abb.: Nissenhaus B 2723, nach S. 156

354. Porträt Anna Deertz, 1928

Gipsrelief, 18 x 14 cm
Bez: „A. Brütt 1928“ und „Anna“
Privatbesitz, Husum

Porträtrelief der langjahrigen Haushälterin von Adolf Brütt aus Tating. Sie wird 1923 in der Autobiographie genannt: „unsere treue Anna Deertz aus Tating in Eiderstedt, die schon 20 Jahre bei uns war und uneigennützig alles Schwere mit uns trug und deren liebenswürdiger Humor uns wohltat und die stets in unserem Interesse wirkte...“ (S. 62).

Lit:

(1) Ulf v. Hielmcrone, in: Husumer Nachrichten, 16.3.1978

355. Goethe-Denkmal, Bad Berka, 1928

Hermenbüste in Nischenaufstellung, H 50 cm
Bez: „A. Brütt, 1926"
Aufschrift: „GOETHE"
Architekt: unbekannt
eigenhändiges Werk
Bad Berka

„Weil mir nichts anderes einfiel, eine Goethebüste [aus dem Marmorblock] herausgeholt" ist in den tagebuchartigen Ergänzungen der Autobiographie Adolf Brütts vermerkt. Hinter dem selbstironischen Ton stand sicher die feste Absicht, der Stadt Bad Berka ein Bildwerk zu schenken. Im Rahmen eines kleinen Honoratiorenkreises wurde die Hermenbüste in einer Nische als Goethe-Denkmal von Bad Berka am 28.8.1928 von Brütt selbst enthüllt.

Auszeichnungen: Ehrenbürgerschaft von Bad Berka 1928 (Nissenhaus B 2722, Nr. 27)
Abb.: Nissenhaus B 2084, S. 21

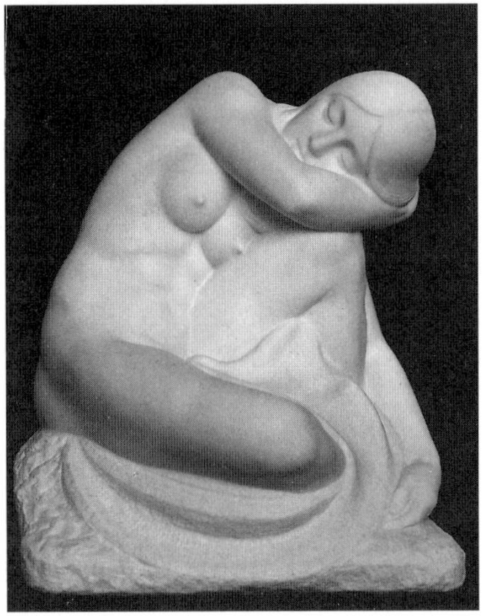

356. Opus 1929, 1929

Marmor, H 49 cm
Bez: „A. Brütt 1929"
Eigenhändige Taille directe
Privatbesitz, Herrsching bei München

Die Figur ist außerordentlich feingliedrig, mit weicher und doch kristalliner Oberfläche, die in ihrer lebendigen Form mit dem rauh und unbearbeitet belassenen Stand kontrastiert. Die Autobiographie gibt eine genau Beschreibung der Skulptur. Im Juli und August 1929 hatte Brütt den Block von 60 x 50 x 40 cm aufgebockt: „Um das Material gut auszunutzen und möglichst große Form zu erzielen, muß es natürlich wieder eine Sitzende werden und zwar auch mit gespreizten Ober- und untergeschlagenen Unterschenkeln." Das ist die Figur, die in dem Block steckte. Aber leider fehlte ein lebendes Modell (Opus 1930 vermeidet diesen Fehler): „Das kommt davon, wenn man sich kein lebendes Modell nehmen kann: die rechte Hand ist verhauen" – was kaum sichtbar ist.

Ausstellungen: Kunsthalle zu Kiel 1930
Abb.: Nissenhaus B 2084, S. 21

357. „Madonna", 1929

Gips getönt und bemalt, H 58 cm
Nissenhaus B 2146

Frauenfigur in mandorlaähnlichem strengen Umriß des Mantels. Die Linienführung des Gewandes wie die Gewichts- und Massenverteilung lenken den Blick auf das Kind. Diese sehr sinnvolle Erfindung, die das Christuskind der Maria nicht unterordnet, sondern diese zur dienenden Figur des Kindes macht, ist zu wenig bekannt geworden, um Schule zu machen.

Ausstellung: Husum 1978
Abb.: Nissenhaus B 2084, S. 28 u. 29 (erster Entwurf)
(1) Steckner (1978), S. 41

358. Grabstele Hans Olde, Dänischenhagen, um 1930

Muschelkalk, H 1,70 m
unsigniert
wohl weitgehend eigenhändige Arbeit von Brütt
Friedhof Dänischenhagen bei Kiel
Inschrift: „HANS OLDE / GEB. 27. April 1855 / GEST. 25. Okt. 1917 / JOACHIM OLDE GEB. AUF / SEEKAMP 21. OKTBR. 1890 / GEFALLEN IM UBOOT-KAMPF / IM EISMEER AM 2. SEPT. 1917 / OTTO OLDE GEB. AUF SEEKAMP / 26. JAN. 1894 GEFALLEN IM / LUFT-KAMPF IN FLANDERN / AM 16. MÄRZ 1918 / MARGARETHE OLDE / GEB. SCHELLHASS / GEB. 20. JAN. 1866 / GEST. 25. AUG. 1928
MITTEN HIER IM LEBEN / SIND WIR VOM TOD / UMFANGEN“
Separat auf dem Sockelstein: „JOHANN. JOACHIM.OTTO.OLDE / GEB.5.JU-LI.1925 / GEST.6. SEPT.1925“

Stele mit rundem Abschluß, im Zentrum des Halbrunds das von Lorbeer gerahmte Reliefporträt Hans Oldes. Von Kurt Brütt ist zusätzlich noch ein Grabmal für die Gefallenen Söhne Joachim und Otto Olde für 1917 genannt, das demnach durch Nr. 354 ersetzt worden wäre, doch ist dessen Existenz sonst nicht nachweisbar. Der erhaltene Stein ist hier auf um 1930 datiert, weil der Muschelkalkstein in erhabenen Lettern beschriftet ist und die die Schriftkomposition den gesamten Text berücksichtigt. Freilich besteht die Möglichkeit, daß die Daten für Margarete Olde erst nach 1928 gemeißelt wurden (dafür könnte der größere Buchstabenabstand sprechen), so daß der Stein vor 1928 errichtet worden wäre. Allerdings weisen Schrift und Flächenkomposition sowie das mit der Bronzeplakette identische Porträt doch auf eine Entstehung Ende der zwanziger Jahre hin.

359. Plakette Hans Olde, um 1930

Bronze, Dm 13,3 cm
Bez: „A.Brütt" am Halsschnitt
Umschrift „HANS OLDE * 27.4.1855 † 25.10.1917"
Ausführung: Gießerei unbekannt
Nissenhaus B 2117

Kurt Brütt datiert die Plakette auf 1915, Brütt plaziert sie dagegen selbst zwischen seine letzten Werke. Für diese späte Datierung spricht einerseits die formale Identität mit dem Grabsteinporträt Nr. 358, andererseits die auch für die 1929 datierte Plakette Curt Elschner (Nr. 327) benutzte Form der Schrift.

Abb.: Nissenhaus B 2084, S. 22

360. Büste Wilhelm Ehrhardt, Kiel, 1930

Bronzebüste, H 41 cm
Bez: „A. Brütt"
Ausführung: Gießerei unbekannt
Gildehaus der Großen Grünen Schützengilde von 1412, Kiel

Die Büste des Geheimen Sanitätsrates Dr. Wilhelm Ehrhardt (1848-1940) entstand als Folgeauftrag der Kieler Ausstellung von 1930. Wilhelm Ehrhardt, Vorsitzender der Grünen Gilde 1912-1933, hatte 1930 die Büste bei Brütt bestellt, die 1931 für 1200 Mark vollendet und im Gildehaus der Großen Grünen Schützengilde enthüllt wurde. Das Werk könnte nach dem Leben modelliert worden sein. Brütt kannte den Sanitätsrat sicher, seit dieser den Auftrag für das Wrangel-Denkmal in Flensburg ausgesprochen hatte (Nr. 197).

Abb.: Nissenhaus, Nachlaß Brütt

361. Schützenscheibe für die Große Grüne Schützengilde Kiel, um 1930

wohl Holz gefaßt
Maße unbekannt, nicht nachgewiesen

Im Nachlaß findet sich die Skizze zu einer Zielscheibe für die „Grüne Gilde", die nach der Art der Zeichnung in dieser späten Zeit entstanden sein dürfte (Federzeichnung aquarelliert, 18,3 x 16 cm).

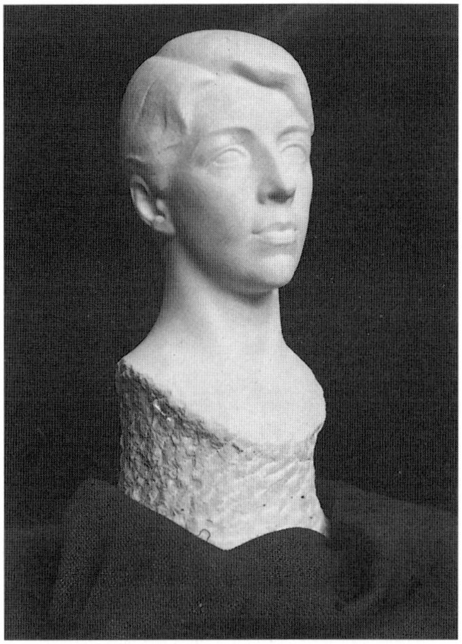

362. Büste Frau Meyer-Eberhardt, 1930

Marmorbüste, H 49
Bez: „A. Brütt 1930"
eigenhändige Arbeit
Nissenhaus B 2699, 1977 erworben

Das Porträt zeigt die Ehefrau des mit Brütt befreundeten Münchner Tiermalers Kurt Meyer-Eberhardt. Das Werk ist in Bad Berka aus einem sehr knapp bemessenen Marmorblock herausgeholt (49 x 20 x 20 cm), was an der Rückseite des Bildnisses zu erkennen ist. So kommt eine Büstenform zustande, die Max Klinger z. B. bei seinem Nietzsche-Bildnis anwandte.

Die Oberfläche des vollvolumigen Bildnisses ist matt belassen, polierte Bereiche fehlen genauso wie oberflächenbelebende Raspelspuren. Die weichen Formen stehen so in äußerstem Kontrast zum rohen Büstenschaft, um umso lebendiger zu wirken.

Ausstellung: Kunsthalle Kiel 1930
Abb.: Nissenhaus B 2084, S. 32
Lit.:
(1) Steckner (1878), S. 42

363. Bronzerelief Albert Hänel, Kiel, 1930

Bronzerelief, weiter nichts bekannt
nicht nachgewiesen, wohl im zweiten Weltkrieg zerstört

Nach dem Gipsabguß der Hänel-Büste (Nr. 323) hat Brütt durch Vermittlung von Kunsthallendirektor Arthur Haseloff (vgl. Nr. 364) ein Bronzerelief für das Juristische Seminar bzw. die Hänel-Stiftung modelliert, das für das Hänel-Haus in der Bergstraße in Kiel bestimmt war. Die Umschrift erfolgte nach dem Vorschlag von Haseloff: „Albert Hänel geb. 1833 gest. 1918". Für den Auftrag standen 600 Mark zu Verfügung.

Archivalien: Nissenhaus B 2724, Briefe Nr. 205-210 (1929-1930)

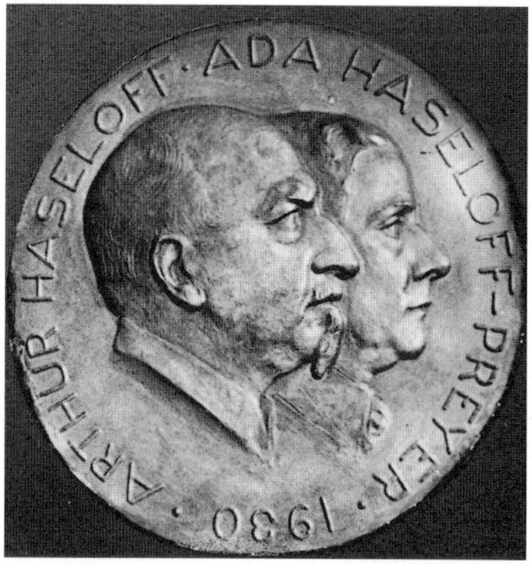

364. Doppelporträt Ehepaar Haseloff, Kiel, 1930

Porträtplakette, Bronze (?), Maße unbekannt
Umschrift: „ARTHUR HASELOFF . ADA HASELOFF – PREYER . 1930 ."
kein Exemplar nachgewiesen

Das Doppelporträt wurde von Brütt für Arthur Haseloff, den damaligen Professor für Kunstgeschichte und Direktor der Kunsthalle zu Kiel, angefertigt, vielleicht im Anschluß an die Ausstellung Adolf Brütt in Kiel 1930. Das Porträt Arthur Haseloff (1872-1955) scheint in Kiel nicht bekannt geworden zu sein (1).

Abb.: Nissenhaus B 2084, S. 26
Lit.:
(1) Lilli Martius, SHBL 4, 1976, S. 84
(2) Volbehr / Weyl, S. 161

365. Opus 1930, 1930

Marmor, H 43 cm
Bez: „Brütt“
Freie Taille directe
Nissenhaus B 2142

Im August 1930 holte Brütt seine letzte Marmorarbeit nach einer Handskizze direkt aus dem Stein. Da diese Arbeitsweise vom Körpergefühl des Bildhauers geleitet wird, spürt man in diesem Werk durchaus die nach einem ersten Schlaganfall geschwundenen Kräfte der Werkhand. Andererseits hatte Brütt diesmal ein lebendes Modell, so daß die Probleme des „Opus 1929“ (Nr. 356) nicht auftraten.

Ausstellungen: Kunsthalle Kiel 1930; Charlottenborg Kopenhagen 1937, Nr. 419; Husum 1978
Abb.: Nissenhaus B 2084, S. 27
Lit.:
(1) Steckner (1978), S. 43

366. Bronzeplakette Walter Schott, 1931(?)

Bronze, gegossen, Dm unbekannt
Ausführung: unbekannter Gießer
nicht nachgewiesen

Das Porträt wird das Gegenstück zu einer ähnlichen Arbeit von Walter Schott (1861-1938) sein mit der Umschrift: „GEWIDMET DEM LIEBSTEN FREUND PROFESSOR ADOLF BRÜTT MDCCCXXXII“ (Nissenhaus B 2123), das die Umschrift auffällig gewichtig gegen das relativ kleine Porträt setzt. Ähnlich wird Brütt den ihm seit dem Berliner Studium bekannten und befreundeten Bildhauer im Profil gezeigt haben, der merkwürdigerweise Brütt in seiner Autobiographie nirgendwo nennt (1), obgleich Einzelheiten zu einer Reihe von gemeinsam ausgestatteten Bauten mitgeteilt werden; umgekehrt nennt auch Brütt Schott in seiner Autobiographie nirgends, so daß der Schriftzug mehr den Augenblick treffen mag. Möglicherweise war der 70. Geburtstag Schotts der Entstehungsanlaß des Porträts. Aus dieser Zeit haben sich einige Bildpostkarten von Schott an Brütt erhalten.

Abb.: Nissenhaus B 2086 II
Lit.:
(1) Walter Schott, Ein Künstlerleben und gesellschaftliche Erinnerungen, Dresden 1930

367. Mahnung, 1928/1932

Statuette, Gips, farbig getönt, H 104 cm
unbezeichnet
eigenhändige Arbeit
Nissenhaus B 2139

Polychrome stehende Christusfigur von 1928 in Neufassung von 1932 (2). Eine Notiz von Brütt in B 2723, nach S. 156, könnte auf die ursprüngliche Absicht hinweisen, die Figur in Holz auszuführen: „Er wirkt in Gips sehr viel besser, ist aber doch *Nichts*. Zertrümmert.“ Die Neufassung entstand in Bad Berka als Werk der späten Weltanschauung von Brütt: „Jesus als Schwärmer, Kämpfer und Asket“ (3).

Der in ein langes Gewand gekleidete Christus hat seinen Blick frontal auf den Betrachter gerichtet und weist mit parallel an den Körper gelegten Armen die Handflächen mit den Wundmalen. Es ist also der Auferstandene gezeigt.

Der von Brütt gewählte Typus leitet sich von dem von Fritz v. Uhde geprägten Christusbild her, stellt jedoch eine Angleichung an an den von Emil Nolde geprägten expressionistischen Typus (1) dar; eine Verwandtschaft mit Brütts Christusbild der Jahrhundertwende ist so kaum noch zu spüren.

Ausstellung: „Christliche Kunst“, Erfurt 1934

Abb.: Nissenhaus B 2084, S. 30

Lit.:

(1) Hermann Priebe, Das Christusbild in der Kunst des 19. und 20. Jahrhunderts, Diss. Halle 1932, S. 80

(2) Steckner (1978), S. 44

(3) Bericht von Emma Merkel, Blatt III, Göttingen, um 1950 (Nissenhaus)

368. Grabstätte Adolf Brütt, Bad Berka, 1931/32

Pfeilergruppe, Werkstein

Entstanden nach einem Entwurf von Adolf Brütt

Bad Berka, Friedhof

Auf dem Friedhof Bad Berka hat Adolf Brütt für sich und seine Familie 1928 eine Grabstätte erworben und sie vielleicht nach dem Tode seines Sohnes Hans Brütt (1933) gestaltet (1). Heute trägt der mittlere der kleinen Pfeiler das von Franziska v. Seeger geschaffene ovale Porträtrelief des Bildhauers aus Marmor.

Lit.:

(1) W. Wohlberedt, Grabstätten bekannter und berühmter Persönlichkeiten in Groß-Berlin und Potsdam mit Umgebung, Teil IV. (1950) S. 402

AUSSTELLUNGEN

Ergänzte Fassung der Liste des Ausstellungskatalogs „Der Bildhauer Adolf Brütt“, Husum 1978, S. 49 f.
In Klammern die Nummern des vorliegenden Werkverzeichnisses

1875 Permanente Kunstausstellung Kiel
(unbekannte Arbeit)

1880 54. Ausstellung der Königlichen Akademie der Künste Berlin, 29. August – 31. Oktober 1880
Nr. 913 Porträtbüste (= Nr. 33?)
Nr. 914 Gruppe „Aufgeschaut“ (= Nr. 30)

1881 55. Ausstellung der Königlichen Akademie der Künste, Berlin
Nr. 969 „Porträtbüste des verstorbenen Bildhauers Rau“ (= Nr. 31)

1882 Jubiläumsausstellung des schleswig-holsteinischen Kunstvereins, Kiel, 31. Juli – August 1882
Nr. 55 „Büste des verstorbenen Bildhauers Rau in Berlin“ (= Nr. 31)
Kain und Abel (= Nr. 30)

1883 5. Sonderausstellung der Hochzeitsgeschenke ihrer Königlichen Hoheiten des Prinzen und der Prinzessin Wilhelm v. Preußen, 5. Juni – 8. Juli 1883 (= Nr. 47)

1884 57. Ausstellung der Königlichen Akademie der Künste Berlin, 24. August – 19. Oktober 1884
Nr. 936 „Eva“, Abb. 164 (Gruppe für Marmor) (= Nr. 58)
Nr. 937 „Löwe“ (Naturstudie) (= Nr. 62)

1886 58. Jubiläumsausstellung der Königlichen Akademie der Künste Berlin, 24. Mai – Oktober 1886
Nr. 1606 Marmorbüste, Porträt (= Nr. 94)
Nr. 2829, 2830, 2835, 2836, 2838, 2839 Hochzeitgeschenke des Prinzen und der Prinzessin von Preußen (= Nr. 47)

1887 59. Ausstellung der Königlichen Akademie der Künste Berlin
Nr. 1156 „Fischer“ (Gruppe für Bronze) Abb. (= Nr. 95)

1888 Internationale Kunstausstellung, München, Glaspalast
Nr. 2799 Weibliche Figur, Bronze (= Nr. 100)
Centennial Exhibition Melbourne 1888–1889 German section
Nr. 268 „Half Draped Female Figure“ (= Nr. 100)

1890 62. Ausstellung der Königlichen Akademie der Künste Berlin 29. Juni – 5. Oktober 1890
Nr. 1553 „Eva“, Marmorgruppe (= Nr. 120)

1891 Münchner Jahresausstellung, Glaspalast 1. Juli 1891 eröffnet
Nr. 2052 „Eva“, Marmor (= Nr. 120)
Nr. 2056 „Fischer“, Bronze (= Nr. 95)

1892 63. Ausstellung der Akademie der Künste Berlin, 15. Mai – 31. Juli 1892
Nr. 1850 „Badendes Mädchen“, Bronze 14 (= Nr. 212)
Nr. 2052 „Gerettet“, Bronze (= Nr. 95)
Hohenzollern-Kunstsalon, Berlin, Januar 1892
„Eva“, getönter Abguß des Kopfes (= Nr. 212)
Kiel, Ausstellungshalle im Schloßgarten 1892
„Christus“ (= Nr. 210)
Denkmalentwurf „Kaiser Wilhelm I.“ (= Nr. 192)

1893 Columbische Weltausstellung Chicago
„Eva mit ihren Kindern“, Marmor (= Nr. 120)
„Badendes Mädchen“, Bronze (= Nr. 212)
„Gerettet“, Bronze (= Nr. 95)
„Phryne“, Bronze (= Nr. 100)
„Modell des Reichstages“ (Paul Wallot) (= Nr. 161)
64. Große Berliner Kunstausstellung, 14. Mai – 17. September 1893

Nr. 2567 „Schwertschwingerin“ (= Nr. 136)
Nr. 2568 Büste (nicht identifiziert)
Internationale Kunstausstellung des Vereins bildender Künstler München e.V. (Münchner Sezession), Katalogausgabe 15. Juli 1893
Nr. 789 „Schwerttänzerin“, Bronze (= Nr. 136)
dieselbe Ausstellung bei Hofkunsthändler Gutbier (Ernst Arn(h)old'sche Hofkunsthandlung), Dresden, Dezember 1893, ohne Nachweis der „Schwerttänzerin“.

1894 1. Ausstellung der schleswig-holsteinischen Kunstgenossenschaft, 14. Oktober – 1. Dezember 1894 Kiel
„Eva“ Statuette, Gips (= Nr. 119a)

1895 66. Große Berliner Kunstausstellung, 1. Mai – 29. September 1895
Nr. 2357 Bronzebüste (nicht identifiziert)
Nr. 2358 „Kleines Mädchen“ (= Nr. 214)

1896 67. Internationale Kunstausstellung Berlin
Nr. 3364 „Eva“, Marmor (Historische Abteilung) (= Nr. 120)
Berliner Gewerbe-Ausstellung (Eröffnung Mai 1896)
in der Vorhalle des Hauptgebäudes die „Schwerttänzerin“ (= Nr. 136) als Lotterie-Gewinn
Leuchterfiguren bei Fa. Schulz & Sackur, Berlin (= Nr. 111)
Provinzialausstellung Schleswig-Holstein, 13. Mai – 31. September 1896
„Kleines Mädchen“ (= Nr. 214) und eine weiteres Exponat

1897 Verein Berliner Künstler, Berlin
„Eva“ (= Nr. 120)
Internationale Kunstausstellung Kopenhagen
Nr. 1204 „Schwerttänzerin“ (= Nr. 137)

1898 Ausstellung der Entwürfe zum Herzog-Friedrich-Denkmal, Thaulow-Museum, Kiel (= Nr. 198)

1899 Deutsche Kunstausstellung Dresden
Nr. 1204 „Schwerttänzerin“, Bronzestatuette (= Nr. 138)

1900 Weltausstellung Paris
Nr. 908 „Schwerttänzerin“ (= Nr. 137)
Nr. 4743 „Heinrich I“ (Schäffer & Walker) (= Nr. 166)

1901 Schleswigsche Kunstausstellung Flensburg 15. Juni – 15. August 1901
„Doppelbüste meiner Söhne“, Marmor (= Nr. 250)

1902 Oberniermuseum, Bonn
Konkurrenzmodell zum Denkmal August Kekulé (= Nr. 191)

1902 Deutsche Nationale Kunstausstellung Düsseldorf, 1. Mai – 20. Oktober 1902
Nr. 1197 „Doppelbüste meiner Söhne“, Marmor (= Nr. 250)

1902 Internationale Kunstausstellung, Bremen
Nr. 593 „Doppelbüste meiner Söhne“, Marmor (= Nr. 250)

1903 Große Berliner Kunstausstellung
Nr. 1001 „Schwerttänzerin” (Repräsentationssaal) (= Nr. 137)
Nr. 1080 „Diana“ (= Nr. 253)
Nr. 1090 „Meine Söhne“ (= Nr. 250)

1904 Weltausstellung St. Louis
Nr. 1290 „Gerettet“ (= Nr. 95)
Ausstellung Adolf Brütt, 17. Juni – August, Thaulow-Museum Kiel
Nr. 1 „Weibliche Porträtbüste“, Marmor 1884 (= Nr. 94)
Nr. 2 „Gerettet“, Bronze 1886 (= Nr. 95)
Nr. 3 „Eva“, Marmor 1890 (= Nr. 120)
Nr. 4 „Schwerttänzerin“, Bronze 1891 (= Nr. 137)
Nr. 5 „Abendmahl“, Altarblatt 1893 (= Nr. 157)
Nr. 6 „Porträtbüste“, Marmor 1897 (= Nr. 219)
Nr. 7 „Heinrich der Vogler“, Skizze 1897 (= Nr. 166)

Nr. 8 „Skizzen“, 1897 (nicht identifiziert)
Nr. 9 „Badendes Mädchen“, Bronze 1898 (= Nr. 213
Nr. 10 „Otto der Faule“, Skizze 1899 (= Nr. 180)
Nr. 11 „Meine Söhne“, Marmor 1900 (= Nr. 250)
Nr. 12 „Friedrich Wilhelm II.“, Skizze 1901 (= Nr. 181)
Nr. 13 „Bismarck“, Skizze (= Nr. 200 oder 201)
Nr. 14 „Weibl. Bronzeskizze“ 1901 (= Nr. 248)
Nr. 15 „Friesin“ 1902 (= Nr. 206)
Nr. 16 „Männl. Porträtbüste“, Marmor 1901 (nicht identifiziert)
Nr. 17 „Diana“, Marmor 1903 (= Nr. 253)
Nr. 18 „General Frhr. v. Wrangel“ 1903 (= Nr. 197)
Nr. 19 „Weibl. Porträtbüste“, Marmor 1903 (nicht identifiziert)
Nr. 20 „Exzellenz von Esmarch“, Porträtskizze 1904 (= Nr. 209)
Nr. 21 „Männl. Porträtbüste“, Bronze 1904 (= Nr. 244)
Nr. 22 „Reiterskizze: Friedrich III.“ (= Nr. 189 oder 190)
Nr. 23 „Merkur“, Dekorative Skizze (= Nr. 154)
Nr. 24 „Kaiser Wilhelm I. als Jüngling“ 1904 (= Nr. 184)
Zusätzlich wurde der erste Entwurf zum Kieler Neumarkt-Brunnen (= Nr. 207) gezeigt.

1905 Kunstsalon Keller & Reiner, Berlin, November 1905
Christusfigur aus Holz (= Nr. 258)

1907 Erste internationale Mitgliederausstellung der Akademie der Künste, Berlin
Büste Auguste Victoria (= Nr. 263)

1907 Sonderausstellung Adolf Brütt. Kollektiv-Ausstellung im Oberlichtsaal des Museums für Kunst und Gewerbe, Weimar, ab 1. April 1907
Bildnis-Marmorbüste (Berlinerin) (= Nr. 270)
„Bildnis Ingenieur Lange“ (= Nr. 244)
„Tine“, Verkleinerung (= Nr. 106)
„Badendes Mädchen“ (wohl Nr. 213)
„Schwerttänzerin“, Bronze 1896 (wohl Nr. 137)
„Eva“ (= Nr. 120)
„Gerettet“, Kleinbronze (= Nr. 98?)
„Diana“, Statuette (= Nr. 254a?)
„Kaiser Wilhelm I. als Jüngling“, Statuette (= Nr. 185)
„Otto der Faule“ (= Nr. 180)
„Meine Söhne“, Marmor (= Nr. 250)
„Mommsen“, Gips (= Nr. 283)
„Christus“, Gips 1904 (= Nr. 258)
„Bildnis einer Pariserin“, Bronze (= Nr. 261)

1907/1908) Sonderausstellung im Weimarer Ausstellungsverein, Dezember 1907
„Die Nacht“ (= Nr. 269)

1908 Große Berliner Kunstausstellung
Nr. 18 „Ihre Majestät die Kaiserin“ (= Nr. 263)
Nr. 33 „Nacht“, Marmorguppe 1909 (= Nr. 269)
Große Berliner Kunstausstellung 1909
Nr. 87 „Brunnenfigur“ Schwertträger (= Nr. 279)

1909 Eröffnungsausstellung der Kieler Kunsthalle, 27. November 1909 eröffnet mit eigenem Saal für Brütt
„Opus 100“ (wohl Nr. 280)
„Nacht“, Abguß (= Nr. 269)
„Christus“ (= Nr. 258)
„Eva“ (= Nr. 120)
„Büste einer Pariserin“ (= Nr. 260)
„Büste Auguste Victoria“ (= Nr. 263)
„Zwei Skizzen“ (nicht identifiziert)
Große Kunstausstellung Düsseldorf, 15. Mai – 3. Oktober 1909
Nr. 432 „Marmorbüste S.M. der Kaiserin von Deutschland“ (= Nr. 263)

1910 Weltausstellung Brüssel
„Opus 100“ (Repräsentationssaal der Deutschen Abteilung) (= Nr. 280)

Schleswig-Holsteinische Kunstgenossenschaft, Heide 15. Juli – 15. August 1910
Nr. 25 Claus Groth, Bronzestatuette (= Nr. 259)
1911 Große internationale Kunstausstellung Rom
Sitzbild Theodor Mommsen, kleine Fassung (= Nr. 284)
Winterausstellung der Königlichen Akademie der Künste zu Berlin
Nr. 39 Bildnisbüste „Prof. Dr. Vahlen“ (= Nr. 289)
Nr. 40 „Opus 100“ (= Nr. 280)
Nr. 183 „Mommsenstatuette“, Bronze (= Nr. 284)
Sonderausstellung der Königlichen Akademie der Künste, Februar – April 1913
Nr. 20 Bildnisbüste einer Pariserin (= Nr. 261)
Nr. 24 Bildnisbüste eines jungen Athleten (= Nr. 301)
Jubiläumsausstellung Kassel, 15. Juni – 1. September 1913
Nr. 407 Büste des Kaisers (= Nr. 290)
Nr. 409 Büste der Kaiserin (= Nr. 291)
Nr. 842 „Kauerndes Mädchen“ (= Nr. 281)
1913 Große Berliner Kunstausstellung)
Nr. 395 „Schwerttänzerin“, Bronze, Besitzer Baurat Wächter (= Nr. 137)
Nr. 1638 „Kopf eines Athleten“ (= Nr. 301)
Nr. 1639 „Waidwund“, Marmor (= Nr. 306)
Nr. 1914 „Pariserin“, Bronze (= Nr. 261)
1915 Mitgliederausstellung der Königlichen Akademie der Künste Berlin, März – Mai 1915
Nr. 54 „Professor Hans Olde“, Marmorbüste (= Nr. 314)
1919 Frühjahrsausstellung der Königlichen Akademie der Künste Berlin, Mai – Juli 1919
Nr. 143 „Diana mit waidwundem Wild“ (Abb. S. 23) (= Nr. 306)
Nr. 144 „Zwillinge“ (das Werk ist aus der Form des Blocks entstanden) (= Nr. 321)
Nr. 145 Marmorbüste (= Nr. 313)
1920 Akademie der Künste Berlin, Herbstausstellung
Nr. 250 „Meine Söhne“ (= Nr. 250)
1926 Große Herbst-Ausstellung Schleswig-Holsteinischer Künstler, Kunsthalle Kiel
Nr. 36 „Opus 1926“, Marmor (= Nr. 348)
1927 Kieler Herbstwoche für Kunst und Wissenschaft
„Opus 1926“ (= Nr. 348)
1928 Jubiläumsausstellung Flensburg
Nr. 16 „Zwei Kinder“, Porzellan
1930 Ausstellung Adolf Brütt, Kieler Kunsthalle
„Eva“ (= Nr. 117)
„Gerettet“ (= Nr. 95)
„Jünglingskopf“, 1911 (= Nr. 301)
„Opus 1929“ (= Nr. 356)
„Opus 1930“ (= Nr. 365)
Büste Frau Meyer-Eberhardt (= Nr. 362)
1934 Christliche Kunstausstellung, Thüringer Museum, Erfurt November – Dezember 1934
„Christus“ (= Nr. 368)
1936 Preußische Akademie der Künste, Berlin „Berliner Bildhauer von Schlüter bis zur Gegenwart“, November – Dezember 1936
Nr. 25 „Diana“, Marmor 1903 (Abb. 17) (= Nr. 253)
1937 Kunstakademie Charlottenborg, Kopenhagen 20. August – 9. September 1937
Nr. 419 „Kniende“, Marmor (Opus 1930) (= Nr. 365)
Nr. 420 „Kopf des Schwertträgers“ (= Nr. 301)

DIE BERLINER BRÜTT-SCHULE (1890–1905)

ARTHUR BOUÉ (1868–1905), BILDHAUER

Schüler und „rechte Hand“ von Adolf Brütt, Mitglied der Berliner Sezession, zuletzt Atelier in der Steglitzerstraße 33. Schuf die 1899 in der Berliner Sezession zuerst gezeigte Porträtbüste „Prof. A. Brütt“ (verschollen). Rudolf Herzog beschreibt in „Wilde Jugend“ (1929) seine Italienreise mit seinem Freund, der dort auch charakterisiert ist: „Arthur Boué, ein Hamburger aus Hugenottenblut, war ein Schüler von Brütt gewesen, dem Schöpfer des vielbestaunten Otto des Faulen in der Siegesallee, der vielbewunderten Gruppe ‚Ertrinkende, von einem Fischer an Land getragen‘ in der Nationalgalerie. Sein Wesen war zurückhaltend und doch voller Wärme, seine Kunst ging der Wirklichkeit nach und suchte nur die Schönheit. Er liebte es, sich in philosophische Gespräche zu vertiefen und seinen Geist an ihnen zu bilden. Der Privatdozent Doktor Artur Drews aber war sein Hamburger Landsmann, und er formte sein Bildnis.“ Die 1894 ausgestellte Büste Eduard v. Hartmanns, die sich damals nach Herzog im Besitz des Hartmann-Schülers Arthur Drews in Karlsruhe befand, dürfte ein zusätzlicher Hinweis auf das philosophische Denken von Arthur Boué sein – und wohl auch von Adolf Brütt. Albert Herzog, der 1891 als Vertreter des Frankfurter Journals nach Berlin gekommen war, scheint zusammen mit Boué zur Berliner Künstler-„Zunft zum goldenen Anker“ gehört zu haben (genannt werden neben dem Zunftmeister Boué die Bildhauer August Gaul und August (?) Kraus, der Marinemaler Max Giesecke, eventuell dazugehörig: Karl Lismann und die Schauspielerinnen Marie Elsinger und Else Kreitlow), wo auch sein damals Philosophie studierender Bruder Rudolf Anregungen zu seinen Werken „Frau Kunst“ und „Künstlergeschichten“ gefunden hat; beschrieben wird darin das wohl kaum sonst überlieferte Gemeinschaftswerk der Bildhauer und Maler, der „Klostergarten von Camaldoli“ in der Leipziger Straße. Die Zunft zum goldenen Anker scheint nicht identisch zu sein mit der Zunft St. Lukas von 1892, hat wohl auch nur wenig zu tun mit dem von Bernhard Sehring erbauten Künstlerhaus St. Lukas in der Fasanenstraße, in dem auch Brütt verkehrte.

Arthur Boné: Sphinx

Denkmäler: Denkmal für die Opfer der „Stein“, Malaga, Spanien

Werke in öffentlichem Besitz: „Büste Prinz Friedrich Leopold v. Preußen“, Bronze, früher Stadtschloß Berlin

„Bischof Ansgar“, Bronze, Hamburger Rathaus

„Mutter und Kind“, Bronze, (Erwerbung der Hamburger Kunsthalle durch Alfred Lichtwark)

„Mutter und Kind“, Lindenholz (Privatbesitz Rudolf Herzog)

Büste des Philosophen Arthur Drews (1865–1935), nach Albert Herzog

Gedenkplakette „Dr. E. v. HARTMANN“, Bronze, Bez.: BOUÉ Da Boué 1905 Eduard von Hartmann (1842–1906) im Tod vorausging, bleibt nur die Annahme, daß Brütt in Weimar die in Berlin bei Oertel in Berlin vervielfältigte Plakette fertigstellte; kein Exemplar nachgewiesen.

„St. Lukas“, 1893 Bronze, H 10,5 cm Bez.: „A. Boué, Berlin 93“ Guß von W. & P. Gladenbeck, Nissenhaus B 2089, aus dem Besitz von Brütt (kleine Fassung der Figur der „Zunft zum goldenen Anker“; vgl. Große Berliner Kunstausstellung 1894)

Karnickel, vor 1905 Majolika, H 11 cm, Nissenhaus B 2103. Nach dem Vorgang der Plakette Eduard v. Hartmann ist denkbar, daß die Tonplastik erst 1906 in den Weimarer Werkstätten ausgeführt wurde.

Ausstellungen:
1892 Große Berliner Kunst-Ausstellung 1892: Nr. 1848 Porträtstudie
1893 Große Berliner Kunst-Ausstellung: Nr. 2194 Büste
1894 Große Berliner Kunst-Ausstellung: Nr. 1881 Büste Dr. E. v. Hartmann (Abb.); Nr. 1882 Relief-Bildnis meiner Schwester, Marmor; Nr. 1883 Bildnis-Herme (Marmor und Bronze); Nr. 1884 St. Lukas
1895 Große Berliner Kunst-Ausstellung: Nr. 2089 Pan
1896 Internationale Kunst-Ausstellung Berlin: Nr. 2757 Mutter, Gips
1897 Große Berliner Kunst-Ausstellung: Nr. 1872 Weibliche Büste, Studie, Gips
1898 Große Berliner Kunst-Ausstellung: Nr. 1251 Reliefbildnis der Frau Dr. Heithmüller
1899 Deutsche Kunstausstellung der Berliner Sezession: Nr. 252 Porträt-Studie (wohl Porträt A. Brütt)
1900 Münchner Glaspalast „Büste des Prof. A. Brütt"
1902 Große Berliner Kunst-Ausstellung: Nr. 1514 Bronzebüste, Studie
1904 Große Berliner Kunstausstellung: Nr. 1304 Bildnisstudie; Nr. 1305 Weibl. Akt, Bronzestatuette
1905 Große Berliner Kunst-Ausstellung: Nr. 1217 Jüngling, Studie; Nr. 1217a Diana

Das Nachlaßverzeichnis der plastischen Werke, die bei Keller & Reiner, Berlin, Oktober 1905 ausgestellt waren, führt an: „Mutterglück", Gruppe in Bronze u. Gips getönt; „Mädchenbüste", in Bronze, u. feuervergoldet, u. Gips getönt; „Lachendes Mädchen", terrakkottafarbener Gips getönt; „Erica", Marmor-Relief in Holzrahmen, u. Gips getönt; „Sonnenschein", liegende weibl. Figur, Bronze u. Gips getönt; „Sphinx", Bronze u. Gips getönt; „Kleine weibl. Figur", Bronze u. Gips getönt; „Pan", Bronze u. Gips getönt; „Kinderkopf", Mädchen, Gips; „Ziegenbock", Bronze u. Gips grau getönt; „Marmorbüste mit Bronzeverzierunge"; „Diana", Büste, Bronze u. Gips; „Mädchenkopf" in fliegendem Haar, Relief, Gips; „Brahms", ganze Figur, Bronze u. Gips getönt; „Berlioz", Büste, Gips getönt; 3 männliche Studienköpfe in Gips

Auskunft von Peter Boué, Hamburg

Lit.: (1) M. Schmid, Magazin für Literatur, 1894, S. 251
(2) Thieme–Becker 4, 1910, S. 440.

GOTTLIEB ELSTER (1867–1917), BILDHAUER

Zunächst Schüler und bis 1905 Mitarbeiter von Brütt in Berlin (Atelier Lützowstr. 82), nach dem Weggang von Brütt Atelier Hubertusallee 21, dann Professor und Brütts Nachfolger als Leiter der Bildhauerschule und Kunstgießerei in Weimar 1910–1913.

Hauptwerke: Denkmäler Heinrich v. Kleist (Frankfurt); Königin Luise (Weißensee); Friedrich der Große als Kronprinz (Rheinsberg); Bismarck (Oranienburg); Schiller (Österberg)

Hochzeitserinnerungsmedaille Konrad Lange, 1904, Nachlaß Brütt und Sammlung Lange

L. Forrer, Biographical Dictionary of Medallists, Bd. 7, 1927, S. 251, nennt noch für 1907 die Porträtmedaillen: Carl und Bertha Magnus; Rosalie Oppenheimer; Taufmedaille zum 25. Oktober 1912 für den Großherzog von Sachsen-Weimar; noch eine Taufmedaille

Grabmal Laehr, Laehrscher Privatfriedhof, Berlin-Zehlendorf (dabei eine Porträt-Plakette von Bildhauerin Adele Paasch)

„Ave Maria", polychrome Terrakotta, Nationalgalerie Berlin (Sammlung Felix Koenigs)

Bronzerelief Porträt Paul La Pierre (gest.1914), Friedhof Halensee, Berlin

Bronzerelief Ruhestätte Glinsenbarth, Berlin

Bronzerelief Grab Dr. Karl Reinhold, Neuer Friedhof Weimar (1910), Guß der Weimarer Bildhauerschule

Grabmal Roßmann, Zentralfriedhof Braunschweig

Ausstellungen: 1891 Internationale Kunst-Ausstellung Berlin: Nr. 1752 Weibliche Büste
1893 Große Berliner Kunst-Ausstellung: Nr. 2237 Weibliche Büste; Nr. 2238 Magda
1894 Große Berliner Kunst-Ausstellung: Nr. 1904 Johannes
1896 Internationale Kunst-Ausstellung Berlin: Nr. 2796 Versuchung, Bronzestatuette
1897 Große Berliner Kunst-Ausstellung: Nr. 1911 Bildnisbüste, Gips
1898 Große Berliner Kunst-Ausstellung: Nr. 1285 Mutter mit Kind, Flachrelief; Nr. 1286 Frühling, Flachrelief; Nr. 1278 Bildnis-Relief
1899 Große Berliner Kunst-Ausstellung: Nr. 1386 Versuchung, Bronzeplakette; Nr. 1387 Gedenkplakette, Bronze
1900 Große Berliner Kunst-Ausstellung: Nr. 1581 Junges Mädchen, Bildnis
1903 Große Berliner Kunst-Ausstellung: Nr. 1109 Weiblicher Kopf, Marmor
1904 Große Berliner Kunst-Ausstellung: Nr. 1312 Eos
1905 Große Berliner Kunst-Ausstellung: Nr. 1237 Freunde
1906 Große Berliner Kunst-Ausstellung: Nr. 1291 Eos, Marmor (Abb. S. 146); Nr. 1292 Die Mutter, Bronze; Nr. 1293 Vase, Bronze
1907 Große Berliner Kunst-Ausstellung: Nr. 1805 Klein Elisabeth
1914 Große Berliner Kunst-Ausstellung: Junges Mädchen, Bronze (Abb. BAW 17, 1914, S. 120 Abb. 138)

Lit.: Thieme-Becker 10, 1914, S. 490; Vollmer 2, 1955, S. 33.

ANITA NORDENHOLZ, BILDHAUERIN

Schülerin von Adolf Brütt in Berlin seit ca. 1890 in der Akademie Fehr (?). Heiratete um 1900 den Arzt und Sozialanthropologen Alfred Ploetz. Die Bildhauerin besaß von Brütt einen Gipsabguß der Eva (H 79 cm) sowie „Opus 1929" (H 49 cm).

Ausstellungen: 1896 Große Berliner Kunst-Ausstellung: Nr. 2957 Ein kleiner Sänger

1897 Große Berliner Kunst-Ausstellung: Nr. 2028 Aphrodite, Gips

1899 Große Berliner Kunst-Ausstellung: Nr. 1492 Kämpfendes Weib, Gips (1898)

1900 Große Berliner Kunst-Ausstellung: „Kämpfendes Weib"

1904 Internationaler Frauenkongreß Berlin: Kämpfendes Weib, Bronze (H = 61cm)

Lit.: (1) Moderne Kunst 14, 1900, S. 8 Abb. „Kämpfendes Weib"

(2) Adreßbuch von Bildenden Künstlern der Gegenwart, Jahrgang 1904, S. 174: Anita Nordenholz, Berlin W, Bülowstr. 105

ELSE (BREYRER-)WITTING

Wohl Schülerin von Brütt in Berlin, in den dreißiger Jahren u.a. in Florenz tätig. Schrieb 1935 aus S. Margherita Ligure an Brütt als „einstmalige Schülerin" von der „Eva", als „Sinnbild der Mütterlichkeit" und über den „Fischer": „Der Beweggrund zur Darstellung des alten Seemannes blieb mir stets zur Seite und wird mich niemals verlassen in diesem Leben." Else Witting wäre zu den Schülerinnen im Atelierhaus Lützowstr. 82 zu zählen.

MAX WACH–WACHENECK (1871–19??), BILDHAUER

Schüler und wohl auch Mitarbeiter von Brütt in Berlin, 1907 wohnhaft in der Schlüterstr. 74. Er schuf Grabmäler in Hamburg-Ohlsdorf und Bütow; seine Gruppe „Liebe" befand sich in der städtischen Sammlung Berlin, die Marmorskulptur „Sünde" sowie das „Tanzrelief" in Besitz der Hamburger Sammlung Ludwig J. Lippert.

Ausstellungen: 1902 Große Berliner Kunst-Ausstellung: Nr. 1737 Schlangenbeschwörerin, Bronze; Nr. 1738 Herzog Ernst der Fromme, Entwurf zu einem Denkmal, Gipsfigur

Lit.: (1) Thieme-Becker 35, 1942, S. 3

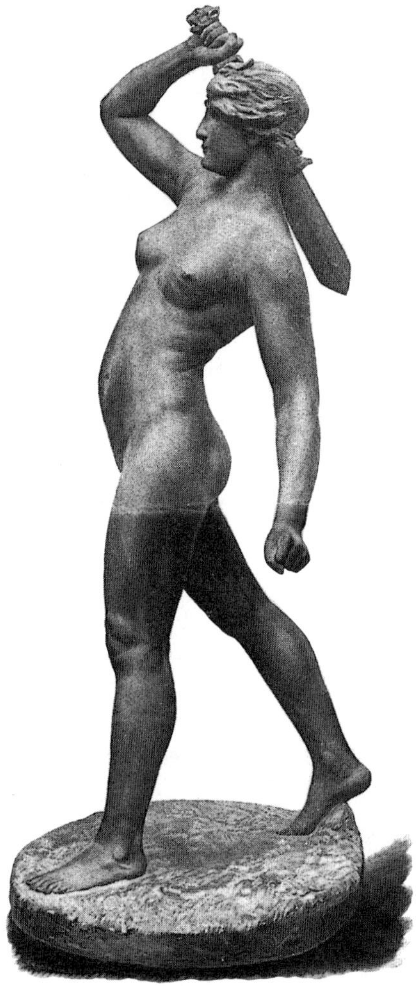

Anita Nordenholz, Kämpfendes Weib (1898), aus: Moderne Kunst 14, 1900

DIE WEIMARER BILDHAUERSCHULE (1905–1910)

ADELE GRUPE

Wohl Schülerin von Brütt in Weimar, gebürtig aus Cuxhaven. Hatte nach Ausweis der Weimarer Schulakten 1910 wie Franziska v. Seeger ein eigenes Atelier.

JOSEF HEISE (1885–1955?), BILDHAUER

Bezeichnet sich als Meisterschüler von Brütt 1909

Lit.: F. Düsel, Westermanns Monatshefte 67, 1923/1924, S. 177–185; Thieme-Becker 16, S. 316; Vollmer 2, 1955, S. 409

WILLY MENZNER, BILDHAUER

Meisterschüler von Adolf Brütt in Weimar. Zuletzt tätig in Berlin, Hundekehlestr. 29

Lit.: Dressler 1913, S. 772; Dressler, Bd. 2, 1921, S. 387; Dressler 1930, S. 664

INGWER PAULSEN (1883–1943), GRAPHIKER UND BILDHAUER

Geboren in Ellerbek bei Kiel, Schüler der Münchner und Weimarer Akademie (1907–1909) sowie in Paris; 1911–1913 wieder in Weimar tätig in Oberweimar und später Nordfriesland; schuf Holzplastiken. Als Schüler von Brütt nicht gesichert.

WOLFGANG SCHWARTZKOPFF (1886–19??), BILDHAUER

Schüler von Brütt. Zunächst enge Zusammenarbeit mit den Schwarzburger Werkstätten für Porzellankunst (u.a. Der Kuss, H = 30). Wirkte zuletzt als Bildhauer und Graphiker in Kassel.

1909 Große Berliner Kunst-Ausstellung: Nr. 100 Jüngling, Gips

1928 Deutsche Kunstausstellung Düsseldorf: Nr. 711 Mädchentorso, Gips

Werke in öffentlichem Besitz u.a.: Pierrot & Pierette, Schwarzburger Porzellan, Germanisches National-Museum, Nürnberg Ke 2850

BERNHARD SOPHER (1879–1949), BILDHAUER

Geboren in Safet bei Beirut, dann in Berlin. „Auf der Berliner Akademie lernt er dann bei Peter Breuer, sein nächster Lehrer ist Adolf Brütt, mit dem er nach Weimar geht. Als freier Künstler faßt Sopher schließlich 1908 in Düsseldorf festen Fuß, nachdem er, geschätzt wegen seiner arabischen Sprachkenntnisse, als Teilnehmer einer kulturwissenschaftlichen Forschungsreise noch einmal sein Geburtsland wiedergesehen hat.“ (Ausstellungskatalog Bernhard Sopher, Kunstsammlungen der Stadt Düsseldorf 1951).

Ausstellungen:

1909 Große Kunstausstellung Düsseldorf: Nr. 475 Sklave, Bronze (Abb. 53); Nr. 476 Porträtstatuette von Dr. Wette, getönter Gips

1913 Große Kunstausstellung Düsseldorf: Junensis Pubeszens (Die Kunst für Alle 28, 1913, S. 536)

1926 Internationale Kunstausstellung Dresden: Nr. 952 Mädchentorso; Nr. 953 Mulattenknabe (Bes. Städt. Kunstmus. Düsseldorf)

1928 Frühjahrsausstellung der Preuß. Akademie der Künste zu Berlin: Nr. 333 Bildnisbüste Direktor M., Bronze; Nr. 334 Mongolenkind, Bronze

1928 Deutsche Kunstausstellung Düsseldorf: Nr. 738 Pietà, Basalt; Nr. 739 Mulattenmutter, Basalt; Nr. 740 Knöchelspielerin, Gips

Lit.: (1) Vollmer 4, 1958, S. 318 (2) Weltkunst 15. Juni 1959, S. 8

FRANZISKA V. SEEGER (1882–1965), BILDHAUERIN

War zunächst Schülerin des Weimarer Bildhauers Jancke und besuchte gleichzeitig von Januar bis April 1906 den Abendakt der Kunstschule (Staatsarchiv Weimar, Staatliche Hochschule für bildende Kunst, Nr. 276, Blatt 281 f.) Schülerin von Brütt in Berlin und Weimar, Teilnehmerin der Ägyptenexkursion der Meisterschüler Januar – März 1907; im Februar 1909 Einzelausstellung im Stuttgarter Kunstverein (vgl. Neues Tageblatt 9.2.1909). Brütt porträtierte die junge Bildhauerin 1910. Damals entstanden ein Exlibris mit

Franziska von Seeger in ihrem Weimarer Atelier

dem „Opus 100“ (Nr. 281) und eine Kleinfassung der Skulptur aus einem in Carrara gebrochenen Block von ca. 50 cm Höhe (Nr. 281).

1907 Medaillons für das Nationaltheater Weimar (Goethe, Mozart, Wagner)

1907 Marmorporträt Freifrau v. Fritsch, Privatbesitz bei Gießen; ausgestellt auf der Jubiläumsausstellung der Großherzoglich Sächsischen Kunstschule Weimar 1910, Nr. 256

1907 Marmorportät Adolf Brütt (Nachlaß Brütt, Nissenhaus Husum B 2145)

1907 Kopf eines Arbeiters (Bronze), Guß der Weimarer Bildhauerschule, vom Museum Weimar angekauft, wohl erhalten

1908 Mädchenbüste

1909 Kinderbildnis (nichts weiter bekannt)

1909 Büste Prälat Blum (Bronze), nicht nachweisbar

1910 drei Porzellanfiguren Schwarzburger Werkstätten für Porzellankunst, wohl als Studienarbeiten der Weimarer Bildhauerschule entstanden (Privatbesitz, Hannover)

1910 Porträtplakette Adolf Brütt, Bronze, Guß Oertel, Nürnberg 9,5 x 6,5 Nachlaß Brütt, Nissenhaus B 2126 a; b Nachlaß Brütt, Nissenhaus 2124 b; c erwähnt bei L. Forrer, Biographical Dictionary of Medallists, Bd. 8, 1930, S. 202; Pendant dazu das Porträt Franziska v. Seeger von Brütt (Nr. 287)

1910 Porträtplakette Adolf Brütt Metallguß, 42 x 31 cm Nachlaß Brütt, Nissenhaus B 2104

1911 Porträtplakette Adolf Brütt Bronze, 9,1 x 6 cm Guß Lauer, Nürnberg Nachlaß Brütt, Nissenhaus B 2127 (Abb. S. 56)

1911 Porträtplakette Margarethe Brütt geb. Schillbach Bronze 9,1 x 6 cm Gruß Lauer, Nürnberg Nachlaß Brütt, Nissenhaus B 2128 a, b

1911(?) Diana. Erinnerung an Tiefengruben Plakette, 2,3 x 1,9 cm (nichts weiter bekannt)

1912 Grabdenkmal für Kiel (Mädchen mit Girlande), nicht nachgewiesen

1913 Bronzeporträt D. Valentin v. Salzmann, Gründer des Albvereins (Guß in Berlin; nicht nachgewiesen)

1914 Kindergruppe E. u. G. v. Flotow, nicht nachgewiesen (eine von Brütt bemalte Kindergruppe, Privatbesitz Hannover, könnte diese Gruppe sein)

1915 Supraporte für die Martinskrippe, Stuttgart

1920 Bronzestatuette George Melamid, Freiburg (nicht nachgewiesen)

1920 Steinsupraporte für das Katharinenhospital Stuttgart

1922 Gefallenendenkmal für Schneidemühl, nicht nachgewiesen

HEINRICH WALTER, BILDHAUER

Lebensdaten unbekannt. Meisterschüler von Brütt in Weimar, wirkte 1908 bei der Ausstattung des Weimarer Theaters mit. 1926 wohnhaft in Berlin SW 61, Großbeeren-Str. 49; Mitglied der Künstlervereinigung Berliner Bildhauer.

MAX WEINITSCHKE, BILDHAUER

Geb. um 1880 Bachra, Thüringen. Meisterschüler von Brütt in Weimar, wirkte 1908 zusammen mit Willy Menzner, Franziska v. Seeger, Bernhard Sopher und Heinrich Walter bei der Ausstattung des Weimarer Theaters mit. Er hatte maßgeblichen Anteil am Modellieren des Gußmodells zum Reiterbild des Großherzogs Carl Alexander (Nr. 274).

ERNST WETZENSTEIN (1890–19??), MALER UND BILDHAUER

Schüler von Mackensen und Brütt in Weimar.

Lit.: Thieme-Becker 35, 1942; Vollmer 5, 1961, S. 120

Brütt als Eva, eine Gemeinschaftsarbeit seiner Schüler Walter Menzner, Bernhard Sopher und Heinrich Walter, 1907

Literaturverzeichnis

Abgekürzt zitierte Literatur und Nachschlagewerke

Gantner, Olde (1970) = Hildegard Gantner, Hans Olde (1855–1917). Leben und Werk, Diss. Tübingen 1970

SHBL = Schleswig-Holsteinisches Biographisches Lexikon [Bd. 6 ff.: Biographisches Lexikon für Schleswig-Holstein und Lübeck], Bd. 1 ff., Neumünster 1970 ff.

Steckner (1978) = Cornelius Steckner, Der Bildhauer Adolf Brütt, Husum 1978

Steckner, Sparsamkeit (1981) = Cornelius Steckner, Die Sparsamkeit der Alten. Kultureller und technologischer Wandel zwischen 1871 und 1914 in seiner Auswirkung auf die Formgebung des Bildhauers Adolf Brütt (1855–1939), Frankfurt u. Bern 1981

Thieme-Becker = Allgemeines Lexikon der bildenden Künstler von der Antike bis zur Gegenwart. Begründet von Ulrich Thieme u. Felix Becker, 37 Bde., Leipzig 1907–1950

Volbehr/Weyl = Friedrich Volbehr u. Richard Weyl, Professoren und Dozenten der Christian-Albrechts-Universität zu Kiel 1665–1954, 4. Aufl., Kiel 1956

Vollmer = Hans Vollmer, Allgemeines Lexikon der Bildenden Künstler des XX. Jahrhunderts, 6 Bde., Leipzig 1953–1962

Literatur über Brütt

Peter Bloch u. Waldemar Grzimek, Das klassische Berlin. Die Berliner Bildhauerschule im neunzehnten Jahrhundert, Frankfurt/Main, Berlin u. Wien 1978, S. 269–272

R. Breuer, Adolf Brütt, in: Niedersachsen 9, 1904, S. 310–312

Kurt Knote, Weshalb Adolf-Brütt-Weg, in: Thüringische Landeszeitung, Weimar 3. 2. 1966

Friedrich Fuchs, Adolf Brütt, in: Westermanns Monatshefte 95, 1903, S. 315–329

Hildegard Gantner, Hans Olde (1855–1917). Leben und Werk, Diss. Tübingen 1970

Lilli Martius, Unsern Künstlern zum Gedächtnis, in: SHK 1942/1943, S. 95–98

—: 125 Jahre Schleswig-Holsteinischer Kunstverein 1843–1968, Neumünster 1968

Max Osborn, Adolf Brütt, in: Velhagen und Klasings Monatshefte 24, 1909, S. 102–112

—: Adolf Brütt, in: Thieme-Becker 5, 1911, S. 109

Walter Scheidig, Die Weimarer Malerschule. Ausstellung zum Gedächtnis der Gründung der Weimarer Kunstschule im Jahre 1860, Weimar 1960

Harry Schmidt, Der Bildhauer Adolf Brütt, in: Schleswig-Holstein 1955, S. 180–182

Cornelius Steckner, Der Bildhauer Adolf Brütt (1855–1939), Husum 1978

—: Die Sparsamkeit der Alten. Kultureller und technologischer Wandel zwischen 1871 und 1914 in seiner Auswirkung auf die Formgebung des Bildhauers Adolf Brütt (1855–1939), Frankfurt u. Bern 1981

—: Weimarer Kunstschulen 1902–1952. Projekt-Arbeitsbuch, Germanisches Nationalmuseum Nürnberg 1981

—: Denkmalsetzung und Baugesetz. Franz Adickes, Joseph Stübben und Altona, in: Nordelbingen 50, 1981, S. 19–37

—: Museum Friedhof, Berlin 1984

—: Adolf Brütt, in: Biographisches Lexikon für Schleswig-Holstein und Lübeck, Bd. 8, Neumünster 1987, S. 46–49

Reinhold Stolze, Eva, Tine und Diana. Adolf Brütt. Leben und Werke, Ein Meister deutscher Bildhauerkunst, Rendsburg 1955

Lorado Taft, Modern tendencies in sculpture, Chicago 1921

Henry van de Velde, Geschichte meines Lebens, 2. Aufl., München 1986

Abbildungsnachweis

Gunther Bolwig, Kiel: S. 116. – Fritz Göhler, Stuttgart: S. 259 rechts. – Cornelius Steckner, Köln: S. 23 rechts, 76, 77 links, 94 Mitte u. rechts, 102, 117, 134, 136 rechts, 138, 147, 152 rechts, 153 links, 154 rechts, 155 rechts, 161 links, 170 Mitte, 172, 173, 174 unten, 177 links, 181 Mitte, 182, 191, 192, 198, 204 rechts, 208, 226 Mitte, 227 links, 232, 235, 239, 255, 260 links, 261 links, 263 rechts, 266 rechts, 269 rechts, 270 links, 274 links, 281 rechts, 291 rechts, 301, 305. – O. Sternkopf, Åbenrå: S. 209 links. – Landesbildstelle Berlin: S. 93, 159 rechts. – Bremer Landesmuseum (Focke-Museum): S. 223 Mitte. – Friedrich-Schiller-Universität Jena. Film- und Bildstelle (Aufnahmen: Peter Michaelis): S. 257–259. – Landesamt für Denkmalpflege, Kiel: S. 254. – Schleswig-Holsteinische Landesbibliothek, Kiel: S. 95 rechts, 96, 214 Mitte. – Alle übrigen: Nissenhaus – Nordfriesisches Museum, Husum.

Werkverzeichnis nach Orten

Aufgenommen sind die öffentlich zugänglichen bildhauerischen Werke unter Ausschluß der Medaillen und Plaketten. Auch nicht mehr erhaltene oder nicht ausgeführte Werke sind verzeichnet. Der Haupteintrag der einzelnen Werke ist jeweils durch die Angabe der Nummer des Werkverzeichnisses gekennzeichnet. Bei den Bestandsnachweisen, die für einzelne Museen und Sammlungen gegeben werden, sind nur die Nummern des Werkverzeichnisses genannt. Dabei sind auch Medaillen und Plaketten berücksichtigt, für das Nissenhaus in Husum auch Zeichnungen und Aquarelle.

Namenregister

Aufgenommen sind auch die Namen biblischer oder mythischer Gestalten, die in Brütts Werk vorkommen.

Inhalt